桥梁工作模态分析理论

Operational Modal Analysis Theory of Bridges

伊廷华　著

科 学 出 版 社

北 京

内 容 简 介

工作模态分析理论是结构系统动力学性能诊断和调控的基础。本书介绍了作者在桥梁工作模态测点布设、辨识分析和异常诊断等方面的阶段性研究成果，内容包括绪论、模态识别理论基础、桥梁振动响应测试理论、桥梁模态辨识分析理论和桥梁模态异常诊断理论。书中各章联系紧密、相互贯通，既对建立的模态测-辨相和理论进行了详尽阐释，也对研发的工程软件及其应用案例进行了细致解构，还对经典的模态识别方法进行了简要概述，力图使这一相对晦涩的分析理论易于读者理解和运用。

本书可供桥梁工程领域的科研人员和工程技术人员参考，亦可作为高等院校土木、水利与交通工程相关专业研究生和高年级本科生的学习用书。

图书在版编目（CIP）数据

桥梁工作模态分析理论 / 伊廷华著. -- 北京 : 科学出版社, 2025. 1.
ISBN 978-7-03-080193-7

Ⅰ. U441

中国国家版本馆 CIP 数据核字第 2024Y8G497 号

责任编辑：付 娇 董雅乔 / 责任校对：赵丽杰
责任印制：吕春珉 / 封面设计：东方人华平面设计部

科学出版社 出版
北京东黄城根北街 16 号
邮政编码：100717
http://www.sciencep.com

北京中科印刷有限公司印刷
科学出版社发行 各地新华书店经销
*
2025 年 1 月第 一 版 开本：787×1092 1/16
2025 年 7 月第二次印刷 印张：27 1/4
字数：580 000

定价：286.00 元

（如有印装质量问题，我社负责调换）
销售部电话 010-62136230 编辑部电话 010-62138978

序

桥梁是架设在水上或空中跨越障碍的构筑物，它压缩了时间和空间，连接着过去与未来。跨江河、越湖海、穿峡谷、连群山，一座座桥梁勾连天堑、编织经纬，宛若一条条生机勃发的大动脉，承载出行、串联生活，诠释着一片区域、一座城市、一个国家崭新的发展维度。我国现代桥梁之父——茅以升先生曾说过桥是空中的道路，桥的所在地总是险要地方，形成陆上交通之咽喉。从一座桥的修建上，就可以看出当地工商业的荣枯和工艺水平。从全国各地的修桥历史，更可看出一国政治、经济、科学、技术等各方面的情况。

桥梁发展可分为古代、近代和现代三个时期，它永不停滞，未有穷期。特别是20世纪30年代以来，随着预应力混凝土和高强度钢材的出现，材料塑性理论和极限理论的建立，结构力学和空气动力学研究的突破，世界桥梁建设在跨度、桥式、装备、工艺等方面取得了突飞猛进的发展。现代桥梁跨径越来越大，千米级跨径桥梁已屡见不鲜，在面对跨越江海峡谷时的极端环境，日益增长的车速、流量和密度，以及频遇微震和偶遇大震等影响时，振动安全问题显得愈发重要。众所周知，模态是结构质量分布、刚度分布、阻尼特性和边界条件的动力学表征。通过模态分析，工程师可以准确把握结构的动力特性，明晰振动产生的根源和机理，这既有益于优化桥梁设计以规避共振和颤振等振毁风险，也可以评估在役桥梁振动时的安全性和适用性，还有助于对振动超限桥梁采取合理高效的抑振措施。因此，结构模态分析理论方法为开展桥梁设计、施工和养护工作提供了重要技术支撑。

工作模态分析是动力学领域最为重要的分支之一，它无须激励信息的独特优势为结构动力特性测试带来了诸多便利，使其成为桥梁动测领域的研究焦点且热度长期不减。伊廷华教授是我国桥梁工程领域的一位优秀学者，他深耕长大桥梁健康运维研究多年，在桥梁隐蔽病害精准探测、承载能力快速评估、动力性能监测预警等方面做出了重要贡献。该书是他在桥梁工作模态理论方法、技术标准和工程应用领域多年创新探索的梳理总结，内容涵盖绪论、模态识别理论基础、桥梁振动响应测试理论、桥梁模态辨识分析理论、桥梁模态异常诊断理论五章。其最大特色在于，以模态辨识理论指导桥梁振动测试，以振动测试理论提高模态辨识效果，使得测试与辨识这两项相对独立的工作在动力学理论框架下实现了相和统一，为桥梁动力性能测试、诊断、评估和调控提供了关键理论基础。该书是我国桥梁工程领域一部专门阐述工作模态分析的学术专著，内容科学严谨，系统全面，层次分明，脉络清晰，特别是作者将创新的理论方法、实用的软件系统、翔实的工程案例进行了有机融合，相信可为桥梁研究和技术人员提供十分有益的参考借鉴。

中国工程院院士

中国中铁首席科学家

前　　言

桥梁是交通基础设施的咽喉要道和关键节点，其安全性、适用性和耐久性关系国计民生。在环境侵蚀、材料老化和动静力荷载等多重不利因素下，桥梁结构在服役过程中会不可避免地出现损伤或劣化。模态是结构系统的固有振动特性，狭义上指振型，广义上包括频率、阻尼比等参数。作为开展模型修正、损伤诊断、状态评估、振动控制等工作的基础，模态分析理论研究在结构动力学领域长期占据主导地位。工作模态识别源于 20 世纪 60 年代克拉克森（Clarkson）和默瑟（Mercer）提出采用相关函数代替脉冲响应函数的原创思想，其因无须激励信息的独特优势而得以迅速普及。众所周知，测点响应是物理空间内各自由度振动响应的耦联叠加，模态辨识是模态空间内对测点响应的解耦过程，两者通过模态矩阵相互转换，故工作模态获取时应将振动测试和模态辨识在动力学理论框架内予以统一考虑。也只有以此为基础，才能有效摆脱模态在实际工程中时常“测不到、辨不准”的困扰，并最终突破结构性能异常“诊不明”的瓶颈。

作者近些年与课题组成员沿着桥梁振动响应测试、模态辨识分析和模态异常诊断这一主线，做了一点粗浅的探索，旨在站在工程技术人员的角度，从理论上尝试剖析解答，如何基于少量测点获取丰富的结构模态信息，如何实现模态长期演化的自动辨识分析，如何构建高灵敏的模态异常指标和判别方法？本书在诸多前辈学者开创性成果的基础上，初步搭建了桥梁工作模态“测-辨-诊”理论体系框架，通过辅以软件系统和工程案例支撑，力图做到内容系统，条理清晰，通俗易懂，实用性强。全书共 5 章。第 1 章绪论，主要介绍引起桥梁振动的环境与荷载作用，桥梁的主要振动形式，振动对桥梁自身以及邻近工程的影响，模态分析的工程意义。第 2 章模态识别理论基础，主要介绍模态识别的基础知识，包括激励、系统和响应，模态识别的基本假定和原理，物理空间和模态空间的区别与联系，实验模态识别和工作模态识别的内涵，并分别给出了常用的频域、时域和时-频域工作模态识别方法。第 3 章桥梁振动响应测试理论，主要介绍振动测试时传感器和采集设备的选型方法，测点布设动力学模型，有线和无线测点布设的评价准则及优化算法，考虑测量噪声干扰不确定性、有限元建模误差不确定性和模态识别适定性假设不符的测点布设理论，以及自主开发的测点优化布设软件及其应用案例。第 4 章桥梁模态辨识分析理论，主要介绍振动响应数据质量判断、异常数据修复以及滤波和消噪方法，公路桥梁和铁路桥梁振动响应特征、模态追踪辨识分析理论及工程应用案例。第 5 章桥梁模态异常诊断理论，主要介绍模态异常判别的五类指标，自主开发的模态异常判别软件，人工激励下空心板梁桥铰缝、T/小箱梁桥面板和整体式箱梁顶板模态异常诊断理论，环境对桥梁模态演化的影响机理，环境因素已知和未知时的桥梁模态异常诊断理论及工程应用案例。

本书在写作过程中，参考汲取了国内外模态分析领域大量专家学者的研究成果，向他们开创性的工作表示诚挚的敬意。本书是作者课题组师生相关研究成果的阶段性总结，他们的勤恳钻研使这项工作逐步深入，特别是杨小梅博士、姚小俊博士、张铜博士和王镇博士在素材整理和书稿校对中付出了大量心血，向他们表示衷心的感谢。书中研究得到了国家自然科学基金原创探索计划项目（编号：52250011、52050050），国家杰出青年科学基金项目（编号：51625802），国家优秀青年科学基金项目（编号：51222806），国家“973 计划”青年科学家专题项目（编号：2015CB060000），北京高等学校卓越青年科学家计划项目（编号：JWZQ20240101018），中交集团院士专项科研经费项目（编号：YSZX-03-2024-04-A）等资助，在此一并表示感谢。

桥梁工作模态分析理论发展日新月异，希冀本书的出版能为后续科学研究和工程实践起到一点参考作用。限于作者的认知水平，书中难免存在疏漏、不妥甚至错误之处，恳请广大读者和同行专家批评指正。

伊廷华

目　　录

第 1 章　绪　　论

桥梁作为跨越峡谷、河流或道路等障碍的构筑物，是交通基础设施网络的重要组成。桥梁在其服役期间，会不可避免地受到风、车辆、地震等荷载作用而产生振动。随着现代桥梁向大跨、轻柔和复杂方向发展，结构振动问题日益显著。利用实测响应进行模态分析，是桥梁损伤识别、模型修正、动力性能评价和振动控制的前提基础，对于确保结构的安全性、适用性和耐久性具有重要意义。

1.1　荷载与环境作用

荷载与环境作用是使桥梁结构产生内力、变形和振动的原因，可分为直接作用和间接作用。直接作用是指直接施加于结构上的力，包括桥梁在其工作期间受到的风荷载、车辆荷载、地震作用、车船撞击作用、爆炸荷载等；间接作用不是直接施加于结构上的外力，而是通过影响结构的内部状态或外部环境，间接地引起结构外加变形或约束变形的因素，如温度作用、湿度作用等。

1. 风荷载

风是空气相对于地球表面的流动，主要是由太阳对地表大气加热的时空不均匀性所引起。当空气变热时，其因重量减轻而上升；当空气变冷时，其因重量增加而下沉；热空气上升的空间位置，冷空气会从周围流动过来填补其空缺，从而形成了风。受地形起伏和各种障碍物的影响，靠近地面的风（简称近地风）流动紊乱且随机变化。随机变化的自然风可分成平均风（不随时间变化的定常流）和脉动风（非定常流，又称为紊流）两种成分。从风速时程曲线可以看出，瞬时风速包含长周期的平均风速和短周期的脉动风速[1]（图 1.1）。

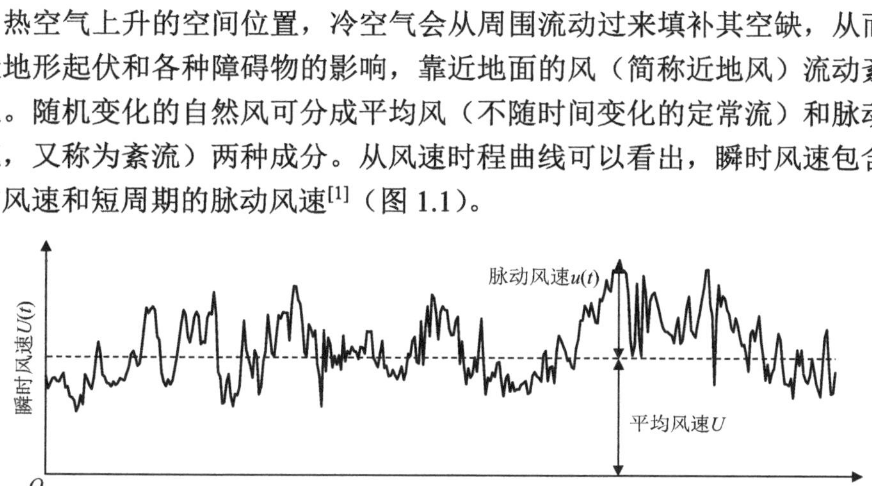

图 1.1　实测瞬时风速的分解

长周期的平均风速随离地高度的增加而增大，并趋近于恒定值——梯度风速，一般用随机变量描述[图 1.2（a）]。按风速记录为确定平均风速而规定的时间间隔称为平均时距。在规定的平均时距内，平均风对桥梁结构作用的速度、方向及其他物理量都可看作不随时间变化的量。规定的平均时距越短，计算的平均风速越接近瞬时风速。世界各国对平均时距的规定并不一致，美国和澳大利亚等为 3s，加拿大等少数国家为 1h，我国规范规定为 10min。

短周期的脉动风速是指从随时间随机变化的瞬时风速中减去平均风速后的零均值瞬时风速。脉动风速的周期一般仅有几秒或更短。脉动风的脉动强度随离地高度的增加而减小，并趋近于零，一般用随机过程表示。风速的脉动常用三个相互正交的分量来表示，包括：①沿平均风方向的分量 $u(t)$，称为顺风向脉动风速；②与平均风方向垂直的水平向分量 $v(t)$，称为水平横风向脉动风速；③与平均风方向垂直的竖向分量 $w(t)$，称为竖向脉动风速[图 1.2（b）]。

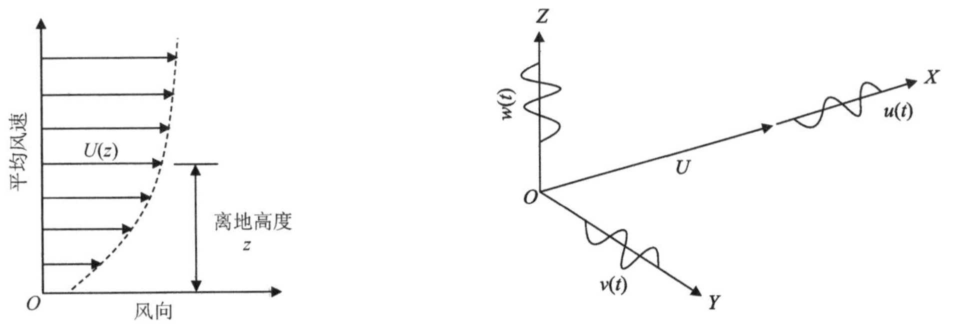

（a）平均风剖面　（b）脉动风速矢量分解

图 1.2　平均风与脉动风特性

风荷载就是风对结构的作用力，这种作用力实质上是风与结构相互作用的结果。在桥梁工程中，自然风与结构的相互作用一般可归属为低速不可压缩流体的流动问题。这里以圆柱体绕流问题（图 1.3）为例，说明流体经过结构时的流动状态变化及空气力作用效应。雷诺数（Reynolds number）为惯性力和黏滞力之比，其与流体速度、结构特征尺寸等因素相关。当规则运动的流体流经圆柱体时，若雷诺数非常低（$Re \leqslant 5$），圆柱体上下的流线前后对称，流场中的惯性力与黏滞力相比居于次要地位，流动附着在整个圆周上；随着雷诺数的增大，圆柱体后面会出现两个对称分布的尾流旋涡，但仍停留在柱体下游表面附近（$5 \sim 15 \leqslant Re < 40$）；当雷诺数为 $40 \leqslant Re \leqslant 5\times10^3$ 时，旋涡从圆柱体后面交替脱落，呈反对称分布，形成卡门（Karman）涡街，且旋涡以略低于流体速度的速度向后移动；随着雷诺数进一步增大到 $5\times10^3 < Re \leqslant 2\times10^5$ 内，圆柱体上有明显的分离点，分离点上游的附着流是层流，分离点后的尾流逐步由层流向紊流（又称湍流）过渡；当雷诺数在 $2\times10^5 < Re \leqslant 4\times10^6$ 内时，尾流明显变窄，此时阻力减小，旋涡脱落是随机无规律的；当雷诺数进一步增大，尾流本身已十分紊乱，但会再次出现规则的旋涡脱

落。工程中，不仅是圆柱体，方柱、椭圆柱、三棱柱等钝体也会发生类似的旋涡脱落现象。

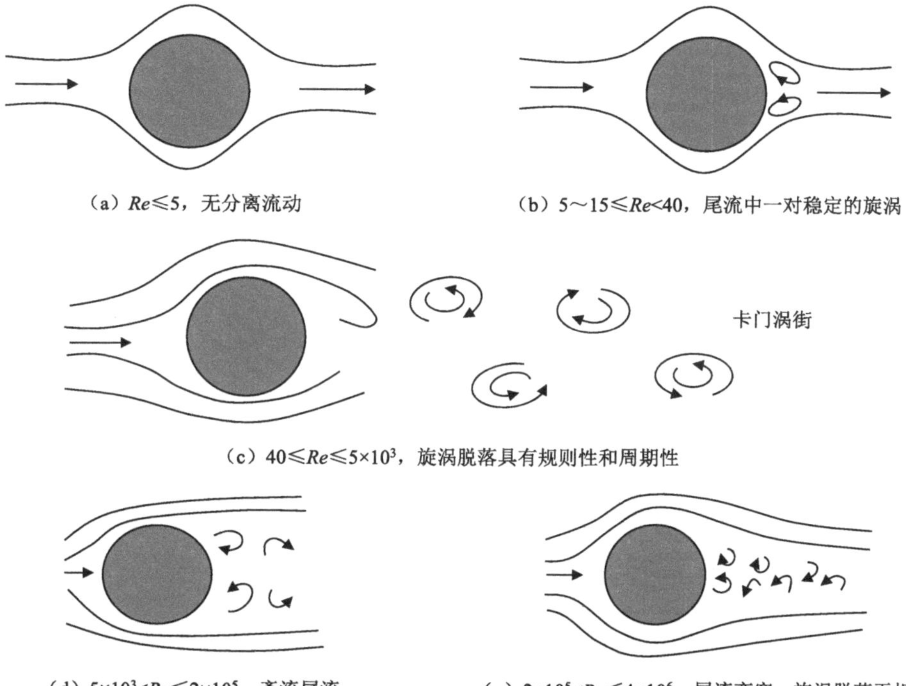

（a）$Re \leqslant 5$，无分离流动

（b）$5 \sim 15 \leqslant Re < 40$，尾流中一对稳定的旋涡

（c）$40 \leqslant Re \leqslant 5 \times 10^3$，旋涡脱落具有规则性和周期性

（d）$5 \times 10^3 < Re \leqslant 2 \times 10^5$，紊流尾流

（e）$2 \times 10^5 < Re \leqslant 4 \times 10^6$，尾流变窄，旋涡脱落无规律

图 1.3　圆柱体绕流的流动特征

风荷载可分为静力风荷载和动力风荷载。静力风荷载主要引起桥梁结构的静变形与静力失稳。桥梁结构作为水平方向的线状结构，其所在流场可近似为二维平面，静力风荷载在平面坐标系中分解为 3 个分量：①由于桥梁结构的气动外形与流向垂直方向的非对称性，使得桥梁上、下表面压力不相等而形成气动升力 $\boldsymbol{F}_L$；②由于流体黏性作用，流体在结构尾部发生流动分离，产生前后压差作用而形成气动阻力 $\boldsymbol{F}_D$；③由于气动升力和阻力的中心与结构质心不重合，而产生气动扭矩 $\boldsymbol{M}$。气动升力、气动阻力和气动扭矩统称为气动三分力，如图 1.4 所示。

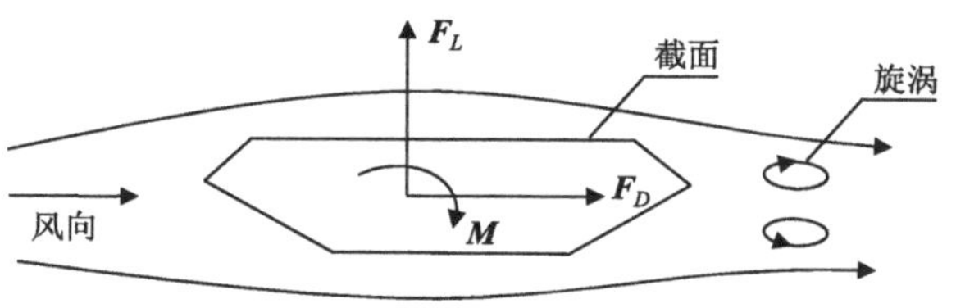

图 1.4　流经钝体截面物体所产生的力

动力风荷载可分为：①仅由风的脉动分量引起的抖振力，为强迫力荷载；②空气流经结构形成交替脱落旋涡引起的涡激力，兼具强迫和自激双重性质；③在平均

风作用下，振动的桥梁从风中吸收能量，形成自激力荷载。按照桥梁结构振动是否为必要条件和自然风成分的区别，风荷载类型如表 1.1 所示[2]。

表 1.1　风荷载类型

结构振动	自然风成分	风荷载类型
非必要条件	平均风	平均风力（静力风荷载）
	脉动风	抖振力（强迫力荷载）
	平均风	涡激力（强迫和自激双重性质）
必要条件	平均风	自激力荷载

2. 车辆荷载

车辆荷载是指汽车、列车等车辆在行驶过程中，通过轮压作用在桥梁结构上的外力。桥梁结构上的车辆荷载分为汽车荷载和列车荷载两大类。汽车荷载的属性由车辆的速度、轴重、轴距和时空分布等因素决定，其作用形式包括：①汽车在桥梁上行驶时由移动重力加载所形成的周期性竖向作用力，如图 1.5 所示；②汽车在桥梁上刹车时为克服其惯性力而在车轮与路面之间发生的水平滑动摩擦力，称为汽车制动力；③汽车在桥面上高速行驶时，由于桥面不平整、车轮不圆以及发动机抖动等原因，造成车体上下振动而对桥梁产生的动力效应，称为冲击作用；④汽车在弯道行驶时所产生的惯性力，称为汽车离心力，其以水平力的形式作用于桥梁。如图 1.6 所示为汽车荷载的平面、立面尺寸[3]。

图 1.5　汽车荷载示意图

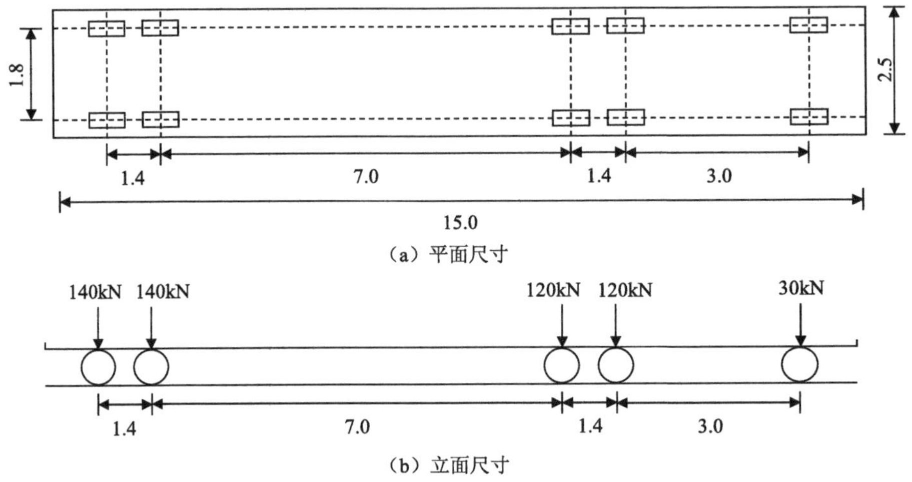

图 1.6　汽车荷载的平面、立面尺寸（单位：m）

列车荷载是铁路机车车辆等移动装备通过轨道时对桥梁的作用，即车体、转向架和轮对质量的振动惯性力会对结构产生竖向与横向的冲击作用。列车以一定速度通过桥梁时，与轨道、梁体结构、支座、墩台基础和地基形成一个互相耦联、互相激励的多自由度振动系统。列车荷载的作用形式包括：①列车以一定速度过桥时由移动重力加载所形成的周期性竖向作用力，如图 1.7 所示；②由于车轮踏面的锥度以及轮缘与钢轨内侧的间隙，导致车辆运行时产生蛇行运动而引起的横向冲击作用，该作用具有周期性；③轨道不平顺（表 1.2）引起车辆对结构的附加动力作用，该作用具有随机性，如图 1.8 所示为高低不平顺及轨向不平顺的时程图；④曲线桥上列车离心力所形成的横向力和列车制动力等。

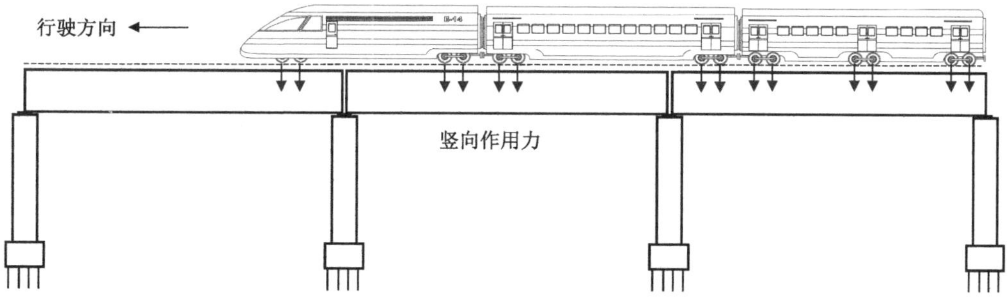

图 1.7 列车荷载示意图

表 1.2 轨道不平顺类型

分类	定义	示意图
高低不平顺	钢轨顶面在相同的轮载作用下沿轨道延长的高低不平，其中 Z_L 和 Z_R 为钢轨垂向位置相对于设计平面的偏差	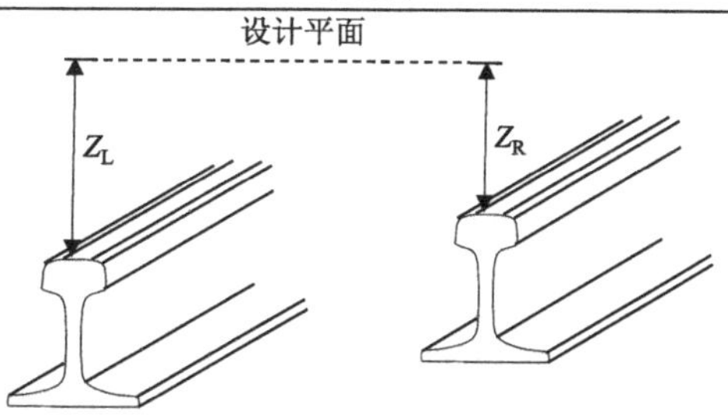
水平不平顺	左、右钢轨对应点的高差所形成的沿轨长方向的不平顺，其值为左、右钢轨顶面高低的偏差 Z_C	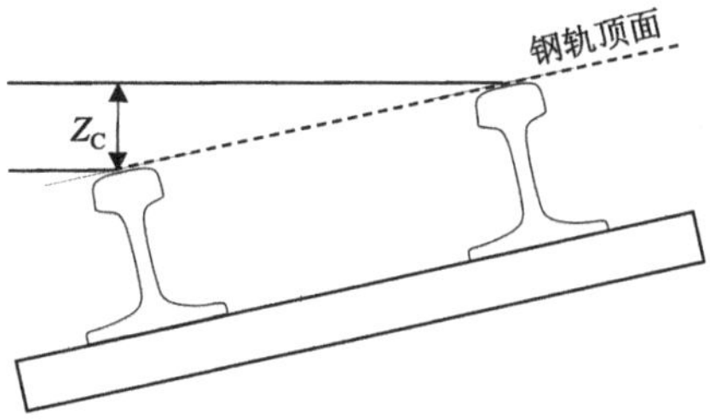
轨向不平顺	钢轨沿长度方向在横向水平面内呈现的凹凸不平，其中 D_L、D_R 为左、右轨距点距设计中心的距离	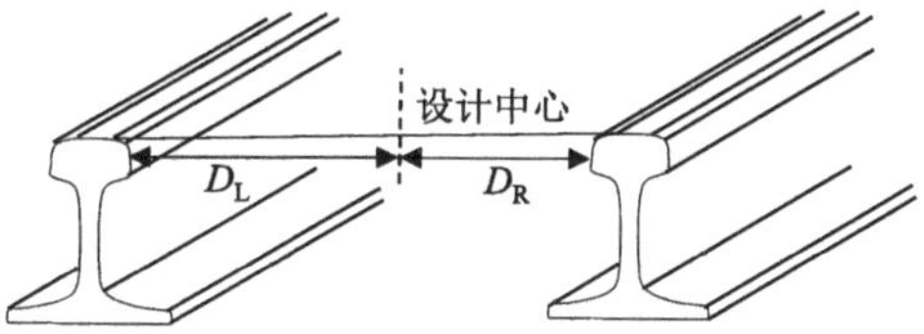

续表

分类	定义	示意图
轨距不平顺	左、右两根钢轨沿轨道长度方向轨距的偏差 Y_G，其值为实际轨距与名义轨距 G 之差	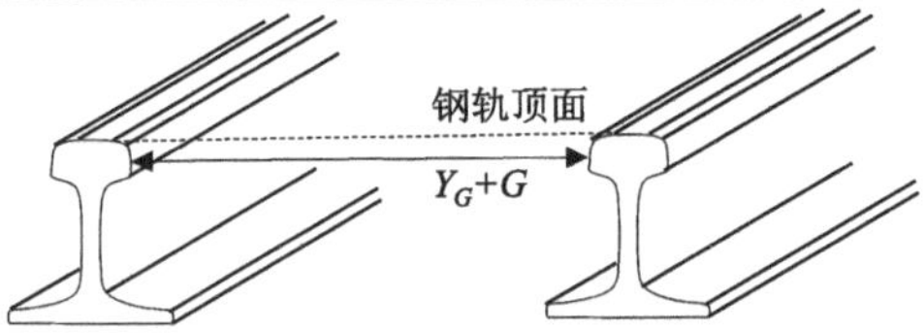

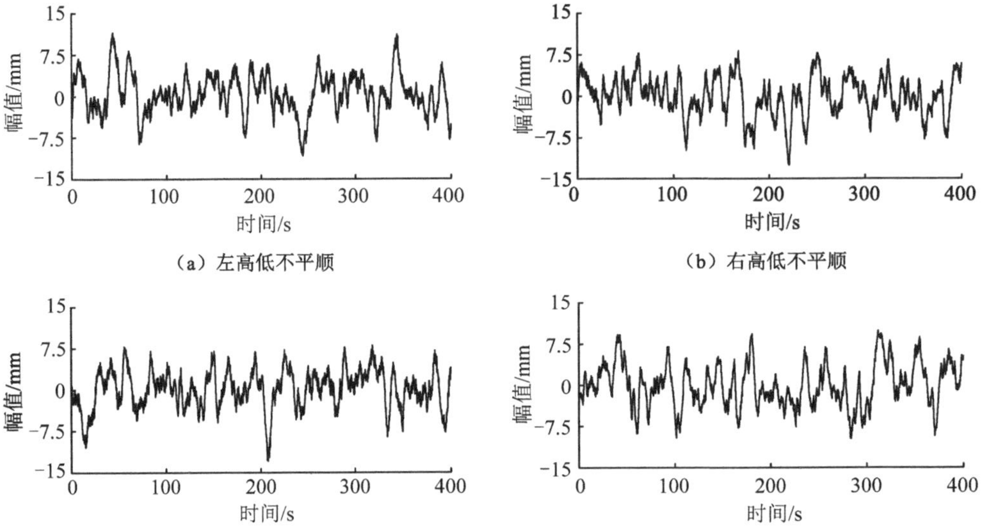

（a）左高低不平顺　（b）右高低不平顺

（c）左轨向不平顺　（d）右轨向不平顺

图 1.8　高低不平顺及轨向不平顺的时程图

相比于汽车荷载的随机性和瞬时性，列车荷载具有不同的特点，主要包括：①不同型号列车的参数相似，车轴排列规则，列车过桥时车道不发生变化，使得列车荷载的随机性小；②列车荷载重且车速较高，会对桥梁产生高强度、高频次的重复冲击作用。桥梁上的车辆荷载作用强度取决于车辆的重量、速度以及结构类型等。车辆越重，其对桥梁的压力就越大；车辆行驶速度越快，施加在桥梁上的冲击力和动荷载越大，其动态效应越强；桥梁越柔，如大跨悬索桥或斜拉桥，其在车辆不均匀作用下的振动越明显。

3. 地震作用

地震是地壳能量快速释放过程中引起地球表面振动的一种自然现象。地震发生的时间及地点具有不可预见性，持续时间短且能量释放剧烈。地震按其成因可分为火山地震、陷落地震、诱发地震和构造地震等。一般所说的地震，多指由于板块构造活动及断裂构造活动所产生的构造地震，其释放能量最大，影响范围最广，发生次数占全球地震总数的 90%以上。

地震时，由震源释放的能量以波的形式，在岩土层传播过程中所引起的地面运动称为地震动。地震动的主要特性可通过幅值、频谱特性和持续时间来描述，称为地震动三要素，其不同组合决定了对桥梁的震害影响程度。由于震源特点、传播介质与途径、局部场地等因素的不确定性，地震动以运动方式而非力的形式出现，因此具有强烈的随机性。如图1.9所示为强震仪记录的某一次地震动的加速度、速度及位移时程曲线。由图可见，地震动极不规则，是由许多不同频率简谐运动合成的复合运动[4]。

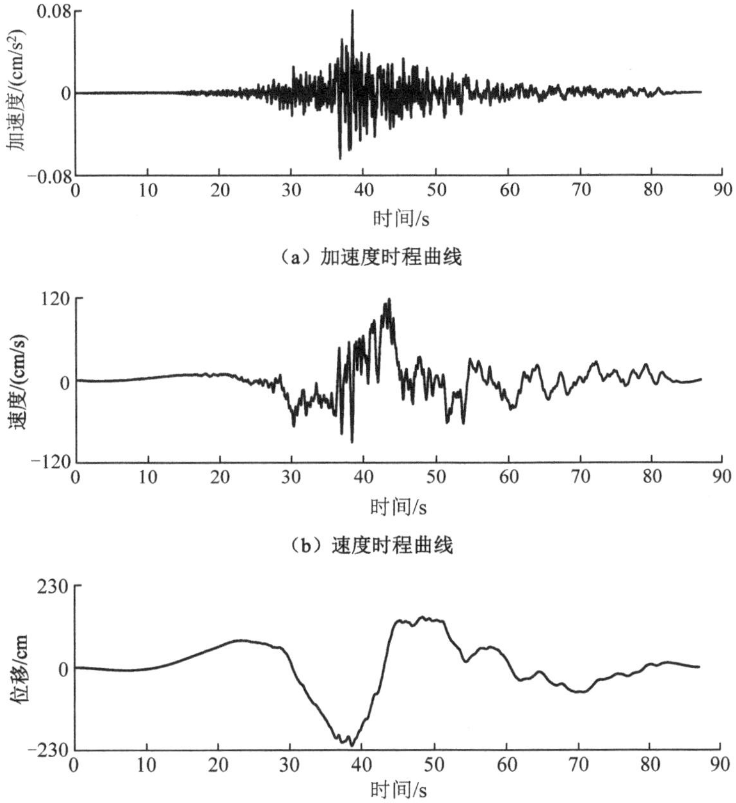

(a) 加速度时程曲线

(b) 速度时程曲线

(c) 位移时程曲线

图1.9 某地震动的时程曲线

地震时强烈的地面运动所引起的结构惯性力称为地震作用。地震作用属于变化随机、作用方向任意和作用时间很短的一种动力荷载，可以用加速度反应谱、地震动时程和地震动功率谱来表征，其值大小取决于地震强烈程度和结构固有特性（频率、阻尼、质量等）。对桥梁而言，地震作用本身可能是一致多点激励，也可能是非一致多点激励，即地震动场的空间变化特性。地震多点激励的空间变化特性表征地震中各个桥墩（台、塔）受到的地震作用的差异，其主要体现为行波效应、部分相干效应、局部场地效应以及衰减效应。

4. 车船撞击作用

在冲击动力学中，撞击表现为介质受到强脉冲荷载作用时的力学效应，也称为碰撞。车船撞击作用指在很短的时间内，运动速度较大的车辆或船舶对桥梁结构产生的高强度、短历时的冲击载荷作用（或撞击作用）。车船撞击桥梁的因素主要包括人为失误、设备故障和恶劣自然环境等。其中，车桥碰撞类型包括超高车辆撞击桥梁主梁等上部结构、非超高车辆撞击桥梁墩柱等下部结构，以及列车脱轨致灾等特殊情况。而船桥碰撞则主要包括偏离航路或超宽的船舶撞击桥墩、船舶的桅杆或上层结构过高撞击主梁等。如图 1.10 所示为车船撞击桥梁的示意图。

（a）超高车辆撞击主梁[5]

（b）船舶撞击桥墩[6]

图 1.10　车船撞击桥梁示意图

桥梁受到的车船撞击作用具有以下特点：①作用时间短，瞬态特征明显，持时明显短于地震作用与风荷载；②作用局部化，损伤局部化特征明显，区别于基底输入的地震作用；③作用偶然性，不论是荷载的大小、作用位置和方式都存在显著的不确定性；④作用单向性，与地震往复加载形式不同，撞击作用具有单向性。此外，车撞与船撞作用之间亦存在差别。车撞作用通常表现为撞击物质量相对小、速度相对大，而船撞作用具有撞击物质量大、速度小的特点。车撞作用持时通常为 100～200ms，甚至更短，其往往比桥梁的振动周期短，可视作一种具有动载特征的脉冲作用。而船撞作用通常持时 1～3s，与桥梁的振动周期相当，故其动力学特征更为明显，相互作用过程也更为复杂。

5. 爆炸荷载

爆炸是物质在足够小的容积和极短的时间内突然迅速释放出大量能量的物理或化学变化的一种现象。爆炸时，炸药发生高速的化学反应并释放出能量，使得周围气体急剧膨胀。在以爆心为中心的球形区域内，空气受到挤压并迅速向外扩散形成冲击波。爆炸冲击波、气体膨胀等效应对桥梁结构或构件施加的压力和冲击力，称为爆炸荷载。桥梁的爆炸荷载主要来源于恐怖袭击（如汽车炸弹）、交通运输爆炸（如油罐车爆炸）以及军事精准打击等，其强度与爆炸物属性、爆炸类型、爆炸物与目标间距、爆炸物位置、运送爆炸物的可能形式以及相应的运载能力等有关。

根据爆心离目标的远近，一般可将桥梁所受爆炸冲击的类型分为接触爆炸、近场爆炸和远场爆炸三种。当炸药离桥梁很近时，会在桥梁结构的局部区域形成大冲量、高强度的压力荷载作用，如图 1.11（a）所示；当炸药离桥梁有一定距离时，作用在桥梁结构上的压力峰值将会减小，压力分布较均匀，同时压力持续时间增长，如图 1.11（b）所示；当炸药离桥梁较远时，作用在桥梁结构表面的压力会变得更加均匀，近似于均布的面荷载，如图 1.11（c）所示。在接触爆炸时，由于局部的冲击过大，会造成结构开裂或断裂。在近场爆炸时，球面冲击波荷载会对桥梁结构产生不均匀的冲击。而在远场爆炸时，由于炸药位置较远，冲击波传播至结构表面后将会变为均布荷载[1]。

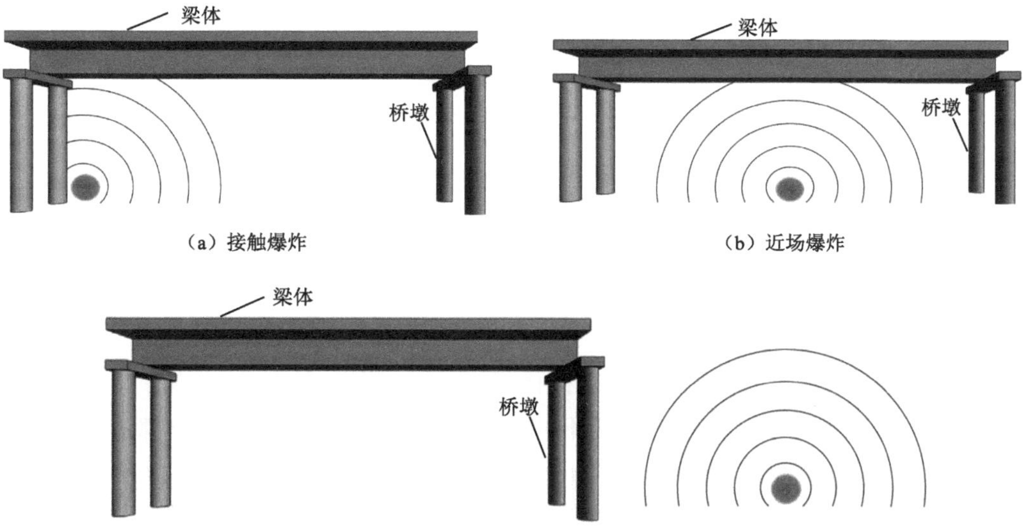

（a）接触爆炸　（b）近场爆炸　（c）远场爆炸

图 1.11　爆炸荷载分类

桥梁的爆炸荷载具有以下特点。①作用时间短，瞬间荷载大。爆炸荷载通常仅持续几毫秒至几十毫秒，作用在结构上的局部压力比常规设计所考虑的荷载大数倍甚至更多。②衰减速度快。爆炸荷载大小随着与爆心距离的增加而迅速衰减。③不确定性。爆炸发生的时间、炸药量级、距离结构的方位（桥面、桥下空中、桥上空中）等具有不确定性。④反射放大效应。当爆炸位于桥面以下时，受桥面、墩柱和桥台等的阻挡及空间限制，使得冲击波发生多次反射叠加，超压峰值增大，冲击力增强。

6. 温湿度作用

区别于风荷载、车辆荷载等动力荷载作用，温湿度作用并不是以力或运动方式的形式出现，也不会引起桥梁的振动。一般认为湿度作用是通过改变结构质量、边界约束松弛等，对桥梁产生的作用。而温度作用则指桥梁结构或构件上由于温度分布变化所产生的作用，引起温度变化的因素包括气温变化、太阳辐射以及使用热源等。桥梁时刻以热对流和热辐射的方式与外部环境进行热量交换，在桥梁结构中形成复杂的温度场，其会引起桥梁的变形和不均匀温度应力。辐射传热是指物体间相互发射辐射能和吸收辐射能的传热过程，对于桥梁结构主要表现为太阳直接辐射、太阳散射辐射、大气逆辐射、地面反射辐射和周围环境辐射。对流传热是指流体流动进程中发生的热量传递现象，对桥梁主要表现为空气对流换热，如图 1.12 所示。

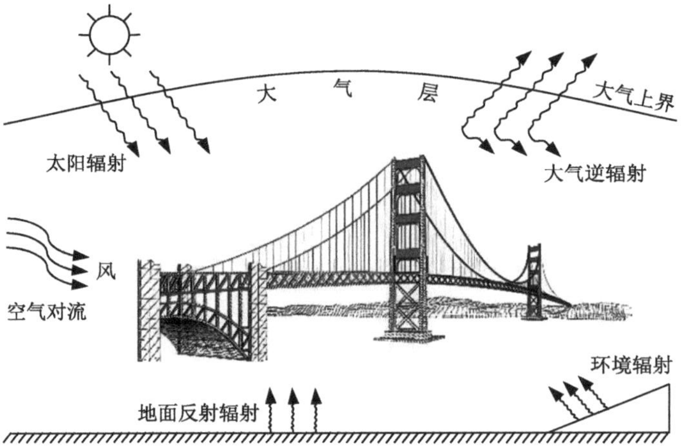

图 1.12　桥梁热环境

根据温度场在桥梁结构中的多样性、复杂性和瞬时性，温度作用可以分为日照温度作用、骤然降温作用以及年温变化作用三种类型[7]。这三种温度作用的特点见表 1.3。日照温度作用为太阳对桥梁不同部位的辐射差异而使结构内部形成的不均匀温度场，日照温度变化[图 1.13（a）]的主要影响因素为太阳辐射强度、气温变化和风速。骤然降温指冷空气或寒潮侵袭等导致桥梁外表面温度突然下降，在结构中形成内高外低的截面温度不均匀分布状态。这种温度作用变化较日照温度作用缓慢，作用时间也更长。年温变化[图 1.13（b）]引起桥梁的温度变化，属于一种长期缓慢的作用。

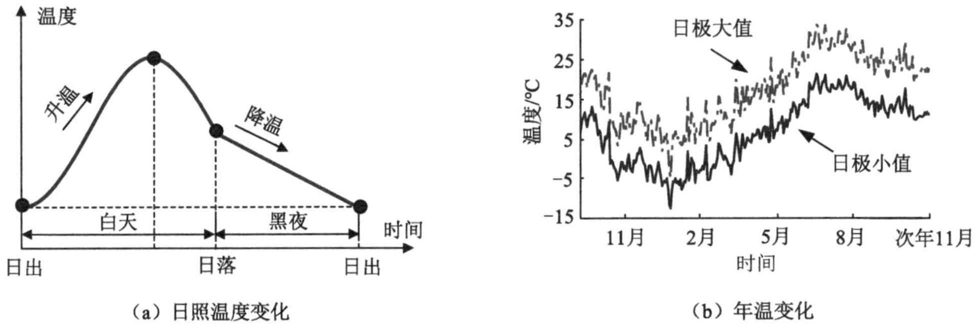

图 1.13　桥梁的日照温度变化和年温变化

表 1.3　温度作用的特点

温度作用	主要影响因素	时间性	作用范围	分布状态	对结构的影响	复杂程度
日照温度	太阳辐射	短时急变	局部性	不均匀	局部应力大	最复杂
骤然降温	强冷空气	短时变化	整体	较均匀	应力较大	较复杂
年温变化	缓慢变化	长期缓慢	整体	均匀	整体位移	简单

在工程实际中，为便于描述温度场在桥梁结构上产生的效应，需要将温度场进行分解。根据桥梁的受力特征，对于结构构件任意截面上的温度分布，可以将温度作用分为均匀温度作用和梯度温度作用两种类型。与表1.3相对应，均匀温度作用由年温变化引起，常年气温变化导致桥梁结构沿纵向均匀地位移，这种位移不产生结构内力，只有当桥梁位移受到约束时才会引起温度次内力；而温度梯度作用则主要由日照温度和骤然降温所引起，它使结构沿高度或宽度方向形成非线性温度梯度，进而引起桥梁产生次应力。

7. 多灾害作用

工程领域的多灾害一般指在空间或时间上多次或多种不同类型的灾害（自然灾害和人为灾害）的群聚群发现象。桥梁的多灾害作用，是指在结构全生命周期中可能发生的包含灾害组合场景所有可能的灾害场景集合。各类灾害发生均存在其独特诱因及时空特性，但不同灾害间也可能存在复杂的关联性。根据灾害发生的特性和形式，多灾害作用的基本组合模式可分为三类：①相互独立的灾害由于相遇而产生的组合，称为独立模式灾害组合，例如地震和冲刷组合、地震与风浪组合等；②相互关联并伴随发生灾害之间的组合，称为相关模式灾害组合，例如台风造成的强风和波浪的组合、风雨组合等；③一种灾害的发生引发了另一种灾害，这种相互关联但接连发生灾害之间的组合，称为链式灾害组合，例如地震与其引发的海啸组合、主余震序列地震等。在这三种基本组合模式基础上，还可以构成更复杂的组合模式，例如桥梁在地震和冲刷组合作用后又遭受由地震引发的海啸袭击，这就是由独立模式灾害组合和链式灾害组合进一步构成的一种更为复杂的灾害组合模式[8]。

与单一灾害作用相比，多灾害作用下的桥梁结构响应分析更为复杂，主要体现在三个方面：①由于不同灾害组合具有各自不同特点，其对桥梁的作用效应和损伤破坏机理不同；②灾害组合作用并不等同于每种灾害作用的简单叠加，而是多种灾害之间相互影响、耦合作用的结果；③对于链式灾害组合，后发灾害的作用模型强烈依赖于先发灾害，且后发灾害必须作用于已被先发灾害改变的桥梁结构状态之上。综上，桥梁的多灾害作用，应考虑多灾种适用性、灾害作用相互影响和灾害效应链式影响。

1.2 桥梁的振动形式

振动是结构或结构的一部分在平衡位置（结构静止时的位置）附近所作的一种往复运动。按照产生振动的原因，可分为自由振动、强迫振动、自激振动和参数振动。

1. 自由振动

结构系统在初始激励作用下离开平衡位置后，不再受外界激励，而是按其固有频率振动，称为自由振动（free vibration）。在自由振动中，结构系统由初始位移而产生的势能与由初始速度所产生的动能相互转化，没有外界能量补充。当系统中没有消耗能量的阻尼因素时，总机械能守恒，动能和势能相互转换而维持等幅振动，称为无阻尼自由振动。当阻尼因素不能忽略时，阻尼引起的机械能耗散使得自由振动不能维持等幅而趋于衰减，称为阻尼自由振动。受空气介质阻尼、材料内阻尼、支撑及连接处摩擦力产生的摩擦阻尼等影响，桥梁的自由振动属于阻尼自由振动。

以单自由度系统为例，说明自由振动的产生机理。单自由度系统的动力学方程一般形式及初始条件可表示为

$$\begin{cases} m\ddot{y}(t)+c\dot{y}(t)+ky(t)=p(t) \\ y(0)=y_0 \\ \dot{y}(0)=\dot{y}_0 \end{cases} \tag{1.1}$$

式中，m、c、k分别为系统的质量、阻尼、刚度；$\ddot{y}$、$\dot{y}$、y分别为系统的加速度、速度、位移；p是激励；t是时间；y_0和$\dot{y}_0$分别为系统在初始时刻的位移和速度。

当激励$p(t)=0$且阻尼$c=0$时，式（1.1）变为

$$\begin{cases} m\ddot{y}(t)+ky(t)=0 \\ y(0)=y_0 \\ \dot{y}(0)=\dot{y}_0 \end{cases} \tag{1.2}$$

此时，该单自由度系统做无阻尼自由振动，如图 1.14（a）所示，振动位移表达式为

$$y(t)=y_0\cos(\omega_0 t)+\frac{\dot{y}_0}{\omega_0}\sin(\omega_0 t)=a\sin(\omega_0 t+\theta) \tag{1.3}$$

式中，ω_0、a、θ分别为系统的固有频率、振幅和初始相位角，其表达式分别为

$$\omega_0=\sqrt{\frac{k}{m}} \tag{1.4}$$

$$a=\sqrt{{y_0}^2+\frac{{\dot{y}_0}^2}{{\omega_0}^2}} \tag{1.5}$$

$$\theta=\arctan\left(\frac{y_0\omega_0}{\dot{y}_0}\right) \tag{1.6}$$

当激励$p(t)=0$且阻尼$c>0$，该单自由度系统做阻尼自由振动，如图 1.14（b）所示，其中阻尼比$0<\xi\ll 1$，振动位移表达式为

$$y(t)=\mathrm{e}^{-\xi\omega_0 t}\left(y_0\cos(\omega_d t)+\frac{\dot{y}_0+\xi\omega_0 y_0}{\omega_d}\sin(\omega_d t)\right)=a_d\,\mathrm{e}^{-\xi\omega_0 t}\sin(\omega_d t+\theta_d) \tag{1.7}$$

式中，ξ、ω_d、a_d和θ_d分别为阻尼比、有阻尼固有频率、有阻尼振幅和有阻尼初始相位角，其表达式分别为

$$\xi = \frac{c}{2m\omega_0} \tag{1.8}$$

$$\omega_d = \sqrt{1-\xi^2}\,\omega_0 \tag{1.9}$$

$$a_d = \sqrt{y_0^2 + \frac{\left(\dot{y}_0 + \xi\omega_0 y_0\right)^2}{{\omega_d}^2}} \tag{1.10}$$

$$\theta_d = \arctan\left(\frac{y_0\omega_d}{\dot{y}_0 + \xi\omega_0 y_0}\right) \tag{1.11}$$

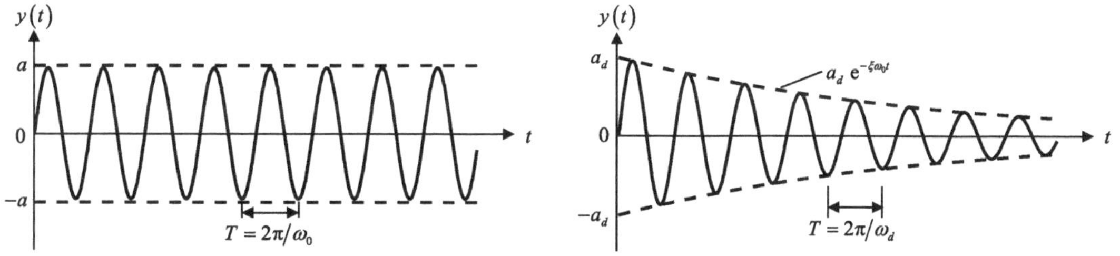

（a）无阻尼自由振动 （b）阻尼自由振动

图 1.14 单自由度系统自由振动示意图

当初始位移 y_0 和初始速度 $\dot{y}_0$ 均为零时（即系统在初始时刻 $t=0$ 时处于静止状态），在系统上施加式（1.12）所示的单位脉冲激励，此时系统由于冲量作用将产生式（1.13）所示的初速度 $\dot{y}\left(0^+\right)$。

$$p(t) = \delta(t) = \begin{cases} 1, t=0 \\ 0, t\neq 0 \end{cases} \tag{1.12}$$

$$\dot{y}\left(0^+\right) = \frac{\int_0^t \delta(t)\mathrm{d}t}{m} = \frac{1}{m} \tag{1.13}$$

式中，$\delta(t)$ 为狄拉克（Dirac）函数。

联合式（1.7）和式（1.13）可知，在初始时刻处于静止状态的有阻尼单自由度系统，在单位脉冲激励作用下的振动位移表达式为

$$y(t) = \frac{\mathrm{e}^{-\xi\omega_0 t}}{m\omega_d}\sin\left(\omega_d t\right) \tag{1.14}$$

由式（1.7）和式（1.14）可知，当初始状态不为零或有脉冲激励作用时，系统的振动响应均为自由振动形式，振动幅值按指数衰减，振动频率等于系统有阻尼固有频率。若系统的阻尼比满足 $0<\xi\ll 1$ 时，有阻尼固有频率与固有频率接近，振动频率近似等于系统固有频率。

相应地，按照脉冲激励作用原理和初始状态原理，桥梁产生自由振动的方法可分为突加荷载法和突卸荷载法。

1）突加荷载法

突加荷载法需要在被测桥梁上快速施加一个冲击作用力，故又称为力激励法或

冲击法。在桥梁的动载试验中，令桥梁产生自由振动的常见突加荷载场景包括：①对于中小跨径桥梁，可采用枕木或重锤沿垂直方向冲击桥面以激起桥梁竖向自由振动，沿水平方向冲击桥面缘石可激起桥梁横向自由振动；②让试验车辆在桥面上驶越垫块，如图 1.15 所示，利用车轮的突然下落对桥梁产生冲击作用，激起桥梁主梁的竖向自由振动，但受试验车辆附加质量的影响，此自由振动频率与桥梁结构固有频率之间存在一定差异；③在桥梁动载试验中，还可采用爆炸或发射小型火箭等产生脉冲激励的方法来激起桥梁的自由振动。这些方法均属于人工激振范畴，需要专业技术人员在现场组织开展。而在桥梁运营期间，譬如船舶或漂流物撞击桥梁、桥头跳车等偶然因素下的桥梁振动也可近似视为自由振动。

图 1.15　突加荷载示意图

2）突卸荷载法

突卸荷载法是在桥梁上预先施加荷载作用，使桥梁产生初位移，然后突然卸去荷载，利用结构的弹性恢复力维持自由振动。令桥梁产生自由振动的常见突卸荷载场景包括：①在桥梁动载试验中，可通过自动脱钩装置、剪断绳索、断裂器装置（图 1.16）等方式突然卸去预先施加的荷载，从而使桥梁产生自由振动。例如，可在主梁下面悬吊船舶等重物，然后突然剪断绳索释放重物，使桥梁结构产生竖向自由振动。②在桥梁服役期间，当汽车或列车以一定速度驶离某个桥跨后很短的一段时间内，桥梁的振动也可近似视为自由振动。

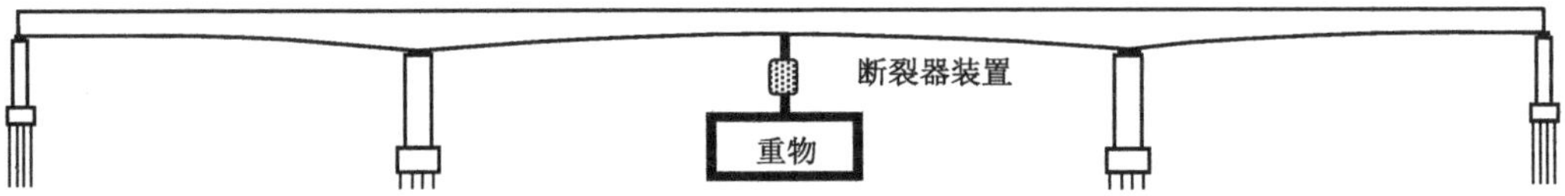

图 1.16　突卸荷载示意图

2. 强迫振动

强迫振动也称为受迫振动（forced vibration），是结构系统在外界周期性激励持续作用下所发生的振动，这个“外来的周期性激励”称为驱动力或强迫力。

以单自由度系统为例，其在激励 $p(t)$ 作用下的动力学方程仍为式（1.1）。当激励 $p(t)\neq 0$ 且阻尼比 $0<\xi\ll 1$ 时，系统的振动位移表达式为

$$y(t)=\underbrace{a_d\,\mathrm{e}^{-\xi\omega_0 t}\sin(\omega_d t+\theta_d)}_{\text{瞬态振动}}+\underbrace{\int_0^t \frac{p(\tau)}{m\omega_d}\mathrm{e}^{-\xi\omega_0(t-\tau)}\sin(\omega_d(t-\tau))\,\mathrm{d}\tau}_{\text{稳态振动}} \tag{1.15}$$

由式（1.15）可知，在外界激励的持续作用下，系统的振动由瞬态振动和稳态振动两部分组合而成。对比式（1.7）可知，瞬态振动为系统按初始位移 y_0 和初始速度 $\dot{y}_0$ 所做的自由振动，其振动频率等于结构有阻尼固有频率，由于阻尼的存在，瞬态振动会逐渐衰减直至消失。稳态振动为强迫力 $p(t)$ 驱动下的系统振动，由于瞬态振动会很快消失，强迫振动通常就指稳态振动。

　　如图 1.17 所示，展示了外界激励持续作用下的系统稳态振动与脉冲激励作用下的系统自由振动之间的联系。持续作用的外界激励 $p(t)$ 可看作由不同时刻下的脉冲激励 $\{p(\tau), \tau = 0, \tau_1, \tau_2, \cdots, \tau_k, \cdots, \tau_j, \cdots\}$ 构成；对于线性时不变系统，每个时刻的脉冲激励 $p(\tau)$ 分别独立作用于系统，产生振动响应 $y|_{\tau}(t) = (m\omega_d)^{-1} p(\tau) \mathrm{e}^{-\xi\omega_0(t-\tau)} \sin(\omega_d(t-\tau))$，其为自由振动形式；对所有时刻下脉冲激励引起的振动响应进行积分，即杜阿梅尔积分（Duhamel's integral）的一般形式，也就是式（1.15）中的系统稳态振动项。

$$y|_{\tau}(t) = \frac{p(\tau)}{m\omega_d} \mathrm{e}^{-\xi\omega_0(t-\tau)} \sin(\omega_d(t-\tau))$$

$$y(t) = \int_0^t \frac{p(\tau)}{m\omega_d} \mathrm{e}^{-\xi\omega_0(t-\tau)} \sin(\omega_d(t-\tau)) \mathrm{d}\tau$$

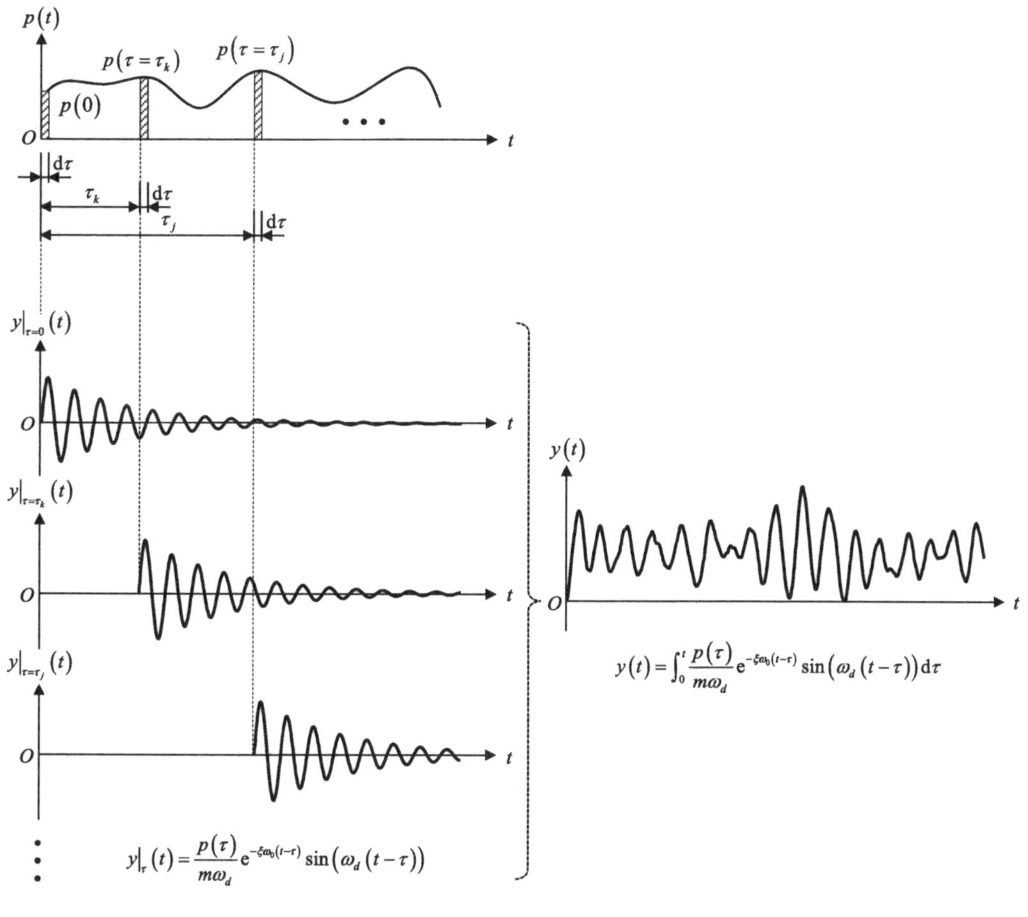

图 1.17　任意激励下的单自由度系统稳态振动示意图

　　按能否用确定的时间函数关系式描述，强迫振动可分为确定性强迫振动和随机强迫振动。

1）确定性强迫振动

若作用在桥梁上的激励时程在任一给定的时间都是确定的，则这种激励称为确定性激励，此时相应的振动称为确定性强迫振动。例如，利用激振器对桥梁施加正弦扫频激励，产生的结构振动为确定性强迫振动（图 1.18）[9]。

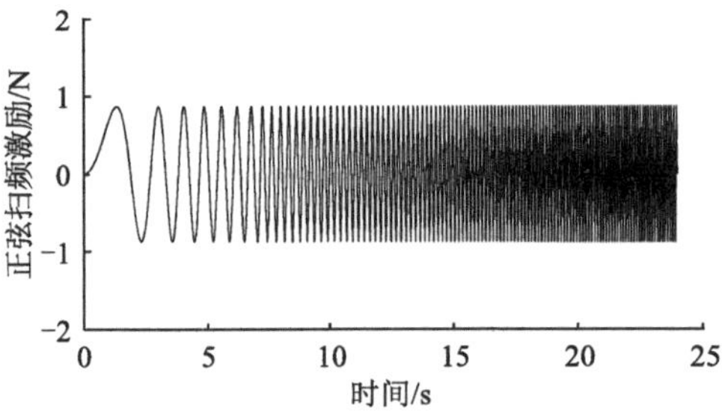

（a）正弦扫频激励

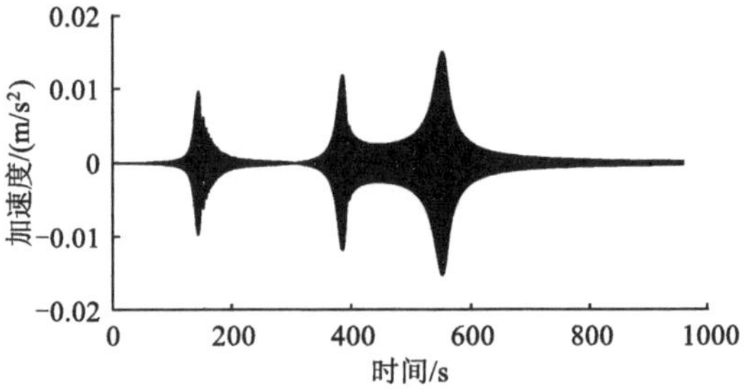

（b）正弦扫频激励下的桥梁振动响应

图 1.18　扫频激励及确定性强迫振动示意图

2）随机强迫振动

若激励是不定或随机的，也就是激励值在任一给定的时间是不能预测的，其激发的桥梁振动称为随机强迫振动。例如，脉动风作用下的桥梁抖振（buffeting）响应，又称为紊流风响应，是一种具备有限振幅特性的随机强迫振动[图 1.19（a）]；地震作用下的桥梁振动响应表现为一种非平稳的随机强迫振动[图 1.19（b）]；随机车流作用下的公路桥梁振动响应等[图 1.19（c）]。

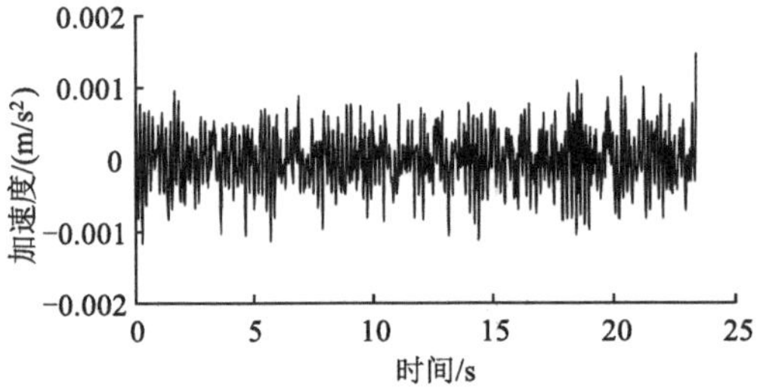

（a）脉动风作用下的桥梁抖振响应

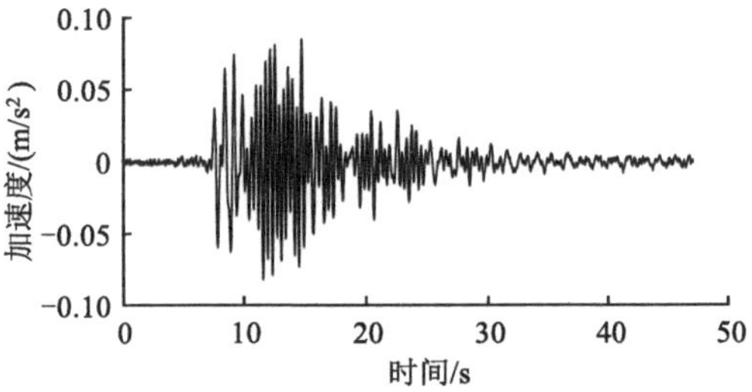

（b）地震作用下的桥梁振动响应

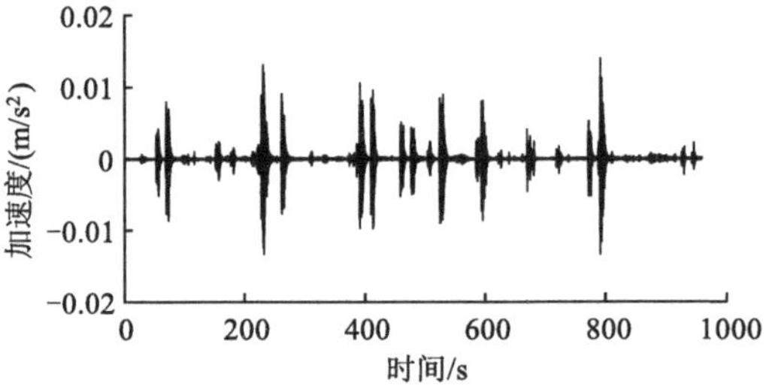

（c）随机车流作用下的公路桥梁振动响应

图 1.19　桥梁随机强迫振动响应示意图

在铁路桥梁领域，车-桥耦合系统振动是最为重要的一种振动形式。对于车-桥耦合系统的振动，往往无法用单一的确定性强迫振动或随机强迫振动来描述。实际上，车-桥耦合系统振动具有明显的自激性和随机性，这是因为车-桥系统内部存在激扰因素，包括体系内部质量分布不均、轨道不平顺和轮对蛇形运动等。仅就桥梁子系统而言，具有规则轴距的列车以一定速度驶过桥梁时，列车移动重力加载所形成的周期性竖向作用力，使桥梁产生具有规则波形的振动响应，其属于确定性强迫振动；轨道不平顺和轮对蛇形运动等引起的桥梁振动部分属于随机强迫振动；而桥梁振动本身形成的反馈机制调节振动系统，具有一定的自激性，表现为通过桥梁响应计算的振动频率随时间变化，其略偏离桥梁的固有频率。

3. 自激振动

自激振动（self-excited vibration）是一种由系统本身产生的激励所维持的非线性振动，其可定义为一种不需要外界激励，也不需要外界作用改变系统的结构参数，而是依靠系统内部各个组成部分相互作用来维持的稳态周期振动[10]。维持自激振动的交变力是由结构振动本身所产生，且由反馈和调节环节所控制，振动本身一旦停止，其交变力随之消失，自激振动也将随即停止。

以单自由度系统为例，若激励与速度成正比，系统的动力学方程[2]为

$$m\ddot{y}(t)+c\dot{y}(t)+ky(t)=A(u(t))\dot{y}(t) \tag{1.16}$$

式中，$A(u(t))$表示A为另一参变量$u(t)$的函数。

对式（1.16）进行移项后，可得

$$m\ddot{y}(t)+(c-A(u(t)))\dot{y}(t)+ky(t)=0 \tag{1.17}$$

由式（1.17）可知，当$c>A(u(t))$时，系统的阻尼为正，其振动是衰减的；当$c=A(u(t))$时，系统的阻尼为零，其振动为不衰减的等幅振荡，这是自激振动的临界状态；当$c<A(u(t))$时，系统的阻尼为负，其振动会逐步增大直至发散。系统因负阻尼而进入发散振动状态是自激振动的一个典型例子。

自激振动发生需要满足两个条件：①结构系统在平衡点附近的不稳定性；②具有迫使结构系统略微偏离平衡位置的外界扰动。事实上，自激振动并非完全不需要外界激励，它总是源于某一偶然外界扰动下开始振动，从而产生维持自激振动的交变力。

在桥梁领域，除了车-桥耦合系统振动表现出一定的自激性以外，最常提及的桥梁自激振动形式为风荷载引起的桥梁颤振和驰振等。从空气动力学角度来看，当平均风带着脉动风经过具有钝体断面的桥梁时，会产生旋涡和流动分离，形成复杂的空气作用力，并以静力作用和动力作用的形式对桥梁产生影响。风的动力作用激发了桥梁振动，桥梁振动又反过来影响空气流场和改变空气作用力，形成了风与桥梁结构的相互作用机制。当空气作用力受桥梁振动的影响较小时，空气作用力为强迫力，其会引起桥梁的强迫振动，如图1.19（a）所示；当空气作用力受桥梁振动

的影响较大时，受振动结构反馈制约的空气作用力表现为一种自激力，其会引起桥梁的自激振动，如表 1.4 所示。

表 1.4　风荷载动力作用引起的桥梁自激振动形式

振动形式	作用机理	振动特点
颤振	自激升力矩或自激力耦合效应的气动负阻尼现象，包括扭转颤振和耦合颤振	发散振动
驰振	自激升力的气动负阻尼现象，包括横流驰振和尾流驰振	发散振动
风雨激振	拉索或吊索在特定风雨条件下的一种低频大幅度振动，致振机理尚无定论	限幅振动
涡激振动	旋涡脱落产生的涡激力作用，兼具自激振动和强迫振动特性	限幅振动

1）颤振

桥梁在流动空气作用下会产生振动，振动结构受惯性力、弹性力和空气动力的耦合作用而发生大幅振动，并从流动空气中不断吸收能量，当该能量大于结构阻尼在振动中所耗散的能量时而出现的振动发散现象，称为颤振（flutter）（图 1.20）。颤振是一种空气动力作用下结构弹性振动的失稳现象，表现为气流与桥梁之间的发散性自激振动。

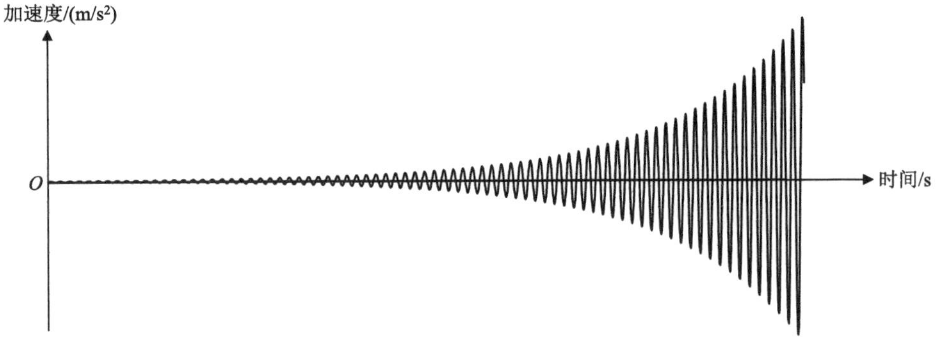

图 1.20　颤振响应示意图

颤振在钝体断面和流线型断面上均可发生。当桥梁具有钝体断面时，气流的流动速度通过影响或改变钝体断面扭转自由度运动的振幅和相位，从而引起扭转振动并产生气动负阻尼，导致扭转颤振；当桥梁具有流线型断面时，气流的流动速度主要通过影响或改变流线型断面结构的扭转和弯曲自由度运动之间的振幅和相位，从而引起不同自由度之间的耦合振动并产生气动负阻尼，导致弯扭耦合颤振，即经典颤振；对介于流线型和钝体之间的桥梁断面，有可能产生从扭转颤振到耦合颤振的各种情况。颤振是一种非常危险的风振类型，因为它会使桥梁振幅不断增大，直至失稳或破坏。

2）驰振

驰振（galloping）是一种由于结构物的速度使其与来流之间相对攻角不断变化，产生气动负阻尼，进而引发失稳的一种振动形式。驰振一般发生在具有非流线型截面的结构中，如正方形、矩形或其他直角形结构。由于升力曲线具有负斜率，即空气升力具有负阻尼作用，使结构能够源源不断地从外界吸收能量，从而形成类似颤振的发散振动现象。常见的桥梁驰振现象有横流驰振（across-wind galloping）和尾流驰振（wake galloping）。

横流驰振是由升力曲线的负斜率所引起的发散性弯曲自激振动。这种负斜率使得振动过程中结构的位移始终与空气力的方向相一致，结构不断从外界吸收能量，从而形成不稳定振动。横流驰振一般发生在具有棱角的非流线型截面的柔性轻质结构中，尤其是悬吊体系桥梁的拉索和吊杆最有可能发生此类现象。

尾流驰振是上游结构尾流湍流激发的下游结构所产生的一种不稳定振动。在桥梁领域，这种振动形式一般发生在沿风向斜列的两根拉索处。在风场作用下，上游索的尾流部分会形成一个不稳定驰振区，而下游索如果位于不稳定驰振区内，且两根拉索的固有频率接近，那么在尾流中的阻力和升力共同作用下，下游索就会产生呈椭圆形轨迹的回旋运动，且两根拉索的振幅不断增大，直到达到稳态振幅的极限环为止（图1.21）。已有研究发现，当两根拉索间距为2～5倍或10～20倍的拉索直径时，较容易出现尾流驰振现象。

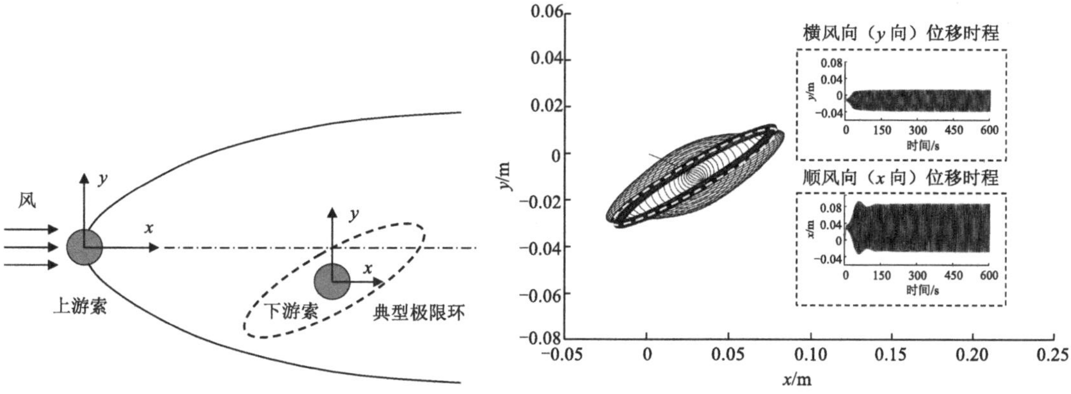

（a）拉索空间位置　　（b）下游索位移轨迹

图1.21　拉索尾流驰振示意图

3）风雨激振

风雨激振是指拉索或吊索在风雨共同作用下产生的低频大幅度振动。风雨激振现象涉及气（风）、液（雨）、固（索）三相耦合，由于其致振机理复杂且尚未达成共识，这里在表1.4中将其单独列出。在特定的风雨联合作用下，拉索的上下表面各形成一条水线，如图1.22所示，从而改变拉索的气动外形。随着拉索振动，水线沿着拉索表面环向振荡，拉索的气动外形也随之不停地发生变换，作用在拉索上的气动力也交替变化并且具有气动不稳定性，进而引发拉索的大幅度振动。大量研究表明，拉索的风雨激振具有限速和限幅特性，即其发生风速一般为6～18m/s，且其振幅不会无限增大，一般为拉索直径的2～5倍。

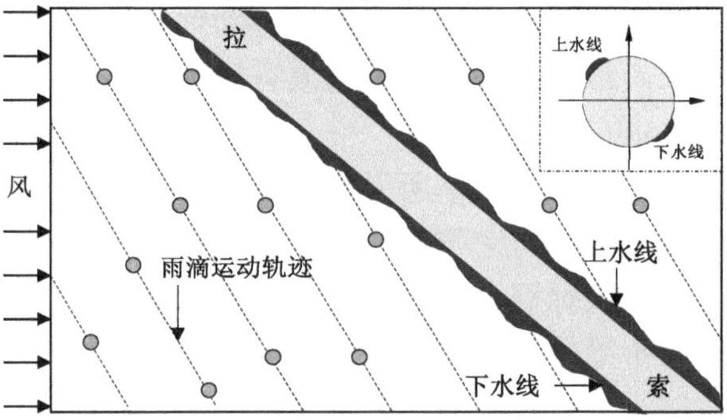

图 1.22　风雨激振水线示意图

表 1.5 给出了风雨激振发生和发展各阶段的拉索振动特性[11]。第一阶段，当仅有风荷载作用时，拉索在气动力作用下产生随机强迫振动响应，即抖振响应。第二阶段，在风荷载和雨荷载的联合作用下，雨水在气动力作用下克服了重力和拉索表面附着力，从而在拉索表面形成上水线和下水线，由于气动力的随机性，水线也随机振荡，此时其尚未对流场形成干扰，拉索的振动仍表现为随机强迫振动。第三阶段，水线随着拉索的振动而沿拉索环向做规则振荡，水线的振荡频率接近拉索的固有频率，拉索振动表现为规则性的自激振动。

表 1.5　风雨激振发生和发展各阶段的拉索振动特性

	仅风荷载作用阶段	水线形成阶段	水线规则振荡阶段
示意图	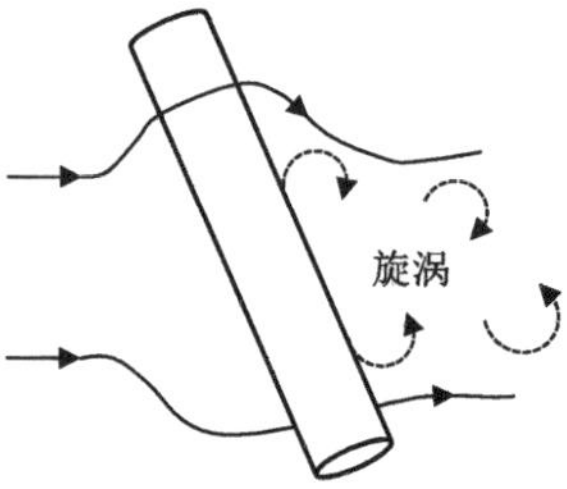	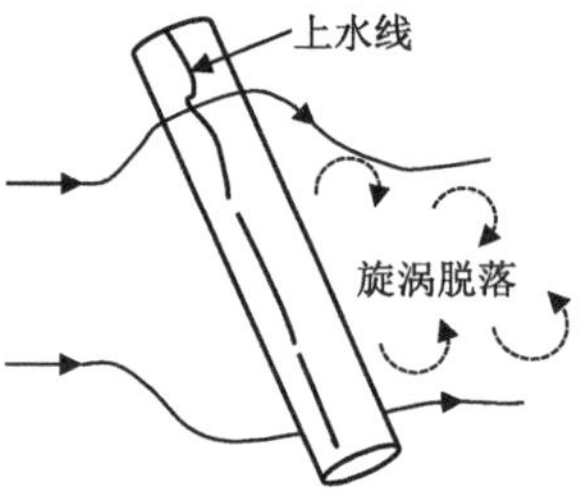	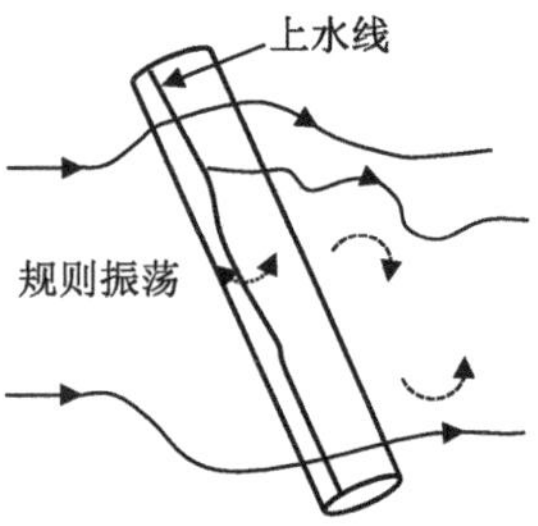
气动力频率	旋涡脱落频率	旋涡脱落频率	拉索固有频率
阻尼特性	正阻尼	正阻尼	部分负阻尼
振动形式	随机强迫振动	随机强迫振动	自激振动

4）涡激振动

当气流绕过一般为钝体断面的结构或构件时，会在其上下表面产生交替脱落的旋涡［图 1.3（c）］或流动分离，激发其按照固有频率振动，振动的结构或构件反过来会对涡脱形成反馈作用，使得涡振振幅受到限制，即为涡激振动［图 1.23（a）］。令涡激振动发生的力为旋涡脱落所引起的周期性变化气动力，称为涡激力。涡激力兼具强迫力和自激力的性质，涡激力的频率 f_v 与风速 U 、施特鲁哈尔（Strouhal）数 S_t 以及结构特征长度 D 有关，其定义为

$$f_v = S_t \frac{U}{D} \tag{1.18}$$

根据式（1.18）可知，涡激力的频率 f_v 与风速 U 呈线性关系。当特定风速条件使得涡激力频率 f_v 与桥梁某一阶固有频率 f_b 一致时，涡激振动的发生条件得到满足。反过来，固有频率为 f_b 的结构振动体系对旋涡脱落产生反馈作用，使得旋涡脱落频率 f_v 在一定风速范围内被结构固有频率 f_b 所“俘获”，形成一种锁定现象［图 1.23（b）］。该锁定现象使得某一阶模态涡激共振的风速范围扩大。

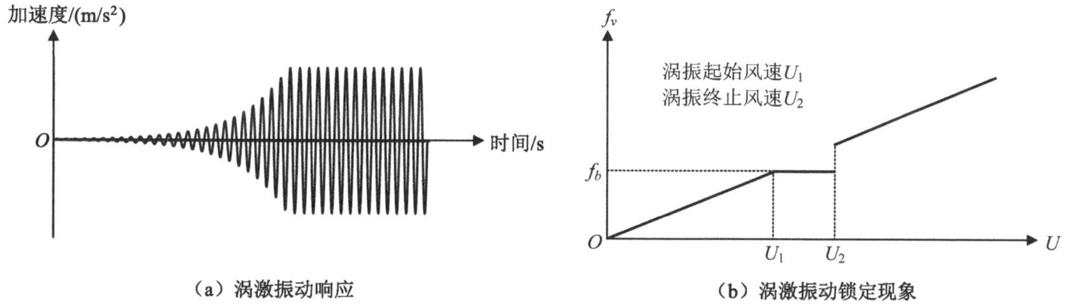

图 1.23　涡激振动示意图

大跨桥梁的刚度小、固有频率低、诱发涡激振动的风速较低，导致涡激振动的发生概率比颤振和驰振要高很多。例如，巴西尼特罗伊跨海大桥在风速 16.7m/s 条件下发生了第一阶竖向弯曲模态涡激振动，日本东京湾大桥在风速 16～17m/s 内发生明显的竖向涡激振动。涡激振动作为一种限幅振动，不会导致桥梁出现发散振动而破坏，但其仍会影响行车舒适性和桥梁结构的疲劳性能。

4. 参数振动

参数振动是由结构系统随时间变化的参数（刚度、阻尼、质量或质量惯性矩）所激发的振动。参数振动因外界激励而产生，但激励不是以外力形式直接施加于结构系统，而是通过结构系统内参数的周期性改变间接地实现。

在桥梁领域，参数振动主要出现在拉索上。在风荷载或车辆荷载作用下，桥面和桥塔会产生振动，由于拉索的两端分别与桥塔和主梁相连，拉索的张力也会随着桥塔和主梁的振动而发生周期性变化。当拉索的张力变化频率与拉索的某阶固有频率呈倍数关系时，即使桥塔和主梁的振动幅度很小，也能引发拉索大幅度振动，即拉索发生参数振动。

5. 桥梁振动形式的区别与联系

桥梁的自由振动、强迫振动、自激振动和参数振动的区别与联系如表 1.6 所示。

1）自由振动

从激励方式看，使桥梁产生自由振动的激励来自外界，并且只在初始时刻受到激励。当初始激励使桥梁偏离平衡位置后，桥梁依靠自身弹性恢复力而维持振动，若有阻尼存在，则有阻尼自由振动的振幅随时间逐步衰减。从频率成分看，自由振动的频率只与桥梁的固有特性相关，即自由振动频率等于桥梁的有阻尼固有频率，近似等于桥梁的固有频率。

2）强迫振动

从激励方式看，使桥梁产生强迫振动的激励同样来自外界，但有别于自由振动形式，外界激励会持续作用在桥梁上；从长期行为来看，强迫振动受初始状态的影响较小，以稳态振动为主，且外界激励并不会引起结构的参数变化；从频率成分看，强迫振动的特性与激励的大小、方向和频率密切相关，桥梁对外界激励作出的响应就是“服从”，即强迫振动频率等于强迫力（驱动力）的频率。当强迫力频率等于固有频率时，会发生共振，各阶共振模态在强迫振动响应中占主要贡献。

3）自激振动

从激励方式看，自激振动的形成需要外界扰动的存在，桥梁在外界扰动下开始振动，才能产生维持自激振动的交变力，只是起振后激励主要来自自身且一直存在；从频率成分看，自激力并未改变结构参数，因此桥梁固有频率不会发生变化，自激振动是桥梁受自身运动诱发并维持的振动，自激振动频率等于或接近桥梁的固有频率。

4）参数振动

从激励方式看，参数振动由外界激励产生，但与强迫振动不同，外界激励是通过周期性地改变结构参数而引起振动。从频率成分看，产生参数振动的结构系统为参变系统，振动结构的频率将随时间发生变化。

表 1.6　桥梁振动形式对比

振动形式	激励方式	频率成分	常见场景
自由振动	初始外界激励	固有频率	跳车试验、列车下桥、船舶撞击等引起的桥梁振动
强迫振动	持续外界激励	强迫力频率	跑车试验、脉动风、地脉动、随机车流等作用下的桥梁振动
自激振动	外界激励、自身激励	等于或接近固有频率	颤振、弛振、风雨振
参数振动	外界激励	时变固有频率	拉索参数振动

1.3　桥梁振动的影响

随着桥梁建设用材向轻质、高强、低阻尼方向发展以及桥梁跨度的不断突破，桥梁振动问题日益凸显。桥梁在地震、风、车辆、爆炸以及行人等动荷载作用下产生振动，不仅会对桥梁自身的安全性、适用性和耐久性造成威胁，还会对邻近工程产生影响。

1. 对桥梁结构自身的影响

1）安全性

在地震作用下，地面起伏和水平运动引起桥梁强烈振动，这种振动产生的惯性力使结构的内力和变形大幅增加，如果桥梁遭遇的地震动强度超过设计预期强度，或结构设计、细部构造、施工方面存在缺陷时，桥梁将会发生破坏甚至倒塌。例如，在1995年日本阪神大地震中，西宫港大桥的引桥因支座抗剪承载力不足而被剪坏，并进一步导致落梁发生。当桥梁跨度较大时，因其较小的结构刚度使得桥梁振动很容易被风荷载所激发。以颤振为例，桥梁从流动空气中不断吸收能量，可能导致振幅逐步增大至承受极限而破坏。1940年，美国塔科马大桥在风速不足20m/s的情况下就发生了颤振，主梁经历振幅不断增大的反对称扭转振动后，吊索被逐根拉断，并最终导致主梁振毁（图1.24）[12]。当车辆或船舶撞击桥梁时，其动能在极短时间内转化为对结构的冲击力，可能会造成桥墩的弯曲破坏和剪切破坏，严重时甚至会导致上部结构坍塌。2024年，美国弗朗西斯·斯科特·基桥：一艘集装箱船撞击一侧桥墩，桥墩因难以抵御该撞击荷载而发生倒塌，导致钢桁架因失去支撑而破坏，分多段坠入水中。爆炸产生的冲击波会使桥梁瞬时承受峰值高、持续时间短的超压荷载，导致桥梁发生冲剪破坏[13]。2013年，一辆非法运输烟花爆竹的货车，在经过河南义昌大桥时发生爆炸，致使约80m长的桥面垮塌。此外，如果人群的脚步频率与桥梁的自振频率相同或相近，会引发桥梁产生共振，造成结构振幅急剧增大，甚至超出桥梁所能够承受的极限而坍塌。1831年，一支由74人组成的部队齐步走过英国曼彻斯特的布劳顿吊桥时，因共振而发生了坍塌。

图1.24 振动导致的桥梁破坏案例[12]

2）适用性

振动对桥梁适用性的影响主要体现在行车安全性和舒适性上。在风荷载激扰和车辆冲击作用下，桥梁结构会产生振动，而桥梁振动反过来又会引起车辆振动[14]。对于铁路桥梁，桥梁的明显振动可能会导致列车的脱轨系数、轮重减载率、轮轨横向摇摆力、倾覆系数等判定列车运行安全的指标超限，造成轮轨分离，严重时会引发列车脱轨或倾覆灾难。此外，桥梁振动会导致列车车体的加速度增大，可能造成舒适性评定指标超限，造成乘客短期内身体不适。对于公路桥梁，桥梁振动会使车辆的车轮与路面的竖向和横向接触力减小，过大的振动可能会导致车辆的荷载转移率和侧滑安全因子超限，引起车辆侧翻和侧滑事故。此外，桥梁振动还会导致车辆振动的加权加速度均方根值和最大瞬态振动值等反映行车舒适度的指标增大，引发乘客和驾驶员的不舒适感。对于刚度较小的大跨桥梁，在遇到特殊风况时容易发生涡振，涡振一般不会对桥梁结构的安全性构成威胁，但会影响行车的安全性和舒适性。丹麦大贝尔特桥（图 1.25）、日本东京湾大桥、俄罗斯伏尔加河大桥以及中国国内的一些大跨桥梁都曾出现过涡振现象，为保障通行安全，在大桥发生涡振期间通常会采取交通管制措施。

图 1.25　丹麦大贝尔特桥涡振现象[15]

3）耐久性

长期振动会造成构件的局部疲劳开裂，进而对桥梁结构的耐久性产生影响。当桥梁所受的反复交变载荷的频率分布与结构的固有频率分布具有交集或者相接近时，会导致桥梁构件的应力总是大于相同静荷载作用下所产生的应力，从而使构件在长期振动下出现疲劳开裂。在风、雨、车辆等作用下，斜拉索可能发生振幅明显的振动，在斜拉索疲劳应力幅的组成中，因斜拉索发生大幅振动所产生的动应力不应忽略，由振动增加的应力幅会加速斜拉索的疲劳断裂和护套开裂[图 1.26（a）]。此外，斜拉索端部在长期振动下也易造成疲劳开裂，并在索锚结合处产生裂缝，破坏防腐保护系统。对于直接承受车辆冲击的正交异性钢桥面板，车辆冲击造成桥面板的应力幅明显高于只考虑车辆静荷载作用时的应力幅，进一步导致桥面板疲劳损伤累积速率明显加快[16][图 1.26（b）]。此外，波浪力及冰荷载的持续冲击会导致跨海大桥的桥墩长期振动，使疲劳损伤累积速率明显高于处在平静水流下的桥墩[17]。

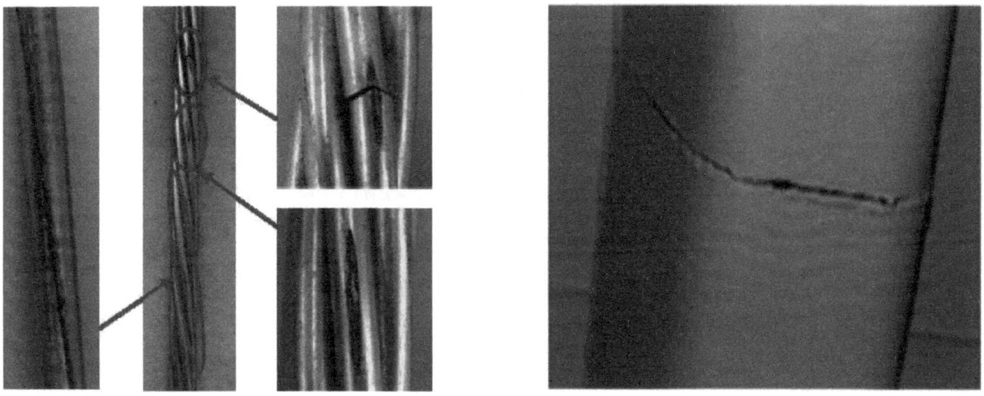

（a）斜拉索的钢绞线疲劳断裂 （b）正交异性钢桥面U肋拼接处疲劳裂纹

图1.26 桥梁构件疲劳损伤案例

2. 对邻近工程结构的影响

车辆在桥上行驶时所产生的振动通过主梁、墩台和基础传递给地基，会引起地基振动，这种由桥梁扩散的振动会在地基的岩土体中以压缩波、剪切波和地表面瑞利波的形式激励邻近工程结构的基础，使邻近工程结构产生振动，故被称为地传振动。邻近工程结构的墙体、楼板、天花板、家具等振动还会向周围空气介质辐射声压波，其被称为二次结构噪声。此外，高架桥线路上若未采用声屏障等降噪措施，高架桥振动产生的结构噪声还会通过空气直接传播至邻近工程结构，如图1.27所示为桥梁振动引起的地传振动和噪声传播路径[18]。

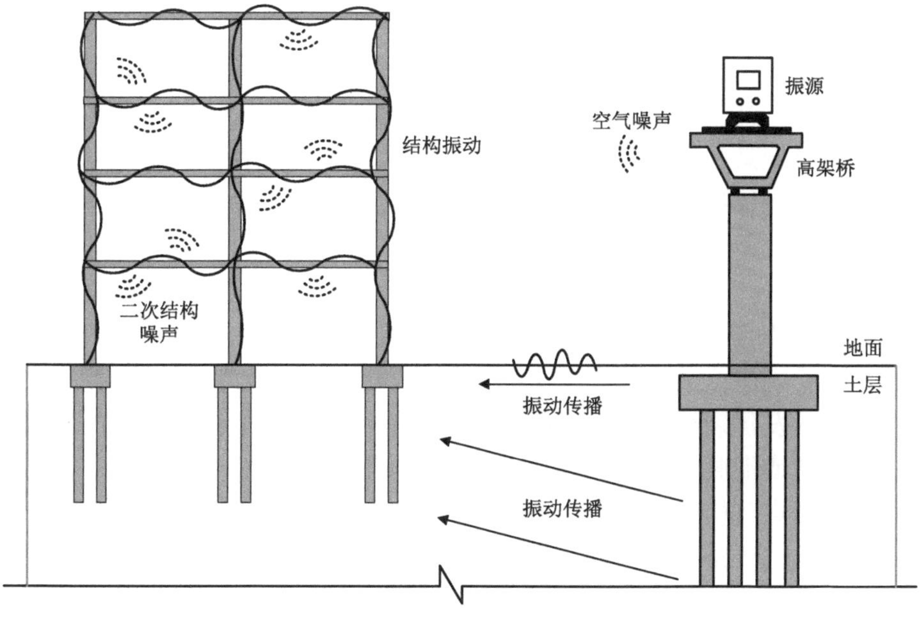

图1.27 桥梁振动引起的地传振动和噪声传播路径

1）安全性

桥梁振动引起的地传振动可能使邻近工程结构产生破坏，影响其安全性。在实际中，这种可能性比较小，因为桥梁振动引起的邻近工程结构振动水平通常远小于结构振动破坏限值。结构振动破坏限值比人体感知一般高出 10～100 倍，也就是说居住者所能忍受的振动水平会出现在建筑物破坏之前。在罕见情况下，如果建筑物距离高架桥太近且没有减振措施，极高的振动水平或振动循环可能会引起邻近工程的结构破坏，其原因可能与结构构件的较高应力和应变水平有关，也可能是振动引起地基中无黏性土和回填土沉降。对于非常邻近高架桥的工程结构，应更多关注其在高架桥运营期间的沉降，由地基沉降引起的结构破坏风险比振动本身大很多。一些古建筑的破坏被认为是交通振动导致的，振动可能会引起邻近高架桥的建筑物地基的挤密和不均匀沉降，使得古建筑一般会向高架桥线路一侧倾斜。

2）适用性

桥梁振动引起的地传振动或噪声可能会对邻近工程结构的使用者的身体健康、正常生活和工作效率产生不良影响，主要有 3 种情况：①从劳动保护角度考虑，振动会对人的消化系统、神经系统、呼吸系统及运动系统等造成影响，危害人体健康。②从环境保护角度考虑，振动干扰居民的休息、学习、娱乐等正常生活，引起居民烦恼，破坏舒适性，导致睡眠障碍，生活质量下降，严重时导致神经衰弱。③从生产效率角度考虑，当工作人员处于振动环境或被阅读仪表、被操作仪器处于振动状态或两种状态共同存在时，很难做到精力集中，造成工作效率下降。此外，桥梁振动引起的地传振动也会干扰振动敏感设备的正常工作，如天平、电子显微镜、光刻机、微电子产品生产线、激光波长基准装置等精密加工与检测设备，或需要借助显微镜进行的外科手术等。振动会导致这些精密设备部件之间产生相对位移，影响设备的传感、聚焦和定位功能，以及影响人员的操作精度。此外，过大振动还会降低机器的使用寿命，甚至直接造成仪器损坏；影响仪器刻度阅读的速度和准确性，甚至无法读数；对于某些精密和灵敏的电器，过大振动可能使其产生误动作，从而酿成事故；振动也会使精密加工机床所加工工件的加工面、光洁度和精度下降，良品率降低。

3）耐久性

振动引起的建筑物损伤可分为 3 类[19]。①浅表性损伤：在清水墙表面上产生的发丝裂缝，在粉刷层或清水墙表面上有裂缝的发展；此外，在砖或混凝土砌块结构的灰缝中出现的发丝裂缝。②较小损伤：粉刷或清水墙表面产生较大的裂缝、松散和剥落，贯通砖或混凝土砌块的裂缝。③较大损伤：建筑物结构构件的损伤，如承重柱的开裂、节点疏松以及砖石裂缝的扩展等。由于桥梁振动引起的邻近工程结构振动水平通常远小于结构振动破坏限值，对结构安全基本无影响。但长期反复的振动导致邻近工程结构出现交变循环过多的重复应力，增加疲劳开裂的危险，可能出现浅表性损伤，主要表现为墙皮开裂，粉刷层、清水墙、灰缝表面产生发丝裂缝，石膏天花板开裂和脱落等，对邻近工程结构的耐久性产生影响（图 1.28）。

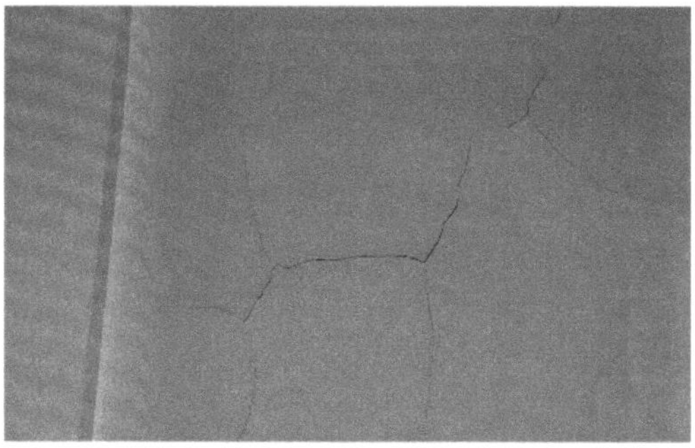

（a）墙皮开裂

（b）石膏天花板开裂

图 1.28 桥梁振动引起的邻近工程结构浅表性损伤

1.4 模态分析及其意义

桥梁在外部激励的作用下会产生振动，当激励频率接近桥梁的固有频率时，会产生共振现象。以简支梁桥为例，如果对桥梁的某一点进行激励，且激励信号采用幅值为定值、频率随时间呈线性增长的正弦信号形式，即扫频信号，其某一点处（如主梁跨中）的位移响应如图 1.29 所示。当施加的激励的频率接近简支梁的固有频率时，其位移响应显著增大，且在激励频率与固有频率重合时位移响应达到最大值，这表明发生了共振。如果激励频率达到某一阶固有频率并保持此激励频率不变，则在该激励下的桥梁结构的变形为一固定形状，这些固定形状称为桥梁的振型，如图 1.29 所示。

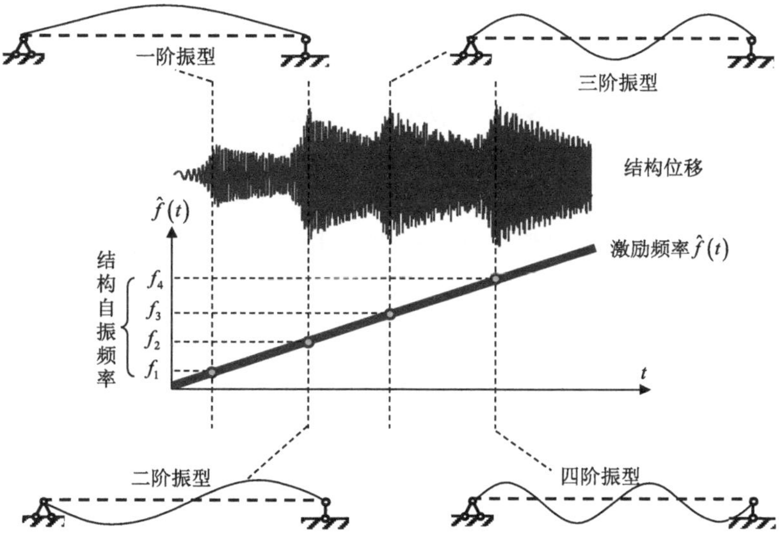

图 1.29 扫频信号激励下简支梁的共振现象

任意 N 自由度线性体系的位移状态 $\boldsymbol{v}$ 可以表示为 N 个振型分量 $\boldsymbol{v}_i, i=1,\cdots,N$ 的叠加[20]。例如，考虑图 1.29 所采用的简支梁，其挠度曲线能够用 N 个竖向的平移坐标确定（图 1.30）。每一阶振型构成了一个独立的位移模式，并且任何振型分量的位移 $\boldsymbol{v}_i$ 由振型向量 $\boldsymbol{\varphi}_i, i=1,\cdots,N$ 与振型幅值 $Y_i, i=1,\cdots,N$ 的乘积给出。反之，桥梁的振动位移可以分解为多个位移模式，并且每个位移模式具有相应的振型和频率。由此可知，桥梁具有固有的振动特性，图 1.30 所示的过程是通过扫频的方式“找到”了这些振动特性，这些固有的振动特性即为桥梁的“模态”。

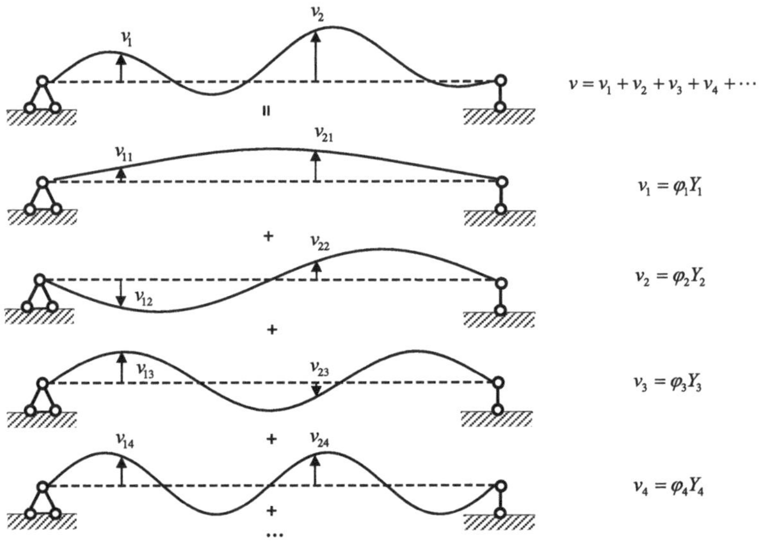

图 1.30　振动位移与振型分量的关系

1. 模态分析的定义

模态是结构的固有振动特性，每一个模态都具有特定的振型、频率和阻尼比，这些参数称为模态参数。模态参数一般由计算或试验分析取得，该过程称之为模态分析。模态分析分为计算模态分析和试验模态分析。计算模态分析是以线性振动理论为基础，研究激励、结构与响应三者关系的分析过程。如果模态分析是通过试验将采集的激励和结构响应运用数字信号处理技术和参数识别方法获得模态参数，则称为试验模态分析。试验模态分析综合运用线性振动理论、动态测试技术、数字信号处理和参数识别等手段识别模态参数，是计算模态分析的逆过程。通常模态分析指试验模态分析，即通过试验测试的手段获取模态参数。模态分析是研究结构动力特性的一种重要手段，是系统辨识方法在工程振动领域的应用。

2. 模态分析的意义

模态分析在损伤识别、模型修正、动力性能评价和振动控制等方面具有重要意义。

1）损伤识别

桥梁结构损伤识别是基于桥梁上采集的各种动态响应数据，通过一定的技术手段，识别出桥梁中可能受损的部位，并对损伤部位的损伤程度进行评估，进一步对桥梁的可靠性进行评估。损伤识别的内涵分为四个层次：①损伤判断，即判断结构是否发生损伤；②损伤定位，在已经识别到损伤发生的基础上，进一步判断损伤出现的位置；③损伤定量，即判断结构的损伤程度；④损伤预后，通过前三阶段的诊断，评估结构的安全性和耐久性，给出结构安全等级，确定结构的剩余使用寿命。

根据对结构模型数据的需求，可将损伤识别方法分为无模型识别法和有模型识别法两种[21]。无模型识别法，是指利用结构动力响应的时程、傅里叶谱等得到特征量，通过分析特征值的变化进行损伤识别的方法，例如卡尔曼滤波法、频响函数法、小波分析法等。有模型识别法，是指借助了结构的有限元模型及模型相关的特征量的损伤识别方法，该类方法包括损伤指标法（动力指纹法）、模型修正法。损伤指标法，是基于结构的频率、振型等模态参数，构造包含损伤信息的特征量（又称动力指纹），通过分析动力指纹的变化识别结构的损伤状态（图 1.31）。模型修正法是对有限元模型的计算模态与实测振动响应模态的比较与分析，不断修正模型的刚度分布，使模型计算结果与实测值相一致，则修正量即为损伤量，实现对桥梁的损伤识别。

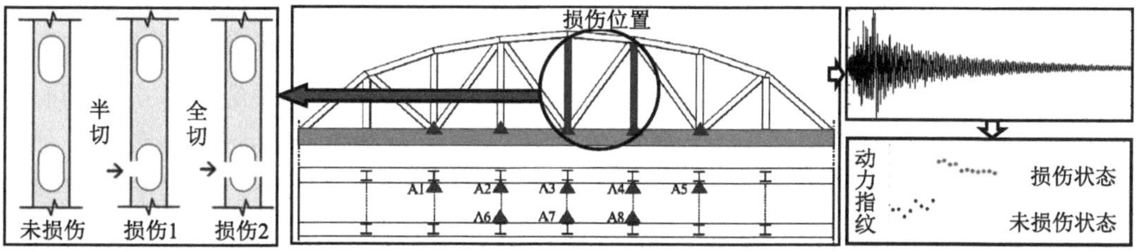

图 1.31　基于损伤指标法的桥梁损伤识别

桥梁是刚度、质量、阻尼等物理参数构成的系统，而结构的模态参数，如频率、振型、阻尼比、曲率模态等可看作是这些物理参数的函数。结构的损伤引起物理参数发生变化时，结构的动力特性如响应特性和模态参数，也会相应发生一定的变化。通过模态分析获取结构的模态参数，对于基于动力指纹法、模型修正法的损伤识别具有重要意义。

2）模型修正

模型修正的基本思想是通过调整选定的不确定结构参数，使有限元模型产生与试验数据尽可能一致的响应。桥梁有限元模型一般是根据设计资料，采用弹性力学方法建立。但是，对于大型复杂桥梁建立有限元模型时，有限元模型与真实结构之间不可避免地存在差别（图 1.32）。其原因包括：理论假定与真实结构不完全一致；建模时的边界条件处理和与实际情况不完全一致；结构材料力学本构关系的简化引起的误差；阻尼特性被忽略或者不够精确；桥梁特殊构件模拟不够准确，如斜拉桥拉索的刚度和垂度很难准确模拟；有限元模型对连续结构离散化的误差。因此，建立可靠精确有限元模型，是对桥梁进行动力响应分析、损伤识别和性能评估等的重要前提。

图 1.32　有限元模型与真实结构差异示意图

模型修正方法可依据不同的标准进行归类。按照模型修正和参数识别所采用的结构响应信息不同，可以将其分为基于静力测试数据的方法、基于动力测试数据的方法以及基于静动力联合测试数据的方法；按照模型修正的判别指标不同，可以将其分为模态参数型、频响函数型和时域响应型；按照修正对象的不同，可以将其分为矩阵型修正法、参数型修正法和代理模型修正法。在实际应用中，针对不同类型的桥梁和测试情况可以交叉使用不同的模型修正方法以满足实际需求。这里按照修正对象的分类方法，对具体的模型修正方法进行简要介绍。矩阵型修正法的修正对象为有限元模型的刚度矩阵、质量矩阵或阻尼矩阵，修正的目标是使修正后的有限元模型的特征值与实测值吻合。参数型修正法的修正对象为有限元模型参数，如单元尺寸、材料属性等，修正的目标是使修正后有限元模型的静力、动力响应或频响函数等与试验结果相吻合。具体而言，参数型修正法的判别指标可基于模态参数（频率、振型和阻尼比）、模态参数的衍生参数（模态柔度、曲率模态和模态应变能）、频响函数、时域响应等构建[22]。代理模型修正法即通过统计分析方法、数据拟合技术和优化技术，建立有限元模型中待修正参数与结构响应之间的近似关系模型，用以在模型修正中替代复杂的有限元模型，从而提高修正计算的效率。

桥梁试验获取的结果相对于有限元模型而言更加准确可靠。因此，利用桥梁试验结果对有限元模型进行修正，使有限元模型与真实结构在所关注的特性上能够达到一定程度上的一致，是精细有限元分析的重要环节。模态分析通过测试手段获取模态参数，为进一步基于模态参数、模态参数的衍生参数和频响函数等的模型修正提供重要依据。

3）动力性能评价

桥梁动力性能评价是通过利用动力荷载试验获取桥梁结构动力特性参数（动力响应、冲击系数和模态参数等），对桥梁在动荷载作用下的动力放大效应、自振特性、行车舒适性以及结构安全性等进行的综合评价，以期为桥梁的安全运营提供科学依据。

依据动力荷载试验的桥梁动力性能评价方法，通常可分为依据动力响应和动力特性的评价方法（图 1.33）。依据动力响应的动力性能评价是考虑车辆经过桥梁时，桥梁不仅要承担车辆自重等静力荷载效应，还需考虑由车辆振动与移动引起的动力放大效应。在公路桥梁相关规范中通过引入冲击系数的概念，以综合考虑荷载对桥梁的动力作用。实测冲击系数值不应超过设计冲击系数值，若不满足要求，则说明桥梁的动力性能较差，此时需要进一步评定桥梁的承载能力。铁路桥梁采用位移、速度、加速度和冲击系数等动力响应进行评价，并通过动力响应是否超过通常值来评判其运营性能。依据动力特性的动力性能评价是指利用桥梁模态参数的评价方法。众所周知，桥梁自振频率变化不仅能反映结构的损伤情况，还能反映结构整体性能和受力体系的改变。公路桥梁相关规范中指出，桥梁实测自振频率与理论计算频率的比值越大，说明桥梁的工作状况越好[23]。反之，则说明桥梁的实际刚度偏小，桥梁工作状况可能存在异常。铁路桥梁相关规范给出了自振频率与阻尼比的通常值[24]，若自振频率、阻尼比的检定结果超过了其通常值，则应仔细检查桥梁结构隐藏的病害、桥上轨道状态和车辆状况等。

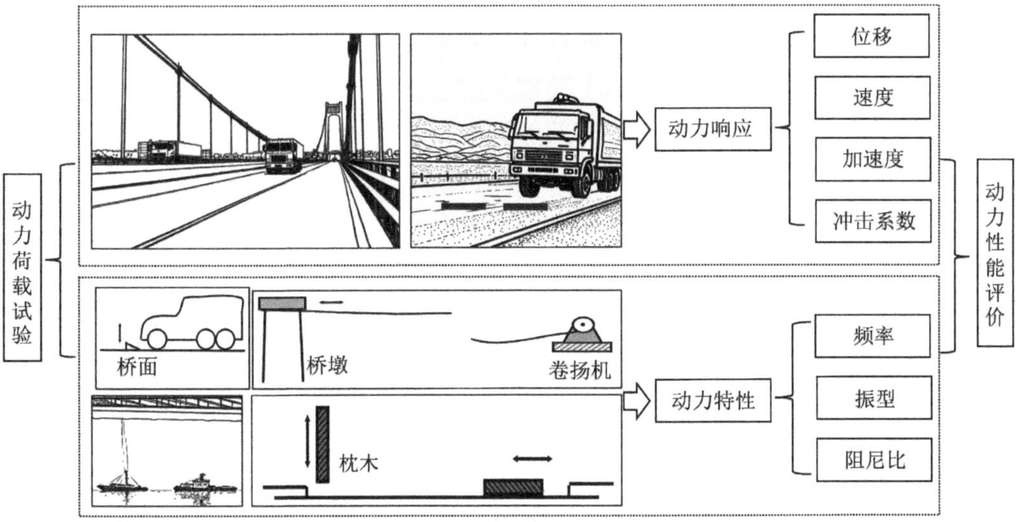

图 1.33 动力性能评价方法示意图

桥梁动力荷载试验不仅能够得到包括振动位移、速度和加速度在内的动力响应，还能够获得包括频率、振型和阻尼比在内的动力特性。采用模态参数对桥梁抵抗动力荷载的性能和能力进行研究和评价，具有重要意义。

4）振动控制

桥梁振动控制是指在某个或某些部位设置控制装置，当结构在地震、强风及其他动力荷载作用下产生过大振动时，控制装置将被动或主动地提供一组控制力，以降低桥梁的动力响应，使之满足更高的安全和功能要求。例如，通过采用机械控制措施或空气动力学措施对斜拉索进行振动控制，以抑制风雨激振或高阶涡激共振；通过对主梁设置机械阻尼器，达到降低大幅风致振动的目的（图 1.34）。

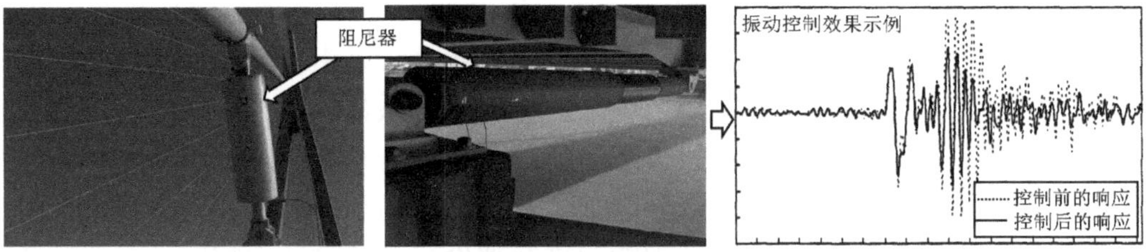

图 1.34　振动控制装置及其控制效果示意图

按照是否需要提供外部能源以及是否需要实时测量结构的激励与响应信号，结构振动控制可分为被动控制（无源控制）、主动控制（有源控制）和半主动控制（半有源控制）。被动控制是指采用隔振、吸振、耗能减振等技术减小结构吸收的能量，从而达到减振的目的。这类控制技术的装置简单、制造成本低、维护费用低且无须外部能源，常见装置包括隔振支座、黏滞阻尼器、调谐质量阻尼器等。主动控制是指在有外部能源供给的前提下，依据主动控制算法、利用主动控制装置对结构施加主动控制力的一种控制措施。理论上主动控制能够提供最好的控制性能，但在强风或地震发生时能源供应系统的安全性与稳定性难以保证，且主动控制系统存在成本高、控制过程复杂等缺陷。半主动控制综合借鉴了被动控制和主动控制技术，其以被动控制为主体，依靠少量的外部能源输入，实时测量结构的反馈信号，并依据预设算法实时地改变结构的参数，减小结构的动力响应。典型的半主动控制系统包括主动变刚度控制系统及主动变阻尼控制系统。

模态分析是振动控制装置设计的前提基础，依据模态参数进行被动控制装置的调试是提高减振效率的重要手段。此外，模态分析能够为桥梁的主动和半主动控制提供实时反馈信息，为控制结构的位移、速度和加速度，调整结构刚度、质量、阻尼的分布提供基本依据。

参 考 文 献

[1] 同济大学，浙江大学，兰州交通大学，等. 高等桥梁结构动力学[M]. 北京：人民交通出版社, 2020.

[2] 陈政清. 桥梁风工程[M]. 北京：人民交通出版社, 2005.

[3] 中交公路规划设计院有限公司. 公路桥涵设计通用规范：JTG D60—2015[S]. 北京：人民交通出版社, 2015.

[4] 李宏男. 地震工程学[M]. 北京：机械工程出版社, 2013.

[5] 陆新征，张炎圣，何水涛，等. 超高车辆撞击桥梁上部结构研究:损坏机理与撞击荷载[J]. 工程力学, 2009, 26(S2): 115-125.

[6] CONSOLAZIO G R, COOK R A, MCVAY M C, et al. Barge impact testing of the St. George Island Causeway Bridge, Phase III: physical testing and data interpretation[R]. Washington: The National Academies of Sciences, Engineering and Medicine,

2006.
[7] 项海帆，等. 高等桥梁结构理论[M]. 2版. 北京：人民交通出版社, 2013.
[8] 刘高，张喜刚，陈上有，等. 特大型桥梁风-浪-流耦合作用设计指南[M]. 北京：人民交通出版社, 2019.
[9] ZHANG J, YI T H, QU C X, et al. Detecting hinge joint damage in hollow slab bridges using mode shapes extracted from vehicle response[J]. Journal of Performance of Constructed Facilities, 2022, 36(1): 04021109.
[10] 丁文镜. 自激振动[M]. 北京：清华大学出版社, 2009.
[11] CHANG Y, ZHAO L, ZOU Y Q, et al. A revised Scruton number on rain-wind-induced vibration of stay cables[J]. Journal of Wind Engineering & Industrial Aerodynamics, 2022, 230: 105166.
[12] OLSON D W, WOLF, S F, HOOK J M. The Tacoma narrows bridge collapse[J]. Physics Today, 2015, 68(11), 64-65.
[13] ZHU Z, LI Y. Damage modes and residual deflections of multi-beam hollow slab bridge under car explosions[J]. Engineering Failure Analysis, 2022, 141: 106705.
[14] CAO S G, ZHANG Y, TIAN H, et al. Drive comfort and safety evaluation for vortex-induced vibration of a suspension bridge based on monitoring data[J]. Journal of Wind Engineering and Industrial Aerodynamics, 2020, 204: 104266.
[15] LARSEN A, LAROSE G L. Dynamic wind effects on suspension and cable-stayed bridges[J]. Journal of Sound and Vibration, 2015, 334: 2-28.
[16] 张清华，李俊，郭亚文，等. 正交异性钢桥面板结构体系的疲劳破坏模式和抗力评估[J]. 土木工程学报, 2019, 52(1): 71-81.
[17] WU T Y, QIU W L, WU G R. Fatigue damage evaluation of pile-supported bridges under stochastic ice loads[J]. Advances in Civil Engineering, 2020, 1853963.
[18] 雷晓燕，汪翠，王鹏生，等. 时速310km高速列车过桥诱发大地振动特性分析[J]. 铁道工程学报, 2023, 40(5): 32-38.
[19] 中华人民共和国国家质量监督检验检疫总局，中国国家标准化管理委员会. 机械振动与冲击 建筑物的振动 振动测量及其对建筑物影响的评价指南：GB/T 14124—2009/ISO 4866:1990[S]. 北京：中国标准出版社, 2009.
[20] R.克拉夫, J.彭津. 结构动力学：第二版[M]. 王光远，等译. 修订版. 北京：高等教育出版社, 2006.
[21] SUN L M, SHANG Z Q, XIA Y, et al. Review of bridge structural health monitoring aided by big data and artificial intelligence: from condition assessment to damage detection[J]. Journal of Structural Engineering, 2020, 146(5): 04020073.
[22] LIN S W, DU Y L, YI T H, et al. Model updating using bridge influence lines based on an adaptive metamodel global optimization method[J]. Journal of Bridge Engineering, 2022, 27(3): 04022003.
[23] 中华人民共和国交通运输部. 公路桥梁承载能力检测评定规程：JTG/T J21—2011[S]. 北京：人民交通出版社, 2011.
[24] 中国铁路总公司. 高速铁路桥梁运营性能检定规定（试行）：TG GW 209—2014[S]. 北京：中国铁道出版社, 2014.

第 2 章　模态识别理论基础

2.1　概　　述

结构在外界激励作用下会产生振动，模态分析作为求解振动问题的重要手段，在结构的动力特性分析中扮演重要角色。以有限元法为主的计算模态分析是模态分析领域的有效手段之一。同样地，利用振动系统的激励和响应进行振动系统的模态识别也具有重要工程价值。随着动态测试技术、数字信号处理和计算机技术的飞速发展，模态识别方法得到快速发展并日趋成熟。传统的模态识别建立在振动系统的输入和输出数据均已知的基础上，即依据已知激励和响应估计出振动系统的频响函数，通过对频响函数进行拟合，获取其中包含的模态参数。由于依据频响函数的识别方法无法识别密集模态，采用时域内的脉冲响应函数直接识别模态参数可较好地解决该问题。然而，对于桥梁在受到风、车辆、地震等的激励时，往往无法获得结构的输入信息。不仅如此，对大型复杂桥梁结构施加人工激励极其困难，甚至无法实现。因此，20 世纪 60 年代以来，基于环境激励的模态识别技术，也称为工作模态识别技术，得到迅速发展。与传统的模态识别方法相比，工作模态识别方法具有无须人工激励、费用低廉、安全性好、不影响结构正常使用、识别结果更符合实际情况等优点。最初的工作模态识别将环境激励近似视为白噪声信号，该假定在计算上提供了便利的同时，也带来了相应的识别误差。此后，对环境激励信号的认识从白噪声信号扩展到一般随机信号，再由平稳随机信号扩展到非平稳随机信号，使得工作模态识别方法日臻完善。模态识别目标也从时不变模态识别，逐步向时变模态识别的方向发展。本章从振动系统的组成及振动问题的求解出发，对桥梁工作模态分析所需的理论基础进行展开介绍，包括模态识别的基本原理和工作模态识别的基本方法。

2.2　模态识别基本概念

模态识别建立在振动理论的基础上，其过程涉及数字信号处理和参数识别的相关理论。振动系统由输入、系统和输出组成，激励即为输入，振动结构即为系统，响应则对应输出。振动系统的组成及其求解是模态识别产生的背景。此外，数字信号处理的相关理论和模态识别的基本原理是实现工作模态识别的理论基础。

2.2.1 激励、系统和响应

结构受到外界的激励而产生受迫振动的一般振动问题，可以简化为“激励（输入）—振动结构（系统）—响应（输出）”的形式。描述振动系统的模型包括物理参数模型、模态参数模型和非参数模型。振动系统的物理参数模型是以质量、刚度、阻尼为特征参数的模型。物理参数模型能够完全确定一个振动系统。振动系统的模态参数模型包括两类：一类是以频率、振型和阻尼比为特征参数的模型；另一类是以模态质量、模态刚度、模态阻尼和模态矢量（留数）为特征参数的模型。这两类模态参数模型都可以完整描述一个振动系统。振动系统的非参数模型是反映结构振动特性的非参数化的模型，包括系统的频响函数或传递函数、脉冲响应函数等。按照不同的研究目的，一般的振动问题可以分为三种基本类型[1]。

1. 已知激励和振动结构，求振动结构的响应

该问题利用已知的激励和结构特性计算振动响应，即已知输入和系统的参数求解输出，是基于结构动力学理论的动力响应分析。这类问题称为振动力学的正问题（图 2.1）。

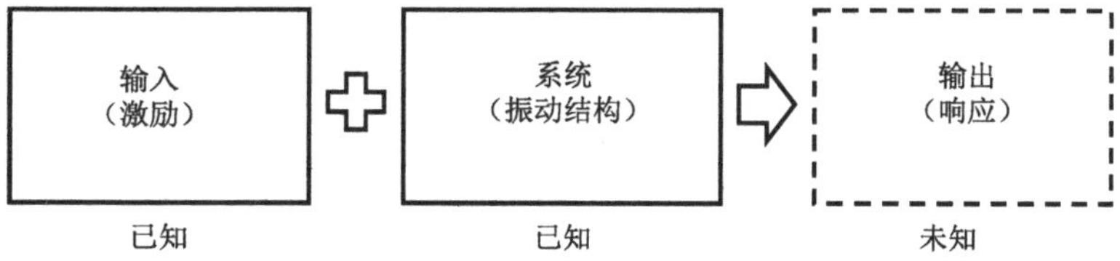

图 2.1 振动力学的正问题

根据已知的荷载条件，通过对振动结构进行简化得到可求解的数学模型，可求解得到振动结构的位移、应力、应变等动力响应。求解结构动力响应最主要的方法是有限元分析法，该方法以线性振动理论为基础，研究激励、振动结构、响应三者的关系。有限元分析法是一种理论建模过程，从结构的几何、材料等物理特性出发，对振动结构离散化并考虑适当的边界条件和连接条件，从而建立结构的有限元模型。通过求解有限元模型的特征值问题，能够实现模态参数的求解，这一过程称为计算模态分析。进一步，根据模态叠加法能够求解振动结构在已知激励作用下的响应。

获取桥梁各测点响应的方法包括传感器测试和数值计算两类。振动测试时的测点数目常受到传感设备布设的限制，测点数目多将导致振动测试的周期长、费用高，测点数目少则无法提供任意位置的响应。计算模态分析直接从描述桥梁本质的物理方程出发，通过一定的数值方法在计算机上分析桥梁结构系统。利用桥梁的精确计算模型，采用高效的数值计算方法，可方便快速地求得试验模型上所有需要测试位置的响应，可以减少测试工作量，缩短桥梁分析的周期。

2. 已知激励和响应，求振动结构的参数

已知激励和响应，或仅依据响应反求振动结构参数，称为系统识别或系统辨识。系统识别综合运用线性振动理论、动态测试技术、数字信号处理和参数识别等手段，从获取的激励和响应时程信号中分析得到描述结构动力特性的参数。求解这类问题是试验建模的过程，该过程是计算模态分析的逆过程，称为振动力学的第一类逆问题（图 2.2）。

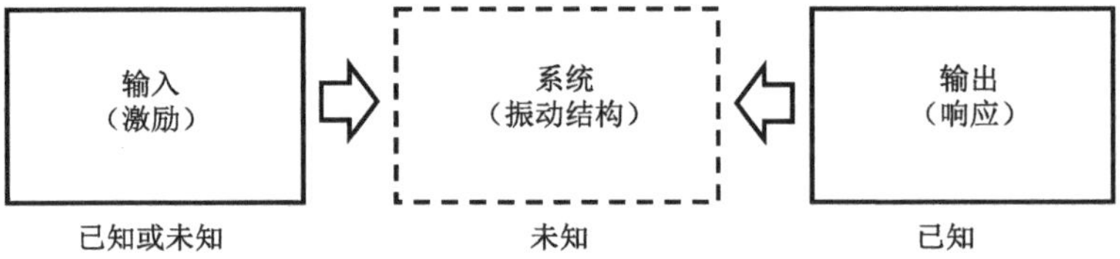

图 2.2　振动力学的第一类逆问题

按照描述振动系统的模型分类，结构参数识别可分为物理参数识别、模态参数识别和非参数识别。利用测试的激励和响应数据识别描述结构各物理参数的过程称为物理参数识别。根据测试的激励和响应数据，运用参数识别方法求得描述振动结构的模态参数的过程，称为模态参数识别。根据振动试验和测试获取的激励和响应建立描述系统动态特性的数学表达式或模型，例如振动系统的频响函数（或传递函数）和脉冲响应函数等非参数模型，称为非参数识别。一般来说，利用非参数模型能够进一步确定模态参数或物理参数。

桥梁结构的物理参数直接反映结构的状态，是进行桥梁可靠性评价的直接参数。结构模态参数反映桥梁质量和刚度分布状态，能够间接反映桥梁的物理性态变化。桥梁结构的物理参数识别和模态参数识别是开展损伤识别和性能评价的基础。相比于物理参数，模态参数能从整体上反映桥梁的固有特性，且所需参数较少，能够较好地满足许多工程实际需求。因此，模态参数识别是求解桥梁结构参数的基本要求，也是模态分析的主要任务。非参数识别既能够直接应用于模型修正或损伤识别等问题，又能够作为模态参数和物理参数识别的基础。

3. 已知振动结构和响应，求激励

通过测试振动结构的响应，利用振动结构参数和响应或者仅基于响应反推激励的间接过程，即荷载识别，此类问题称为振动力学的第二类逆问题（图 2.3）。在实际工程中，对结构上的外部荷载进行直接测试是十分困难的。荷载识别能够根据振动结构在动荷载作用下的振动响应，包括位移、速度、加速度、应变等信息和结构的模态参数或物理参数进行动荷载的重构。

荷载识别过程包括：①建立荷载识别的逆向模型。通过有限元方法、试验方法或两者相结合建立准确描述结构系统动力特性的模型，然后根据动力学方程或卷积

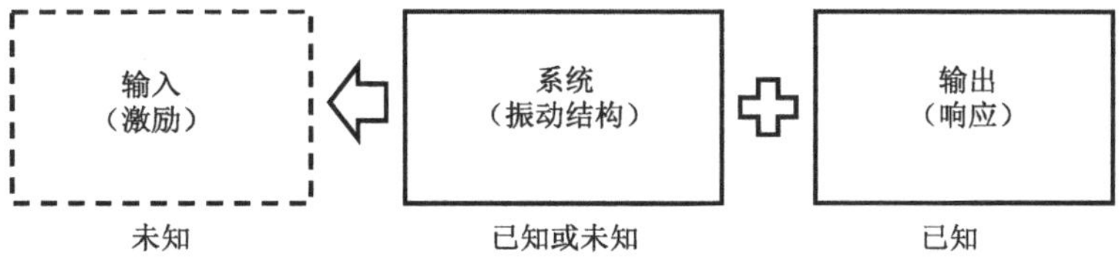

图 2.3　振动力学的第二类逆问题

理论，建立从输入序列到输出序列的映射关系。②进行结构振动响应的测试。通过有限元方法模拟结构的振动响应，或者通过传感器测试结构的振动响应。③根据实际情况选择合适的方法实现荷载识别。荷载识别方法包括频域法和时域法。频域法以频响函数矩阵通过乘积的形式建立荷载和响应的关系，时域法在时域内根据动力学方程或卷积积分建立荷载和响应的映射关系，从而通过响应识别荷载。

在桥梁工程领域应用中，获取桥梁结构上的外部激励信息是桥梁设计、健康监测、可靠性分析等工作开展的重要前提。特别对于大跨桥梁结构，车辆移动荷载引起的振动将导致桥梁损伤累积和性能退化，通过结构振动响应识别移动车辆荷载，可避免直接测量车-桥相互作用力带来的难度大、成本高等问题。浮冰荷载是跨越江河的桥梁结构重要的设计荷载之一，通过冰激振动响应识别冰荷载对桥梁设计和桥梁安全性评价具有重要意义。此外，依据桥梁响应识别船撞荷载，能为船桥碰撞模型的建立和防撞设计提供可靠的依据。

2.2.2　模态识别基本原理

模态识别建立在线性时不变系统的假定之上，运用信号处理的相关理论，如傅里叶变换(Fourier transform)、拉普拉斯变换(Laplace transform)、Z 变换(Z-transform)等，发展基于输入-输出、仅输出的振动系统模态识别所需的时域、频域非参数模型，最终形成模态识别的基本理论[1]。

1. 模态识别基本假定

1）线弹性假定

线弹性假定指的是描述系统振动的微分方程为线性方程，其响应对激励具有线性叠加性。也就是说，任何激励的线性组合引起的结构响应等于各激励单独作用下的响应的线性叠加。

2）时不变假定

时不变假定指的是描述系统振动的微分方程系数是与时间无关的常数，即振动系统的质量、刚度、阻尼等不随时间变化而变化。线性时不变系统受到固定频率的简谐激励作用时，系统响应的频率与激励频率一致，这称为线性时不变系统的频率保持性。

3）可观性假定

可观性假定是指用以确定所关注的系统动态特性而需要的全部数据是可测量

的。实际上，能够测量到的动态特性受测量设置中激励的方向和频带范围、空间测点位置和数量等影响。

4）互易性假定

互易性假定为结构在 a 点的激励所引起的 b 点的响应，与结构在 b 点相同的激励所引起的 a 点的响应相同。在互易性假定下，系统的物理参数矩阵即质量矩阵、刚度矩阵、阻尼矩阵和频响函数矩阵具有对称性。

2. 模态识别基本原理

将实际结构离散为 N 自由度模型，不同自由度之间形成耦合的结构响应。此模型的振动响应反应通常采用振动微分方程组求解，将复杂的方程组表示为矩阵的形式，得到描述有阻尼多自由度线性时不变振动系统的动力学方程：

$$\boldsymbol{M}\ddot{\boldsymbol{x}}(t)+\boldsymbol{C}_d\dot{\boldsymbol{x}}(t)+\boldsymbol{K}\boldsymbol{x}(t)=\boldsymbol{f}(t) \tag{2.1}$$

式中，$\boldsymbol{M}$、$\boldsymbol{C}_d$ 和 $\boldsymbol{K}$ 分别为质量、阻尼和刚度矩阵；$\boldsymbol{f}(t)$ 表示施加于系统的激励；$\ddot{\boldsymbol{x}}(t)$、$\dot{\boldsymbol{x}}(t)$ 和 $\boldsymbol{x}(t)$ 分别为系统的加速度、速度和位移；t 表示时间。通常，质量矩阵为对角阵，阻尼矩阵和刚度矩阵为对称矩阵，其非对角元素描述系统的不同方程或自由度之间的耦合程度。

通过参数识别方法能够从非参数模型中进一步确定模态参数或物理参数，依据非参数模型的构建方式，将模态识别的基本原理分为基于输入和输出，以及仅基于输出两类。

1）时域、频域和时-频域变换

模态识别通常在时域（time domain）、频域（frequency domain）或时-频域（time-frequency domain）内进行，其中涉及傅里叶变换、拉普拉斯变换和 Z 变换等相关理论[2]。

（1）时域和频域

结构振动响应是随时间变化的曲线。以加速度信号为例，如图 2.4 所示，横轴为时间，纵轴为加速度幅值，加速度幅值的大小随时间变化而变化。因此，加速度信号也可以看作时间的函数，或者说从时间的角度跟踪信号能够获得信号大小随时间变化的特性。若处理问题时采用的角度称为“域”，那么从时间角度分析信号的变化特性，称为时域。

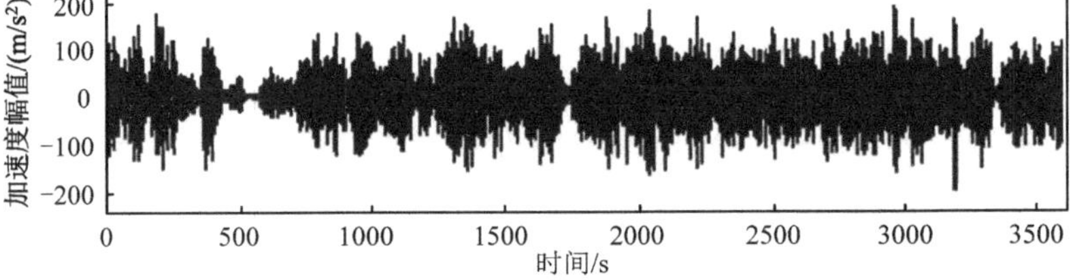

图 2.4　加速度信号曲线

振动的三个要素包括幅值、频率和相位。对于单一频率的正弦波，这些信息易于获得。但是对于复杂信号，如图 2.4 所示的加速度信号，从时域信号中难以直接获取振动的全部要素。从频率特性的角度看，任何一个周期信号都可以看成一系列简谐信号的叠加。也就是说，一个复杂信号能够分解为多个频率不同的单频分量。如图 2.5 所示，三维图中包含了信号以及组成信号的各频率分量。获得各频率分量后，能够进一步获得各频率分量的振动三要素。若以时间为横轴，以幅值为纵轴，绘制出的图形为时域内信号的波形图，如图 2.5 所示的从时间角度观察的图形。若以频率为横轴，幅值仍为纵轴，可绘制不同频率下单频分量的幅值变化规律，如图 2.5 所示的从频率角度观察的图形。若分析信号的振动三要素变化特性的角度是频率，则称为频域。随频率变化的信号是频域信号，或者称为频谱（frequency spectrum）。

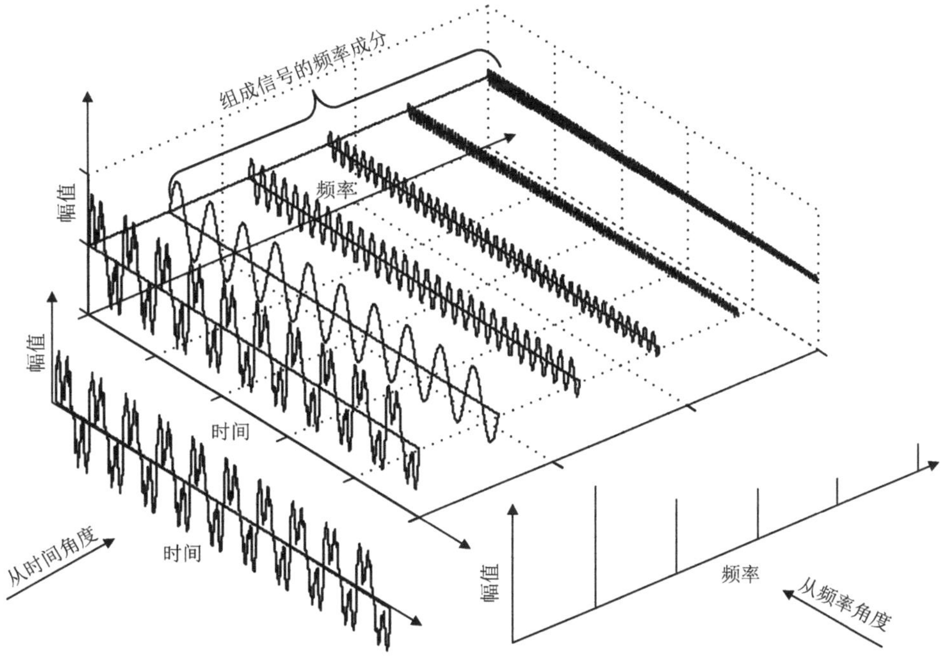

图 2.5　信号的时域和频域示意图

（2）傅里叶变换

傅里叶变换，表示能将满足一定条件的某个函数表示成三角函数（正弦或余弦函数）或者它们的积分的线性组合，该方法能够将时域信号变换为频域信号，现已成为科学研究和工程应用中一项不可或缺的信号分析工具。傅里叶变换，又称为傅里叶积分，可由傅里叶级数取周期无穷大时推得，时间信号 $x(t)$ 的傅里叶正变换式如下：

$$X(\omega)=\int_{-\infty}^{+\infty} x(t)\mathrm{e}^{-\mathrm{j}\omega t}\,\mathrm{d}t \tag{2.2}$$

$X(\omega)$ 表示连续时间信号 $x(t)$ 的各频率分量在频率轴 ω 上的分布情况，称为频谱函数（简称为频谱）。

相应地，频域信号 $X(\omega)$ 的傅里叶逆变换式如下：

$$x(t)=\frac{1}{2\pi}\int_{-\infty}^{+\infty}X(\omega)\mathrm{e}^{\mathrm{j}\omega t}\,\mathrm{d}\omega \tag{2.3}$$

式中，t为时间；ω为圆频率；j为虚数单位。

通常将式（2.2）和式（2.3）合称为傅里叶变换对，其可实现时域信号和频域信号之间的相互转换。傅里叶正变换式（2.2）可记作$\mathcal{F}\left[x(t)\right]$，傅里叶逆变换式（2.3）可记作$\mathcal{F}^{-1}\left[X(\omega)\right]$。

傅里叶变换能够将满足狄利克雷条件（Dirichlet conditions）的函数分解为复指数函数的线性组合。狄利克雷条件为：①函数在任意有限区间内连续，或只有有限个第一类间断点；②在一个周期内，函数有有限个极大值或极小值；③函数绝对可积，即$\int_{-\infty}^{+\infty}\left|x(t)\right|\mathrm{d}t<\infty$。根据欧拉（Euler）公式，复指数函数$\mathrm{e}^{\mathrm{j}\omega t}=\cos(\omega t)+\mathrm{j}\sin(\omega t)$视为幅值为1、在复平面随频率连续旋转的曲线。在由复平面和时间轴构成的三维空间中，复指数函数表现为螺旋曲线，如图2.6所示。

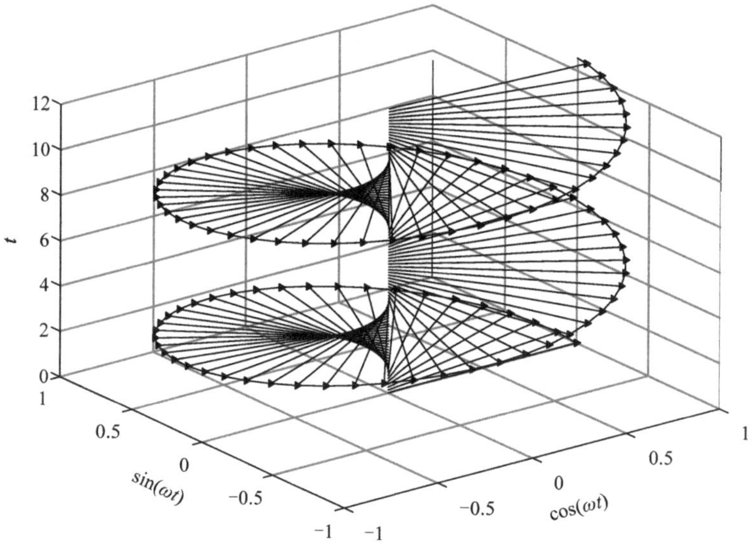

图2.6　傅里叶变换基函数的螺旋曲线示意图

傅里叶变换主要面向连续时间非周期信号，实际工程中的测试信号通常是有限长的离散时间信号，且信号的处理要求其频域表示亦为有限长的离散信号。此时，采用的时域-频域变换方法是离散傅里叶变换。对于一个有限长时间序列$x(l)$，其离散傅里叶变换定义为

$$X(k)=\sum_{l=0}^{L-1}x(l)\mathrm{e}^{-\mathrm{j}\frac{2\pi kl}{L}}\qquad (k=0,1,\cdots,L-1) \tag{2.4}$$

$$x(l)=\frac{1}{L}\sum_{l=0}^{L-1}X(k)\mathrm{e}^{\mathrm{j}\frac{2\pi kl}{L}}\qquad (l=0,1,\cdots,L-1) \tag{2.5}$$

式中，k为离散的频率点，表示该点频率ω为$k\Delta\omega$，其中$\Delta\omega$为频谱上两条相邻谱

线之间的频率间隔，又称为频率分辨率；l为离散的时间点，表示该点时间为$l\Delta t$，其中Δt为采样时间间隔；L为信号长度。由此可见，离散傅里叶变换实现了时域和频域的离散化。式（2.4）和式（2.5）分别为离散傅里叶变换的正变换和逆变换。

对于长度为L的时间序列进行离散傅里叶变换时，进行一个频率点的频谱计算需要进行L次复数乘法运算和$L-1$次复数加法运算。由于在计算机中乘法运算速度远低于加法运算，所以仅统计乘法运算用以衡量运算量。对所有频率点处的频谱数据进行计算需要L^2次复数乘法运算，该运算量巨大，不利于傅里叶变换的推广应用。为了解决这一问题，快速傅里叶变换被提出。其主要思想是利用时间抽取法或频率抽取法，将长序列的傅里叶变换分解为短序列的傅里叶变换，以减少变换过程中的复数乘法运算次数，进而提高运算效率。

（3）拉普拉斯变换

对于某些不满足狄利克雷条件的信号，如指数信号、二次函数信号等，这些信号值随时间的增长逐步变大，且不收敛，傅里叶变换对其并不适用。针对信号不收敛的问题，拉普拉斯变换的思路是，对信号$y(t)$引入一个衰减因子$\mathrm{e}^{-\sigma t}$（σ为任意实数）。将衰减因子$\mathrm{e}^{-\sigma t}$与信号$y(t)$相乘，再对乘积$\mathrm{e}^{-\sigma t}y(t)$做傅里叶变换，以便满足收敛性（图2.7），即

$$Y(\omega)=\int_{-\infty}^{+\infty}\mathrm{e}^{-\sigma t}y(t)\mathrm{e}^{-\mathrm{j}\omega t}\,\mathrm{d}t=\int_{-\infty}^{+\infty}y(t)\mathrm{e}^{-(\sigma+\mathrm{j}\omega)t}\,\mathrm{d}t \tag{2.6}$$

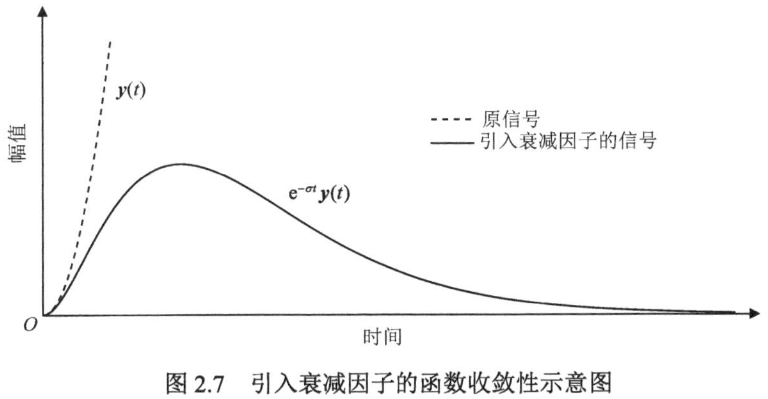

图2.7 引入衰减因子的函数收敛性示意图

令$s=\sigma+\mathrm{j}\omega$，则函数$\mathrm{e}^{-\sigma t}y(t)$的傅里叶变换等价于函数$y(t)$的双边拉普拉斯变换，定义为

$$Y(s)=\int_{-\infty}^{+\infty}y(t)\mathrm{e}^{-st}\,\mathrm{d}t \tag{2.7}$$

$$y(t)=\frac{1}{2\pi\mathrm{j}}\int_{\sigma-\mathrm{j}\infty}^{\sigma+\mathrm{j}\infty}Y(s)\mathrm{e}^{st}\,\mathrm{d}s \tag{2.8}$$

式（2.7）和式（2.8）分别为双边拉普拉斯变换及其逆变换。拉普拉斯变换与傅里叶变换的区别在于拉普拉斯变换的变量s是复变量，通常称s为复频率，称s域为复频域。拉普拉斯变换的基函数视为幅值按函数$\mathrm{e}^{-\sigma t}$不断衰减的、在复平面随频率

连续旋转的曲线。在由复平面和时间轴构成的三维空间中，拉普拉斯变换的基函数表现为如图 2.8 所示的螺旋曲线。

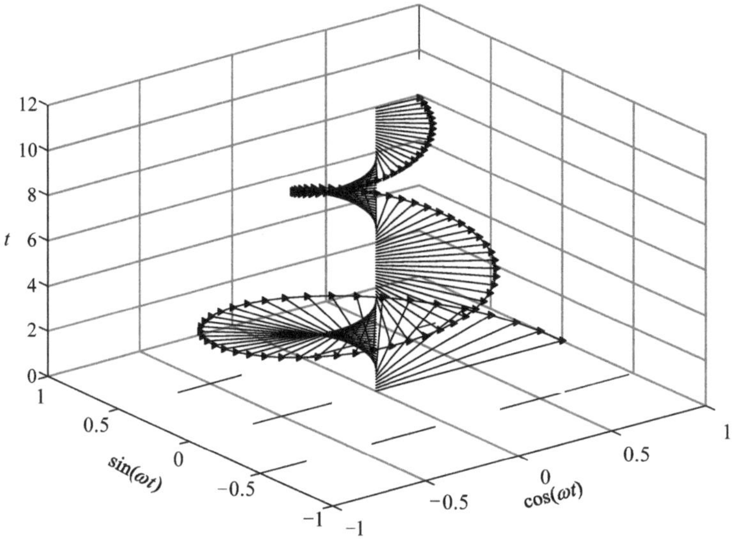

图 2.8　拉普拉斯变换基函数的螺旋曲线示意图

傅里叶变换是将函数分解到频率不同、幅值恒为 1 的单位圆上；拉普拉斯变换则是将函数分解到频率不同、幅值不断衰减的圆上。傅里叶变换的基函数仅有一个变量 ω，而拉普拉斯变换的基函数包括 σ 和 ω 两个变量。傅里叶变换是拉普拉斯变换在特定条件（即信号的绝对可积性）下的特例；拉普拉斯变换是傅里叶变换的推广，其应用条件低于傅里叶变换。

（4）Z 变换

Z 变换是对离散时间信号进行的一种数学变换，它在离散时间信号分析中的作用与拉普拉斯变换在连续时间信号分析中的作用类似。离散时间信号 $y(n)$ 的 Z 变换定义为

$$Y(z)=\sum_{n=-\infty}^{+\infty} y(n)z^{-n} \tag{2.9}$$

其逆变换为

$$y(n)=\frac{1}{2\pi \mathrm{j}}\oint Y(z)z^{n-1}\,\mathrm{d}z \tag{2.10}$$

式中，$\oint$ 表示以原点为中心的封闭圆上逆时针方向环绕一周的积分；z 为复变量，可以表示为极坐标的形式：

$$z=r\mathrm{e}^{\mathrm{j}\omega} \tag{2.11}$$

式中，r 表示复变量 z 的模；频率 ω 表示复变量 z 的相位。

拉普拉斯变换的复变量 s 所在的坐标系平面称为 s-平面，s-平面中的位置由沿横轴“Re”的指数衰减变量 σ 和沿纵轴“Im”的频率变量 ω 两个参数进行确定[图 2.9（a）]，其极点和零点均位于垂直线上。相比之下，Z 变换的复变量 z 所在的

平面为 z-平面，z-平面使用了极坐标的形式，其位置由 z 的模和相位两个参数确定［图 2.9（b）］，其极点和零点位于原点的同心圆上。由此可知，s-平面中的垂直线与 z-平面中的圆曲线相对应。

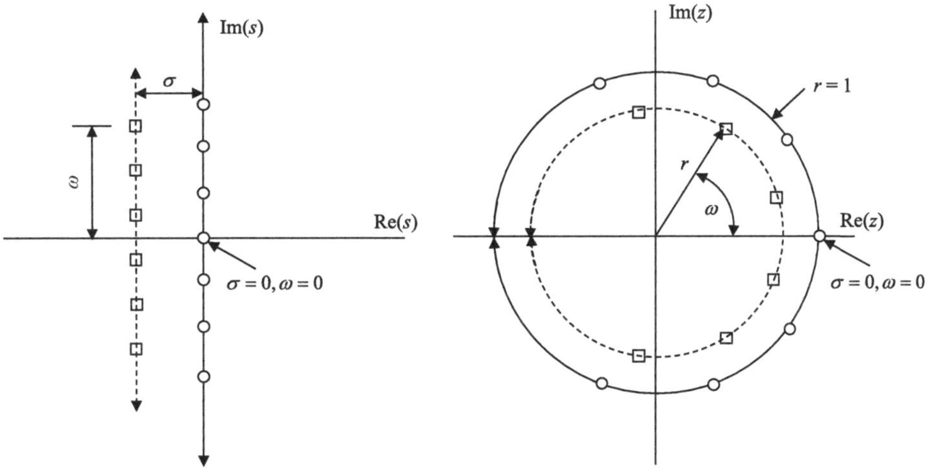

（a）拉普拉斯变换的 s-平面　　（b）Z 变换的 z-平面

图 2.9　s-平面与 z-平面示意图

2）基于输入和输出的模态识别

（1）频域识别原理

在激励和响应已知的情况下，可以通过建立已知的输入和输出之间的关系获取系统的模态参数。频响函数（frequency response function）和传递函数（transfer function）分别在基于傅里叶变换和拉普拉斯变换的条件下描述系统的输入-输出关系。对式（2.1）进行拉普拉斯变换[3]可得

$$\left(s^2\boldsymbol{M}+s\boldsymbol{C}_d+\boldsymbol{K}\right)\boldsymbol{X}(s)=\boldsymbol{F}(s) \tag{2.12}$$

式中，$\boldsymbol{X}(s)$ 和 $\boldsymbol{F}(s)$ 分别表示位移向量 $\boldsymbol{x}(t)$ 和激励向量 $\boldsymbol{f}(t)$ 的拉普拉斯变换。

根据式（2.12），结构系统的传递函数矩阵 $\boldsymbol{H}(s)$ 表示为

$$\boldsymbol{H}(s)=\frac{\boldsymbol{X}(s)}{\boldsymbol{F}(s)}=\left(s^2\boldsymbol{M}+s\boldsymbol{C}_d+\boldsymbol{K}\right)^{-1} \tag{2.13}$$

传递函数矩阵各元素皆为 s 的有理分式函数。设分母多项式的特征根为 λ_i，其共轭记为 λ_i^*，其中，$i=1,2,\cdots,N$，N 为系统自由度数。式（2.13）按 λ_i 展开得

$$\boldsymbol{H}(s)=\sum_{i=1}^{N}\left(\frac{\boldsymbol{A}_i}{s-\lambda_i}+\frac{\boldsymbol{A}_i^*}{s-\lambda_i^*}\right) \tag{2.14}$$

式中，$\boldsymbol{A}_i$ 为对应极点 λ_i 的留数矩阵；$\boldsymbol{A}_i^*$ 为 $\boldsymbol{A}_i$ 的共轭矩阵。

将对应于特征根 λ_i 的特征向量记为 $\boldsymbol{\varphi}_i$，留数矩阵进一步可表示为

$$\boldsymbol{A}_i=\frac{\boldsymbol{\varphi}_i\boldsymbol{\varphi}_i^{\mathrm{T}}}{\boldsymbol{\varphi}_i^{\mathrm{T}}\left(2\lambda_i\boldsymbol{M}+\boldsymbol{C}_d\right)\boldsymbol{\varphi}_i} \tag{2.15}$$

式中，$\boldsymbol{\varphi}_i^{\mathrm{T}}$ 为 $\boldsymbol{\varphi}_i$ 的转置，定义 a_i 为比例因子，其表达式为

$$a_i = \boldsymbol{\varphi}_i^{\mathrm{T}}\left(2\lambda_i \boldsymbol{M} + \boldsymbol{C}\right)\boldsymbol{\varphi}_i \tag{2.16}$$

式（2.14）可进一步表示为

$$\boldsymbol{H}(s) = \sum_{i=1}^{N}\left(\frac{\boldsymbol{\varphi}_i \boldsymbol{\varphi}_i^{\mathrm{T}}}{a_i\left(s-\lambda_i\right)} + \frac{\boldsymbol{\varphi}_i^{*} \boldsymbol{\varphi}_i^{*\mathrm{T}}}{a_i^{*}\left(s-\lambda_i^{*}\right)}\right) \tag{2.17}$$

式中，a_i^*、λ_i^*、$\boldsymbol{\varphi}_i^*$ 和 $\boldsymbol{\varphi}_i^{*\mathrm{T}}$ 分别表示 a_i、λ_i、$\boldsymbol{\varphi}_i$ 和 $\boldsymbol{\varphi}_i^{\mathrm{T}}$ 的共轭。当 $s = \mathrm{j}\omega$ 时，得到频响函数矩阵 $\boldsymbol{H}(\omega)$ 为

$$\boldsymbol{H}(\omega) = \sum_{i=1}^{N}\left(\frac{\boldsymbol{\varphi}_i \boldsymbol{\varphi}_i^{\mathrm{T}}}{a_i\left(\mathrm{j}\omega-\lambda_i\right)} + \frac{\boldsymbol{\varphi}_i^{*} \boldsymbol{\varphi}_i^{*\mathrm{T}}}{a_i^{*}\left(\mathrm{j}\omega-\lambda_i^{*}\right)}\right) \tag{2.18}$$

频响函数相当于传递函数在 $s = \sigma + \mathrm{j}\omega\ (\sigma = 0)$ 时的特例。采用试验测试手段，测得施加在结构上的激励和相应的结构响应，并对其分别进行拉普拉斯变换或傅里叶变换，结合式（2.13），可获取结构的传递函数或频响函数测试数据。式（2.18）的右边包含了结构的模态参数信息，通过对频响函数测试数据按式（2.18）进行拟合，以达到模态识别的目的。

（2）时域识别原理

已知激励和响应的情况下，以时域信号为基础的模态识别称为基于输入和输出的时域模态识别。式（2.17）给出了传递函数矩阵的表达式，对其进行拉普拉斯逆变换，可得到传递函数矩阵对应的单位脉冲响应函数（unit impulse response function）矩阵，其表达式[3]为

$$\boldsymbol{h}(t) = \sum_{i=1}^{N}\left(\frac{\boldsymbol{\varphi}_i \boldsymbol{\varphi}_i^{\mathrm{T}}}{a_i}\mathrm{e}^{\lambda_i t} + \frac{\boldsymbol{\varphi}_i^{*} \boldsymbol{\varphi}_i^{*\mathrm{T}}}{a_i^{*}}\mathrm{e}^{\lambda_i^{*} t}\right) \tag{2.19}$$

式中，$\mathrm{e}^{\lambda_i^{*} t}$ 为 $\mathrm{e}^{\lambda_i t}$ 的共轭。

单位脉冲响应函数矩阵 $\boldsymbol{h}(t)$ 中第 l 行、第 p 列的元素 $h_{lp}(t)$，表示 p 点激励下、l 点的单位脉冲响应函数，可写为

$$h_{lp}(t) = \sum_{i=1}^{N}\left(\frac{\varphi_{li}\varphi_{pi}}{a_i}\mathrm{e}^{\lambda_i t} + \frac{\varphi_{li}^{*}\varphi_{pi}^{*}}{a_i^{*}}\mathrm{e}^{\lambda_i^{*} t}\right) \quad (l = 1, 2, \cdots, n) \tag{2.20}$$

单位脉冲响应函数包含了模态的全部信息，通过参数识别方法能够利用单位脉冲响应函数达到模态识别的目的。

3）仅基于输出的模态识别

（1）频域识别原理

若激励未知，仅依据响应信号无法获取结构的频响函数。虽然激励未知，但环境激励一般可假定为平稳随机信号，根据此信号特征能够探寻激励和响应的频域特性。理论上，无限长随机信号是能量无限信号，不满足傅里叶积分变换条件。此时，一般可以从统计出发，采用时域中的数学期望、方差、相关函数，或频域中的功率谱密度函数，来描述随机信号的特征。

功率谱密度函数（power spectral density function）定义为单位频带内的信号功率，又简称为功率谱。功率谱密度函数表示了信号功率随频率的变化关系，常用于功率有限信号的频域特性分析。功率谱密度函数估计方法可分为直接法和间接法。

直接法是通过对离散时间信号进行快速傅里叶变换得到频谱，计算频谱与其共轭的乘积，得到功率谱。平稳随机信号 $x(n)$ 的功率谱密度函数估计式[2]为

$$P_{xx}(\omega)=\lim_{N\to\infty}E\left[\frac{1}{2N+1}\left|\sum_{n=-\infty}^{\infty}x(n)\mathrm{e}^{-\mathrm{j}\omega n}\right|^2\right] \tag{2.21}$$

式中，$P_{xx}(\omega)$ 表示功率谱密度函数；N 表示离散时间随机信号序列的长度；E 表示数学期望。

间接法是在时域内计算 N 个离散时间随机信号样本点的自相关函数，然后对自相关函数进行快速傅里叶变换，得到功率谱。平稳随机离散时间信号 $x(n)$ 的功率谱密度函数估计式为

$$P_{xx}(\omega)=\sum_{m=-\infty}^{\infty}R_{xx}(m)\mathrm{e}^{-\mathrm{j}\omega m} \tag{2.22}$$

式中，$R_{xx}(m)$ 表示序列 $x(n)$ 在时间延迟为 m 时的自相关函数，其表达式为

$$R_{xx}(m)=\lim_{N\to\infty}\frac{1}{2N+1}\sum_{n=-N}^{N}x(n)x(n+m) \tag{2.23}$$

依据式（2.1）、式（2.13）、式（2.17）和式（2.18），令多自由度结构系统的激励 $\boldsymbol{f}(t)$ 的功率谱密度函数矩阵为 $\boldsymbol{P}_{ff}(\omega)$，响应 $\boldsymbol{x}(t)$ 的功率谱密度函数矩阵为 $\boldsymbol{P}_{xx}(\omega)$，结构系统的频响函数矩阵为 $\boldsymbol{H}(\omega)$，则激励的功率谱密度函数矩阵和响应的功率谱密度函数矩阵之间的关系为式（2.24），即响应的功率谱密度函数矩阵等于系统频响函数模的平方与激励的功率谱密度函数矩阵的乘积。

$$\boldsymbol{P}_{xx}(\omega)=\left|\boldsymbol{H}(\omega)\right|^2\boldsymbol{P}_{ff}(\omega) \tag{2.24}$$

如果向量 $\boldsymbol{f}(t)$ 中各激励可视为独立不相关的白噪声，即其功率谱密度函数矩阵 $\boldsymbol{P}_{ff}(\omega)$ 为常对角矩阵，则频响函数模的平方与响应的功率谱密度函数矩阵成正比。据此，依据参数识别方法能够仅利用结构响应识别模态参数。

（2）时域识别原理

在时域中进行模态识别时，可以采用不同的数学模型，如状态空间模型（state-space model）和时间序列模型（time-series model）等[3]。

① 状态空间模型。状态空间模型能够反映系统的外部关系，并能够揭示系统的内部特性。式（2.1）是二阶微分方程组，记激励 $\boldsymbol{f}(t)=\boldsymbol{B}_1\boldsymbol{u}(t)$，并引入辅助恒等式：

$$\dot{\boldsymbol{x}}(t)=\boldsymbol{0}\times\boldsymbol{x}(t)+\boldsymbol{I}\times\dot{\boldsymbol{x}}(t)+\boldsymbol{0}\times\boldsymbol{u}(t) \tag{2.25}$$

式（2.25）与式（2.1）合并可得

$$\begin{bmatrix}\dot{\boldsymbol{x}}(t)\\ \ddot{\boldsymbol{x}}(t)\end{bmatrix}=\begin{bmatrix}\boldsymbol{0} & \boldsymbol{I}\\ -\boldsymbol{M}^{-1}\boldsymbol{K} & -\boldsymbol{M}^{-1}\boldsymbol{C}\end{bmatrix}\begin{bmatrix}\boldsymbol{x}(t)\\ \dot{\boldsymbol{x}}(t)\end{bmatrix}+\begin{bmatrix}\boldsymbol{0}\\ \boldsymbol{M}^{-1}\boldsymbol{B}_1\end{bmatrix}\boldsymbol{u}(t) \tag{2.26}$$

式中，$\boldsymbol{0}$ 和 $\boldsymbol{I}$ 分别表示 0 元素矩阵和单位矩阵；$\boldsymbol{u}(t)$ 是系统的输入向量。进一步得

到连续时间状态方程：

$$\dot{z}(t)=\boldsymbol{A}_c\boldsymbol{z}(t)+\boldsymbol{B}_c\boldsymbol{u}(t) \tag{2.27}$$

式中，$\boldsymbol{z}(t)=\begin{bmatrix}\boldsymbol{x}(t)\\ \dot{\boldsymbol{x}}(t)\end{bmatrix}$称为系统的状态向量，反映了系统的运动状态；$\boldsymbol{A}_c$是系统的状态矩阵，反映了系统的构成和系统状态变化的情况，表达式为式（2.28）；$\boldsymbol{B}_c$是系统的输入矩阵，反映了系统输入对系统状态的影响，表达式为式（2.29）。

$$\boldsymbol{A}_c=\begin{bmatrix}\boldsymbol{0} & \boldsymbol{I}\\ -\boldsymbol{M}^{-1}\boldsymbol{K} & -\boldsymbol{M}^{-1}\boldsymbol{C}_d\end{bmatrix} \tag{2.28}$$

$$\boldsymbol{B}_c=\begin{bmatrix}\boldsymbol{0}\\ \boldsymbol{M}^{-1}\boldsymbol{B}_1\end{bmatrix} \tag{2.29}$$

连续时间系统的观测方程为

$$\boldsymbol{y}(t)=\boldsymbol{C}_c\boldsymbol{z}(t)+\boldsymbol{D}_c\boldsymbol{u}(t) \tag{2.30}$$

式中，$\boldsymbol{y}(t)$为连续时间系统的输出向量；$\boldsymbol{C}_c$为状态向量的输出影响矩阵；$\boldsymbol{D}_c$为传递矩阵，反映输入与输出向量的关系。式（2.27）和式（2.30）合并称为系统的连续时间状态空间模型。

由于测试响应数据是有限长的离散时间信号，将连续时间系统状态方程变换为离散时间系统状态方程：

$$\boldsymbol{z}(k+1)=\boldsymbol{A}\boldsymbol{z}(k)+\boldsymbol{B}\boldsymbol{u}(k) \tag{2.31}$$

式中，$\boldsymbol{z}(k)$为离散时间系统的状态向量；$\boldsymbol{A}=\mathrm{e}^{\boldsymbol{A}_c\Delta t}$为离散时间系统的状态矩阵；$\boldsymbol{B}=(\boldsymbol{A}-\boldsymbol{I})\boldsymbol{A}_c^{-1}\boldsymbol{B}_c$为离散时间系统的控制矩阵；$\Delta t$为采样间隔；$\boldsymbol{I}$为单位矩阵。

有限测点下的离散时间系统观测方程为

$$\boldsymbol{y}(k)=\boldsymbol{C}\boldsymbol{z}(k)+\boldsymbol{D}\boldsymbol{u}(k) \tag{2.32}$$

式中，$\boldsymbol{y}(k)$为离散时间系统的输出向量；$\boldsymbol{C}$和$\boldsymbol{D}$分别为观测矩阵和直接传输矩阵；$\boldsymbol{u}(k)$是离散时间系统的输入向量。式（2.26）和式（2.32）合并称为系统的离散时间状态空间模型。

实际测试中需要考虑随机噪声的影响。若系统的输入是未知的环境激励，可将环境激励视为强度与噪声相似的随机激励，得到离散时间系统随机状态空间模型：

$$\begin{cases}\boldsymbol{z}(k+1)=\boldsymbol{A}\boldsymbol{z}(k)+\boldsymbol{w}(k)\\ \boldsymbol{y}(k)=\boldsymbol{C}\boldsymbol{z}(k)+\boldsymbol{v}(k)\end{cases} \tag{2.33}$$

式中，$\boldsymbol{w}(k)$和$\boldsymbol{v}(k)$为噪声项。

基于系统的离散时间状态空间模型或离散时间随机状态空间模型，利用参数识别方法能够实现仅基于系统输出的模态识别。

② 时间序列模型。假定结构振动测试的响应$\boldsymbol{x}_k$（$k=1,2,\cdots,L$）是平稳随机过程，采用差分方程表达结构响应之间以及结构响应与输入之间的关系：

$$x_k-b_1x_{k-1}-b_2x_{k-2}-\cdots-b_px_{k-p}=f_k-a_1f_{k-1}-a_2f_{k-2}-\cdots-a_qf_{k-q} \tag{2.34}$$

式中，f_{k-j}（$j=0,1,2,\cdots,q$）包含系统的激励和噪声干扰，假设其具有白噪声特性；b_i（$i=1,2,\cdots,p$）为自回归系数；a_j（$j=1,2,\cdots,q$）为滑动平均系数；p 为自回归模型的阶次；q 为滑动平均模型的阶次。

式（2.34）进一步写为

$$x_k-\sum_{i=1}^{p}b_i x_{k-i}=f_k-\sum_{j=1}^{q}a_j f_{k-j} \tag{2.35}$$

这一数学模型称为自回归滑动平均模型。式（2.35）可理解为白噪声激励下系统输入与输出之间的关系，自回归系数和滑动平均系数包含了系统的固有特性。利用参数识别方法获取自回归滑动平均模型的系数，并根据自回归系数、滑动平均系数与模态参数的关系实现模态识别。

2.2.3 物理空间和模态空间

物理空间（physical space）是存在于现实世界的真实空间。在物理空间中，结构系统可以用集中质量物理模型或解析模型来表示，如图 2.10 上部所示。在该模型中，不同位置或不同自由度之间存在相互作用或耦合，也就是说如果推动模型中的某一个自由度，那么其他自由度也会受到影响，并产生运动。在物理空间中，描述耦合系统特征的运动方程组可用矩阵形式表示为式（2.1）的形式。

模态空间（modal space）是用模态来表征的模态坐标空间。从数学的角度上讲，对物理空间上的运动方程通过特征值求解和模态变换方程，将这组物理空间上耦合的方程进行解耦，解耦后的方程为一组单自由度系统的运动方程，此时转换后的新坐标系统，称为模态空间。在模态空间中，结构系统由模态质量、模态阻尼和模态刚度等对角矩阵来描述，表示如下：

$$\begin{bmatrix}\bar{m}_1 & & & \\ & \bar{m}_2 & & \\ & & \ddots & \\ & & & \bar{m}_n\end{bmatrix}\ddot{\boldsymbol{q}}(t)+\begin{bmatrix}\bar{c}_1 & & & \\ & \bar{c}_2 & & \\ & & \ddots & \\ & & & \bar{c}_n\end{bmatrix}\dot{\boldsymbol{q}}(t)+\begin{bmatrix}\bar{k}_1 & & & \\ & \bar{k}_2 & & \\ & & \ddots & \\ & & & \bar{k}_n\end{bmatrix}\boldsymbol{q}(t)=\boldsymbol{\Phi}^{\mathrm{T}}\boldsymbol{f}(t) \tag{2.36}$$

式中，$\ddot{\boldsymbol{q}}(t)$、$\dot{\boldsymbol{q}}(t)$和$\boldsymbol{q}(t)$分别是加速度模态响应、速度模态响应和位移模态响应。

式（2.36）中，模态质量矩阵、模态阻尼矩阵和模态刚度矩阵和物理空间中的质量矩阵 $\boldsymbol{M}$、阻尼矩阵 $\boldsymbol{C}_d$ 和刚度矩阵 $\boldsymbol{K}$ 之间的关系分别为

$$\begin{bmatrix}\bar{m}_1 & & & \\ & \bar{m}_2 & & \\ & & \ddots & \\ & & & \bar{m}_n\end{bmatrix}=\boldsymbol{\Phi}^{\mathrm{T}}\boldsymbol{M}\boldsymbol{\Phi} \tag{2.37}$$

$$\begin{bmatrix} \bar{c}_1 & & & \\ & \bar{c}_2 & & \\ & & \ddots & \\ & & & \bar{c}_n \end{bmatrix} = \boldsymbol{\Phi}^{\mathrm{T}} \boldsymbol{C}_d \boldsymbol{\Phi} \tag{2.38}$$

$$\begin{bmatrix} \bar{k}_1 & & & \\ & \bar{k}_2 & & \\ & & \ddots & \\ & & & \bar{k}_n \end{bmatrix} = \boldsymbol{\Phi}^{\mathrm{T}} \boldsymbol{K} \boldsymbol{\Phi} \tag{2.39}$$

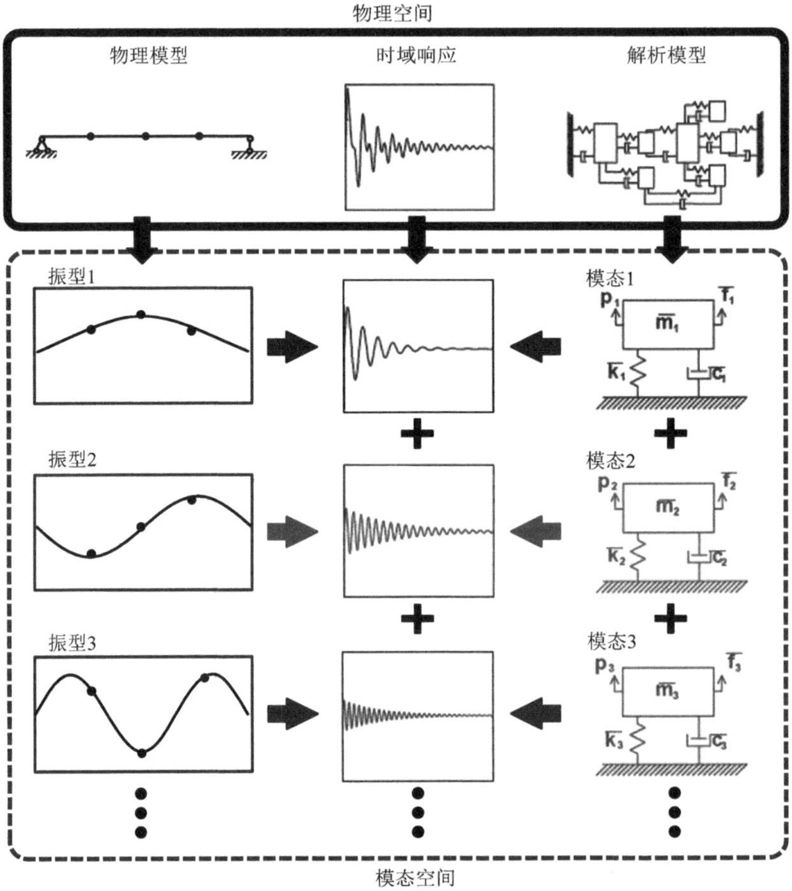

图 2.10　物理空间与模态空间转化示意图

结构系统的位移在物理空间和模态空间之间的关系为

$$\boldsymbol{x}(t) = \boldsymbol{\Phi q}(t) = \sum_{i=1}^{n} \boldsymbol{\varphi}_i q_i(t) \tag{2.40}$$

式中，$\boldsymbol{\varphi}_i$ 为第 i 阶振型；$q_i(t)$ 为第 i 阶模态响应。

将结构系统的运动方程从物理空间转换到模态空间的过程，也就是将一组复杂的、耦合的物理方程转换为一组单自由度的、解耦的方程的过程，即图 2.10 中将耦合的多自由度系统解析模型解耦成第1,2,3,…,n阶单自由度系统模型的过程。在表示结构系统方面，模态空间和物理空间并没有实质性的不同，仅仅是形式不同而已。

2.2.4　实验模态识别和工作模态识别

1. 实验模态识别

利用激励装置对结构进行激励，同时测量激励和结构振动响应，运用数字信号处理技术求得频响函数或脉冲响应函数，运用参数识别方法求解系统模态参数的过程，称为实验模态识别（experimental modal identification）。根据激励通道个数和响应通道个数，实验模态识别又包括单输入单输出类、单输入多输出类和多输入多输出类。实验模态识别可计算出频率、阻尼比、质量归一化振型和模态质量这四种基本的模态参数，利用以上四类模态参数可进一步衍生出模态刚度、模态贡献因子等参数。

2. 工作模态识别

对于某些大型的结构，其激励不可测或测量十分困难，仅能测试结构的振动响应。基于对结构在实际工作期间受到的环境激励做某种先验假设（白噪声特性假定），运用数字信号处理技术从结构振动响应中求得功率谱密度函数或相关函数，进而识别模态参数的过程，称为工作模态识别（operational modal identification）。工作模态识别一般可计算出频率、阻尼比和振型三种模态参数。

实验模态识别与工作模态识别的对比见表 2.1。相比于实验模态识别，工作模态识别的主要特征包括：①仅测试结构的振动响应，不需要测试激励，节省了激励设备的投资；②对于桥梁而言，若利用环境激励下的结构振动响应测试数据进行工作模态识别，无须中断交通；③具有多输入多输出的特点，有利于区分密集模态和重根模态；④由于激励未知，工作模态识别法无法计算出模态质量，其识别的振型与实验模态识别获得的质量归一化振型成比例，比例系数与环境激励有关，环境激励随时间变化，比例系数也随时间变化。

表 2.1　实验模态识别与工作模态识别对比

方法类型	激励		响应	非参数模型		可识别的模态参数
	是否可测	基本假定		时域	频域	
实验模态识别	是	无	可测	脉冲响应函数	频响函数	频率、阻尼比、模态质量、质量归一化振型
工作模态识别	否	白噪声	可测	相关函数	功率谱密度函数	频率、阻尼比、振型

2.3 工作模态识别方法

对于激励不可测或测量十分困难的结构，其模态参数仅利用结构在工作条件下测得的振动响应进行识别。按照识别域的不同，工作模态识别方法分为频域方法、时域方法以及时-频域方法。

2.3.1 频域方法

频域方法通过将测试得到的振动响应变换到频域，以频响函数或功率谱密度函数作为非参数模型，据此求解模态参数。由于频响函数的获得需要激励数据已知，频域方法一般采用功率谱密度函数。由于频域方法需要利用傅里叶变换将时域信号转换为频域信号，此过程需要注意频谱泄漏、混叠、分辨率等问题。桥梁工程领域常用的频域方法如图 2.11 所示。在桥梁工作模态分析中，频域方法具有计算快速、操作简便等优点，但是对于密集模态识别和虚假模态辨别效果较差。对于工作模态分析的初步计算，可采用此类方法。

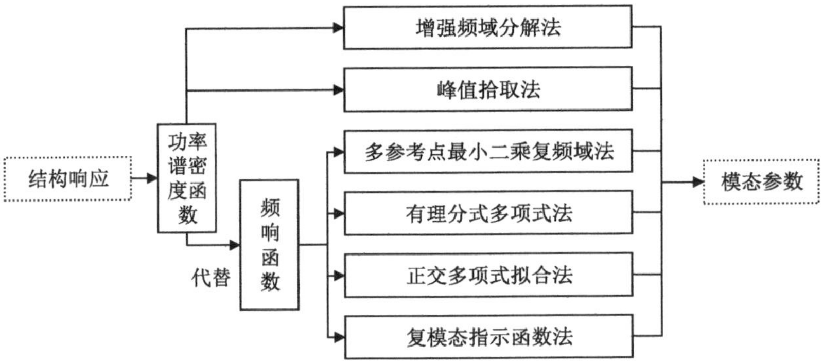

图 2.11　频域方法

1. 增强频域分解法

增强频域分解法（enhance frequency domain decomposition，EFDD）是在频域分解法（frequency domain decomposition，FDD）的基础上发展而来的。频域分解法[4]通过将结构振动响应进行傅里叶变换到频域，在频域中建立自、互功率谱与模态参数的关系模型，然后对自、互功率谱在各谱线处分别进行奇异值分解，奇异值曲线上峰值点对应的频率代表结构频率，结构频率处的奇异向量等价于振型向量。为了解决频域分解法无法识别阻尼比的问题，又发展出了一种增强频域分解法。该方法在频域分解法的基础上将频域信息做傅里叶逆变换再次转换到时域，在时域中使用对数衰减（logarithmic decrement，LD）法来求解阻尼比。

结构系统的输入功率谱密度函数和输出功率谱密度函数关系为

$$G_{yy}(\mathrm{j}\omega)=H^{*}(\mathrm{j}\omega)G_{ff}(\mathrm{j}\omega)H^{\mathrm{T}}(\mathrm{j}\omega) \tag{2.41}$$

式中，*和 T 分别表示复共轭和转置运算；$G_{ff}(\mathrm{j}\omega)\in\mathbb{C}^{L\times L}$ 表示 L 个输入的功率谱密度函数矩阵；$G_{yy}(\mathrm{j}\omega)\in\mathbb{C}^{M\times M}$ 表示 M 个输出响应的功率谱密度函数矩阵；$H(\mathrm{j}\omega)\in\mathbb{C}^{M\times L}$ 为频响函数矩阵，用部分分式形式可表示为

$$H(\mathrm{j}\omega)=\sum_{i=1}^{n}\left(\frac{R_i}{\mathrm{j}\omega-\lambda_i}+\frac{R_i^{*}}{\mathrm{j}\omega-\lambda_i^{*}}\right) \tag{2.42}$$

式中，n 为模态阶数；λ_i 为第 i 阶系统极点，$\lambda_i=-\xi_i\omega_i+\mathrm{j}\sqrt{1-\xi_i^2}\omega_i, i=1,2,\cdots,n$，$\xi_i$ 和 ω_i 分别表示第 i 阶阻尼比和固有圆频率；R_i 为第 i 阶留数，可写为第 i 阶振型 $\varphi_i=[\varphi_{1i}\quad \varphi_{2i}\quad \cdots\quad \varphi_{Mi}]^{\mathrm{T}}$ 和模态参与向量转置 $\gamma_i^{\mathrm{T}}=[\gamma_{i1}\quad \gamma_{i2}\quad \cdots\quad \gamma_{iL}]$ 的乘积，即 $R_i=\varphi_i\gamma_i^{\mathrm{T}}$；$R_i^{*}$ 和 λ_i^{*} 分别为 R_i 和 λ_i 的复共轭。

假定输入为白噪声信号，则 $G_{ff}(\mathrm{j}\omega)$ 为一实常数对角矩阵，即 $G_{ff}(\mathrm{j}\omega)=G_0$，将式（2.42）代入式（2.41）可得

$$G_{yy}(\mathrm{j}\omega)=\sum_{i=1}^{n}\sum_{k=1}^{n}\left(\frac{R_i}{\mathrm{j}\omega-\lambda_i}+\frac{R_i^{*}}{\mathrm{j}\omega-\lambda_i^{*}}\right)G_0\left(\frac{R_k}{\mathrm{j}\omega-\lambda_k}+\frac{R_k^{*}}{\mathrm{j}\omega-\lambda_k^{*}}\right)^{\mathrm{H}} \tag{2.43}$$

式中，H 表示共轭转置。

基于赫维赛德部分分式定理（Heaviside partial fraction theorem），式（2.43）中的输出功率谱密度函数可以写为极点/留数的形式，即

$$G_{yy}(\mathrm{j}\omega)=\sum_{i=1}^{n}\left(\frac{A_i}{\mathrm{j}\omega-\lambda_i}+\frac{A_i^{*}}{\mathrm{j}\omega-\lambda_i^{*}}+\frac{B_i}{-\mathrm{j}\omega-\lambda_i}+\frac{B_i^{*}}{-\mathrm{j}\omega-\lambda_i^{*}}\right) \tag{2.44}$$

式中，A_i^{*} 和 B_i^{*} 分别为 A_i 和 B_i 的复共轭，A_i 和 B_i 为第 i 阶输出功率谱密度函数的留数矩阵，且为 $M\times M$ 阶埃尔米特矩阵（Hermitian matrix），分别表示为

$$A_i=R_iG_0\left(\sum_{k=1}^{n}\frac{R_k^{\mathrm{H}}}{-\lambda_i-\lambda_k^{*}}+\frac{R_k^{\mathrm{T}}}{-\lambda_i-\lambda_k}\right) \tag{2.45}$$

$$B_i=\left(\sum_{k=1}^{n}\frac{R_k}{-\lambda_i-\lambda_k}+\frac{R_k^{*}}{-\lambda_i-\lambda_k^{*}}\right)G_0R_i^{\mathrm{T}} \tag{2.46}$$

在结构为小阻尼且模态耦合不严重时，A_i 和 B_i 中起主导作用的部分为 $k=i$ 项，这样留数矩阵可分别简化为

$$A_i\approx\frac{R_iG_0R_i^{\mathrm{H}}}{2\sigma_{mi}}=\beta_i\varphi_i\varphi_i^{\mathrm{H}} \tag{2.47}$$

$$B_i\approx\frac{R_i^{*}G_0R_i^{\mathrm{T}}}{2\sigma_{mi}}=\beta_i\varphi_i^{*}\varphi_i^{\mathrm{T}} \tag{2.48}$$

式中，σ_{mi} 为系统极点 λ_i 实部的绝对值；β_i 为实常数，其表达式为

$$\beta_i=\frac{\gamma_i^{\mathrm{T}}G_0\gamma_i^{*}}{2\sigma_{mi}} \tag{2.49}$$

在特定的频率范围内，若只有部分模态占主导地位，即 $G_{yy}(\mathrm{j}\omega)$ 可由少数几阶

模态的叠加得到，将这些模态集合定义为Ω_ω，则对于小阻尼结构，响应的功率谱密度函数矩阵可表示为

$$\boldsymbol{G}_{yy}(\mathrm{j}\omega)=\sum_{k\in\Omega_\omega}\frac{\beta_i\boldsymbol{\varphi}_i\boldsymbol{\varphi}_i^{\mathrm{T}}}{\mathrm{j}\omega-\lambda_i}+\frac{\beta_i\boldsymbol{\varphi}_i^*\boldsymbol{\varphi}_i^{\mathrm{H}}}{\mathrm{j}\omega-\lambda_i^*} \tag{2.50}$$

在频域分解法中，首先估计响应的功率谱密度函数矩阵，然后对估计的功率谱密度函数矩阵$\tilde{\boldsymbol{G}}_{yy}(\mathrm{j}\omega)$在任一谱线频率处进行奇异值分解，如下式所示：

$$\tilde{\boldsymbol{G}}_{yy}(\mathrm{j}\omega_i)=\boldsymbol{U}_i\boldsymbol{S}_i\boldsymbol{U}_i^{\mathrm{H}} \tag{2.51}$$

式中，矩阵$\boldsymbol{U}_i=[\boldsymbol{u}_{i1}\quad \boldsymbol{u}_{i2}\quad \cdots\quad \boldsymbol{u}_{iM}]$；$\boldsymbol{S}_i=\mathrm{diag}(s_{i1},s_{i2},\cdots,s_{iM})$。

第一阶奇异值曲线s_{i1}（$i=\Delta f,2\Delta f,\cdots,f_s/2$）峰值处谱线所对应的频率代表结构的频率。相应地，在接近第i阶模态的谱线处，若只有第i阶模态贡献较大，则对应谱线处的第一阶奇异向量为第i阶振型的估计，即

$$\tilde{\boldsymbol{\varphi}}_i=\boldsymbol{u}_{i1} \tag{2.52}$$

在增强频域分解法中，选取奇异值曲线峰值附近的频段，通过对其做傅里叶逆变换转换到时域，获得近似的单自由度衰减曲线（图 2.12），然后采用对数衰减法即可识别出阻尼比。对数衰减法的阻尼比计算式为

$$\xi=\frac{1}{2\pi\tilde{p}}\ln\left(\frac{\tilde{A}_0}{\tilde{A}_{\tilde{p}}}\right) \tag{2.53}$$

式中，ξ为阻尼比；$\tilde{p}$为衰减周波数；$\tilde{A}_0$为起始波振幅值；$\tilde{A}_{\tilde{p}}$为第$\tilde{p}$个波振幅值。

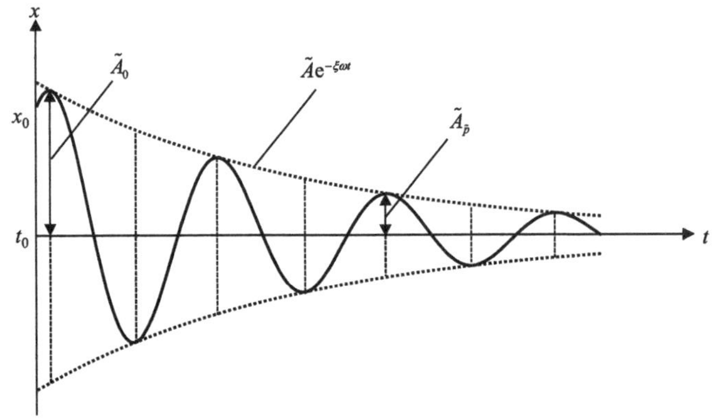

图 2.12　单自由度自由衰减曲线

增强频域分解法流程如图 2.13 所示。

2. 多参考点最小二乘复频域法

针对频域识别方法中的数值病态问题，最小二乘复频域法[5]（least squares complex frequency-domain，LSCF）通过在 z 域中采用右矩阵分式模型表示频响函数，并采用最小二乘法使测试频响函数与理论频响函数间的误差函数达到最小，来完成

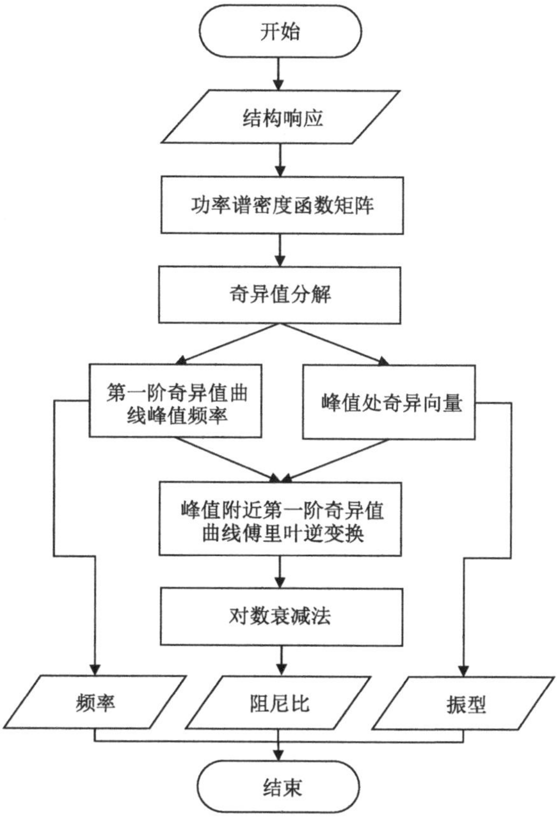

图 2.13　增强频域分解法流程

频响函数的拟合。采用同样的思想，将最小二乘复频域法扩展到多输入-多输出的多参考点情况，得到的方法为多参考点最小二乘复频域法（poly-reference LSCF，p-LSCF）。多参考点最小二乘复频域法具有较好的数值稳定性，其不仅能同时估计系统极点和模态参与系数，还能够产生非常清晰的稳定图，在密集模态识别方面有很大提高。

振动系统在激励点 m（$m=1,2,\cdots,n_m$）和响应测点 g（$g=1,2,\cdots,n_g$）间的频响函数计算公式写为右矩阵分式模型的形式：

$$\boldsymbol{H}_k(\omega)=\frac{\boldsymbol{N}_k(\omega)}{\boldsymbol{D}(\omega)} \tag{2.54}$$

式中，$\boldsymbol{H}_k(\omega)$ 为 m 个激励点和 g 个响应测点之间构成形成的频响函数矩阵；$\boldsymbol{N}_k(\omega)$ 为分子矩阵多项式；$\boldsymbol{D}(\omega)$ 为分母矩阵多项式。

式（2.54）中对于任意的 $k=1,2,\cdots,n_m n_g$，输出与输入之间的分子矩阵多项式分别表示为

$$\boldsymbol{N}_k(\omega)=\sum_{j=0}^{l}\boldsymbol{\Omega}_j(\omega)B_{kj} \tag{2.55}$$

分母矩阵多项式表示为

$$D(\omega)=\sum_{j=0}^{l}\boldsymbol{\Omega}_j(\omega)A_j \tag{2.56}$$

式（2.55）和式（2.56）中，l为多项式的阶次；$\boldsymbol{\Omega}_j(\omega)$为多项式基函数；$B_{kj}$和$A_j$是待估计的未知参数。

频响函数的矩阵分式可以表示为

$$\boldsymbol{H}_k(\omega)=\frac{\sum_{j=0}^{l}\boldsymbol{\Omega}_j(\omega)B_{kj}}{\sum_{j=0}^{l}\boldsymbol{\Omega}_j(\omega)A_j} \tag{2.57}$$

测试频响函数矩阵与理论频响函数矩阵的误差函数计算公式为

$$\boldsymbol{L}^{LS}(\omega,\boldsymbol{\theta})=\sum_{m=1}^{N_m}\left|\boldsymbol{N}_m(\omega,\boldsymbol{\theta})-\widetilde{\boldsymbol{H}}_m(\omega)\boldsymbol{D}(\omega,\boldsymbol{\theta})\right|^2 \tag{2.58}$$

式中，$\boldsymbol{L}^{LS}(\omega,\boldsymbol{\theta})$为误差函数；$\boldsymbol{N}_m$为第$m$个测点处的理论频响函数矩阵的分子多项式；$\widetilde{\boldsymbol{H}}_m$为第$m$个测点处的测试频响函数矩阵；$\boldsymbol{D}$为理论频响函数矩阵的分母多项式；$\boldsymbol{\theta}$为理论频响函数的分母和分子多项式系数矩阵。

分母多项式$\boldsymbol{D}$和分子多项式$\boldsymbol{N}_m$的系数可通过误差函数最小化求解，频率和阻尼比利用分母多项式的极点进行计算，频响函数的固有频率和阻尼比与多项式极点之间的关系为

$$\lambda_j,\lambda_j^*=-\xi_j\omega_j\pm \mathrm{j}\sqrt{1-\xi_j^2}\,\omega_j \tag{2.59}$$

式中，λ_j为多项式极点；λ_j^*为λ_j的复共轭；j为虚数单位；ω_j和ξ_j分别为第j阶模态的固有频率和阻尼比。

在最小二乘复频域法中，振型的求解通过拟合以下函数表达式进行：

$$\boldsymbol{H}(\omega)=\sum_{j=1}^{n}\frac{\boldsymbol{\varphi}_j\boldsymbol{\mu}_j^{\mathrm{T}}}{\mathrm{j}\omega-\lambda_j}+\frac{\boldsymbol{\varphi}_j^*\boldsymbol{\mu}_j^{\mathrm{H}}}{\mathrm{j}\omega-\lambda_j^*}-\frac{\boldsymbol{L}_r}{\omega^2}+\boldsymbol{U}_r \tag{2.60}$$

式中，$\boldsymbol{\varphi}_j$表示第j阶振型；$\boldsymbol{\mu}_j$表示第j阶模态参与因子矩阵；$\boldsymbol{L}_r$和$\boldsymbol{U}_r$分别表示其他频带模态对当前频带模态影响的下残差矩阵和上残差矩阵；n表示模态阶数；$\boldsymbol{\varphi}_j^*$为$\boldsymbol{\varphi}_j$的复共轭；$\boldsymbol{\mu}_j^{\mathrm{T}}$和$\boldsymbol{\mu}_j^{\mathrm{H}}$分别表示矩阵的转置和共轭转置。

多参考点最小二乘复频域法利用最小化误差函数获得右矩阵分式模型的参数，接着利用分母多项式的极点计算频率和阻尼比。然而，准确地估计多项式模型的阶次是准确获取模态参数的前提条件。受噪声和建模误差的影响，模型阶次难以准确确定。因此，多参考点最小二乘复频域法一般分两步进行：①确定某一假定系统阶次下的分母多项式极点，计算频率和阻尼比；②借助稳定图选出满足稳定轴阈值要求的某一阶次，通过最小二乘复频域法拟合实测频响函数，求得振型。稳定图示意图如图 2.14 所示，图中“s”、“f”和“o”分别表示在系统取不同的阶次时，频率和阻尼比均稳定的极点、频率稳定的极点和阻尼比稳定的极点。

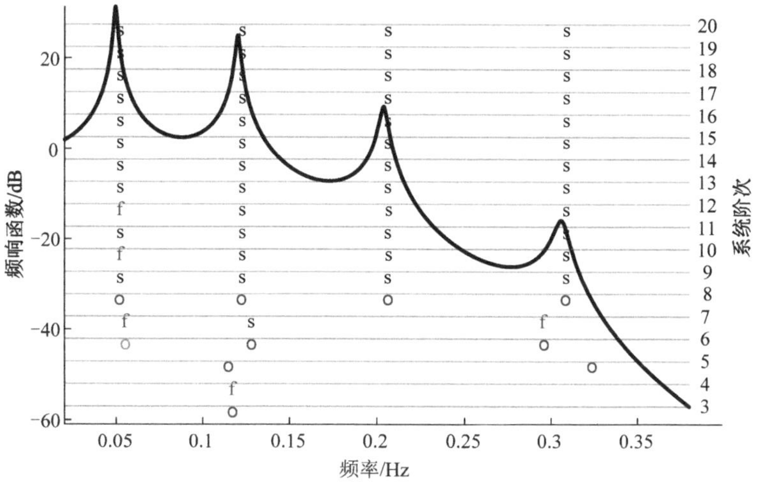

图 2.14　稳定图示意图

3. 其他方法

1）峰值拾取法

峰值拾取法[6]（peak picking，PP）依据频响函数在固有频率附近会出现峰值这一原理，通过拾取峰值对应的频率获得结构的固有频率。由于仅利用桥梁在工作期间的振动响应无法获取频响函数，所以采用环境激励下结构振动响应的功率谱密度函数来代替频响函数。假设振动响应的自功率谱上每一个峰值仅与一阶模态有关(即不存在密集模态)，则通过平均正则化功率谱密度曲线上的峰值能够确定固有频率，阻尼比可由半功率带宽法进行识别。该方法简单易行，识别迅速，但对大阻尼以及密集模态的情况无法准确识别。另外，对固有频率的识别依靠主观的峰值选取，无法区分真实模态和噪声产生的峰值。

2）有理分式多项式法

有理分式多项式法(rational fraction polynomial，RFP)也称为幂多项式法或 Levy 法[7]，该方法属于单输入单输出模态识别方法，其核心思想是对频响函数的有理分式形式进行拟合。由于各测点处频响函数的分母表达式相同且含有固有频率和阻尼比，分子中包含各阶模态振型，因而通过求解分子、分母幂多项式系数便可求解得模态参数。该方法的理论模型精确，具有很高的识别精度，但需要分别拟合有理分式的分子和分母，拟合过程的工作量较大，且在多项式阶次较高时方程组易出现病态，甚至于无法求解或精度较差。

3）有理分式正交多项式法

有理分式正交多项式法[8]（rational fraction orthogonal polynomial，RFOP）属于单输入单输出模态识别方法。为了缓解有理分式多项式法的病态问题，该方法在频响函数的有理分式形式的基础上，运用正交多项式来分别表示频响函数有理分式的分子和分母。正交多项式的频响函数拟合法能有效地缓解求解的病态问题，提高数值稳定性。该方法采用频响函数的矩阵分式模型，能够被扩展到多输入多输出的模态识别，且能够提高密集模态的识别精度。在频域对频响函数进行拟合，虽然数值问题得到了改善，但并未完全得到解决，因此只能在一个频带范围内进行参数识别，无法同时识别多个模态。

4）复模态指示函数法

复模态指示函数法[9]（complex mode indicator function，CMIF）的核心思想是采用有理分式模型来拟合增强频响函数。首先对实测频响函数矩阵进行奇异值分解，来确定在频响函数矩阵每条单独的谱线上存在多少个“重要的”特征参数，再利用振型向量的正交性将频响函数降维和解耦为单自由度单模态的频响函数，然后构建每阶模态的增强频响函数，对该函数采用单自由度识别算法识别系统极点，进而获取模态参数。复模态指示函数法对密集模态具有很好的识别效果，然而该方法因需对频响函数矩阵做奇异值分解，所以需要多点输入多点输出测试，不适用于单输入或者单输出测试。

2.3.2　时域方法

时域方法直接以振动响应（位移、速度、加速度等）测试数据为分析对象，无须对测试振动信号进行傅里叶变换处理，避免了不同数据域转换造成的频谱泄漏、计算分辨率不足等问题。按照所分析振动响应的类型，桥梁工程领域常用的时域方法如图 2.15 所示。桥梁工作模态分析的时域方法辨别密集模态能力强，具有一定的抗噪性能，借助于自动化识别过程，能够较好地应用于桥梁工作模态追踪辨识。

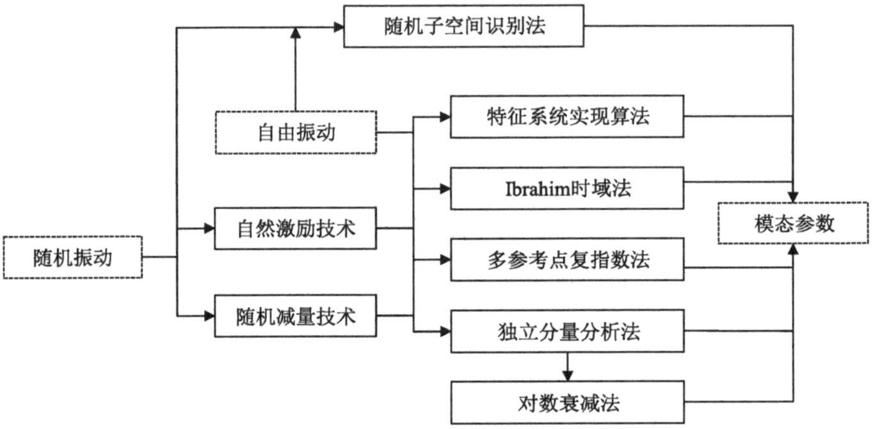

图 2.15　时域方法

1. 随机子空间识别法

随机子空间识别法[10]（stochastic subspace identification，SSI）依托图 2.16 中的动力学系统模型，利用结构的振动响应识别其状态矩阵 $\boldsymbol{A}$ 和输出矩阵 $\boldsymbol{C}$，并对系统

状态矩阵 $\boldsymbol{A}$ 进行特征值分解以获得模态参数。按照对状态矩阵 $\boldsymbol{A}$ 和输出矩阵 $\boldsymbol{C}$ 的识别理论的区别，随机子空间识别法又可分为协方差驱动随机子空间识别方法（covariance-driven stochastic subspace identification，COV-SSI）和数据驱动随机子空间识别方法（data-driven stochastic subspace identification，DATA-SSI）。

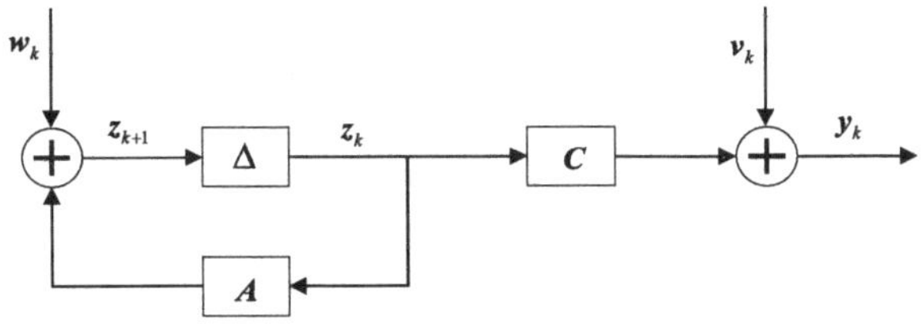

图 2.16　随机线性时不变动力系统模型

1）状态空间方程与模态参数

根据图 2.16 中的动力学系统模型，随机的离散时间系统状态空间方程为

$$\begin{cases} \boldsymbol{z}_{k+1} = \boldsymbol{A}\boldsymbol{z}_k + \boldsymbol{w}_k & (\text{状态方程}) \\ \boldsymbol{y}_k = \boldsymbol{C}\boldsymbol{z}_k + \boldsymbol{v}_k & (\text{观测方程}) \end{cases} \tag{2.61}$$

式中，$\boldsymbol{z}_k = \boldsymbol{z}(k\Delta t)$ 为时刻 k 的状态向量；$\boldsymbol{y}_k$ 为时刻 k 的响应向量；$\boldsymbol{w}_k$ 为过程噪声向量；$\boldsymbol{v}_k$ 为测量噪声向量。

对 $\boldsymbol{A}$ 进行特征值分解，可得

$$\boldsymbol{A} = \boldsymbol{\Psi}\boldsymbol{\Lambda}\boldsymbol{\Psi}^{-1} \tag{2.62}$$

式中，$\boldsymbol{\Lambda} = \mathrm{diag}[\lambda_1 \quad \lambda_2 \quad \cdots \quad \lambda_i \quad \lambda_{i+1} \quad \cdots]$，$\lambda_i$ 为离散时间系统的特征值；$\boldsymbol{\Psi}$ 为特征向量矩阵。

根据离散时间系统与连续时间系统特征值的关系，可以得

$$\lambda_i^c = \frac{\ln \lambda_i}{\Delta t} \tag{2.63}$$

引入条件式

$$\lambda_i^c, \lambda_i^{c*} = a_i \pm \mathrm{j} b_i \tag{2.64}$$

连续时间系统的特征值 λ_i^c 和 λ_i^{c*} 与系统固有圆频率 ω_i 和阻尼比 ξ_i 的关系如式（2.65）所示：

$$\lambda_i^c, \lambda_i^{c*} = -\xi_i \omega_i \pm \mathrm{j}\omega_i \sqrt{1-\xi_i^2} \tag{2.65}$$

系统的固有圆频率 ω_i、频率 f_i、阻尼比 ξ_i 和振型矩阵 $\boldsymbol{\Phi}$ 分别为

$$\omega_i = \sqrt{a_i^2 + b_i^2} \tag{2.66}$$

$$f_i = \frac{\omega_i}{2\pi} \tag{2.67}$$

$$\xi_i = \frac{-a_i}{\sqrt{a_i^2 + b_i^2}} \tag{2.68}$$

$$\boldsymbol{\Phi} = \boldsymbol{C}\boldsymbol{\Psi} \tag{2.69}$$

2）协方差驱动随机子空间识别方法

该方法利用响应数据的协方差组成托普利茨（Toeplitz）矩阵；对该矩阵进行奇异值分解，得到隐藏于矩阵行空间和列空间中的信息，即扩展的可观矩阵和逆向扩展的可控矩阵；利用扩展可观矩阵的推移不变性质，计算出系统的状态矩阵和输出矩阵，进而获取模态参数。该方法的理论简单清晰，而计算量大，其基本理论如下。

依据式（2.61），假设 $\boldsymbol{z}_k$ 满足零均值平稳过程，即 $E\left[\boldsymbol{z}_k\boldsymbol{z}_k^{\mathrm{T}}\right]=\boldsymbol{\Sigma}$ 和 $E\left[\boldsymbol{z}_k\right]=0$，其中自协方差矩阵 $\boldsymbol{\Sigma}$ 独立于时间 k，E 表示数学期望；假设 $\boldsymbol{w}_k$ 和 $\boldsymbol{v}_k$ 均为零均值白噪声，即 $E\left[\boldsymbol{w}_k\right]=0$ 且 $E\left[\boldsymbol{v}_k\right]=0$；假定 $\boldsymbol{w}_k$ 和 $\boldsymbol{v}_k$ 同时与状态 $\boldsymbol{z}_k$ 不相关，即 $E\left[\boldsymbol{z}_k\boldsymbol{w}_k^{\mathrm{T}}\right]=0$ 且 $E\left[\boldsymbol{z}_k\boldsymbol{v}_k^{\mathrm{T}}\right]=0$。

假定 $\boldsymbol{w}_k$ 和 $\boldsymbol{v}_k$ 独立不相关，则噪声协方差矩阵为

$$E\left[\begin{bmatrix}\boldsymbol{w}_p\\ \boldsymbol{v}_p\end{bmatrix}\begin{bmatrix}\boldsymbol{w}_q^{\mathrm{T}} & \boldsymbol{v}_q^{\mathrm{T}}\end{bmatrix}\right]=\begin{bmatrix}\boldsymbol{Q} & \boldsymbol{\Omega}\\ \boldsymbol{\Omega}^{\mathrm{T}} & \boldsymbol{\Upsilon}\end{bmatrix}\delta_{pq} \tag{2.70}$$

式中，$\boldsymbol{Q}=E\left[\boldsymbol{w}_p\boldsymbol{w}_q^{\mathrm{T}}\right]$；$\boldsymbol{\Omega}=E\left[\boldsymbol{w}_p\boldsymbol{v}_q^{\mathrm{T}}\right]$；$\boldsymbol{\Omega}^{\mathrm{T}}=E\left[\boldsymbol{v}_p\boldsymbol{w}_q^{\mathrm{T}}\right]$；$\boldsymbol{\Upsilon}=E\left[\boldsymbol{v}_p\boldsymbol{v}_q^{\mathrm{T}}\right]$；$\delta_{pq}$ 为克罗内克（Kronecker）函数；p 和 q 表示任意两个时刻。

将式（2.61）中的状态方程代入状态自协方差矩阵 $\boldsymbol{\Sigma}$，可得

$$\boldsymbol{\Sigma}=E\left[\boldsymbol{z}_{k+1}\boldsymbol{z}_{k+1}^{\mathrm{T}}\right]=\boldsymbol{A}E\left[\boldsymbol{z}_k\boldsymbol{z}_k^{\mathrm{T}}\right]\boldsymbol{A}^{\mathrm{T}}+E\left[\boldsymbol{w}_k\boldsymbol{w}_k^{\mathrm{T}}\right]=\boldsymbol{A\Sigma A}^{\mathrm{T}}+\boldsymbol{Q} \tag{2.71}$$

同理，可得下一时刻状态与输出协方差矩阵 $\boldsymbol{G}$ 为

$$\boldsymbol{G}=E\left[\boldsymbol{z}_{k+1}\boldsymbol{y}_k^{\mathrm{T}}\right]=E\left[\boldsymbol{A}\boldsymbol{z}_k\boldsymbol{z}_k^{\mathrm{T}}\boldsymbol{C}^{\mathrm{T}}\right]+E\left[\boldsymbol{w}_k\boldsymbol{v}_k^{\mathrm{T}}\right]=\boldsymbol{A\Sigma C}^{\mathrm{T}}+\boldsymbol{\Omega} \tag{2.72}$$

第 $k+p$ 时刻的状态与第 k 时刻的状态之间的关系为

$$\boldsymbol{z}_{k+p}=\boldsymbol{A}^p\boldsymbol{z}_k+\boldsymbol{A}^{p-1}\boldsymbol{w}_k+\boldsymbol{A}^{p-2}\boldsymbol{w}_{k+1}+\cdots+\boldsymbol{A}\boldsymbol{w}_{k+p-2}+\boldsymbol{w}_{k+p-1} \tag{2.73}$$

进一步地，响应的自协方差矩阵 $\boldsymbol{R}_p$ 满足下式：

$$\boldsymbol{R}_p=E\left[\boldsymbol{y}_{k+p}\boldsymbol{y}_k^{\mathrm{T}}\right]=E\left[\left(\boldsymbol{C}\boldsymbol{z}_{k+p}+\boldsymbol{v}_{k+p}\right)\left(\boldsymbol{C}\boldsymbol{z}_k+\boldsymbol{v}_k\right)^{\mathrm{T}}\right]=\boldsymbol{C}\boldsymbol{A}^{p-1}\left(\boldsymbol{A\Sigma C}^{\mathrm{T}}+\boldsymbol{\Omega}\right)=\boldsymbol{C}\boldsymbol{A}^{p-1}\boldsymbol{G} \tag{2.74}$$

利用响应的自协方差矩阵 $\boldsymbol{R}_p$ 构造托普利茨矩阵 $\boldsymbol{T}_{1/p}$

$$\boldsymbol{T}_{1/p}=\begin{bmatrix}\boldsymbol{R}_p & \boldsymbol{R}_{p-1} & \cdots & \boldsymbol{R}_1\\ \boldsymbol{R}_{p+1} & \boldsymbol{R}_p & \cdots & \boldsymbol{R}_2\\ \vdots & \vdots & & \vdots\\ \boldsymbol{R}_{2p-1} & \boldsymbol{R}_{2p-1} & \cdots & \boldsymbol{R}_p\end{bmatrix} \tag{2.75}$$

将式（2.74）代入式（2.75）可得

$$\boldsymbol{T}_{1/p}=\begin{bmatrix}\boldsymbol{CA}^{p-1}\boldsymbol{G} & \boldsymbol{CA}^{p-2}\boldsymbol{G} & \cdots & \boldsymbol{CG}\\ \boldsymbol{CA}^{p}\boldsymbol{G} & \boldsymbol{CA}^{p-1}\boldsymbol{G} & \cdots & \boldsymbol{CAG}\\ \vdots & \vdots & & \vdots\\ \boldsymbol{CA}^{2p-2}\boldsymbol{G} & \boldsymbol{CA}^{2p-3}\boldsymbol{G} & \cdots & \boldsymbol{CA}^{p-1}\boldsymbol{G}\end{bmatrix}=\begin{bmatrix}\boldsymbol{C}\\ \boldsymbol{CA}\\ \vdots\\ \boldsymbol{CA}^{p-1}\end{bmatrix}\begin{bmatrix}\boldsymbol{A}^{p-1}\boldsymbol{G} & \cdots & \boldsymbol{AG} & \boldsymbol{G}\end{bmatrix}=\boldsymbol{O}_p\boldsymbol{\Gamma}_p \tag{2.76}$$

式中，$\boldsymbol{O}_p$ 和 $\boldsymbol{\Gamma}_p$ 分别称为扩展的可观矩阵和逆向扩展的可控矩阵，其可通过对托普利茨矩阵 $\boldsymbol{T}_{1/p}$ 进行奇异值分解获得，即

$$\boldsymbol{T}_{1/p}=\boldsymbol{U}\boldsymbol{S}\boldsymbol{V}^{\mathrm{T}}=\begin{bmatrix}\boldsymbol{U}_1 & \boldsymbol{U}_2\end{bmatrix}\begin{bmatrix}\boldsymbol{S}_1 & \boldsymbol{0}\\ \boldsymbol{0} & \boldsymbol{0}\end{bmatrix}\begin{bmatrix}\boldsymbol{V}_1^{\mathrm{T}}\\ \boldsymbol{V}_2^{\mathrm{T}}\end{bmatrix}=\boldsymbol{U}_1\boldsymbol{S}_1\boldsymbol{V}_1^{\mathrm{T}} \tag{2.77}$$

$$\boldsymbol{O}_p=\boldsymbol{U}_1\boldsymbol{S}_1^{1/2} \tag{2.78}$$

$$\boldsymbol{\Gamma}_p=\boldsymbol{S}_1^{1/2}\boldsymbol{V}_1^{\mathrm{T}} \tag{2.79}$$

式中，$\boldsymbol{U}$、$\boldsymbol{V}$ 为正交矩阵；$\boldsymbol{S}_1$ 为非零奇异值组成的对角矩阵，即

$$\boldsymbol{S}_1=\mathrm{diag}\begin{bmatrix}\sigma_1 & \sigma_2 & \cdots & \sigma_{2n}\end{bmatrix} \tag{2.80}$$

式中，非零奇异值满足 $\sigma_1\geqslant\sigma_2\geqslant\cdots\geqslant\sigma_{2n}\geqslant 0$。

根据式（2.76）可知，输出矩阵 $\boldsymbol{C}$ 为扩展可观矩阵 $\boldsymbol{O}_p$ 的第一个块行；状态矩阵 $\boldsymbol{A}$ 求解为

$$\boldsymbol{A}=\boldsymbol{O}_p^{(1)\dagger}\boldsymbol{O}_p^{(2)} \tag{2.81}$$

式中，$\boldsymbol{O}_p^{(1)}$ 和 $\boldsymbol{O}_p^{(2)}$ 分别为扩展可观矩阵 $\boldsymbol{O}_p$ 的前 $p-1$ 块行和后 $p-1$ 块行；† 表示广义逆。

根据式（2.62）～式（2.69），可从状态矩阵和输出矩阵中计算出模态参数。

3）数据驱动随机子空间识别方法

该方法无须对响应数据进行协方差计算，而是直接用响应数据构造汉克尔（Hankel）矩阵，借助正交三角分解（又称 QR 分解）获得将来响应向过去响应的投影矩阵；对投影矩阵进行奇异值分解，来获得扩展的可观矩阵与系统状态的卡尔曼（Kalman）滤波。系统的状态矩阵和输出矩阵求解方法有两种，一种是利用扩展可观矩阵的推移不变性质计算状态矩阵和输出矩阵，此种方法与协方差驱动随机子空间一致；另一种是将卡尔曼滤波和响应带入到系统的状态空间方程，据此求解状态矩阵和输出矩阵。与协方差驱动随机子空间识别法相比，该方法的理论虽然较难理解，但计算步骤同样清晰，且省去了协方差计算过程，大幅减少了计算量。

利用响应数据 $\{\boldsymbol{y}_0,\boldsymbol{y}_1,\cdots,\boldsymbol{y}_{2k+j-2}\}$ 构成下式所示的汉克尔矩阵：

$$\boldsymbol{Y}_{0,2k-1}=\frac{1}{\sqrt{j}}\begin{bmatrix}\boldsymbol{y}_0 & \boldsymbol{y}_1 & \boldsymbol{y}_2 & \cdots & \boldsymbol{y}_{j-2} & \boldsymbol{y}_{j-1}\\ \boldsymbol{y}_1 & \boldsymbol{y}_2 & \boldsymbol{y}_3 & \cdots & \boldsymbol{y}_{j-1} & \boldsymbol{y}_j\\ \boldsymbol{y}_2 & \boldsymbol{y}_3 & \boldsymbol{y}_4 & \cdots & \boldsymbol{y}_j & \boldsymbol{y}_{j+1}\\ \vdots & \vdots & \vdots & & \vdots & \vdots\\ \boldsymbol{y}_{2k-1} & \boldsymbol{y}_{2k} & \boldsymbol{y}_{2k+1} & \cdots & \boldsymbol{y}_{2k+j-3} & \boldsymbol{y}_{2k+j-2}\end{bmatrix} \tag{2.82}$$

式中，$\boldsymbol{Y}_{0,2k-1}$ 下标的第一个数字为汉克尔矩阵左上角元素的时刻，第二个数字为矩阵左下角元素的时刻。

将汉克尔矩阵分为两部分，一部分称为“过去”响应矩阵，另一部分称为“将来”响应矩阵。划分形式有两种，一种是“过去”和“将来”部分的每一列由 k 个响应向量组成，如下式所示：

$$
\boldsymbol{Y}_{0,2k-1}=\frac{1}{\sqrt{j}}\left[\begin{array}{cccc}
\boldsymbol{y}_0 & \boldsymbol{y}_1 & \cdots & \boldsymbol{y}_{j-1} \\
\boldsymbol{y}_1 & \boldsymbol{y}_2 & \cdots & \boldsymbol{y}_j \\
\vdots & \vdots & & \vdots \\
\boldsymbol{y}_{k-1} & \boldsymbol{y}_k & \cdots & \boldsymbol{y}_{k+j-2} \\
\hline
\boldsymbol{y}_k & \boldsymbol{y}_{k+1} & \cdots & \boldsymbol{y}_{k+j-1} \\
\boldsymbol{y}_{k+1} & \boldsymbol{y}_{k+2} & \cdots & \boldsymbol{y}_{k+j} \\
\vdots & \vdots & & \vdots \\
\boldsymbol{y}_{2k-1} & \boldsymbol{y}_{2k} & \cdots & \boldsymbol{y}_{2k+j-2}
\end{array}\right]=\left[\begin{array}{c}\boldsymbol{Y}_{0,k-1} \\ \hline \boldsymbol{Y}_{k,2k-1}\end{array}\right]=\left[\begin{array}{c}\boldsymbol{Y}_{\text{pass}} \\ \hline \boldsymbol{Y}_{\text{future}}\end{array}\right] \tag{2.83}
$$

式中，$\boldsymbol{Y}_{\text{pass}}$和$\boldsymbol{Y}_{\text{future}}$分别为“过去”和“将来”的响应汉克尔矩阵。

另一种是把“将来”响应矩阵的第一行向量移到“过去”响应矩阵中，“将来”部分的每一列由$k-1$个响应向量组成，如下式所示：

$$
\boldsymbol{Y}_{0,2k-1}=\frac{1}{\sqrt{j}}\left[\begin{array}{cccc}
\boldsymbol{y}_0 & \boldsymbol{y}_1 & \cdots & \boldsymbol{y}_{j-1} \\
\boldsymbol{y}_1 & \boldsymbol{y}_2 & \cdots & \boldsymbol{y}_j \\
\vdots & \vdots & & \vdots \\
\boldsymbol{y}_{k-1} & \boldsymbol{y}_k & \cdots & \boldsymbol{y}_{k+j-2} \\
\boldsymbol{y}_k & \boldsymbol{y}_{k+1} & \cdots & \boldsymbol{y}_{k+j-1} \\
\hline
\boldsymbol{y}_{k+1} & \boldsymbol{y}_{k+2} & \cdots & \boldsymbol{y}_{k+j} \\
\vdots & \vdots & & \vdots \\
\boldsymbol{y}_{2k-1} & \boldsymbol{y}_{2k} & \cdots & \boldsymbol{y}_{2k+j-2}
\end{array}\right]=\left[\begin{array}{c}\boldsymbol{Y}_{0,k} \\ \hline \boldsymbol{Y}_{k+1,2k-1}\end{array}\right]=\left[\begin{array}{c}\boldsymbol{Y}_{\text{pass}}^{+} \\ \hline \boldsymbol{Y}_{\text{future}}^{-}\end{array}\right] \tag{2.84}
$$

式中，$\boldsymbol{Y}_{\text{pass}}^{+}$和$\boldsymbol{Y}_{\text{future}}^{-}$分别为“过去”和“将来”的响应汉克尔矩阵。

针对第一种划分形式，把“将来”部分的行空间投影到“过去”部分的行空间上，这样投影的结果保留了过去的全部信息，可用此来预测未来。由空间投影的性质可得出行空间的正交投影，定义为

$$
\boldsymbol{P}_k=\boldsymbol{Y}_{\text{future}}\boldsymbol{Y}_{\text{pass}}^{\text{T}}\left(\boldsymbol{Y}_{\text{pass}}\boldsymbol{Y}_{\text{pass}}^{\text{T}}\right)^{\dagger}\boldsymbol{Y}_{\text{pass}} \tag{2.85}
$$

式中，$\boldsymbol{P}_k$表示$\boldsymbol{Y}_{\text{future}}$的行空间在$\boldsymbol{Y}_{\text{pass}}$行空间上的正交投影。

实际测试时，由于采样时间较长，采集的数据量很大，因此组成的汉克尔矩阵列数很大，需要进行数据量缩减。在数据驱动随机子空间识别方法中，采用 QR 分解进行数据量缩减。通过分析协方差托普利茨矩阵的定义式可知，矩阵乘积$\boldsymbol{Y}_{\text{future}}\boldsymbol{Y}_{\text{pass}}^{\text{T}}$和$\boldsymbol{Y}_{\text{pass}}\boldsymbol{Y}_{\text{pass}}^{\text{T}}$实质上是输出协方差矩阵。然而，当数据量较大时，若使用定义式直接进行矩阵乘法计算投影非常耗时，因此在计算中一般采用矩阵分解进行数据量缩减。

对汉克尔矩阵进行 QR 分解可得

$$
\boldsymbol{Y}_{0,2k-1}=\left[\begin{array}{c}\boldsymbol{Y}_{\text{pass}} \\ \hline \boldsymbol{Y}_{\text{future}}\end{array}\right]=\boldsymbol{R}\boldsymbol{Q}^{\text{T}} \tag{2.86}
$$

$$\begin{bmatrix} \boldsymbol{Y}_{\text{pass}} \\ \hline \boldsymbol{Y}_{\text{future}} \end{bmatrix} = \begin{matrix} mk\{ \\ mk\{ \end{matrix} \begin{bmatrix} \overbrace{\boldsymbol{R}_{11}}^{mk} & \overbrace{\boldsymbol{0}}^{mk} & \overbrace{\boldsymbol{0}}^{j-2mk} \\ \boldsymbol{R}_{21} & \boldsymbol{R}_{22} & \boldsymbol{0} \end{bmatrix} \begin{bmatrix} \overbrace{\boldsymbol{Q}_1^{\mathrm{T}}}^{j\to\infty} \\ \boldsymbol{Q}_2^{\mathrm{T}} \\ \boldsymbol{Q}_3^{\mathrm{T}} \end{bmatrix} \begin{matrix} \}\ mk \\ \}\ mk \\ \}\ j-2mk \end{matrix} = \begin{bmatrix} \boldsymbol{R}_{11} & \boldsymbol{0} \\ \boldsymbol{R}_{21} & \boldsymbol{R}_{22} \end{bmatrix} \begin{bmatrix} \boldsymbol{Q}_1^{\mathrm{T}} \\ \boldsymbol{Q}_2^{\mathrm{T}} \end{bmatrix} \tag{2.87}$$

式中，m 表示测点数量。

根据两矩阵在同一矩阵中投影的推导，可用 QR 分解把未来输入向过去输出的投影表示为 $\boldsymbol{P}_k = \boldsymbol{R}_{21}\boldsymbol{Q}_1^{\mathrm{T}}$。经 QR 分解后，数据由原来的 $2mk \times j$ 维汉克尔矩阵变为了 $mk \times mk$ 维的矩阵。由子空间系统识别理论可知，数据驱动随机子空间识别法的关键是投影 $\boldsymbol{P}_k$，其可分解为可观矩阵 $\boldsymbol{O}_k$ 和卡尔曼滤波状态向量的乘积，如下式所示：

$$\boldsymbol{P}_k = \boldsymbol{O}_k \widehat{\boldsymbol{Z}}_k = \begin{bmatrix} \boldsymbol{C} \\ \boldsymbol{CA} \\ \vdots \\ \boldsymbol{CA}^{k-1} \end{bmatrix} \begin{bmatrix} \widehat{\boldsymbol{z}}_k & \widehat{\boldsymbol{z}}_{k+1} & \cdots & \widehat{\boldsymbol{z}}_{k+j-1} \end{bmatrix} \tag{2.88}$$

对 $\boldsymbol{P}_k$ 做奇异值分解，可以得到下式：

$$\boldsymbol{P}_k = \boldsymbol{USV}^{\mathrm{T}} = \begin{bmatrix} \boldsymbol{U}_1 & \boldsymbol{U}_2 \end{bmatrix} \begin{bmatrix} \boldsymbol{S}_1 & \boldsymbol{0} \\ \boldsymbol{0} & \boldsymbol{0} \end{bmatrix} \begin{bmatrix} \boldsymbol{V}_1^{\mathrm{T}} \\ \boldsymbol{V}_2^{\mathrm{T}} \end{bmatrix} = \boldsymbol{U}_1 \boldsymbol{S}_1 \boldsymbol{V}_1^{\mathrm{T}} \tag{2.89}$$

式中，$\boldsymbol{S}_1 = \mathrm{diag}\begin{bmatrix} \sigma_1 & \sigma_2 & \cdots & \sigma_{2n} \end{bmatrix}$，且 $\sigma_1 \geqslant \sigma_2 \geqslant \cdots \geqslant \sigma_{2n} \geqslant 0$。

将奇异值分解结果分为两部分，则扩展可观矩阵 $\boldsymbol{O}_k$ 和卡尔曼滤波序列 $\widehat{\boldsymbol{Z}}_k$ 可表示为

$$\boldsymbol{O}_k = \boldsymbol{U}_1 \boldsymbol{S}_1^{1/2} \tag{2.90}$$

$$\widehat{\boldsymbol{Z}}_k = \boldsymbol{O}_k^{\dagger} \boldsymbol{P}_k \tag{2.91}$$

同理，可计算关于第二种划分 $\boldsymbol{Y}_{\text{pass}}^{+}$ 和 $\boldsymbol{Y}_{\text{future}}^{-}$ 的投影 $\boldsymbol{P}_{k-1}$、扩展可观矩阵 $\boldsymbol{O}_{k-1}$ 以及卡尔曼状态序列 $\widehat{\boldsymbol{Z}}_{k+1}$。

利用卡尔曼状态序列和响应数据，通过状态空间方程组成式（2.92）所示的线性方程组：

$$\begin{bmatrix} \widehat{\boldsymbol{Z}}_{k+1} \\ \boldsymbol{Y}_{k|k} \end{bmatrix} = \begin{bmatrix} \boldsymbol{A} \\ \boldsymbol{C} \end{bmatrix} \widehat{\boldsymbol{Z}}_k + \begin{bmatrix} \boldsymbol{W}_k \\ \boldsymbol{V}_k \end{bmatrix} \tag{2.92}$$

式中，$\boldsymbol{Y}_{k|k}$ 为只有一个块行 $m \times j$ 的汉克尔矩阵；$\boldsymbol{W}_k$ 和 $\boldsymbol{V}_k$ 是残余量矩阵。

由于卡尔曼状态序列和响应已知，残余量矩阵和 $\hat{\boldsymbol{X}}_i$ 无关，因此可以通过最小二乘法求解线性方程组，得到状态矩阵 $\boldsymbol{A}$ 和输出矩阵 $\boldsymbol{C}$ 的渐近无偏估计，如式（2.93）所示。

$$\begin{bmatrix} \boldsymbol{A} \\ \boldsymbol{C} \end{bmatrix} = \begin{bmatrix} \widehat{\boldsymbol{Z}}_{k+1} \\ \boldsymbol{Y}_{k|k} \end{bmatrix} \widehat{\boldsymbol{Z}}_k^{\dagger} \tag{2.93}$$

此外，状态矩阵 $\boldsymbol{A}$ 和输出矩阵 $\boldsymbol{C}$ 也可按式（2.81），通过扩展可观矩阵直接计算获得。随机子空间识别法流程如图 2.17 所示。

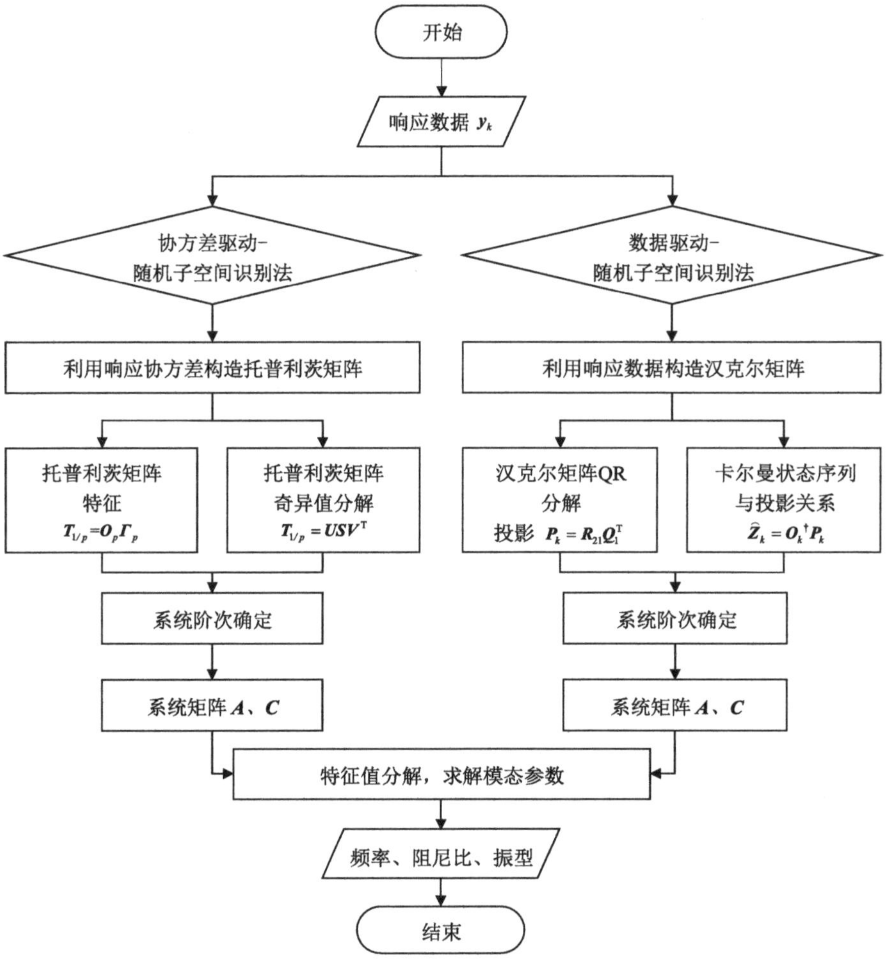

图 2.17　随机子空间识别法流程

2. 特征系统实现算法

特征系统实现算法[11]（eigensystem realization algorithm，ERA）基于现代控制理论中的最小实现原理，以多输入多输出（multiple-input multiple-output，MIMO）系统得到的脉冲响应函数为基本模型，通过构造广义汉克尔矩阵，利用奇异值分解获取系统的最小实现，从而得到最小阶数的系统矩阵，然后对系统矩阵进行特征值分解求出特征值和特征向量，进而得到模态参数。该算法理论推导过程严密，计算量小，已成为当前常用的模态识别方法之一。

对于 n 个自由度黏性阻尼线性时不变系统，其离散时间状态空间方程为

$$\begin{cases} \boldsymbol{z}_{k+1}=\boldsymbol{A}\boldsymbol{z}_k+\boldsymbol{B}\boldsymbol{F}_k & (\text{状态方程}) \\ \boldsymbol{y}_k=\boldsymbol{C}\boldsymbol{z}_k & (\text{观测方程}) \end{cases} \tag{2.94}$$

式中，$\boldsymbol{z}_k$ 为 $2n\times1$ 维状态向量；$\boldsymbol{A}$ 为 $2n\times2n$ 维状态矩阵；$\boldsymbol{B}$ 为 $2n\times l$ 维控制矩阵；$\boldsymbol{F}_k$

为 $l \times 1$ 维激励向量；$\boldsymbol{y}_k$ 为 $m \times 1$ 维观测向量，由系统振动响应组成；$\boldsymbol{C}$ 为 $m \times 2n$ 维输出矩阵；m 为测点数量；l 为激励数量；n 为系统自由度数。

状态方程与观测方程一起构成了系统的状态空间模型，其反映了系统输入、输出和状态之间的关系。状态矩阵 $\boldsymbol{A}$、控制矩阵 $\boldsymbol{B}$ 和输出矩阵 $\boldsymbol{C}$ 一起构成了离散时间系统的一个实现，记为 $[\boldsymbol{A},\boldsymbol{B},\boldsymbol{C}]$，它是与系统固有特性有关的量。对于一个系统，可以有无穷多个实现，可以证明对任意一个 $2n \times 2n$ 阶非奇异方阵 $\boldsymbol{T}$，$[\boldsymbol{T}^{-1}\boldsymbol{A}\boldsymbol{T},\boldsymbol{T}^{-1}\boldsymbol{B},\boldsymbol{C}\boldsymbol{T}]$ 都是系统的实现，其中阶次最小的实现称为最小实现。最小实现理论是指已知观测向量 $\boldsymbol{y}_k$，构造常值矩阵 $\boldsymbol{A}$、$\boldsymbol{B}$ 和 $\boldsymbol{C}$，使 $[\boldsymbol{A},\boldsymbol{B},\boldsymbol{C}]$ 的阶次最小，具有最小实现的系统完全可控和可观。其中，可控性是指系统输入对状态的控制能力，可观性是指系统输出对内部状态的观测或反映能力。分别定义可控矩阵 $\boldsymbol{\varGamma}$ 和可观矩阵 $\boldsymbol{O}$ 为式（2.95）和式（2.96）：

$$\boldsymbol{\varGamma} = \begin{bmatrix} \boldsymbol{B} & \boldsymbol{AB} & \cdots & \boldsymbol{A}^{2n-1}\boldsymbol{B} \end{bmatrix} \tag{2.95}$$

$$\boldsymbol{O} = \begin{bmatrix} \boldsymbol{C} \\ \boldsymbol{CA} \\ \vdots \\ \boldsymbol{CA}^{2n-1} \end{bmatrix} \tag{2.96}$$

系统状态可控的充要条件如下式所示：

$$\operatorname{rank} \boldsymbol{\varGamma} = 2n \tag{2.97}$$

系统状态可观的充要条件如下式所示：

$$\operatorname{rank} \boldsymbol{O} = 2n \tag{2.98}$$

由式（2.94）可知，当输入激励为单位脉冲函数，即当 $k=0$ 时，$\boldsymbol{F}_k = \boldsymbol{I}$；当 $k \neq 0$ 时，$\boldsymbol{F}_k = \boldsymbol{0}$。观测向量可表示为

$$\begin{cases} \boldsymbol{y}_k = \boldsymbol{0} & (k=0) \\ \boldsymbol{y}_k = \boldsymbol{C}\boldsymbol{A}^{k-1}\boldsymbol{B} & (k \neq 0) \end{cases} \tag{2.99}$$

式（2.99）即为特征系统实现算法的数学模型，其目的是利用 $k \neq 0$ 时的结构系统脉冲响应函数 $\boldsymbol{y}_k$ 构造出系统的最小实现 $[\boldsymbol{A},\boldsymbol{B},\boldsymbol{C}]$。

利用脉冲响应函数 $\boldsymbol{y}_k$ 构造广义汉克尔矩阵式：

$$\boldsymbol{H}_{k-1} = \begin{bmatrix} \boldsymbol{y}_k & \boldsymbol{y}_{k+1} & \boldsymbol{y}_{k+2} & \cdots & \boldsymbol{y}_{k+\beta-1} \\ \boldsymbol{y}_{k+1} & \boldsymbol{y}_{k+2} & \boldsymbol{y}_{k+3} & \cdots & \boldsymbol{y}_{k+\beta} \\ \boldsymbol{y}_{k+2} & \boldsymbol{y}_{k+3} & \boldsymbol{y}_{k+4} & \cdots & \boldsymbol{y}_{k+\beta+1} \\ \vdots & \vdots & \vdots & & \vdots \\ \boldsymbol{y}_{k+\alpha-1} & \boldsymbol{y}_{k+\alpha} & \boldsymbol{y}_{k+\alpha+1} & \cdots & \boldsymbol{y}_{k+\alpha+\beta-2} \end{bmatrix} \tag{2.100}$$

矩阵 $\boldsymbol{H}_{k-1}$ 的维度为 $\alpha m \times \beta l$，理论上 $\boldsymbol{H}_{k-1}$ 的秩不变，且等于系统的阶次。然而由于噪声影响，$\boldsymbol{H}_{k-1}$ 的秩会随着其维度 $\alpha m \times \beta l$ 的变化而变化，当 α 和 β 增大到一定程度时，秩才会趋于不变。参数 α 和 β 的选择标准是获得不变秩且使 $\boldsymbol{H}_{k-1}$ 的阶数

最小。

将式（2.99）代入式（2.100），并联合式（2.95）和式（2.96），可得

$$\boldsymbol{H}_{k-1}=\boldsymbol{O}_{\alpha}\boldsymbol{A}^{k-1}\boldsymbol{\Gamma}_{\beta} \tag{2.101}$$

式中，扩展的可控矩阵$\boldsymbol{\Gamma}_{\beta}$和可观矩阵$\boldsymbol{O}_{\alpha}$分别为

$$\boldsymbol{\Gamma}_{\beta}=\begin{bmatrix}\boldsymbol{B} & \boldsymbol{AB} & \cdots & \boldsymbol{A}^{\beta-1}\boldsymbol{B}\end{bmatrix} \tag{2.102}$$

$$\boldsymbol{O}_{\alpha}=\begin{bmatrix}\boldsymbol{C}\\ \boldsymbol{CA}\\ \vdots\\ \boldsymbol{CA}^{\alpha-1}\end{bmatrix} \tag{2.103}$$

式中，α和β分别为能观指数和能控指数，且满足下式所示条件：

$$\begin{cases}\dfrac{2n}{m}\leqslant\alpha\leqslant 2n\\ \dfrac{2n}{l}\leqslant\beta\leqslant 2n\end{cases} \tag{2.104}$$

在式（2.100）和式（2.101）中，分别令$k=1$和$k=2$，则

$$\boldsymbol{H}_0=\boldsymbol{O}_{\alpha}\boldsymbol{\Gamma}_{\beta} \tag{2.105}$$

$$\boldsymbol{H}_1=\boldsymbol{O}_{\alpha}\boldsymbol{A}\boldsymbol{\Gamma}_{\beta} \tag{2.106}$$

对$\boldsymbol{H}_0$做奇异值分解，可得

$$\boldsymbol{H}_0=\boldsymbol{USV}^{\mathrm{T}} \tag{2.107}$$

式中，$\boldsymbol{U}$和$\boldsymbol{V}$分别为$\alpha m\times 2n$维和$\beta l\times 2n$维列正交矩阵，即

$$\begin{cases}\boldsymbol{U}^{\mathrm{T}}\boldsymbol{U}=\boldsymbol{I}\\ \boldsymbol{V}^{\mathrm{T}}\boldsymbol{V}=\boldsymbol{I}\end{cases} \tag{2.108}$$

式（2.107）中，非零奇异值矩阵$\boldsymbol{S}$为$2n\times 2n$维对角矩阵，即

$$\boldsymbol{S}=\mathrm{diag}\begin{bmatrix}\sigma_1 & \sigma_2 & \cdots & \sigma_{2n}\end{bmatrix} \tag{2.109}$$

式中，σ_i^2（$i=1,2,\cdots,2n$）为$\boldsymbol{H}_0{}^{\mathrm{T}}\boldsymbol{H}_0$的非零特征值，$\sigma_i$为$\sigma_i^2$的正平方根，也就是$\boldsymbol{H}_0$的奇异值；$\boldsymbol{U}$为与$\boldsymbol{H}_0\boldsymbol{H}_0{}^{\mathrm{T}}$的非零特征值对应的特征向量按列组成的矩阵；$\boldsymbol{V}$为与$\boldsymbol{H}_0{}^{\mathrm{T}}\boldsymbol{H}_0$非零特征值对应的特征向量按列组成的矩阵。

进一步可得

$$\begin{cases}\boldsymbol{A}=\boldsymbol{S}^{-1/2}\boldsymbol{U}^{\mathrm{T}}\boldsymbol{H}_1\boldsymbol{VS}^{-1/2}\\ \boldsymbol{B}=\boldsymbol{S}^{1/2}\boldsymbol{V}^{\mathrm{T}}\boldsymbol{E}_l\\ \boldsymbol{C}=\boldsymbol{E}_m^{\mathrm{T}}\boldsymbol{US}^{1/2}\end{cases} \tag{2.110}$$

式中，$m\times\alpha m$维矩阵$\boldsymbol{E}_m^{\mathrm{T}}$和$l\times\beta l$维矩阵$\boldsymbol{E}_l^{\mathrm{T}}$分别为

$$\begin{cases}\boldsymbol{E}_m^{\mathrm{T}}=\begin{bmatrix}\boldsymbol{I}_m & \boldsymbol{0}_m & \cdots & \boldsymbol{0}_m\end{bmatrix}\\ \boldsymbol{E}_l^{\mathrm{T}}=\begin{bmatrix}\boldsymbol{I}_l & \boldsymbol{0}_l & \cdots & \boldsymbol{0}_l\end{bmatrix}\end{cases} \tag{2.111}$$

式中，$\boldsymbol{I}_m$和$\boldsymbol{0}_m$分别为$m\times m$阶单位矩阵和零矩阵。

式（2.110）即是特征系统实现算法的基本公式。从逼近理论来看，在所有秩为 $2n$ 的矩阵组成的子空间中，$\boldsymbol{USV}^{\mathrm{T}}$ 为 $\boldsymbol{H}_0$ 的最佳逼近。从信号处理的角度来看，用 $\boldsymbol{USV}^{\mathrm{T}}$ 代替 $\boldsymbol{H}_0$ 相当于对数据做了一次维纳滤波，被滤掉的是对应零奇异值且与输入输出无关的随机噪声。

利用式（2.110）中的状态矩阵 $\boldsymbol{A}$ 和输出矩阵 $\boldsymbol{C}$，即可求解模态参数，求解方式与随机子空间识别方法中的求解方式一致，即式（2.62）～式（2.69）。特征系统实现算法流程如图 2.18 所示。

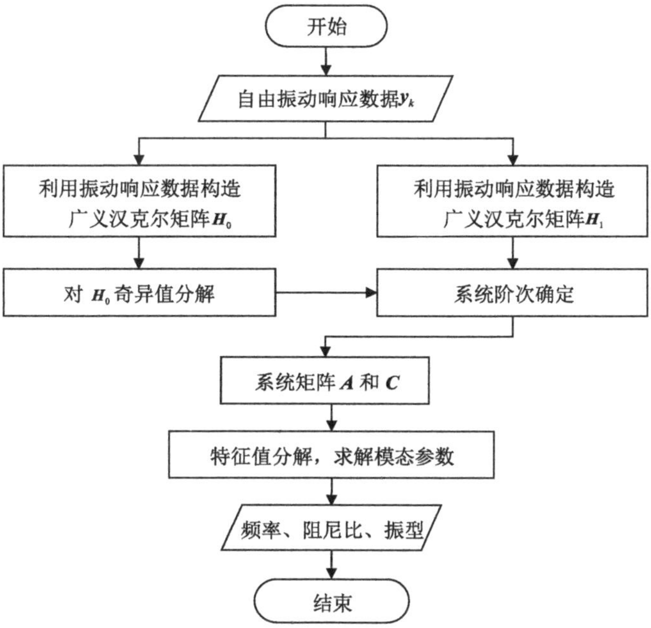

图 2.18　特征系统实现算法流程

3. 其他方法

1）自然激励技术

自然激励技术[12]（natural excitation technique，NExT）是一种从环境激励下的结构随机振动响应中获取自由衰减信号的方法。该方法假定环境激励为理想白噪声，基于白噪声二阶矩不相关的特性，计算两测点处随机振动响应的互相关函数来剔除随机激励影响。理论证明，随机振动响应的互相关函数与脉冲激励下结构自由振动响应成比例，可进一步结合以自由振动响应为观测量的辨识算法进行参数识别。

2）随机减量技术

随机减量技术[13]（random decrement technique，RDT）方法与自然激励技术的目的相同。严格来说，该方法并非结构工作模态识别方法，而是一种数据预处理技术，其目的是从环境激励下的结构随机振动响应中提取自由衰减信号。按照动力学基本理论，环境激励下的桥梁结构随机振动响应包含初始条件引起的自由振动项和激励引起的随机振动项两部分。依据随机激励零均值的统计特性，随机减量技术依次截取多段具有相同初始条件的子信号，并对子信号总体平均以消除随机振动部分，保留自由振动部分。该方法虽然简单易行，但是利用零均值统计特性去除随机激励效应时所需的样本数量庞大，不适合处理非平稳激励问题或时变系统问题。

3）易卜拉欣时域法

易卜拉欣时域法[14]（Ibrahim time domain，ITD）通常称为Ibrahim时域法，其基本思想是使用同时测得的各测点自由振动响应（位移、速度或加速度三者之一），通过三次延时采样，构造自由响应采样数据的增广矩阵，并由响应与特征值之间的复指数关系，建立特征矩阵的数学模型，求解特征值问题，然后根据模型特征值与振动系统特征值的关系，即可求解出系统的模态参数。Ibrahim也提出了一种较为省时的简洁时域法（spare time domain，STD），该方法在求解中直接构造海森伯（Hessenberg）矩阵，避免了对求特征值的矩阵进行QR分解，这使得计算量大大降低，此外该方法具有可免除有偏误差，对用户的参数选择要求较低的优点。Ibrahim时域法和简洁时域法均需使用全部测点的自由响应数据，故不适用于局部识别。

4）多参考点复指数法

多参考点复指数法[15]（poly-reference complex exponential，PRCE）以Z变换因子表示脉冲响应，通过构造Prony多项式，将脉冲响应模型中复频率的识别转化为自回归模型中自回归系数的识别，然后由脉冲响应数据序列构造该测点各阶脉冲响应幅值的线性方程组，通过最小二乘法求解，对各点均作上述识别，即可得到各阶振型。多参考点复指数法对于结构简单的小阻尼构件具有较高的识别精度，对于一些复杂结构，该方法则存在自由度数无法准确确定、受噪声干扰严重、需要重复测试计算等缺点。

5）独立分量分析技术

独立分量分析（independent component analysis，ICA）方法属于盲源分离（blind source separation，BSS）技术的一种主要方法[16]。盲源分离技术是一种从观测的混合信号中提取或恢复出源信号的方法。利用模态叠加原理与盲源分离中的线型瞬时混合模型的一致性，即模态响应对应于盲源分离中的源信号，振型矩阵对应于盲源分离中的混合矩阵，可将盲源分离技术运用到仅利用输出响应的模态识别中。独立分量分析方法认为相互独立的源信号相较于观测信号而言，其非高斯性较大。因此，当非高斯性度量达到最大时，各独立分量的分离完成。根据信息理论，信号的信息熵越小，其非高斯性越强。因此，源信号分离的目标函数可以由负熵近似构建。独立分量分析方法是一种基于负熵最大化的快速定点独立分量分析算法。该算法通过系统学习找到一个方向 $\boldsymbol{w}$，使其投影 $\boldsymbol{w}^{\mathrm{T}}\boldsymbol{x}$ 具有最大的非高斯性，非高斯性最大的方向 $\boldsymbol{w}$ 对应于振型向量，$\boldsymbol{w}^{\mathrm{T}}\boldsymbol{x}$ 对应于模态响应。该方法是一种信号分解技术，可以计算出振型和模态响应，但对于频率和阻尼比，还需要结合频谱分析、半功率带宽法等进行识别。

2.3.3　时-频域方法

时-频域方法通过时-频变换将振动响应的能量分布在时域和频域内同时表示出来，弥补了时域方法和频域方法不能同时对振动信号在时、频两域进行局部分析的弊端，对于处理非平稳振动信号有重要意义。桥梁工程领域常用的时-频域方法如图 2.19 所示。桥梁工作模态分析中常遇到激励非平稳、模态参数具有时变性等常规时域、频域模态识别方法不适用的情况，此时需要选用时-频域方法，以提高模态识别结果的准确性。

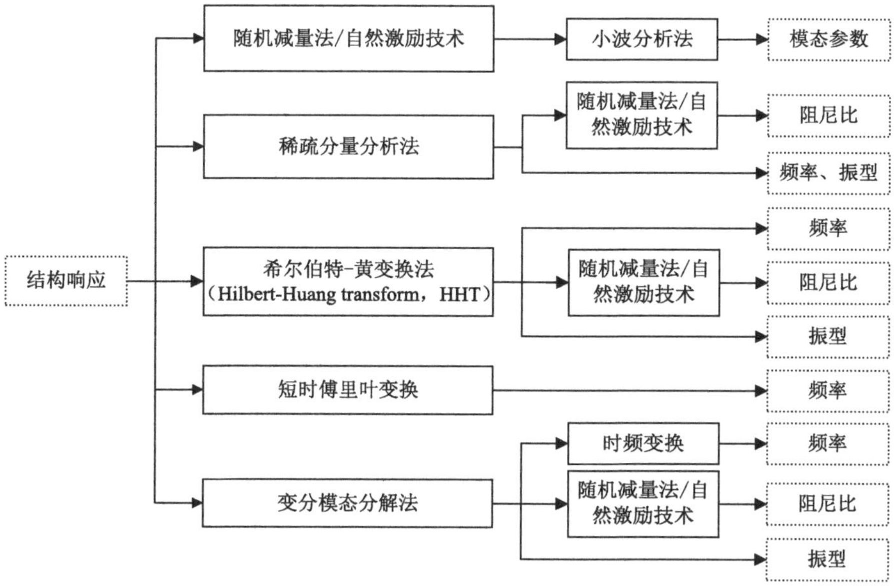

图 2.19　时-频域方法

1. 小波分析法

小波变换（wavelet transform，WT）的概念最早由法国学者莫雷特（Morlet）提出，是一种信号的时间-尺度分析方法，在时域和频域里同时具有表征信号局部特性的能力。其通过尺度的伸缩可以改变分析窗的形状，从而改变时-频分辨率，使得信号低频部分具有较高的频率分辨率和较低的时间分辨率，而在高频部分具有较高的时间分辨率和较低的频率分辨率，被称为“数学显微镜”[17]。

1）小波变换基本原理

小波的物理意义是“小区域的波”，即时域上有限支撑且振荡的一类函数。设$\psi(t)$是平方可积的函数空间$L^2(\mathrm{R})$内的实值或复值函数，当且仅当$\psi(t)$的傅里叶变换$\hat{\psi}(\omega)$满足容许条件式（2.112）时，函数$\psi(t)$可作为基本小波，又称母小波。

$$\int_0^\infty \frac{\left|\hat{\psi}(\omega)\right|^2}{\omega}\mathrm{d}\omega<\infty \tag{2.112}$$

小波变换是一种能对信号进行多尺度（分辨率）分析的线性变换。信号 $y(t)\in L^2(\mathrm{R})$ 在尺度因子 a 、时移因子 b 下的连续小波变换（continuous wavelet transform，CWT）可写为

$$W_y(a,b)=\frac{1}{\sqrt{a}}\int_{-\infty}^{\infty}y(t)\psi^*\left(\frac{t-b}{a}\right)\mathrm{d}t=\langle y(t),\psi_{a,b}(t)\rangle \tag{2.113}$$

式中，符号 $\langle\ \rangle$ 表示内积；* 表示复共轭；小波函数 $\psi_{a,b}(t)$ 是由母小波 $\psi(t)$ 作伸缩和平移变换后获得，即

$$\psi_{a,b}(t)=\frac{1}{\sqrt{a}}\psi\left(\frac{t-b}{a}\right) \tag{2.114}$$

根据帕塞瓦尔（Parseval）恒等式，连续小波变换的频域表达式可写为

$$W_y(a,b)=\frac{\sqrt{a}}{2\pi}\int_{-\infty}^{\infty}Y(\omega)\hat{\psi}^*(a\omega)\mathrm{e}^{\mathrm{j}b\omega}\,\mathrm{d}\omega \tag{2.115}$$

式中，$Y(\omega)$ 表示信号 $y(t)$ 的傅里叶变换。

对于母小波 $\psi(t)$，如果有 $\psi(t)\in L^2(\mathrm{R})$，且 $t\psi(t)\in L^2(\mathrm{R})$，则母小波在时间尺度上的中心 t_0 和时间宽度 Δt 分别为

$$t_0=\frac{\int_{-\infty}^{\infty}t|\psi(t)|^2\,\mathrm{d}t}{\|\psi(t)\|_2^2} \tag{2.116}$$

$$\Delta t=\left(\frac{\int_{-\infty}^{\infty}(t-t_0)|\psi(t)|^2\,\mathrm{d}t}{\|\psi(t)\|_2^2}\right)^{1/2} \tag{2.117}$$

式中，$\|\bullet\|_2$ 表示欧氏范数。

相应地，小波函数 $\psi_{a,b}(t)$ 在时间尺度上的中心 $t_{\psi0}$ 和时间宽度 Δt_ψ 分别为

$$t_{\psi0}=at_0+b \tag{2.118}$$

$$\Delta t_\psi=a\Delta t \tag{2.119}$$

假设 $\hat{\psi}(\omega)\in L^2(\mathrm{R})$ 且 $\omega\hat{\psi}(\omega)\in L^2(\mathrm{R})$，则 $\hat{\psi}(\omega)$ 在频率尺度上的中心 ω_0 和频率宽度 $\Delta\omega$ 分别为

$$\omega_0=\frac{\int_{-\infty}^{\infty}\omega|\hat{\psi}(\omega)|^2\,\mathrm{d}\omega}{\|\hat{\psi}(\omega)\|_2^2} \tag{2.120}$$

$$\Delta\omega=\left(\frac{\int_{-\infty}^{\infty}(\omega-\omega_0)|\hat{\psi}(\omega)|^2\,\mathrm{d}\omega}{\|\hat{\psi}(\omega)\|_2^2}\right)^{1/2} \tag{2.121}$$

相应地，小波函数 $\psi_{a,b}(t)$ 的傅里叶变换 $\hat{\psi}_{a,b}(\omega)$ 在频率尺度上的中心 $\omega_{\psi0}$ 和频率宽度 $\Delta\omega_\psi$ 分别为

$$\omega_{\psi0}=\frac{\omega_0}{a} \tag{2.122}$$

$$\Delta\omega_{\psi}=\frac{\Delta\omega}{a} \tag{2.123}$$

综上可得，在时间-频率平面上，小波函数的时-频窗为

$$\left[t_{\psi 0}-1/2\Delta t_{\psi},t_{\psi 0}+1/2\Delta t_{\psi}\right]\times\left[\omega_{\psi 0}-1/2\Delta\omega_{\psi},t_{\psi 0}+1/2\Delta\omega_{\psi}\right] \tag{2.124}$$

如图 2.20 所示为小波函数时-频窗示意图，可以来解释时移因子和尺度因子的意义。时移因子 b 的作用是将母小波在时间轴上进行平移，尺度因子 a 的作用是将母小波 $\psi(t)$ 做伸缩，a 越大，$\psi(t/a)$ 越宽。小波函数 $\psi_{a,b}(t)$ 在时-频平面上对应于一个海森伯矩形块，该矩形块的中心为 $(b+at_0,\omega_0/a)$、频率边长为 $\Delta\omega/a$、时间边长为 $a\Delta t$，该矩形的面积保持为 $\Delta t\Delta\omega$ 不变，但时间和频率的分辨率均与 a 有关。

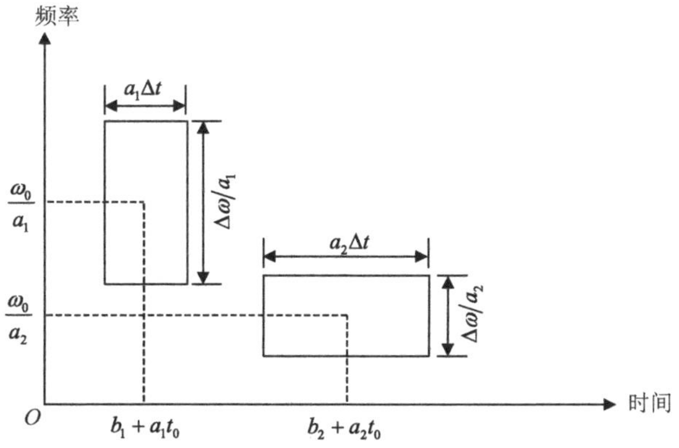

图 2.20　小波函数的时-频窗示意图

小波函数并不是唯一的，几种代表性的小波函数介绍如下。

（1）莫雷特小波

莫雷特（Morlet）小波函数是高斯包络下的复正弦函数，其时域和频域的表达式分别为

$$\psi(t)=\mathrm{e}^{-t^2/2}\,\mathrm{e}^{\mathrm{j}\omega_0 t} \tag{2.125}$$

$$\psi(\omega)=\sqrt{2\pi}\,\mathrm{e}^{-(\omega-\omega_0)^2/2} \tag{2.126}$$

莫雷特小波是信号分析中最常用的小波，虽然严格来说它并非有限支撑的，但其具有良好的时域、频率局部分析能力。此外，莫雷特小波也不满足小波函数的容许条件，不过实际工作用一般取 $\omega_0\geqslant 5$ 以近似满足容许条件。令 $\omega_0=5$，莫雷特小波函数的实部如图 2.21（a）所示。

（2）伽柏小波

伽柏（Gabor）小波函数也是一种高斯包络下的复小波函数，其时域和频域表达式分别为

$$\psi(t)=\frac{1}{\left(\pi\sigma^2\right)^{1/4}}\mathrm{e}^{-\frac{t^2}{2\sigma^2}}\,\mathrm{e}^{\mathrm{j}\omega_0 t} \tag{2.127}$$

$$\psi(\omega)=\left(4\pi\sigma^2\right)^{1/4}\mathrm{e}^{-\frac{(\omega-\omega_0)^2\sigma^2}{2}} \tag{2.128}$$

式中，σ决定了伽柏小波的宽度，当$\sigma^2=1$时，伽柏小波函数和莫雷特小波函数的形式相似。令$\omega_0=5$且$\sigma^2=1$，伽柏小波函数的实部如图2.21（b）所示。

（3）柯西小波

柯西（Cauchy）小波函数的时域和频域表达式分别为

$$\psi(t)=\left(\frac{\mathrm{j}}{\mathrm{j}+t}\right)^{n+1} \tag{2.129}$$

$$\psi(\omega)=\left(\frac{2\pi\omega^n\mathrm{e}^{-\omega}}{n!}\right)H[\omega] \tag{2.130}$$

式中，j为虚数单位，$H[\omega]$是赫维赛德（Heaviside）阶跃函数。

令$n=5$，柯西小波函数的实部如图2.21（c）所示。

（4）谐波小波

谐波（harmonic）小波函数，其实部如图2.21（d）所示，其时域和频域表达式分别为

$$\psi(t)=\frac{\mathrm{e}^{\mathrm{j}4\pi t}-\mathrm{e}^{\mathrm{j}2\pi t}}{\mathrm{j}2\pi t} \tag{2.131}$$

$$\psi(\omega)=\frac{H[(4\pi-\omega)(\omega-2\pi)]}{2\pi} \tag{2.132}$$

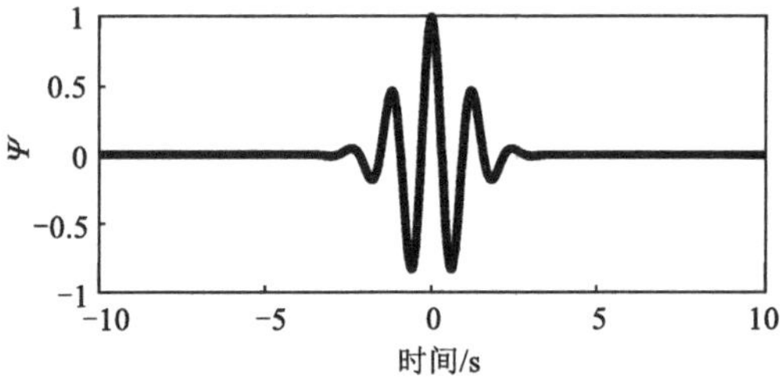

（a）莫雷特小波

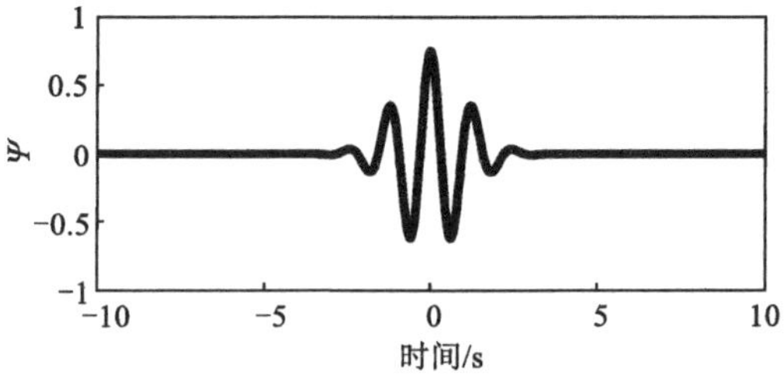

（b）伽柏小波

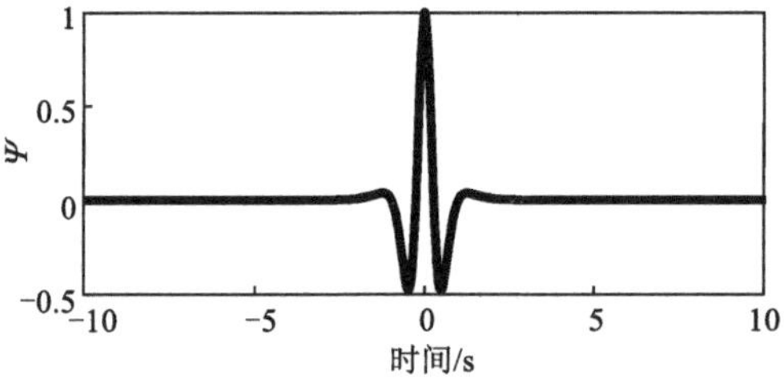

（c）柯西小波

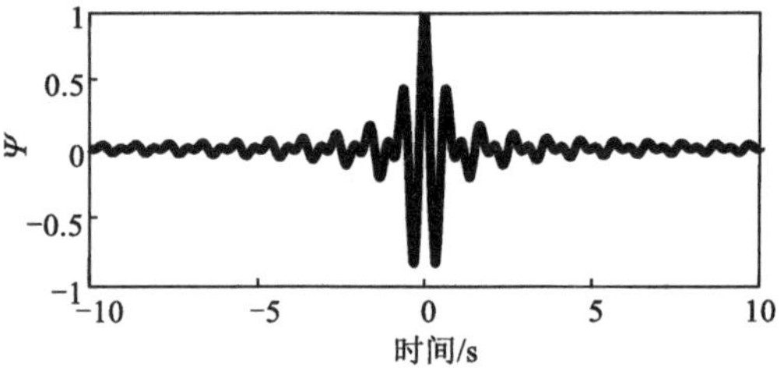

（d）谐波小波

图2.21　小波函数示意图

2）模态识别过程[17]

考虑长度为T的时间窗函数，假定在该时间窗内结构系统的质量、阻尼和刚度矩阵保持不变；环境激励下，具有n个自由度的结构系统在时间窗内的振动响应$\boldsymbol{y}(t)$可看作均值为零的高斯白噪声信号；则系统振动响应的相关函数矩阵为

$$\boldsymbol{R}_{yy}(\tau)=\sum_{k=1}^{n}\left(\boldsymbol{\varphi}_k \mathrm{e}^{\lambda_k \tau}\boldsymbol{q}_k^{\mathrm{T}}+\boldsymbol{\varphi}_k^{*}\mathrm{e}^{\lambda_k^{*}\tau}\boldsymbol{q}_k^{*\mathrm{T}}\right) \tag{2.133}$$

相关函数矩阵式（2.133）的频谱矩阵，即振动响应$\boldsymbol{y}(t)$的功率谱矩阵，可以表示为

$$\hat{\boldsymbol{R}}_{yy}(\omega)=\sum_{k=1}^{n}\left(\frac{\boldsymbol{\varphi}_k\boldsymbol{q}_k^{\mathrm{T}}}{\mathrm{j}\omega-\lambda_k}+\frac{\boldsymbol{\varphi}_k^{*}\boldsymbol{q}_k^{\mathrm{H}}}{\mathrm{j}\omega-\lambda_k^{*}}\right) \tag{2.134}$$

式中，$\boldsymbol{\varphi}_k$和λ_k分别表示第k阶振型和模态的极点；$\boldsymbol{q}_k$为常值向量；$\lambda_k=-\xi_k\omega_k+\mathrm{j}\tilde{\omega}_k$且$\tilde{\omega}_k=\omega_k\sqrt{1-\xi_k^2}$；*、T 和 H 分别表示共轭、转置和共轭转置。

在环境激励和结构小阻尼的条件下，响应的功率谱矩阵可进一步表示为

$$\hat{\boldsymbol{R}}_{yy}(\omega)=\sum_{k=1}^{n}\left(\frac{d_k\boldsymbol{\varphi}_k\boldsymbol{\varphi}_k^{\mathrm{T}}}{\mathrm{j}\omega-\lambda_k}+\frac{d_k\boldsymbol{\varphi}_k^{*}\boldsymbol{\varphi}_k^{\mathrm{H}}}{\mathrm{j}\omega-\lambda_k^{*}}\right)=\sum_{k=1}^{n}\left(\frac{\boldsymbol{A}_k}{\mathrm{j}\omega-\lambda_k}+\frac{\boldsymbol{A}_k^{\mathrm{H}}}{\mathrm{j}\omega-\lambda_k^{*}}\right) \tag{2.135}$$

式中，$\boldsymbol{A}_k=d_k\boldsymbol{\varphi}_k\boldsymbol{\varphi}_k^{\mathrm{T}}$表示残差矩阵；$d_k$为常数。

响应功率谱矩阵的连续小波时-频变换可表示为

$$\boldsymbol{W}_{\boldsymbol{R}}(a,b)=\frac{1}{\sqrt{a}}\int_{-\infty}^{\infty}\hat{\boldsymbol{R}}_{yy}(\omega)\psi^{*}\left(\frac{\omega-b}{a}\right)\mathrm{d}\omega \tag{2.136}$$

通过合理的设计小波函数，确定$|\boldsymbol{W}_{\boldsymbol{R}}(a,b)|$在第$k$阶模态附近的局部最大值，可以找到尺度-频率平面的坐标(a_m,b_m)，进而可确定出该阶模态的频率和阻尼比，即

$$\omega_k=\sqrt{a_m^2+b_m^2} \tag{2.137}$$

$$\xi_k=\frac{a_m}{\sqrt{a_m^2+b_m^2}} \tag{2.138}$$

通过对$\boldsymbol{W}_{\boldsymbol{R}}(a,b)$进行奇异值分解可得

$$\boldsymbol{W}_{\boldsymbol{R}}(a,b)=\boldsymbol{USV}^{\mathrm{H}} \tag{2.139}$$

在第k阶模态附近时，可表示为

$$\left\|\boldsymbol{W}_{\boldsymbol{R}}(a,b)\right\|_F^2=\sum_{i=1}^{n}\sigma_1^2(a,b)\approx\sigma_1^2(a,b) \tag{2.140}$$

式中，$\|\bullet\|_F$表示弗罗贝尼乌斯（Frobenius）范数，简称 F 范数。

最大奇异值$\sigma_1(a,b)$与尺度-频率平面的坐标(a_m,b_m)相对应，此时，对$\boldsymbol{W}_{\boldsymbol{R}}(a,b)$奇异值分解后获得的左奇异向量矩阵的第一个列向量$\boldsymbol{u}_1(a_m,b_m)$即为第$k$阶振型$\boldsymbol{\varphi}_k$的估计。

综上，基于小波变换的结构时变模态识别的一般步骤为：①假定在一定时间窗内的结构为时不变系统，计算时间窗内振动响应的功率谱矩阵的连续小波变换

$\boldsymbol{W}_R(a,b)$，合理选择小波参数以确保将系统的第 k 阶模态可分离出来；②对 $\boldsymbol{W}_R(a,b)$ 进行奇异值分解，得到奇异值 $\sigma_1(a,b) \geqslant \sigma_2(a,b) \geqslant \cdots \geqslant \sigma_s(a,b)$，以及对应的左奇异向量 $\boldsymbol{u}_1(a,b), \boldsymbol{u}_2(a,b), \cdots, \boldsymbol{u}_s(a,b)$，这里 s 表示测点数量；③根据 $\sigma_1(a,b)$ 和 $\boldsymbol{u}_1(a,b)$ 确定第 k 阶模态参数；④随着滑动时间窗的移动，即可依次识别出模态参数。

2. 稀疏分量分析法

基于稀疏性的源信号恢复方法称为稀疏分量分析（sparse component analysis，SCA），该方法是盲源分离技术主要方法之一[18]。该方法假定源信号是稀疏的，即信号内多数元素为零元素（图 2.22）。结构的振动信号很难满足稀疏性假定，但是其在一些转换域，如时-频域，能够满足稀疏性。依据振型叠加法，结构的振动响应可以表示为各阶模态贡献的叠加。将各阶模态分量视为源信号，结构振动响应视为混合信号，则通过稀疏分量分析法能够从结构振动响应中提取振型向量，并恢复各阶模态响应。

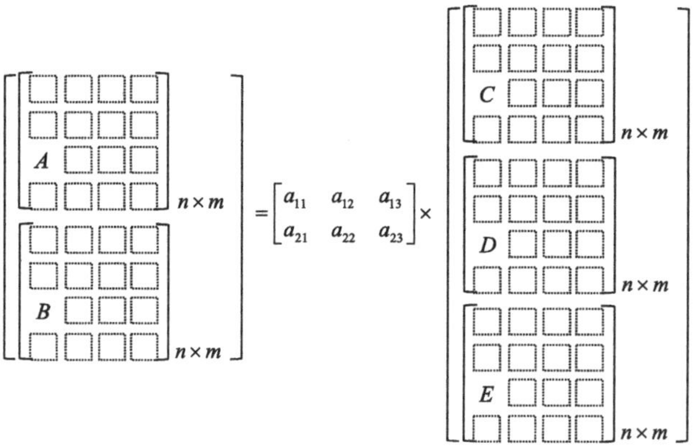

图 2.22　稀疏信号示意图

稀疏分量分析法分两阶段估计模态参数：第一阶段是依据稀疏信号的线性聚类性质，通过聚类方法获得振型矩阵；第二阶段是利用第一阶段估计的振型矩阵以及稀疏重构算法将时-频域内的模态响应重构出来，并变换到时域提取频率和阻尼比。依据振型叠加原理，结构振动响应（如位移）表示为各阶模态响应的线性叠加：

$$\boldsymbol{x}(t) = \boldsymbol{\Phi}\boldsymbol{q}(t) \tag{2.141}$$

式中，$\boldsymbol{\Phi}$ 表示振型矩阵；$\boldsymbol{q}(t)$ 表示模态响应。采用时-频域变换方法，同时将式(2.141)两边变换到时-频域：

$$\boldsymbol{X}(t,\omega) = \boldsymbol{\Phi}\boldsymbol{Q}(t,\omega) = \sum_{k=1}^{n} \boldsymbol{\varphi}_k Q_k(t,\omega) \tag{2.142}$$

式中，$\boldsymbol{X}(t,\omega) = \left[X_1(t,\omega), \cdots, X_m(t,\omega)\right]^{\mathrm{T}}$ 和 $\boldsymbol{Q}(t,\omega) = \left[Q_1(t,\omega), \cdots, Q_n(t,\omega)\right]^{\mathrm{T}}$ 分别表示振动响应和模态响应在 t 时刻、频率 ω 处的时-频变换系数；$\boldsymbol{\varphi}_k = \left[\varphi_{1k} \quad \varphi_{2k} \quad \cdots \quad \varphi_{mk}\right]^{\mathrm{T}}$ 为振型矩阵 $\boldsymbol{\Phi}$ 的第 k 列。

在时-频域内，式（2.142）的展开形式为

$$\begin{cases} X_1(t,\omega)=\varphi_{11}Q_1(t,\omega)+\varphi_{12}Q_2(t,\omega)+\cdots+\varphi_{1n}Q_n(t,\omega) \\ X_2(t,\omega)=\varphi_{21}Q_1(t,\omega)+\varphi_{22}Q_2(t,\omega)+\cdots+\varphi_{2n}Q_n(t,\omega) \\ \cdots\cdots \\ X_m(t,\omega)=\varphi_{m1}Q_1(t,\omega)+\varphi_{m2}Q_2(t,\omega)+\cdots+\varphi_{mn}Q_n(t,\omega) \end{cases} \tag{2.143}$$

由于 $\boldsymbol{X}(t,\omega)$ 具有稀疏性，时-频域内的时-频点中存在仅包含某一阶模态贡献、其他阶模态不参与贡献的情况。例如，若在时-频点 (t_1,ω_1) 处仅 $Q_1(t,\omega)$ 非零，其他各阶模态响应的时-频系数均为零，则式（2.143）表示为

$$\begin{cases} X_1(t_1,\omega_1)=\varphi_{11}Q_1(t_1,\omega_1) \\ X_2(t_1,\omega_1)=\varphi_{21}Q_1(t_1,\omega_1) \\ \cdots\cdots \\ X_m(t_1,\omega_1)=\varphi_{m1}Q_1(t_1,\omega_1) \end{cases} \tag{2.144}$$

由于时-频系数为复数，将式（2.144）的第一个式子分实部和虚部进行表示：

$$\begin{aligned} \mathrm{Re}[X_1(t_1,\omega_1)]=\varphi_{11}\,\mathrm{Re}[Q_1(t_1,\omega_1)] \\ \mathrm{Im}[X_1(t_1,\omega_1)]=\varphi_{11}\,\mathrm{Im}[Q_1(t_1,\omega_1)] \end{aligned} \tag{2.145}$$

不同测点处的振动信号的时-频系数实部与第一个测点处振动信号的时-频系数实部的比值分别为

$$\frac{\mathrm{Re}[X_1(t_1,\omega_1)]}{\mathrm{Re}[X_1(t_1,\omega_1)]}=\frac{\varphi_{11}}{\varphi_{11}},\frac{\mathrm{Re}[X_2(t_1,\omega_1)]}{\mathrm{Re}[X_1(t_1,\omega_1)]}=\frac{\varphi_{21}}{\varphi_{11}},\cdots,\frac{\mathrm{Re}[X_m(t_1,\omega_1)]}{\mathrm{Re}[X_1(t_1,\omega_1)]}=\frac{\varphi_{m1}}{\varphi_{11}} \tag{2.146}$$

式（2.146）的比值形式同样适用于时-频系数的虚部。从式（2.146）中可以看出，仅 $Q_1(t_1,\omega_1)$ 参与贡献的时-频系数的比值 $[\varphi_{11}/\varphi_{11} \quad \varphi_{21}/\varphi_{11} \quad \cdots \quad \varphi_{m1}/\varphi_{11}]^{\mathrm{T}}$ 等价于第一阶振型向量 $\boldsymbol{\varphi}_1=[\varphi_{11} \quad \varphi_{21} \quad \cdots \quad \varphi_{m1}]^{\mathrm{T}}$ 按 φ_{11} 归一化后的结果。同理，其他阶振型也可经过此推导得出。式（2.144）中，仅 $Q_1(t_1,\omega_1)$ 参与贡献的时频点 (t_1,ω_1) 类型称为 $Q_1(t,\omega)$ 的单源点。

单源点处的时-频系数包含了振型矩阵元素的信息，因此，将单源点从时-频平面中挑选出就能识别振型。在某一时-频点处，若时-频系数 $\boldsymbol{X}(t,\omega)$ 的实部与虚部形成直线的方向向量相同，则该时-频点即为单源点，否则便不是单源点。该理论是通过式（2.145）和式（2.146）推导出的。因此，检测单源点的标准可描述为：若在某一时-频点处，时-频系数 $\boldsymbol{X}(t,\omega)$ 的实部和虚部形成的直线之间的夹角绝对值小于某一阈值，则该时-频点被检测为单源点。单源点检测标准表示为

$$\left|\frac{\mathrm{Re}[\boldsymbol{X}(t,\omega)]^{\mathrm{T}}\,\mathrm{Im}[\boldsymbol{X}(t,\omega)]}{\|\mathrm{Re}[\boldsymbol{X}(t,\omega)]\|_2\,\|\mathrm{Im}[\boldsymbol{X}(t,\omega)]\|_2}\right|>\cos(\Delta\theta) \tag{2.147}$$

式中，Re 表示提取向量的实部；Im 表示提取向量的虚部；$|\bullet|$ 表示取向量的绝对值；$\|\bullet\|_2$ 表示欧氏范数；$\Delta\theta$ 为一非常小的角度。满足式（2.147）的时-频系数被标记为 $\boldsymbol{X}(t_k,\omega_k)$。

从式（2.142）到式（2.147）的推导中可以看出，如果将各观测向量视为直角坐标系下各点的坐标，并绘制散点图，那么坐标系中点的分布会呈现出有意义的直线方向（图 2.23）。简单来说，形成同一条直线的点视为同一类点，每一类点形成直线的方向向量恰好是某一振型向量。此外，聚类中心是某一类点坐标的平均结果，可用来估计振型向量。聚类技术能够将数据按照数据的特征分为不同的类，然后计算每一类的聚类中心。所以，振型的估计可以依靠聚类方法实现。

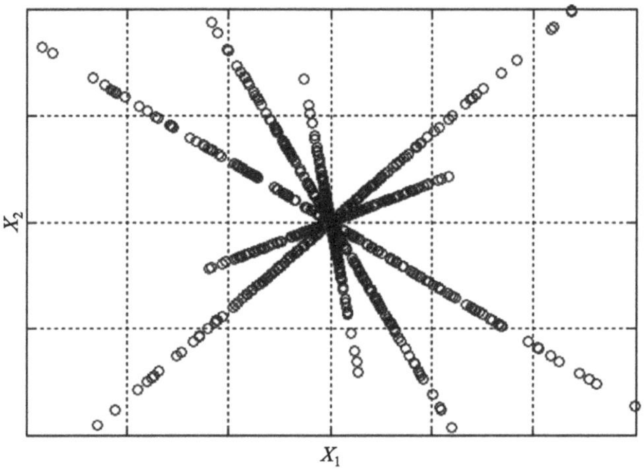

图 2.23　两观测向量的散点图

迄今为止，多种聚类方法已非常完善。按照不同的划分标准和划分手段，聚类方法分为基于划分的聚类方法、层次聚类方法、基于密度的聚类方法、基于网格的聚类方法以及基于模型的聚类方法等。不同的聚类方法采用的计算原理不尽相同，但计算结果差别不明显。

得到振型以后，模态响应可依据振型和振动响应进行重构。对于测点数量多于模态阶数的情况，模态响应可直接通过式（2.141）的逆过程进行计算，即

$$\boldsymbol{q}(t)=\boldsymbol{\Phi}^{-1}\boldsymbol{x}(t) \tag{2.148}$$

但是，当测点数量少于模态阶数时，振型矩阵的逆矩阵不存在，则上述逆过程无法计算。依据模态响应在时-频域的稀疏性，可利用稀疏重构算法来恢复模态响应。向量稀疏性测度的标准为ℓ_0-范数$\|\boldsymbol{v}\|_0$，旨在测量某一向量$\boldsymbol{v}$中的非零元素个数。稀疏重构的求解路线是将ℓ_0-范数最小化，获得最稀疏的解。但是，最小化ℓ_0-范数是非确定性多项式难题，并且对噪声影响十分敏感。采用最小化光滑的ℓ_0-范数（smoothed ℓ_0-norm minimization，SL0）方法可以很好地解决这个问题。光滑的ℓ_0-范数方法的关键在于采用一个连续的函数来近似ℓ_0-范数：

$$\|\boldsymbol{Q}\|_0\approx \mathrm{H}_\sigma(\boldsymbol{Q})=n-\sum_{i=1}^{n}f_\sigma(\boldsymbol{Q}_i)=n-\sum_{i=1}^{n}\mathrm{e}^{\frac{-|\boldsymbol{Q}_i|^2}{2\sigma^2}} \tag{2.149}$$

式中，$f_\sigma(\boldsymbol{Q}_i)$是复数零均值的高斯函数族，$\sigma$是决定估计函数光滑程度的参数；$n$为

待估计向量$\boldsymbol{Q}$中总元素个数。在时-频域中恢复模态响应后，进一步采用傅里叶变换和对数衰减法分别求得各阶频率和阻尼比。稀疏分量分析法流程如图 2.24 所示。

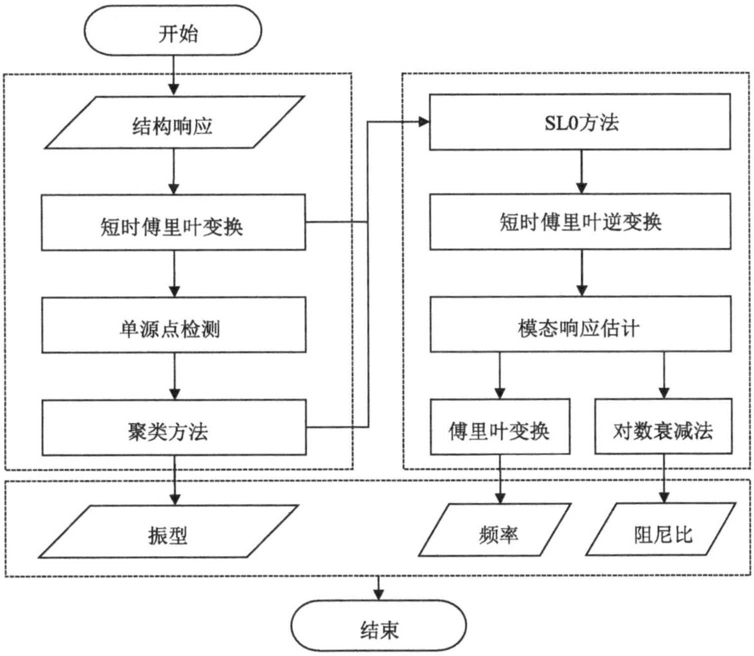

图 2.24　稀疏分量分析法流程

3. 希尔伯特-黄变换法

希尔伯特-黄变换方法是在希尔伯特变换（Hilbert Transform，HT）的基础上发展而来[19]，其核心是通过经验模态分解（empirical mode decomposition，EMD）提取固有模态函数（intrinsic mode function，IMF），并通过希尔伯特变换，来获取频率。经验模态分解过程是找出原始数据所有的极大值和极小值点，并分别用三次样条函数拟合成上下包络线；原始数据减去上下包络线的均值所获得的数据再进行上一步的取极值拟合包络线的过程，循环多次直到均值趋于零，获得第一个固有模态函数，代表原始数据中的最高频率分量；将获得的固有模态函数从原始数据中分离出去，再重复上述获得固有模态函数的过程，获得第二个固有模态函数；依此类推，可获得多阶频率的固有模态函数。

固有模态函数需要满足以下条件：①函数在时域范围内，极值点与过零点必须交替出现，且局部极值点和过零点的数目必须相等或最多相差一个；②函数上任意时刻的局部极值点上下包络线平均值必须为零。采用经验模态分解法对原始信号$y(t)$进行分解的具体步骤：

① 找到信号$y(t)$的所有局部极大值与极小值，使用三次样条插值法构造$y(t)$的上、下包络线$U(t)$和$L(t)$，并计算局部极大值与局部极小值的均值得到平均包络

线，计算公式为

$$m_1(t)=\frac{U(t)+L(t)}{2} \tag{2.150}$$

② 原始信号 $y(t)$ 减去均值 $m_1(t)$ 生成新的信号 $c_1(t)$，判断 $c_1(t)$ 是否满足固有模态函数的条件。

③ 若 $c_1(t)$ 不满足固有模态函数条件，则将其视为一个新的原始信号并重复步骤①和步骤②，直到满足条件为止。

④ 若 $c_1(t)$ 满足固有模态函数条件，则将信号 $c_1(t)$ 定义为原始信号的一阶固有模态函数，并计算原始信号与一阶固有模态函数的残余项 $r_1(t)=y(t)-c_1(t)$。

⑤ 将 $r_1(t)$ 视为新的原始信号，并重复步骤①至步骤④，提取第二阶固有模态函数，并计算相应的残余项；按照相同的原理提取各阶固有模态函数，直到残余项满足终止条件，则停止迭代，完成原始信号的经验模态分解。

信号 $y(t)$ 经过经验模态分解后可表示为

$$y(t)=\sum_{i=1}^{n}c_i(t)+r(t) \tag{2.151}$$

获得固有模态函数后，对每个固有模态函数进行希尔伯特变换，获得希尔伯特谱。以第 j 阶固有模态函数分量 $c_i(t)$ 为例，其希尔伯特变换 $\hat{c}_i(t)$ 为

$$\hat{c}_i(t)=\frac{1}{\pi}\int_{-\infty}^{+\infty}\frac{c_i(t)}{t-\tau}\mathrm{d}\tau \tag{2.152}$$

由 $\hat{c}_i(t)$ 构成 $c_i(t)$ 的解析信号为

$$z_i(t)=c_i(t)+\mathrm{j}\hat{c}_i(t)=A_i(t)\mathrm{e}^{\mathrm{j}\theta_i(t)} \tag{2.153}$$

式中，$A_i(t)$ 为瞬时幅值；$\theta_i(t)$ 为瞬时相位。其表达式分别为

$$A_i(t)=\sqrt{c_i^2(t)+\mathrm{j}\hat{c}_i^2(t)} \tag{2.154}$$

$$\theta_i(t)=\arctan\left(\frac{\hat{c}_i(t)}{c_i(t)}\right) \tag{2.155}$$

进一步，第 i 阶频率 f_i 和阻尼比 ξ_i 可由式（2.156）和式（2.157）求得。

$$\frac{\mathrm{d}\theta_j(t)}{\mathrm{d}t}=2\pi f_j\sqrt{1-\xi_j^2} \tag{2.156}$$

$$\ln A_i(t)=-2\pi\xi_i f_i t+\ln B_i \tag{2.157}$$

式中，B_i 为常数。

4. 其他方法

1）短时傅里叶变换法

短时傅里叶变换（short time Fourier transform，STFT）方法源自傅里叶变换[20]，其核心思想是把数据划分为若干较小的时段，然后再利用傅里叶变换方法求取每个时段的频率信息，随着时间窗在时间轴上移动，可得到整个时域上的频谱。傅里叶

变换及其逆变换属于一种整体变换，即完全在时域进行分析，或完全在频域进行分析。因此，傅里叶变换无法得到频谱含量随时间的变化规律。短时傅里叶变换将数据的时域和频域分析结合起来，从时域和频域的角度分析信号，其变换结果反映了频率随时间变化的规律。但是，该方法对时变模态参数识别的精度依赖于数据长短及窗函数的选择，并不是严格意义上的连续时变方法。

2）变分模态分解法

变分模态分解法[21]（variational mode decomposition，VMD）的核心思想为从变分问题的角度实现时变信号的自适应分解，使得各阶模态的估计带宽之和最小，采用交替方向乘子法逐步迭代更新各模态及中心频率，最终将输入的时变信号分解为多个分量信号。变分模态分解法是一种自适应、完全非递归的信号处理方法，它将模态分解问题转化为变分约束问题，通过迭代求解最优解来实现模态分量的分离。变分模态分解法得到的固有模态函数包含了随时间变化的频率，因此该方法适合用于时变模态参数识别。相较于经验模态分解法，变分模态分解法具有充分的数学论证，并且在强噪声影响和密集模态情况下均表现出更好的鲁棒性，但是该方法初始的参数的设置对于分解结果的影响较大。

工作模态识别的频域、时域和时-频域方法在桥梁工程中的应用具有各自的优、缺点，见表 2.2。

表 2.2　工作模态识别方法的对比

方法类型	方法名称	优点	缺点
频域法	增强频域分解法	操作简单、精度高	无法识别虚假模态、密集模态易遗漏
	多参考点最小二乘复频域法	抗噪性好，精度高，能够识别密集模态	模型定阶问题、虚假模态识别问题
时域法	随机子空间识别法	抗噪性好，精度高，能够识别密集模态	模型定阶问题、虚假模态识别问题
	特征系统实现算法	抗噪性好，精度高，能够识别密集模态	模型定阶问题、虚假模态识别问题
时-频域法	小波分析法	非平稳激励、时变模态识别适用	小波基函数、尺度因子等参数选取影响较大
	稀疏分量分析法	非平稳激励、时变模态识别适用	需要提前确定模态阶数
	希尔伯特-黄变换法	非平稳激励、时变模态识别适用	固有模态函数未必可表征单阶模态特性、端点效应问题

参考文献

[1] 曹树谦，张文德，萧龙翔. 振动结构模态分析——理论、实验与应用[M]. 天津：天津大学出版社，2001.

[2] 张贤达. 现代信号处理[M]. 北京：清华大学出版社，1995.

[3] 李德葆，陆秋海. 实验模态分析及其应用[M]. 北京：科学出版社，2001.

[4] BRINCKER R, ZHANG L, ANDERSEN P. Modal identification of output-only systems using frequency domain decomposition [J]. Smart Materials and Structures, 2001, 10(3): 441-445.

[5] PEETERS B, VAN DER AUWERAER H, GUILLAUME P, et al. The PolyMAX frequency-domain method: a new standard for modal parameter estimation? [J]. Shock and Vibration, 2004, 11(3, 4): 395-409.

[6] KENNEDY C, PANCU C. Use of vectors in vibration measurement and analysis[J]. Journal of the Aeronautical Sciences, 1947, 14(11): 603-625.

[7] LEVY E C. Complex-curve fitting [J]. IRE Transactions on Automatic Control, 1959(1): 37-43.

[8] VAN DER AUWERAER H, LEURIDAN J. Multiple input orthogonal polynomial parameter estimation [J]. Mechanical Systems and Signal Processing. 1987, 1(3): 259-272.

[9] SHIH C Y, TSUEI Y G, ALLEMANG R J, et al. Complex mode indication function and its applications to spatial domain parameter estimation [J]. Mechanical Systems and Signal Processing, 1988, 2(4): 367-377.

[10] PEETERS B, DE ROECK G. Reference-based stochastic subspace identification for output-only modal analysis[J]. Mechanical System and Signal Processing, 1999, 13(6): 855-878.

[11] JUANG J N, PAPPA R S. An eigensystem realization algorithm for modal parameter identification and model reduction[J]. Journal of Guidance, Control, and Dynamics. 1985, 8(5): 620-627.

[12] JAMES Ⅲ G H, CARNE T G, LAUFFER J P. The natural excitation technique (NExT) for modal parameter extraction from operating wind turbines[R]. New Mexico and California: Sandia National Laboratories, 1993.

[13] IBRAHIM S R. Random decrement technique for modal identification of structures [J]. Journal of Spacecraft and Rockets, 1977, 14(11): 696.

[14] IBRAHIM S R, ASMUSSEN J C, BRINCKER R. Vector triggering random decrement for high identification accuracy [J]. Journal of Vibration and Acoustics, 1998, 120(4): 970-975.

[15] BROWN D L, ALLEMANG R J, ZIMMERMAN R D, et al. Parameter estimation techniques for modal analysis [J]. Sae Paper, 1979, 88(2): 299-305.

[16] KERSCHEN G, PONCELET F, GOLINVAL J C. Physical interpretation of independent component analysis in structural dynamics [J]. Mechanical Systems and Signal Processing, 2007, 21(4): 1561-1575.

[17] 伊廷华. 结构健康监测教程[M]. 北京：高等教育出版社，2021.

[18] YANG Y C, NAGARAJAIAH S. Output-only modal identification with limited sensors using sparse component analysis [J]. Journal of Sound and Vibration, 2013, 332(19): 4741-4765.

[19] GABOR D. Theory of communication. Part 1: The analysis of information [J]. Journal of the Institute of Electrical Engineers, 1946, 93(26): 429-441.

[20] HUANG N E, SHEN Z, LONG S R. A new view of nonlinear water waves: the Hilbert spectrum [J]. Annual Review of Fluid Mechanics, 1999; 31: 417-457.

[21] DRAGOMIRETSKIY K, ZOSSO D. Variational mode decomposition [J]. IEEE Transactions on Signal Processing, 2014, 62(3): 531-554.

第 3 章 桥梁振动响应测试理论

3.1 概 述

桥梁在服役过程中，会受到各种环境荷载作用。为感知桥梁在外界激励下的振动响应，需对其开展振动响应测试。桥梁振动响应测试的核心是通过选用适宜的传感设备，结合测点布设方案的评价准则和高效求解方法，来获取最佳的振动测试效果，从而使测得的结构响应信息能够反映桥梁自身特点。传感设备作为振动测试系统中最前端的敏感装置，若选型不合理，可能会导致信号变化超出量程范围、传感器分辨率不足等问题。因此，根据实际工程需求和结构动力特性，科学合理地选择传感设备对于保证测试结果的有效性和可靠性十分必要。采集设备采集到信号之后，需要将其由通信线缆或无线传输至存储终端。为此，还需选择与传感设备性能相匹配的采集设备，如有线采集设备和无线采集设备。实际桥梁上可以布设传感器的测点位置动辄成千上万，但受限于振动测试的经济成本和桥梁的自身限制，在所有测点位置处均布设传感器并不现实，这就要求对测点数目和布设位置进行优化。若布设位置不合理，则可能会使不同传感器测得的结构信息相近，造成传感器资源的浪费，且难以对桥梁的响应敏感位置进行重点感知，从而降低测试数据的可视性和鲁棒性。因此，需要结合实际桥梁振动测试需求和动力学原理来确定合理的测点布设评价准则。此外，选择适宜的评价准则后，如何借助高效求解算法从众多布设方案中选择最佳方案，实现所测得的信息能够尽量真实地反映桥梁结构自身特点，也是需要解决的关键问题之一。本章从介绍振动测试传感设备的基本分类出发，在此基础上给出了加速度计和采集设备的工作原理、主要性能参数及选型原则，重点阐述了测点优化布设理论模型、评价准则和高效求解算法，以及考虑不确定性的测点布设理论，并以工程实用性为导向，详细介绍了一款测点优化布设集成软件。

3.2 振动测试硬件选型

振动测试系统的硬件主要由振动传感设备、振动采集设备和上位机组成。振动传感设备作为测试系统中最前端的敏感装置，其性能参数很大程度上决定着整个测试的有效性和可靠性，因此，要根据结构特性并结合项目要求，合理选择传感设备型号。在确定好传感设备型号后，选择与传感设备性能相匹配的采集设备同样至关重要，采集设备的性能参数同样决定了所采集数据的质量好坏。

3.2.1　传感设备

振动传感设备通过敏感元件感知被测桥梁结构振动响应的变化，并利用转换元件将其变换为解调仪可读的数字或模拟信号，其频响范围、量程、灵敏度、噪声、分辨率等影响着振动测试结果。若传感设备的型号选择不合理，可能导致振动响应测试出现超量程、欠采样等问题。

1. 设备分类

根据是否需要直接安装于被测桥梁结构表面，振动传感设备可分为接触式和非接触式两大类。对于桥梁振动测试，一些测点位置可能面临难以接近或空间限制等问题，使得接触式传感设备难以安装到位，在这种情况下，非接触式传感设备能够提供更好的解决方案。然而在某些特定情况下非接触式传感设备可能并不适用。例如，当测试环境存在强烈的电磁干扰或光线遮挡时，非接触式传感设备的性能可能会受到影响。此外，非接触式传感设备的成本通常较高。因此，在桥梁振动测试中需要根据具体的测试需求、环境条件、成本预算以及设备性能等因素综合考虑。在某些情况下，可能需要两种传感设备结合使用，以充分发挥各自优势，提高振动测试的准确性和可靠性。

1）接触式振动传感设备

接触式振动传感设备需通过螺丝、黏合剂或其他固定方式直接与被测物体表面接触，以测试桥梁的振动响应。按照所测振动响应的类型，接触式传感设备可分为位移计、速度计和加速度计，其中加速度计应用最广。根据测量原理的不同，加速度计又可分为压电式、压阻式、电容式、力平衡式、光纤光栅式等，如图 3.1 所示。

（a）压电式

（b）压阻式

（c）电容式

（d）力平衡式

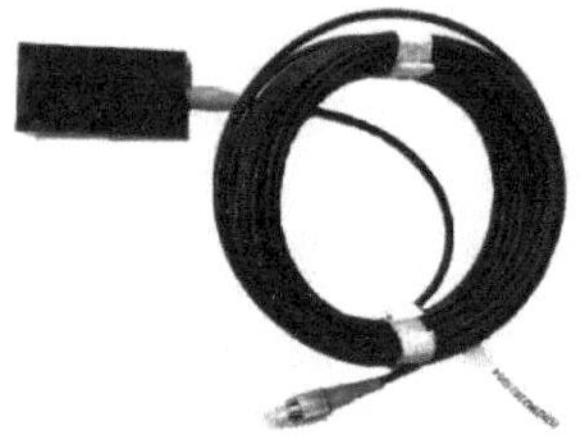

（e）光纤光栅式

图 3.1　常见的各类加速度计

压电式加速度计的组成部分主要包括基座、压电元件、质量块和弹簧，通常采用惯性原理工作，其结构如图 3.2 所示。基座与被测试桥梁连接，并接收来自桥梁的振动。基座振动通过弹簧传递至质量块，质量块对压电元件施加压力，并在压电元件内部产生电极化现象，其上下两个表面出现符号相反的电荷而产生电压，电压变化量与加速度成正比，通过放大输出电压来测量振动加速度的大小。

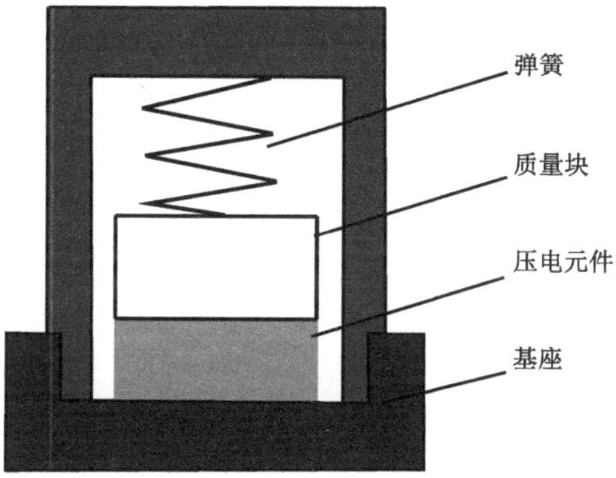

图 3.2　压电式加速度计结构示意图

压阻式加速度计的组成部分主要包括质量块、弹性梁、限位块、应变片、阻尼液、处理电路和基座，其结构如图 3.3 所示。弹性梁一端固定质量块，另一端固定在传感器基座上，并在弹性梁上下表面贴应变片，组成惠斯通电桥（Wheatstone bridge）。质量块和弹性梁周围填充硅油等阻尼液，提供必要阻尼力。限位块位于质量块两侧，防止传感器在过载时损坏。桥梁振动传导至基座，进而通过弹性梁将振动传递给质量块。质量块产生的惯性力大小与加速度大小成正比，此惯性力使弹性梁发生形变，导致应变片的电阻值变化。在恒定电源的激励下，由应变片组成的电桥会产生与加速度成比例的电压输出信号。

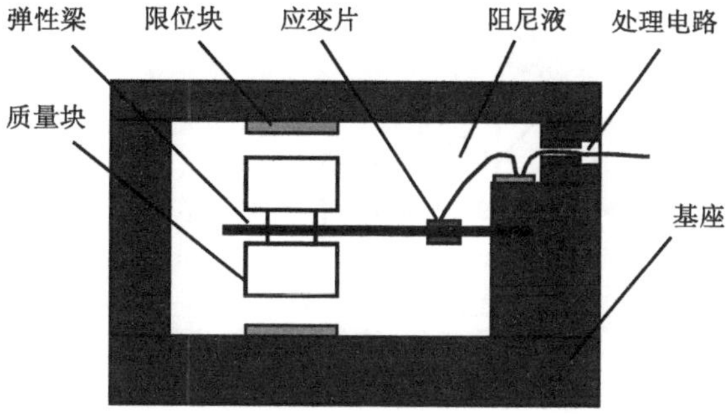

图 3.3　压阻式加速度计结构示意图

电容式加速度计的组成部分主要包括弹性梁、质量块、固定电极、活动电极和基座，其结构如图 3.4 所示。弹性梁一端固定在基座上，另一端与质量块相连，质量块的上端面和下端面分别是活动电极，上活动电极与基座的上固定电极组成电容器 C_1，下活动电极与基座的下固定电极组成电容器 C_2。桥梁振动先传导至基座，进而通过弹性梁将振动传递至质量块。当质量块受振动产生的惯性力作用而运动时，会改变与固定电极与活动电极之间的间隙，上下固定电极与上下活动电极之间产生相对位移，这使得两电容器的电容值一个变大，另一个变小。通过测量这两个电容的差值，可以获得与加速度大小成正比的差动输出信号，通过输出信号的变化得出加速度大小。

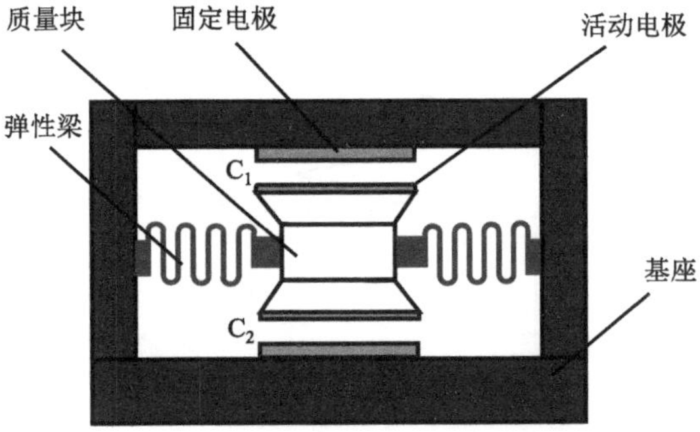

图 3.4　电容式加速度计结构示意图

力平衡式加速度计，又称伺服加速度计，其组成部分主要包括弹性梁、质量块、永久磁铁、电磁线圈、伺服放大电路、检测电路和基座，结构如图 3.5 所示。质量块固定在弹性梁上，在质量块上下两端各有一个电磁线圈，与上、下永久磁铁组成两个电磁系统。当被测桥梁振动时，基座也随之振动，在基座带动下弹性梁发生变形，质量块偏离静平衡位置，伺服电路检测出位移信号，经伺服放大器放大后输出电流，该电流流过电磁线圈，从而在永久磁铁的磁场中产生电磁恢复力，迫使质量块保持平衡，通过检测电路测量电磁恢复力大小，可以获得与加速度成正比的输出信号。

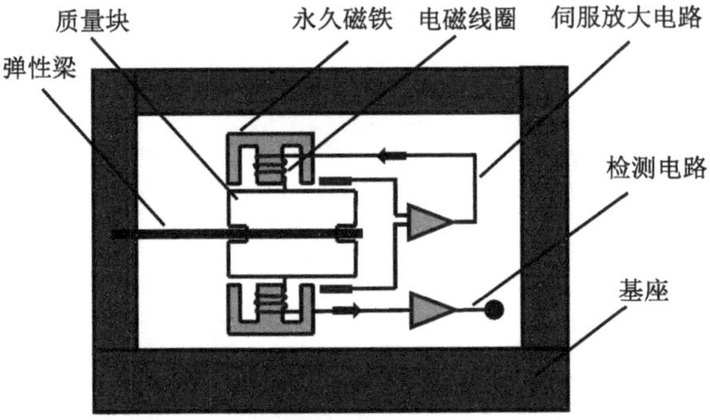

图 3.5　力平衡式加速度计结构示意图

光纤光栅式加速度计的组成部分主要包括光纤、弹性梁、光纤光栅、质量块和基座，其结构如图 3.6 所示。质量块通过弹性梁固定在基座上，桥梁振动则通过基座传递至弹性梁上，弹性梁带着固定在其上面的光纤光栅发生形变，导致光纤光栅的折射率或光栅周期发生变化，这种变化导致光信号的传输特性发生改变，通过光纤测量光信号的变化并结合校正系数可得出加速度大小。

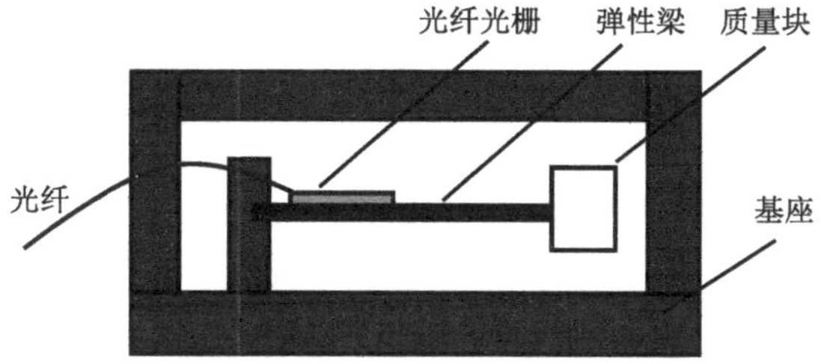

图 3.6　光纤光栅式加速度计结构示意图

上述各类加速度计工作原理各异，具备不同的优缺点，表 3.1 列出了各类加速度计的优缺点和适用场景，在选择加速度计时，需要结合桥梁振动响应测试需求和现场环境条件进行综合考虑。

表 3.1　各类加速度计的优缺点和适用场景

加速度计类型	优点	缺点	适用场景
压电式	频响范围宽、测量范围大、抗干扰性强、坚固耐用	输出阻抗高、需要放大电路、无法采集零频率信号	自振频率较高的中小跨桥梁
压阻式	频响范围宽、灵敏度低、成本低、抗干扰性强	测量范围有限、温度漂移大、非线性强	桥梁振动响应测试基本不采用
电容式	灵敏度高、温度漂移小、输出阻抗低、输出稳定	易受电缆寄生电容影响导致非线性输出、成本高	各种跨径桥梁
力平衡式	频响范围宽、灵敏度高、线性度高、低频响应好	较脆弱、成本较高、尺寸较大	各种跨径桥梁
光纤光栅式	传输距离远、抗电磁干扰、灵敏度高、易于复用	弯曲过多易损坏、成本较高、尺寸较大、需要温度补偿	各种跨径桥梁

2）非接触式振动传感设备

按照工作原理的区别，目前应用较为广泛的非接触式振动传感设备包括激光多普勒测振仪、微波干涉雷达扫描仪和计算机视觉位移监测仪，如图 3.7 所示。

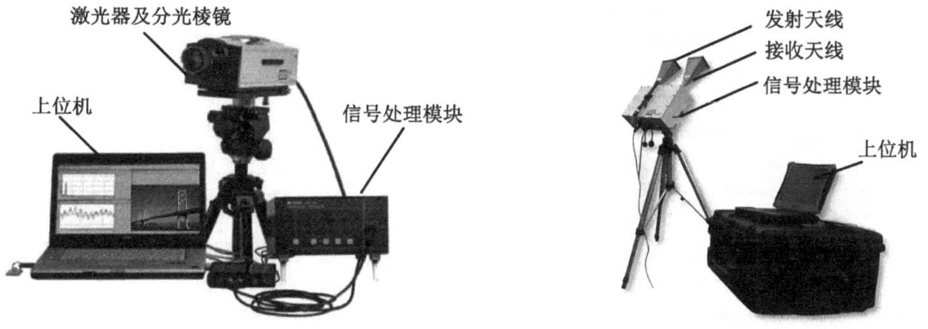

（a）激光多普勒测振仪　　（b）微波干涉雷达扫描仪

图 3.7　各类非接触式振动传感设备

（c）计算机视觉位移监测仪及靶标

图 3.7（续）

（1）激光多普勒测振仪

激光多普勒测振仪基于多普勒效应、光外差干涉原理来测量桥梁表面振动，并提供振动速度和位移读数[1]，其主要由激光器、分光棱镜、光电探测器和信号处理模块等组成，工作原理如图 3.8 所示。激光器发出激光束，这束激光通过分光棱镜被分为两路：一路作为测量光，另一路作为参考光。测量光聚焦到被测桥梁表面，当桥梁表面向远离激光测振仪的方向振动时，桥梁表面将反射出比测量光波长更长（频率更低）的光，当桥梁表面向靠近激光测振仪的方向振动时，反射光波长比测量光波长更短（频率更高），从而出现多普勒频移。该频移 f_d 与振动速度成正比，由 $f_d=2v/\lambda$ 给出，其中 v 是振动速度，λ 是发射波的波长。反射光与参考光在光电探测器表面相遇并产生干涉，干涉信号的频率携带了桥梁振动的信息。光电探测器检测干涉信号，并通过信号处理器解码将该干涉信号转换为速度信号，位移可通过对光电探测器上的亮或暗条纹进行计数直接得出[2]。

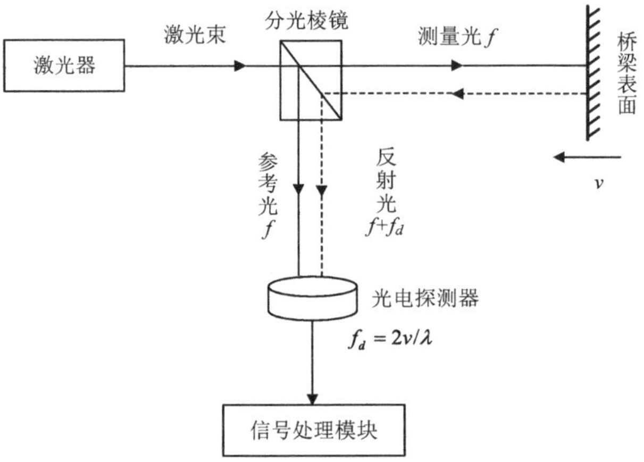

图 3.8　激光多普勒测振仪工作原理

（2）微波干涉雷达扫描仪

微波干涉雷达扫描仪运用调频连续波技术和相位干涉测量等技术，实现对桥梁目标区域的静、动态变形测量。调频连续波技术用于提高雷达的距离向分辨率，距离向分辨率是指雷达能区分两个目标物在雷达与目标连线方向上的最小距离。相位干涉测量技术用于比较在不同时间点收集的发射波与反射波的相位数据，计算每个目标在雷达与目标连线方向的变形量 d。如图 3.7（b）所示，微波干涉雷达扫描仪主要由发射天线、接收天线和信号处理模块组成。微波干涉雷达扫描仪的工作原理如图 3.9 所示。雷达第 1 次通过发射天线发出微波信号，当微波信号触碰桥梁表面时，部分信号会被反射回来，接收天线接收到这些反射回来的微波信号，确定波形相位 φ_1，雷达第 2 次发出微波信号，接收天线再次接收到反射回来的微波信号，确定波形相位 φ_2，通过两次波形相位得出相位差 $\Delta\varphi$，雷达与目标连线方向的变形量 $d=\lambda\Delta\varphi/4\pi$，其中，$\lambda$ 为雷达微波的波长。

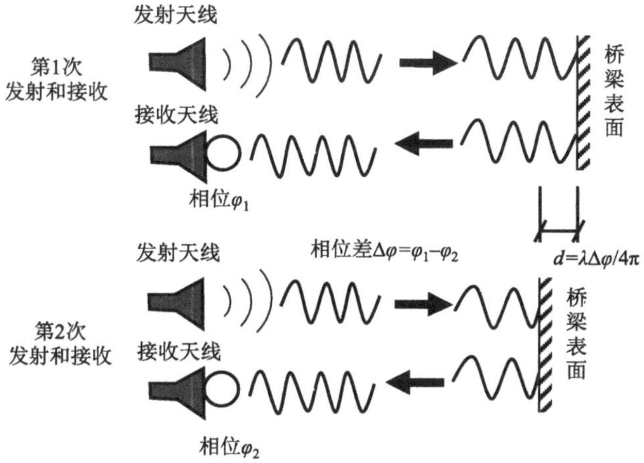

图 3.9　微波干涉雷达扫描仪工作原理

（3）计算机视觉位移监测仪

计算机视觉位移监测仪采用相机记录被测结构的运动情况，利用计算机搜索与匹配技术跟踪标志物在图像中的运动轨迹，通过图像与现实世界的几何关系获得所测结构的位移，工作原理如图 3.10 所示。计算机视觉位移监测仪主要由相机和镜头、标志物（靶标）、图像处理算法组成。实际桥梁振动响应测试时，可根据使用场景选择不同焦距的镜头、不同采集帧率、不同分辨率的相机[3]。基于计算机视觉位移监测主要包括 4 个步骤[4]：相机校准、特征提取、目标跟踪和位移计算。相机校准的主要目的是探索从三维世界坐标到二维图像坐标的投影关系，实现图像中每个点到三维世界的转换。图像特征是目标跟踪的基础，对图像特征进行选择和提取，以方便后续跟踪算法的选择。目标跟踪的任务是根据选定的图像特征对被测桥梁或其标记物进行跟踪，从而确定特征在视频或图像序列每一帧中的位置。目标跟踪方法有模板匹配法、光流法、特征匹配法等。最后，通过目标跟踪获取所测结构的像素位移，通过转换矩阵将像素位移转换为结构真实位移。

表 3.2 给出了上述 3 类非接触式振动传感设备的性能及优缺点。可根据桥梁振动响应测试的具体应用场景和需求选择出性能与成本均较为平衡的设备。

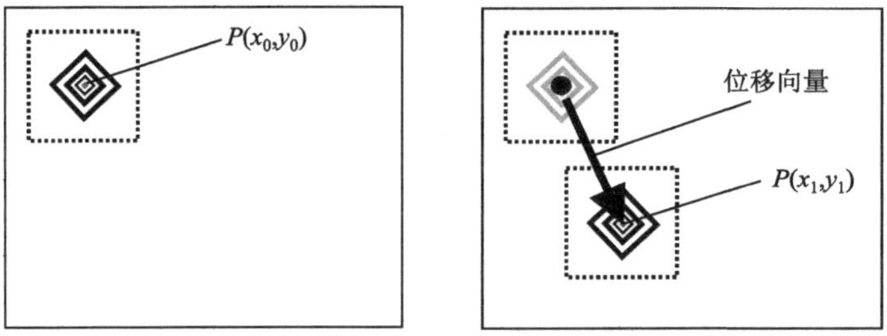

图 3.10　计算机视觉位移监测仪工作原理

表 3.2　非接触式振动传感设备性能对比

传感设备	测量距离	面内测量精度	面外测量精度	测量形式	恶劣天气影响	光照影响	电磁干扰影响	采样频率	现场操作难度	长期监测	应用成本	实际应用效果
激光多普勒测振仪	可超300m	精度低	精度高	1台设备一个测点	易受影响	不受影响	不受影响	高	需要一定技能培训	一般	非常高	设备昂贵，实现低成本的振型测试有一定困难
微波干涉雷达扫描仪	可超2000m	精度低	精度高	1台设备多点测量	影响较小	不受影响	易受影响	高	需要一定技能培训	适合	较高	需反射靶标才能实现精确径向位移测量
计算机视觉位移监测仪	可超1000m	精度高	精度低	1台设备多点测量	易受影响	易受影响	影响较小	较高	操作简便	环境条件稳定时适合	低	可实现无靶标位移测量，表面缺乏明显特征时需设置靶标

2. 选型原则

振动传感设备在很大程度上决定了振动响应测试结果的准确性。振动传感设备选型应广泛调研、多方论证。既要全面了解桥梁振动特点及测试要求，包括结构尺寸、所受荷载、振幅、振动频率范围等，也要充分了解传感设备的测量原理、技术参数、环境适应性、长期稳定性、安装和维护便捷性等。振动传感设备选型应综合考虑的性能参数包括频响范围、量程、精度、分辨率、灵敏度、稳定性和采样频率等[5]。

1）频响范围

频响范围是指传感设备在规定的频率响应幅值误差内传感器所能测量的频率范围。频率范围的上、下限分别称为高、低频截止频率。截止频率与误差直接相关，所允许的误差范围大则其频率范围也就宽。传感器的高频响应取决于传感设备的机械特性，而低频响应则由传感器和后继电路的综合电参数所决定。传感设备选型时，必须确保传感设备的频响范围可以覆盖桥梁的振动频率。

2）量程

量程也称为测量范围，是指传感设备能够测量的信号的最大值和最小值，通常由上限和下限两个界限定义。如果桥梁振动响应的最大值超过了传感设备量程，则振动响应数据为传感设备的量程上限值，而非桥梁实际振动响应。如果桥梁振动响应的最大值远小于传感设备量程，则可能造成传感设备测量值的分辨率不足，亦无法准确表征桥梁实际振动响应。传感设备选型宜确保振动响应的变化范围处于传感设备量程的 30%～70%内。

3）精度

精度是指传感设备测量值与真实值的接近程度。精度与误差对应，误差小则精度高，误差大则精度低。精度可分为精密度、正确度和准确度。利用传感设备进行多次重复测量时，各次测量值之间的可重复程度，称为精密度；各次测量值的算术平均值与真实值的接近程度，称为正确度；各次测量值与真实值的一致程度，称为准确度。传感设备的精密度高时正确度不一定高，而正确度高时精密度也不一定高，但准确度高，则精密度和正确度都高。

4）分辨率

分辨率是指传感设备可感知的被测量的最小变化的能力。当被测量的变化超过某一增量时，传感设备才能够感知到被测量的变化，该增量即为传感设备的分辨力，传感设备分辨力与其满量程的比值称为分辨率。例如某加速度计分辨力为 $0.001\text{m}\cdot\text{s}^{-2}$，满量程为 $10\text{m}\cdot\text{s}^{-2}$，则其分辨率为 0.001/10=0.01%。传感设备应具有良好且稳定的分辨率，不能低于振动响应所要求的最小增量。

5）灵敏度

灵敏度是指传感设备在稳态工作情况下输出量变化对输入量变化的比值，即输出、输入量之比。例如某加速度计，在加速度变化 $1\text{mm}\cdot\text{s}^{-2}$ 时，输出电压变化 200mV，则其灵敏度为 200mV/（$\text{mm}\cdot\text{s}^{-2}$）。传感设备的灵敏度是输出-输入特性曲线的斜率。如果传感设备的输出和输入之间呈线性关系，则灵敏度为常数，否则，其将随输入量的变化而变化。灵敏度可理解为放大倍数，提高灵敏度，会提高测量精度，但测量范围会变窄，稳定性也变差。

6）稳定性

稳定性是指传感设备在长时间使用后，其性能保持不变的能力。稳定性一般以传感设备在恒定室温条件下，经过一段较长时间后，其输出值与起始标定的输出值之间的差异来表示。差异越小代表传感设备的稳定性越好。影响传感设备长期稳定性的因素除传感设备本身结构外，还包括传感设备的使用环境。在选择传感设备前，应对其使用环境进行调查，并根据具体的使用环境选择合适的传感设备，或采取适当的措施，减小环境的影响。

在传感设备实际选型时，除应符合以上性能参数要求外，还应注意体积大小、耐久性、接触方式、供电方式、成本高低、安装方式等多种因素。

3.2.2　采集设备

数据采集设备的主要作用是将传感设备采集的信号转化为数字信号，然后传递给计算机进行存储和处理。与传感设备类似，采集设备的性能参数同样对振动响应测试结果的可靠性有重要影响。数据采集设备类型及关键性能参数介绍如下。

1. 设备分类

根据信号传输方式的不同，振动数据采集设备可分为有线采集设备和无线采集设备。

1）有线采集设备

目前的桥梁振动测试中，有线采集设备的技术较为成熟、应用较为广泛，图 3.11 展示了常用的有线采集设备，包括集中式和分布式两种。集中式采集设备的通道数量要多于分布式采集设备，适用性更强，但价格也更昂贵。分布式采集设备虽然通道数量少，但可将多台分布式采集设备通过级联方式扩展通道数，以满足测试需求。

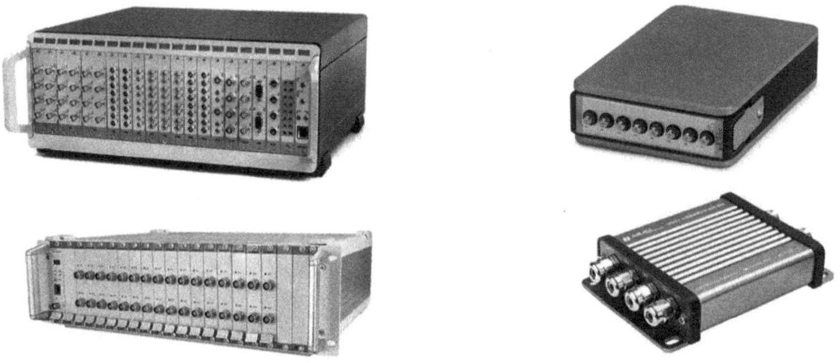

（a）集中式采集设备　（b）分布式采集设备

图 3.11　常用的有线采集设备

单台采集设备的有线连接方式一般为传感设备通过信号线将振动信号传输至采集设备，采集设备通过以太网或 USB 线连接至上位机，如果采集设备配置了较高性能的实时处理器和存储模块，也可脱离计算机独立运行。当现场测点分散或测点较多时，一台采集设备无法满足采集需求，可通过多台采集设备的级联扩展方式来实现多通道的并行同步测试和分析。多台采集设备的有线级联则需要在多台采集设备与计算机之间加入交换机或 USB 集线器，使上位机能够同时控制多台设备。图 3.12 展示了单台和多台采集设备的系统连接示意图。

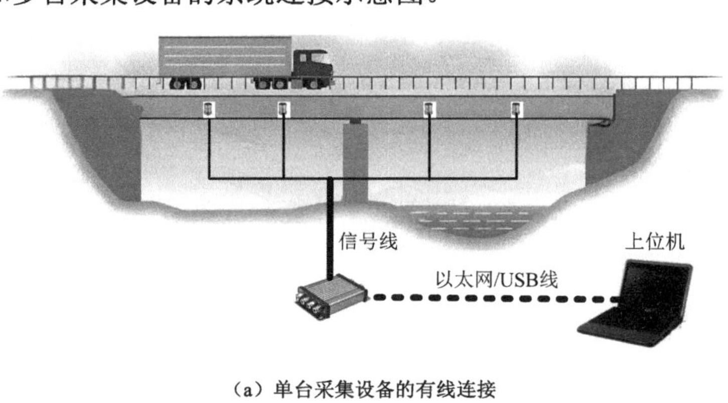

（a）单台采集设备的有线连接

图 3.12　单台和多台采集设备的系统连接示意图

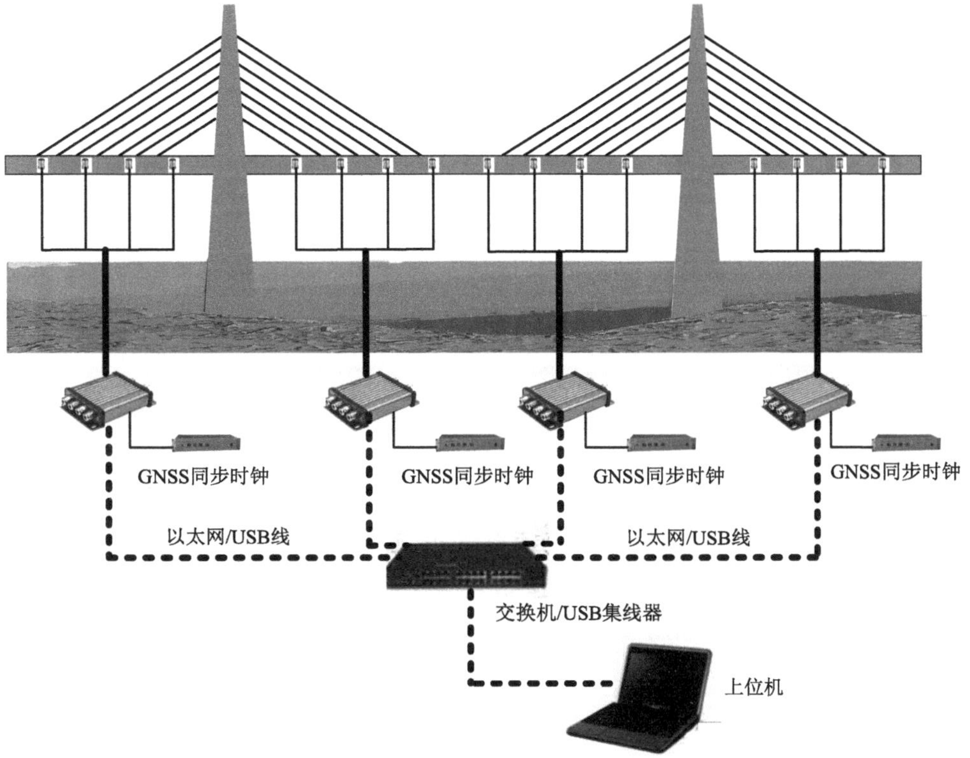

（b）多台采集设备的有线级联

图 3.12（续）

对一台有线采集设备，其多通道的同步采集较易实现。但对有线级联的多台采集设备，由于各采集设备的时钟信号频率、周期、相位和占空比可能都不相同，来自不同采集设备上的各通道容易出现时间不同步采集的问题。各通道的时间同步采集对桥梁振动分析，特别是模态辨识非常重要。因此，必须采取措施确保有线级联的多台采集设备时钟同步，以确保所有通道可同步采集。采集设备时钟同步的方式主要有：①使用网线将各台采集设备之间串联起来的同步方式；②采用路由器或时钟同步交换机；③利用全球导航卫星系统（global navigation satellite system，GNSS）同步时钟接收卫星提供的高精度时间信号，各采集设备获取到统一的时间基准从而实现同步，具有高精度和稳定性好的优点，但该方式需要在每个采集设备上安装全球导航卫星系统的接收器，成本较高。

有线采集设备主要由信号调理器、模数转换器、通信模块组成。信号调理器对传感设备采集的位移、速度、加速度等振动响应的模拟信号在到达模数转换器之前进行预处理。模数转换器把预处理后的模拟信号转换成数字信号，通信模块把数字信号发送至上位机。

（1）信号调理器

振动传感设备输出的模拟信号通常是微弱，难以被采集设备直接采样的，而且输出的模拟信号容易受周围环境干扰，所以必须对其进行调理。信号调理器模块一般包括：①放大器，用于放大传感器输出信号的电压或电流，以提高信噪比、增强信号强度；②滤波器，用于过滤传感器信号中的噪声、干扰和不需要的频率分量，以提高信号质量；③线性化器，用于将非线性输出信号转换为线性输出信号，以便更容易进行数据分析。

（2）模数转换器

模数转换器主要是将经过调理后的模拟信号转换为计算机可识别、处理的数字信号。需要注意的是，模拟信号为连续信号，数字信号为离散信号。在通过模数转换器进行信号转换时，需要预先设置好采样频率以及确保多通道同时采样。目前，部分信号调理器直接加上了模数转换器，使得计算机可直接从信号调理器上读取数字信号结果。

（3）通信模块

采集设备与上位机之间的通信方式有多种选择。早期的有线采集设备常使用USB数据线进行通信，在上位机的操作系统改变后往往需要更新驱动文件。鉴于稳定性和兼容性问题，基于USB数据线的通信方式应用范围逐渐缩减。目前的有线采集设备多使用以太网进行通信，避免了兼容性的问题，传输距离更远，传输速度更快，传输稳定性更高。当采样频率较高、数据量较大或传输距离在百米以上时，还可使用光纤进行通信。

2）无线采集设备

无线传输技术安装方便、灵活性强、性价比高等优越性使其具有巨大的应用前景。无线传感网络是一种基于无线通信技术的分布式传感系统，一般由无线采集设备节点和基站组成，如图3.13所示。无线采集设备节点采集桥梁的响应，基站负责接收各采集设备节点传来的数据包。通过基站进一步将无线传感网络收集的数据传输至互联网服务器中分析和存储，用户可通过手机端或电脑端对数据进行访问。

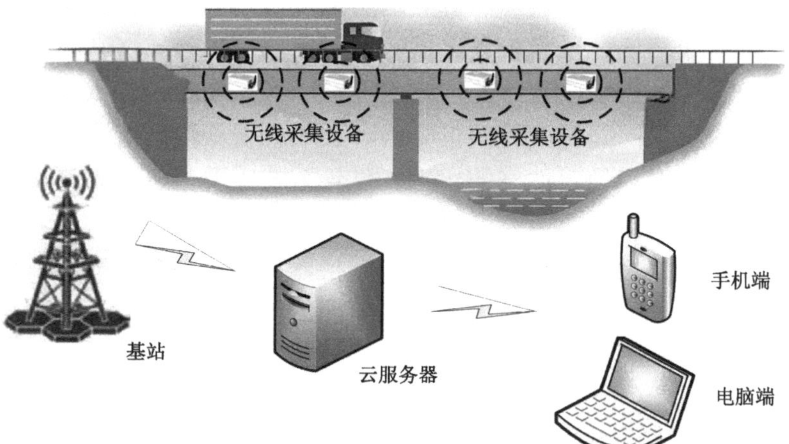

图3.13　无线传感网络采集数据示意图

无线采集设备作为感知桥梁振动响应的终端，其主要由传感单元、计算单元、无线传输单元和能量单元组成，如图 3.14 所示。传感单元由低功耗传感设备和信号解调电路组成，低功耗传感设备感知被测桥梁的振动，信号解调电路将采集的振动模拟信号转换为可识别和读取的数字信号。计算单元包含微处理器和存储器，能够对数字信号进行噪声剔除、误差修正、时-频域变换、峰值拾取等计算和数据存取操作。无线传输单元通过无线电波将数据传输至服务器或者通过无线电波接收服务器的数据采集命令。无线传输单元可采取的无线传输方式包括紫蜂（ZigBee）协议、蓝牙（Bluetooth）技术、窄带物联网（narrow band internet of things，NB-IoT）、无线通信技术（Wi-Fi）、远距离无线电扩频调制技术（LoRa）、射频识别（radio frequency identification，RFID）技术等[6]。能量单元为传感单元、计算单元和无线传输单元供电，决定着无线采集设备的使用寿命。能量单元一般为干电池或锂电池；也可采用小型太阳能电池板或小型风力发电机配合可充电电池来保证采集设备正常运转；或将环境振动转化为电磁能来实现无线采集设备的自动供电。

（a）外观结构

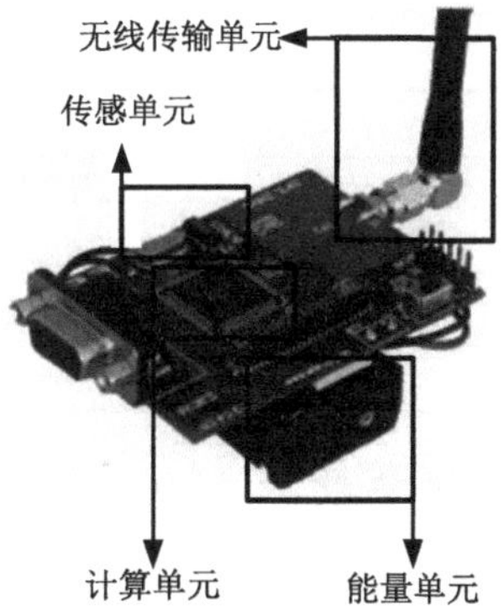

（b）内部组成

图 3.14　无线采集设备

各无线采集设备在采集数据过程中可能存在通信延迟、时钟误差等问题，导致数据时间不同步。确保采集到的数据具有相同的时间戳（即各无线采集设备之间不应存在时钟误差、通信延迟等问题），对桥梁的工作模态分析非常重要。无线采集设备的时间同步方法主要有两类。①与有线采集设备的时间同步方法类似，无线采集设备也可采用 GNSS 时钟同步法。通过在无线传输单元嵌入 GNSS 同步模块实现时间同步，该同步方式虽然精度高，但会增加无线采集设备的功耗，导致设备工作时长缩短。②通过网络协议或时间同步算法实现各无线采集设备之间的时间同步，该方式通过在网络层或应用层进行时间同步，减小了同步误差的累积。虽然精度略低于 GNSS 时钟同步，但成本低、功耗小。

以无线采集设备为核心组件的无线传感网络因成本低、体积小、灵活性高等优势被广泛应用，具有很大的发展潜力。然而，在无线采集过程中常常会由于以下原因出现数据丢包问题：①无线信号在传输过程中会因距离、障碍物等因素导致信号衰减，从而增加丢包的可能性；②测试现场存在的其他无线设备或电磁波干扰源可能导致信号质量下降，引起丢包；③在数据量传输量大或网络结构不合理的情况下，网络拥塞可能导致数据传输延迟或丢包。数据丢包对于桥梁工作模态分析有一定的影响，为了解决无线传感网络中的数据丢包问题，在硬件方面，可通过提升无线采集设备的性能来提升数据传输可靠性；在通信方面，可采用合理的流量控制算法和拥塞避免算法来限制网络中的数据流量，避免网络拥塞和数据丢包。当检测到数据丢包时，可以通过重传机制将丢失的数据包重新发送给接收端，重传机制虽然会增加网络的传输负担，但可以有效保证数据的完整性和可靠性。

有线和无线采集设备各有其特点和优势，在桥梁振动测试中，需要根据具体的应用场景、需求和环境条件综合考虑选择使用哪种设备。对于需要高稳定性和可靠性的场景，有线采集设备更为合适；对于需要灵活性和便捷性的场景，无线采集设备则更具优势。表 3.3 给出了有线采集设备和无线采集设备的优缺点对比。

表 3.3　有线采集设备和无线采集设备优缺点对比

采集设备	优点	缺点
有线采集设备	信号传输稳定，实时性好； 无须电池供电，长期性好	布线复杂，安装维护困难； 价格昂贵，线缆成本较高
无线采集设备	无须线缆，安装组网方便； 价格低廉，可大规模布设	信号易受环境干扰，稳定性差； 采用电池供电，使用寿命有限

2. 性能参数

在数据采集设备选型时，需要根据设备的性能参数判断设备能否满足振动响应测试的需求。关键性能参数主要包括：

1）通道数

通道数是数据采集设备能够同时采集和处理的独立信号数量。每个通道对应一个独立的输入端口，通过模数转换器将模拟信号转换为数字信号进行处理。通道数决定了数据采集设备在单次采集过程中能够同时采集不同信号源的数量。通道数根据振动响应测试需求来选择，当单台采集设备的通道数量不满足振动响应测试的需求时，可通过以太网连接多台设备来实现通道的扩展。

2）分辨力

分辨力是数据采集设备能分辨的输入信号的最小变化量，常用采集设备可分辨的实际电压值来表示。分辨力决定了设备将模拟信号转换为数字信号时的精细程度，即设备能检测到的最小信号变化。分辨力越强，设备能够分辨的电压变化越小，整个信号范围被分割成的区间数目越多，能感知到的信号变化越小。例如具有 12 位模数转换器的数据采集设备，当输入电压范围为±10V，那么它所能分辨到的最小电压就是 $20\text{V}/2^{12}\approx 4.88\text{mV}$。

3）采样率

采样率是数据采集设备的模数转换器在 1s 内进行模数转换的次数，其计量单位用赫兹（Hz）来表示。当以一定的频率进行采样后，原始的连续信号被离散化为一系列离散的数字信号，用于进一步的数字处理、存储或分析。采样率越高，单位时间内采集到的数据越多，能更好地捕捉到振动响应的快速变化。若要利用离散数字信号来准确重构振动响应的波形，采样频率一般取为拟测试桥梁最高自振频率的 5～10 倍。

4）精度

精度是指数据采集设备得到的测量值与真实值的接近程度。精度直接影响着振动响应测试结果的可信度和有效性。采集设备精度的极限值就是模数转换器的精度，但实际振动响应测试的精度往往达不到模数转换器的精度，这是因为实际精度不仅受采集设备本身的性能影响，如前置放大器、滤波器、隔离器等各部件性能的影响，而且与数据采集设备所处的环境条件相关。

5）动态范围

动态范围是指数据采集设备所允许输入的最大幅值与最小幅值之比的分贝数。它决定了数据采集设备在所有输入量程下可测量的最大值和最小值，即能够捕捉到的信号强度范围。高动态范围的数据采集设备不仅能在较高噪声环境下准确地捕捉到有效信号，提高测试精度，还能减少因信号强度变化引起的误差，确保所采集数据的准确性和一致性。

6）非线性失真

非线性失真是指给采集设备输入一个频率为 f 的正弦波信号时，其输出信号出现很多频率为 kf（k 为正整数）的新频率分量，从而使得输出信号包含了并非原始输入信号中的谐波分量和失真分量，使得输出信号与输入信号的波形发生改变。常见的非线性失真形式包括谐波失真、交调失真和截止失真等。这些失真现象会导致信号无法被准确地还原和解码，从而严重影响数据采集的准确性和可靠性。

7）环境适应性

环境适应性是指采集设备在特定环境条件下能够保持所有预定功能且不被破坏的能力。具体包括设备在不同温度、湿度、振动、冲击、灰尘、腐蚀、电磁干扰等环境因素下的可靠性表现。设备在极端环境条件下的可靠性是确保数据可持续采集的重要因素，环境适应性好的设备可以避免因环境变化导致的故障或数据丢失，并在不同环境条件下仍能提供稳定的测量精度。

3.3　测点布设理论模型、准则及算法

测点优化布设是指按一定的评价准则和优化算法，从多个候选测点中，选择出少量布设位置，以使某种测试目标达到最优。如何合理地选择测点布设位置，使得有限的传感器资源得到充分利用，获得桥梁丰富全面的信息，是振动响应测试阶段

必须要解决的关键问题。需要指出的是，部分传感器因有其特定的布设位置而无须优化布设，如支座位移、主梁梁端纵向位移测点宜布设在桥墩顶梁端支座处等。由于加速度计对于把握桥梁振动性能非常重要，且其布设数量多、价格昂贵，因此桥梁振动响应测试中的测点优化布设通常指加速度计的优化布设。布设在桥梁上的测点的数量和位置，直接影响着所获取的振动响应数据中能否包含所期望的模态信息。因此，测点优化布设工作可分为数量优化和位置优化两部分。对于数量优化而言，测点数量越多，测得的桥梁模态信息越丰富，但众多的测点无疑提高了振动响应测试成本，而测点数量通常由系统的造价决定。因此，测点优化布设一般指的是位置优化。位置优化旨在用尽量少的测点来获取尽可能多的桥梁振动响应信息，通过桥梁结构的动力学模型建立振动测试数据与有限元模型的对应关系，进而对响应敏感位置进行重点采集。测点位置优化包括评价准则和求解方法两个要素。评价准则是对不同布设方案优劣的量化评价标准，即优化目标函数；而求解方法则是在候选测点位置中通过某种方法搜寻最优测点，即优化计算方法[7]。

3.3.1　测点布设动力学模型

1. 布设动力学方程

测点优化布设理论综合利用了结构动力学理论和有限元分析方法。桥梁振动响应测试中，由于环境或空间的限制，桥梁上的一些位置处无法或不宜布设测点，造成可用于测点布设的位置数量往往小于桥梁结构的自由度数量。

按照桥梁的动力学方程式（2.1），以加速度为例，有限测点处的桥梁振动响应可表示为

$$\boldsymbol{y}=\boldsymbol{L}\ddot{\boldsymbol{x}}+\boldsymbol{e} \tag{3.1}$$

式中，$\boldsymbol{y}$表示测试的桥梁振动响应向量；$\ddot{\boldsymbol{x}}$表示桥梁的加速度向量；$\boldsymbol{L}$表示测试状态矩阵，即测点布设位置矩阵，由 1 和 0 组成，分别表示该位置处有和无布设测点；$\boldsymbol{e}$表示测量噪声向量，通常假定成均值为 0、标准差为σ的白噪声。

桥梁的振动响应中包含频率、阻尼比、振型等模态信息。按照模态叠加原理，振动响应与振型和模态响应之间存在线性关系。对加速度向量$\ddot{\boldsymbol{x}}$进行正则坐标变换，则有

$$\ddot{\boldsymbol{x}}=\boldsymbol{\Phi}\ddot{\boldsymbol{q}} \tag{3.2}$$

式中，$\boldsymbol{\Phi}$表示振型矩阵；$\ddot{\boldsymbol{q}}$表示模态响应向量。

联立式（3.1）和式（3.2），可将振动响应测试向量重新表示为

$$\boldsymbol{y}=\boldsymbol{L}\boldsymbol{\Phi}\ddot{\boldsymbol{q}}+\boldsymbol{e} \tag{3.3}$$

式（3.3）中的第i行，表示第i个测点处的振动响应测试值，可写为

$$y_i=\sum_{j=1}^{n}\boldsymbol{L}_i\boldsymbol{\varphi}_j\ddot{q}_j+e_i=\sum_{j=1}^{n}\varphi_{i,j}\ddot{q}_j+e_i \tag{3.4}$$

式中，$\boldsymbol{L}_i=[0\ \ \cdots\ \ 1\ \ 0\ \ \cdots\ \ 1]$为测点布设位置矩阵$\boldsymbol{L}$的第$i$行，$\boldsymbol{L}_i$中只有与第$i$个测点位置一致的结构自由度处等于 1，其他结构自由度处均为 0；$\boldsymbol{\varphi}_j$表示第j阶振型向量；$\varphi_{i,j}$表示第i个测点处的第j阶振型值；$\ddot{q}_j$表示第j阶模态响应；n表示模态阶数。

2. 基本布设流程

测点优化布设流程一般包括以下 3 个步骤：

① 确定基准模态和候选测点。基于桥梁的设计资料，建立其有限元模型并进行计算模态分析。以有限元模型计算得到的模态为测点优化布设的基准模态；根据有限元模型的单元分布和节点位置，确定候选测点位置。注意，桥梁有限元模型获得的模态数量众多，而实际桥梁振动测试时，获取的振动响应中往往只有有限阶模态参与振动。因此，基准模态选取时，可采用模态截断法，忽略高阶模态的影响，只考虑前n阶模态，并将其作为基准模态即可。模态阶数n的确定，应综合桥梁的复杂程度、测点数量和桥梁安全评价精度要求等因素。

② 布设评价准则选取。根据振动响应测试的目的，以及动力学原理，选择适宜的测点布设评价准则。

③ 布设方案求解分析。利用测点优化布设高性能求解方法，从所有可能的测点布设方案中，找出满足评价准则的适宜布设方案。

3.3.2　有线测点布设评价准则

测点布设评价准则的建立，需考虑数据质量和数据可达性。数据质量是指测试的振动响应数据能否准确识别出桥梁的模态参数。数据可达性是指测试的振动响应数据能否及时、可靠、无误地传输到中央服务器。对于有线传感网络，信号通过线缆形成固定的传输路径，无须考虑数据可达性，只需考虑数据质量问题。桥梁振动测试与工作模态分析主要涉及振动响应数据采集、模态参数辨识和模态信息重构三个阶段，应针对这三个阶段的需求进行测点优化布设以提高数据质量和提升模态辨识结果的可靠性。为此，建立基于振动响应强度、参数识别误差和模态重构效果的有线测点布设评价准则。有线测点布设评价准则构成如图 3.15 所示。

1. 基于振动响应强度的评价准则

桥梁振动响应测试时，受测试噪声、环境噪声等的干扰，振动响应测试数据不可避免地受到污染。通过选取桥梁上振幅较大或者振动能量较大的位置作为测点，可有效提高测试响应数据的信噪比，进而提升模态辨识的精度。

结合式（3.1），假定桥梁所有测点处的测试振动响应$\boldsymbol{y}$中的噪声强度相同；以桥梁有限元模型响应代表桥梁真实振动响应$\ddot{\boldsymbol{x}}$；则模型响应$\ddot{x}_i$越强的测点i，其测试响应y_i的信噪比越高。基于以上特性，构造了基于振动响应强度的评价准则，包括模态幅值准则和模态能量准则。

图 3.15　有线测点布设评价准则构成

1）模态幅值准则

根据式（3.4），结构任一自由度处的振动响应可表示为各阶模态幅值（振型）的加权求和，其中，权系数为各阶模态响应。由于模态响应随外界激励变化，事先难以确定，可将权系数简化为 1，仅用各阶模态幅值的绝对值来评价振动响应强度。

（1）模态向量加和准则

模态向量加和准则（mode shape summation plot，MSSP）定义为各阶模态幅值 $\varphi_{i,j}$ 的绝对值之和，计算式为

$$\mathrm{MSSP}_i=\sum_{j=1}^{n}\left|\varphi_{i,j}\right| \tag{3.5}$$

式中，MSSP_i 表示第 i 个自由度的模态向量加和指标。

通过比较不同自由度处模态向量加和准则的大小来评价不同自由度处是否有必要布设测点。测点应布设在模态向量加和准则较大的桥梁结构自由度所在的位置。

（2）模态向量乘积准则

模态向量乘积准则（mode shape product plot，MSPP）定义为各阶模态幅值绝对值的乘积，计算式为

$$\mathrm{MSPP}_i=\prod_{j=1}^{n}\left|\varphi_{i,j}\right| \tag{3.6}$$

式中，MSPP_i 表示第 i 个自由度的模态向量乘积指标。

与模态向量加和准则类似，测点应布设在模态向量乘积准则较大的桥梁结构自由度所在的位置[8]。

以上方法计算简单，可以有效地避免测点布设在桥梁结构的模态节点或振动响应较小的位置。但是，这两种准则只能非常粗糙地计算出较好的测点布设位置，不能获得最佳的布设方案。在实际桥梁振动响应测试中，这两种准则一般用于初选测点位置。

2）模态能量准则

（1）平均加速度准则

考虑前 n 阶模态，多输入多输出结构系统的加速度频响函数可近似写成

$$\boldsymbol{H}_a(\omega)\approx\sum_{i=1}^{n}\frac{-\omega^2\boldsymbol{\varphi}_i\boldsymbol{\varphi}_i^{\mathrm{T}}}{\omega_i^2-\omega^2+\mathrm{j}2\xi_i\omega\omega_i} \tag{3.7}$$

式中，$\boldsymbol{H}_a(\omega)$ 表示加速度频响函数；ω 表示谱线频率；$\boldsymbol{\varphi}_i$ 表示第 i 阶质量归一化振型；ξ_i 和 ω_i 分别表示第 i 阶阻尼比和自振圆频率；j 表示虚数单位；T 表示矩阵的转置。

对于线性系统，忽略各阶阻尼比带来的影响，环境激励下的加速度频响函数正比于模态向量的乘积，即

$$\boldsymbol{Y}(\omega)\propto\boldsymbol{H}_a(\omega)\propto\sum_{i=1}^{n}\boldsymbol{\varphi}_i\boldsymbol{\varphi}_i^{\mathrm{T}} \tag{3.8}$$

式中，$\boldsymbol{Y}(\omega)$ 为加速度响应的频谱；$\propto$ 表示正比符号。

据此，定义平均加速度准则（average acceleration amplitude，AAA）为测点布设评价指标，用于衡量各结构自由度处振动响应的强度。计算表达式如下：

$$\mathrm{AAA}_r=\sum_{i=1}^{n}\varphi_{r,i}\varphi_{r,i} \tag{3.9}$$

式中，AAA_r 表示第 r 个自由度的平均加速度幅值。

（2）模态动能准则

模态动能准则（modal kinetic energy，MKE）在一定程度上发展了传统的依赖测试工程师挑选桥梁振幅较大位置布设测点的经验法。该准则认为模态动能较大位置的振动响应也较大，将测点布设在该自由度上有利于信号采集和模态参数识别。结构模态动能矩阵元素可表示为

$$\mathrm{MKE}_{ij}=\varphi_{i,j}\sum_{r}m_{i,r}\varphi_{r,j} \tag{3.10}$$

式中，MKE_{ij} 表示第 i 个自由度在第 j 阶振型贡献下的模态动能大小；$\varphi_{i,j}$ 表示振型矩阵 $\boldsymbol{\Phi}$ 的第 i 行、第 j 列的元素，$\varphi_{r,j}$ 表示振型矩阵 $\boldsymbol{\Phi}$ 的第 r 行、第 j 列的元素；$m_{i,r}$ 表示有限元质量矩阵 $\boldsymbol{M}$ 的第 i 行、第 r 列的元素。

由此可得各自由度的模态动能矩阵公式：

$$\mathbf{MKE}=\mathrm{diag}\left(\boldsymbol{M\Phi\Phi}^{\mathrm{T}}\right) \tag{3.11}$$

式中，$\mathrm{diag}(\bullet)$ 表示提取矩阵的对角元。

模态动能准则通过选择模态动能较大的测点，来提高桥梁振动响应信号测量时的信噪比，这对于环境噪声较大的情况较为合适。因此，模态动能准则一般用于在较复杂的测点布设中初选测点位置。

（3）模态应变能准则

模态应变能准则（modal strain energy，MSE）是桥梁结构整体刚度和振型共同作用的结果。结构模态应变能矩阵元素可表示为

$$\mathrm{MSE}_{ij}=\varphi_{i,j}\sum_{r}k_{i,r}\varphi_{r,j} \tag{3.12}$$

式中，MSE_{ij} 表示第 i 个自由度在第 j 阶振型贡献下的模态应变能大小；$k_{i,r}$ 表示有限元刚度矩阵 $\boldsymbol{K}$ 的第 i 行、第 r 列的元素。

将全部模态对第 i 个自由度模态应变能的贡献进行算术平均，得到平均模态应变能 MSE_i：

$$\mathrm{MSE}_i=\frac{1}{n}\sum_{j=1}^{n}\mathrm{MSE}_{ij} \tag{3.13}$$

与模态动能准则类似，将测点布设在平均模态应变能较大的自由度，既可以得到较强的桥梁振动，又能增强信号的信噪比，减少噪声的干扰。

（4）驱动点残差准则

驱动点残差准则（drive point residue，DPR）从节点的可激励程度入手，选择驱动点残差值较大的对应自由度位置布设测点。残差准则矩阵计算表达式如下：

$$\mathbf{DPR}=\boldsymbol{\Phi}\otimes\boldsymbol{\Phi\Lambda}^{-1} \tag{3.14}$$

式中，$\boldsymbol{\Phi}$ 表示振型矩阵；$\otimes$ 表示矩阵的逐项乘法运算；$\boldsymbol{\Lambda}$ 表示特征值矩阵，其每一个对角元素为桥梁结构圆频率的平方。

为了减小零运动点的影响，平均驱动点残差准则（average drive point residue,

ADPR）被提出，即

$$\mathrm{ADPR}_i = \frac{1}{n}\sum_{j=1}^{n}\mathrm{DPR}_{ij} \tag{3.15}$$

式中，ADPR_i 表示第 i 个自由度的贡献值；DPR_{ij} 表示第 i 个自由度的第 j 阶模态的驱动点残差，该准则将测点布设在平均驱动点残差值较大的自由度位置。

（5）Guyan 缩聚准则

Guyan 缩聚准则（Guyan reduction criterion，GRC）是通过计算质量矩阵和刚度矩阵对角元素的比值，逐步删减候选的测点位置。计算表达式如下：

$$\mathrm{GRM}_i = \frac{M_{ii}}{K_{ii}} \tag{3.16}$$

式中，GRM_i 表示第 i 个自由度的惯性指标；M_{ii} 和 K_{ii} 分别表示质量矩阵和刚度矩阵的第 i 个对角元素。GRM_i 指标数值越大，表示变形能力越强，对应的自由度能够保留更多的模态动能。Guyan 缩聚准则属于一种迭代计算方法，每次删除 GRM_i 指标数值最小的自由度，然后对结构重新进行缩聚并依照式（3.16）计算各个自由度的惯性指标，直至剩余数目和布设数目一致为止。

2. 基于参数识别误差的评价准则

在利用振动响应测试数据进行桥梁模态参数辨识时，由于模型误差和测试噪声的存在，模态参数识别值和真实值之间往往存在偏差。通过优化测点布设，最小化测试响应与模型响应之间的误差向量 $\boldsymbol{e}$，提高振动响应测试数据质量，进而减小模态参数识别误差，是基于参数识别误差的测点优化布设评价准则建立的依据。基于参数识别误差的评价准则包括费希尔信息阵准则（Fisher information matrix，FIM）[9]、条件数准则（conditional number，CN）、表征最小二乘准则（representative least squares，RLS）和模态信息熵准则（modal information entropy，MIE）。

1）费希尔信息阵准则

费希尔信息阵来源于统计学，能够表征桥梁振动响应测试数据中所包含模态信息的多少。而费希尔信息阵准则是通过最大化的费希尔信息阵来实现减小模态参数估计误差协方差矩阵的目的。费希尔信息阵的计算表达式为

$$\boldsymbol{Q} = \boldsymbol{\Phi}^{\mathrm{T}}\boldsymbol{\Phi} \tag{3.17}$$

式中，$\boldsymbol{\Phi}$ 表示模态矩阵；$\boldsymbol{Q}$ 表示费希尔信息阵。

费希尔信息阵用在评价准则中有不同的评价指标，如矩阵的行列式、F 范数、迹和最小奇异值等，其值越大，则表明测试数据中所包含的模态信息越多，模态识别结果的准确性越高。

2）条件数准则

条件数是矩阵病态程度的一种度量。矩阵的条件数越大，矩阵的病态越严重。根据式（3.3），若桥梁振动响应测试数据和振型矩阵已知，可求解模态响应，并从

模态响应中获得桥梁的频率和阻尼比等模态参数。若振型矩阵的条件数较大，表明振型矩阵的病态性越严重，此时，即使振动响应测试数据出现微小的误差（图 3.16），也会导致模态响应、频率、阻尼比等参数的辨识结果出现巨大的偏差。所以，振型矩阵的条件数越小，表明振型矩阵抗干扰性越好，也更有利于模态参数辨识。

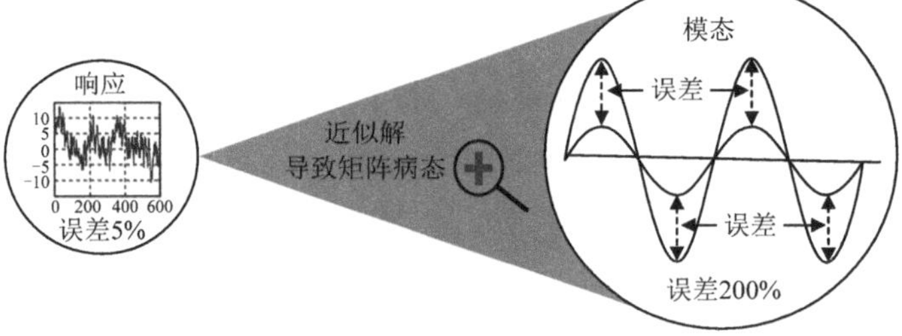

图 3.16　振动响应矩阵病态示意图

振型矩阵的 2-条件数 $\mathrm{cond}_2(\boldsymbol{\Phi})$ 等于矩阵的奇异值比，即

$$\mathrm{cond}_2(\boldsymbol{\Phi}) = \|\boldsymbol{\Phi}\|_2 \left\|\boldsymbol{\Phi}^{-1}\right\|_2 = \sqrt{\frac{\lambda_{\max}\left(\boldsymbol{\Phi}^{\mathrm{T}}\boldsymbol{\Phi}\right)}{\lambda_{\min}\left(\boldsymbol{\Phi}^{\mathrm{T}}\boldsymbol{\Phi}\right)}} \tag{3.18}$$

式中，$\lambda_{\max}(\cdot)$ 和 $\lambda_{\min}(\cdot)$ 分别表示矩阵 $\boldsymbol{\Phi}^{\mathrm{T}}\boldsymbol{\Phi}$ 的最大和最小奇异值；$\|\cdot\|_2$ 表示求矩阵的欧氏范数。

3）表征最小二乘准则

表征最小二乘准则量化了模态响应估计结果之间的无偏性，定义为式（3.19）。假设将结构全部节点均作为测点时可以得到最全面的模态信息和最佳的模态辨识效果，当测点数量减少后，若通过对有限测点的优化布设，可以达到与全部测点情形下相似的模态辨识效果，则表明该布设方法较好。表征最小二乘准则越小，全测点和部分测点下模态响应估计结果之间的马氏距离（Mahalanobis distance）越近，即二者的相似度越高、无偏性越小，也表明此时的测点优化布设方案较好。

$$E\left[D\left(\hat{\boldsymbol{q}}_S, \hat{\boldsymbol{q}}_A\right)\right] = \mathrm{tr}\left(\boldsymbol{J}_S^{-1}\boldsymbol{J}_A\right) - n \tag{3.19}$$

式中，$\hat{\boldsymbol{q}}_A$ 和 $\hat{\boldsymbol{q}}_S$ 分别表示在全部和部分测点集下估计的模态响应；$\boldsymbol{J}_A$ 和 $\boldsymbol{J}_S$ 分别表示在全部和部分测点集下的费希尔信息阵；$D(\cdot)$ 表示两个估计模态响应之间的马氏距离；$E[\cdot]$ 表示期望值；$\mathrm{tr}(\cdot)$ 表示矩阵的迹。

4）模态信息熵准则

由于测量噪声、数值模型误差等因素影响，桥梁的模态参数存在不确定性，这会导致基于测试响应的不同时段模态辨识结果存在差异，如图 3.17 所示。因此，在实际桥梁振动测试时，应尽量减小这种不确定性。而信息熵作为一种结构模态参数辨识的度量，其能够衡量振动响应中有用信息的多少。通过最小化信息熵确定测点布设位置，使模态参数辨识不确定性降到最小，辨识结果越接近真实值。

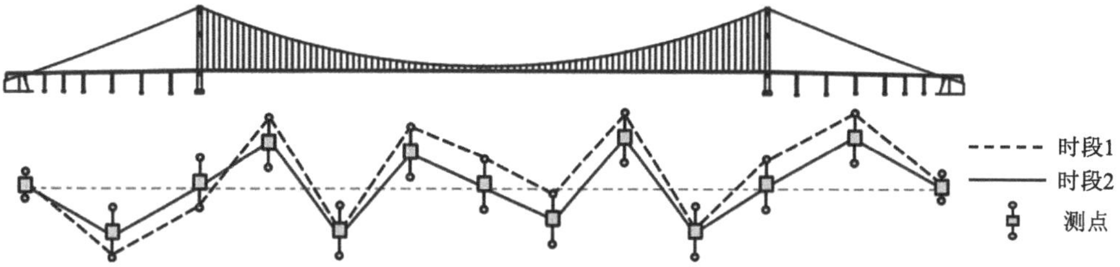

图 3.17　不同时段模态振型对比结果

3. 基于模态重构效果的评价准则

当利用有限测点处的模态信息来评估结构整体状态时，测点布设数量的减少可能会造成模态信息的部分缺失，影响评估效果。在有限测点数量的情形下，基于模态重构效果最佳的评价准则，旨在保证模态信息的独立性，减小模态信息的冗余程度，尽可能多地包含桥梁的整体模态信息。模态重构效果可从模态可视化准则、模态独立性准则和模态保真度准则三个方面来描述。

1）模态可视化准则

模态可视化准则表征测点处振型值连线构成的模态与桥梁真实模态的接近程度，如图 3.18 所示。测点布设位置不同，重构出的模态振型存在差异，与桥梁真实模态的接近程度也有所区别，即模态可视化程度存在差异。提高测试模态与真实模态之间接近程度的方法有两种。①将加速度计均匀布设在桥梁结构上，保证各测点的间隔相等。例如，等距评价准则、空间域采样准则（space domain sampling method，SDSM）和切比雪夫（Chebyshev）准则。②充分利用每个加速度计，保证各测点的信息冗余度最小。例如，共有信息准则、信息差异准则和空间相关度准则。

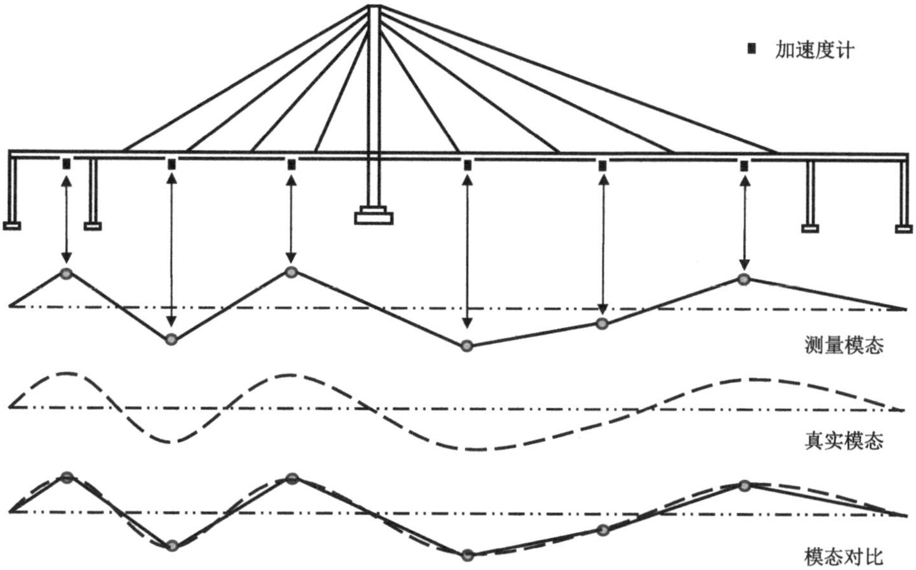

图 3.18　模态可视化准则示意图

（1）等距评价准则

在测点布设理论发展初期，常直接将测点均匀布设在待测桥梁上，即根据预设的测点数量，在待测桥梁上等间隔均匀布设测点。等距评价准则用测点布设间距 D 表示：

$$D=\frac{L}{m} \tag{3.20}$$

式中，L 表示结构长度；m 表示测点数量。

等距评价准则是最原始、最简单的布设评价准则，这种方法仅考虑桥梁的几何特性，未考虑结构的动力特性，适用于简单的桥构或用于初步测试桥梁的振动特性。对简单桥梁结构，测点均匀布设可获得较高的模态可视化程度，但对于复杂桥梁结构的模态可视化，或对桥梁模态重构精度有较高要求的情形下，该准则不适用。

（2）空间域采样准则

空间域采样准则是奈奎斯特（Nyquist）采样定理在空间域的推广，该准则认为测点的布设位置取决于需要测试的最高阶模态，即加速度计间距不应大于最高阶模态的半波长。

$$S(x)=\sum_{m}S(mT)\frac{\sin\pi(x/T\text{-}m)}{\pi(x/T\text{-}m)} \tag{3.21}$$

式中，$S(x)$ 表示在插值点处的拟合值；$S(mT)$ 表示测点处的采样值；x 表示距离数值；T 表示测点之间的距离；m 是布设的测点数目。

空间域采样准则将测点布设在有利于最高阶模态可视化的位置，但这些测点位置可能接近低阶模态节点，进而导致低阶模态的可视化程度降低。

（3）切比雪夫准则

切比雪夫准则是利用切比雪夫多项式的零点选择测点的布设位置。其基本原理是切比雪夫多项式用于逼近连续函数，这种方法比其他类型的正交多项式更准确，能够有效地减小插值误差的最大值，使拟合出的振型会更接近桥梁的真实振型。在切比雪夫的零点布设测点，测试得到的模态会更接近于理论模态。

m 个变量的切比雪夫多项式的计算表达式为

$$T_n(\zeta)=\cos(m\arccos\zeta) \tag{3.22}$$

式（3.22）具有 m 个解，即切比雪夫多项式的零点，可表示为

$$\zeta^{*}=\cos\left(\frac{2l+1}{2m+2}\right)\pi,\ l=0,1,2,\cdots,m \tag{3.23}$$

然而，该准则的缺点在于切比雪夫多项式零点常聚集在测量区间的两端而不是中间，但桥梁测点中间部分的模态动能一般远远高于两端。

（4）共有信息准则

共有信息表征两测点信息的相似程度，共有信息准则是通过最小化两测点信息的相似程度来获取测点的最优布设距离。共有信息量 I 的计算表达式为

$$I(a,b)=\log_2\left[\frac{P_{AB}(a,b)}{P_A(a)P_B(b)}\right] \tag{3.24}$$

式中，$P_A(a)$ 与 $P_B(b)$ 表示两个测点响应序列各自的概率密度值；$P_{AB}(a,b)$ 表示两个测点响应序列的联合概率密度，a 和 b 分别表示两个测点 A 和 B 处的响应序列。

共有信息量可以衡量两测点间响应的依赖程度，随着两个测点距离的改变，共有信息量会在某个距离处达到最小，当两个响应序列完全独立时，共有信息量等于0。因此，共有信息准则法无须预先指定测点布设数目，只需通过调整测点的布设位置，使相邻测点处采集的响应序列间的共有信息量尽可能小。

（5）信息差异准则

信息差异表示两个测点信息间的差异程度，不同待测点之间可以建立信息差异函数，选取信息差异度大的位置作为测点，可获取更丰富的桥梁振动响应信息。信息差异准则定义为桥梁上每个布设测点处振型矩阵 $\boldsymbol{\Phi}$ 的费希尔信息阵之和，得到目标函数：

$$\boldsymbol{I}=\sum_{k=1}^{m}\boldsymbol{\Phi}_k^{\mathrm{T}}\boldsymbol{\Phi}_k \tag{3.25}$$

式中，m 表示测点数量。

取两个不同自由度，建立信息差异函数：

$$d_{k,l}=\left\|\boldsymbol{I}_k-\boldsymbol{I}_l\right\|_2 \tag{3.26}$$

式中，$\boldsymbol{I}_k=\boldsymbol{\Phi}_k^{\mathrm{T}}\boldsymbol{\Phi}_k,\boldsymbol{I}_l=\boldsymbol{\Phi}_l^{\mathrm{T}}\boldsymbol{\Phi}_l$，$k$ 和 l 为两个不同的自由度，对其进行标准化，则有

$$R_{k,l}=\frac{\left\|\boldsymbol{I}_k-\boldsymbol{I}_l\right\|_2}{\left\|\boldsymbol{I}_k+\boldsymbol{I}_l\right\|_2} \tag{3.27}$$

选取信息差异较大的组别，删去信息相近的待测点，能够尽可能多地获取有效桥梁振动响应。

（6）空间相关度准则

空间相关度表示两个测点信息的相关程度，由于不同测点处的振动响应往往具有空间相关性，即一个区域上的振动响应与邻近区域上的振动响应相关，通过最小化空间相关度准则，可降低不同测点间振动响应的空间相关性，以达到减少测试信息冗余的目的。据此，采用莫兰指数（Moran’s index）检验所有候选测点模态信息的空间自相关程度，即

$$\boldsymbol{I}=\frac{m}{\sum_{i=1}^{m}\sum_{j=1}^{m}w_{ij}}\cdot\frac{\sum_{i=1}^{m}\sum_{j=1}^{m}w_{ij}\left(\varphi_{i,r}-\bar{\varphi}_r\right)\left(\varphi_{j,r}-\bar{\varphi}_r\right)}{\sum_{i=1}^{m}\left(\varphi_{i,r}-\bar{\varphi}_r\right)^2} \tag{3.28}$$

式中，w_{ij} 表示第 i 个与第 j 个候选测点相应的空间邻接矩阵元素；$\varphi_{i,r}$ 与 $\varphi_{j,r}$ 分别为第 i 个与第 j 个候选测点上第 r 阶模态下的振型；$\bar{\varphi}_r$ 表示第 r 阶振型向量 φ_r 的平均值；m 表示桥梁上所有候选测点的个数。

采用莫兰指数的标准化 Z 值作为评价指标，标准化过程为

$$Z(I)=\frac{I-E(I)}{\sqrt{\operatorname{var}(I)}} \tag{3.29}$$

式中，在正态假设条件下，$E(I)$ 和 $\operatorname{var}(\cdot)$ 分别表示 I 的期望和方差。

以统计学正态分布理论确定 Z 值相关性的置信区间，采用 1.96 作为空间自相关显著性判别的标准，即当 $Z(I)$ 值大于 1.96 或小于−1.96 时，表明振型数据具有明显的空间自相关性（正相关或负相关），信息冗余程度较高。

2）模态独立性准则

在桥梁振动响应测试与模态分析中，被辨识的模态应尽可能地保持相互线性独立，只有这样才能保证被辨识出的模态可区分。模态独立性准则即用于评价模态之间的线性独立程度，其主要包括有效独立（effective independence，EI）准则[10]、QR 分解（QR decomposition，QRD）准则和模态置信准则（modal assurance criterion，MAC）[11]。

（1）有效独立准则

有效独立准则从所有可能测点出发，利用模态矩阵形成信息阵，按照各候选测点位置对目标模态独立性的贡献进行排序，利用迭代方法依次删除对其独立性贡献最小的测点，从而优化费希尔信息阵而使感兴趣的模态向量尽可能保持线性无关。

根据有效独立准则，有效独立系数为

$$\boldsymbol{E}_D=[\boldsymbol{\Phi}\boldsymbol{\psi}]^2\boldsymbol{\lambda}^{-1}\{1\}_n \tag{3.30}$$

式中，$\boldsymbol{\psi}$ 和 λ 分别表示费希尔信息阵 $\boldsymbol{\Phi}^{\mathrm{T}}\boldsymbol{\Phi}$ 特征分解后的特征向量和特征值；$\{1\}_n$ 表示元素均为 1 的 n 维列向量；$\boldsymbol{E}_D$ 为有效独立系数向量，表示给定测点位置对目标模态矩阵 $\boldsymbol{\Phi}$ 线性独立性贡献的大小。

有效独立准则的计算过程为先删除 $\boldsymbol{E}_D$ 中最小的元素所对应的测点位置，即删除对目标模态矩阵独立性贡献最小的行，再重新组成费希尔信息阵计算式（3.30），然后删除 $\boldsymbol{E}_D$ 中最小的元素所对应的测点位置。这样每次删除一个位置，直到达到所需要的测点数量为止。同时，有效独立系数向量也可以直接通过振型矩阵所形成投影矩阵的对角元直接计算得到

$$\mathbf{EI}=\operatorname{diag}\left(\boldsymbol{\Phi}\left[\boldsymbol{\Phi}^{\mathrm{T}}\boldsymbol{\Phi}\right]^{-1}\boldsymbol{\Phi}^{\mathrm{T}}\right) \tag{3.31}$$

式中，$\mathbf{EI}$ 表示有效独立系数向量；$\boldsymbol{\Phi}\left[\boldsymbol{\Phi}^{\mathrm{T}}\boldsymbol{\Phi}\right]^{-1}\boldsymbol{\Phi}^{\mathrm{T}}$ 矩阵为振型矩阵所张成向量空间的投影矩阵。

（2）QR 分解准则

QR 分解准则认为，桥梁振动响应测试时，若 k 个测点已经足够，使用多余的 $m-k$ 个测点的益处不多，反而会使原先的 k 个传感器与后增加的 $m-k$ 个传感器线性相关，增大模态保证准则矩阵的对角元。因此，QR 分解准则旨在找到模态矩阵线性独立的行，同时也使模态保证准则矩阵的非对角元得到最小化。

对振型矩阵的转置$\boldsymbol{\Phi}^{\mathrm{T}}$进行正交三角分解（QR 分解），选择分解后的正交矩阵的前k列所对应的自由度布设加速度计。QR 分解的表达式如下：

$$\boldsymbol{\Phi}^{\mathrm{T}}\boldsymbol{E}=\boldsymbol{QR}=\boldsymbol{Q}\begin{bmatrix} R_{11} & \cdots & R_{1k} & \cdots & R_{1m} \\ \vdots & & \vdots & & \vdots \\ 0 & \cdots & R_{kk} & \cdots & R_{km} \end{bmatrix} \tag{3.32}$$

式中，$\boldsymbol{E}$表示置换矩阵；$\boldsymbol{Q}$表示正交矩阵；$\boldsymbol{R}$表示对角元按降序排列的上三角矩阵。

（3）模态置信准则

模态置信准则通过计算任意两阶模态向量（又称振型）间的点积，来评价两阶模态向量之间的线性独立性，其计算表达式为

$$\mathrm{MAC}_{ij}=\frac{\boldsymbol{\varphi}_i^{\mathrm{T}}\boldsymbol{\varphi}_j}{\sqrt{\left(\boldsymbol{\varphi}_i^{\mathrm{T}}\boldsymbol{\varphi}_i\right)\left(\boldsymbol{\varphi}_j^{\mathrm{T}}\boldsymbol{\varphi}_j\right)}} \tag{3.33}$$

式中，MAC_{ij}表示第i阶振型$\boldsymbol{\varphi}_i$与第j阶振型$\boldsymbol{\varphi}_j$之间的模态置信准则矩阵$\mathbf{MAC}$中的元素，$0\leqslant\mathrm{MAC}_{ij}\leqslant 1$。

式（3.33）中的MAC_{ij}值越小，表明第i阶振型与第j阶振型之间的空间夹角的余弦值越小，两振型之间的相关性越小，即二者的线性独立性越高；当$\mathrm{MAC}_{ij}=0$，表明第i阶振型和第j阶振型完全正交，二者最容易区分。

3）模态保真度准则

通过有限测点处的振型辨识结果对非测点位置处的振型进行预测，必然伴随着一定的预测误差。例如，通过m个测点处的模态振型值预测$n-m$个未测点处的模态振型值，并与代表桥梁真实振型的有限元模型振型作对比，二者有一定的偏差，即振型预测结果并不完全准确。模态保真度准则用于评价这种振型预测结果的准确程度。依据预测方法的不同，模态保真度准则可分为均方差（mean square error，MSE）准则、克里金准则（Kriging criterion，KM）和协方差准则（covariance criterion，CC）。

（1）均方差准则

测点布设时，由于尚未进行桥梁振动响应测试，无法获得从振动响应测试数据辨识出的模态。为此，以桥梁有限元模型计算模态分析获得的模态作为基准模态，从基准模态向量中提取待测点处的振型值，并用其预测未测点处的振型值。通过计算未测点处的振型预测值和基准值之间的均方差准则，评价当前测点布设位置是否合理。

均方差准则计算表达式为

$$\sigma=\sum_{i=1}^{k}\frac{\dfrac{1}{\sigma_i}\sum\limits_{j=1}^{n}\left(\varphi_{i,j}^{\mathrm{p}}-\varphi_{i,j}^{\mathrm{m}}\right)^2}{k} \tag{3.34}$$

式中，$\varphi_{i,j}^{\mathrm{p}}$表示三次样条插值拟合得到的第$i$个未测点处的第$j$阶振型值；$\varphi_{i,j}^{\mathrm{m}}$表示有限元模型在第$i$个未测点处的第$j$阶振型值；$\sigma_i$表示第$i$个未测点处各阶振型值的标准差。均方差准则$\sigma$越小，表示在当前测点布设方案下，未测点处的模态预测值与

有限元模型值间的差异越小，布设方案也越合理。

均方差准则实际上是以桥梁振动响应的拟合精度为依据，类似的还有克里金准则，该准则采用克里金插值法对振动响应进行拟合。

（2）协方差准则

协方差准则利用最优信息子集技术，选择模态振型中的 k 个测点估计剩余 $m-k$ 个测点。利用已知的 k 个测点的振型向量 $\boldsymbol{\varphi}_{\mathrm{m}}=[\varphi_1,\varphi_2,\cdots,\varphi_k]^{\mathrm{T}}$，采用最优线性无偏估计，计算剩余 $m-k$ 个测点的振型 $\boldsymbol{\varphi}_{\mathrm{p}}=[\varphi_{k+1},\varphi_{k+2},\cdots,\varphi_m]^{\mathrm{T}}$ 的预测值，即

$$\hat{\boldsymbol{\varphi}}_{\mathrm{p}}=\boldsymbol{C}_{\mathrm{pp}}\boldsymbol{C}_{\mathrm{mm}}^{-1}\boldsymbol{\varphi}_{\mathrm{m}} \tag{3.35}$$

式中，$\boldsymbol{C}_{\mathrm{pp}}$ 和 $\boldsymbol{C}_{\mathrm{mm}}$ 分别表示振型矩阵 $\boldsymbol{\varphi}$ 的协方差矩阵的对角阵。其中，$\boldsymbol{\varphi}$ 的协方差矩阵 $\mathrm{cov}(\boldsymbol{\varphi})$ 表达式如下：

$$\mathrm{cov}(\boldsymbol{\varphi})=\begin{pmatrix}\boldsymbol{C}_{\mathrm{mm}} & \boldsymbol{C}_{\mathrm{mp}}\\ \boldsymbol{C}_{\mathrm{pm}} & \boldsymbol{C}_{\mathrm{pp}}\end{pmatrix} \tag{3.36}$$

$\boldsymbol{\varphi}_{\mathrm{p}}$ 估计误差的协方差矩阵为

$$\boldsymbol{D}_{\mathrm{pp}}=\mathrm{cov}\left(\hat{\boldsymbol{\varphi}}_{\mathrm{p}}-\boldsymbol{\varphi}_{\mathrm{p}}\right)=\boldsymbol{C}_{\mathrm{pp}}-\boldsymbol{C}_{\mathrm{pm}}\boldsymbol{C}_{\mathrm{mm}}^{-1}\boldsymbol{C}_{\mathrm{mp}} \tag{3.37}$$

协方差准则通过最小化协方差矩阵 $\boldsymbol{D}_{\mathrm{pp}}$ 的行列式或者其他单调函数，以保证模态向量的重构误差最小。

4. 其他评价准则

1）多维评价准则

桥梁往往呈现多维振动特征，相应地，其测点优化布设问题是一种多维优化问题。若依然采用传统一维布设评价准则进行测点优化布设，则在测点优化方向上的振动测试结果最优，而在其他方向上的振动测试结果未必最优。因此，需要发展多维测点优化布设评价准则。将一维评价准则扩展为多维评价准则时，主要有加和法和集成法两种途径。

加和法将一个测点上三个正交方向的模态值相加形成一个模态值，即

$$\varphi_{i,j}=\left(\varphi_{i,j}^{x}+\varphi_{i,j}^{y}+\varphi_{i,j}^{z}\right) \tag{3.38}$$

集成法将一个测点上三个正交方向的模态值集成，即

$$\boldsymbol{\varphi}_{i,j}=\left(\varphi_{i,j}^{x},\varphi_{i,j}^{y},\varphi_{i,j}^{z}\right) \tag{3.39}$$

式中，$\varphi_{i,j}^{x}$、$\varphi_{i,j}^{y}$ 和 $\varphi_{i,j}^{z}$ 分别表示第 i 个测点处第 j 阶模态在 x、y 和 z 三个正交方向上的振型值。

通过加和法或集成法，将三个正交方向上的模态值加和或集成为一个整体，进而可借助或修改一维测点优化布设评价准则，构造适用于三个正交方向上的三维评价准则，包括三维模态置信准则（tridimensional modal assurance criterion，TMAC）、三维有效独立准则（tridimensional effective independence criterion，TEIC）和三维最大奇异值比准则（tridimensional maximum singular value ratio criterion，TSVRC）等。

（1）三维模态置信准则

对于桥梁结构而言，每个测点包含六个自由度向量，但由于转动自由度不易测得，且对结构振动响应的影响很小，故而仅需考虑结构的三个平动自由度。为了同时优化 x、y 和 z 三个方向上的振动响应，将桥梁结构节点的三个平动自由度组合在一起，作为一个独立单元，构造三维模态置信准则，其表达式为

$$\mathrm{TMAC}_{i,j}=\frac{Q_{i,j}^2}{Q_{i,i}Q_{j,j}} \tag{3.40}$$

式中，$\mathrm{TMAC}_{i,j}$ 表示三维模态置信准则矩阵 **TMAC** 中第 i 行、第 j 列元素，且 $\mathrm{TMAC}_{i,j}\in[0,1]$；$Q_{i,j}$ 表示式（3.41）中费希尔信息阵 $\boldsymbol{Q}$ 的第 i 行、第 j 列元素；$Q_{i,i}$ 表示式（3.41）中费希尔信息阵 $\boldsymbol{Q}$ 的第 i 行、第 i 列元素。

$$\boldsymbol{Q}=\boldsymbol{\Phi}^{\mathrm{T}}\boldsymbol{\Phi}=\sum_{k=1}^{m}\boldsymbol{\varphi}_{3k}^{\mathrm{T}}\boldsymbol{\varphi}_{3k}=\sum_{k=1}^{m}\boldsymbol{Q}_{3k} \tag{3.41}$$

式中，$\boldsymbol{Q}_{3k}$ 表示第 k 个测点三维节点处振型向量的费希尔信息阵；$\boldsymbol{\varphi}_{3k}$ 表示由振型矩阵 $\boldsymbol{\Phi}$ 中第 k 个节点的三个平动自由度对应的各阶振型组成向量；m 表示测点布设数量。

若三维模态置信准则矩阵 **TMAC** 的非对角元素越小，当前 m 个节点在三个方向上的各阶振型线性独立性越高，则这些节点更适合作为测点布设位置。

（2）三维有效独立准则

三维有效独立准则将一个测点在 x、y 和 z 三个方向上的模态作为一个单位进行迭代，最后保留所需的测点数目。该准则将模态矩阵改写为 $\boldsymbol{\Phi}=\left[\boldsymbol{\Phi}_x,\boldsymbol{\Phi}_y,\boldsymbol{\Phi}_z\right]$，用来考虑桥梁结构的空间三维振型，其中有效独立分配向量 $\boldsymbol{E}_{3i}$ 可表示为

$$\boldsymbol{E}_{3i}=\boldsymbol{\Phi}_{3i}\boldsymbol{Q}^{-1}\boldsymbol{\Phi}_{3i}^{\mathrm{T}} \tag{3.42}$$

式中，$\boldsymbol{E}_{3i}$ 为一个 3×3 的矩阵，它的对角线上的元素代表第 i 个候选测点上相应自由度的有效独立数；$\boldsymbol{\Phi}_{3i}$ 表示第 i 个候选测点 3 个自由度所对应的模态行向量组成的矩阵；$\boldsymbol{Q}$ 表示费希尔信息阵。

当 $\boldsymbol{E}_{3i}$ 至少有一个特征值（即第 i 个候选测点对应自由度方向上的有效独立系数）为 1 时，该测点具有最大的有效独立系数 1，据此可得到三维有效独立准则：

$$\mathrm{TEIC}_i=1-\det\left(\boldsymbol{I}_3-\boldsymbol{E}_{3i}\right) \tag{3.43}$$

式中，TEIC_i 表示若第 i 个候选测点从候选集合中删除，费希尔信息阵行列式的部分改变，$0\leqslant\mathrm{TEIC}_i\leqslant1$；$\det(\cdot)$ 表示矩阵的行列式。

（3）三维最大奇异值比准则

三维奇异值比准则考虑了测点的全部三个自由度方向，且将每个测点作为一个独立单元，整合 x、y 和 z 三个方向的平动自由度，其定义为振型矩阵的最大奇异值和最小奇异值之比：

$$\mathrm{TMSVRC}=\frac{\sqrt{\lambda_{\max}\left(\boldsymbol{\Phi}^{\mathrm{T}}\boldsymbol{\Phi}\right)}}{\sqrt{\lambda_{\min}\left(\boldsymbol{\Phi}^{\mathrm{T}}\boldsymbol{\Phi}\right)}}=\frac{\sqrt{\lambda_{\max}\left(\sum\boldsymbol{\varphi}_{3k}^{\mathrm{T}}\boldsymbol{\varphi}_{3k}\right)}}{\sqrt{\lambda_{\min}\left(\sum\boldsymbol{\varphi}_{3k}^{\mathrm{T}}\boldsymbol{\varphi}_{3k}\right)}}=\frac{\sqrt{\lambda_{\max}\left(\sum\boldsymbol{Q}_{3k}\right)}}{\sqrt{\lambda_{\min}\left(\sum\boldsymbol{Q}_{3k}\right)}} \tag{3.44}$$

式中，λ_{max} 与 λ_{min} 分别为模态振型 $\boldsymbol{\Phi}$ 的最大与最小奇异值。

2）多目标评价准则

基于单目标测点布设评价准则的布设方案仅能着重解决振动响应测试与模态分析的某一方面问题，无法同时满足振动响应强度、模态独立性以及模态重构误差等多种需求。故而，多目标测点布设评价准则的构造有重要意义，其构建策略包括：①以包含加和法、乘积法、合并法、演绎法等在内的两种及以上的单目标测点布设评价准则的融合，称为简单多目标评价准则；②基于帕累托（Pareto）原理的多目标测点布设评价准则。

（1）简单多目标评价准则

① 加和法：将两种或两种以上的单目标评价准则加权求和，得到简单多目标评价准则，这种方法的关键在于权重系数的确定。例如，有效独立-平均加速度（effective independence-average acceleration amplitude，EI-AAA）准则是有效独立向量与平均加速度向量加权求和，该准则既能保证各测点处的振动响应较强，又能使各阶模态辨识结果的线性独立性较好。其计算表达式为

$$\mathbf{EI\_AAA} = \alpha \cdot \mathrm{diag}\left(\boldsymbol{\Phi}\left(\boldsymbol{\Phi}^{\mathrm{T}}\boldsymbol{\Phi}\right)^{-1}\boldsymbol{\Phi}^{\mathrm{T}}\right) + \beta \cdot \mathrm{diag}\left(\boldsymbol{\Phi}\boldsymbol{\Phi}^{\mathrm{T}}\right) \tag{3.45}$$

式中，$\boldsymbol{\Phi}$ 表示振型矩阵；α 和 β 分别表示有效独立准则和平均加速度准则的权重系数；$\mathrm{diag}(\cdot)$ 表示对角矩阵。

利用式（3.45）进行测点优化布设时，应优先剔除平均加速度准则小的候选测点，再分析剩余测点间的模态独立性。

② 乘积法：将两种或两种以上的单目标评价准则相乘，得到简单多目标评价准则。采用乘积法构建多目标评价准则时，应保证不同准则的数量级一致。例如，有效独立-模态动能（effective independence-modal kinetic energy，EI-MKE）准则考虑了质量分布的影响，可同时体现测点振动能量的大小和模态间的独立性，数值上等于式（3.11）中的模态动能向量与式（3.31）中的有效独立系数向量的乘积。其计算表达式为

$$\mathbf{EI\_MKE} = \mathrm{diag}\left(\boldsymbol{M}\boldsymbol{\Phi}\boldsymbol{\Phi}^{\mathrm{T}}\right) \cdot \mathrm{diag}\left(\boldsymbol{\Phi}\left(\boldsymbol{\Phi}^{\mathrm{T}}\boldsymbol{\Phi}\right)^{-1}\boldsymbol{\Phi}^{\mathrm{T}}\right) \tag{3.46}$$

③ 合并法：将两种或两种以上的单目标评价准则合并，得到简单多目标评价准则。例如，模态动能-模态置信准则（modal kinetic energy-modal assurance criterion，MKE-MAC）能够同时优化式（3.11）的模态动能向量和式（3.33）的模态独立性向量。其计算表达式为：

$$\mathbf{MKE\_MAC} = \left(\mathbf{MKE}^{-1}, \mathbf{MAC}\right) \tag{3.47}$$

④ 演绎法：将两种或两种以上的单目标评价准则进行推导，得到简单多目标评价准则。例如，有效独立-驱动点残差（effective independence-driving point residue，EI-DPR）准则是利用单位刚度的模态动能作为驱动点残差系数来加权修正有效独立

准则的测点布设方案，克服了有效独立准则测得的模态动能不高而可能造成信息丢失的问题。

定义驱动点残差系数 C_{DPR_i} 为单元刚度的模态动能：

$$C_{\mathrm{DPR}_i}=\frac{1}{n}\sum_{j=1}^{n}\frac{\varphi_{ij}^2}{\omega_j^2} \tag{3.48}$$

式中，φ_{ij} 表示第 i 个测点处的第 j 阶振型值；ω_j 表示桥梁的第 j 阶频率。

根据式（3.48）修正有效独立系数向量：

$$\mathbf{EI\_DPR}_i=\left[\boldsymbol{\Phi\psi}\right]^2\boldsymbol{\lambda}^{-1}\{1\}_i\,\mathbf{DPR}_i \tag{3.49}$$

以上多目标评价准则，在求解多目标问题时较为简单，可兼顾两种及以上单目标评价准则的优越性。但仍存在一些局限性，例如，需根据经验赋予权重系数，且科学性、准确性欠佳。

（2）帕累托优化布设评价准则

传统的测点布设单目标评价准则仅能够针对某一方面的目标进行优化，无法同时满足桥梁振动测试的多种工程需求，如图 3.19（a）所示。而简单多目标评价准则无法将两种布设方案进行比较，有很大可能无法找到同时满足所有目标的测点布设方案。为此，基于帕累托原理的多目标评价准则是将测点布设需要遵守的 q 个单目标评价准则，转化成最小化单目标函数 $f_i(\boldsymbol{x})$ 的形式，其中 $\boldsymbol{x}$ 为由 1 和 0 组成的位置向量，表示测点的布设位置。这样，通过构造 q 个单目标评价准则的多目标优化数学模型，将其转化为最小化多目标函数 $F(\boldsymbol{x})$ 的优化问题，即式（3.50），进而求解出测点优化布设的帕累托前沿，并从帕累托最优解中选择最优的测点布设方案，如图 3.19（b）所示。

$$\min\ F(\boldsymbol{x})=\{z_1=f_1(\boldsymbol{x}),z_2=f_2(\boldsymbol{x}),\cdots,z_q=f_q(\boldsymbol{x})\} \tag{3.50}$$

式中，当 $\boldsymbol{x}\in\mathbb{R}^m$ 且布设的测点数量为 k 时，$\boldsymbol{x}$ 是由 k 个 1 和 $m-k$ 个 0 组成的向量。

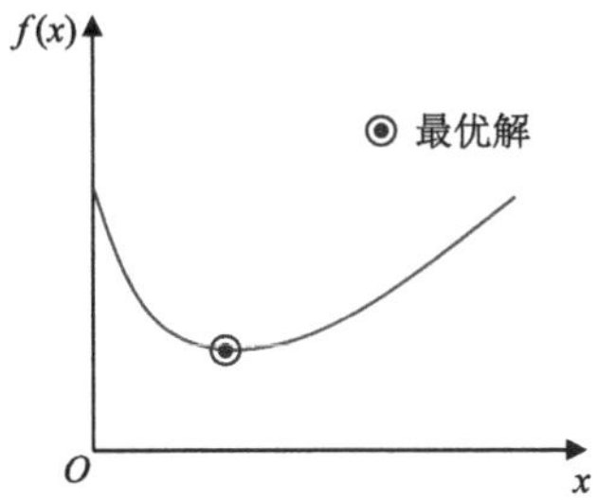

（a）单目标

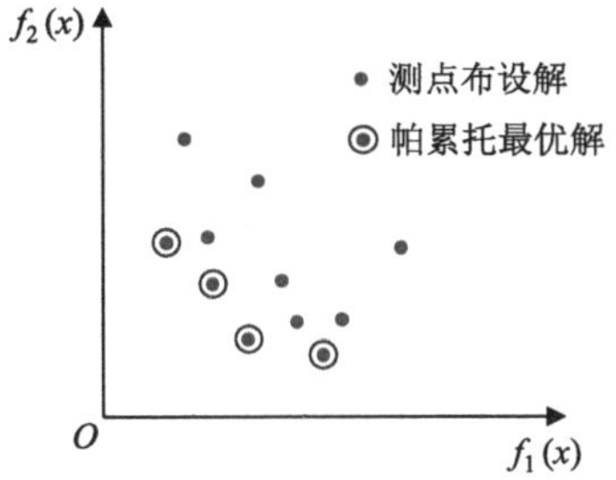

（b）多目标帕累托

图 3.19　测点布设最优解示意图

帕累托最优解并不唯一，所有的帕累托最优解集被称为帕累托前沿。运用帕累托理论的多目标布设评价准则，可以同时考虑两个及以上单目标评价准则对应的测点优化布设问题，且能够避免人为赋予权重造成的主观影响；该方法一次可以得到多个测点优化布设方案，用户可以根据自身对各个目标的偏好，选择最满意的布设方案。

3）多因素评价准则

由式（2.1）中的结构动力方程可知，桥梁的振动响应由外界激励激发，所以，振动响应强度不仅取决于结构质量、阻尼、刚度特性，还随外界激励的变化而变化。同时考虑结构固有特性与外界激励特征的测点布设评价准则，对准确衡量测点处的振动响应强度有重要意义。据此，基于模态向量加和准则建立了荷载模态加和准则，即

$$\mathrm{IMSSP}_i=\sum_{k=1}^{n}\theta_k\left|\varphi_{i,k}\right| \tag{3.51}$$

式中，θ_k 表示第 k 阶模态的荷载残余系数。

此外，若考虑结构荷载的不确定性，亦可建立一维和三维荷载模态信息熵准则。

3.3.3　无线测点布设评价准则

在桥梁振动响应测试时，有时因场地环境因素限制而无法布线或布线成本高，在这种情形下，兼具经济性和便捷性的无线传感网络能够很好地满足振动测试需求。无线传感网络中的数字信号通过无线电波传输，但因无线传感器的数据收发能力、传输距离和网络传输带宽等固有缺陷，在进行无线测点优化布设时，需要同时考虑数据质量和数据可达性。对于测试数据的质量，可采用 3.3.2 节中的评价准则进行评价；对于测试数据的可达性，可采用网络连通性准则、网络持续性准则和网络服务性准则进行评价。

典型桥梁振动测试无线传感网络如图 3.20 所示，图中数字表示无线传感器（即节点）编号。根据桥梁振动测试的需求，数据中心置于结构内部或邻近的独立空间，如桥梁塔梁交界处的主梁内等。节点可与其通信范围内的任意节点或数据中心通信。无线传感网络特点如下：①不同节点的数据传输距离不同，如节点 S_{13} 与 S_{12} 通信时，数据传输距离远，而节点 S_6 与 S_{11} 通信时，数据传输距离近；②数据传输路径不固定，如节点 S_6 可以借助节点 S_{11} 和 S_{10} 转发至数据中心，也可以借助节点 S_5 和 S_{10} 转发；③不同节点的负载不同，如节点 S_7 仅需采集数据，并将数据传输至节点 S_8，而节点 S_{10} 不仅要将自身采集的数据传输至数据中心，还可能要转发节点 S_{11}、S_{12}、S_{13} 等节点的数据。

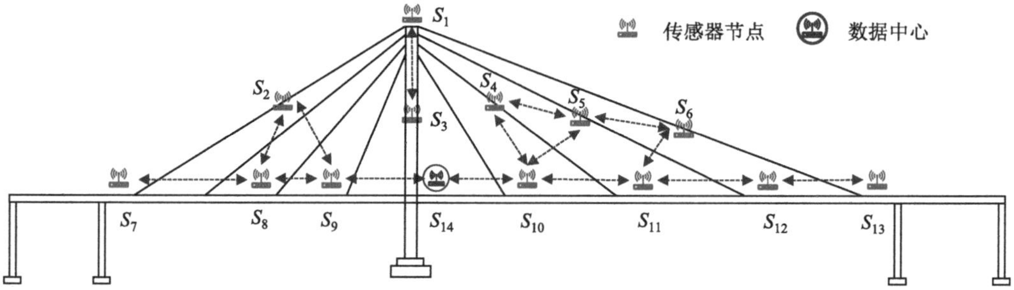

图 3.20　典型桥梁振动测试无线传感网络

1）网络连通性准则

网络连通性准则用于保证无线传感网络中所有节点的测试数据均能传递至中心服务器，确保对桥梁实时在线测试，常采用图论的邻接矩阵和判断矩阵进行判断。由于无线传感器的数据最大传输距离远小于结构测试区域的尺寸，一般采用图 3.21（a）中的多跳自组织无线传感网络进行测试。

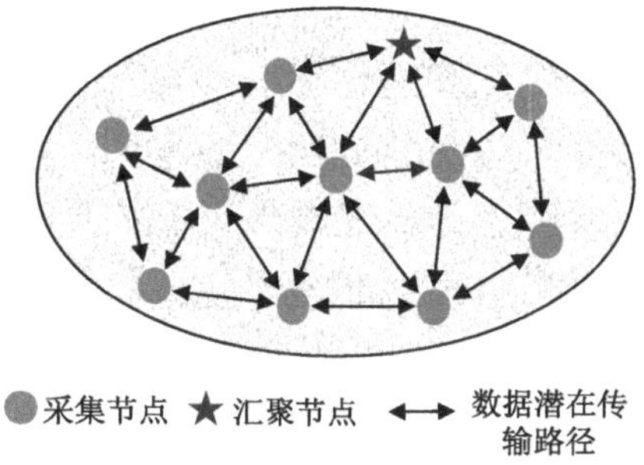

（a）多跳自组织无线传感网络

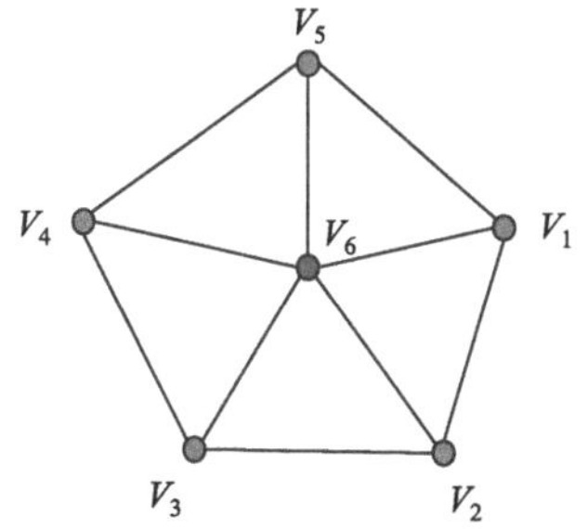

（b）无线传感网络有限简图

图 3.21 网络连通性准则示意图

无线传感网络可以假定为一个有限简图，如图 3.21（b）所示，用 $G=(V,E)$ 表示，其中 V 表示无线传感器节点集合，E 表示边集合。定义节点集合 V 为 $\{V_1, V_2,V_3,V_4,V_5,V_6\}$，边集合 E 为 $\{(V_1,V_2),(V_1,V_5),(V_1,V_6),(V_2,V_3),(V_2,V_6),(V_3,V_4),(V_3,V_6),(V_4,V_5),(V_4,V_6),(V_5,V_6)\}$，邻接矩阵为 $\boldsymbol{A}\in\mathbb{R}^{k\times k}$，邻接矩阵中的元素 a_{ij} 为

$$a_{ij}=\begin{cases}1, & i\neq j \text{ 且 } d_{ij}\leqslant d_{\max}\\ 0, & i\neq j \text{ 且 } d_{ij}>d_{\max}\\ 0, & i=j\end{cases} \tag{3.52}$$

式中，d_{ij} 表示边 (V_i,V_j) 的长度；$d_{\max}$ 表示无线传感器的最大数据传输距离；当 $d_{ij}\leqslant d_{\max}$ 时，a_{ij} 等于 1；当 $d_{ij}>d_{\max}$ 时，a_{ij} 等于 0。此外，由于第 i 个无线传感器和第 j 个无线传感器间的数据传输没有方向性，以及第 i 个无线传感器将数据传输给自身不允许也是没有意义的，因此，此时的 a_{ij} 也等于 0。

网络连通性准则中的判断矩阵 $\boldsymbol{K}$ 定义如下：

$$\boldsymbol{K}=\sum_{s=1}^{k-1}\boldsymbol{A}^s \tag{3.53}$$

式中，$\boldsymbol{A}^s$ 表示邻接矩阵 $\boldsymbol{A}$ 的 s 次幂。当判断矩阵中所有元素均大于 0 时，表明无线传感网络连通，任意一个无线传感器至少存在一条与中央服务器间的数据传输路径；反之，当判断矩阵中存在 0 元素时，表明无线传感网络非连通。

2）网络持续性准则

网络持续性准则用于保证无线传感网络中有限的能量能够充分利用，最大化网络寿命。无线传感器的能量消耗主要包括数据感知、处理和传输，数据感知和处理的能量消耗一般远低于数据传输的能量消耗。因此，仅考虑数据传输的能量消耗，

无线传感器的能量消耗可表示为

$$E_C = (\varepsilon_T + \varepsilon_R)\lambda + \eta_T \lambda d^{\mu} \tag{3.54}$$

式中，ε_T和ε_R分别表示发送电路和接收电路的能耗系数；λ表示节点负载；η_T表示功率放大所消耗的能量；d表示数据的传输距离；μ表示传输路径的能量衰落指数，一般取2和4。

由式（3.54）可以看出，无线传感器的能耗主要由数据的转发量和传输距离控制。因此，通过调节数据的收发量和传输距离，即优化无线传感器的布设位置，可以改变无线传感器的能量消耗速率。当假定所有无线传感器的初始能量相同时，若将无线传感网络的工作时长定义为从网络开始运行到第一个无线传感器能量耗尽的持续时间，则可通过单个传感器的最大能耗来评价网络持续性，即最大能耗准则：

$$E_{C,b} = \max\left(E_{C,1}, E_{C,2}, \cdots, E_{C,k}\right) \tag{3.55}$$

式中，$E_{C,b}$表示无线传感网络的持续性指数；$E_{C,i}$表示在一个采样周期内第i个无线传感器的能耗，i=1,2,3,$\cdots$,k，k表示无线传感器的个数。

考虑到无线传感网络中的数据传输负载和距离均不同，也可以采用所有无线传感器的能耗平均值来评价网络持续性，即均衡负载准则：

$$E_{C,b} = \mathrm{mean}\left(E_{C,1}, E_{C,2}, \cdots, E_{C,k}\right) \tag{3.56}$$

式中，$\mathrm{mean}(\bullet)$表示求平均值。

当网络中所有无线传感器的初始能量均相同时，若无线传感网络的节点能耗不一致或部分节点过早死亡而无法工作，则可以采用能耗均衡性评价网络持续性，即均衡能耗准则：

$$E_{C,b} = \mathrm{var}\left(\bar{E}_{C,1}, \bar{E}_{C,2}, \cdots, \bar{E}_{C,k}\right) \tag{3.57}$$

式中，$\mathrm{var}(\bullet)$表示求方差；$\bar{E}_{C,i}$（$i=1,2,\cdots,k$）表示在一个采样周期内第i个无线传感器的归一化能量消耗。

3）网络服务性准则

网络服务性准则是通过合理分配无线传感网络的可用数据传输带宽，避免丢包和拥挤现象，以确保对桥梁振动可靠稳定测试。该准则综合评价了无线传感网络数据传输路径上节点的剩余能量、空闲程度、总数据传输路径长度和数据转发次数。网络服务性指数越小，数据传输路径的数据丢失概率越低，传输效率越高，无线传感器的能量消耗就越均衡，布设方案越优。

无线传感网络服务性评价指标为

$$\mathrm{RPI} = \left(\frac{\bar{E}_L \bullet E_{L,\min}}{E_C}\right)^{\alpha_1} \left(\frac{1}{L}\right)^{\alpha_2} \left(\frac{1}{N_h}\right)^{\alpha_3} \left(\bar{I}_n \bullet I_{n,\min}\right)^{\alpha_4} \tag{3.58}$$

式中，RPI表示网络服务性评价指标；$\bar{E}_L$、$E_{L,\min}$和E_C分别表示路径上所有节点的平均剩余能量、总能耗和最小剩余能量；L表示路径的总长度；N_h表示路径上数据的转发次数；$\bar{I}_n$和$I_{n,\min}$分别表示路径上所有节点的最小空闲度和平均空闲度；α_i

（$i=1,2,3,4$）表示权重系数。

综上所述，在桥梁振动响应测试时，3.3.2 节和 3.3.3 节的测点布设评价准则并不通用，应根据实际的测试需求和动力学原理来选择恰当的评价准则。

3.3.4　测点优化布设求解算法

测点优化布设求解算法，是通过对不同测点组合的评价准则或目标函数进行计算，筛选出最优的测点组合。从数学角度上来看，测点优化布设问题属于典型的组合优化问题，常用的求解算法可分为确定性算法和随机类算法两类。

1. 确定性算法

测点优化布设的确定性求解算法主要包括穷举法与顺序法。

1）穷举法

穷举法的核心思想是找出所有可能的测点布设方案，并通过比较，挑选出最符合评价准则的布设方案。穷举法的理论简单直接，且能够找到全局最优解，是最精确的方法。假设候选测点数量和期望布设的测点数量分别为 m 和 k，则所有可能的测点布设方案组合数 C_m^k 为

$$C_m^k=\frac{m!}{k!(m-k)!} \tag{3.59}$$

表 3.4 列出了不同候选测点数量 m 和期望布设的测点数量 k 下的所有可能布设方案的数量。穷举法需要对每一种可能得测点布设方案进行评价指标的计算，虽然能够找到全局最优解，但运算量大、运算时间长。当桥梁结构复杂或者其有限元模型网格划分较为密集时，期望布设的测点众多、候选测点数目过于庞大，使得采用穷举法找出所有可能的测点布设方案难以实现。

表 3.4　穷举法测点布设方案数量

候选测点 m	布设测点数量 k	组合数 C_m^k
100	10	1.7310×10^{13}
200	20	1.6136×10^{27}
500	50	2.3144×10^{69}

2）顺序法

顺序法是一种高效且应用广泛的迭代求解算法，按照计算顺序可以分为正向顺序法和逆向顺序法。

正向顺序法又称为逐步累加法，其基本思想是从 0 开始，每次从候选测点中找出 1 个测点加入到已有的测点布设方案中，使得增加测点后的布设方案计算出的目标函数变优；通过不断迭代，直到布设方案中测点数量达到 k。假定初始候选测点数目为 m，经过 i 次迭代后，测点布设方案中已有 i 个测点，则继续添加第 $i+1$ 个测点时，可能的测点布设方案数量为 $m-i+1$。整个求解过程需要计算的所有可能的布

设方案数量 $\tilde{N}$ 为

$$\tilde{N}=\sum_{i=1}^{k}m-i+1 \tag{3.60}$$

逆向顺序法与正向顺序法的求解过程相反，又称为逐步消去法，其每次从布设方案中删除 1 个测点，使得删除测点后的布设方案计算的目标函数变优，通过不断迭代，直到布设方案中测点数量变为 k [12]。

表 3.5 列出了采用正向顺序法获得的所有可能测点布设方案的数量。顺序法的计算效率较高，程序编写较简单，但寻优性能较弱，往往只能得到目标函数的次优解。为了提高寻优的精度，也可以将正向顺序法和逆向顺序法结合使用。例如，在依据模态置信准则布设测点时，可以先进行正向顺序法获取超过指定布设数量的测点位置，再利用逆向顺序法逐步删减测点位置，直至测点数量达到指定的布设数目 k。

表 3.5　正向顺序法测点布设方案数量

候选测点 m	布设测点数量 k	方案数 $\tilde{N}$
20	10	155
100	10	955
200	10	1955

2. 随机类算法

随机类求解方法按照一定的规则在可能解的全部解空间内进行随机搜索，从全局最优的角度获得最优的测点布设方案。为了提高随机搜索效率，通过模仿自然界中生物群体的智能行为，建立不同的群智能优化算法，目前已成为求解优化问题的有力工具。测点优化布设问题的求解，具有大空间搜索、离散变量求解、局部最优解密集等独有的特征，较为合适的群智能优化方法包括遗传算法（genetic algorithm，GA）[13]、猴群算法（monkey algorithm，MA）[14]、狼群算法（wolf algorithm，WA）[15]、萤火虫算法（firefly algorithm，FA）[16]和鸽群算法（pigeon colony algorithm，PCA）[17]等。

1）遗传算法

遗传算法是一种通过模拟自然界“物竞天择、适者生存”生物进化机制的随机搜索算法。该算法通过对每个个体进行编码得到一条包含自身遗传信息的染色体，所有的个体构造成一定规模的解空间，通过适应度函数来评价种群中每个个体的优劣。选择和进化用于对目标函数的计算，寻找局部最优的测点布设位置；交叉和变异通过非梯度式地改变测点位置，以寻找全局最优解。遗传算法因其采用概率化的寻优方法，能自动获取和指导优化的搜索空间，自适应地调整搜索方向，不需要确定的规则，具有全局搜索能力强、鲁棒性好、并行计算能力高效等优点，但容易出现过早收敛现象。图 3.22 为遗传算法流程。

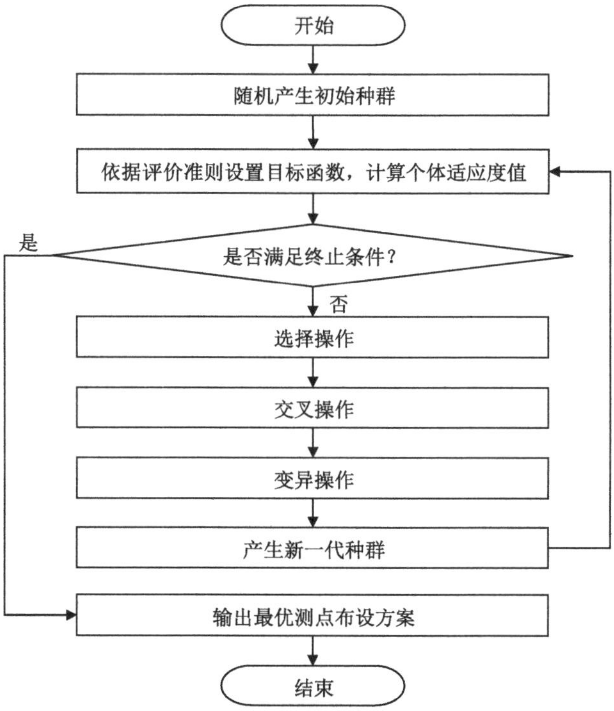

图 3.22　遗传算法流程

2）猴群算法

猴群算法是一种受自然界中猴子爬山过程的启发，用于求解多维、多峰函数寻优问题的群智能优化算法。该算法通过模拟猴子在爬山过程当中的攀爬、望-跳、空翻的几个动作，设计了三个搜索过程，以此进行迭代计算。攀爬过程用来搜索每只猴子当前所在位置附近领域的局部最优解；望-跳过程主要通过眺望来搜索邻近领域内比当前位置更优的解，以加速最优解的搜索过程；空翻过程通过跳出当前区域转移到其他区域进行搜索，以避免算法陷入局部最优。猴群算法具有设置参数少、对维数不敏感、精度高等特点，尤其适合于测点优化布设这种具有多维变量的优化问题。此外，笔者课题组又提出了一系列适用于高效求解的改进猴群算法，如免疫猴群算法[18]、自适应猴群算法[19]和分布式猴群算法[20]等。图 3.23 为猴群算法流程。

3）狼群算法

狼群算法是一种通过模拟狼群捕食行为及其猎物分配方式，以及“胜者为王”的头狼产生规则和“强者生存”的狼群更新机制，而提出的一种群体智能优化算法。该算法的基本思想是模拟狼群捕食的三个过程：①游猎过程，即狼个体采用爬山法搜索当前所在位置附近的局部最优值；②围攻过程，即狼个体利用群体中最优狼个体的信息搜索全局最优值；③食物分配过程，即剔除群体中目标函数值差的狼个体，并用随机产生的新个体取代，增加群体的多样性，避免算法陷入局部最优。狼群算法主要用于解决带有连续变量的全局优化问题，图 3.24 为狼群算法流程。

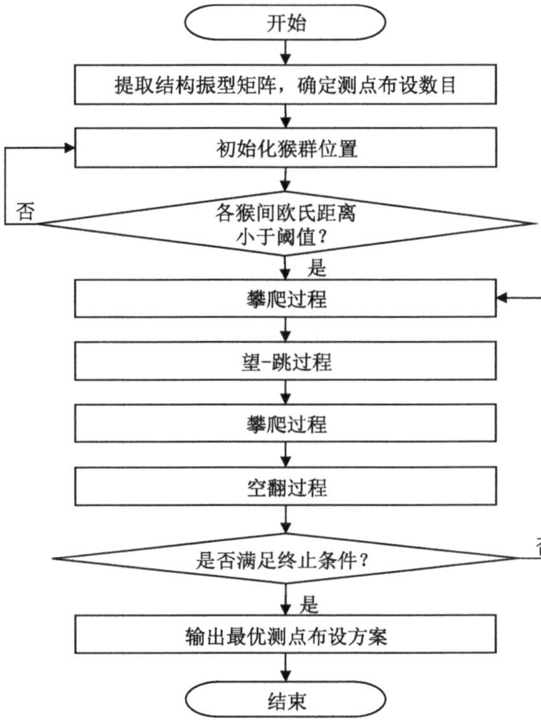
开始
提取结构振型矩阵，确定测点布设数目
初始化猴群位置
各猴间欧氏距离小于阈值？
否
是
攀爬过程
望-跳过程
攀爬过程
空翻过程
是否满足终止条件？
否
是
输出最优测点布设方案
结束

图 3.23　猴群算法流程

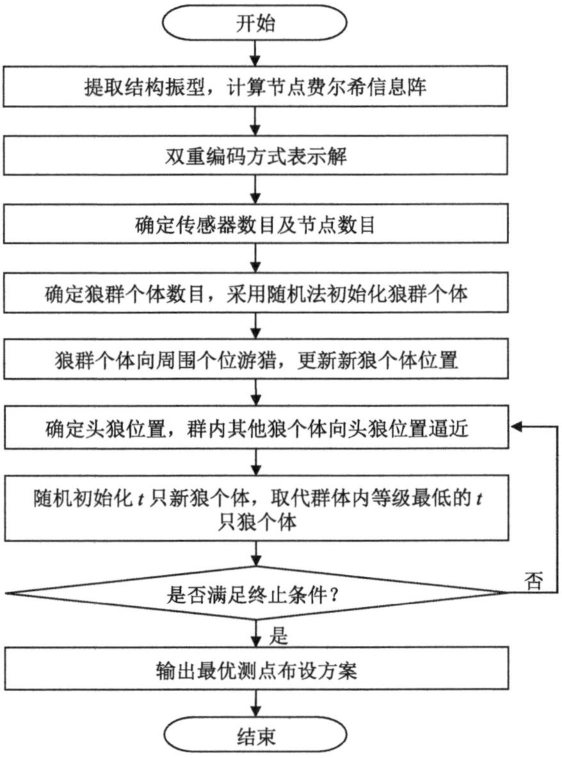
开始
提取结构振型，计算节点费尔希信息阵
双重编码方式表示解
确定传感器数目及节点数目
确定狼群个体数目，采用随机法初始化狼群个体
狼群个体向周围个位游猎，更新新狼个体位置
确定头狼位置，群内其他狼个体向头狼位置逼近
随机初始化 t 只新狼个体，取代群体内等级最低的 t 只狼个体
是否满足终止条件？
否
是
输出最优测点布设方案
结束

图 3.24　狼群算法流程

4）萤火虫算法

萤火虫算法是基于对自然界中萤火虫的群体行为，通过模仿自然界萤火虫利用荧光素进行交流、求偶和觅食的生物学本能，将目标函数等价为萤火虫的荧光亮度，较暗的萤火虫搜寻邻域内更亮的萤火虫，并向其移动，最终所有萤火虫聚集在最亮萤火虫周围实现优化求解，而提出的一种群体智能算法。为了简化萤火虫的移动方式，萤火虫算法引入了三个基本假设：①假设所有萤火虫都是同一性别，任意萤火虫都可以被比自身亮度更大的萤火虫吸引；②吸引度只与发光强度和距离有关，荧光强度高的荧光体对附近荧光强度低的荧光体有一定的吸引力，而荧光强度高的荧光体有一定的随机性；③发光强弱由适应度函数决定，亮度高的萤火虫具有较高的适应性。萤火虫算法具有求解复杂大空间优化问题的能力，非常适合多信号源定位，以及求解无线测点优化布设问题。图 3.25 为萤火虫算法流程。

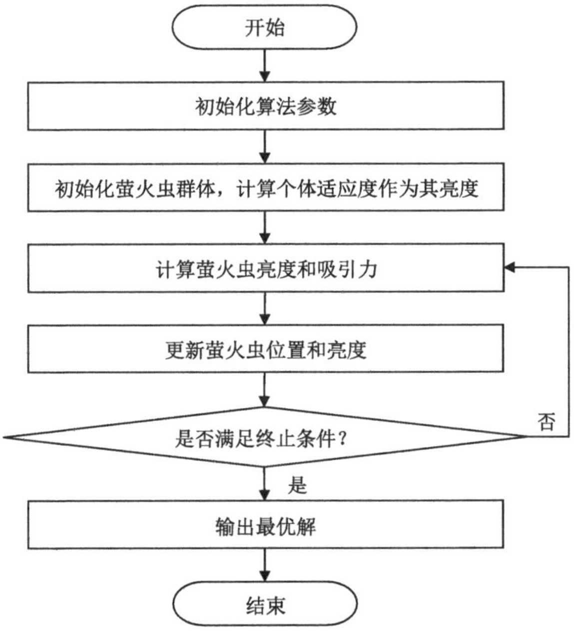

图 3.25　萤火虫算法流程

5）鸽群算法

鸽群算法是基于对自然界中鸽群的群体行为，通过对鸽群的强烈归巢性、敏感性和记忆力好等生活行为特征进行凝练，而提出的一种群体智能算法。该算法主要包括三个循环迭代操作。①起飞过程用于模拟鸽群起飞的特点，包含初始化、腾空、上升三个子过程，用于均匀化初始值并寻找最优解的方向。②飞行过程用于模拟鸽群飞行的特点，包含平飞、转弯、追逐三个子过程。平飞用于局部寻优，转弯用于全局寻优，追逐用于改善全局最差解。③归巢过程是根据鸽子具有强烈归巢性的特点，在归巢的过程中避免算法陷入局部最优解。鸽群算法适用于大规模测点优化布设问题。图 3.26 为鸽群算法流程。

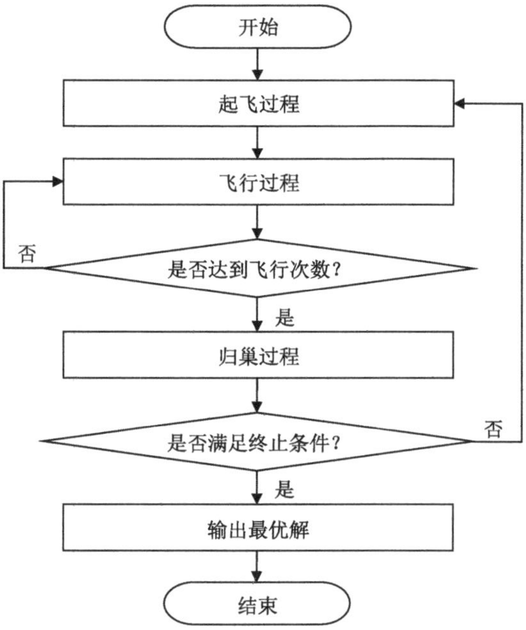

图 3.26　鸽群算法流程

3. 案例分析

以美国佛罗里达中央大学开发的两跨连续梁桥基准模型[21]为例，如图3.27所示。该桥梁基准模型长5.48m，宽1.82m，主梁和次梁都采用了相同的工字形钢，截面型号为S3×5.7。桥梁基准有限元模型采用三维欧拉梁单元建模，共包含177个节点和182个单元。考虑到桥梁面板下有6个支撑脚节点，无平动自由度，故而只需要考虑桥梁面板上的171个节点，每个节点有3个平动自由度，即x、y和z三个方向，共513个自由度。该有限元模型可用于节点和单元划分，以及多种损伤工况的模拟，如节点连接失效、边界支撑的弯矩释放以及支撑处弹簧弹性模量的折减等。提取模型的刚度矩阵和质量矩阵，通过模态分析可得到结构的模态频率，如表3.6所示。桥面板上候选测点的编号及其位置如图3.28所示。

（a）实物图[22]

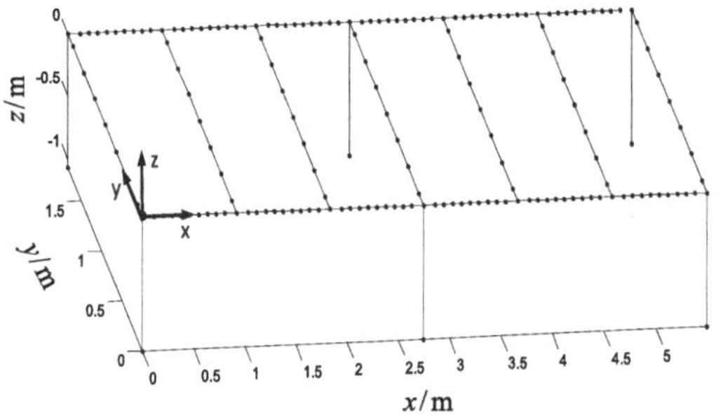

（b）有限元模型图

图 3.27　两跨连续梁桥基准模型

表 3.6　两跨连续梁桥基准模型的前 5 阶频率

阶次	1	2	3	4	5
频率/Hz	18.15	20.57	21.89	26.12	33.38

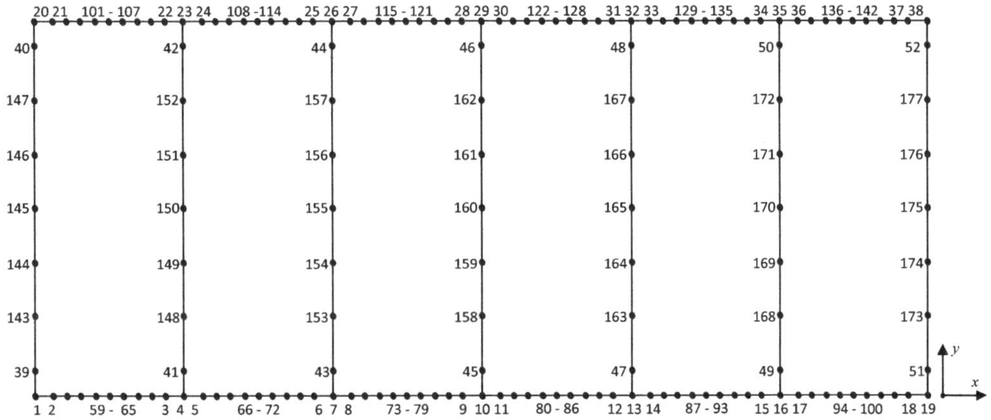

图 3.28　桥面板上的候选测点的编号及其位置示意图

采用三维模态置信准则为测点布设评价准则，并选用鸽群算法对布设方案进行求解。图 3.29 为不考虑冗余性和考虑冗余性情况下的三维测点优化布设结果。当不考虑冗余性时，图 3.29（a）中的测点相邻情况较多，布设不均匀，存在较多的信息冗余。当考虑冗余性后，图 3.29（b）中的测点相邻情况较少，布设较为均匀，所以不存在信息冗余情况，所测的桥梁振动信息也将越丰富。

表 3.7 列出了 x、y 和 z 三个方向上考虑冗余性和不考虑冗余性的振型均方差值。可以看出，考虑冗余性后，x 和 y 方向第 1、2 阶模态的振型均方差值明显变小；第 3～5 阶模态以 z 方向为主，考虑冗余性后的振型均方差值明显小于不考虑冗余性的值。对比各个方向前 5 阶模态的振型均方差，考虑冗余性后的均方差值明显小于不考虑冗余性的情况，效果提高了 65.9%。

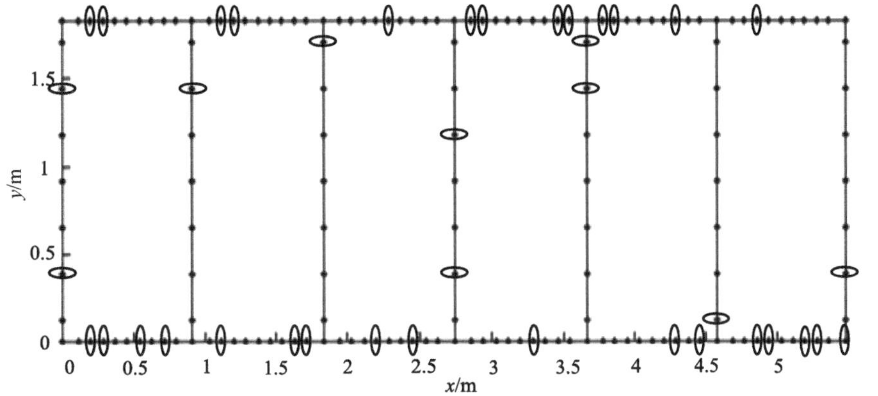

（a）不考虑冗余性

图 3.29　三维测点优化布设结果

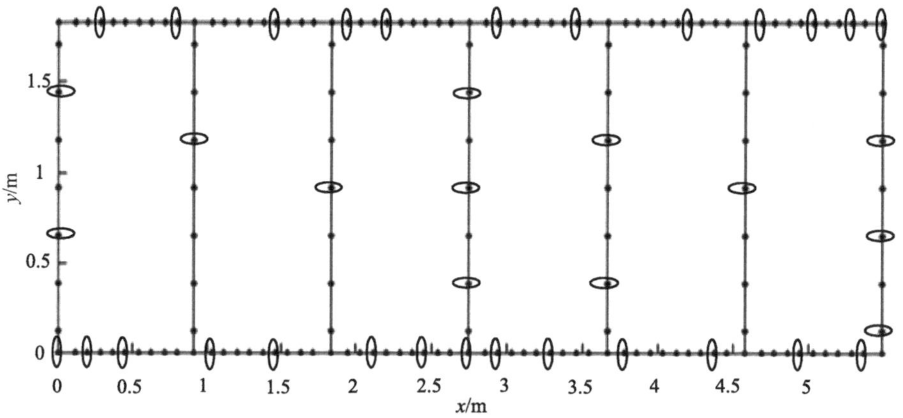

（b）考虑冗余性

图 3.29（续）

表 3.7　桥梁基准模型振型均方差

基准模型		模态阶数					各方向均方差	总体均方差
		1	2	3	4	5		
不考虑冗余性	x 方向	8.4×10^{-3}	8.8×10^{-3}				1.72×10^{-2}	5.66×10^{-2}
	y 方向	7.6×10^{-3}	8.7×10^{-3}				1.63×10^{-2}	
	z 方向			6.4×10^{-3}	6.7×10^{-3}	1.0×10^{-2}	2.31×10^{-2}	
考虑冗余性	x 方向	5.0×10^{-3}	5.1×10^{-3}				1.01×10^{-2}	1.93×10^{-2}
	y 方向	1.7×10^{-3}	1.7×10^{-3}				3.4×10^{-3}	
	z 方向			1.8×10^{-3}	1.9×10^{-3}	2.1×10^{-3}	5.8×10^{-3}	

以第 2 阶模态为例，图 3.30 和图 3.31 给出了利用有限测点处的振型值对整个基准模型振型进行拟合的结果。图中实线表示原始振型曲线，虚线表示三次样条拟合振型曲线。可以看出，无论是 x 方向还是 y 方向，考虑冗余性的振型拟合效果更优。

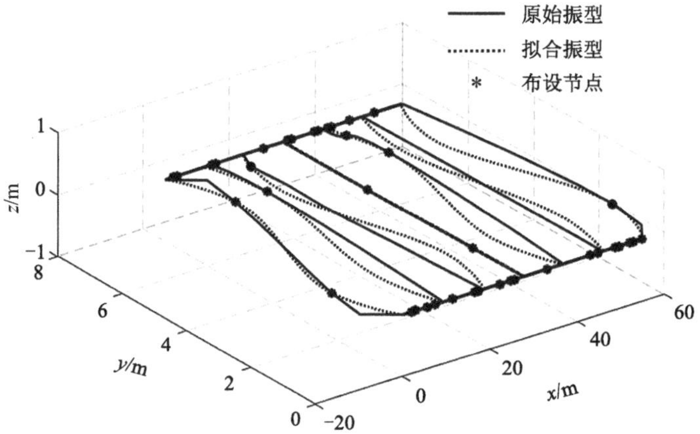

（a）不考虑冗余性

图 3.30　第 2 阶 x 方向振型图

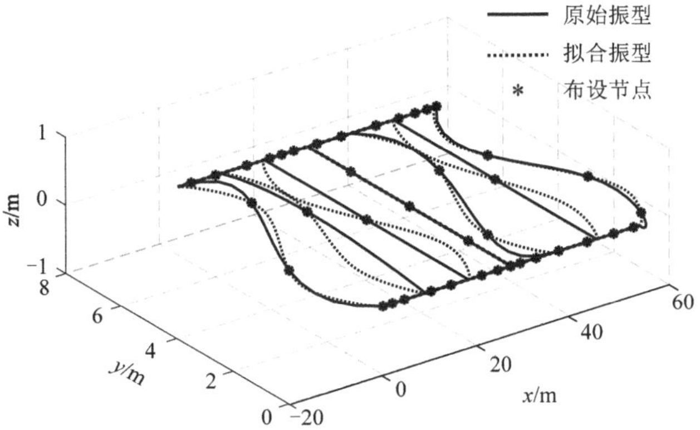

（b）考虑冗余性

图 3.30（续）

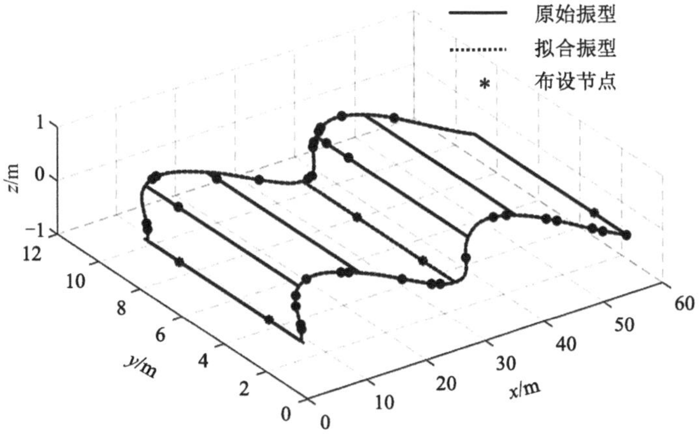

（a）不考虑冗余性

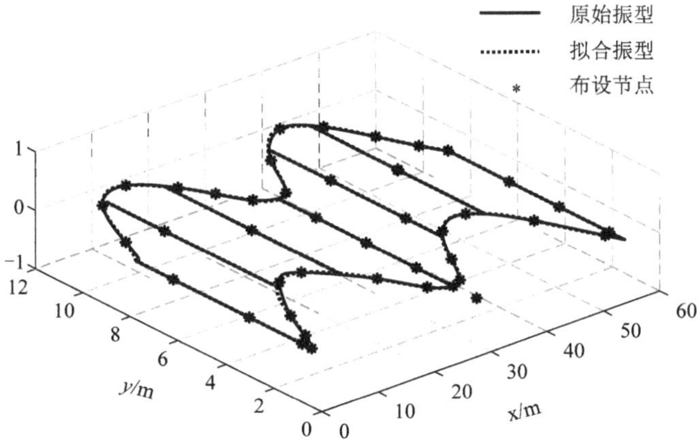

（b）考虑冗余性

图 3.31　第 2 阶 y 方向振型图

3.4 考虑不确定性的测点布设理论

测点优化布设是桥梁振动响应测试的首要环节，通过布设的测点所采集的振动响应数据，能否有效辨识桥梁的模态参数，是测点优化布设时需要考虑的关键问题。测点数量不足或布设位置接近桥梁的模态节点，可能会造成振动响应测试数据中缺少必要的模态信息，造成模态辨识不确定性提高；测点数量过多或布设位置距离太近，又可能会造成振动响应测试数据中的模态信息冗余，经济性不足。所以，对测点进行优化布设，在有限测点的情况下降低模态辨识的不确定性有重要意义。

3.4.1 模态辨识不确定性来源

测点布设时，需要考虑测量噪声干扰、数值模型误差、测点数量欠定对模态辨识带来的不确定性问题。

1. 测量噪声干扰

桥梁振动响应测试中，由于传感器会受电磁干扰、信号传输存在误差等原因，导致振动响应测试数据中总包含测量噪声干扰。若测点布设位置不合理，如当测点位于或接近某阶模态节点处，则测量噪声对振动响应测试数据的贡献高于该阶模态对振动测试数据的贡献，表现为该阶模态在振动响应测试数据中的信噪比较低。此时，若利用振动响应测试数据进行模态辨识，必然造成该阶模态无法被辨识出来，或辨识结果的不确定性很高。因此，有必要通过优化测点的布设位置，使得在振动响应测试数据中，期望识别的模态参与度高、信噪比高，进而减小模态辨识的不确定性。

2. 数值模型误差

在桥梁的测点布设时，由于振动响应的测试和采集工作尚未进行，缺少真实的振动响应测试数据，进而导致无法获得桥梁的真实模态。为此，需要对桥梁的有限元模型进行计算模态分析，将有限元模型的模态用于构造测点优化布设的目标函数，据此获得测点布设位置。实际上，有限元模型与真实桥梁之间总是存在一定的偏差，反映为桥梁与其模型之间的刚度、质量、边界条件等方面的差异，称之为数值模型误差。若基于有限元模型的模态进行测点优化布设，其布设位置是有限元模型的最优测点，并非真实桥梁的最优测点。此时，若利用这些测点处的振动响应测试数据进行模态辨识，辨识结果的不确定性可能随着数值模型误差的增大而提高。因此，考虑数值模型误差进行测点优化布设，弥补有限元模型与真实结构偏差带来的影响，对提高振动响应测试数据质量、降低模态辨识不确定性十分关键。

3. 测点数量欠定

目前的振动响应测试中，为了获得桥梁的动力特性，辨识桥梁的模态参数，往往以加速度计为振动响应测试的传感器。因此，可以通过优化加速度测点位置，达到采用尽可能少的测点来获得尽可能丰富模态信息的目的，从而降低模态辨识所需的振动测试成本。但桥梁结构体系复杂，理论上应属于无穷自由度的结构体系，实际参与桥梁振动的模态数量较多，若加速度测点数量过少，则会导致模态辨识出现欠定问题，进而造成辨识结果的不确定性提高，甚至计算出现虚假模态。实际上，在桥梁振动响应测试时，可能出于其他测试目的，还会布设位移计、应变计等多类型振动传感器，测试的位移、应变等振动响应中也包含模态信息。如何对多类型传感器进行测点联合优化布设，充分利用不同类型振动响应中的模态信息，对降低加速度测点数量有限带来的模态辨识欠定问题有重要意义。

3.4.2　考虑测量噪声干扰不确定性的测点布设

桥梁振动响应数据中不可避免地会引入测量噪声，造成桥梁工作模态辨识的不确定性提高。为此，测点优化布设需考虑测量噪声带来的影响，通过优化布设寻找振动响应强度高、信噪比高的测点，以降低模态辨识的不确定性。

1. 模态辨识不确定性的概率描述

贝叶斯模态辨识方法不仅可计算出模态参数的最优估计值，还给出了描述模态参数辨识不确定性的后验协方差。以贝叶斯频域模态辨识基本理论为基础，分析测量噪声干扰带来的模态辨识不确定性。

1）振动响应功率谱密度函数与模态参数的关系

依据多自由度黏性阻尼线性时不变结构系统的动力学方程一般形式（2.1），假定质量矩阵、阻尼矩阵、刚度矩阵的维度分别为 $\boldsymbol{M}\in\mathbb{R}^{N_d\times N_d}$、$\boldsymbol{C}_d\in\mathbb{R}^{N_d\times N_d}$ 和 $\boldsymbol{K}\in\mathbb{R}^{N_d\times N_d}$，位移向量、速度向量和加速度向量的维度分别为 $\boldsymbol{x}(t)\in\mathbb{R}^{N_d\times 1}$、$\dot{\boldsymbol{x}}(t)\in\mathbb{R}^{N_d\times 1}$ 和 $\ddot{\boldsymbol{x}}(t)\in\mathbb{R}^{N_d\times 1}$，施加于桥梁上的激励向量维度为 $\boldsymbol{f}(t)\in\mathbb{R}^{N_d\times 1}$，其中 N_d 表示结构的自由度数，$\mathbb{R}$ 表示实数集。

若振动响应为加速度，由于测量噪声干扰，加速度响应测试数据可写成

$$\boldsymbol{y}(t)=\ddot{\boldsymbol{x}}(t)+\boldsymbol{e}(t) \tag{3.61}$$

式中，$\boldsymbol{y}(t)$ 表示加速度响应测试数据；$\boldsymbol{e}(t)$ 表示测量噪声，通常假定其满足均值为 0 的高斯白噪声特性。

根据模态叠加原理，加速度响应可进一步写成

$$\boldsymbol{y}(t)=\sum_{i=1}^{n}\boldsymbol{\varphi}_i\ddot{q}_i(t)+\boldsymbol{e}(t) \tag{3.62}$$

式中，n 表示参与振动的模态阶数；$\boldsymbol{\varphi}_i$ 和 $\ddot{q}_i(t)$ 分别表示第 i 阶振型和加速度模态

响应。

对式（3.62）进行傅里叶变换，可得加速度响应的频域表达式为

$$\boldsymbol{Y}(\bar{f})=\sum_{i=1}^{n}\boldsymbol{\varphi}_i Q_i(\bar{f})+\boldsymbol{\varepsilon}(\bar{f}) \tag{3.63}$$

式中，$\boldsymbol{Y}(\bar{f})$为加速度响应$\boldsymbol{y}(t)$的频谱；$Q_i(\bar{f})$为加速度模态响应$\ddot{q}_i(t)$的频谱；$\bar{f}$表示谱线。

第i阶加速度模态响应的频谱$Q_i(\bar{f})$与模态参数的关系如下：

$$Q_i(\bar{f})=\frac{-\bar{f}^2}{(f_i^2-\bar{f}^2)+2\,\mathrm{j}\xi_i f_i \bar{f}}F_i(\bar{f})=H_i(\bar{f})F_i(\bar{f}) \tag{3.64}$$

式中，f_i、ξ_i和$F_i(\bar{f})$分别为第i阶固有频率、阻尼比和模态力的频谱；j表示虚数单位。

当作用在桥梁上的激励$\boldsymbol{f}(t)\in\mathbb{R}^{N_d\times 1}$满足互相独立的高斯白噪声特性假定时，第$i$阶模态力的功率谱密度函数为常数$S_i$，即

$$S_i(\bar{f})=E\left[F_i(\bar{f})F_i^*(\bar{f})\right]=S_i \tag{3.65}$$

式中，*表示共轭；E表示数学期望。

同时，满足独立高斯白噪声特性的测量噪声的功率谱密度函数具有如下形式：

$$E\left[\boldsymbol{\varepsilon}(\bar{f})\boldsymbol{\varepsilon}^{\mathrm{T}}(\bar{f})\right]=S_e\boldsymbol{I}_{N_d} \tag{3.66}$$

式中，T表示共轭转置；S_e表示测量噪声的功率谱密度函数。

相应地，加速度响应的功率谱密度函数具有如下形式：

$$\boldsymbol{S}_{yy}(\bar{f})=E\left[\boldsymbol{Y}(\bar{f})\boldsymbol{Y}^{\mathrm{T}}(\bar{f})\right]=\sum_{i=1}^{n}\boldsymbol{\varphi}_i\boldsymbol{\varphi}_i^{\mathrm{T}}H_i(\bar{f})H_i^*(\bar{f})S_i+S_e\boldsymbol{I}_{N_d} \tag{3.67}$$

联立式（3.64）和式（3.67），并令$\beta_i(\bar{f})=f_i/\bar{f}$，加速度响应的功率谱密度函数表达式重新写为

$$\boldsymbol{S}_{yy}(\bar{f})=\sum_{i=1}^{n}\boldsymbol{\varphi}_i\boldsymbol{\varphi}_i^{\mathrm{T}}\frac{1}{\left(1-\beta_i^2(\bar{f})\right)^2+\left(2\xi_i\beta_i(\bar{f})\right)^2}S_i+S_e\boldsymbol{I}_{N_d} \tag{3.68}$$

根据式（3.68）可知，当测量噪声和作用在桥梁上的激励均满足高斯白噪声特性时，加速度响应的功率谱密度函数由结构的固有频率f_i、阻尼比ξ_i、振型$\boldsymbol{\varphi}_i$、模态力的功率谱密度函数S_i以及测量噪声的功率谱密度函数S_e构成，其中$i=1,2,\cdots,n$。当振动响应测试数据为桥梁结构的位移、速度以及动应变时，均可推导类似的结果。

2）基于贝叶斯频域辨识理论的模态最优估计

贝叶斯频域辨识理论旨在通过振动响应测试数据的功率谱密度函数$\boldsymbol{S}_{yy}(\bar{f})$与参数$\boldsymbol{\theta}_i=\{f_i,\xi_i,S_i,S_e,\boldsymbol{\varphi}_i\}$（$1\leqslant i\leqslant n$）的关系式（3.68），给出参数$\boldsymbol{\theta}_i$的最优估计值和后验不确定性。

假定桥梁模态是稀疏的，在结构固有频率f_i附近的有限频带$[f_i-\Delta f,\ f_i+\Delta f]$

内，式（3.68）中的加速度功率谱密度函数可表示为

$$\boldsymbol{S}_{yy}\left(\bar{f}\right)\approx\boldsymbol{\varphi}_i\boldsymbol{\varphi}_i^{\mathrm{T}}\frac{1}{\left(1-\beta_i^2\left(\bar{f}\right)\right)^2+\left(2\xi_i\beta_i\left(\bar{f}\right)\right)^2}S_i+S_e\boldsymbol{I}_{N_d} \tag{3.69}$$

基于式（3.69），可利用频带$\left[f_i-\Delta f,f_i+\Delta f\right]$内的加速度响应的频域信息来估计第 i 阶参数 $\boldsymbol{\theta}_i$。贝叶斯思想通过构建参数 $\boldsymbol{\theta}_i$ 关于其加速度响应频谱 $\boldsymbol{Y}\left(\bar{f}\right)$（$\bar{f}\in\left[f_i-\Delta f,f_i+\Delta f\right]$）的后验概率分布，并将后验概率分布函数转换成负对数似然函数形式，通过最小化负对数似然函数来求解参数 $\boldsymbol{\theta}_i$ 的最优估计值。

首先将频带$\left[f_i-\Delta f,f_i+\Delta f\right]$内的加速度响应频谱$\boldsymbol{Y}\left(\bar{f}\right)$的集合表示为$\boldsymbol{Z}_i=\left\{\boldsymbol{Y}\left(\bar{f}\right)\right\}$。参数 $\boldsymbol{\theta}_i$ 关于加速度响应频谱集合 $\boldsymbol{Z}_i$ 的后验概率分布可表示为

$$p\left(\boldsymbol{\theta}_i\middle|\boldsymbol{Z}_i\right)=\frac{p\left(\boldsymbol{Z}_i\middle|\boldsymbol{\theta}_i\right)p\left(\boldsymbol{\theta}_i\right)}{p\left(\boldsymbol{Z}_i\right)} \tag{3.70}$$

式中，参数 $\boldsymbol{\theta}_i$ 的先验概率分布 $p\left(\boldsymbol{\theta}_i\right)$ 假定为均匀分布；$p\left(\boldsymbol{Z}_i\right)$ 为归一化常数。

所以参数 $\boldsymbol{\theta}_i$ 的后验概率分布 $p\left(\boldsymbol{\theta}_i\middle|\boldsymbol{Z}_i\right)$ 正比于似然函数 $p\left(\boldsymbol{Z}_i\middle|\boldsymbol{\theta}_i\right)$，即

$$p\left(\boldsymbol{\theta}_i\middle|\boldsymbol{Z}_i\right)\propto p\left(\boldsymbol{Z}_i\middle|\boldsymbol{\theta}_i\right) \tag{3.71}$$

利用白噪声激励下的结构加速度响应频谱具有复高斯分布的特性，似然函数 $p\left(\boldsymbol{Z}_i\middle|\boldsymbol{\theta}_i\right)$ 可表示为

$$p\left(\boldsymbol{Z}_i\middle|\boldsymbol{\theta}_i\right)=\prod_k p\left(\boldsymbol{Y}\left(\bar{f}_k\right)\middle|\boldsymbol{\theta}_i\right)=\frac{\pi^{-N_dN_f}}{\prod_k\left|\boldsymbol{E}_k\left(\boldsymbol{\theta}_i\right)\right|}\mathrm{e}^{-\sum_{k=1}^{Nf}\boldsymbol{Y}^{\mathrm{T}}\left(\bar{f}_k\right)\boldsymbol{E}_k\left(\boldsymbol{\theta}_i\right)^{-1}\boldsymbol{Y}\left(\bar{f}_k\right)} \tag{3.72}$$

式中，谱线 $\bar{f}_k$ 属于频带$\left[f_i-\Delta f,f_i+\Delta f\right]$，假定频带$\left[f_i-\Delta f,f_i+\Delta f\right]$内的谱线数为 N_f，则$1\leqslant k\leqslant N_f$；$\boldsymbol{E}_k\left(\boldsymbol{\theta}_i\right)$ 是关于参数 $\boldsymbol{\theta}_i$ 的零均值复高斯频谱 $\boldsymbol{Y}\left(\bar{f}_k\right)$ 的协方差矩阵，其表达式为

$$\boldsymbol{E}_k\left(\boldsymbol{\theta}_i\right)=E\left[\boldsymbol{Y}\left(\bar{f}_k\right)\boldsymbol{Y}^{\mathrm{T}}\left(\bar{f}_k\right)\middle|\boldsymbol{\theta}_i\right] \tag{3.73}$$

对照式（3.67）、式（3.73），并结合式（3.69）可知，关于第 i 阶模态的参数 $\boldsymbol{\theta}_i$ 的频谱协方差矩阵 $\boldsymbol{E}_k\left(\boldsymbol{\theta}_i\right)$ 的理论表达式为

$$\boldsymbol{E}_k\left(\boldsymbol{\theta}_i\right)=\boldsymbol{S}_y\left(\bar{f}_k\right)\approx\boldsymbol{\varphi}_i\boldsymbol{\varphi}_i^{\mathrm{T}}\frac{1}{\left(1-\beta_i^2\left(\bar{f}_k\right)\right)^2+\left(2\xi_i\beta_i\left(\bar{f}_k\right)\right)^2}S_i+S_e\boldsymbol{I}_{N_d}=\boldsymbol{\varphi}_i\boldsymbol{\varphi}_i^{\mathrm{T}}h_{ik}S_i+S_e\boldsymbol{I}_{N_d} \tag{3.74}$$

式中，$h_{ik}=\left(\left(1-\beta_i^2\left(\bar{f}_k\right)\right)^2+\left(2\xi_i\beta_i\left(\bar{f}_k\right)\right)^2\right)^{-1}$ 为动力放大系数。

为了方便计算，式（3.72）中的似然函数可进一步转换成负对数似然函数 $L\left(\boldsymbol{\theta}_i\right)$ 的形式，其中，似然函数 $p\left(\boldsymbol{Z}_i\middle|\boldsymbol{\theta}_i\right)$ 和负对数似然函数 $L\left(\boldsymbol{\theta}_i\right)$ 的关系为式（3.75），负对数似然函数为式（3.76）。

$$p\left(\boldsymbol{Z}_i\middle|\boldsymbol{\theta}_i\right)=\mathrm{e}^{-L\left(\boldsymbol{\theta}_i\right)} \tag{3.75}$$

$$L\left(\boldsymbol{\theta}_i\right)=N_dN_f\ln\pi+\sum_{k=1}^{N_f}\ln\left|\boldsymbol{E}_k\left(\boldsymbol{\theta}_i\right)\right|+\sum_{k=1}^{N_f}\boldsymbol{Y}^{\mathrm{T}}\left(\bar{f}_k\right)\boldsymbol{E}_k\left(\boldsymbol{\theta}_i\right)^{-1}\boldsymbol{Y}\left(\bar{f}_k\right) \tag{3.76}$$

式中，ln 表示求自然对数。

至此，将参数 $\boldsymbol{\theta}_i$ 的求解，转换为负对数似然函数最小化的问题。负对数似然函数处于最小值时的参数 $\hat{\boldsymbol{\theta}}_i$ 值即为 $\boldsymbol{\theta}_i$ 的最优估计。

3）描述模态辨识不确定性的后验概率密度分布函数

将式（3.76）中的负对数似然函数 $L(\boldsymbol{\theta}_i)$ 在参数最优估计值 $\hat{\boldsymbol{\theta}}_i$ 处作二次泰勒（Taylor）展开，可得

$$L(\boldsymbol{\theta}_i)=L(\hat{\boldsymbol{\theta}}_i)+\frac{1}{2}(\boldsymbol{\theta}_i-\hat{\boldsymbol{\theta}}_i)^{\mathrm{T}}\boldsymbol{Q}_i(\hat{\boldsymbol{\theta}}_i)(\boldsymbol{\theta}_i-\hat{\boldsymbol{\theta}}_i) \tag{3.77}$$

式中，$\boldsymbol{Q}_i(\hat{\boldsymbol{\theta}}_i)$ 为负对数似然函数在参数最优估计 $\hat{\boldsymbol{\theta}}_i$ 处的黑塞（Hessian）矩阵。墨塞矩阵 $\boldsymbol{Q}_i(\hat{\boldsymbol{\theta}}_i)$ 通过对 $L(\boldsymbol{\theta}_i)$ 求二阶偏导获得，即

$$\boldsymbol{Q}_i(\hat{\boldsymbol{\theta}}_i)=\left.\begin{bmatrix} \dfrac{\partial^2 L(\boldsymbol{\theta}_i)}{\partial\theta_{i,1}{}^2} & \dfrac{\partial^2 L(\boldsymbol{\theta}_i)}{\partial\theta_{i,1}\partial\theta_{i,2}} & \cdots & \dfrac{\partial^2 L(\boldsymbol{\theta}_i)}{\partial\theta_{i,1}\partial\theta_{i,5}} \\ \dfrac{\partial^2 L(\boldsymbol{\theta}_i)}{\partial\theta_{i,2}\partial\theta_{i,1}} & \dfrac{\partial^2 L(\boldsymbol{\theta}_i)}{\partial\theta_{i,2}{}^2} & \cdots & \dfrac{\partial^2 L(\boldsymbol{\theta}_i)}{\partial\theta_{i,2}\partial\theta_{i,5}} \\ \vdots & \vdots & & \vdots \\ \dfrac{\partial^2 L(\boldsymbol{\theta}_i)}{\partial\theta_{i,5}\partial\theta_{i,1}} & \dfrac{\partial^2 L(\boldsymbol{\theta}_i)}{\partial\theta_{i,5}\partial\theta_{i,2}} & \cdots & \dfrac{\partial^2 L(\boldsymbol{\theta}_i)}{\partial\theta_{i,5}{}^2} \end{bmatrix}\right|_{\boldsymbol{\theta}_i=\hat{\boldsymbol{\theta}}_i} \tag{3.78}$$

式中，$\theta_{i,s}$ 表示参数 $\boldsymbol{\theta}_i$ 中的第 s 个参数，$s=1,2,\cdots,5$。

在参数 $\boldsymbol{\theta}_i$ 中，频率 f_i、阻尼比 ξ_i 和振型 $\boldsymbol{\varphi}_i$ 为桥梁结构的固有特性，表 3.8 中给出了黑塞矩阵 $\boldsymbol{Q}_i(\hat{\boldsymbol{\theta}}_i)$ 中与频率、阻尼比和振型相关的各元素的表达式，黑塞矩阵中与其他参数相关的各元素的表达式参考文献[23]。

表 3.8　黑塞矩阵中各个变量的表达式

$\boldsymbol{\theta}_i$	f_i	ξ_i	$\boldsymbol{\varphi}_i$
f_i	$\sum_k \frac{h_{ik}^2\left(4f_k^{-1}\left(\beta_i^3(\bar{f}_k)-\beta_i(\bar{f}_k)(1-2\xi_k{}^2)\right)\right)^2}{(1+e_k)^2}$	对称	0
ξ_i	$\sum_k \frac{32h_{ik}^2\xi_i\beta_i^2(\bar{f}_k)\bar{f}_k^{-1}\left(\beta_i^3(\bar{f}_k)-\beta_i(\bar{f}_k)(1-2\xi_i^2)\right)}{(1+e_k)^2}$	$\sum_k \frac{64h_{ik}^2\xi_i{}^2\beta_i^4(\bar{f}_k)}{(1+e_k)^2}$	0
$\boldsymbol{\varphi}_i$	0	0	$\left(2\sum_k(1+e_k)^{-1}e_k^{-1}\right)(\boldsymbol{I}_{Nd}-\boldsymbol{\varphi}_i\boldsymbol{\varphi}_i^{\mathrm{T}})$

注：$e_k=S_e/(S_i h_{ik})$，$\|\boldsymbol{\varphi}_i\|_2=1$。

联立式（3.71）、式（3.75）和式（3.77）可知，参数 $\boldsymbol{\theta}_i$ 的后验概率分布具有式（3.79）中的高斯概率密度分布特征，即 $p(\boldsymbol{\theta}_i|\boldsymbol{Z}_i)$ 分布形式为均值是 $\hat{\boldsymbol{\theta}}_i$、协方差是 $\boldsymbol{Q}_i^{-1}(\hat{\boldsymbol{\theta}}_i)$ 的多元高斯概率密度分布。其中，黑塞矩阵 $\boldsymbol{Q}_i(\hat{\boldsymbol{\theta}}_i)$ 的倒数 $\boldsymbol{Q}_i^{-1}(\hat{\boldsymbol{\theta}}_i)$ 也就是参数 $\boldsymbol{\theta}_i$ 的协方差矩阵。

$$p(\boldsymbol{\theta}_i|\boldsymbol{Z}_i)\propto \mathrm{e}^{-\frac{1}{2}(\boldsymbol{\theta}_i-\hat{\boldsymbol{\theta}}_i)^{\mathrm{T}}\boldsymbol{Q}_i(\hat{\boldsymbol{\theta}}_i)(\boldsymbol{\theta}_i-\hat{\boldsymbol{\theta}}_i)} \tag{3.79}$$

至此，式（3.79）中的多元高斯概率密度分布函数描述了参数$\boldsymbol{\theta}_i$的辨识不确定性。频率f_i、阻尼比ξ_i和振型$\boldsymbol{\varphi}_i$的协方差可用协方差矩阵$\boldsymbol{Q}_i^{-1}\left(\hat{\boldsymbol{\theta}}_i\right)$中的对应元素表示。

2. 测点布设与贝叶斯频域模态辨识的理论联系

在进行贝叶斯频域模态辨识理论的介绍时，式（3.61）考虑了结构的所有自由度的加速度响应均可测的情况。但在桥梁振动响应测试时，布设的测点数量有限。如何通过布设有限的测点来获取尽可能多高质量的模态信息、降低模态辨识结果的不确定性，是测点优化布设的目标。为此，需要建立测点布设与贝叶斯频域模态辨识的理论联系，并通过最小化模态辨识结果的不确定性来选择最优测点。

当测点数量有限时，加速度响应式（3.61）将改写为

$$\boldsymbol{y}(t)=\boldsymbol{L}\left(\ddot{\boldsymbol{x}}(t)+\boldsymbol{e}(t)\right) \tag{3.80}$$

式中，$\boldsymbol{L}\in\mathbb{R}^{N_L\times N_d}$为测点选择矩阵，矩阵中的元素为 0 或 1，$N_L$表示测点数量。

用有限测点处的加速度响应式（3.80）替换式（3.61），并代入式（3.62）～式（3.74），可得加速度响应频谱的协方差矩阵$\boldsymbol{E}_k\left(\boldsymbol{\theta}_i\right)$：

$$\boldsymbol{E}_k\left(\boldsymbol{\theta}_i\right)=\boldsymbol{L}\boldsymbol{\varphi}_i\boldsymbol{\varphi}_i^{\mathrm{T}}\boldsymbol{L}^{\mathrm{T}}h_{ik}S_i+S_e\boldsymbol{I}_{N_L} \tag{3.81}$$

式中，$\boldsymbol{I}_{N_L}\in\mathbb{R}^{N_L\times N_L}$为单位对角矩阵，$\boldsymbol{\varphi}_i$表示欧氏范数归一化的振型向量，即$\|\boldsymbol{\varphi}_i\|_2=1$。

将式（3.81）代入负对数似然函数式（3.76），仍可利用式（3.78）求解有限测点下的黑塞矩阵，并据此获得模态参数的不确定性。但需要注意的是，表 3.8 中黑塞矩阵中各元素的表达式适用于振型向量归一化的形式，即$\|\boldsymbol{\varphi}_i\|_2=1$。当测点有限时，计算出的振型向量变为

$$\tilde{\boldsymbol{\varphi}}_i=\boldsymbol{L}\boldsymbol{\varphi}_i \tag{3.82}$$

为了使表 3.8 中的表达式仍适用于有限测点下的黑塞矩阵计算，将式（3.81）加速度响应频谱的协方差矩阵改写为

$$\boldsymbol{E}_k\left(\boldsymbol{\theta}_i\right)=\frac{\boldsymbol{L}\boldsymbol{\varphi}_i}{\alpha_i}\left(\frac{\boldsymbol{L}\boldsymbol{\varphi}_i}{\alpha_i}\right)^{\mathrm{T}}h_{ik}\left(\alpha_i^2S_i\right)+S_e\boldsymbol{I}_{N_L} \tag{3.83}$$

式中，$\alpha_i=\|\boldsymbol{L}\boldsymbol{\varphi}_i\|$表示有限测点下第$i$阶振型向量$\tilde{\boldsymbol{\varphi}}_i$的归一化系数。

将表 3.8 中的$\boldsymbol{\varphi}_i$替换为$\boldsymbol{L}\boldsymbol{\varphi}_i/\alpha_i$，并将表 3.8 中的$e_k$重新写为式（3.84）后，仍可利用表 3.8 中的表达式计算关于第i阶模态的黑塞矩阵$\boldsymbol{Q}_i\left(\hat{\boldsymbol{\theta}}_i\right)$，也考虑了测点选择矩阵$\boldsymbol{L}$的影响。

$$e_k=\frac{S_e}{\alpha_i^2S_ih_{ik}} \tag{3.84}$$

将考虑了测点选择矩阵$\boldsymbol{L}$后的黑塞矩阵$\boldsymbol{Q}_i\left(\hat{\boldsymbol{\theta}}_i\right)$代入式（3.79）中，从而建立测点布设与贝叶斯频域模态辨识的理论联系，即

$$p\left(\boldsymbol{\theta}_i\middle|\boldsymbol{L},\boldsymbol{Z}_i\right)\propto\mathrm{e}^{-\frac{1}{2}\left(\boldsymbol{\theta}_i-\hat{\boldsymbol{\theta}}_i\right)^{\mathrm{T}}\boldsymbol{Q}_i\left(\hat{\boldsymbol{\theta}}_i\right)\left(\boldsymbol{\theta}_i-\hat{\boldsymbol{\theta}}_i\right)} \tag{3.85}$$

式（3.85）中具有高斯概率密度分布特征的后验概率密度分布函数仅针对单一

模态阶次。当同时考虑多阶模态辨识的不确定性问题时，其后验概率密度分布写成

$$p(\boldsymbol{\theta}|\boldsymbol{L},\boldsymbol{Z}) \propto \mathrm{e}^{-\frac{1}{2}(\boldsymbol{\theta}-\hat{\boldsymbol{\theta}})^{\mathrm{T}}\boldsymbol{Q}(\hat{\boldsymbol{\theta}})(\boldsymbol{\theta}-\hat{\boldsymbol{\theta}})} \tag{3.86}$$

式中，$\hat{\boldsymbol{\theta}}$ 为各阶模态的参数最优估计值，$\boldsymbol{Q}(\hat{\boldsymbol{\theta}})$ 为负对数似然函数在 $\hat{\boldsymbol{\theta}}$ 处的黑塞矩阵。

当结构的各阶模态具有稀疏性，即在各阶频率附近的有限带宽内，仍以单一模态的贡献为主；且各阶频率附近的有限带宽内，集合 $\{\boldsymbol{Y}(\bar{f})\}$ 内的各加速度响应频谱向量均服从复多元高斯概率密度分布，且其在各谱线 $\bar{f}$ 处相互独立；则黑塞矩阵 $\boldsymbol{Q}(\hat{\boldsymbol{\theta}})$ 由各阶模态 i 对应的黑塞矩阵 $\boldsymbol{Q}_i(\hat{\boldsymbol{\theta}}_i)$ 联合组成，即

$$\boldsymbol{Q}(\hat{\boldsymbol{\theta}}) = \begin{bmatrix} \boldsymbol{Q}_1(\hat{\boldsymbol{\theta}}_1) & & & \\ & \boldsymbol{Q}_2(\hat{\boldsymbol{\theta}}_2) & & \\ & & \ddots & \\ & & & \boldsymbol{Q}_{N_m}(\hat{\boldsymbol{\theta}}_{N_m}) \end{bmatrix} \tag{3.87}$$

式中，N_m 为测点布设时需要考虑的模态阶数。

3. 基于信息熵的测点优化布设理论

1）信息熵指标

通过式（3.86）所建立的后验概率密度分布函数 $p(\boldsymbol{\theta}|\boldsymbol{L},\boldsymbol{Z})$ 来描述模态辨识的不确定性，还需一个评价不同测点布设方案优劣的指标。为了量化不同测点布设方案下的模态辨识不确定性，可采用信息熵指标，即

$$H(\boldsymbol{L}) = E\left[-\ln p(\boldsymbol{\theta}|\boldsymbol{L},\boldsymbol{Z})\right] = \int -\ln p(\boldsymbol{\theta}|\boldsymbol{L},\boldsymbol{Z}) p(\boldsymbol{\theta}|\boldsymbol{L},\boldsymbol{Z})\mathrm{d}\boldsymbol{\theta} \tag{3.88}$$

式中，$H(\boldsymbol{L})$ 表示测点选择矩阵为 $\boldsymbol{L}$ 时的信息熵。

由式（3.88）可知，信息熵是对后验概率密度分布函数 $p(\boldsymbol{\theta}|\boldsymbol{L},\boldsymbol{Z})$ 的负对数求期望，其表示后验概率密度分布函数的集中程度，进而表示模态辨识不确定性的大小。信息熵值越小，表示概率密度分布函数的分布形状越集中，模态辨识的不确定性越小。采用不同的测点选择矩阵 $\boldsymbol{L}$，信息熵值不同，据此可以将信息熵值最小为目标，确定合适的测点选择矩阵，达到测点优化布设的目的。

当振动响应测试数据的采样频率足够高、采样时长足够大时，信息熵的渐近表达式为

$$H(\boldsymbol{L}) \sim h(\boldsymbol{L}) = \frac{1}{2}N_{\theta}(\ln(2\pi)+1) - \frac{1}{2}\ln\left(\det\left(\boldsymbol{Q}(\hat{\boldsymbol{\theta}})\right)\right) \tag{3.89}$$

式中，N_{θ} 表示参数 $\boldsymbol{\theta}$ 中元素的数量；$\hat{\boldsymbol{\theta}}$ 为各阶模态的参数最优估计值，对测点布设而言，由于测点尚未在桥梁上进行布设，也无法采集真实振动响应数据，因此，最优估计值 $\hat{\boldsymbol{\theta}}$ 采用有限元模型的计算模态结果表示。

由式（3.89）可知，信息熵值的大小与参数 $\boldsymbol{\theta}$ 中的元素数量 N_{θ} 以及黑塞矩阵行列式 $\det(\boldsymbol{Q}(\hat{\boldsymbol{\theta}}))$ 有关。当待识别的模态阶数及测点数量固定时，元素数量 N_{θ} 随之固

定，此时，模态辨识的不确定性只受黑塞矩阵行列式的影响。由于式（3.87）中的$\boldsymbol{Q}(\hat{\boldsymbol{\theta}})$是块对角矩阵，黑塞矩阵的行列式可进一步简化计算为各阶模态对应的黑塞矩阵$\boldsymbol{Q}_i\left(\hat{\boldsymbol{\theta}}_i\right)$行列式的连乘，即

$$\det\left(\boldsymbol{Q}(\hat{\boldsymbol{\theta}})\right)=\prod_i \det\left(\boldsymbol{Q}_i\left(\hat{\boldsymbol{\theta}}_i\right)\right) \tag{3.90}$$

至此，通过最小化式（3.89）中的信息熵值，获得最优的测点选择矩阵$\boldsymbol{L}_{\text{best}}$为

$$\boldsymbol{L}_{\text{best}}=\arg\min_{L}\left(\frac{1}{2}N_{\theta}\left(\ln(2\pi)+1\right)-\frac{1}{2}\ln\left(\det\left(\boldsymbol{Q}(\hat{\boldsymbol{\theta}})\right)\right)\right) \tag{3.91}$$

2）测点优化布设流程

依托以上信息熵准则和贝叶斯频域模态辨识理论，桥梁测点布设方案的求解方法可采用穷举法和顺序法。穷举法需要对所有可能的测点布设方案进行信息熵计算，并最小化信息熵准则来确定测点选择矩阵，思路简单清晰，也可获得最优的测点布设方案。但随着拟定测点数量的增加，可能的测点布设方案数量急剧增多。若直接采用穷举法，虽然可获得全局最优的测点布设方案，但计算代价过高。相比于穷举法，顺序法可获得接近最优解的次优布设方案，但计算代价显著降低。基于前向顺序法的测点优化布设步骤如下：

① 将桥梁结构有限元模型的N_d个节点作为待选测点，构成待选测点集A，并将初始测点布设位置集B设置为空集。

② 指定模态阶数为N_m，利用桥梁结构有限元模型计算出的频率f_i、阻尼比ξ_i和振型$\boldsymbol{\varphi}_i$（$i=1,2,\cdots,N_m$）组成模态参数的最优估计$\hat{\boldsymbol{\theta}}$。

③ 从待选测点集A中逐次选择一个节点位置加入到当前的测点集B中，计算不同测点布设方案对应的信息熵值，令信息熵值最小，确定最终会新加入到当前测点集B中的节点位置$\tilde{k}$，并更新测点布设位置集B，同时从待选测点集A中删除新加入到测点布设位置集B中的节点$\tilde{k}$。

④ 检查待选测点集A是否变为空集，若其不为空集，则返回步骤③；若其变为空集，则结束测点布设流程。

通过步骤①～④，能够获得不同测点数量（$N_L=1,2,\cdots,N_d$）工况下的最优测点布设位置，其具体流程如图 3.32 所示。

4. 案例分析

采用一简支梁模型来验证测点优化布设方法，并分析不同的测点布设方案对模态辨识不确定性的影响。

1）简支梁模型介绍

如图 3.33 所示，该简支梁模型的长度为 1900mm，矩形截面尺寸为 50mm×15.62mm。采用二维欧拉（Euler）梁单元，弹性模量为 200GPa，材料密度为 7780kg/m^3。前 3 阶模态的阻尼比均设置为 2%，频率分别为$f_1=3.15\text{Hz}$、$f_2=12.58\text{Hz}$、

$f_3 = 28.31\text{Hz}$。信噪比设置为$\gamma_i = S_i / \left(4 S_e \xi_i^2\right) = 30\text{dB}$。

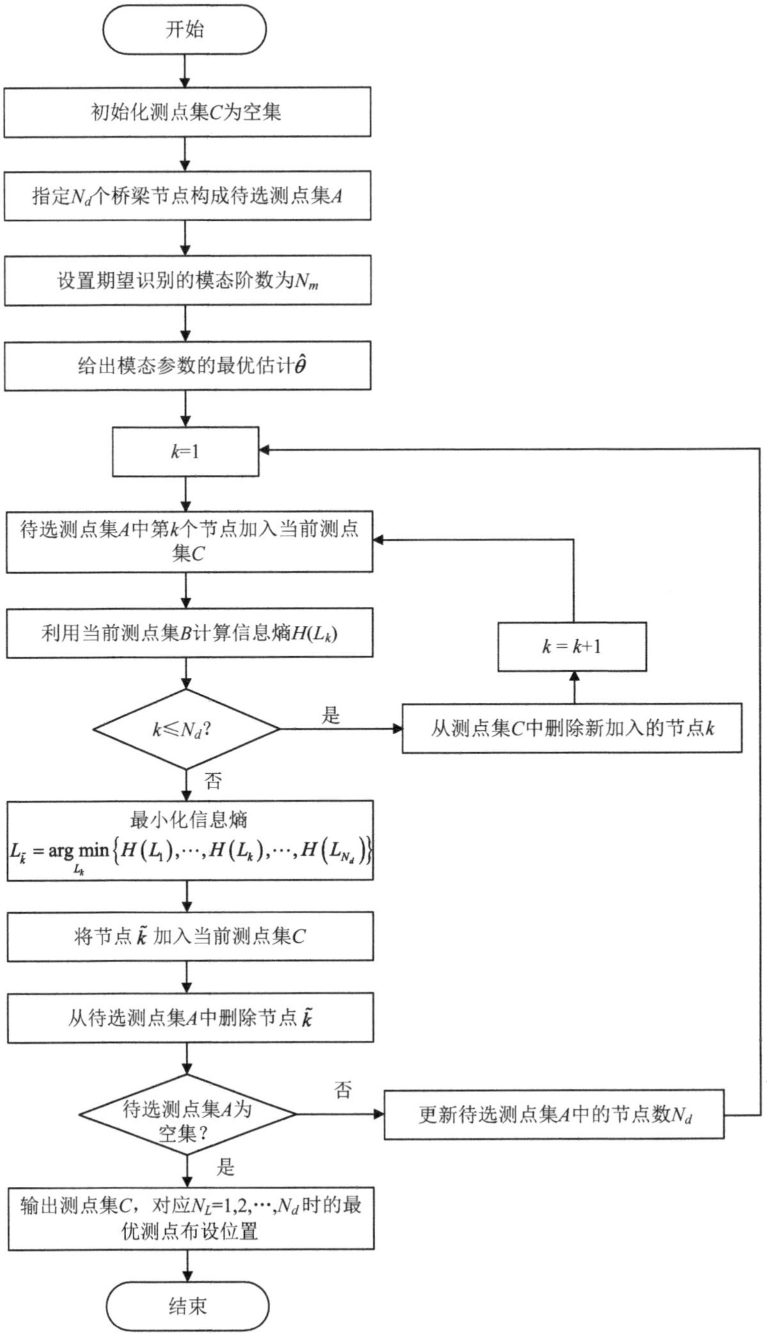
开始
初始化测点集C为空集
指定N_d个桥梁节点构成待选测点集A
设置期望识别的模态阶数为N_m
给出模态参数的最优估计$\hat{\boldsymbol{\theta}}$
k=1
待选测点集A中第k个节点加入当前测点集C
利用当前测点集B计算信息熵$H(L_k)$
$k \leqslant N_d$?
是
从测点集C中删除新加入的节点k
$k = k+1$
否
最小化信息熵
$L_{\tilde{k}} = \arg\min_{L_k} \left\{ H(L_1), \cdots, H(L_k), \cdots, H(L_{N_d}) \right\}$
将节点$\tilde{k}$加入当前测点集C
从待选测点集A中删除节点$\tilde{k}$
待选测点集A为空集?
否
更新待选测点集A中的节点数N_d
是
输出测点集C，对应N_L=1,2,⋯,N_d时的最优测点布设位置
结束

图 3.32　测点优化布设流程

如图 3.33 所示，将简支梁模型划分为 19 个单元，共包含了 20 个节点和 57 个自由度。图中的 18 个节点位置作为待选测点，只考虑竖向振动。

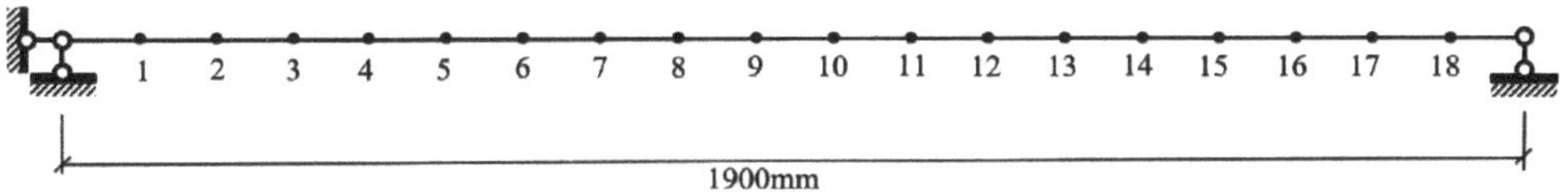

图 3.33　简支梁模型

2）测点优化布设结果分析

图 3.34 中展示了按照前向顺序法，考虑了不同模态阶次、数量的测点优化布设方案，其中，横坐标表示测点数量，纵坐标表示优化后的测点编号。对比图 3.34（a）和图 3.34（b）可知，当模态数量一致时，以不同阶模态参数作为期望识别的模态，其测点优化布设位置差别很大。测点位置编号 10 是适合第 1 阶模态的最优布设位置（不同测点数量下，编号 10 均出现在测点优化布设方案中），然而却是第 2 阶模态的最不利布设位置（直到测点数量为 18 时，编号 10 才出现在测点优化布设方案中）。对比图 3.34（a）～图 3.34（c）可以发现，当模态数量增加后，前 2 阶模态组合下的测点优化布设方案与仅第 2 阶模态下的测点优化布设方案更相似，说明第 2 阶模态对测点优化布设方案的影响更大。类似地，当模态数量进一步增加，图 3.34（d）中的测点优化布设方案与图 3.34（a）～（c）均不相似，表明第 3 阶模态对前 3 阶模态组合下的测点优化布设方案起到更为重要的作用。

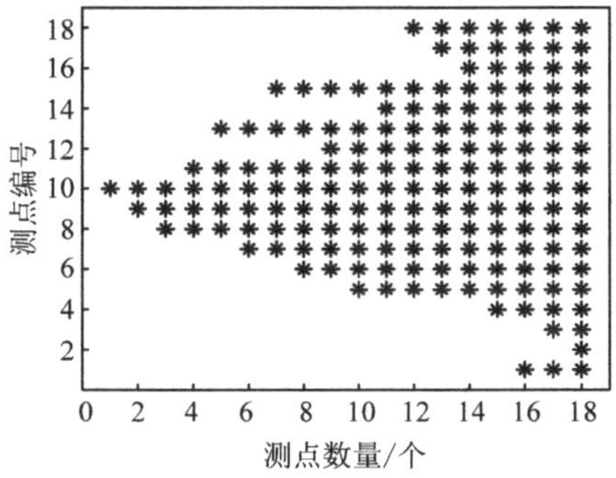

（a）$\boldsymbol{\theta}=\{f_1,\xi_1,\boldsymbol{\varphi}_1\}$

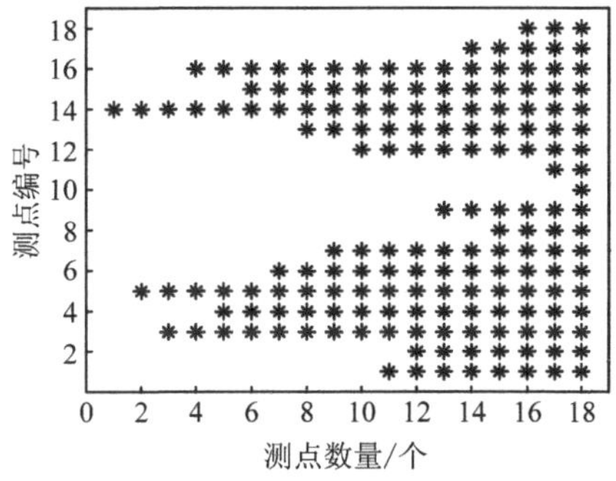

（b）$\boldsymbol{\theta}=\{f_2,\xi_2,\boldsymbol{\varphi}_2\}$

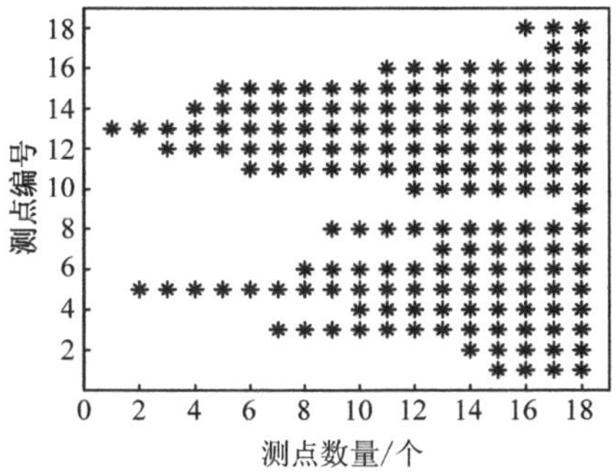

（c）$\boldsymbol{\theta}=\{f_1,\xi_1,\boldsymbol{\varphi}_1,f_2,\xi_2,\boldsymbol{\varphi}_2\}$

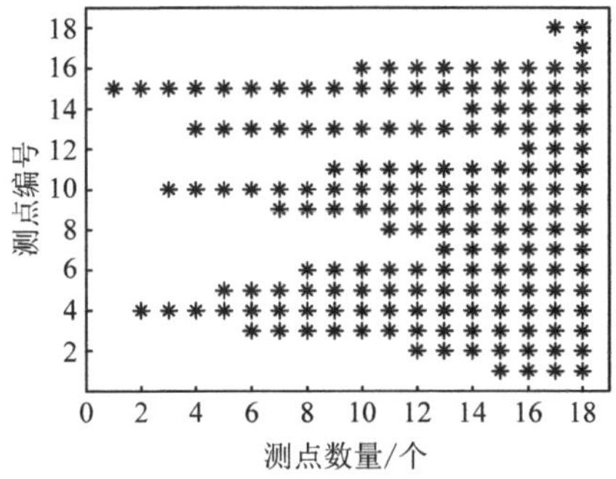

（d）$\boldsymbol{\theta}=\{f_1,\xi_1,\boldsymbol{\varphi}_1,f_2,\xi_2,\boldsymbol{\varphi}_2,f_3,\xi_3,\boldsymbol{\varphi}_3\}$

图 3.34　不同待识别模态工况下的测点布设位置图

分别以前 3 阶频率和前 3 阶振型为期望识别的模态参数，对比了信噪比为 10dB

和 50dB 时的测点优化布设结果，如图 3.35 所示。当期望识别的模态参数为频率时，测点优化布设结果对信噪比的敏感性低，图 3.35（a）和（b）中的布设结果相似度高；而期望识别的模态参数为振型时，若测点数目较低，不同信噪比下的测点优化布设结果差别较大，如图 3.35（c）和（d）所示。

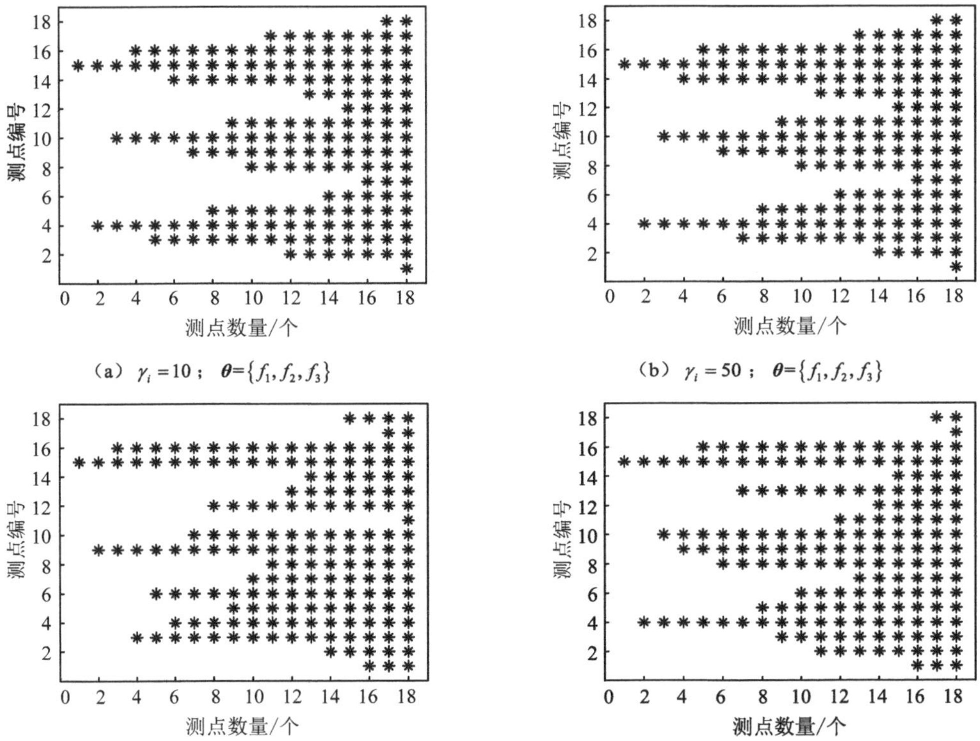

（a）$\gamma_i=10$；$\boldsymbol{\theta}=\{f_1,f_2,f_3\}$　（b）$\gamma_i=50$；$\boldsymbol{\theta}=\{f_1,f_2,f_3\}$

（c）$\gamma_i=10$；$\boldsymbol{\theta}=\{\boldsymbol{\varphi}_1,\boldsymbol{\varphi}_2,\boldsymbol{\varphi}_3\}$　（d）$\gamma_i=50$；$\boldsymbol{\theta}=\{\boldsymbol{\varphi}_1,\boldsymbol{\varphi}_2,\boldsymbol{\varphi}_3\}$

图 3.35　不同信噪比下的测点布设位置图

3）测点优化布设对模态辨识不确定性的影响

以信息熵值评价模态辨识的不确定性。分别令第 1 阶模态（f_1，ξ_1，$\boldsymbol{\varphi}_1$）、第 2 阶模态（f_2，ξ_2，$\boldsymbol{\varphi}_2$）、前 2 阶模态（f_1，ξ_1，$\boldsymbol{\varphi}_1$；f_2，ξ_2，$\boldsymbol{\varphi}_2$）、前 3 阶模态（f_1，ξ_1，$\boldsymbol{\varphi}_1$；f_2，ξ_2，$\boldsymbol{\varphi}_2$；f_3，ξ_3，$\boldsymbol{\varphi}_3$）为期望识别的模态。针对以上 4 种模态组合，令信噪比为 30dB，给出不同测点数量下的信息熵最小值，见表 3.9。对每一种模态组合的工况下，随着测点数量的增加，信息熵值逐渐减小。

表 3.9　不同测点数量下的信息熵最小值

模态	测点数量								
	2	4	6	8	10	12	14	16	18
$\{f_1,\xi_1,\boldsymbol{\varphi}_1\}$	12.5910	10.5526	8.1270	5.9543	3.0833	0.7216	−0.8833	−2.4239	−5.5813
$\{f_2,\xi_2,\boldsymbol{\varphi}_2\}$	14.2717	12.2884	9.6663	6.5867	4.1559	1.7354	−0.3783	−3.0683	−4.9634
$\begin{Bmatrix}f_1,\xi_1,\boldsymbol{\varphi}_1\\ f_2,\xi_2,\boldsymbol{\varphi}_2\end{Bmatrix}$	28.5519	25.1807	19.6299	14.4148	9.5315	4.1855	−1.3434	−3.1909	−10.5448

续表

模态	测点数量								
	2	4	6	8	10	12	14	16	18
$\begin{Bmatrix} f_1,\xi_1,\varphi_1 \\ f_2,\xi_2,\varphi_2 \\ f_3,\xi_3,\varphi_3 \end{Bmatrix}$	47.6977	40.9784	35.6373	26.4967	18.8936	11.1735	3.5988	−3.6010	−12.0017

令信噪比为 30dB，针对不同期望识别的模态组合进行测点优化布设，并给出了不同测点数量下的各阶频率的信息熵值，如图 3.36 所示。图 3.36（a）中，最下侧的虚线（最优值）对应着最优测点布设时的第 1 阶频率的信息熵（即按照前向顺序算法，以信息熵值最小为优化目标，只将第 1 阶频率 f_1 作为期望识别模态，获得测点优化布设位置，并计算得到了第 1 阶频率的信息熵值）；最上方的虚线（最差值）对应着最差测点布设时的第 1 阶频率的信息熵（即按照前向顺序布置算法，但将以信息熵最小为优化目标改成了以信息熵最大为目标，只将第 1 阶频率 f_1 作为期望识别模态，获得测点优化布设位置，此时计算得到了第 1 阶频率的信息熵值）；围在两虚线中间的散点，为不同期望识别模态组合下的第 1 阶频率信息熵值随测点数量的变化。图 3.36（b）和（c）与图 3.36（a）类似。由图可知，在任意测点数量下，利用多模态参数组合作为期望识别模态的测点优化布设工况，与利用单一频率作为期望识别模态的测点优化布设（最优值）工况，获得的第 1 阶频率的信息熵基本一致，而与利用单一频率作为期望识别模态的最差测点布设（最差值）工况获得的第 1 阶频率的信息熵值差别较大。因此，利用多目标优化得到的测点布设方案，不会对单一目标的识别不确定性造成很大的影响。

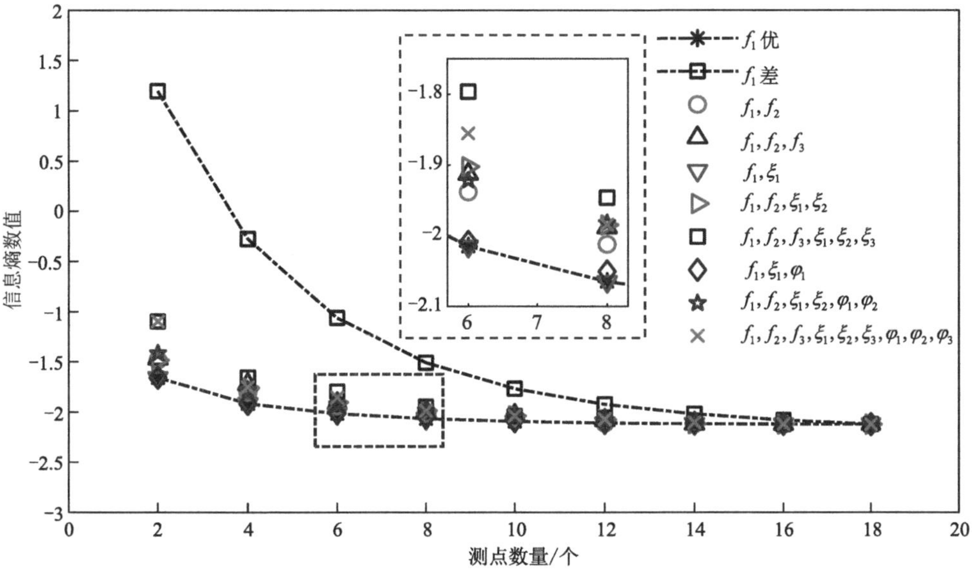

（a）第 1 阶频率

图 3.36　不同测点数量下频率的信息熵

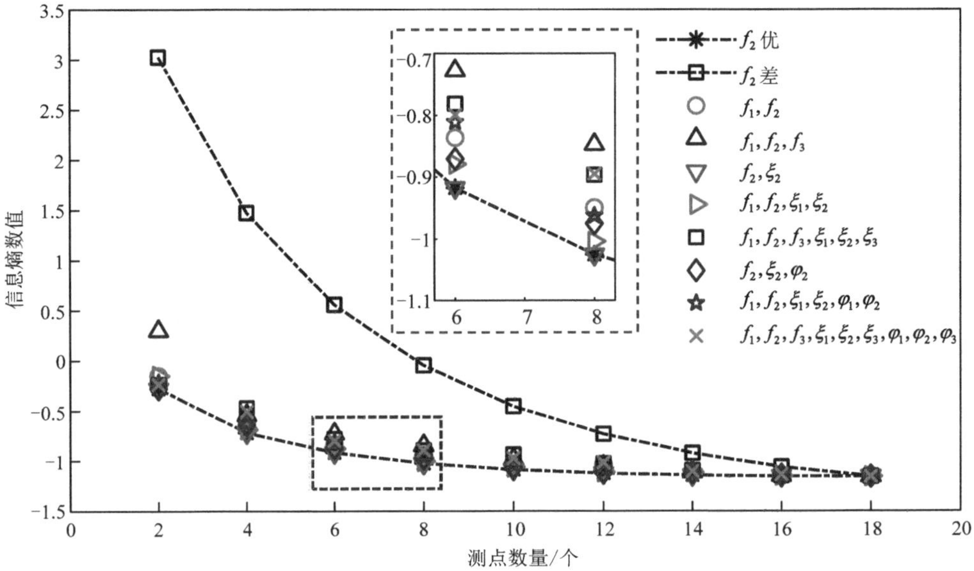

（b）第 2 阶频率

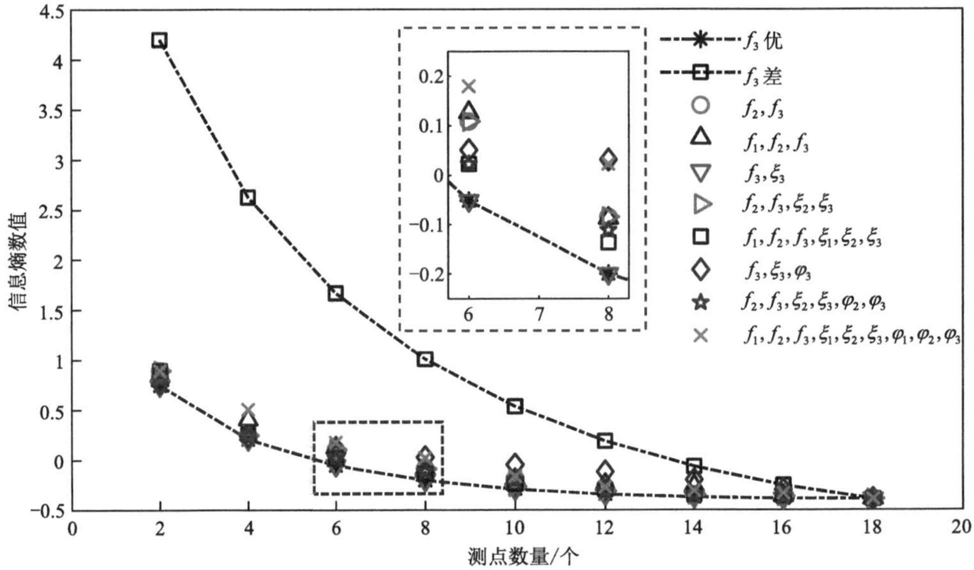

（c）第 3 阶频率

图 3.36（续）

3.4.3　考虑数值模型误差不确定性的测点布设

测点优化布设在振动响应测试前进行，需以桥梁结构有限元模型的模态作为模态最优估计值，用于构造测点优化的目标函数。实际上，桥梁结构与其有限元模型之间总是存在差异，所以有限元模型的模态与真实结构模态之间也会存在偏差。此时，根据有限元模型模态进行测点优化布设后，测点处采集的振动响应可能并非最适合于桥梁模态辨识的振动响应，从而导致模态辨识不确定性提高。为此，在考虑模态辨识不确定性的测点优化布设研究中，除了考虑噪声影响，还要考虑数值模型误差的影响。

1. 考虑数值模型误差的振动响应表达式

以测试振动响应是位移为例，参考式（3.80），有限测点下的桥梁结构位移响应测试数据表达式可写为

$$\boldsymbol{y}(t)=\boldsymbol{L}\big(\boldsymbol{x}(t)+\boldsymbol{e}(t)\big) \tag{3.92}$$

式中，$\boldsymbol{x}(t)$ 表示有限元模型的位移响应；$\boldsymbol{e}(t)$ 表示预测误差，由测量噪声误差 $\boldsymbol{e}_{\text{mea}}(t)$ 和数值模型误差 $\boldsymbol{e}_{\text{mod}}(t)$ 两部分组成，记为

$$\boldsymbol{e}(t)=\boldsymbol{e}_{\text{mea}}(t)+\boldsymbol{e}_{\text{mod}}(t) \tag{3.93}$$

通常假定测量噪声误差 $\boldsymbol{e}_{\text{mea}}(t)$ 满足独立高斯白噪声特性，其均值为 0、协方差 $\boldsymbol{\Sigma}_{\text{mea}}$ 为对角矩阵，且与数值模型误差互不相关，则预测误差的协方差矩阵可写为

$$\boldsymbol{\Sigma}_t=\boldsymbol{\Sigma}_{\text{mea}}+\boldsymbol{\Sigma}_{\text{mod}} \tag{3.94}$$

式中，$\boldsymbol{\Sigma}_t$ 和 $\boldsymbol{\Sigma}_{\text{mod}}$ 分别表示预测误差和数值模型误差的协方差矩阵。

振动响应的数值模型误差 $\boldsymbol{e}_{\text{mod}}(t)$ 有两种描述方式，一种是基于空间相关性的数值模型误差描述方式，另一种是基于结构刚度变化的数值模型误差描述方式。

1）基于空间相关性的数值模型误差描述

该方法并非直接给出数值模型误差 $\boldsymbol{e}_{\text{mod}}(t)$ 的具体形式，而是假定数值模型误差服从均值为 0、协方差为 $\boldsymbol{\Sigma}_{\text{mod}}$ 的概率分布。通过空间相关性给出协方差 $\boldsymbol{\Sigma}_{\text{mod}}$ 的构造方式。

不同于测量噪声误差协方差矩阵 $\boldsymbol{\Sigma}_{\text{mea}}$，将数值模型误差的协方差矩阵 $\boldsymbol{\Sigma}_{\text{mod}}$ 假定为对角矩阵并不合理，这是因为桥梁结构各节点之间振动响应具有相关性。空间相关性理论[24]认为，节点间的距离越小，数值模型误差的相互影响越大，据此定义了协方差矩阵中非对角元素的形式为

$$\Sigma_{\text{mod},ij}=\sqrt{\Sigma_{\text{mod},ii}\Sigma_{\text{mod},jj}}\,\mathrm{e}^{-\delta_{ij}/\lambda} \tag{3.95}$$

式中，$\Sigma_{\text{mod},ij}$ 表示数值模型误差协方差矩阵 $\boldsymbol{\Sigma}_{\text{mod}}$ 中第 i 行第 j 列的元素；$\Sigma_{\text{mod},ii}$ 表示数值模型误差协方差矩阵 $\boldsymbol{\Sigma}_{\text{mod}}$ 中第 i 行第 i 列的元素；$\Sigma_{\text{mod},jj}$ 表示数值模型误差协方差矩阵 $\boldsymbol{\Sigma}_{\text{mod}}$ 第 j 行第 j 列的元素；δ_{ij} 表示节点 i 和节点 j 之间的空间距离；λ 为空间距离调节因子，用于调节两节点间数值模型误差相互影响的大小随空间距离的变化；当两节点 i 和 j 的空间距离 δ_{ij} 越小，非对角元素的数值 $\Sigma_{\text{mod},ij}$ 越大，数值模型误差的相互影响越大。

除式（3.95）以外，也有研究将模态空间中的距离引入到数值模型误差的描述中，将振型矩阵引入到协方差矩阵非对角元素中，表达式为

$$\Sigma_{\text{mod},ij}=\frac{\boldsymbol{\phi}_i^{\mathrm{T}}\boldsymbol{\phi}_j}{N_m}\mathrm{e}^{-\delta_{ij}/\bar{\delta}} \tag{3.96}$$

式中，$\bar{\delta}$ 表示各节点间的平均距离；N_m 表示模态阶数；$\boldsymbol{\phi}_i=\begin{bmatrix}\phi_{i,1} & \phi_{i,2} & \cdots & \phi_{i,N_m}\end{bmatrix}^{\mathrm{T}}$ 和

$\boldsymbol{\phi}_j = \begin{bmatrix} \phi_{j,1} & \phi_{j,2} & \cdots & \phi_{j,N_m} \end{bmatrix}^{\mathrm{T}}$ 中各元素为

$$\phi_{i,k} = \frac{|\varphi_{ik}|}{\max\left(|\varphi_{ik}|,|\varphi_{jk}|\right)} \tag{3.97}$$

$$\phi_{j,k} = \frac{|\varphi_{jk}|}{\max\left(|\varphi_{ik}|,|\varphi_{jk}|\right)} \tag{3.98}$$

式中，$\varphi_{ik},\varphi_{jk}$ 表示节点 i 和节点 j 处的第 k 阶振型值。

式（3.95）和式（3.96）中的协方差矩阵非对角元素表达式都利用了数值模型误差的空间相关性。节点之间的距离越小，数值模型误差的相关性越显著，其协方差矩阵 $\boldsymbol{\Sigma}_{\mathrm{mod}}$ 的非对角元素值越大。

这种基于空间相关性的数值模型误差的描述方式，不适用于多维测点的优化布设。对于多维测点布设的情况，一个节点 i 对应着多个自由度，同一节点的不同自由度之间的空间距离为 0。此时，若仍按照式（3.95）或式（3.96）计算协方差矩阵 $\boldsymbol{\Sigma}_{\mathrm{mod}}$ 的非对角元素，则同一节点的不同自由度处的数值模型误差完全相关。这不仅不符合实际情况，而且会造成优化布设计算过程中出现矩阵奇异问题。

此外，数值模型误差应能体现出有限元模型与桥梁之间的偏差，应与桥梁结构固有特性有一定的关联性。而利用式（3.95）和式（3.96）构造的数值模型误差协方差矩阵只能体现空间相关性，可避免测点布设过于密集，却无法体现出桥梁与其有限元模型在固有特性上的偏差。

2）基于结构刚度变化的数值模型误差描述

该方法是从桥梁结构有限元模型的角度出发，以结构单元刚度的随机变化作为数值模型误差来源，通过单元刚度变化与模态、振动响应的理论联系，推导振动响应的数值模型误差 $\boldsymbol{e}_{\mathrm{mod}}(t)$ 的表示形式。

（1）单元刚度变化与振型变化的关系

定义单元刚度矩阵变化量为 $\Delta\boldsymbol{K}$，其与单元刚度矩阵之间的关系为

$$\Delta\boldsymbol{K} = \sum_{j=1}^{N_e} \beta_j \boldsymbol{K}_j \tag{3.99}$$

式中，N_e 表示桥梁结构有限元模型划分的单元数量；$\boldsymbol{K}_j$ 表示第 j 个单元刚度矩阵；β_j 表示第 j 个单元刚度矩阵的变化系数。

依据矩阵摄动理论，当有限元模型与真实结构的单元刚度矩阵之间存在微小变化 $\Delta\boldsymbol{K}$ 时，有限元模型的振型和真实结构振型之间也存在变化量：

$$\Delta\boldsymbol{\varphi}_i = \sum_{\substack{r=1\\ r\neq i}}^{N_d} -\frac{\boldsymbol{\varphi}_r^{\mathrm{T}}\Delta\boldsymbol{K}\boldsymbol{\varphi}_i}{\lambda_r - \lambda_i}\boldsymbol{\varphi}_r \tag{3.100}$$

式中，$\Delta\boldsymbol{\varphi}_i$ 表示由刚度变化导致的振型 $\boldsymbol{\varphi}_i$ 变化量；$\boldsymbol{\varphi}_i$ 和 $\boldsymbol{\varphi}_r$ 分别为第 i 阶和第 r 阶振型；λ_i 和 λ_r 分别为第 i 阶和第 r 阶特征值。

联立式（3.99）和式（3.100），可得

$$\Delta\boldsymbol{\varphi}_i=\left[\sum_{\substack{r=1\\r\neq i}}^{N_d}\frac{-\boldsymbol{\varphi}_r^{\mathrm{T}}\boldsymbol{K}_1\boldsymbol{\varphi}_i}{\lambda_r-\lambda_i}\boldsymbol{\varphi}_r\quad\sum_{\substack{r=1\\r\neq i}}^{N_d}\frac{-\boldsymbol{\varphi}_r^{\mathrm{T}}\boldsymbol{K}_2\boldsymbol{\varphi}_i}{\lambda_r-\lambda_i}\boldsymbol{\varphi}_r\quad\cdots\quad\sum_{\substack{r=1\\r\neq i}}^{N_d}-\frac{\boldsymbol{\varphi}_r^{\mathrm{T}}\boldsymbol{K}_{N_e}\boldsymbol{\varphi}_i}{\lambda_r-\lambda_i}\boldsymbol{\varphi}_r\right]\begin{bmatrix}\beta_1\\\beta_2\\\vdots\\\beta_{N_e}\end{bmatrix}=\boldsymbol{E}_i\boldsymbol{\beta}\tag{3.101}$$

式中，$\boldsymbol{E}_i$表示第i阶振型关于刚度变化系数向量$\boldsymbol{\beta}$的灵敏度矩阵；刚度变化系数向量$\boldsymbol{\beta}$反映了有限元模型与真实结构刚度之间的差异，也就是数值模型误差来源。

相应地，刚度变化引起的振型矩阵$\boldsymbol{\Phi}=\left[\boldsymbol{\varphi}_1\quad\boldsymbol{\varphi}_2\quad\cdots\quad\boldsymbol{\varphi}_{N_m}\right]$的变化为

$$\Delta\boldsymbol{\Phi}=\left[\Delta\boldsymbol{\varphi}_1\quad\Delta\boldsymbol{\varphi}_2\quad\cdots\quad\Delta\boldsymbol{\varphi}_{N_m}\right]=\left[\boldsymbol{E}_1\boldsymbol{\beta}\quad\boldsymbol{E}_2\boldsymbol{\beta}\quad\cdots\quad\boldsymbol{E}_{N_m}\boldsymbol{\beta}\right]\tag{3.102}$$

（2）振动响应的数值模型误差

根据模态叠加原理，位移响应$\boldsymbol{x}(t)$可写成

$$\boldsymbol{x}(t)=\boldsymbol{\Phi}\boldsymbol{q}(t)\tag{3.103}$$

式中，$\boldsymbol{q}(t)\in\mathbb{R}^{N_m\times1}$表示模态响应向量，振型矩阵$\boldsymbol{\Phi}\in\mathbb{R}^{N_d\times N_m}$。

当数值模型误差存在时，式（3.103）中的位移响应被改写为

$$\boldsymbol{x}(t)=(\boldsymbol{\Phi}+\Delta\boldsymbol{\Phi})\boldsymbol{q}(t)\tag{3.104}$$

将式（3.102）代入式（3.103），在刚度变化系数向量为$\boldsymbol{\beta}$时的位移响应可表示为

$$\boldsymbol{x}(t|\boldsymbol{\beta})=\left(\boldsymbol{\Phi}+\left[\boldsymbol{E}_1\boldsymbol{\beta}\quad\boldsymbol{E}_2\boldsymbol{\beta}\quad\cdots\quad\boldsymbol{E}_{N_m}\boldsymbol{\beta}\right]\right)\boldsymbol{q}(t)\tag{3.105}$$

$\boldsymbol{x}(t|\boldsymbol{\beta})$即为结构在刚度矩阵发生变化$\boldsymbol{\beta}$下的有限元模型位移响应，即为考虑了数值模型误差的有限元模型位移响应。

相应地，式（3.93）中位移响应的数值模型误差可表示为

$$\boldsymbol{e}_{\mathrm{mod}}(t|\boldsymbol{\beta})=\boldsymbol{x}(t|\boldsymbol{\beta})-\boldsymbol{x}(t)=\left[\boldsymbol{E}_1\boldsymbol{\beta}\quad\boldsymbol{E}_2\boldsymbol{\beta}\quad\cdots\quad\boldsymbol{E}_{N_m}\boldsymbol{\beta}\right]\boldsymbol{q}(t)\tag{3.106}$$

至此，采用基于结构刚度变化的数值模型误差描述形式，并将其代入式（3.93）和式（3.92），可得到联合考虑了测量噪声和数值模型误差的有限测点下的位移响应表达式：

$$\boldsymbol{y}(t)=\boldsymbol{L}\left(\left(\boldsymbol{\Phi}+\left[\boldsymbol{E}_1\boldsymbol{\beta}\quad\boldsymbol{E}_2\boldsymbol{\beta}\quad\cdots\quad\boldsymbol{E}_{N_m}\boldsymbol{\beta}\right]\right)\boldsymbol{q}(t)+\boldsymbol{e}_{\mathrm{mea}}(t)\right)\tag{3.107}$$

2. 用于测点优化布设的条件信息熵指标

模态响应$\boldsymbol{q}(t)$中包含了桥梁的频率、阻尼比等模态参数信息，且其与振动响应$\boldsymbol{y}(t)$之间为线性关系。振动响应测试数据质量越高，则模态响应质量越高，相应地，频率、阻尼比等模态参数的辨识不确定性越小。为此，可将模态响应$\boldsymbol{q}(t)$作为待识别的参数$\boldsymbol{\theta}$，推导可描述模态辨识不确定性的后验概率密度分布函数，并据此建立量化模态辨识不确定性的信息熵指标。

令$\boldsymbol{\theta}=\boldsymbol{q}(t)$，式（3.105）和式（3.107）可重新写为

$$\boldsymbol{x}(\boldsymbol{\theta},t|\boldsymbol{\beta})=\left(\boldsymbol{\Phi}+\left[\boldsymbol{E}_1\boldsymbol{\beta}\quad\boldsymbol{E}_2\boldsymbol{\beta}\quad\cdots\quad\boldsymbol{E}_{N_m}\boldsymbol{\beta}\right]\right)\boldsymbol{\theta}\tag{3.108}$$

$$\boldsymbol{y}(t)=\boldsymbol{L}\left(\left(\boldsymbol{\Phi}+\left[\boldsymbol{E}_1\boldsymbol{\beta}\quad\boldsymbol{E}_2\boldsymbol{\beta}\quad\cdots\quad\boldsymbol{E}_{N_m}\boldsymbol{\beta}\right]\right)\boldsymbol{\theta}+\boldsymbol{e}_{\mathrm{mea}}(t)\right)\tag{3.109}$$

式中，测量噪声误差$\boldsymbol{e}_{\text{mea}}(t)$具有均值为0、协方差矩阵为$\boldsymbol{\Sigma}_{\text{mea}}$的独立高斯白噪声特性，且假定各测量噪声的协方差一致，即$\boldsymbol{\Sigma}_{\text{mea}}=\text{diag}\left[\sigma_1{}^2 \quad \sigma_2{}^2 \quad \cdots \quad \sigma_{N_d}{}^2\right]$且$\sigma_1=\sigma_2=\cdots=\sigma_{N_d}=\sigma_0$。

依据贝叶斯时域模态辨识理论，参数$\boldsymbol{\theta}$的辨识不确定性可通过位移响应集合$\boldsymbol{D}=\{\boldsymbol{y}_k\equiv\boldsymbol{y}(k\Delta t),\ k=1\leqslant k\leqslant N\}$（$k$表示离散时刻）和桥梁结构有限元模型刚度变化系数向量$\boldsymbol{\beta}$所确定的后验证概率密度分布函数$p(\boldsymbol{\theta}|\boldsymbol{\Sigma}_{\text{mea}},\boldsymbol{D},\boldsymbol{\beta})$来描述[25]：

$$p(\boldsymbol{\theta}|\boldsymbol{\Sigma}_{\text{mea}},\boldsymbol{D},\boldsymbol{\beta})=c\frac{1}{\left(\sqrt{2\pi}\sigma_0\right)^{NN_L}}\mathrm{e}^{-\frac{NN_L}{2\sigma_0{}^2}J(\boldsymbol{\theta}|\boldsymbol{D},\boldsymbol{\beta})}p(\boldsymbol{\theta}|\boldsymbol{\beta}) \tag{3.110}$$

式中，c为一个常系数，用于保证式（3.110）的积分面积为1；$p(\boldsymbol{\theta}|\boldsymbol{\beta})$为参数$\boldsymbol{\theta}$在$\boldsymbol{\beta}$条件下的先验概率分布；$J(\boldsymbol{\theta}|\boldsymbol{D},\boldsymbol{\beta})$用于表示位移响应测试值与模型值之间的差异，其表达式为

$$J(\boldsymbol{\theta}|\boldsymbol{D},\boldsymbol{\beta})=\frac{1}{NN_L}\sum_{k=1}^{N}\left(\boldsymbol{y}_k-\boldsymbol{L}\boldsymbol{x}(\boldsymbol{\theta},k|\boldsymbol{\beta})\right)^{\mathrm{T}}\left(\boldsymbol{y}_k-\boldsymbol{L}\boldsymbol{x}(\boldsymbol{\theta},k|\boldsymbol{\beta})\right) \tag{3.111}$$

式中，$\boldsymbol{x}(\boldsymbol{\theta},k|\boldsymbol{\beta})$表示离散时刻$k$处的有限元模型位移响应，即式（3.108）的离散时间形式。

结合式（3.88）中的信息熵定义，测点选择矩阵为$\boldsymbol{L}$时的信息熵表达式为

$$H(\boldsymbol{L}|\boldsymbol{\Sigma}_{\text{mea}},\boldsymbol{D},\boldsymbol{\beta})=E\left[-\ln p(\boldsymbol{\theta}|\boldsymbol{\Sigma}_{\text{mea}},\boldsymbol{D},\boldsymbol{\beta})\right]=-\int\ln p(\boldsymbol{\theta}|\boldsymbol{\Sigma}_{\text{mea}},\boldsymbol{D},\boldsymbol{\beta})p(\boldsymbol{\theta}|\boldsymbol{\Sigma}_{\text{mea}},\boldsymbol{D},\boldsymbol{\beta})\,\mathrm{d}\boldsymbol{\theta} \tag{3.112}$$

当位移数据足够多时（$N\to\infty$），信息熵式（3.112）的渐进表达式为

$$H(\boldsymbol{L}|\boldsymbol{\Sigma}_{\text{mea}},\boldsymbol{D},\boldsymbol{\beta})\sim h(\boldsymbol{L}|\boldsymbol{\Sigma}_{\text{mea}},\boldsymbol{D},\boldsymbol{\beta})=\frac{1}{2}N_{\boldsymbol{\theta}}\left(\ln(2\pi)+\ln\sigma_0^2\right)-\frac{1}{2}\ln\left(\det\left(\boldsymbol{Q}\left(\boldsymbol{L},\hat{\boldsymbol{\theta}}|\boldsymbol{\beta}\right)\right)\right) \tag{3.113}$$

式中，$N_{\boldsymbol{\theta}}$表示$\boldsymbol{\theta}$中元素的数量；$\hat{\boldsymbol{\theta}}$表示参数$\boldsymbol{\theta}$的最优估计，通过最小化式（3.111）获得；$\boldsymbol{Q}\left(\boldsymbol{L},\hat{\boldsymbol{\theta}}|\boldsymbol{\beta}\right)$是费希尔信息阵，其理论展开式为

$$\boldsymbol{Q}\left(\boldsymbol{L},\hat{\boldsymbol{\theta}}|\boldsymbol{\beta}\right)=\left(\boldsymbol{L}\left(\boldsymbol{\Phi}+\left[\boldsymbol{E}_1\boldsymbol{\beta},\boldsymbol{E}_2\boldsymbol{\beta},\cdots,\boldsymbol{E}_{N_m}\boldsymbol{\beta}\right]\right)\right)^{\mathrm{T}}\left(\boldsymbol{L}\left(\boldsymbol{\Phi}+\left[\boldsymbol{E}_1\boldsymbol{\beta},\boldsymbol{E}_2\boldsymbol{\beta},\cdots,\boldsymbol{E}_{N_m}\boldsymbol{\beta}\right]\right)\right) \tag{3.114}$$

值得注意的是，利用式（3.113）计算信息熵时，刚度变化系数向量$\boldsymbol{\beta}$需要已知。但测点优化布设时，有限元模型与真实结构间的刚度偏差（体现为刚度变化系数向量$\boldsymbol{\beta}$）未知。为了解决这一问题，考虑到桥梁与其模型之间的刚度偏差不可能是无限制的，可以假设刚度变化系数向量$\boldsymbol{\beta}$在某一范围$\boldsymbol{B}$内变化。

从式（3.114）可知，费希尔信息阵$\boldsymbol{Q}\left(\boldsymbol{L},\hat{\boldsymbol{\theta}}|\boldsymbol{\beta}\right)$随刚度变化系数向量$\boldsymbol{\beta}$的改变而改变。若刚度变化系数向量$\boldsymbol{\beta}$在某一范围$\boldsymbol{B}$内变化，费希尔信息阵$\boldsymbol{Q}\left(\boldsymbol{L},\hat{\boldsymbol{\theta}}|\boldsymbol{\beta}\right)$也会随之改变，即$\boldsymbol{Q}\left(\boldsymbol{L},\hat{\boldsymbol{\theta}}|\boldsymbol{\beta}\right)$是不确定的。此时，式（3.113）不再适用。

为了解决费希尔信息阵$\boldsymbol{Q}\left(\boldsymbol{L},\hat{\boldsymbol{\theta}}|\boldsymbol{\beta}\right)$不确定带来的问题，可采用式（3.115）中的条件信息熵指标，来量化模态辨识的不确定性。

$$h\left(\boldsymbol{L}\middle|\boldsymbol{\Sigma}_{\text{mea}},\boldsymbol{D},\boldsymbol{B}\right)=\int_{\boldsymbol{\beta}\in\boldsymbol{B}}h\left(\boldsymbol{L}\middle|\boldsymbol{\Sigma}_{\text{mea}},\boldsymbol{D},\boldsymbol{\beta}\right)p(\boldsymbol{\beta})\mathrm{d}\boldsymbol{\beta} \tag{3.115}$$

式中，$p(\boldsymbol{\beta})$ 表示 $\boldsymbol{\beta}$ 的先验分布；条件信息熵 $h\left(\boldsymbol{L}\middle|\boldsymbol{\Sigma}_{\text{mea}},\boldsymbol{D},\boldsymbol{B}\right)$ 实际上是对不同 $\boldsymbol{\beta}$ 工况下的信息熵 $h\left(\boldsymbol{L}\middle|\boldsymbol{\Sigma}_{\text{mea}},\boldsymbol{D},\boldsymbol{\beta}\right)$ 的积分。

联合式（3.113）和式（3.114），则条件信息熵式（3.115）可简化为

$$h\left(\boldsymbol{L}\middle|\boldsymbol{\Sigma}_{\text{mea}},\boldsymbol{D},\boldsymbol{B}\right)\sim\int_{\boldsymbol{\beta}\in\boldsymbol{B}}-\ln\left(\det\left(\boldsymbol{Q}\left(\boldsymbol{L},\hat{\boldsymbol{\theta}}\middle|\boldsymbol{\beta}\right)\right)\right)p(\boldsymbol{\beta})\mathrm{d}\boldsymbol{\beta} \tag{3.116}$$

进一步去掉式（3.116）右侧积分内的负号，获得关于测点选择矩阵 $\boldsymbol{L}$ 的条件信息熵指标 $\mathrm{CIE}(\boldsymbol{L})$ 为

$$\mathrm{CIE}(\boldsymbol{L})=\int_{\boldsymbol{\beta}\in\boldsymbol{B}}\ln\left[\det\left(\boldsymbol{Q}\left(\boldsymbol{L},\hat{\boldsymbol{\theta}}\middle|\boldsymbol{\beta}\right)\right)\right]p(\boldsymbol{\beta})\mathrm{d}\boldsymbol{\beta} \tag{3.117}$$

测点优化布设的目标是确定最优的测点选择矩阵 $\boldsymbol{L}_{\text{best}}$，通过最小化条件信息熵式（3.116）或最大化条件信息熵指标（3.117）来确定，即

$$\boldsymbol{L}_{\text{best}}=\arg\min_{\boldsymbol{L}} h\left(\boldsymbol{L}\middle|\boldsymbol{\Sigma}_{\text{mea}},\boldsymbol{D},\boldsymbol{B}\right)=\arg\max_{\boldsymbol{L}}\mathrm{CIE}(\boldsymbol{L}) \tag{3.118}$$

类似地，当不考虑数值模型误差，或不以刚度变化描述数值模型误差时，有 $\boldsymbol{\beta}=\boldsymbol{0}$、$p(\boldsymbol{\beta})=1$。此时，条件信息熵指标 $\mathrm{CIE}(\boldsymbol{L})$ 变为式（3.119）。将 $\mathrm{IE}(\boldsymbol{L})$ 定义为信息熵指标，其适合于不考虑数值模型误差或不以刚度变化描述数值模型误差时的测点优化布设。

$$\mathrm{IE}(\boldsymbol{L})=\mathrm{CIE}\left(\boldsymbol{L}\middle|\boldsymbol{\beta}=\boldsymbol{0},p(\boldsymbol{\beta})=1\right)=\ln\left[\det\left(\boldsymbol{Q}\left(\boldsymbol{L},\hat{\boldsymbol{\theta}}\right)\right)\right] \tag{3.119}$$

3. 测点优化布设流程

利用前向顺序算法的测点布设步骤如下：

① 将桥梁有限元模型的 N_d 个节点作为待选测点，构成待选测点集 A，并将初始测点布设位置集 C 设置为空集。

② 指定期望识别的模态阶数为 N_m，给定刚度变化系数向量 $\boldsymbol{\beta}$ 的取值范围 $\boldsymbol{B}$ 和先验概率分布 $p(\boldsymbol{\beta})$。

③ 通过蒙特卡罗（Monte Carlo）抽样方法获得各种刚度变化 $\boldsymbol{\beta}$ 工况下的振型矩阵 $\boldsymbol{\Phi}+\left[\boldsymbol{E}_1\boldsymbol{\beta},\boldsymbol{E}_2\boldsymbol{\beta},\cdots,\boldsymbol{E}_{N_m}\boldsymbol{\beta}\right]$。

④ 从待选测点集 A 中逐次选择一个位置加入到当前的测点布设位置集 C 中，计算不同测点布设方案对应的条件信息熵指标 $\mathrm{CIE}(\boldsymbol{L})$。令信息熵指标最大，确定最终会新加入到当前测点布设位置集 C 中的测点位置，并更新测点布设位置集 C，同时从待选测点集 A 中删除新加入到测点布设位置集中的测点。

⑤ 检查待选测点集 A 是否变为空集；若其不为空集，则返回步骤④；若其变为空集，则结束测点布设流程。

通过步骤①～⑤，能够获得不同测点数量（$N_L=1,2,\cdots,N_d$）工况下的最优测点布设位置。具体布设流程如图 3.37 所示。

```
               ┌─────────┐
               │   开始   │
               └─────────┘
                    │
         ┌──────────────────────┐
         │  初始化测点集C为空集    │
         └──────────────────────┘
                    │
         ┌──────────────────────────┐
         │ 指定$N_d$个桥梁节点构成待选测点集A │
         └──────────────────────────┘
                    │
         ┌──────────────────────────┐
         │ 设置期望识别的模态阶数为$N_m$  │
         └──────────────────────────┘
                    │
         ┌──────────────────────────┐
         │ 给定刚度变化系数向量$\beta$的取值范围 │
         │        及先验概率分布        │
         └──────────────────────────┘
                    │
         ┌──────────────────────────┐
         │   蒙特卡罗抽样确定振型矩阵     │
         └──────────────────────────┘
                    │
              ┌──────────┐
              │   $k=1$    │◄──────────────────────┐
              └──────────┘                        │
                    │                             │
         ┌──────────────────────────┐              │
         │ 待选测点集A中第$k$个节点加入当前 │◄────┐        │
         │        测点集C            │     │        │
         └──────────────────────────┘     │        │
                    │                     │        │
         ┌──────────────────────────┐   ┌────────┐ │
         │ 用当前测点集C算条件信息熵 $\mathrm{CIE}(L_k)$│   │$k=k+1$│ │
         └──────────────────────────┘   └────────┘ │
                    │                       ▲      │
              ◇ $k\leqslant N_d$ ? ◇──是──►┌────────────────────┐
                    │否               │从测点集C中删除新加入的节点$k$│
         ┌──────────────────────────┐  └────────────────────┘
         │     最大化条件信息熵指标      │
         │$L_{\tilde{k}}=\arg\max\limits_{L_k}\{\mathrm{CIE}(L_1),\cdots,\mathrm{CIE}(L_k),\cdots,\mathrm{CIE}(L_{N_d})\}$│
         └──────────────────────────┘
                    │
         ┌──────────────────────────┐
         │   将节点 $\tilde{k}$ 加入当前测点集C │
         └──────────────────────────┘
                    │
         ┌──────────────────────────┐
         │  从待选测点集A中删除节点 $\tilde{k}$ │
         └──────────────────────────┘
                    │
              ◇ 待选测点集A为 ◇──否──►┌──────────────────────┐
              ◇   空集?    ◇        │ 更新待选测点集A中的节点数$N_d$│──┘
                    │是             └──────────────────────┘
         ┌──────────────────────────┐
         │ 输出测点集C，对应$N_L=1,2,\cdots,N_d$时 │
         │     的最优测点布设位置       │
         └──────────────────────────┘
                    │
               ┌─────────┐
               │   结束   │
               └─────────┘
```

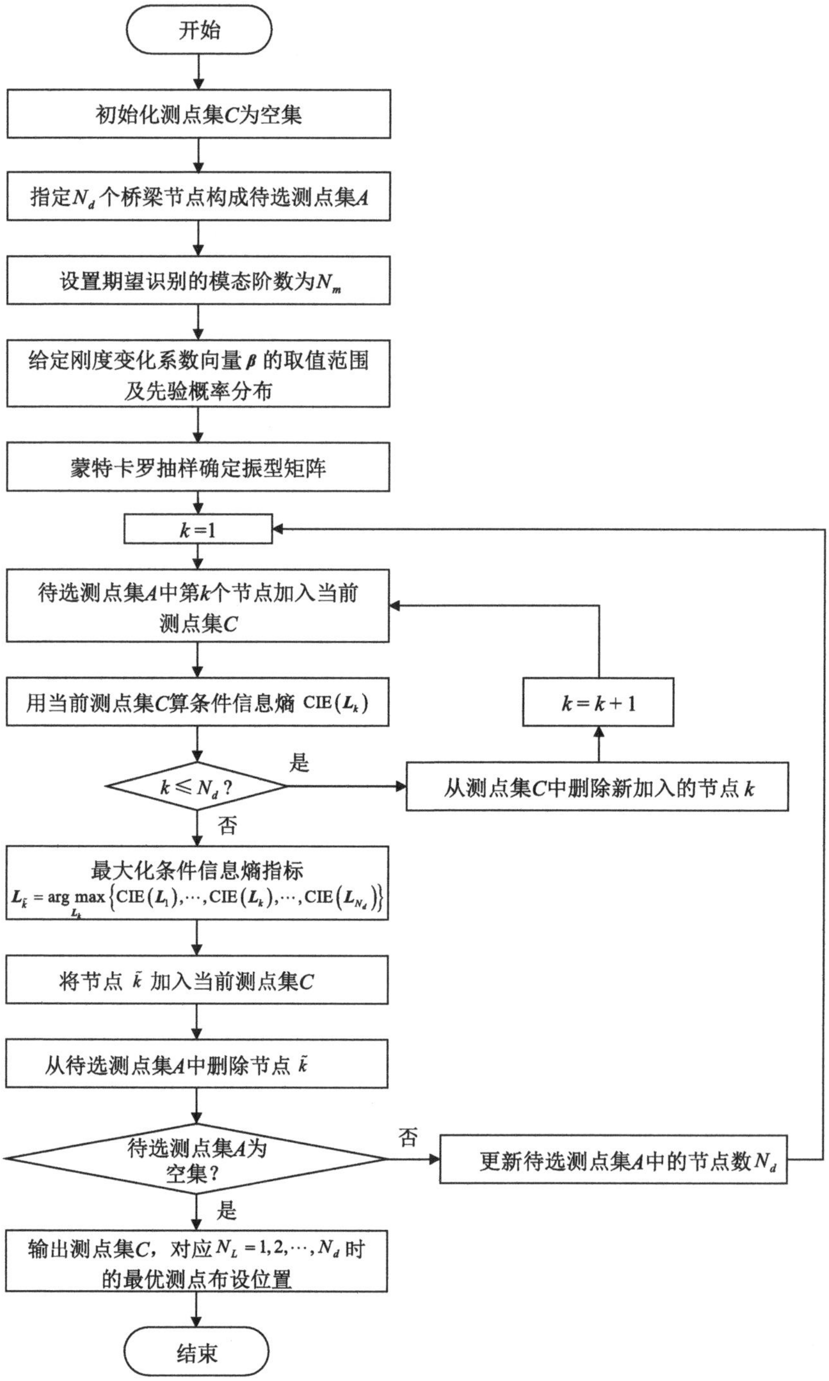

图 3.37　测点优化布设流程

4. 案例分析

案例采用了图 3.27 中的桥梁基准模型对测点优化布设方法进行验证分析。以前

N_m=5 阶模态作为期望识别的模态。候选测点编号及其在桥面板上的位置见图 3.28，对每一个待选测点，考虑其 x、y、z 三个方向上的振动。

三种预测误差工况介绍如下。工况 1：预测误差仅考虑测量噪声，即 $\boldsymbol{e}(t)=\boldsymbol{e}_{\text{mea}}(t)$。工况 2：预测误差包含测量噪声和数值模型误差，即 $\boldsymbol{e}(t)=\boldsymbol{e}_{\text{mea}}(t)+\boldsymbol{e}_{\text{mod}}(t)$；数值模型误差的协方差 $\boldsymbol{\Sigma}_{\text{mod}}$ 的对角元素一致，非对角元素采用空间相关性法进行确定，其中式（3.95）中的空间距离调节因子 λ 取 0.3m（等于桥梁基准有限元模型的单元长度）；同一节点在不同方向上的预测误差互不相关。工况 3：预测误差包含测量噪声和数值模型误差，其中数值模型误差以结构刚度变化来定义，刚度变化系数向量 $\boldsymbol{\beta}$ 服从均值为 0、协方差为 $\boldsymbol{\Sigma}_{\boldsymbol{\beta}}=\text{diag}\left(0.08^2,\cdots,0.08^2\right)$ 的多元正态分布；并且限定 $\boldsymbol{\beta}$ 中各元素的绝对差不超过 0.3。

工况 1 和工况 2 采用式（3.119）中的信息熵指标 $\text{IE}(\boldsymbol{L})$，工况 3 采用式（3.117）中的条件信息熵指标 $\text{CIE}(\boldsymbol{L})$ 来量化模态辨识的不确定性。

图 3.38 给出了 3 种工况下的测点优化布设结果。采用顺序算法的布设结果用点表示；作为对照，当测点数量少于 3 时，还采用了穷举法（遍历搜索）进行测点布设，布设结构用矩形块表示。当测点数量少于 3 时，穷举法和前向顺序法的布设结果略有区别。对照测点位置图 3.28 和优化布设位置图 3.38，发现当布设测点数量较少时，优化布设的测点位置集中在桥梁基准模型的纵梁上（x 方向）。图 3.38（a）和图 3.38（c）的测点优化布设位置基本一致，表明测量噪声对测点优化布设的影响大于基于刚度变化的数值模型误差对测点优化布设的影响。图 3.38（a）和图 3.38（b）的测点优化布设位置区别较大，表明当预测误差中考虑了测点空间相关性的影响后，测点布设位置会更加离散，在一定程度上避免了测点距离过近导致的振动测试模态冗余问题。

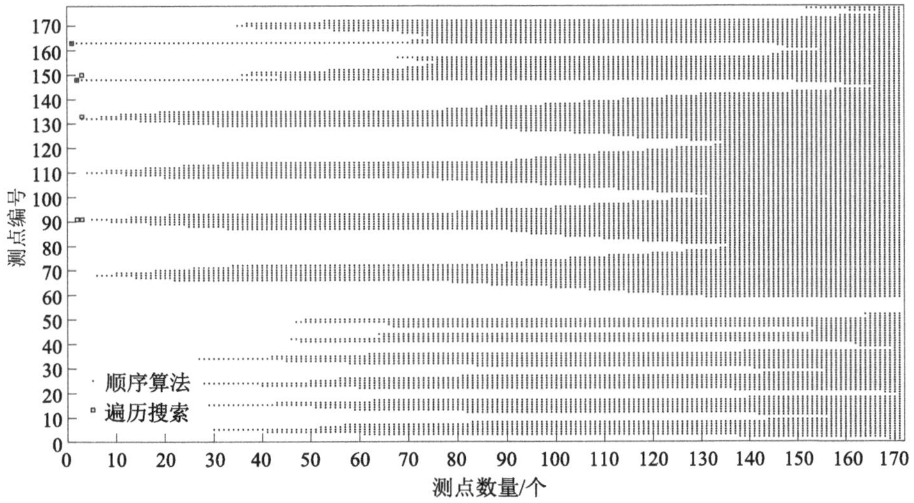

（a）工况 1

图 3.38　不同预测误差工况下的测点优化布设位置

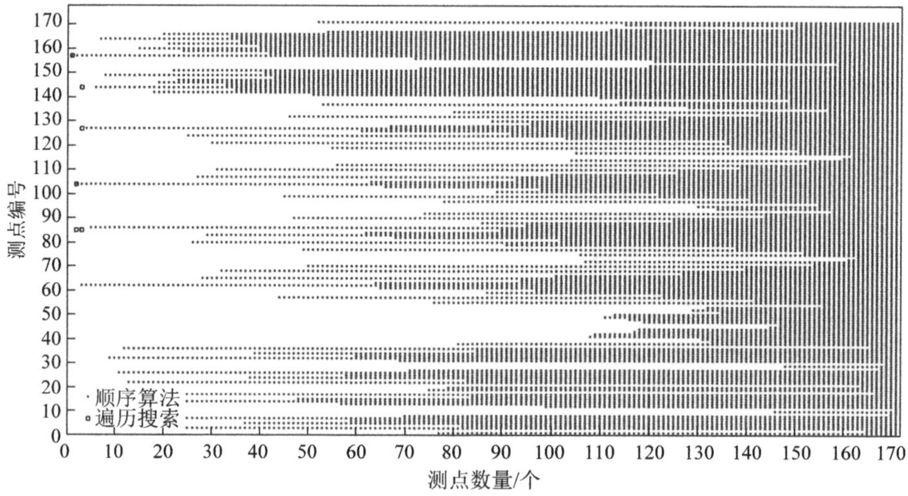

（b）工况 2

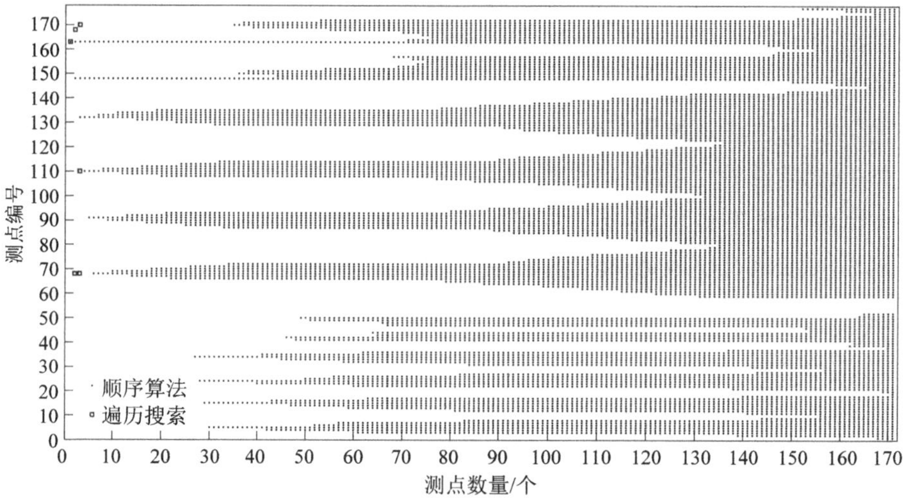

（c）工况 3

图 3.38（续）

针对 3 种预测误差工况，图 3.39 给出了信息熵指标或条件信息熵指标随布设测点数量的变化情况。当测点数量不超过 2 时，无论是信息熵指标还是条件信息熵指标，都降低的十分显著，这是因为期望识别的模态为 5 阶，测点数量太少不足以获得前 5 阶模态信息。随着测点数量的增加，信息熵或者条件信息熵指标的数值单调递增。当测点数量不超过 2 时，前向顺序法和穷举法测点布设的信息熵或者条件信息熵接近。

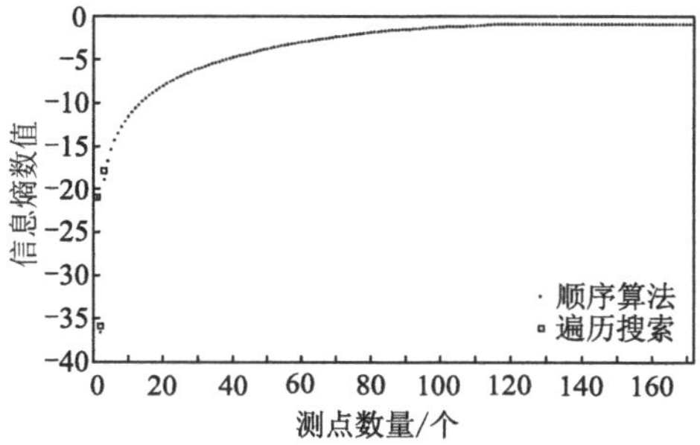

（a）工况 1

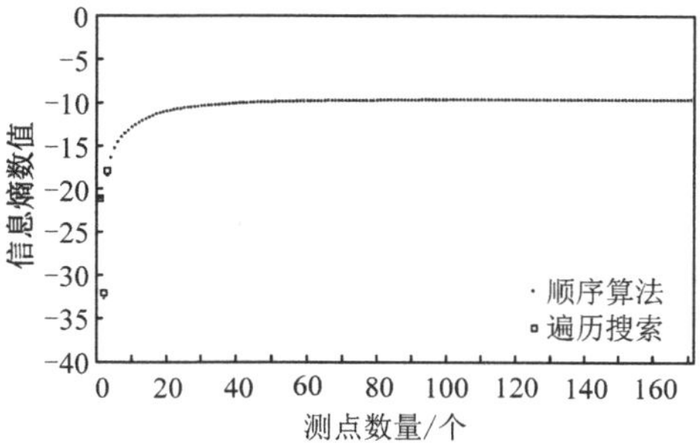

（b）工况 2

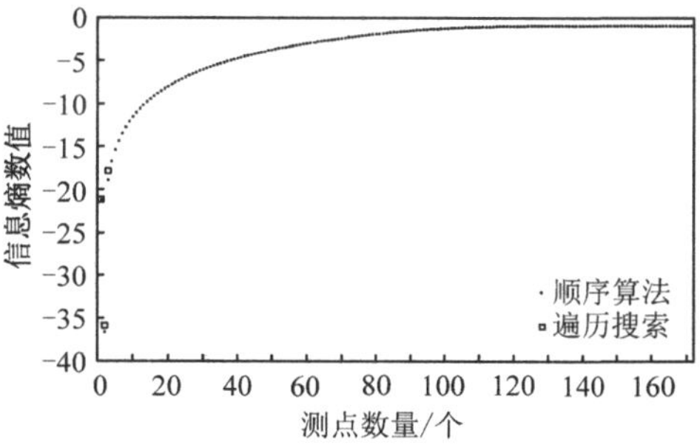

（c）工况 3

图 3.39　不同预测误差工况下测点优化布设的信息熵指标

3.4.4　考虑模态辨识欠定的多类型测点联合布设

在振动响应测试时，出于经济性目的，需要通过布设尽可能少的测点来获得尽可能多的模态信息。当振动响应的测点数量较少而参与振动的模态数量较多时，会导致模态辨识出现欠定问题，造成模态辨识结果的不确定性提高。对桥梁而言，可用于其模态辨识的振动响应类型包括位移、速度、加速度、动应变等，若测量各种振动响应的测点独立布设，而不考虑不同振动响应类型间的联系，不仅会加剧模态辨识问题的欠定程度，还可能因两种振动响应类型的测点距离过近而造成模态信息冗余。因此，对多类型测点联合布设有重要意义。

1. 多类型振动响应的模态信息融合

多类型测点联合优化布设的前提是明确不同振动响应类型之间的理论联系，据此进行模态信息融合，以减少振动测试获得的模态信息冗余。

根据桥梁结构的动力学方程式（2.1），推导桥梁的位移、速度、加速度以及应变之间的关系。

按照有限元分析理论的概念，式（2.1）表示整体坐标系下的桥梁结构动力学方程式，$\boldsymbol{x}(t)\in\mathbb{R}^{N_d\times1}$、$\dot{\boldsymbol{x}}(t)\in\mathbb{R}^{N_d\times1}$ 和 $\ddot{\boldsymbol{x}}(t)\in\mathbb{R}^{N_d\times1}$ 分别为桥梁结构的位移、速度和加速度向量。其中，每一个节点处的位移包括节点平动位移和节点转角位移。位移和应

变的理论联系如下。

局部坐标系下，对桥梁结构有限元模型的某一个单元i来说，应变与单元节点位移之间的关系式为

$$\boldsymbol{\varepsilon}_i(t)=\boldsymbol{B}_i\boldsymbol{x}_i(t) \tag{3.120}$$

式中，$\boldsymbol{\varepsilon}_i(t)$为第$i$个单元的应变向量；$\boldsymbol{x}_i(t)$为第$i$个单元的节点位移向量；$\boldsymbol{B}_i$表示第$i$个单元的应变向量与节点位移向量间的转换矩阵。

整体坐标系下，桥梁结构的应变向量与节点位移向量的关系式为

$$\boldsymbol{\varepsilon}(t)=\tilde{\boldsymbol{B}}\boldsymbol{x}(t) \tag{3.121}$$

式中，$\boldsymbol{\varepsilon}(t)$表示桥梁结构各处应变构成的应变向量；$\tilde{\boldsymbol{B}}$表示桥梁结构应变向量与位移向量间的整件转换矩阵。

桥梁结构整体的转换矩阵$\tilde{\boldsymbol{B}}$与各单元的转换矩阵$\boldsymbol{B}_i$之间的关系，涉及局部坐标系与整体坐标系间的坐标转换，可表示为

$$\tilde{\boldsymbol{B}}=\left[(\boldsymbol{B}_1\boldsymbol{C}_1\boldsymbol{S}_1)^{\mathrm{T}} \quad \cdots \quad (\boldsymbol{B}_i\boldsymbol{C}_i\boldsymbol{S}_i)^{\mathrm{T}} \quad \cdots\right]^{\mathrm{T}} \tag{3.122}$$

式中，$\boldsymbol{C}_i$表示局部坐标系和整体坐标系之间的坐标转换矩阵；$\boldsymbol{S}_i$是节点自由度选择矩阵，表示从所有节点自由度中选出某一个单元的节点自由度。

利用模态叠加原理，将桥梁结构的位移$\boldsymbol{x}(t)$从物理空间转换到模态空间，表示为振型矩阵$\boldsymbol{\Phi}\in\mathbb{R}^{N_d\times N_m}$乘以模态响应向量$\boldsymbol{q}(t)\in\mathbb{R}^{N_m\times 1}$的形式，即式（3.103）。按照节点位移包括了节点平动位移和节点转角位移两部分，把振型矩阵$\boldsymbol{\Phi}\in\mathbb{R}^{N_d\times N_m}$分成平动位移模态的振型矩阵$\boldsymbol{\Phi}_d$和转角位移模态的振型矩阵$\boldsymbol{\Phi}_c$两部分，即

$$\boldsymbol{\Phi}=\begin{bmatrix}\boldsymbol{\Phi}_d\\ \boldsymbol{\Phi}_c\end{bmatrix} \tag{3.123}$$

实际上，在桥梁的振动响应测试中，测量的振动位移、速度和加速度均对应着平动自由度。所以，可将桥梁结构平动自由度上的振动位移$\boldsymbol{x}_d(t)$、速度$\dot{\boldsymbol{x}}_d(t)$和加速度$\ddot{\boldsymbol{x}}_d(t)$分别记为

$$\boldsymbol{x}_d(t)=\boldsymbol{\Phi}_d\boldsymbol{q}(t) \tag{3.124}$$

$$\dot{\boldsymbol{x}}_d(t)=\boldsymbol{\Phi}_d\dot{\boldsymbol{q}}(t) \tag{3.125}$$

$$\ddot{\boldsymbol{x}}_d(t)=\boldsymbol{\Phi}_d\ddot{\boldsymbol{q}}(t) \tag{3.126}$$

联立式（3.121）和式（3.123），可得应变向量$\boldsymbol{\varepsilon}(t)$的模态叠加式：

$$\boldsymbol{\varepsilon}(t)=\tilde{\boldsymbol{B}}\boldsymbol{\Phi}\boldsymbol{q}(t)=\boldsymbol{\Psi}\boldsymbol{q}(t) \tag{3.127}$$

式中，$\boldsymbol{\Psi}$为整体坐标系下应变模态的振型矩阵。

由式（3.127）可知，桥梁结构的位移和应变具有相同的模态响应向量$\boldsymbol{q}(t)$，整体坐标系下应变模态的振型矩阵$\boldsymbol{\Psi}$与位移模态的振型矩阵$\boldsymbol{\Phi}$的关系为

$$\boldsymbol{\Psi}=\tilde{\boldsymbol{B}}\boldsymbol{\Phi} \tag{3.128}$$

对照式（3.124）～式（3.126）可知，桥梁结构平动自由度上的位移、速度和加速度响应具有相同的振型$\boldsymbol{\Phi}_d$，位移模态响应$\boldsymbol{q}(t)$与其一阶微分$\dot{\boldsymbol{q}}(t)$、二阶微分$\ddot{\boldsymbol{q}}(t)$

包含相同的结构固有频率、阻尼比信息，因此无须对这三者进行复杂的数学变换处理，直接利用其识别模态参数，并按照测点位置组合振型即可。

对照式（3.124）和式（3.127）可知，位移的振型和应变的振型并不相同，而是存在线性变换关系式（3.128）。若要联合应变数据和位移数据进行模态辨识，需要对其包含的模态信息进行融合，通过应变模态来估计位移模态。

2. 基于应变模态振型的位移模态振型估计理论

当应变模态的振型被计算出后，将应变模态的振型转换为位移模态的振型，是模态信息融合的必要步骤。位移模态的振型估计理论如下。

只考虑平动自由度，待估计的位移模态振型矩阵 $\boldsymbol{\Phi}_e$ 表示为

$$\boldsymbol{\Phi}_e = \boldsymbol{L}\boldsymbol{\Phi} \tag{3.129}$$

式中，$\boldsymbol{L} \in \mathbb{R}^{N_L \times N_d}$ 表示选择矩阵，用于从振型矩阵 $\boldsymbol{\Phi}$ 中选择要估计的平动位移模态振型 $\boldsymbol{\Phi}_e$；选择矩阵 $\boldsymbol{L}$ 中的元素为 0 或 1，每一行仅有一个非零元素，对应着要估计的节点平动自由度所在的位置。

令 $\tilde{\boldsymbol{B}}_e = \tilde{\boldsymbol{B}}\boldsymbol{L}^{\mathrm{T}}$，将式（3.129）代入式（3.128），应变模态的振型矩阵可分解成

$$\boldsymbol{\Psi} = \tilde{\boldsymbol{B}}_e\boldsymbol{\Phi}_e + \tilde{\boldsymbol{B}}_r\boldsymbol{\Phi}_r \tag{3.130}$$

式中，$\boldsymbol{\Phi}_r$ 表示从振型矩阵 $\boldsymbol{\Phi}$ 中去掉 $\boldsymbol{\Phi}_e$ 所在行的剩余振型矩阵；$\tilde{\boldsymbol{B}}_e$ 表示从转换矩阵 $\tilde{\boldsymbol{B}}$ 中选择与 $\boldsymbol{\Phi}_e$ 对应的列向量；$\tilde{\boldsymbol{B}}_r$ 表示从转换矩阵 $\tilde{\boldsymbol{B}}$ 中去掉 $\tilde{\boldsymbol{B}}_e$ 所在列的剩余转换矩阵。

由于假定误差和测量噪声等影响，在式（3.130）中引入预测误差项 $\boldsymbol{\nu}$，即

$$\boldsymbol{\Psi} = \tilde{\boldsymbol{B}}_e\boldsymbol{\Phi}_e + \tilde{\boldsymbol{B}}_r\boldsymbol{\Phi}_r + \boldsymbol{\nu} \tag{3.131}$$

式中，预测误差矩阵 $\boldsymbol{\nu}$ 的每一列 $\boldsymbol{\nu}_i$ 都是一个零均值的向量，且协方差矩阵为 $\operatorname{cov}(\boldsymbol{\nu}_i) = \boldsymbol{\Sigma}_i$。

将式（3.131）重新写为

$$\boldsymbol{\Psi}_r = \boldsymbol{\Psi} - \tilde{\boldsymbol{B}}_r\boldsymbol{\Phi}_r = \tilde{\boldsymbol{B}}_e\boldsymbol{\Phi}_e + \boldsymbol{\nu} \tag{3.132}$$

根据式（3.132）可知，当 $\tilde{\boldsymbol{B}}_e$ 的行数大于或等于 $\tilde{\boldsymbol{B}}_e$ 的列数时，可采用多元多重最小二乘估计方法，得到待估计的位移模态振型：

$$\hat{\boldsymbol{\Phi}}_e = \left(\tilde{\boldsymbol{B}}_e^{\mathrm{T}}\tilde{\boldsymbol{B}}_e\right)^{-1}\tilde{\boldsymbol{B}}_e^{\mathrm{T}}\left(\boldsymbol{\Psi} - \tilde{\boldsymbol{B}}_r\boldsymbol{\Phi}_r\right) \tag{3.133}$$

式中，$\hat{\boldsymbol{\Phi}}_e$ 表示待估计平动自由度处的位移模态振型估计值。将估计结果 $\hat{\boldsymbol{\Phi}}_e$ 的第 i 列记为 $\hat{\boldsymbol{\Phi}}_{e(i)}$，其估计公式又可写成

$$\hat{\boldsymbol{\Phi}}_{e(i)} = \left(\tilde{\boldsymbol{B}}_e^{\mathrm{T}}\tilde{\boldsymbol{B}}_e\right)^{-1}\tilde{\boldsymbol{B}}_e^{\mathrm{T}}\left(\boldsymbol{\Psi}_{(i)} - \tilde{\boldsymbol{B}}_r\boldsymbol{\Phi}_{r(i)}\right) \tag{3.134}$$

式中，$\boldsymbol{\Psi}_{(i)}$ 和 $\boldsymbol{\Phi}_{r(i)}$ 分别为 $\boldsymbol{\Psi}$ 和 $\boldsymbol{\Phi}_r$ 的第 i 列。

通过式（3.133）或式（3.134），利用应变模态振型 $\boldsymbol{\Psi}$ 来估计特定平动自由度处的位移模态振型，从而实现应变模态与位移模态信息的融合。其中，剩余振型矩阵 $\boldsymbol{\Phi}_r$ 通过有限元模型计算获得。

3. 位移模态振型估计不确定性的量化

当利用指定应变测点处的应变数据获得振型$\boldsymbol{\Psi}$后，如何合理地给出平动自由度选择矩阵$\boldsymbol{L}$，使得位移模态的振型估计值$\hat{\boldsymbol{\Phi}}_e$具有较低的不确定性，是需要解决的关键问题。为此，需要建立关于选择矩阵$\boldsymbol{L}$的位移模态估计不确定性量化指标，并最小化不确定性量化指标，以确定最优的选择矩阵$\boldsymbol{L}$。

当预测误差$\boldsymbol{v}$满足高斯假定时，取式（3.132）等号两侧的一列来进行研究，并据此构造条件概率表达式为

$$p\left(\boldsymbol{\Psi}_{r(i)}\middle|\boldsymbol{\Phi}_{e(i)}\right)=\left((2\pi)^N\det\left(\boldsymbol{\Sigma}_i\right)\right)^{-1/2}\mathrm{e}^{\left(-\frac{1}{2}\left(\boldsymbol{\Psi}_{r(i)}-\tilde{\boldsymbol{B}}_e\boldsymbol{\Phi}_{e(i)}\right)^{\mathrm{T}}\boldsymbol{\Sigma}_i^{-1}\left(\boldsymbol{\Psi}_{r(i)}-\tilde{\boldsymbol{B}}_e\boldsymbol{\Phi}_{e(i)}\right)\right)}\tag{3.135}$$

式中，下标(i)表示相应矩阵的第i列。

根据位移模态振型的估计原理式（3.132），关于$\boldsymbol{\Phi}_{e(i)}$的费希尔信息阵可表示为

$$J\left(\boldsymbol{\Phi}_{e(i)}\right)=\tilde{\boldsymbol{B}}_e^{\mathrm{T}}\boldsymbol{\Sigma}_i^{-1}\tilde{\boldsymbol{B}}_e=\boldsymbol{L}\tilde{\boldsymbol{B}}^{\mathrm{T}}\boldsymbol{\Sigma}_i^{-1}\tilde{\boldsymbol{B}}\boldsymbol{L}^{\mathrm{T}}\tag{3.136}$$

若预测误差的协方差矩阵为对角矩阵，即$\boldsymbol{\Sigma}_i=\sigma_i^2\boldsymbol{I}$，式（3.136）可进一步写为

$$J\left(\boldsymbol{\Phi}_{e(i)}\right)=\sigma_i^{-2}\boldsymbol{L}\tilde{\boldsymbol{B}}^{\mathrm{T}}\tilde{\boldsymbol{B}}\boldsymbol{L}^{\mathrm{T}}\tag{3.137}$$

与此同时，根据式（3.134），可获得$\hat{\boldsymbol{\Phi}}_{e(i)}$的协方差矩阵$\mathrm{cov}\left(\hat{\boldsymbol{\Phi}}_{e(i)}\right)$理论表达式：

$$\begin{aligned}\mathrm{cov}\left(\hat{\boldsymbol{\Phi}}_{e(i)}\right)&=\left(\tilde{\boldsymbol{B}}_e^{\mathrm{T}}\tilde{\boldsymbol{B}}_e\right)^{-1}\tilde{\boldsymbol{B}}_e^{\mathrm{T}}\mathrm{cov}\left(\boldsymbol{\Psi}_{(i)}-\tilde{\boldsymbol{B}}_r\boldsymbol{\Phi}_{r(i)}\right)\left(\left(\tilde{\boldsymbol{B}}_e^{\mathrm{T}}\tilde{\boldsymbol{B}}_e\right)^{-1}\tilde{\boldsymbol{B}}_e^{\mathrm{T}}\right)^{\mathrm{T}}\\&=\left(\tilde{\boldsymbol{B}}_e^{\mathrm{T}}\tilde{\boldsymbol{B}}_e\right)^{-1}\tilde{\boldsymbol{B}}_e^{\mathrm{T}}\boldsymbol{\Sigma}_i\left(\left(\tilde{\boldsymbol{B}}_e^{\mathrm{T}}\tilde{\boldsymbol{B}}_e\right)^{-1}\tilde{\boldsymbol{B}}_e^{\mathrm{T}}\right)^{\mathrm{T}}\\&=\sigma_i^2\left(\boldsymbol{L}\tilde{\boldsymbol{B}}^{\mathrm{T}}\tilde{\boldsymbol{B}}\boldsymbol{L}^{\mathrm{T}}\right)^{-1}\end{aligned}\tag{3.138}$$

对照式（3.137）和式（3.138）可知，当预测误差满足高斯假定时，通过多元多重最小二乘法获得的位移模态振型估计量的协方差矩阵$\mathrm{cov}\left(\hat{\boldsymbol{\Phi}}_{e(i)}\right)$，和费希尔信息阵$J\left(\boldsymbol{\Phi}_{e(i)}\right)$的逆矩阵一致。

协方差矩阵$\mathrm{cov}\left(\hat{\boldsymbol{\Phi}}_{e(i)}\right)$的对角元素分别为位移模态振型估计量$\hat{\boldsymbol{\Phi}}_{e(i)}$中各元素的方差。以$\hat{\boldsymbol{\Phi}}_{e(i)}$中各元素的标准差来描述位移模态振型估计量的不确定性，其计算表达式为

$$\mathrm{error}\left(\hat{\boldsymbol{\Phi}}_{e(i)}\right)=\mathrm{tr}\left(\sqrt{\mathrm{cov}\left(\hat{\boldsymbol{\Phi}}_{e(i)}\right)}\right)=\sigma_i\,\mathrm{tr}\left(\sqrt{\left(\boldsymbol{L}\tilde{\boldsymbol{B}}^{\mathrm{T}}\tilde{\boldsymbol{B}}\boldsymbol{L}^{\mathrm{T}}\right)^{-1}}\right)\tag{3.139}$$

式中，tr 表示对矩阵求迹。

若同时考虑多阶模态，其位移模态振型矩阵估计值$\hat{\boldsymbol{\Phi}}_e$的不确定性可表示为单阶位移模态振型估计值$\hat{\boldsymbol{\Phi}}_{e(i)}$的不确定性的叠加形式，即

$$\mathrm{error}\left(\hat{\boldsymbol{\Phi}}_e\right)=\sum_{i=1}^{N_m}\mathrm{error}\left(\hat{\boldsymbol{\Phi}}_{e(i)}\right)=\sum_{i=1}^{N_m}\sigma_i\,\mathrm{tr}\left(\sqrt{\left(\boldsymbol{L}\tilde{\boldsymbol{B}}^{\mathrm{T}}\tilde{\boldsymbol{B}}\boldsymbol{L}^{\mathrm{T}}\right)^{-1}}\right)\propto\mathrm{tr}\left(\sqrt{\left(\boldsymbol{L}\tilde{\boldsymbol{B}}^{\mathrm{T}}\tilde{\boldsymbol{B}}\boldsymbol{L}^{\mathrm{T}}\right)^{-1}}\right)\tag{3.140}$$

根据式（3.140）可知，位移模态矩阵估计的不确定性与$\sqrt{\left(\boldsymbol{L}\tilde{\boldsymbol{B}}^{\mathrm{T}}\tilde{\boldsymbol{B}}\boldsymbol{L}^{\mathrm{T}}\right)^{-1}}$成正比。当应变测点位置已经固定，则转换矩阵$\tilde{\boldsymbol{B}}$固定，此时，不确定性$\mathrm{error}\left(\hat{\boldsymbol{\Phi}}_e\right)$只受选择矩阵$\boldsymbol{L}$的影响。

通过最小化不确定性 $\text{error}\left(\hat{\boldsymbol{\Phi}}_e\right)$ 来确定最优选择矩阵 $\boldsymbol{L}_{\text{best}}$：

$$\boldsymbol{L}_{\text{best}}=\arg\min_{\boldsymbol{L}}\left(\text{error}\left(\hat{\boldsymbol{\Phi}}_e\right)\right) \tag{3.141}$$

选择矩阵 $\boldsymbol{L}_{\text{best}}$ 选择出了最优自由度。当利用应变模型振型来估计位移模态振型时，最优自由度处的位移模态振型的估计结果不确定性最低。

4. 多类型振动响应测点的联合布设方法

多类型测点联合布设中，考虑了应变测点和加速度测点的联合布设问题，按照先应变测点布设、后加速度测点布设的思路进行。测点布设的最终目标是获得高质量的位移模态振型，避免因测点数量欠定造成不同阶位移模态振型不可区分；同时避免因测点布设不合理导致多个测点之间包含一致或接近的各阶位移模态信息，即多个测点处的模态信息存在冗余。为了解决以上问题，需要定义位移模态振型的评价准则，并据此建立测点优化布设方法。

1）位移模态振型的评价准则

评价位移模态振型的准则采用模态置信准则和振型的冗余度准则。其中，模态置信准则用于评价不同阶位移模态振型的区分度；振型冗余度准则用于判断两测点处的位移模态振型的相似度，并据此评价两测点的模态信息是否冗余。

（1）模态置信准则

式(3.33)所示的模态置信准则，用于量化位移模态振型矩阵 $\boldsymbol{\Phi}=\left[\boldsymbol{\varphi}_1 \quad \boldsymbol{\varphi}_2 \quad \cdots \quad \boldsymbol{\varphi}_{N_m}\right]$ 中任意两阶振型 $\boldsymbol{\varphi}_i$ 和 $\boldsymbol{\varphi}_j$ 之间的相似度。模态置信准则 $\text{MAC}\left(\boldsymbol{\varphi}_i,\boldsymbol{\varphi}_j\right)$ 值的范围为 0～1。$\text{MAC}\left(\boldsymbol{\varphi}_i,\boldsymbol{\varphi}_j\right)$ 值越大，表示振型 $\boldsymbol{\varphi}_i$ 和 $\boldsymbol{\varphi}_j$ 相关性越强，反之，相关性越弱。测点优化布设的最终目标是期望任意两阶振型 $\boldsymbol{\varphi}_i$ 和 $\boldsymbol{\varphi}_j$（$i\neq j$）之间的相似度尽可能低。所以，在待选测点处，可构造各阶振型的模态置信准则矩阵式，并期望模态置信准则矩阵的非对角元素足够小。

$$\mathbf{MAC}=\begin{bmatrix} \text{MAC}\left(\boldsymbol{\varphi}_1,\boldsymbol{\varphi}_1\right) & \text{MAC}\left(\boldsymbol{\varphi}_1,\boldsymbol{\varphi}_2\right) & \cdots & \text{MAC}\left(\boldsymbol{\varphi}_1,\boldsymbol{\varphi}_{N_m-1}\right) & \text{MAC}\left(\boldsymbol{\varphi}_1,\boldsymbol{\varphi}_{N_m}\right) \\ \text{MAC}\left(\boldsymbol{\varphi}_2,\boldsymbol{\varphi}_1\right) & \text{MAC}\left(\boldsymbol{\varphi}_2,\boldsymbol{\varphi}_2\right) & \cdots & \text{MAC}\left(\boldsymbol{\varphi}_2,\boldsymbol{\varphi}_{N_m-1}\right) & \text{MAC}\left(\boldsymbol{\varphi}_2,\boldsymbol{\varphi}_{N_m}\right) \\ \vdots & \vdots & & \vdots & \vdots \\ \text{MAC}\left(\boldsymbol{\varphi}_{N_m},\boldsymbol{\varphi}_1\right) & \text{MAC}\left(\boldsymbol{\varphi}_{N_m},\boldsymbol{\varphi}_2\right) & \cdots & \text{MAC}\left(\boldsymbol{\varphi}_{N_m},\boldsymbol{\varphi}_{N_m-1}\right) & \text{MAC}\left(\boldsymbol{\varphi}_{N_m},\boldsymbol{\varphi}_{N_m}\right) \end{bmatrix} \tag{3.142}$$

（2）振型的冗余度

对于距离非常近，或者对称的桥梁节点，可能包含相似的位移模态振型信息，即产生了冗余的模态信息。为了避免因测点布设不合理导致模态信息冗余的问题，定义了评价两节点处位移模态振型相似度的冗余度系数 $R\left(\boldsymbol{\Phi}_{(i)},\boldsymbol{\Phi}_{(j)}\right)$：

$$R\left(\boldsymbol{\Phi}_{(i)},\boldsymbol{\Phi}_{(j)}\right)=1-\frac{\left\|\boldsymbol{\Phi}_{(i)}-\boldsymbol{\Phi}_{(j)}\right\|_{\text{F}}}{\left\|\boldsymbol{\Phi}_{(i)}\right\|_{F}+\left\|\boldsymbol{\Phi}_{(j)}\right\|_{\text{F}}} \tag{3.143}$$

式中，$\boldsymbol{\Phi}_{(i)}$ 表示位移模态振型矩阵的第 i 行，即由第 i 个节点处各阶位移模态振型值组成的行向量；相应地，$\boldsymbol{\Phi}_{(j)}$ 表示位移模态振型矩阵的第 j 行；$\|\bullet\|_{\mathrm{F}}$ 表示弗罗贝尼乌斯（Frobenius）范数。

若 $R\left(\boldsymbol{\Phi}_{(i)},\boldsymbol{\Phi}_{(j)}\right)$ 的值接近 1，说明这两个节点包含着近乎一样的位移模态振型信息，两个节点只保留 1 个作为待选测点即可。通过设置冗余度阈值 T，当 $R\left(\boldsymbol{\Phi}_{(i)},\boldsymbol{\Phi}_{(j)}\right)$ 的值小于 T 时，两个节点都可作为待选测点，反之，可删除其中一个。

2）应变和加速度的测点联合优化布设流程

仍采用前向顺序算法来进行测点的联合优化布设。基于给定的桥梁结构有限元模型、期望识别的模态阶次及期望识别的各阶振型计算结果，布设流程可分为应变测点布设、待估计位移模态振型的自由度选择以及加速度测点布设三个阶段。

（1）应变测点布设

应变测点布设的步骤如下：

① 依据桥梁结构的大变形位置，将桥梁的各跨跨中位置作为初始应变测点。

② 依据当前应变测点所在单元的转换矩阵 $\boldsymbol{B}_i$ [式（3.120）]，在单元内微调应变测点位置，使得转换矩阵 $\boldsymbol{B}_i$ 中与期望识别振型相关的元素值尽可能大。

（2）待估计位移模态振型的自由度选择

待估计位移模态振型的自由度选择步骤如下：

① 根据已确定的应变测点位置，获得桥梁结构有限元模型在应变测点处的应变模态振型 $\boldsymbol{\Psi}$。

② 对于不同的自由度选择矩阵 $\boldsymbol{L}$，分别利用式（3.140）计算位移模态振型估计的不确定性 $\mathrm{error}\left(\hat{\boldsymbol{\Phi}}_e\right)$ 和最小化不确定性 $\mathrm{error}\left(\hat{\boldsymbol{\Phi}}_e\right)$，确定位移模态振型估计的最优自由度 $\boldsymbol{L}_{\mathrm{best}}$。

③ 在最优自由度 $\boldsymbol{L}_{\mathrm{best}}$ 的情况下，通过式（3.133）获取最优自由度处的位移模态振型矩阵 $\hat{\boldsymbol{\Phi}}_e$。

④ 除了最优自由度对应的桥梁结构节点以外，其他节点都将被作为加速度测点布设的待选测点，构成待选测点集 A。

（3）加速度测点布设

加速度测点布设步骤如下：

① 预先设定冗余度阈值为 T。

② 利用式（3.143）计算位移模态振型估计值 $\hat{\boldsymbol{\Phi}}_e$ 在各自由度处的冗余度系数，当有冗余度系数超过 T 时，删除其中一个自由度对应的桥梁节点，并删除中 $\hat{\boldsymbol{\Phi}}_e$ 对应的行向量。

③ 利用式（3.143）计算 $\hat{\boldsymbol{\Phi}}_e$ 对应的节点位置与整个桥梁结构的剩余待选测点位置之间的冗余度系数，当有冗余度系数超过 T 时，将剩余待选测点中的相应位置删除。

④ 计算增加一个位置（剩余待选测点位置中的一个）后的位移模态振型矩阵的模态置信准则矩阵，最小化模态置信准则矩阵的非对角元素，其对应的剩余待选测

点位置，被加入已有的测点位置集当中，并从待选测点集 A 中删除。

⑤ 检验待选测点集 A 中是否还存在待选测点，如果有，返回步骤④；如果没有，进入步骤⑥。

⑥ 检验最终所得的位移模态振型的模态置信准则矩阵的最大非对角元数值，如果小于 0.2，且增加的加速度测点个数较多，则返回步骤①，减小冗余度阈值 T，重新进行加速度测点的位置选取；如果不符合条件，则进入步骤⑦。

⑦ 当模态置信准则矩阵的最大非对角元数值小于 0.2，且测点个数大于模态阶数时，选择最小的冗余阈值 T 所对应的测点布设作为最终布设结果。

测点优化布设流程如图 3.40 所示。

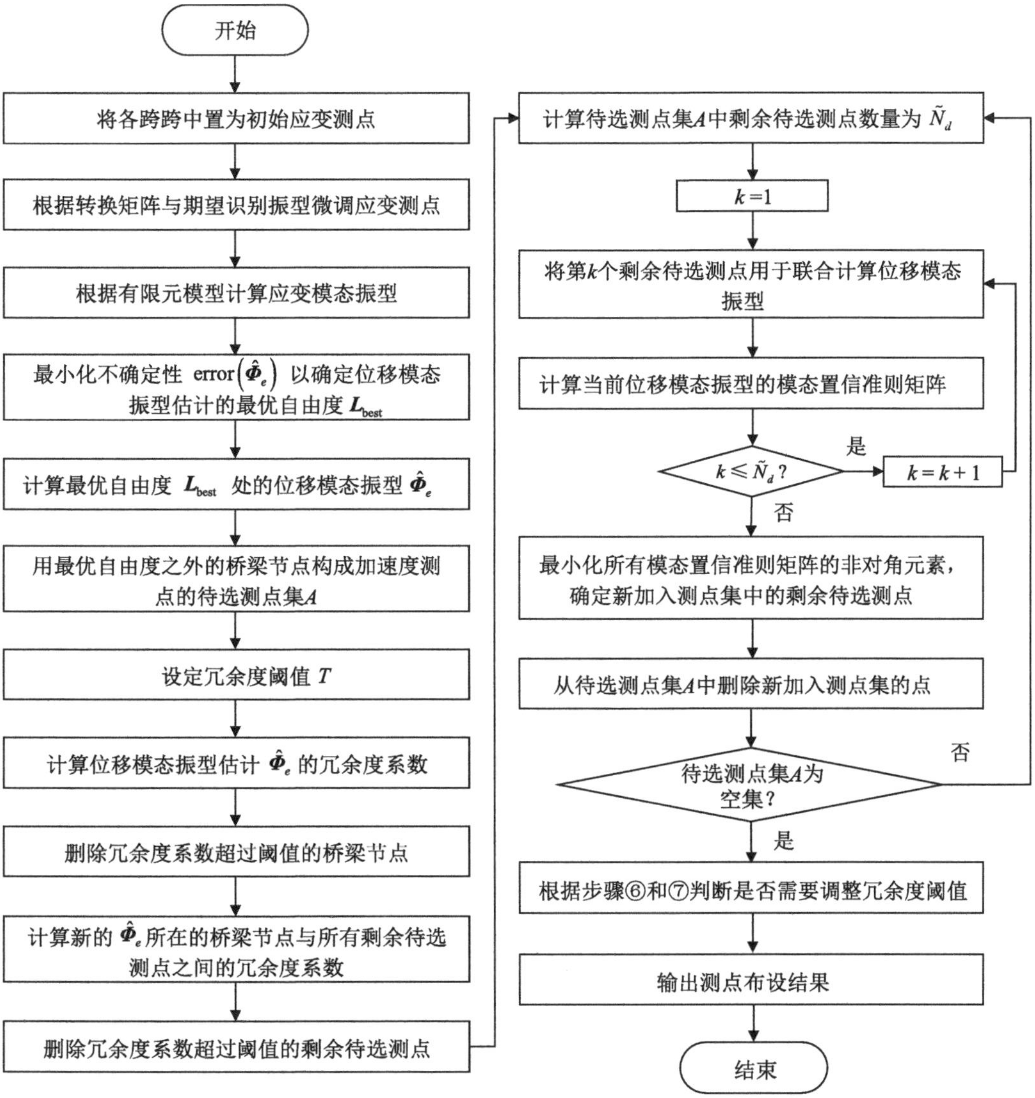

图 3.40　测点优化布设流程

5. 案例分析

采用某六跨中承式飘带形提篮拱桥来验证多类型测点布设方法。该桥的主桥跨径 430m，北岸引桥 175m，南岸引桥 280m，桥宽 32m。主梁采用钢-混凝土叠合梁结构，吊杆横梁属于横向受力体系；纵梁（系杆）为焊接在吊杆横梁端部的分段结构，受力情况较为复杂。

桥梁的三维有限元模型如图 3.41 所示。有限元模型以横向为 x 轴，纵梁方向为 y 轴，竖向为 z 轴，共包含 6365 个节点，其中有 6597 个梁单元，174 个桁架单元，1518 个板单元。通过对桥梁结构有限元模型进行计算模态分析，获得前 6 阶振型如图 3.42 所示。

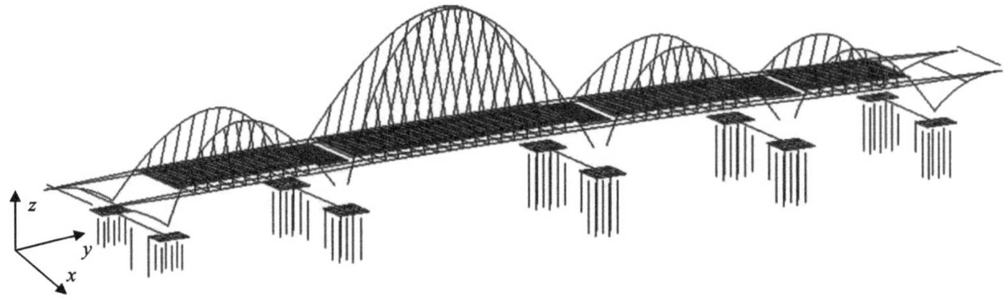

图 3.41　六跨中承式飘带形提篮拱桥的有限元模型

（a）第 1 阶

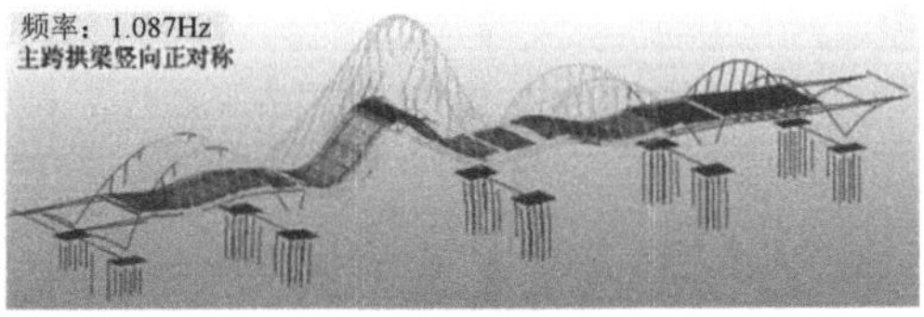

（b）第 2 阶

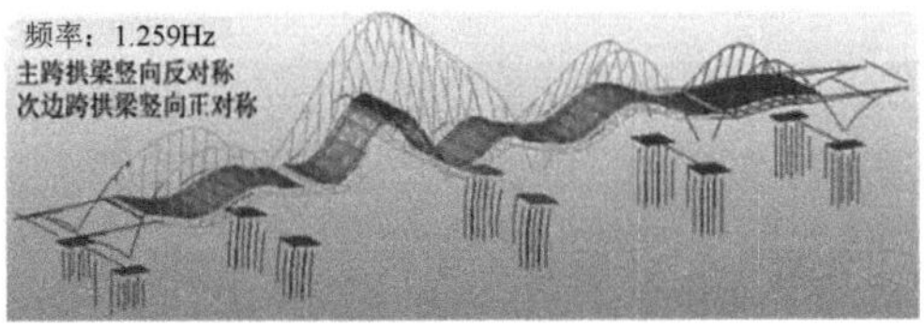

（c）第 3 阶

（d）第 4 阶

（e）第 5 阶

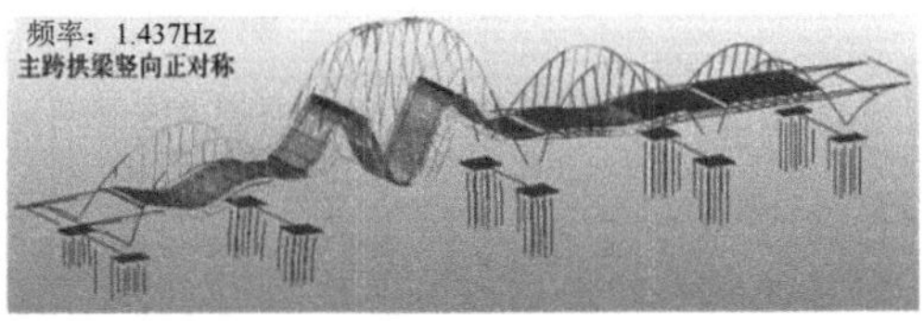

（f）第 6 阶

图 3.42　六跨中承式飘带形提篮拱桥的前 6 阶振型

如图 3.43 所示，同时考虑到吊杆、横梁以及纵梁处的振动测试，在各跨跨中处两侧纵梁上布设应变测点（该桥梁共 4 跨，因此共布设了 8 个应变测点）；将 43 根横梁端部（共 86 个位置，用菱形表示）作为加速度测点待选测点位置。加速度测点布设问题分为仅考虑竖向振动的一维加速度测点布设，以及考虑多个方向振动的三维加速度测点布设两类。期望的加速度测点数目分别从 0 增加到 20。一维加速度测点布设问题中，考虑了冗余度阈值 T 为 1 和 0.7 两种工况（当冗余度阈值取 0.6 时，加速度测点最多增加 16 个）；三维加速度测点布设问题中，考虑冗余度阈值 T 为 1 和 0.8 两种工况（当冗余度阈值取 0.7 时，加速度测点最多增加 18 个）。

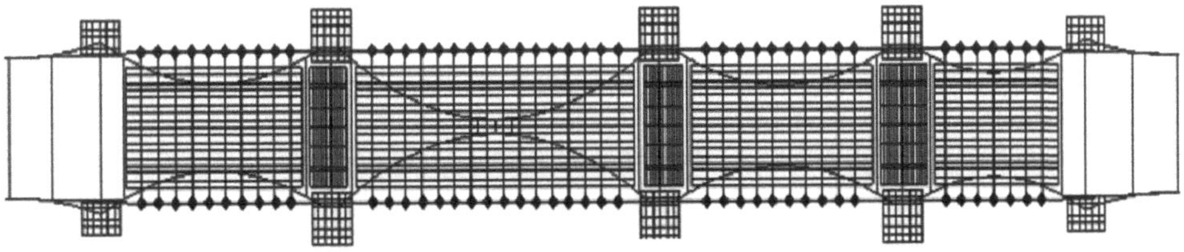

图 3.43　加速度的初始待选测点位置示意图

图 3.44 给出了不同工况下的加速度测点布设结果随测点数目增加的变化。当加速度测点数量为 10 时，给出了有限元模型上的测点布设位置（图 3.45），其中矩形表示应变测点布设位置，圆形表示加速度测点布设位置。结合图 3.44 和图 3.45 可以看出，测点位置大多集中在中间两跨。另外，对比图 3.44（a）和（b）可知，考虑了冗余度阈值之后，邻近节点包含了相似的模态信息，将不易被同时选择为测点，进而导致了测点布设位置的离散性提高。

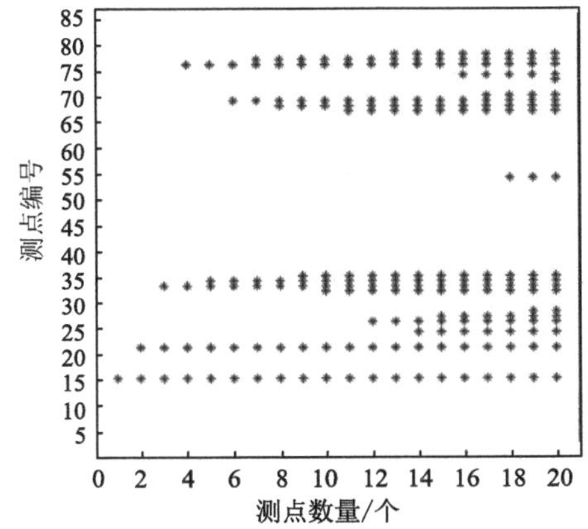

（a）一维，T=1

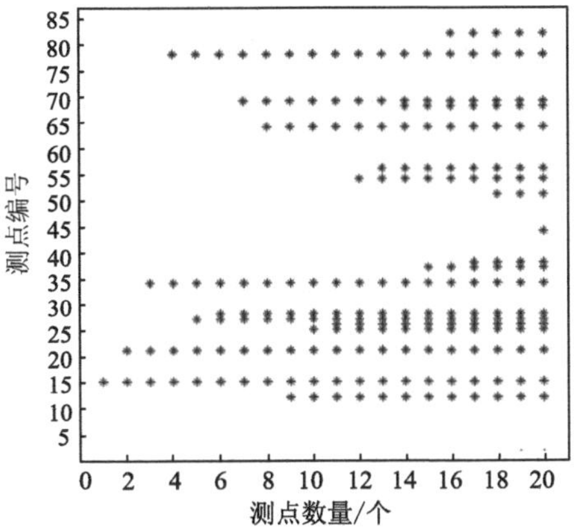

（b）一维，T=0.7

图 3.44　不同工况下的加速度测点布设结果图

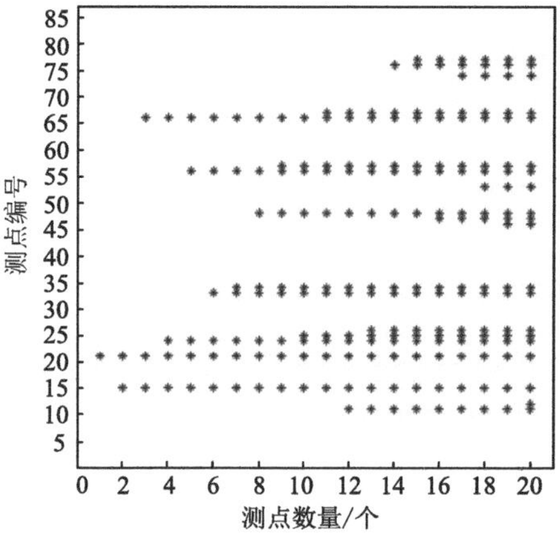

（c）三维，T=1

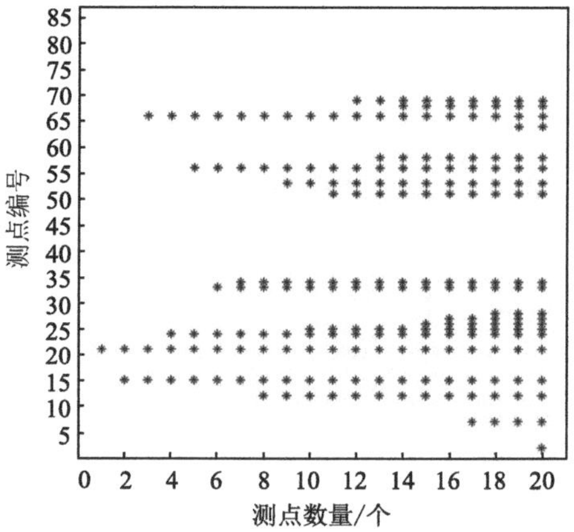

（d）三维，T=0.8

图 3.44（续）

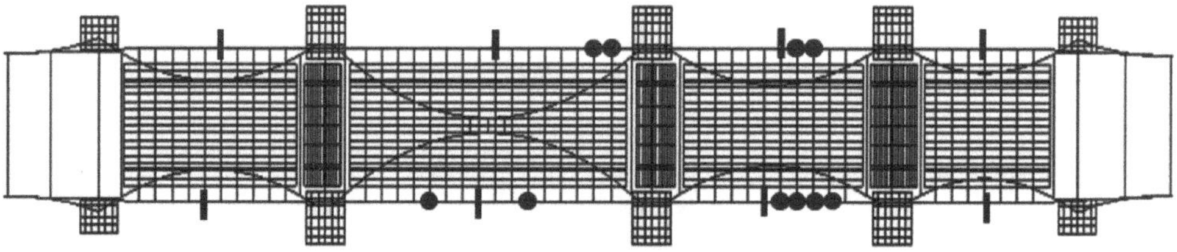

（a）一维，T=1

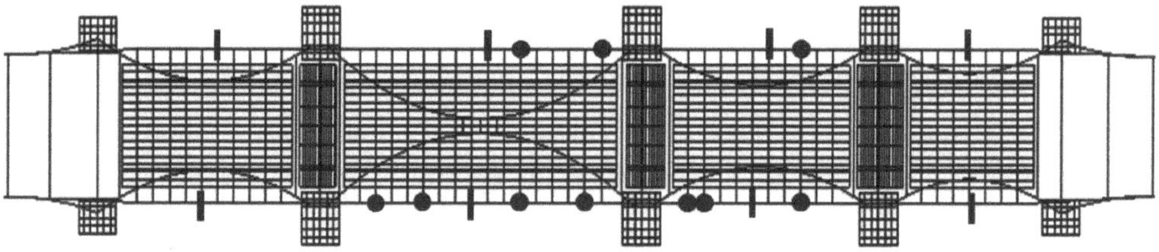

（b）一维，T=0.7

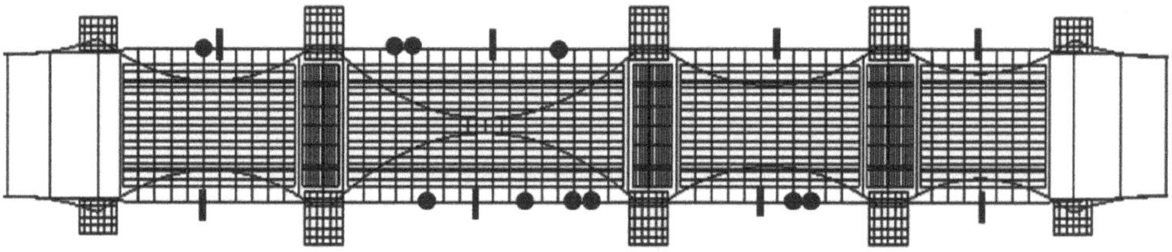

（c）三维，T=1

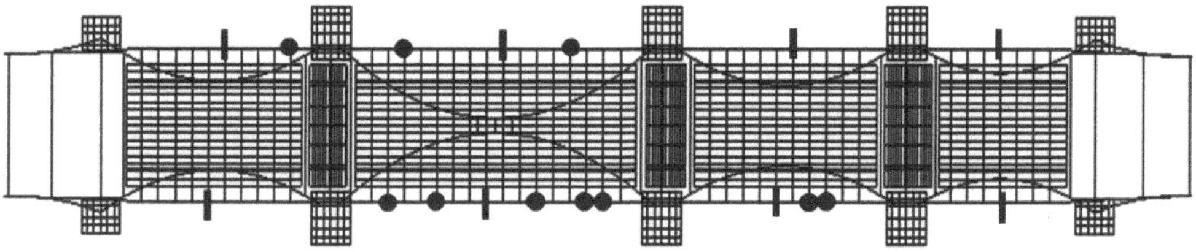

（d）三维，T=0.8

图 3.45　有限元模型上的测点布设位置图

表 3.10 给出了不同测点布设工况下模态置信准则矩阵的最大非对角元素值。随着测点数量的增多，模态置信准则矩阵的最大非对角元素整体呈降低趋势。一维加速度测点布设问题中，若冗余度阈值为 0.7，当加速度测点数接近 20 时，其模态矩阵非对角元素最大值远大于冗余度阈值为 1 时的对应结果，这是因为冗余度阈值较小会导致删除了过多的待选测点，提高了有限测点下不同阶振型之间的相关性。

表 3.10　不同测点布设工况下模态置信准则矩阵最大非对角元素值

加速度测点数目		4	8	12	16	20
一维	T=1	0.1933	0.1203	0.0830	0.0650	0.0582
	T=0.7	0.2256	0.1760	0.1068	0.1000	0.1004
三维	T=1	0.0633	0.0351	0.0215	0.0176	0.0144
	T=0.8	0.0633	0.0358	0.0283	0.0153	0.0118

3.5　测点优化布设软件集成及应用

测点布设评价准则和求解方法需要一定的结构动力学和数学基础，对于从事桥梁振动测试的入门者和广大工程人员还较难掌握。为此，笔者课题组基于科学计算软件(MATLAB 平台)开发了一套实用的测点优化布设软件(optimal sensor placement software，OSPS)，该软件具备界面功能简捷、交互操作友好、过程可视化程度高等优点，可提供“一键式”的测点布设优选方案。

3.5.1　软件架构设计

图 3.46 为测点优化布设软件 OSPS 的整体架构图，软件内嵌了 3.3 节的测点布设评价准则，包含了前处理、运算分析和后处理三个功能模块。软件的前处理功能模块包括一键提取 ABAQUS、ANSYS 和 MIDAS CIVIL 等有限元模型的节点、单元、刚度、质量和模态信息；运算分析功能包括物理模型重构、候选测点选择、运算矩阵生成、测点数目设置、评价准则选择和计算分析等实用功能；后处理功能模块包括布设方案可视化和布设报告生成与导出两项功能，一键生成的测点优化布设报告可以方便工程人员按照桥梁振动响应测试需求合理地选择测点布设方案。

3.5.2　界面交互功能开发

图 3.47 为测点优化布设软件 OSPS 的主界面，由上至下分别为菜单栏、状态信息栏、准则栏、视图区、工具栏、测点栏和功能栏。

菜单栏用于展示软件的操作流程，并为用户提供各功能交互界面的入口，按用户点击操作的顺序排布。菜单栏包含“项目新建”“模型重构”“测点设置”“单目标优化”“多目标优化”“用户指南”六个菜单项。

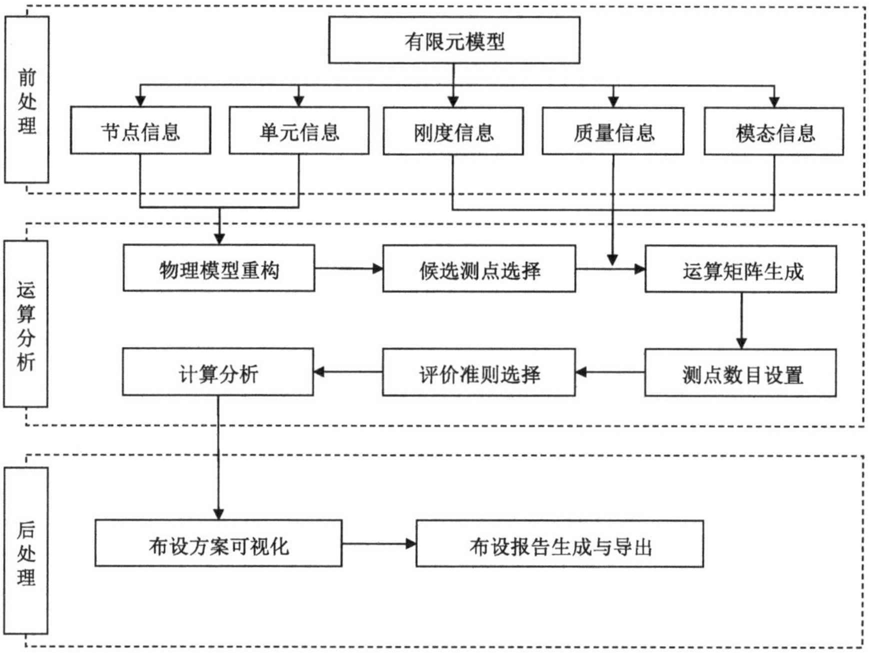

图 3.46　测点优化布设软件 OSPS 整体架构

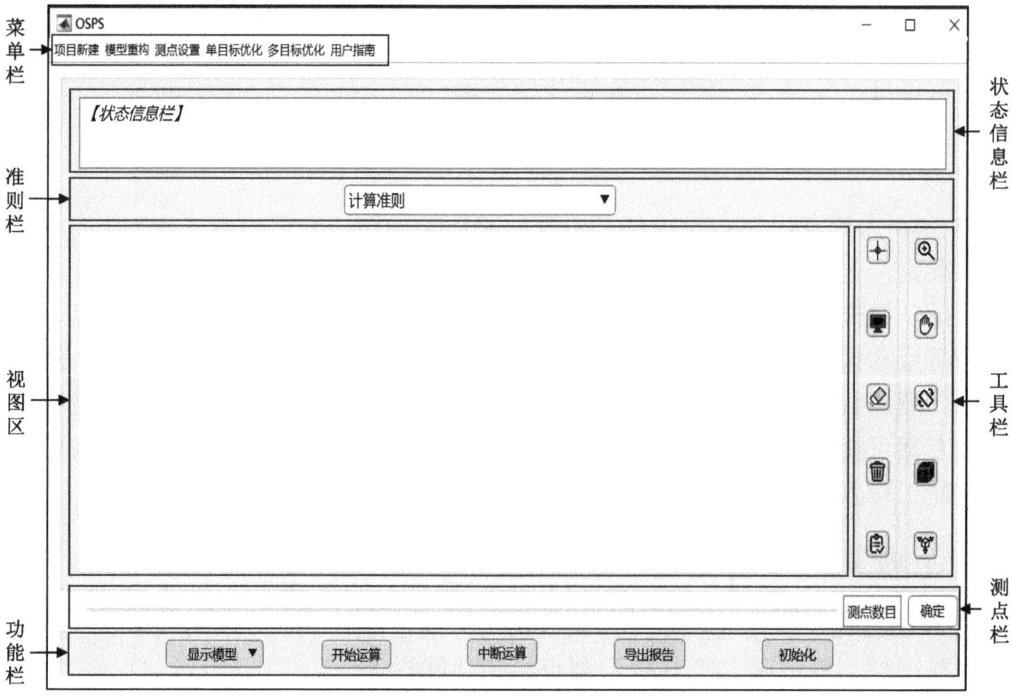

图 3.47　测点优化布设软件 OSPS 主界面

“项目新建”菜单项可提供输入新建项目信息，自动导出布设方案及报告的功能。界面如图 3.48 所示，需要手动输入项目名称、项目工况、项目简介，选择报告存储路径及其导出格式等。

菜单栏下方的状态栏用于实时记录与提示用户操作，并给出模型装载信息、计算信息、准则切换和对用户的提示等，是确保操作无误的关键。状态信息栏会显示用户导入模型数据的路径及成功与否、当前模型上标注的测点数目、输入的测点数目及浮动区间、当前视图区呈现的准则方法等内容。

准则栏位于状态信息栏的下方，其为一个下拉菜单控件，用于切换不同的测点布设评价准则，实现不同布设方案的对比。

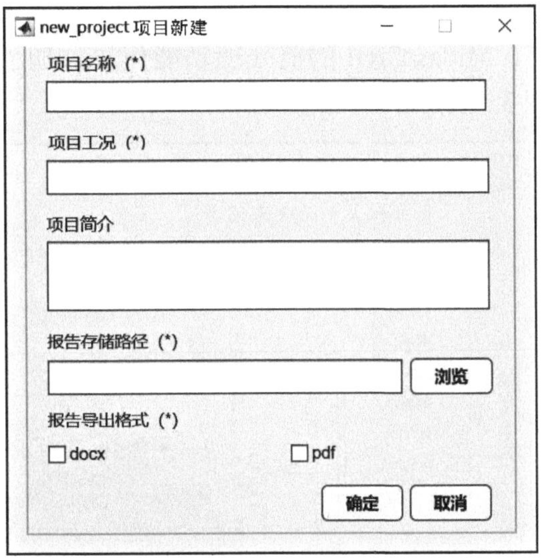

图 3.48　“项目新建”界面

准则栏的下方，左侧为视图区，用于呈现重构的物理模型、测点位置等；右侧为工具栏，有两列工具按钮，其中，左排工具按钮用于在重构的有限元模型上进行候选测点的选取、擦除、显示和清除等；右排工具按钮用于变换视图，具备缩放、平移、三维旋转以及选择预定视角显示等功能，便于在标注候选测点和查看布设结果时能从各个角度观察模型。

测点栏由滚动条控件和动态文本框控件组成，用户可以拖动滚动条或设置具体的测点数目来查看不同测点数量时的布设方案结果。

功能栏包含“显示模型”“开始运算”“中断运算”“导出报告”“初始化”等分析模块。其中，“显示模型”按钮用于导入有限元模型后在视图区显示重构模型；“开始运算”与“中断运算”按钮用于在设置好测点数目及布设评价准则之后控制计算过程；“导出报告”按钮用于计算完毕后，向指定路径输出预定格式的测点优化布设报告，包含建模信息、测点位置等；“初始化”按钮用于对软件进行初始化，清空所有的缓存数据及状态栏、视图区中的内容，以方便新项目的开始。

1. 前处理功能模块

测点优化布设软件的前处理功能模块是单独开发的，其设计过程不在测点优化布设软件中进行。用户需点击“模型重构”菜单栏中的“前处理模块”按钮（图 3.49），软件会自动调用并弹出“前处理功能模块”子面板，如图 3.50～图 3.52 所示。

前处理功能模块界面由顶部的标签栏、中部的功能界面和底部的功能按钮组成，包括 ABAQUS、ANSYS 和 MIDAS CIVIL 的前处理功能模块三部分。ABAQUS 前处理功能模块的左侧为使用说明，右侧包括输入模型文件、指定模型信息输出路径和参数设定三部分，如图 3.50 所示。ANSYS 与 ABAQUS 的前处理功能模块基本相同，区别在于 ANSYS 的前处理功能模块需要用户指定 ANSYS 在计算机中的位置，以便测点优化布设软件 OSPS 后台调用 ANSYS 进行运算，如图 3.51 所示。相比而言，Midas/Civil 的前处理功能模块添加了用户手动输入设计截面特性值的功能，如图 3.52 所示。

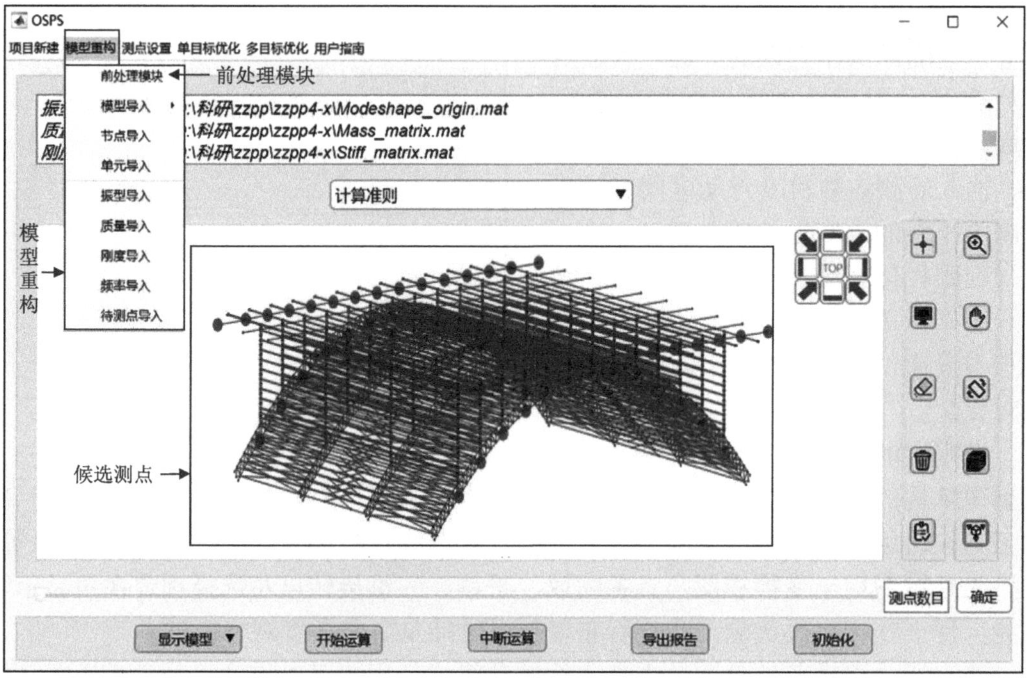

图 3.49　模型重构界面

图 3.50　Abaqus 的前处理功能模块界面

图 3.51　ANSYS 的前处理功能模块界面

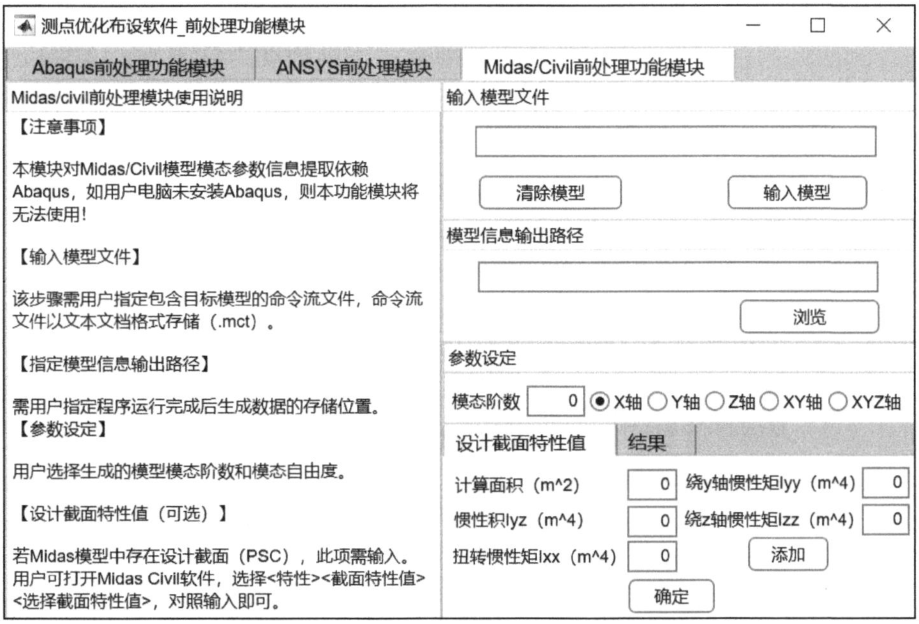

图 3.52　Midas/Civil 的前处理功能模块界面

2. 运算分析功能模块

运算分析功能模块是测点优化布设软件 OSPS 的核心功能模块。该模块以前处理功能模块中的目标结构基本信息和理论模态信息为基础，具体包括模型重构、候选测点选取、测点数目设置、评价准则选取、布设求解方法选择等功能。“模型重构”

菜单项用于支持用户将有限元模型和参与计算的参数（如振型矩阵、质量矩阵、刚度矩阵和频率向量等）导入到软件内，可实现数值模型在视图区重构和后台计算时的参数调用。图 3.49 为模型重构菜单项界面。

“测点设置”菜单项用于设置待测点的数目，即指引用户输入候选测点数 a 、测点浮动数 b 和用户自行选定的测点数 c ，其中 a 值为必填项，b 值和 c 值为选填项。浮动数 b 设置用于给用户提供一个围绕 a 值布设测点数目的区间，用户可以拖拉图 3.47 中测点栏的滑动条，观察测点数目微调后的测点布设情况。通过设置“设置用户自己添加的待测点的个数 c ”，让用户依据实际需求自主设置待测点。图 3.53 为“测点数目”菜单项界面。

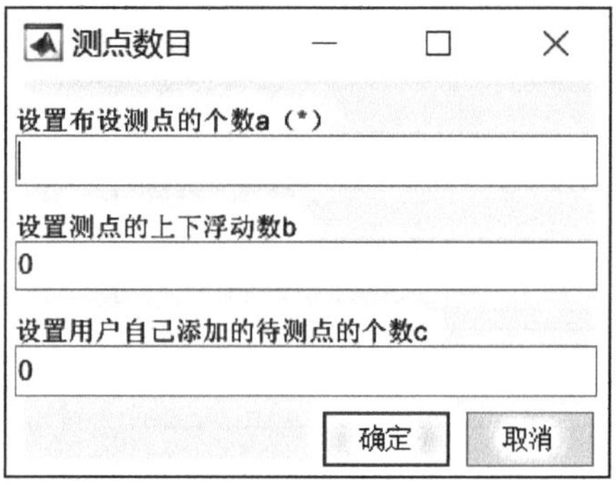

图 3.53　“测点数目”界面

当用户完成候选测点的点选后，点击“方案保存”按钮，程序自动将原模型的振型矩阵、刚度矩阵以及质量矩阵缩聚，生成用于本次测点优化布设计算的矩阵并保存，以供后续计算调用。

测点布设评价准则包括“单目标优化”和“多目标优化”两种。“单目标优化”菜单项分为三部分：①结构动力学方程；②集成区，按照模态重构效果最佳、结构振动信号最强和参数识别误差最小分为三大类，共 17 种评价准则；③控制区，包括支持评价准则的清零、全选和确定功能，软件后台会自动记录用户的选择，后续计算时会执行相应的评价准则程序调用。图 3.54 为单目标优化菜单项界面。

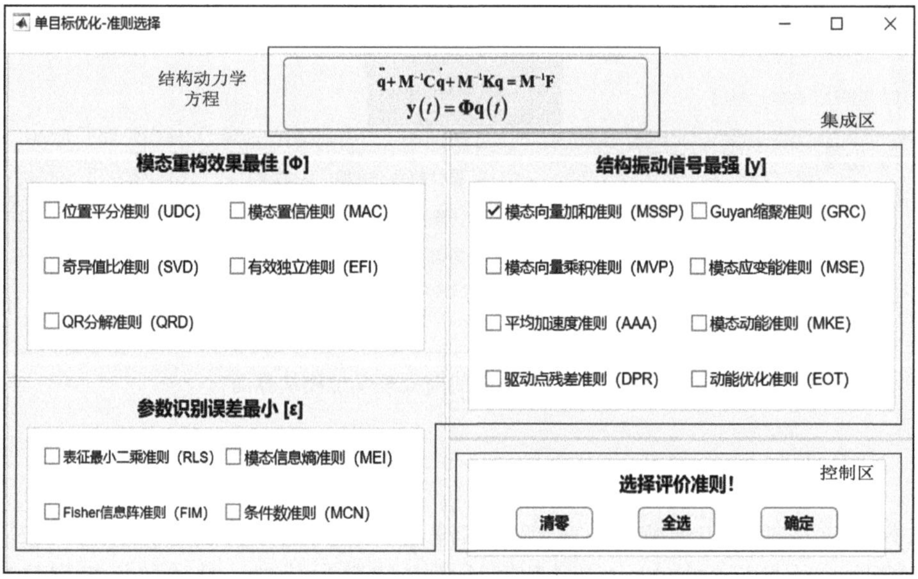

图 3.54　单目标优化界面

“多目标优化”菜单项给出了常用的多目标优化准则（图 3.55）和帕累托优化方法（图 3.56）。用户可以从有效独立-平均加速度准则、有效独立-驱动点残差准则、有效独立-模态动能准则以及模态动能-模态保证准则这四种常用多目标准则中选择，抑或使用软件内嵌的帕累托优化求解器，自由组合单目标评价准则，形成个性化多目标评价准则。

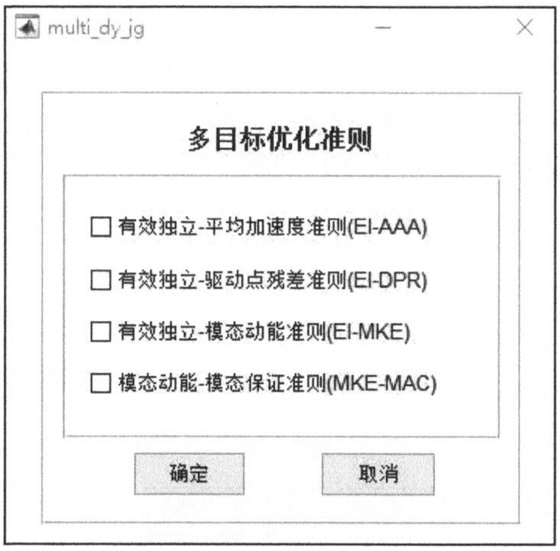

图 3.55 多目标优化界面

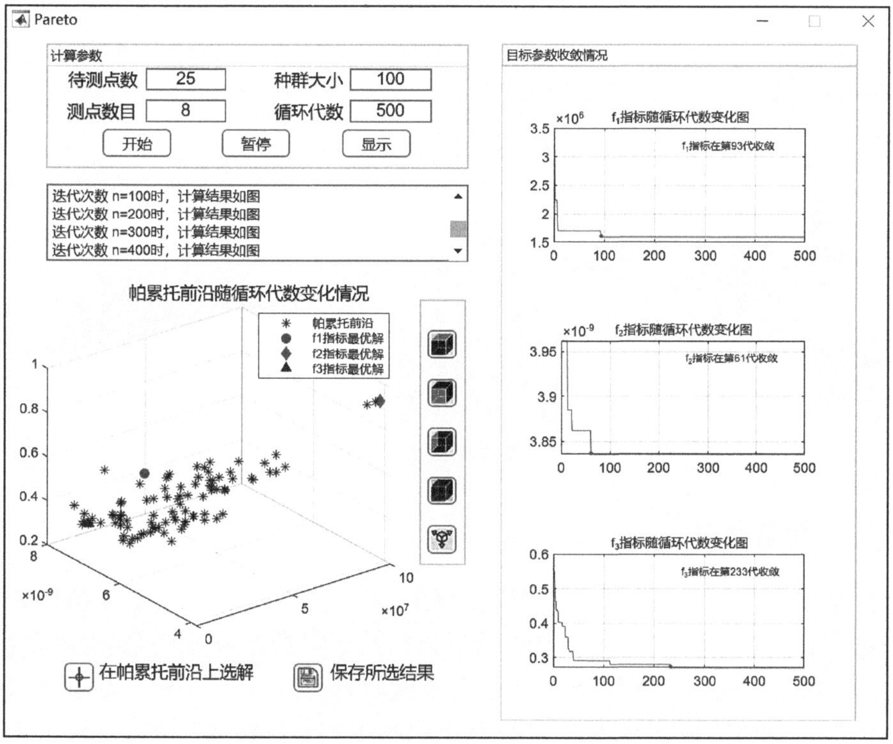

图 3.56 帕累托优化求解界面

3. 后处理功能模块

后处理功能模块用于一键导出测点优化布设报告，让用户通过阅读报告即可选择出最合适的测点布设方案。该功能的实现依靠的是 MATLAB 程序与 Word 之间的交互，用户通过点击“报告导出”按钮，即可将所有生成的测点布设方案导出，导出的布设报告主要包括项目基本信息和测点优化布设结果等。

项目基本信息包括项目名称、项目工况、项目简介、初始模型、模型自由度数目、拟布设测点数目和评价准则，如图 3.57 所示。测点优化布设结果中包含测点布设位置编号、可视化图像和测点分布均匀度。测点布设位置编号会以表格的形式导出，便于用户读取信息，且表格中包含了序号、节点编号及其空间坐标。可视化图像中包含了待测点的节点编号和空间坐标系，用户可以对照表格从模型图中准确找出待测点的位置。当用户依据测点优化布设报告选择布设方案时，可采用三维测点分布均匀度法，对于每一大类准则中的每个准则，计算测点分布均匀度，并建议将测点分布均匀度低的布设方案作为用户选取的依据。

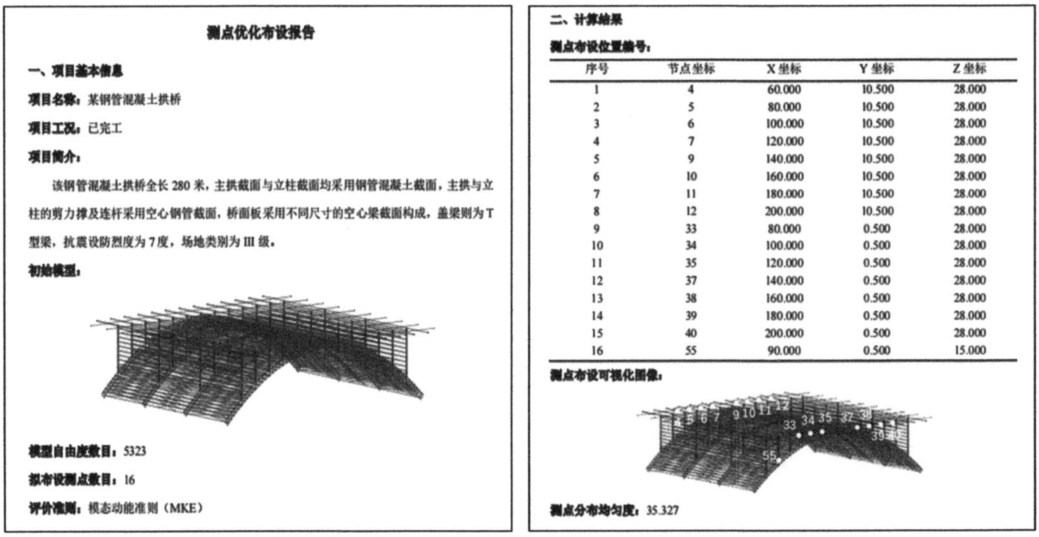
测点优化布设报告

一、项目基本信息

项目名称： 某钢管混凝土拱桥

项目工况： 已完工

项目简介：

该钢管混凝土拱桥全长 280 米，主拱截面与立柱截面均采用钢管混凝土截面，主拱与立柱的剪力撑及连杆采用空心钢管截面，桥面板采用不同尺寸的空心梁截面构成，盖梁则为 T 型梁，抗震设防烈度为 7 度，场地类别为 III 级。

初始模型：

模型自由度数目： 5323

拟布设测点数目： 16

评价准则： 模态动能准则（MKE）

二、计算结果

测点布设位置编号：

序号	节点坐标	X 坐标	Y 坐标	Z 坐标
1	4	60.000	10.500	28.000
2	5	80.000	10.500	28.000
3	6	100.000	10.500	28.000
4	7	120.000	10.500	28.000
5	9	140.000	10.500	28.000
6	10	160.000	10.500	28.000
7	11	180.000	10.500	28.000
8	12	200.000	10.500	28.000
9	33	80.000	0.500	28.000
10	34	100.000	0.500	28.000
11	35	120.000	0.500	28.000
12	37	140.000	0.500	28.000
13	38	160.000	0.500	28.000
14	39	180.000	0.500	28.000
15	40	200.000	0.500	28.000
16	55	90.000	0.500	15.000

测点布设可视化图像：

测点分布均匀度： 35.327

图 3.57　测点优化布设报告界面

4. 用户指南功能

“用户指南”菜单项主要包括“软件介绍”和“基本理论”两个子菜单项。其中“软件介绍”子菜单给出了软件操作说明书，包括工具箱的开发信息、各模块功能和软件操作步骤等，点击“软件介绍”即会唤醒软件操作说明文件，如图 3.58 所示。“基本理论”子菜单内置《模态测试测点优化布设评价准则说明书》，便于用户查看测点优化布设评价准则基础理论和求解方法，包括评价准则的原始公式、符号表达、物理意义等详细说明。

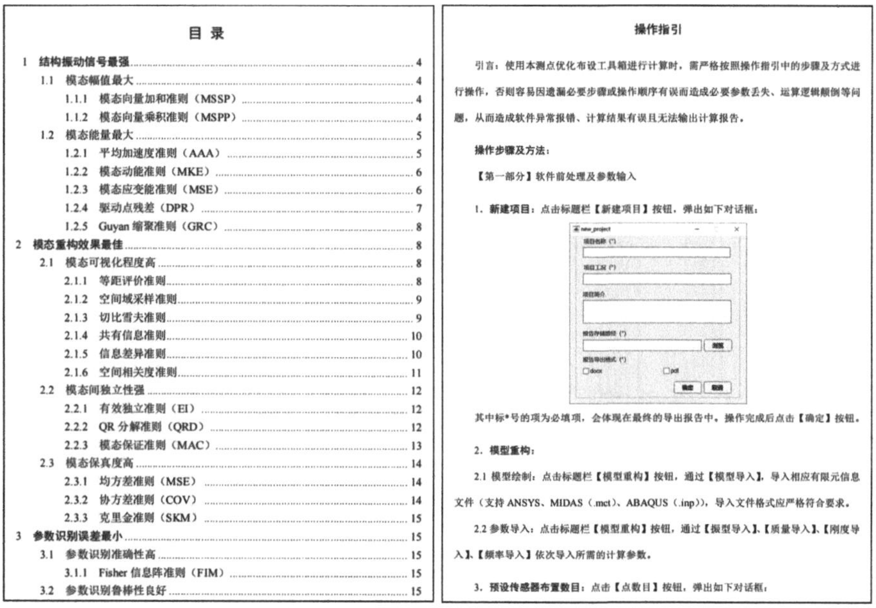

目 录

1 结构振动信号最强 …… 4
1.1 模态幅值最大 …… 4
1.1.1 模态向量加和准则（MSSP） …… 4
1.1.2 模态向量乘积准则（MSPP） …… 4
1.2 模态能量最大 …… 5
1.2.1 平均加速度准则（AAA） …… 5
1.2.2 模态动能准则（MKE） …… 6
1.2.3 模态应变能准则（MSE） …… 6
1.2.4 驱动点残差（DPR） …… 7
1.2.5 Guyan 缩聚准则（GRC） …… 8
2 模态重构效果最佳 …… 8
2.1 模态可视化程度高 …… 8
2.1.1 等距评价准则 …… 8
2.1.2 空间域采样准则 …… 9
2.1.3 切比雪夫准则 …… 9
2.1.4 共有信息准则 …… 10
2.1.5 信息差异准则 …… 10
2.1.6 空间相关度准则 …… 11
2.2 模态间独立性强 …… 12
2.2.1 有效独立准则（EI） …… 12
2.2.2 QR 分解准则（QRD） …… 12
2.2.3 模态保证准则（MAC） …… 13
2.3 模态保真度高 …… 14
2.3.1 均方差准则（MSE） …… 14
2.3.2 协方差准则（COV） …… 14
2.3.3 克里金准则（SKM） …… 15
3 参数识别误差最小 …… 15
3.1 参数识别准确性高 …… 15
3.1.1 Fisher 信息阵准则（FIM） …… 15
3.2 参数识别鲁棒性良好 …… 15

操作指引

引言：使用本测点优化布设工具箱进行计算时，需严格按照操作指引中的步骤及方式进行操作，否则容易因遗漏必要步骤或操作顺序有误而造成必要参数丢失、运算逻辑颠倒等问题，从而造成软件异常报错、计算结果有误且无法输出计算报告。

操作步骤及方法：

【第一部分】软件前处理及参数输入

1．新建项目：点击标题栏【新建项目】按钮，弹出如下对话框：

其中标*号的项为必填项，会体现在最终的导出报告中。操作完成后点击【确定】按钮。

2．模型重构：

2.1 模型绘制：点击标题栏【模型重构】按钮，通过【模型导入】，导入相应有限元信息文件（支持 ANSYS、MIDAS（.mct）、ABAQUS（.inp）），导入文件格式应严格符合要求。

2.2 参数导入：点击标题栏【模型重构】按钮，通过【振型导入】、【质量导入】、【刚度导入】、【频率导入】依次导入所需的计算参数。

3．预设传感器布置数目：点击【点数目】按钮，弹出如下对话框：

图 3.58　软件操作说明文件界面

3.5.3　基准模型和实桥验证

1. 基准模型

以图 3.27 中的两跨连续梁桥基准模型为例，拟布设 25 个加速度计，预设测点浮动数为±5。图 3.59 为使用“数据游标”工具在模型上精选的候选测点。

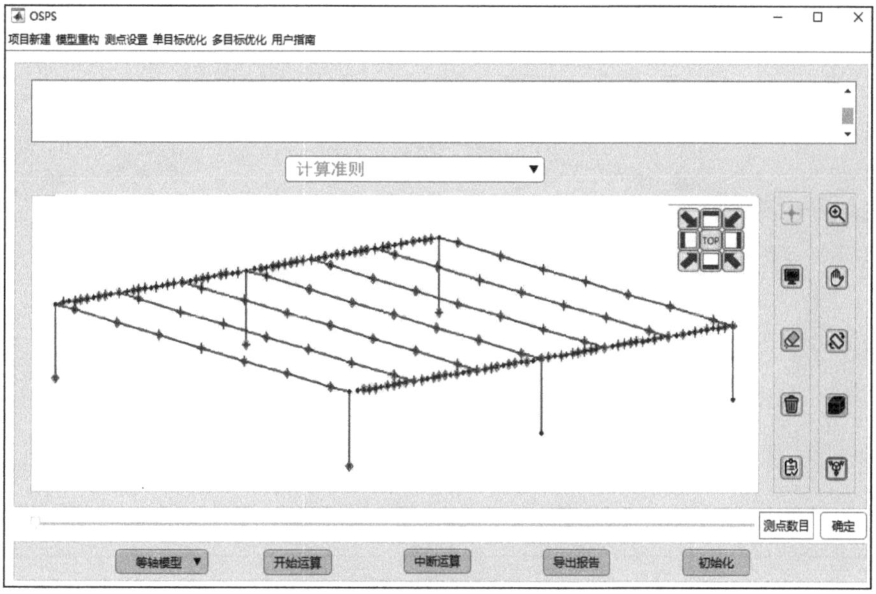

图 3.59　模型候选测点选取

以软件内嵌的平均加速度准则、模态置信准则和表征最小二乘准则为例进行测点优化布设结果展示，布设结果如图 3.60 所示。

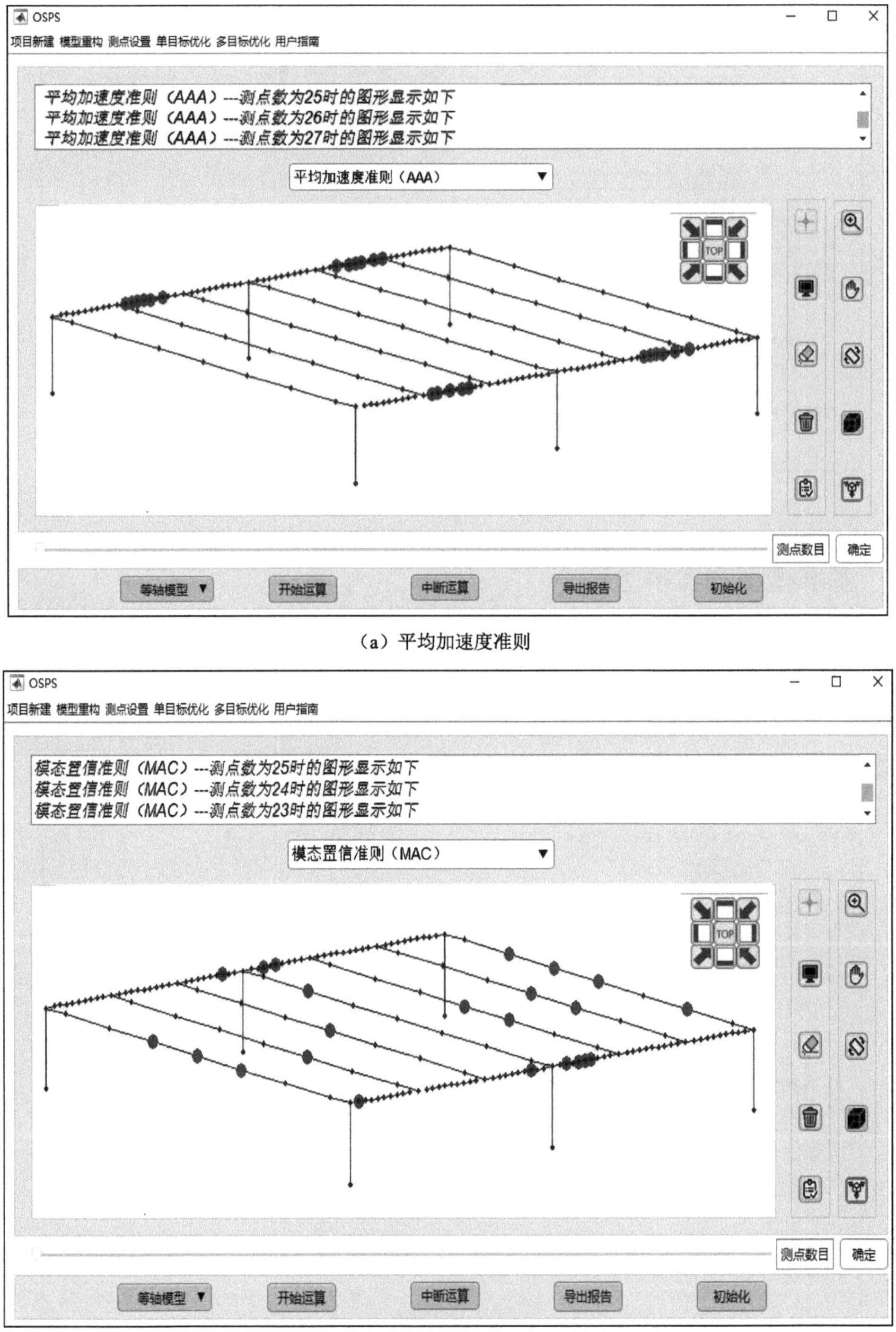

（a）平均加速度准则

（b）模态置信准则

图 3.60　两跨连续梁桥基准模型的测点优化布设结果

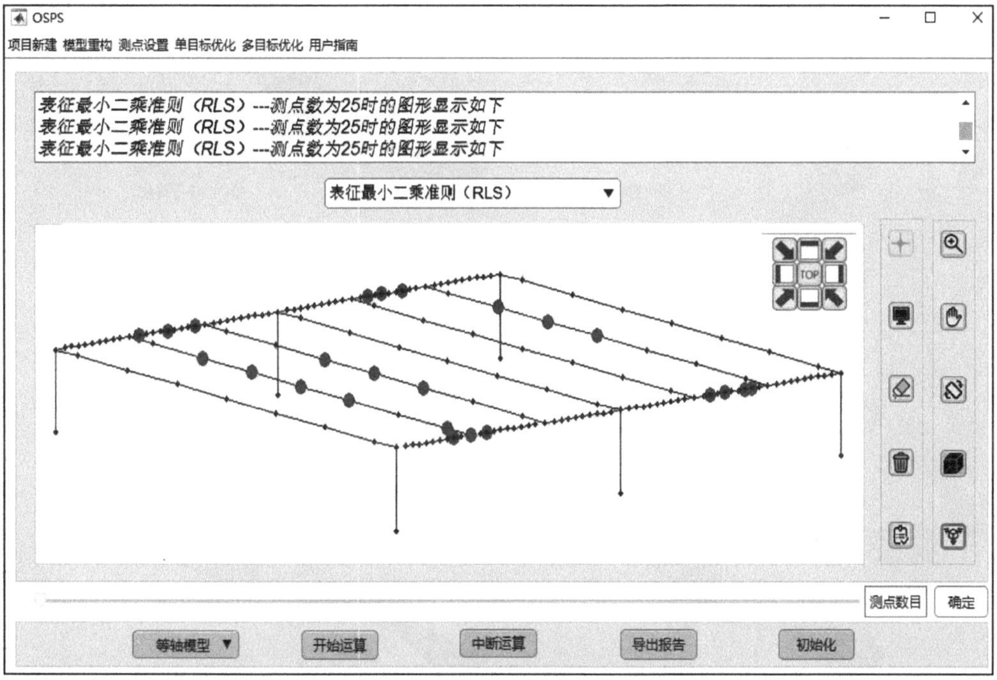

（c）表征最小二乘准则

图 3.60（续）

2. 混凝土 T 构连续箱梁桥

以一座双跨混凝土 T 构连续箱梁人行桥为实桥算例，该桥各跨跨径为 24m，桥面宽度为 6m，有效通行宽度为 5.5m。图 3.61 为桥梁有限元模型，梁端采用简支约束条件，由于桩基础所处位置的地质条件未知，故未对桩基础进行建模，仅在模型承台底部节点处设置固支约束。前六阶振型图如图 3.62 所示。

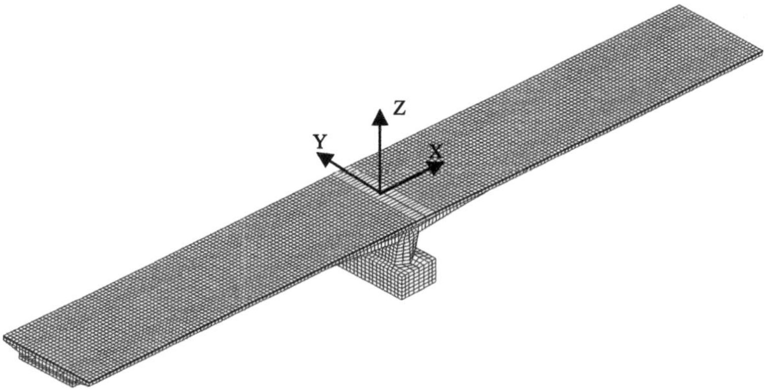

图 3.61　混凝土 T 构连续箱梁桥的有限元模型

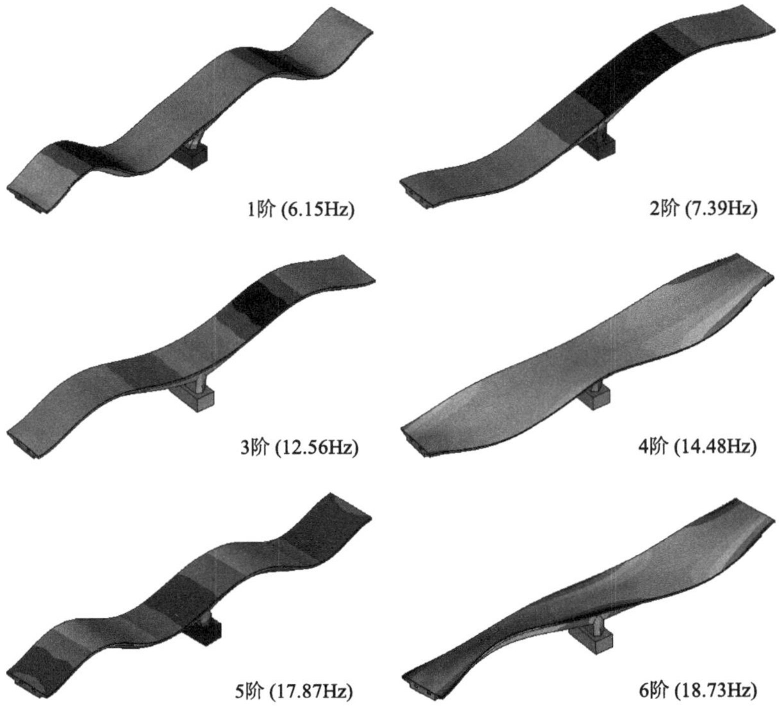

图 3.62　混凝土 T 构连续箱梁桥的前 6 阶振型

由图 3.62 可知，该桥纵向最复杂振动为第 6 阶的五弯模态，若在纵向布设 9 个测点，足以重构纵向振动模态；横向最复杂振动为第 5 阶转动模态，若在横向布设 3 个测点足以重构转动模态。共选择 27 个候选测点，标注如图 3.63 所示。

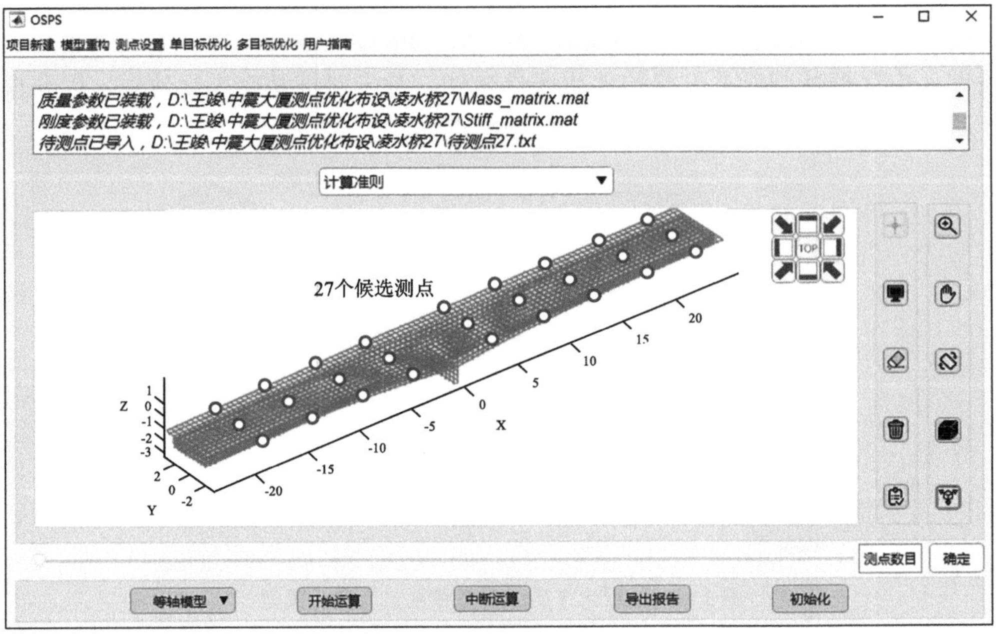

图 3.63　候选测点标注图

以模态动能准则、模态置信准则和费希尔信息阵准则为评价准则，从 27 个候选测点中筛选出 12 个测点位置布设加速度计。三种准则的测点优化布设结果如图 3.64 所示。

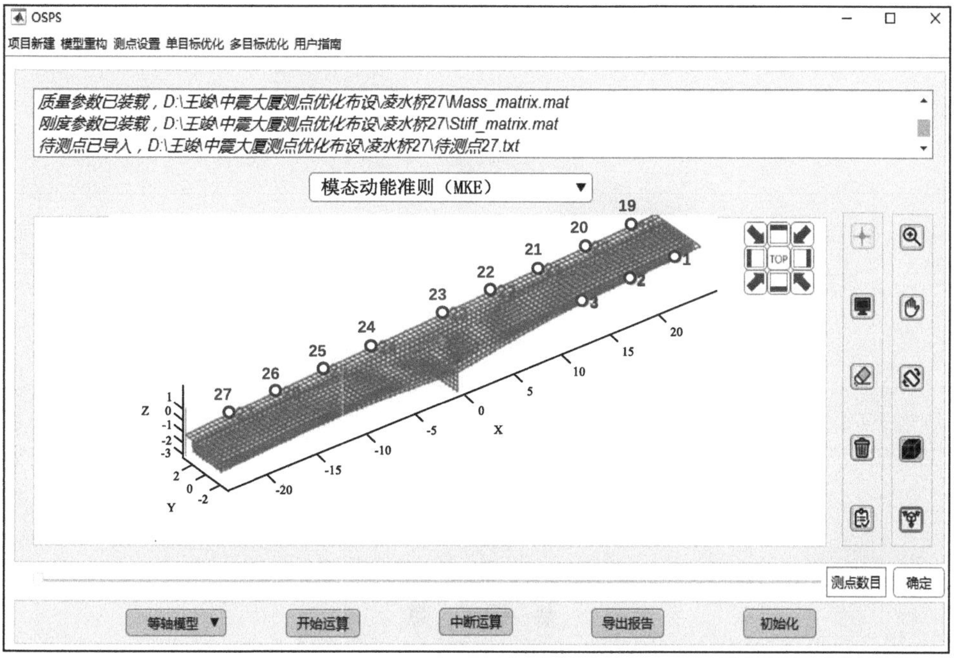

（a）模态动能准则

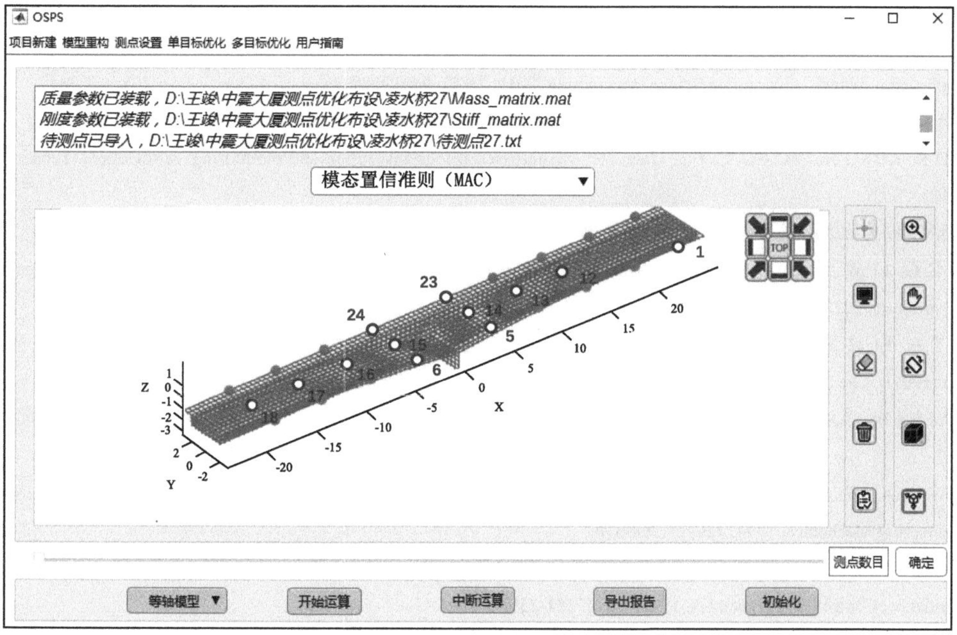

（b）模态置信准则

图 3.64　混凝土 T 构连续箱梁桥的测点优化布设结果

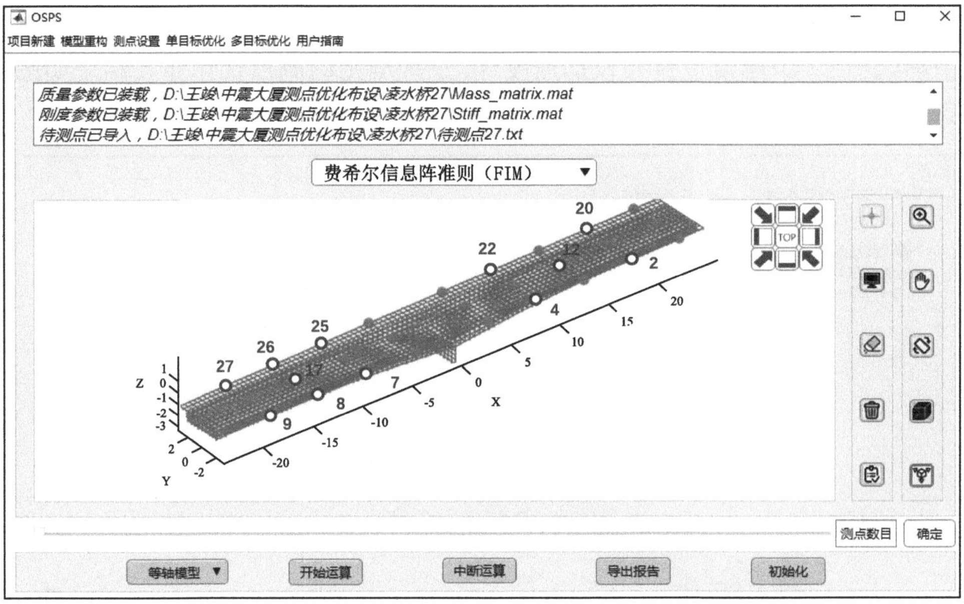

（c）Fisher 信息阵准则

图 3.64（续）

参 考 文 献

[1] NASSIF H H, GINDY M, DAVIS J. Comparison of laser doppler vibrometer with contact sensors for monitoring bridge deflection and vibration[J]. NDT and E International, 2005, 38(3): 213-218.

[2] GARG P, MOREU F, OZDAGLI A, et al. Noncontact dynamic displacement measurement of structures using a moving laser doppler vibrometer[J]. Journal of Bridge Engineering, 2019, 24(9): 04019089.

[3] 晏班夫，欧阳康，梁才. 桥梁工程中非接触位移测量技术研究综述[J]. 交通运输工程学报, 2024, 24(1): 43-67.

[4] LUO K, KONG X, ZHANG J, et al. Computer vision-based bridge inspection and monitoring: A review[J]. Sensors, 2023, 23(18): 7863.

[5] 伊廷华. 结构健康监测教程[M]. 北京：高等教育出版社, 2021.

[6] HE Z G, LI W T, SALEHI H D, et al. Integrated structural health monitoring in bridge engineering[J]. Automation in Construction, 2022, 136: 104168.

[7] YI T H, LI H N, GU M. Optimal sensor placement for structural health monitoring based on multiple optimization strategies[J]. The Structural Design of Tall and Special Buildings, 2011, 20(7): 881-900.

[8] HEYLEN W, LAMMENS S, SAS P. Modal analysis theory and testing[M]. Leuven, Belgium: Katholieke Universiteit Leuven, 1997.

[9] UDWADIA F E. Methodology for optimum sensor locations for parameter identification in dynamic systems[J]. Journal of Engineering Mechanics, 1994, 120(2): 368-390.

[10] KAMMER D C. Sensor placement for on-orbit modal identification and correlation of large space structures[J]. Journal of Guidance, Control, and Dynamics, 1991, 14(2): 251-259.

[11] CARNE T G, DOHRMANN C R. A modal test design strategy for model correlation[C]//Society of Photo-Optical Instrumentation Engineers. The International Society for Optical Engineering. Washington, 1995: 927-933.

[12] LI D S, LI H N, FRITZEN C P. The connection between effective independence and modal kinetic energy methods for sensor

placement[J]. Journal of Sound and Vibration, 2007, 305(4-5): 945-955.

[13] DOWNEY A, HU C, LAFLAMME S. Optimal sensor placement within a hybrid dense sensor network using an adaptive genetic algorithm with learning gene pool[J]. Structural Health Monitoring, 2018, 17(3): 450-460.

[14] YI T H, LI H N, ZHANG X D. Sensor placement on canton tower for health monitoring using asynchronous-climb monkey algorithm[J]. Smart Materials and Structures, 2012, 21(12): 125023.

[15] YI T H, LI H N, WANG C W. Multiaxial sensor placement optimization in structural health monitoring using distributed wolf algorithm[J]. Structural Control and Health Monitoring, 2016, 23(4): 719-734.

[16] ZHOU G D, YI T H, ZHANG H, et al. Energy-aware wireless sensor placement in structural health monitoring using hybrid discrete firefly algorithm[J]. Structural Control and Health Monitoring, 2015, 22(4): 648-666.

[17] YI T H, WEN K F, LI H N. A new swarm intelligent optimization algorithm: Pigeon Colony Algorithm (PCA)[J]. Smart Structures and Systems, 2016, 18(3): 425-448.

[18] YI T H, LI H N, ZHANG X D. Health monitoring sensor placement optimization for Canton Tower using immune monkey algorithm[J]. Structural Control and Health Monitoring, 2015, 22(1): 123-138.

[19] YI T H, LI H N, SONG G B, et al. Optimal sensor placement for health monitoring of high-rise structure using adaptive monkey algorithm[J]. Structural Control and Health Monitoring, 2015, 22(4): 667-681.

[20] 伊廷华，张旭东，李宏男. 基于分布式猴群算法的传感器优化布置方法研究[J]. 工程力学, 2014, 31(03): 93-100.

[21] CAICEDO J M, CATBAS N, GUL M, et al. Benchmark problem for bridge health monitoring: Definition paper[C]. The 4th World Conference on Structural Control and Monitoring, San Diego, 2006.

[22] BURKETT J L. Benchmark studies for structural health monitoring using analytical and experimental models[D]. Orlando: University of Central Florida, 2005.

[23] AU S K. Operational modal analysis-modeling, Bayesian inference, uncertainty laws[M]. Berlin, Springer Nature Singapore Pte Ltd., 2017.

[24] PAPADIMITRIOU C, LOMBAERT G. The effect of prediction error correlation on optimal sensor placement in structural dynamics[J]. Mechanical Systems and Signal Processing, 2012, 28: 105-127.

[25] PAPADIMITRIOU C. Optimal sensor placement methodology for parametric identification of structural systems[J]. Journal of Sound and Vibration, 2004, 278(4-5): 923-947.

第 4 章　桥梁模态辨识分析理论

4.1　概　　述

桥梁模态辨识分析利用桥梁在外界激励（如风、车辆等）作用下的振动响应，通过信号处理技术获取桥梁的模态参数（频率、阻尼比、振型等），分析模态参数的演变，对评估在役桥梁的动力性能有重要意义。桥梁模态辨识分析的核心是选用高质量的振动测试数据，建立与测试数据振动形式匹配的模态辨识方法，减少数据分析过程中的人工干预，实现高准确性的模态分析效果。高质量的振动测试数据是提高工作模态分析结果准确性的前提。而测试系统在对桥梁的位移、加速度等振动响应的采集和存储过程中，常因传感器断电、传输不稳定等原因，导致振动数据的完整性和有效性降低，进一步导致模态分析达不到预期的效果。常用的工作模态辨识方法，如随机子空间识别法、频域分解法等，建立在脉冲激励或具有白噪声特性的平稳随机激励的假定之上，主要适用于平稳随机振动响应或自由振动响应。而实际桥梁在工作期间受到的激励形式多样，其振动响应也并不完全呈平稳随机振动形式或自由振动形式，直接用以上工作模态辨识方法进行辨识分析，可能会产生较大的模态辨识误差，甚至识别出并非结构固有特性的虚假模态，并且在具有非白噪声特性的激励作用下，桥梁结构的部分模态可能无法被激发出来，还会出现模态丢失的问题。因此，结合桥梁的实际振动响应特点来选取合适的工作模态辨识方法十分有必要。工作模态辨识方法的理论复杂、经验参数众多，对工程人员的专业水平要求较高，且经验参数可能需随振动数据的变化而改变，提高了桥梁结构模态长期演变特性在线分析的难度。如何减少经验参数的影响，实现桥梁模态辨识分析的自动化执行，也是需要解决的问题之一。桥梁模态辨识分析理论将按振动数据预处理、公路桥梁模态辨识分析理论、铁路桥梁模态辨识分析理论予以展开，以振动为导向，介绍公路桥梁和铁路桥梁的全过程模态追踪辨识及演变分析方法。

4.2　振动数据预处理方法

传感器在使用过程中可能出现破损、老化、断电等问题，导致振动响应测试数据的质量有所降低，影响模态分析结果的可靠性。因此，对振动响应测试数据进行质量判断、修复、滤波等预处理，提高数据的可用性和效能，最大限度地还原真实的桥梁振动响应，对桥梁模态辨识分析有重要意义。

4.2.1　数据质量判断

数据质量判断是从总体上评估振动响应测试数据的质量好坏、判断其是否符合后续模态辨识分析的要求，一般可以从数据的完整性和有效性两个方面进行判断。

1. 数据完整性判断

数据完整性判断的主要任务是，发现传感器断电、数据传输和存储异常等问题导致的数据文件缺失现象。数据文件缺失导致了数据不连续问题，将为后续的模态辨识分析带来麻烦，尤其不利于模态辨识分析过程自动执行的情况。

在桥梁振动响应测试时，测试的振动响应数据需要按照指定路径存储为指定文件格式，且文件所在路径及其格式一般按照振动数据的时、空两个尺度上的信息进行命名。以某公路桥梁的振动响应测试数据存储格式为例，如图 4.1 所示，说明振动数据存储路径及文件格式，并据此总结数据文件缺失的几种情形。

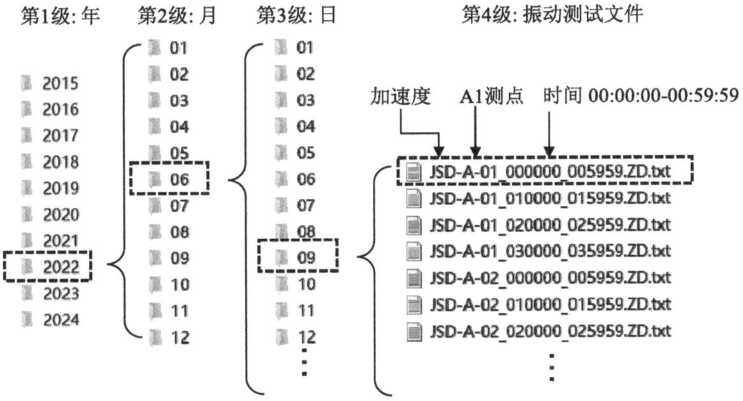

图 4.1　振动响应数据分级存储示意图

在图 4.1 中，测试的振动响应数据以 txt 格式进行存储，并将数据 txt 文本文件按照年、月、日分级存储在不同的文件夹中。以 1 小时为单位时长，每一个 txt 文本文件中存储了一个传感器在单位时长内的振动响应数据。振动响应数据 txt 文本的文件名采用“振动响应类型-测点编号_采集开始时刻_采集结束时刻.ZD.txt”的方式进行命名。例如，文件名“JSD-A-01_000000_005959.ZD.txt”表示测试的振动响应类型为加速度（记为 JSD），数据源于测点 A-01，数据采集的开始时刻为 00:00:00，数据采集的结束时刻为 00:59:59。

根据以上振动响应数据分级存储的规则，将数据文件不完整类型分为以下三种情况：

① 不完整类型 1：某传感器的某小时数据全部缺失，即图 4.1 中的第 3 级文件夹下找不到该传感器在该小时的数据文件，如图 4.2（a）左侧所示；

② 不完整类型 2：某传感器的某小时数据被拆分至多个 txt 文本文件中，且这

些文本文件的起止时间不连续，如图 4.2（b）左侧所示；

③ 不完整类型 3：某传感器的某小时内只有一小段数据被存储在一个 txt 文本文件中，如图 4.2（c）左侧所示。

为了避免以上数据文件不完整情况导致模态辨识分析无法自动化执行，需先进行数据文件完整性判断，并对出现数据文件缺失的情况进行填补修复，填补后以标准格式进行存储，其中，存在数据缺失的时间段内需进行补零填充。针对以上三种数据不完整类型，其文件填补后的结果如图 4.2 右侧所示。

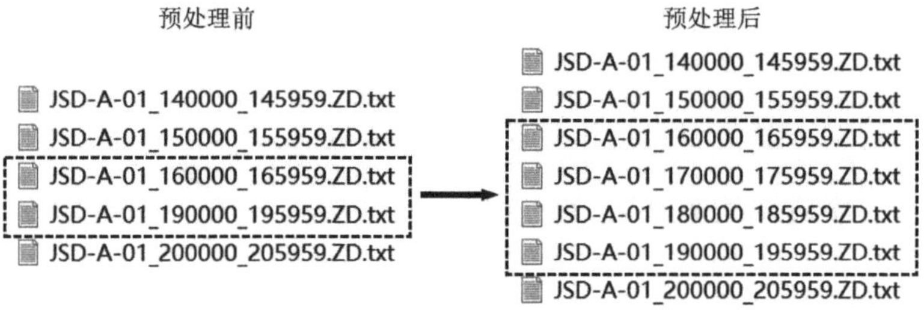

（a）不完整类型 1

（b）不完整类型 2

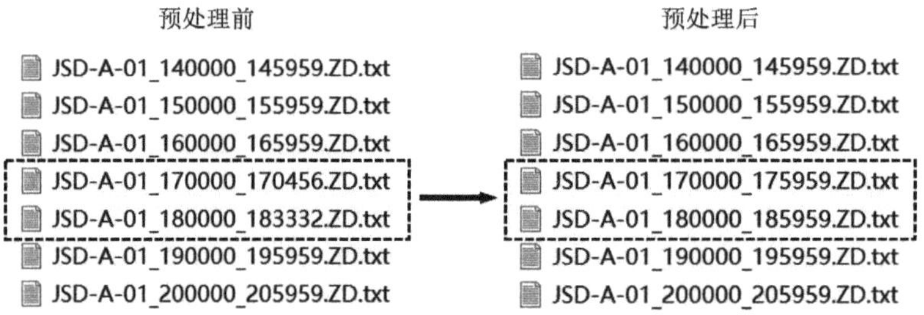

（c）不完整类型 3

图 4.2　数据文件不完整类型及其填补修复示意图

2. 数据有效性判断

桥梁结构或构件损伤、环境与运营条件变化、传感器故障或失效等因素，均可能导致振动响应数据出现异常。尤其是传感器故障或失效引起的异常振动数据用于模态辨识分析时，辨识结果的有效性降低。振动数据有效性判断的主要任务是发现传感器故障或失效引起的各类异常振动数据。

1）数据类型

对比正常振动数据的时程曲线，异常振动数据可分为偏移、漂移、增益、精度下降、常量、常量加噪声、跳点、缺失等类型[1]，其图像特征如表 4.1 所示。

表 4.1　各类型振动数据的图像特征

类型	特征描述	图像示例
正常数据	数据随机波动，均值不随时间变化、波形中轴线水平	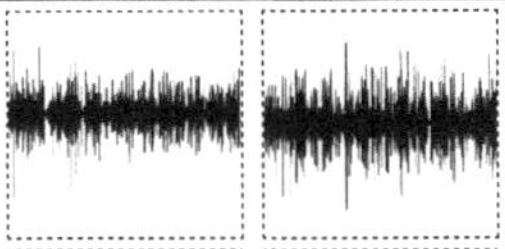
偏移数据	偏移数据与正常数据的均值不同，但某一局部偏移数据段的均值不随时间变化而变化	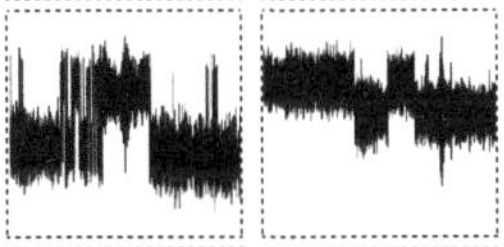
漂移数据	漂移数据与正常数据的均值不同，且漂移数据的均值随时间改变而变化	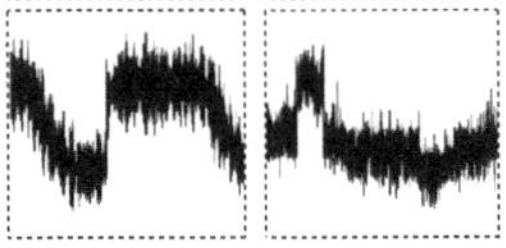
增益数据	增益数据的波形被放大，其标准差大于正常数据的标准差，但均值仍与正常数据保持一致	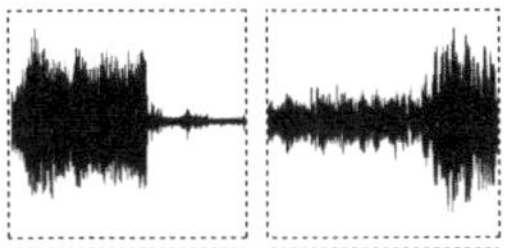
精度下降数据	精度下降数据的波形与正常数据的波形类似，但比正常数据的信噪比更低	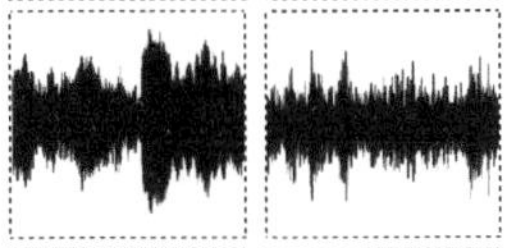
常量数据	常量数据值不随时间波动	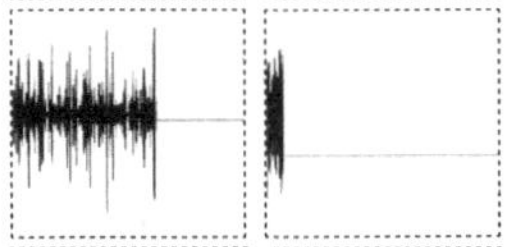
常量加噪声数据	常量加噪声数据值随时间随机波动	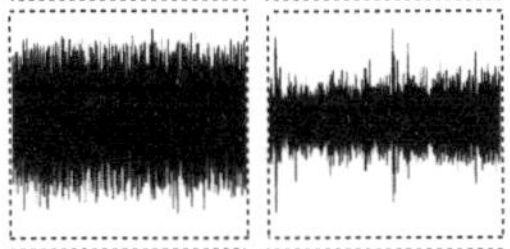
跳点数据	少量突然被放大的孤立点	
缺失数据	缺失数据段的图像空白	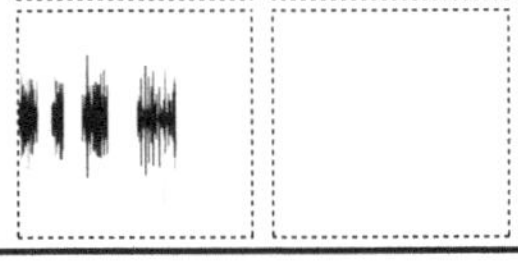

（1）正常数据

桥梁振动响应测试中，测试的正常振动数据一般为含测量噪声的响应数据。假定 $\tilde{x}(t)$ 表示桥梁结构的真实振动响应，$w(t)$ 表示测量噪声，正常振动数据的数学模

型为

$$x(t)=\tilde{x}(t)+w(t) \tag{4.1}$$

正常振动数据近似满足零均值高斯白噪声特性，其时程曲线沿着水平轴上下波动。

（2）偏移数据

偏移数据是指测试数据与其正常值之间存在一个固定的偏差，表现为偏移数据的均值与正常振动数据的均值之间存在固定偏差。偏移数据的数学模型为

$$x(t)=\tilde{x}(t)+w(t)+a \tag{4.2}$$

式中，a 为非零常数。

（3）漂移数据

漂移数据是指测试数据与其正常值之间的差值随时间线性变化，其数学模型为

$$x(t)=\tilde{x}(t)+w(t)+bt \tag{4.3}$$

式中，b 为非零常数；t 为时间。

（4）增益数据

增益简而言之就是放大倍数，传感器的增益是指传感器输出信号与输入信号的比值。数据增益异常是由于传感器的增益随时间发生变化而引起的，表现为测试数据与其正常值之间具有倍乘关系。增益数据的数学模型为

$$x(t)=G\left[\tilde{x}(t)+w(t)\right] \tag{4.4}$$

式中，G 为非零常数。

（5）精度下降数据

精度下降数据是指桥梁结构的真实振动响应被湮没在一个较强的噪声中。与正常振动数据相比，精度下降数据的信噪比更低，其数学模型为

$$x(t)=\tilde{x}(t)+w(t)+e(t) \tag{4.5}$$

式中，$e(t)$ 表示强随机噪声。

在桥梁振动响应测试中，若正常振动数据是来自于环境激励下的桥梁振动响应，则正常振动数据与精度下降数据的波形类似，需要借助频域特征才可区分。

（6）常量数据

常量数据是指测试数据的数值不随时间变化，始终保持为一个常数 c，一般由传感器完全失效造成，其数学模型为

$$x(t)=c \tag{4.6}$$

式中，c 为常数。

（7）常量加噪声数据

常量加噪声数据是指测试数据中不包含桥梁结构真实振动响应，仅包含均值为某一常量的测量噪声，也是由传感器完全失效造成，其数学模型为

$$x(t)=c+w(t) \tag{4.7}$$

噪声数据的统计特征具有多样性、不可预测性，当噪声数据同样满足高斯白噪

声特性时，其时程曲线有时和正常数据以及精度下降数据难以区分，需要进一步结合数据的频域特征予以判断。

（8）跳点数据

跳点是指测试数据在离散时刻点处出现幅值随机跳动，表现为在测试数据中出现少量大幅值的孤立点，其数学模型为

$$x(t)=\tilde{x}(t)+w(t)+o(t) \tag{4.8}$$

式中，$o(t)$仅在有限个离散时刻点处不为 0，而是较大的数值。

（9）缺失数据

缺失是指测试数据的记录缺失。除了数据完整性检查中的数据存储文件缺失情况以外，还可能出现数据存储文件存在，但存储文件中保存的数值为空值（NaN），其数学模型为

$$x(t)=\text{NaN} \tag{4.9}$$

式（4.9）中的数据缺失情况，实际上也是一种特殊的常量数据情况。

2）异常数据分类

异常数据分类方法主要包括统计特征法、时间序列法和计算机视觉法。

（1）统计特征法

基于统计特征的方法是最常用的异常数据分类方法之一。该方法通过计算数据的统计特征，如均值、标准差、极值等来判断数据是否发生了漂移、缺失、增益等异常问题。仍以 1 小时为单位时长，对单位时长内某一传感器采集的振动数据进行分析，数据类型判断的一般方法如下：

① 偏移数据表现为其均值与其他正常振动数据的均值不同，可利用均值法进行判断，方法为对整段振动数据去均值，并逐一计算各分钟内数据的均值，若在某一时间段内，各分钟内数据的均值基本一致，且与其他时间段内的均值计算结果明显不同，则该时间段内的振动测试数据存在偏移现象。

② 漂移数据表现为其均值随时间发生变化，也可利用均值法进行判断，方法为对整段振动数据去均值，并逐一计算各分钟内数据的均值，若各分钟内的数据均值随时间发生显著变化，则该段振动数据内存在漂移现象。

③ 增益数据表现为其标准差与正常振动数据的标准差不同，可利用标准差比值法进行判断，方法为逐一计算各分钟内每一测点处振动数据的标准差，据此计算各测点振动数据标准差的比值，若各分钟下的标准差比值发生显著变化，则该时间段内可能存在增益异常现象。

④ 精度下降数据的信噪比要较正常振动数据的信噪比更低，可采用功率谱分析法进行判断，若振动数据自功率谱密度函数上存在很多噪声峰值，则判断为精度下降数据。

⑤ 常量数据和缺失数据可利用差分法进行判断，方法为逐一对每秒内的振动数据进行一阶差分处理，若差分结果始终为零值或空值，则该秒内的数据存在常量或

缺失现象。

⑥ 跳点数据一般为整段数据内存在少量的孤立点，可采用标准差阈值法进行判断，超过整段数据标准差指定倍数的数据点，判断为跳点数据。

⑦ 常量加噪声数据可采用功率谱分析法进行判断，若数据的功率谱密度函数仍为随机噪声，不存在若干个窄带峰，则该段数据为常量加噪声数据。

（2）时间序列法

基于时间序列的方法是一类特殊的数据分类方法，该方法通常需要建立一个时间序列模型来描述数据的演变趋势，通过比较实际测试值和时间序列模型预测值之间的差异来判断数据是否异常。该方法的有效性取决于时间序列模型的准确性，且一般仅能用来判断数据是否存在异常，无法对异常数据进行精准分类。

（3）计算机视觉法

基于计算机视觉的方法是指利用神经网络算法来构建模型，通过训练各类数据的特征分类模型，对正常数据和各种异常数据进行判断和分类。目前，将振动数据的异常判断问题转化为振动数据的图像分类问题，利用卷积神经网络等深度学习方法进行图像分类，已成为数据分类的有效途径之一。该方法首先对振动数据进行图像化处理，利用大数据优势，选取大量的数据图像样本进行人工分类标记，作为数据图像分类模型的训练集，引入深度学习算法训练数据图像分类模型，随后利用训练好的模型对新获取的振动数据图像样本进行分类。以卷积神经网络（convolutional neural network，CNN）为例，如图 4.3 所示为对振动数据图像进行分类的示意图。

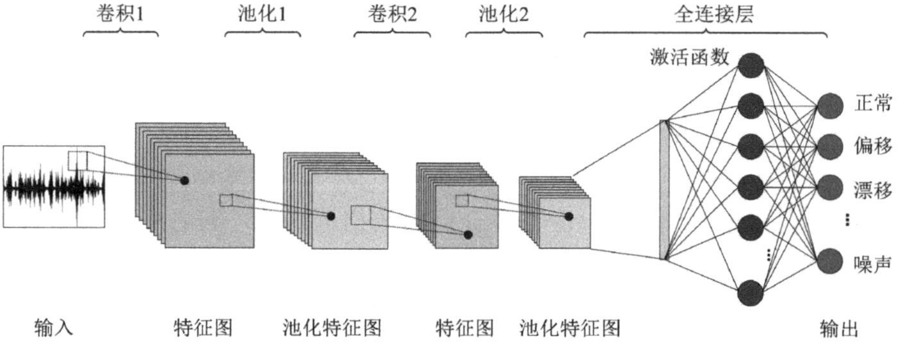

图 4.3　卷积神经网络结构示意图

3）案例分析

对某大跨径斜拉桥的加速度数据进行异常分类分析，该桥梁总长 5985.66m，其中主桥长 1040m，主桥的立面图如图 4.4 所示。主桥为五跨连续双塔双索面全焊扁平流线型钢箱梁斜拉桥，采用 50m+215m+510m+215m+50m 的跨径布置，两边跨各设一辅助墩。全桥共分 85 个梁段，标准梁段长 15m，钢箱梁宽 27.40m，桥面总宽 30m，为 4 车道高速公路特大桥。斜拉索为环氧全涂无黏结预应力钢绞线。索塔为倒 Y 型结构，塔高 184.78m，索塔全宽在上塔柱为 13m，在下横梁处为 38m，塔底为 22m。下塔柱采用由 8.50m×10.50m 向上渐变至 4.06m×7.00m 断面，壁厚 1m；中塔柱采用 4.06m×7.00m 断面，壁厚 0.7675m；上塔柱采用 4.50m×7.00m 断面。索塔基础是双壁钢围堰，直径达 32m。

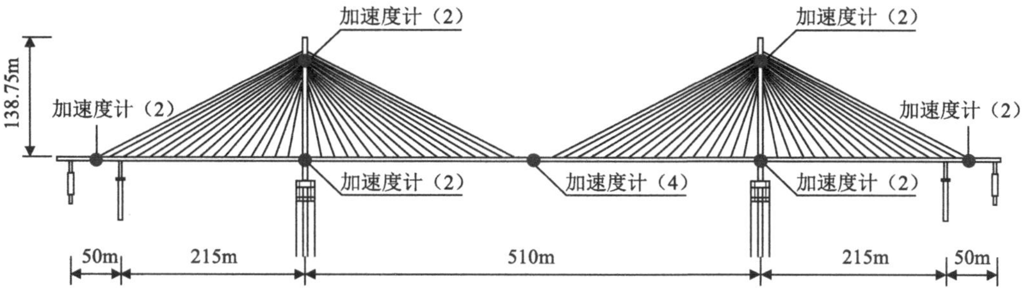

图 4.4　桥梁立面图及其加速度计布设位置

在桥梁健康监测系统中，采用加速度计对桥梁振动进行监测。加速度计的采样频率为 20Hz，分别布设于各段钢箱梁顶板处和主塔横梁断面处，共 16 个加速度计（图 4.4）。对该桥梁在 2014 年 2 月的加速度数据进行数据分类验证，分类结果如图 4.5 所示。图 4.5 的横坐标表示日期，纵坐标为加速度计编号，利用颜色区分各数据类型。加速度计 030101～030106 在 2 月 10～12 日存在数据缺失类型；加速度计 010106 在 2 月的测试数据几乎全部为常量加噪声数据；加速度计 010105 和 030106 在 2 月的测试数据中也以常量加噪声为主；跳点数据零星地分布于各加速度计采集的数据中。

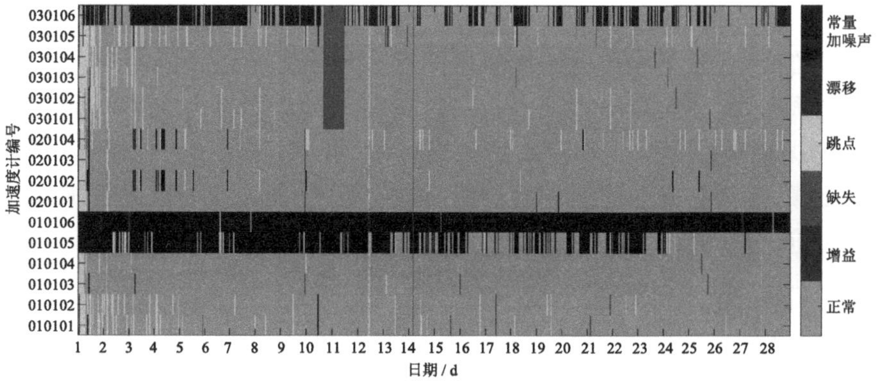

图 4.5 彩图

图 4.5　桥梁振动数据分类结果

对每一个加速度计，统计其采集的加速度数据中存在的数据类型，其结果如图 4.6 所示。常量加噪声数据占比最高的加速度计为 010106，其占比高达 98.21%；漂移数据占比最高的加速度计为 030106，其占比为 2.98%；跳点数据占比最高的加速度计为 030105，其占比为 7.89%；少量增益数据存在于加速度计 010103、030105 和 030106，其占比为 0.15%；正常数据占比最高的加速度计为 010104 和 020103，占比高达 98.21%。

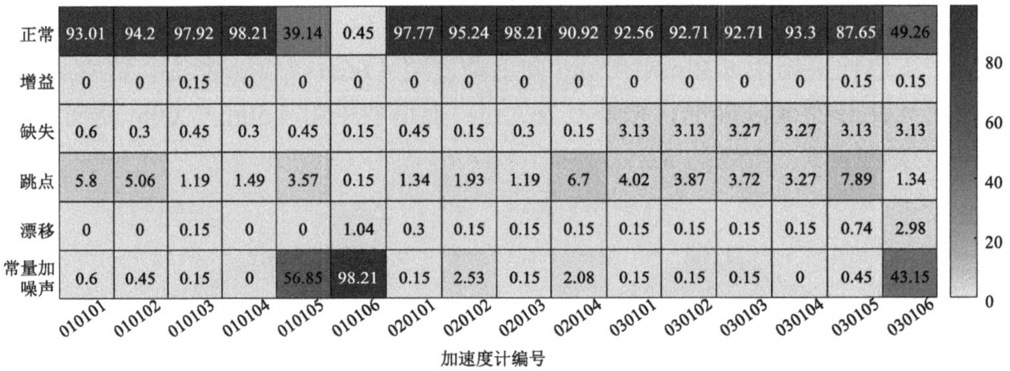

图 4.6　各加速度计处的数据类型占比（单位：%）

4.2.2　异常数据修复

对出现异常的振动数据进行修复，以提高振动数据的可用性，是振动数据预处理中的另一项重要工作。因无法得知传感器的增益信息，导致振动数据出现增益异常时，无法对其进行准确修复；长时间的常量数据、缺失数据以及常量加噪声数据中不包含桥梁的固有特性信息，也不必修复。以上四种数据也不应被用于模态辨识分析。精度下降数据可用于模态辨识分析，但模态辨识结果的不确定性会增大，必要时可对其进行滤波消噪。偏移、漂移、局部极少量的缺失、跳点等数据可以经过适当修复后再用于模态辨识分析，典型的修复方法如下。

1. 偏移数据修复

利用偏移数据的均值与正常数据的均值之间存在一个固定偏差的特点，可采用去均值法，令存在局部偏移的振动数据重新归位正常，具体步骤为在某一小段时间内，均值为 $\bar{x}_{正常}$ 的振动数据突然偏移至均值为 $\bar{x}_{偏移}$ 的异常数据 $x_{偏移}$，如图 4.7 所示。此时，仅需分别计算正常数据的均值和局部异常偏移数据的均值，并从局部异常偏移数据中减掉其均值的差值 $\left(\bar{x}_{偏移}-\bar{x}_{正常}\right)$，即可完成该偏移数据的修复。

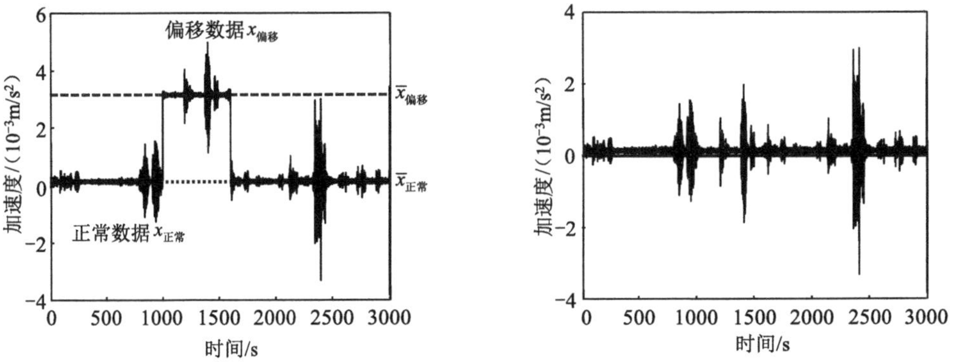

（a）修复前　　（b）修复后

图 4.7　偏移数据修复效果示意图

2. 漂移数据修复

漂移数据的均值随时间发生缓慢变化，如图 4.8 所示。此时，漂移数据相当于在正常振动数据中添加了一个缓慢变化的低频趋势项。对数据进行差分相当于对数据进行了低通滤波，消除了频率接近零的低频趋势项。一般采用一阶差分法或二阶差分法即可修复漂移数据。差分法作为一种低通滤波器，会影响各阶模态在振动数据中的贡献比重（例如，离散时间条件下，速度相当于位移的一阶差分，加速度相当于位移的二阶差分，各阶模态在位移、速度和加速度中的贡献不同），但一般不会消除各阶模态的贡献，所以才可被用于数据修复。图 4.8 给出了经过一阶差分后的数据修复结果。

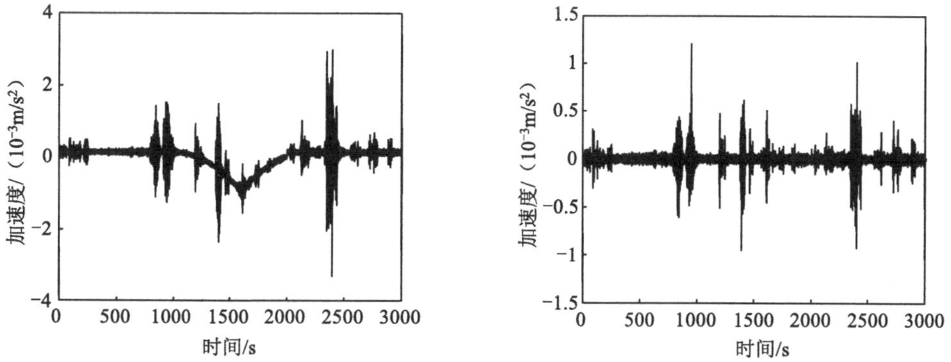

（a）修复前　　（b）修复后

图 4.8　漂移数据修复效果示意图

3. 常量与缺失数据修复

若振动响应测试数据出现连续的常数值或者空值，则判断这部分数据存在常量或缺失现象，连续的常数值或者空值所在的时间段，即为常量或缺失数据时间段。常量和缺失数据的修复方法一致，以缺失数据为例介绍修复方法。如图 4.9 所示，缺失数据应分为以下两种情况进行处理。

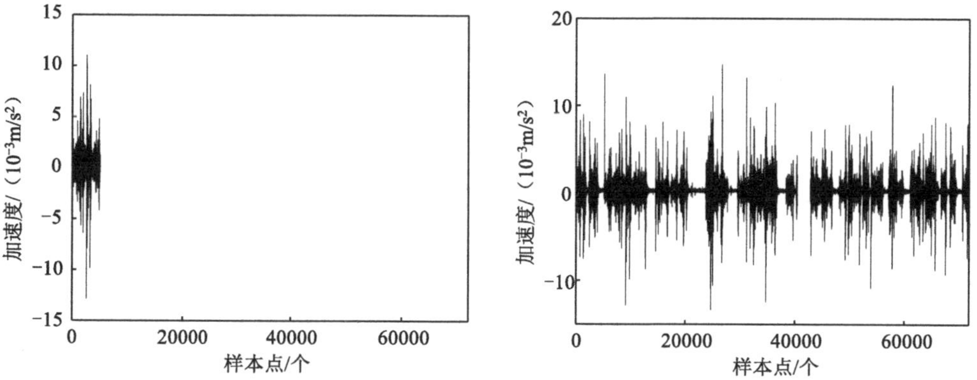

（a）大量缺失　　（b）少量缺失

图 4.9　缺失数据示意图

① 对于大量的缺失数据来说，由于缺失的数据太多，缺少可修补的数据信息，且工作量过大，不具有可行性。

② 对于少量的缺失数据，可利用自回归模型分析法进行修复。振动测试数据的自回归模型为

$$x(t)=a_1x(t-1)+a_2x(t-2)+\cdots+a_px(t-p)+\varepsilon_p \tag{4.10}$$

式中，$x(t)$表示振动测试数据；a_1、a_2、$\cdots$、a_p为自回归系数；p为自回归模型阶数；ε_p为随机变量。利用不同时间延迟下的自回归模型式（4.10）构造其矩阵形式，即

$$\boldsymbol{y}=\boldsymbol{X}\boldsymbol{a}+\boldsymbol{\varepsilon} \tag{4.11}$$

式中，

$$\boldsymbol{y}=\begin{bmatrix} x(p+1) \\ x(p+2) \\ \vdots \\ x(t) \end{bmatrix},\quad \boldsymbol{X}=\begin{bmatrix} x(p) & x(p-1) & \dots & x(1) \\ x(p+1) & x(p) & \dots & x(2) \\ \vdots & \vdots & & \vdots \\ x(t-1) & x(t-2) & \dots & x(t-p) \end{bmatrix},\quad \boldsymbol{a}=\begin{bmatrix} a_1 \\ a_2 \\ \vdots \\ a_p \end{bmatrix},\quad \boldsymbol{\varepsilon}=\begin{bmatrix} \varepsilon_1 \\ \varepsilon_2 \\ \vdots \\ \varepsilon_p \end{bmatrix}。$$

利用式（4.12）中的最小二乘法估计自回归系数$\boldsymbol{a}$，利用自回归系数和当前振动测试数据预测缺失时间段的振动数据，以实现数据修复：

$$\boldsymbol{a}=\left(\boldsymbol{X}^{\mathrm{T}}\boldsymbol{X}\right)^{-1}\boldsymbol{X}^{\mathrm{T}}\boldsymbol{y} \tag{4.12}$$

图 4.10 为利用自回归模型分析法对振动测试数据进行修复的结果。其中，加速度数据的前 200 个数据样本点作为计算自回归系数的训练数据集，最后 30 个数据样本点作为自回归模型的验证集。修复数据与测试数据相比，数据变化趋势相近而数值略有不同。

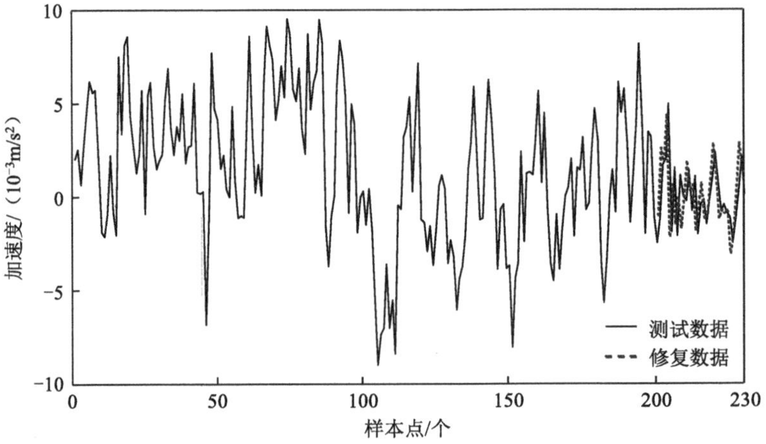

图 4.10　自回归模型分析法修复效果示意图

4. 跳点数据修复

跳点数据一般为整段数据内存在少量的孤立点，其修复方法有最大值剔除法和

标准差剔除法等。

1）最大值剔除法

最大值剔除法就是将整段数据序列中的最大值进行剔除。为了避免最大值数据剔除后造成的数据缺失现象，对整段数据产生不利影响，一般利用整段数据的均值进行填补。由于整段振动测试数据中可能存在多处跳点，若每次只剔除一个最大值，跳点数据的修复效率低。为此，可采用前 n 个最大值剔除的方法，一次性剔除整段测试数据中前 n 个最大值。

2）标准差剔除法

标准差剔除法的基本思想是，对给定的一组数据，将与其平均值的偏差超过 n 倍标准差的数据视为跳点数据，并对该部分数据进行剔除，采用整段数据的均值对剔除位置进行填补。n 应根据具体数据特征来进行确定。均值和标准差分别为式（4.13）和式（4.14）：

$$\mu=\frac{\sum_{t=1}^{N}x(t)}{N} \tag{4.13}$$

$$\sigma=\sqrt{\frac{\sum_{t=1}^{N}\left(x(t)-\mu\right)^2}{N}} \tag{4.14}$$

式中，N 为数据样本数量；μ 为均值；σ 为标准值。

对于任意数据 $x(t)$，若 $\frac{\left|x(t)-\mu\right|}{\sigma}>n$，则其应被剔除并用均值 μ 进行填补。

倍数 n 一般要大于 3，原因在于，即使完全不存在跳点的正常振动数据，也呈随机波动特征，若选用 3 倍标准差剔除法来判断并修复跳点数据，会造成较高比例的正常数据被误判为跳点数据，其修复结果并不理想，如图 4.11 所示。当然，倍数 n 值也不宜过大，否则会造成真正的跳点数据被误判为正常数据。

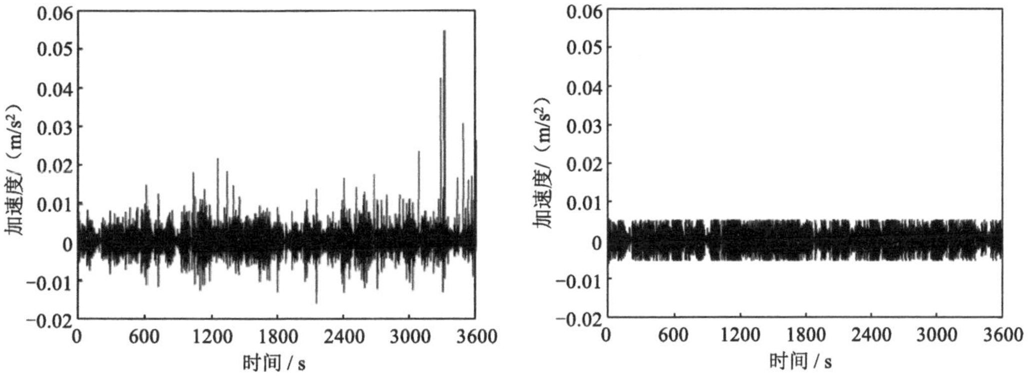

（a）修复前　　（b）修复后

图 4.11　3 倍标准差剔除法修复效果示意图

4.2.3 数据滤波和消噪

在对振动响应测试数据进行分析时，需要对所获得的含噪声测试信号进行处理，主要方法是通过数学运算过滤测试信号中的噪声或其他虚假成分，从而提高信噪比，抑制干扰信号。按照数据处理的目的分为数据滤波和数据消噪。

1）数据滤波

数据滤波通常可采用数字滤波方法来实现。通过数学方法过滤信号指定频带范围内成分的方式称为数字滤波。数字滤波器是一个离散时间系统，按照滤波器预定的算法，将输入的离散信号转换为所要求的输出离散信号。数字滤波器按照滤波器的数学运算方式可以分为频域滤波器和时域滤波器。

（1）频域滤波器

数字滤波的频域处理方法是利用快速傅里叶算法对输入信号采样数据进行离散傅里叶变换，根据实际滤波要求，将需要滤除的频率部分直接设置成零或者通过加渐变过渡频带后再设置成零，对处理后的离散信号的频谱，利用快速傅里叶逆变换，恢复其时域信号。数字滤波频域方法的原理为

$$y(n)=\sum_{k=0}^{N-1}H(k)X(k)\mathrm{e}^{\frac{\mathrm{j}2\pi kn}{N}} \tag{4.15}$$

式中，N 表示滤波器的阶数；$H(k)$ 表示滤波器的频响函数；$X(k)$ 表示输入离散信号的快速傅里叶变换结果，即频谱；$y(n)$ 表示滤波器的输出离散信号；n 和 k 表示离散变量。选择不同功能的频率响应函数可以得到不同的滤波结果。从频率特性上，数字滤波可以分为低通滤波、带通滤波和高通滤波等类型。

低通滤波的定义是低于设定阈值的频率分量正常通过，而在该临界值频率以上的分量则被阻隔或大幅度衰减，如图 4.12（a）所示。简单来说，低通滤波操作实质上就是预先设定一个频率值 f_u，使得待滤波的输入信号中，高于这个频率的分量不能通过，其分界处的频率 f_u 称为截止频率。在低通滤波器中，截止频率 f_u 实际上是上限截止频率。定义 Δf 为频率分辨率，低通滤波器的频响函数为

$$H(k)=\begin{cases}1, & k\Delta f\leqslant f_u\\0, & \text{其他}\end{cases} \tag{4.16}$$

带通滤波的定义是特定频段的频率成分能够通过，而在该频段之外的其他频段的分量被阻隔或大幅度衰减，如图 4.12（b）所示。带通滤波器的工作原理是将某一指定频率范围内（由下限截止频率 f_d 和上限截止频率 f_u 确定）的频率分量进行提取，同时将其他频率范围内的频率分量衰减到极低水平。带通滤波器的频响函数为

$$H(k)=\begin{cases}1, & f_d\leqslant k\Delta f\leqslant f_u\\0, & \text{其他}\end{cases} \tag{4.17}$$

高通滤波的定义是高于设定阈值的频率的信号正常通过，而在该临界值频率以下的信号则被阻隔或大幅度衰减，如图 4.12（c）所示。简单来说，高通滤波操作实

质上就是预先设定一个频率值 f_d，使得待滤波的输入信号中，低于这个频率的分量不能通过，其分界处的频率为下限截止频率。高通滤波器的频响函数为

$$H(k)=\begin{cases}1, & k\Delta f \geqslant f_d \\ 0, & \text{其他}\end{cases} \tag{4.18}$$

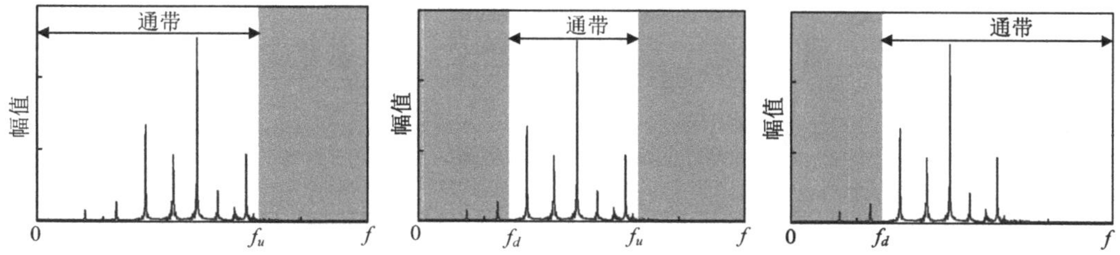

（a）低通滤波　　（b）带通滤波　　（c）高通滤波

图 4.12　按频率特性分类的滤波类型

（2）时域滤波器

数字滤波的时域方法是对信号较为离散的输入数据进行差分数学运算，从而达到滤波的目的。数字滤波器的时域差分方程为

$$y(n)=\sum_{k=0}^{N}a_k y(n-k)+\sum_{k=0}^{M}b_k x(n-k) \tag{4.19}$$

式中，x 和 y 分别表示输入和输出序列；a_k 和 b_k 表示数字滤波器的参数。

若式（4.19）满足 $a_k=0,k=1,2,\cdots,N$，则该数字滤波器为有限冲激响应（finite impulse response，FIR）滤波器；反之，若在式（4.19）中存在 $a_k\neq 0,k=1,2,\cdots,N$，则该滤波器称为无限冲激响应滤波器（infinite impulse response，IIR）。数字滤波的时域方法包括有限冲激响应滤波器法和无限冲击响应滤波器法。

有限冲激响应滤波器是对单位冲激输入信号的响应为有限长序列的数字滤波器，其设计方法是根据给定的频率特性进行直接设计，常用的方法包括窗函数设计法、频率采样法等。由于窗函数法运算简便，物理意义直观，所以在实际工程中应用较多的是窗函数法。采用窗函数法设计有限冲激响应数字滤波器最直接的方法就是把无限冲激响应序列截短，得到有限长度的冲激响应。常用的窗函数包括汉宁（Hanning）窗、汉明（Hamming）窗、布莱克曼（Blackman）窗、凯泽（Kaiser）窗等。

无限冲激响应滤波器设计方法分为零、极点累试法，利用模拟滤波器理论设计数字滤波器的方法和采用优化算法设计数字滤波器的方法。其中，利用模拟滤波器理论设计数字滤波器的方法，又称为间接法，设计步骤是按照变换规则，将数字滤波器的技术指标转换为对应的模拟滤波器的技术指标，在此基础上设计满足要求的模拟滤波器，再采用冲激响应不变法、阶跃响应不变法或双线性变换法等数学映射进行变换或映射，将模拟滤波器转换为所需的数字滤波器。常用的模拟滤波器有巴特沃思（Butterworth）滤波器、切比雪夫（Chebyshev）Ⅰ型和Ⅱ型滤波器、椭圆（ellipse）

滤波器以及贝塞尔（Bessel）滤波器。相同阶次下各模拟滤波器的幅值-频率曲线如图 4.13 所示。

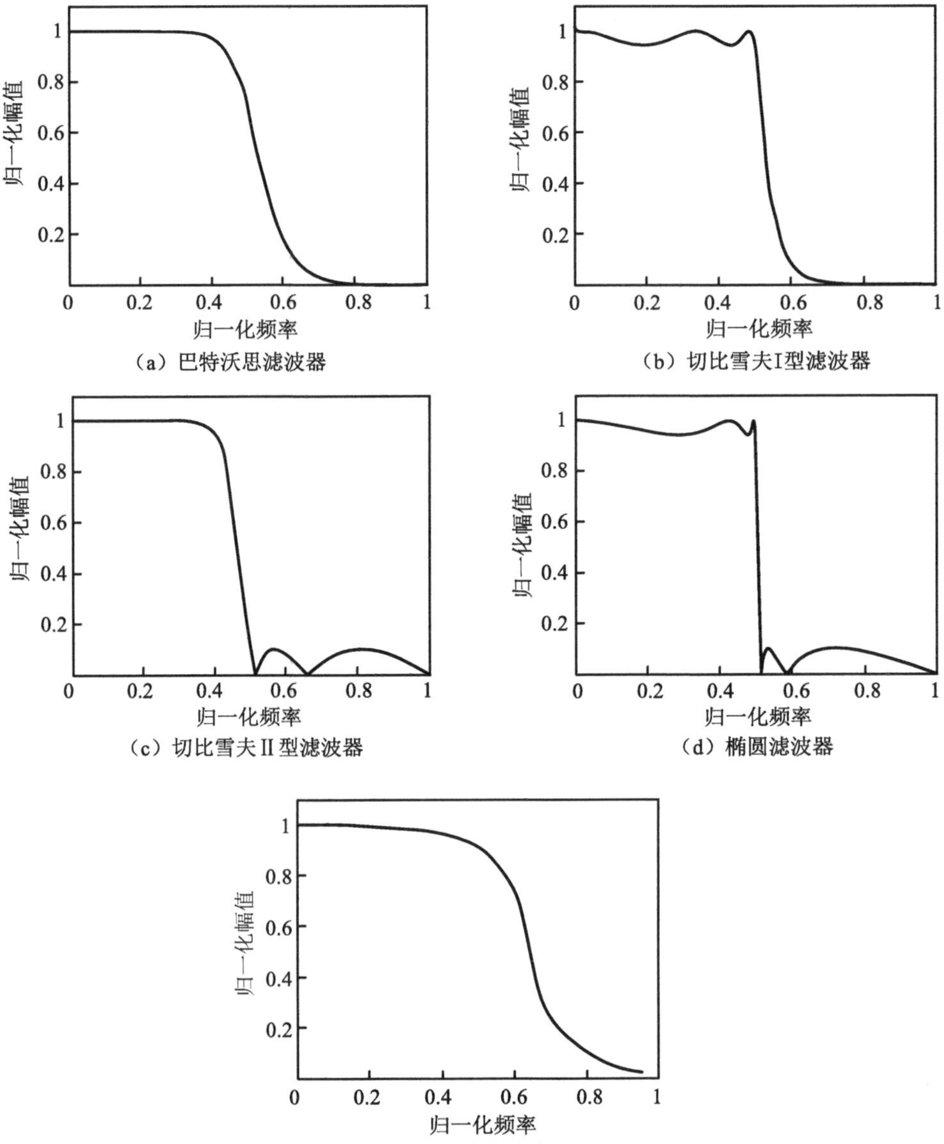

（a）巴特沃思滤波器　（b）切比雪夫I型滤波器

（c）切比雪夫II型滤波器　（d）椭圆滤波器

（e）贝塞尔滤波器

图 4.13　常用模拟滤波器的幅值-频率曲线

频域滤波和时域滤波具有各自的特点，适用于不同的应用场景。频域滤波能够对特定频率范围内的噪声或者干扰信号设计相应的滤波器进行滤波，但其过程需要进行频域变换和逆变换，计算量较大，不适用于要求实时处理的场景。时域滤波直接对时间序列进行操作，简单快速，适用于有实时处理要求的场景。时域滤波过程能够很好地保留信号的时域特性，但对于频域上的干扰处理效果较差。

2）数据消噪

测试信号容易受到外界环境及荷载的影响、系统电磁辐射噪声、设备电路噪声等的干扰。这种干扰信号的频带具有一定的特征，与结构本身的频率存在较大区别，据此能够实现数据消噪。按照消噪方法自身的特点，分为适用于平稳信号的消噪方法和适用于非平稳信号的消噪方法[1]。

（1）平稳信号消噪

采用傅里叶变换方法将信号变换到频域消除噪声对应频带的方法为频域消噪法。该方法是在整体上将信号分解为不同的频率分量，而无法考虑信号的时间特性，往往适用于平稳信号的消噪。若信号频谱和噪声频谱不重叠，则信号和噪声可以完全分离。频域消噪法的具体思路为通过傅里叶变换将时域信号变换到频域，利用信号和噪声在频谱上的差异，通过设定阈值或设计合适的滤波器，消除噪声对应的频带，将去除噪声后的频域信号通过傅里叶逆变换转换到时域信号。待消噪信号是具有局部频率变化的非平稳信号时，该方法存在不足。

（2）非平稳信号消噪

① 移动平均滤波法。移动平均滤波有两种方法，一种是移动算术平均值滤波，另一种是采用移动加权平均值对该方法进行改进。

移动算术平均值滤波是先在内存中用随机存取方式创建一个数据缓冲区，以存储 N 个采样数据，接着将待处理数据的前 N 个采样点的数据作为输入，并对这 N 个数据求算术平均值，计算完成后将数据整体向前移动，这时就会有新的采样数据进入到数据缓冲区，而最之前的采样数据将会被舍弃，这时重复之前的计算将会得到该组数据的算术平均值。假设输入的采样数据为 $x(n)$，输出结果为 $y(n)$，移动算术平均值滤波器的计算公式为

$$y(n)=\frac{x(n)+x(n-1)+x(n-2)+\cdots+x(n-N+1)}{N} \tag{4.20}$$

式中，$y(n)$ 代表滤波后的第 n 个信号值；$x(n)$ 代表原信号中的第 n 个信号值；N 为移动平均滤波器的窗口长度。

这种平均滤波方法具有计算简便的优点，但是该方法一旦产生误差则会引起信号失真，造成前后各个数值无法平均。此方法适用于缓慢变化的数据，且数据采集量越大，平均滤波的效果越好。

移动加权平均滤波在计算平均值时，并不像移动算术平均值滤波器那样平等对待滑动窗口内所采集的样本数据，而是对窗口内的数据进行不同的处理。加权的基本思想为，待平均数据区间中心处的权值最大，越远离中心处的数据权值越小，以此来减小对真实信号本身的平滑作用，这样可以在一定程度上弥补简单的移动算术平均值滤波方法的不足。

移动平均滤波法实质上是低通滤波的一种，该滤波方法的主要目的是对时间序列信号中的高频扰动加以过滤，并对有用的低频分量进行保留，因此移动平均值滤

波器适用于温度等整体趋势较为简单的数据。对于桥梁加速度监测数据而言，数据中所含信息较为复杂，数据的维度也比较大，移动平均值滤波方法可能会造成一些有用的尖峰信号被平滑处理从而影响原有数据特征，同时对于信号的低频分量来说，其中也包含着很多噪声成分，移动平均值只能进行平滑处理，而不能将其分离开并对有效信号进行提取。

② 小波变换法。小波变换消噪方法主要包括以下三个步骤：对含有噪声的信号进行小波变换，将其映射到小波域；根据正常数据和噪声数据的小波系数在不同尺度的传递特征具有明显区别这一特点，设定阈值对小波系数进行处理，减少或者剔除噪声产生的小波系数，同时最大限度地保留真实信号的系数；对处理后的小波系数进行小波逆变换，完成信号的消噪。小波变换消噪法流程如图 4.14 所示。

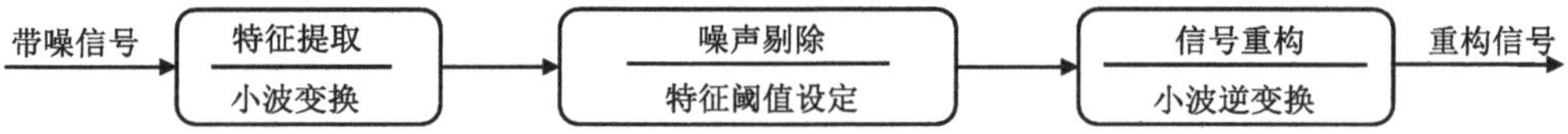

图 4.14　小波变换法消噪流程

在数学上，小波消噪问题的本质是一个函数逼近问题，即如何在由小波母函数伸缩和平移所展成的函数空间中，根据提出的衡量准则，寻找对原信号的最佳逼近，以完成原信号和噪声信号的区分。也就是寻找从实际信号空间到小波函数空间的最佳映射，以便得到原信号的最佳恢复。

从信号学的角度看，小波消噪是一个信号滤波的问题，尽管在很大程度上小波消噪可以看成是低通滤波，但是由于在消噪后还能成功地保留信号特征，在这一点上又优于传统的低通滤波器。由此可见，小波消噪实际上是特征提取和低通滤波功能的综合。

③ 经验模态分解法。该方法无须基函数，具有较好的适应性，适用于非线性和非平稳时间序列的分析。该方法视为以信号特征尺度为度量的时空滤波过程，根据信号的时间尺度特征即可将原始信号分解为有限个固有模态函数。基于经验模态分解的消噪方法，是将隶属于噪声的各固有模态函数分量剔除，再将有效的固有模态函数分量进行重组，以达到消噪的效果。

有效固有模态函数分量与噪声固有模态函数分量的区别特征，可以采用固有模态函数分量与原始信号的相关系数、固有模态函数分量的信息熵等来表示。通过设定相应的阈值，筛选出有效成分，剔除噪声成分，其流程如图 4.15 所示。

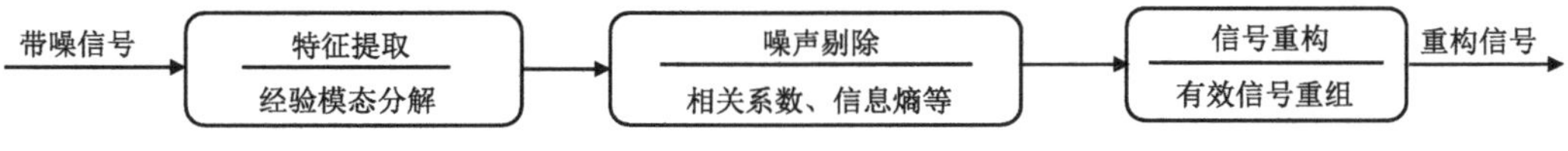

图 4.15　经验模态分解法消噪流程

4.3　公路桥梁模态辨识分析理论

公路桥梁运营期间将受到随机环境激励的作用，公路桥梁的工作模态辨识从公路桥梁的响应特征出发，按照平稳激励下模态追踪辨识和非平稳激励下模态追踪辨识分别进行介绍。

4.3.1　公路桥梁响应特征

随机性是自然界外部激励的普遍规律，公路桥梁运营期间可能遇到的环境激励类型包括风、随机车流和地震等，这些激励随时间的变化无法准确地用一个时间函数进行描述，被称为随机信号。桥梁在随机环境激励作用下的振动响应同样是随机信号，称为随机振动响应。随机信号的幅度不可预测，但是服从一定的统计特性。依据环境激励信号的统计特性，可将其分为平稳环境激励和非平稳环境激励[2]。

1. 平稳环境激励下的桥梁随机振动

平稳信号的定义分为严平稳和宽平稳两种。如果随机信号的均值和方差都不依赖于时间，仅自相关函数依赖于时间差，这种随机信号被称为宽平稳随机信号。如果随机信号的概率分布不随时间的推移而变化，则称为严平稳随机信号。

公路桥梁运营期间常遇的环境激励包括风荷载、地震作用和车辆荷载等。风荷载是桥梁的主要荷载之一。风荷载中的脉动风荷载是随时间变化而变化的随机荷载，常规的研究认为脉动风荷载引起结构的随机振动，且认为脉动风荷载是零均值平稳随机过程。随着现代桥梁建设向大跨度、大柔度方向发展，车辆冲击荷载的作用日趋明显。车辆荷载对桥梁的作用强度与车辆的动量、路面谱和车辆加速度有关。研究表明，车辆荷载激励的强度与车辆的动量及路面谱的均方差呈正相关，且路面谱是一种具有零均值平稳随机过程的功率谱。因此，车辆荷载被视为平稳随机过程。

由于环境激励非常复杂，桥梁运营条件下的环境振动响应信号实质上是非平稳的随机信号。但是，如果车辆冲击作用较弱或风荷载的幅值大小随时间变化不显著，且荷载的频率成分基本不发生变化，则环境激励可以近似为平稳随机信号。典型的平稳信号时域及时-频域图形如图 4.16 所示。

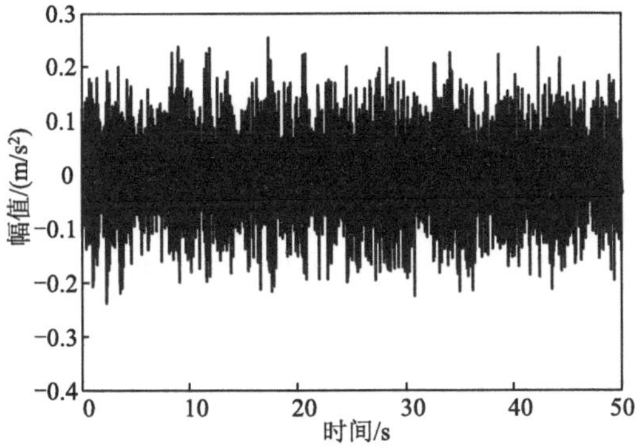

(a) 时域图形

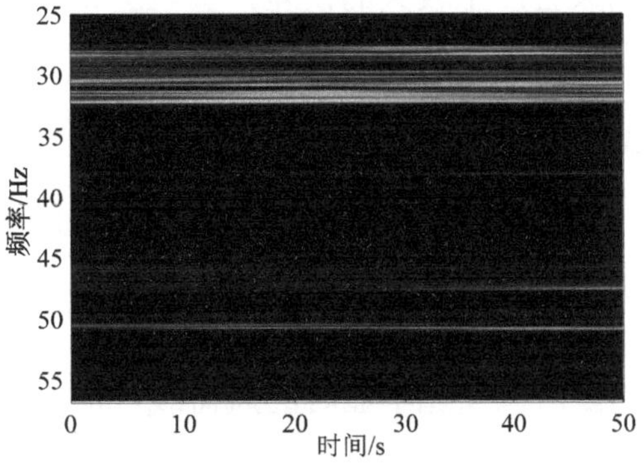

(b) 时-频域图形

图 4.16　典型的平稳信号时域及时-频域图形

在模态辨识中，平稳随机信号可以进一步简化为白噪声信号或高斯白噪声信号的形式进行近似计算。白噪声信号的定义为，在整个频域中自功率谱密度函数为常数的平稳随机信号。这一性质为环境激励下的结构模态辨识提供了数学计算的便利性，在工程上得到了广泛的应用。

2. 非平稳环境激励下的桥梁随机振动

非平稳信号的定义是指概率和概率密度函数以及统计特征是关于时间的函数的信号。激励的非平稳性主要体现在两个方面：一是强度的非平稳，即激励幅值的统计特性随时间变化较大；二是激励的频率成分也随着时间发生改变。典型的非平稳信号时域及时-频域图形如图 4.17 所示。

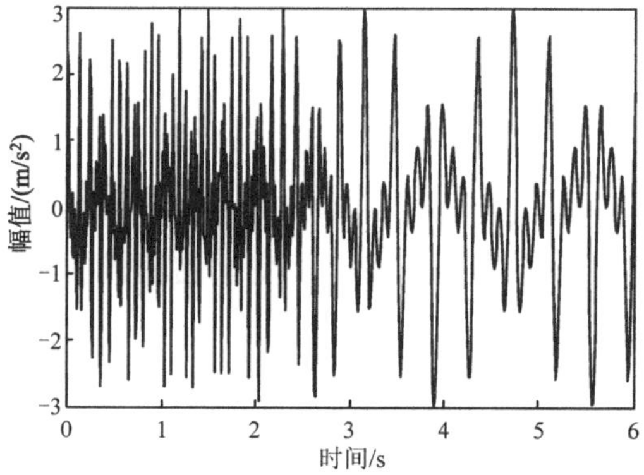

(a) 时域图形

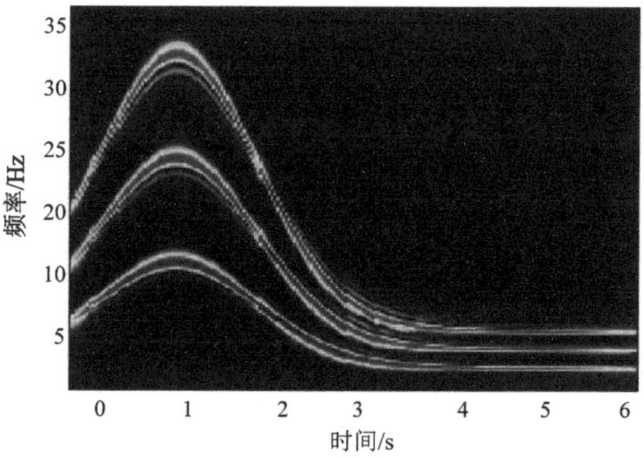

(b) 时-频域图形

图 4.17　典型的非平稳信号时域及时-频域图形

在很多情况下，公路桥梁所受的环境随机激励往往具有明显的非平稳性。例如，短时地震激励、极端风激励、车辆突然启动或制动的冲击作用等。对于非平稳程度比较高的环境激励仍近似为平稳随机信号，并采用白噪声信号进行简化，其模态辨识结果会产生较大的误差，甚至会得到错误的结果。因此，利用非平稳环境激励产生的随机振动响应进行模态辨识时，需要采用非平稳信号分析手段。

4.3.2　公路桥梁模态追踪辨识

公路桥梁运营期间可能遇到的环境激励类型包括风、车辆和地震等，由于环境激励非常复杂，桥梁运营条件下的环境振动响应信号实质上是非平稳的随机信号。对于可以近似为平稳信号的环境激励，例如，冲击作用较弱的车辆荷载或幅值大小、频率随时间变化不显著的风荷载，能够使用具有平稳性假定模态辨识方法进行模态追踪辨识。但是，具有明显非平稳性的激励作用下的桥梁振动响应，需要采用非平稳信号适用的模态辨识方法进行追踪辨识。

1. 平稳激励下模态追踪辨识

1）辨识难点

平稳激励信号通常被假定为白噪声信号或高斯白噪声信号进行简化计算，该假定使得在环境激励无法测量的情况下，仅依据桥梁响应不仅能够实现模态辨识，而且能够真实反映桥梁在工作条件下的动力特性。但平稳环境激励下的桥梁工作模态参数追踪辨识中主要存在以下三方面问题。①实际桥梁在环境激励作用下仅有部分模态参与贡献，然而实际参与的模态阶数往往是未知的，给模态参数识别带来了困难。例如，利用稀疏分量分析法进行模态辨识时，需采用聚类方法对时-频系数进行聚类以获得振型，而聚类个数需要人为给定。此外，实际应用中，用于振动测试的传感器个数对于桥梁来说往往是不足的，此外，传感器故障或失效更会引起可用响应个数的不足。依据测点数量与待识别模态阶数的关系，将模态辨识问题分为超定问题、正定问题和欠定问题三类。当测点数量多于待识别模态阶数时，称为超定问题[图 4.18（a）]；当测点数量等于待识别模态阶数时，称为正定问题[图 4.18（b）]；当测点数量少于待识别模态阶数时，称为欠定问题[图 4.18（c）]。其中，为了简化，将超定问题和正定问题统称为正定问题。如果模态阶数未知，则无法依据测点数量

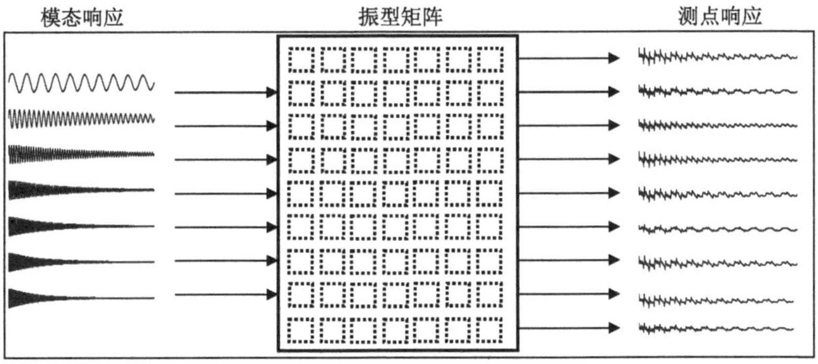

（a）超定问题

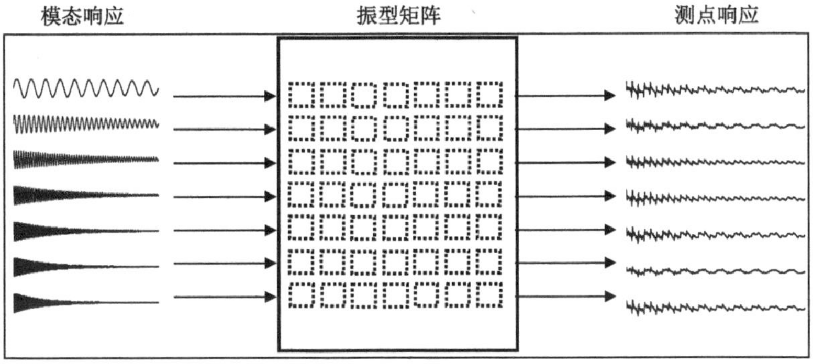

（b）正定问题

图 4.18　按测点数量与模态数量关系进行的模态辨识分类

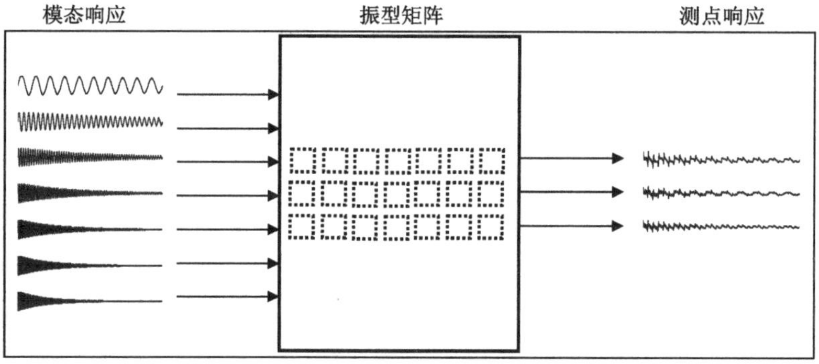

（c）欠定问题

图 4.18（续）

判定模态辨识所属的问题范围，在选用模态辨识方法时，易产生误差或发生识别错误。②实际桥梁的模态频率比较密集，由于实际桥梁模态参数是未知的，只有从方法上不断完善模态参数辨识方法，才能提高对密集模态参数辨识精度。③桥梁结构阻尼比的大小会对桥梁振动响应的时程曲线以及频谱特征产生影响，桥梁阻尼比较大时，各阶模态之间的耦合程度变大，导致模态辨识的误差增大。

2）测点数量正定

（1）模态阶数确定方法

稀疏分量分析方法利用短时傅里叶变换将观测信号（即桥梁结构的振动响应测试信号）转换到时-频域进行混合矩阵识别，并在欠定情况下能够重构出源信号（即模态响应）。在稀疏分量分析进行模态辨识的步骤当中，聚类方法是获得模态振型的有效途径。但是对于聚类方法而言，聚类个数往往需要依据实际情况人为给定。在模态辨识当中，聚类个数与参与振动的模态阶数相同，而参与振动的模态阶数往往是未知的。

对桥梁响应进行短时傅里叶变换，定义单模态点为时-频分布中，由单一模态参与贡献的点。采用稀疏分量分析方法对时-频系数进行单模态点检测。利用两传感器位置的单模态点时-频系数绘制散点图时，散点图上会出现多条直线。理论上，散点图上直线的条数与振型向量的个数相等，即为模态阶数。实际应用中，直线条数的检测较为困难。将直线归一化到上半单位圆上，从而散点图上的直线转化为上半单位圆上聚集的簇。从而，直线条数的检测转变为簇的个数检测[3]。稀疏分量分析方法过程中，单模态点处的时-频系数表示为 $\boldsymbol{X}(t_k,\omega_k)=\left[X_1(t_k,\omega_k),\cdots,X_n(t_k,\omega_k)\right]^{\mathrm{T}}$，向量 $\boldsymbol{X}(t_k,\omega_k)$ 要在尺度上进行归一化，并将下半单位圆上的点镜像到上半单位圆。

$$\tilde{\boldsymbol{X}}(t_k,\omega_k)=\begin{cases}\dfrac{\boldsymbol{X}(t_k,\omega_k)}{\left\|\boldsymbol{X}(t_k,\omega_k)\right\|_2}, X_m(t_k,\omega_k)\geqslant 0\\ -\dfrac{\boldsymbol{X}(t_k,\omega_k)}{\left\|\boldsymbol{X}(t_k,\omega_k)\right\|_2}, X_m(t_k,\omega_k)<0\end{cases}\tag{4.21}$$

式中，$\tilde{\boldsymbol{X}}(t_k,\omega_k)$表示归一化后的向量；$X_m(t_k,\omega_k)$是向量$\boldsymbol{X}(t_k,\omega_k)$中的第 m 个元素。属于同一条直线的点经过式（4.21）归一化后分布在上半单位圆上的同一点处，如图 4.19 所示（$\boldsymbol{X}_1$和$\boldsymbol{X}_2$表示两个归一化前的向量，$\tilde{\boldsymbol{X}}_1$和$\tilde{\boldsymbol{X}}_2$表示两个归一化后的向量）。进一步可知，直线的条数与归一化后点的簇数一致，且代表了振型矩阵列的数量。若观测向量多于 2，则采用任意两个观测向量绘制散点图均可得到相同的结果。

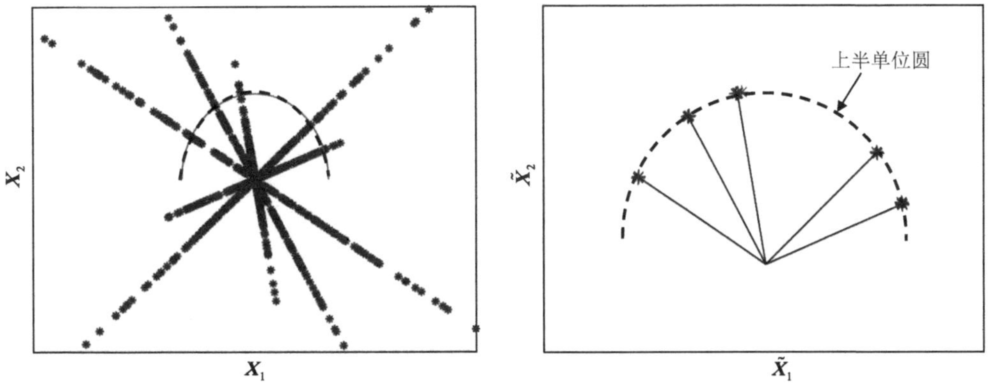

（a）归一化前的散点图　　（b）归一化后的散点图频域图形

图 4.19　两传感器位置的单模态点时-频系数关系

接下来，聚类个数将依据直角坐标系内散点图的统计特性进行判断。两个观测向量的时-频系数在某一个时-频点处形成的两行一列数据记为$\boldsymbol{x}(j)=\left[x_1(j),x_2(j)\right]^{\mathrm{T}}, j=1,2,\cdots,J$，其中 J 为观测向量的列数，这组数据构成了直角坐标系中点的坐标。

对平面上点的统计特性采用距离统计量进行衡量。可以采用以下三个统计量：平面点与上半单位圆左下角的$(-1,0)$之间的欧几里得距离（Euclidean distance）[图 4.20（a）]、平面点与上半单位圆左下角$(-1,0)$之间的切比雪夫距离（Chebyshev distance）[图 4.20（b）]以及圆心到平面点形成的直线与 x 轴之间的余弦角[图 4.20（c）]。第 j 个点到$(-1,0)$的欧几里得距离为

$$d_E(j)=\sqrt{\left(x_1(j)+1\right)^2+x_2(j)^2} \tag{4.22}$$

式中，d_E表示欧几里得距离。第 j 个点到$(-1,0)$的切比雪夫距离为

$$d_C(j)=\max\left(\left|x_1(j)+1\right|,\left|x_2(j)\right|\right) \tag{4.23}$$

式中，d_C表示切比雪夫距离。圆心到第 j 个点的直线向量与 x 轴之间的余弦角为

$$d_\theta(j)=\arccos\left(\frac{x_1(j)}{\sqrt{x_1(j)^2+x_2(j)^2}}\right) \tag{4.24}$$

式中，d_θ表示余弦角。

以上给出的统计量d_E、d_C和d_θ统称为d。

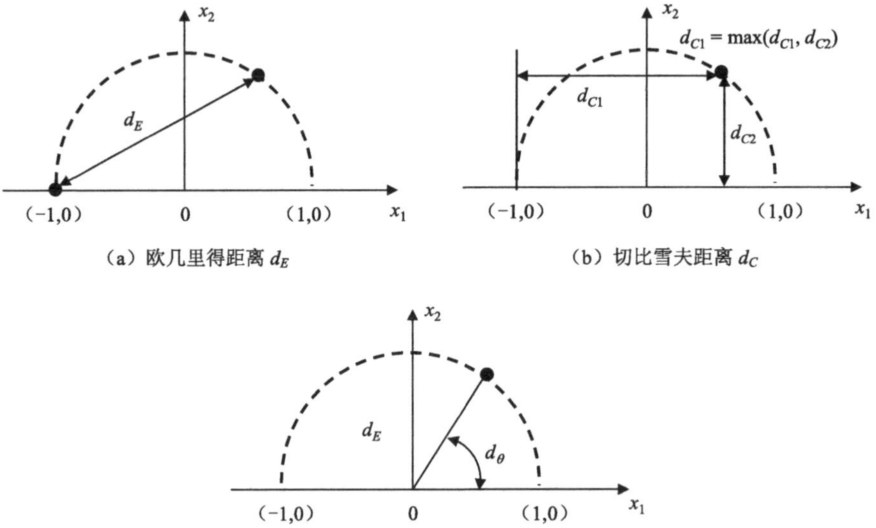

(c) 余弦角 d_θ

图 4.20　距离统计量衡量指标

统计量 d 的分布区间为$[d_{\min}(j), d_{\max}(j)]$，其中 $d_{\min}(j)$ 表示 d 的最小值，$d_{\max}(j)$ 表示 d 的最大值。将 d 的分布区间划分为 M 个长度相等的子区间，即$\left[\min\left(d\left(j\right)\right)+i\eta,\min\left(d\left(j\right)\right)+\left(i+1\right)\eta\right]$，$i=0,1,2,\cdots,M-2$ 和$\left[\min\left(d\left(j\right)\right)+\left(M-1\right)\eta,\max\left(d\left(j\right)\right)\right]$。子区间的长度为

$$\delta=\frac{\max\left(d\left(j\right)\right)-\min\left(d\left(j\right)\right)}{M}, j=1,2,\cdots,J \tag{4.25}$$

式中，J 为总样本点数。若落入第 i 个子区间的样本点数为 m_i，该区间内响应的概率估计为

$$P_i=m_i/J, i=1,2,\cdots,M \tag{4.26}$$

划分子区间的个数 M 会影响近似概率分布函数的光滑程度。若划分的区间 M 太少，则对峰值的分辨率低。若划分的区间 M 足够多，则近似概率分布函数不够光滑，会出现“毛刺”，导致拾取的峰值点过多。因此，接下来给出了 M 取值的建议区间。划分子区间的个数 M 与子区间长度 δ 的关系为

$$M=\frac{\max\left(d\right)-\min\left(d\right)}{\delta} \tag{4.27}$$

式中，$\max(\cdot)$ 和 $\min(\cdot)$ 分别表示提取数据的最大值和最小值。为了计算合适的区间长度，首先需要将统计量 d 按照升序排列，其次取这个序列的差分序列。同一个簇里的点计算出的距离之间的差值会非常小，而两个不同簇里点距离的差分值比较显著。据此，将差分序列中显著大的值剔除掉后采用保留的差分序列再进行下一步计算。保留的差分序列的均值作为划分区间的最小值，记为 $\delta_{\min}$；保留的差分序列中的最大值作为划分区间的最大值，记为 $\delta_{\max}$。通过式（4.27）即可得到划分区间个数 M 的最小值以及最大值。实际应用中，划分区间的个数只需在建议的区间个数范

围内选取即可。

各个子区间的近似概率值构成了离散的概率曲线，对离散概率值进行光滑化的方法为

$$\hat{P}_i = \frac{1}{16}\left(P_{i-2} + 4P_{i-1} + 6P_i + 4P_{i+1} + P_{i+2}\right) \tag{4.28}$$

式中，$\hat{P}_i$ 是 $\hat{P}$ 中的第 i 个元素，$\hat{P}$ 为近似概率分布函数。经过统计，模态阶数的识别转化为了拾取近似概率分布函数上的峰值个数。$\hat{P}_i$ 中的峰值点个数就是待识别的模态阶数。

模态阶数的确定方法具体步骤如下：

① 对桥梁响应进行短时傅里叶变换，获取响应的时-频系数；

② 采用式（4.21）将时-频系数向量归一化到上半单位圆；

③ 从式（4.22）～式（4.24）中选取距离统计量，对时-频系数的统计特性进行衡量；

④ 利用式（4.27）计算划分子区间的个数取值建议范围，并在取值范围内选取划分子区间的个数；

⑤ 采用式（4.28）计算近似概率分布函数，通过获取近似概率分布函数上的峰值个数，确定模态阶数。

（2）密集模态辨识方法

以频响函数或功率谱密度函数为基础的模态辨识方法，在识别固有频率十分接近的密集模态时容易产生模态混叠，从而导致模态未被辨识或辨识误差增大。因此，判断桥梁结构是否存在密集模态是提高模态辨识准确性的第一步[4-5]。

① 基于频响函数的密集模态判别。频响函数的模态展开式为

$$\begin{aligned}\boldsymbol{H}(\omega) &= \begin{bmatrix} H_{11}(\omega) & H_{12}(\omega) & \cdots & H_{1n}(\omega) \\ H_{21}(\omega) & H_{22}(\omega) & \cdots & H_{2n}(\omega) \\ \vdots & \vdots & & \vdots \\ H_{n1}(\omega) & H_{n2}(\omega) & \cdots & H_{nn}(\omega) \end{bmatrix} = \sum_{i=1}^{n} \frac{\boldsymbol{\varphi}_i \boldsymbol{\varphi}_i^{\mathrm{T}}}{k_i - \omega^2 m_i + \mathrm{j}\omega c_i} \\ &= \sum_{i=1}^{n} \frac{1}{k_i - \omega^2 m_i + \mathrm{j}\omega c_i} \begin{bmatrix} \varphi_{1i}\varphi_{1i} & \varphi_{1i}\varphi_{2i} & \cdots & \varphi_{1i}\varphi_{ni} \\ \varphi_{2i}\varphi_{1i} & \varphi_{2i}\varphi_{2i} & & \varphi_{2i}\varphi_{ni} \\ \vdots & \vdots & & \vdots \\ \varphi_{ni}\varphi_{1i} & \varphi_{ni}\varphi_{2i} & \cdots & \varphi_{ni}\varphi_{ni} \end{bmatrix}\end{aligned} \tag{4.29}$$

式中，m_i 和 k_i 分别为模态质量与模态刚度；$\boldsymbol{\varphi}_i$ 为第 i 阶模态振型。

由式（4.29）可以看出，指定谱线频率 ω 处，频响函数矩阵任一元素 $H_{pq}(\omega)$ 的组成部分 $\left(k_i - \omega^2 m_i + \mathrm{j}\omega c_i\right)^{-1}$ 相同，各元素间的区别由振型决定；反过来，当元素位置 (p,q) 确定，构成频响函数值 $H_{pq}(\omega)$ 的振型值 φ_{pi} 和 φ_{qi}（与谱线频率的变化无关）随之固定，而组成部分 $\left(k_i - \omega^2 m_i + \mathrm{j}\omega c_i\right)^{-1}$ 随谱线频率 ω 的改变而改变。在任一谱线频率 ω 处，频响函数矩阵中任一元素为

$$H_{pq}(\omega)=\sum_{i=1}^{n}\frac{1}{k_i-\omega^2 m_i+\mathrm{j}\omega c_i}\varphi_{pi}\varphi_{qi} \tag{4.30}$$

将桥梁的第 i 阶固有频率记为 $\omega_i=\sqrt{k_i/m_i}$，且假设各阶固有频率较为稀疏。当频率 $\omega\to\omega_i$ 时，$\left(k_i-\omega^2 m_i\right)\to 0$，频响函数 $H_{pq}(\omega)$ 的幅-频曲线出现峰值，式（4.30）可进一步简化为

$$H_{pq}(\omega)\approx\frac{1}{k_i-\omega^2 m_i+\mathrm{j}\omega c_i}\varphi_{pi}\varphi_{qi}\qquad(\omega\to\omega_i) \tag{4.31}$$

由式（4.31）可知，当 $\omega\to\omega_i$ 时，频响函数矩阵中任意两个元素的比值有如下关系：

$$\frac{H_{pp}(\omega)}{H_{qq}(\omega)}=\frac{\dfrac{1}{k_i-\omega^2 m_i+\mathrm{j}\omega c_i}\varphi_{pi}\varphi_{pi}}{\dfrac{1}{k_i-\omega^2 m_i+\mathrm{j}\omega c_i}\varphi_{qi}\varphi_{qi}}=\frac{\varphi_{pi}\varphi_{pi}}{\varphi_{qi}\varphi_{qi}}=c_{pq} \tag{4.32}$$

式中，c_{pq} 为一个常数，其值大小由 φ_{pi} 和 φ_{qi} 确定。

实际上，当谱线频率位于固有频率 ω_i 左右两侧的有限频带（频带宽度较窄）内，所有谱线频率对应的频响函数比值 $\dfrac{H_{pp}(\omega)}{H_{qq}(\omega)}$ 均等于或十分接近振型比值 c_{pq}，而不随谱线频率的改变而改变；此时，$H_{pp}(\omega)$ 与 $H_{qq}(\omega)$ 的相关性图形为一条直线。而当谱线频率与结构固有频率的距离较远，则频响函数不能表示为式（4.31），此时，两个频响函数的比值随着谱线频率的变化而变化。此外，实际测试数据获得的频响函数上可能存在噪声峰值，但在噪声峰值附近的有限频带内，各谱线频率处的频响函数比值不再是常数，而是随机分布。根据以上特点，可以利用频响函数比值来区分结构固有模态信息与噪声虚假模态信息。

假设桥梁的两阶固有频率 ω_i 和 ω_{i+1} 之间很接近，则谱线频率 $\omega\to\omega_i$ 处，桥梁结构频响函数幅-频曲线将会有一个峰值或者两个很靠近的峰值。在峰值附近的频带内求解频响函数比值 $\dfrac{H_{pp}(\omega)}{H_{qq}(\omega)}$ 时，其值不再是一个常数。这是因为，在此频率带宽内既有第 i 阶模态，也有频率接近的第 $i+1$ 阶模态的信息。此时，在由第 i 阶占主导的频率带宽内有 $\dfrac{H_{pp}(\omega)}{H_{qq}(\omega)}=c_1$，在由第 $i+1$ 阶占主导的频率带宽内有 $\dfrac{H_{pp}(\omega)}{H_{qq}(\omega)}=c_2$。由于第 i 阶模态和第 $i+1$ 阶模态占主导的频率带宽重合，所以在此带宽内求得的 $\dfrac{H_{pp}(\omega)}{H_{qq}(\omega)}$ 有两个常数值，即在该频率段内，$H_{pp}(\omega)$ 与 $H_{qq}(\omega)$ 的相关性图形包括两条直线。综上可知，可以根据某峰值点附近的带宽内任意两个频响函数的比值来确定是否有密集模态，如果其比值只有一个常数，则仅存在一阶模态，如果有两个常数，则说明有两阶密集模态。

② 基于功率谱密度函数的密集模态判别。假设桥梁第i阶固有频率与第$i+1$阶固有频率很接近，在对响应功率谱密度函数的留数矩阵$\boldsymbol{A}_i$进行简化时，考虑第$i+1$项，此时，$\boldsymbol{A}_i$可表示为

$$\boldsymbol{A}_i=\left(\frac{\boldsymbol{R}_{i+1}}{2(\xi_i\omega_i-\mathrm{j}\omega_i)}+\frac{\boldsymbol{R}_{i+1}^*}{2\xi_i\omega_i}\right)\boldsymbol{G}_0\boldsymbol{R}_i^{\mathrm{T}}+\left(\frac{\boldsymbol{R}_{i+1}}{(\xi_i\omega_i-\mathrm{j}\omega_i)+(\xi_{i+1}\omega_{i+1}-\mathrm{j}\omega_{i+1})}+\frac{\boldsymbol{R}_{i+1}^*}{(\xi_i\omega_i-\mathrm{j}\omega_i)+(\xi_{i+1}\omega_{i+1}+\mathrm{j}\omega_{i+1})}\right)\boldsymbol{G}_0\boldsymbol{R}_i^{\mathrm{T}} \tag{4.33}$$

式中，$\boldsymbol{G}_0$为假定白噪声激励的功率谱；ξ_i和ω_i分别表示第i阶阻尼比和固有圆频率；$\boldsymbol{R}_i$为第i阶留数；*表示共轭运算。进一步，式（4.33）可以简写为

$$\boldsymbol{A}_i=\frac{\boldsymbol{R}_i^*\boldsymbol{G}_0\boldsymbol{R}_i^{\mathrm{T}}}{2\xi_i\omega_i}+\frac{\boldsymbol{R}_{i+1}^*\boldsymbol{G}_0\boldsymbol{R}_i^{\mathrm{T}}}{2(\xi_i+\xi_{i+1})\omega_i}=\beta_i\boldsymbol{\varphi}_i^*\boldsymbol{\varphi}_i^{\mathrm{T}}+\alpha_i\boldsymbol{\varphi}_{i+1}^*\boldsymbol{\varphi}_i^{\mathrm{T}} \tag{4.34}$$

在式（4.34）中，$\beta_i=\left(\boldsymbol{\gamma}_i^{\mathrm{H}}G_0\boldsymbol{\gamma}_i\right)/2\xi_i\omega_i$，由于模态参与向量$\boldsymbol{\gamma}_i$及特征向量的正交性，$\alpha_i=\left(\boldsymbol{\gamma}_{i+1}^{\mathrm{H}}\boldsymbol{G}_0\boldsymbol{\gamma}_i\right)/2\xi_i\omega_i\approx 0$，因此式（4.34）的第二项可以忽略。此时，谱线频率接近桥梁的第i阶或第$i+1$固有频率时的功率谱密度函数矩阵可表示为

$$\underset{\omega\to\omega_i,\omega_{i+1}}{\boldsymbol{G}_{yy}(\omega)}\approx\left(\frac{\beta_i\boldsymbol{\varphi}_i^*\boldsymbol{\varphi}_i^{\mathrm{T}}}{\mathrm{j}\omega-\lambda_i}+\frac{\beta_i\boldsymbol{\varphi}_i^*\boldsymbol{\varphi}_i^{\mathrm{T}}}{-\mathrm{j}\omega-\lambda_i^*}\right)+\left(\frac{\beta_{i+1}\boldsymbol{\varphi}_{i+1}^*\boldsymbol{\varphi}_{i+1}^{\mathrm{T}}}{\mathrm{j}\omega-\lambda_{i+1}}+\frac{\beta_{i+1}\boldsymbol{\varphi}_{i+1}^*\boldsymbol{\varphi}_{i+1}^{\mathrm{T}}}{-\mathrm{j}\omega-\lambda_{i+1}^*}\right) \tag{4.35}$$

推导可得

$$\underset{\omega\to\omega_i,\omega_{i+1}}{\boldsymbol{G}_{yy}(\omega)}=\boldsymbol{\varphi}_i^*\frac{2\beta_i\xi_i\omega_i}{(\xi_i\omega_i)^2+(\omega-\omega_{di})^2}\boldsymbol{\varphi}_i^{\mathrm{T}}+\boldsymbol{\varphi}_{i+1}^*\frac{2\beta_{i+1}\xi_{i+1}\omega_{i+1}}{(\xi_{i+1}\omega_{i+1})^2+(\omega-\omega_{di+1})^2}\boldsymbol{\varphi}_{i+1}^{\mathrm{T}} \tag{4.36}$$

式中，ω_{di}表示第i阶有阻尼固有圆频率。

因此，存在密集模态时，靠近第i阶固有频率的功率谱密度函数矩阵不仅仅由第i阶模态占主要贡献，第$i+1$阶模态同样占据比较大的成分。

利用振动响应测试数据计算其自、互功率谱密度函数，并组成功率谱密度函数矩阵$\hat{\boldsymbol{G}}(\omega)$：

$$\hat{\boldsymbol{G}}(\omega)=\begin{bmatrix}\mathrm{PSD}_{11}(\omega) & \mathrm{CPSD}_{12}(\omega) & \cdots & \mathrm{CPSD}_{1n}(\omega)\\ \mathrm{CPSD}_{21}(\omega) & \mathrm{PSD}_{22}(\omega) & \cdots & \mathrm{CPSD}_{2n}(\omega)\\ \vdots & \vdots & & \vdots\\ \mathrm{CPSD}_{n1}(\omega) & \mathrm{CPSD}_{n2}(\omega) & \cdots & \mathrm{PSD}_{nn}(\omega)\end{bmatrix}=\boldsymbol{U}\begin{pmatrix}s_1^2 & & \\ & \ddots & \\ & & s_n^2\end{pmatrix}\boldsymbol{U}^{\mathrm{H}} \tag{4.37}$$

式中，$\hat{\boldsymbol{G}}(\omega_i)$为$n\times n$维矩阵；$\mathrm{PSD}_{kk}(\omega)$为第$k$个测点处振动响应的自功率谱；$\mathrm{CPSD}_{pq}(\omega)$为第$p$个测点与第$q$个测点之间的响应的互功率谱；$\mathbf{diag}\left(s_1^2,s_2^2,\cdots,s_n^2\right)$为奇异值矩阵，且$s_1>s_2>s_n$；$\boldsymbol{U}=[\boldsymbol{u}_1,\boldsymbol{u}_2,\cdots,\boldsymbol{u}_n]$为酉矩阵。此时，在$\omega\to\omega_i$时，由于$\dfrac{2\beta_i\xi_i\omega_i}{(\xi_i\omega_i)^2+(\omega-\omega_{di})^2}$与$\dfrac{2\beta_{i+1}\xi_{i+1}\omega_{i+1}}{(\xi_{i+1}\omega_{i+1})^2+(\omega-\omega_{di+1})^2}$的大小无法确定，因此，一个占据最

大成分的奇异值并不一定是第i阶固有圆频率对应的值。对功率谱密度矩阵作奇异值分解后会产生模态耦合现象，即在该阶模态频率附近处的奇异向量并不再只表现为某一阶模态的特征向量形状，此时的奇异向量形状是两阶模态耦合的结果，这对接下来的模态参数辨识会产生负面影响，造成模态辨识误差较大或者产生模态遗漏。

当谱线频率接近密集模态固有频率时，在对桥梁振动响应的功率谱密度函数矩阵作奇异值分解之后，各谱线频率对应的功率谱密度函数矩阵主要由前两个奇异值做贡献，奇异值的其他项可忽略不计，可用式（4.38）表示：

$$\hat{\boldsymbol{G}}(\omega) \cong \boldsymbol{u}_1 s_1^2 \boldsymbol{u}_1^{\mathrm{H}} + \boldsymbol{u}_2 s_2^2 \boldsymbol{u}_2^{\mathrm{H}} \tag{4.38}$$

频率-奇异值曲线如图 4.21 所示，其中，$s_1(\omega)$和$s_2(\omega)$分别表示第一奇异值曲线和第二奇异值曲线。稀疏模态固有频率处的第一奇异值与第二奇异值相差较大，即$s_1(\omega_i) \gg s_2(\omega_i)$，如图 4.21（a）所示。$\omega_m$和$\omega_n$为半功率点频率，即$s_1(\omega)$的幅值下降到极值点处幅值的$1/\sqrt{2}$时对应的频率。密集模态固有频率处的第一奇异值较大，但与第二奇异值的差距不大。在式（4.37）中，奇异向量$\boldsymbol{u}_1$与$\boldsymbol{u}_2$随谱线上的频率变化而变化，但在式（4.35）中，特征向量$\boldsymbol{\varphi}_i$与$\boldsymbol{\varphi}_{i+1}$并不随谱线频率变化而变化，为一个常数向量，说明在频带$\omega_m \sim \omega_0$范围内的第一奇异向量为某一阶模态的振型，即$\boldsymbol{u}_1 = \boldsymbol{\varphi}_i$；在频带$\omega_0 \sim \omega_n$范围内的第一奇异向量为另一阶模态的振型，即$\boldsymbol{u}_1 = \boldsymbol{\varphi}_{i+1}$，具体表示为，当$\omega \to \omega_i$时，$\boldsymbol{\varphi}_i = \boldsymbol{u}_1$；当$\omega \to \omega_{i+1}$时，$\boldsymbol{\varphi}_{i+1} = \boldsymbol{u}_1$，且极值$s_2(\omega_0)$的频率$\omega_0$为两阶模态的转折点。若将$s_1(\omega_i)$视为第一奇异值的唯一极值点，而忽略$s_1(\omega_{i+1})$这一极值点，将导致密集模态辨识的遗漏。

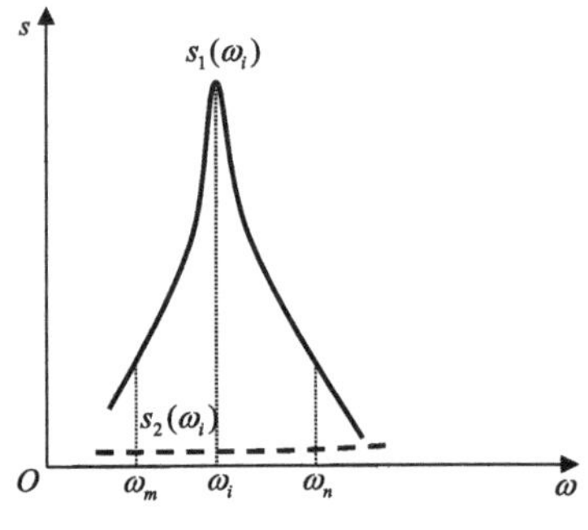

（a）稀疏模态

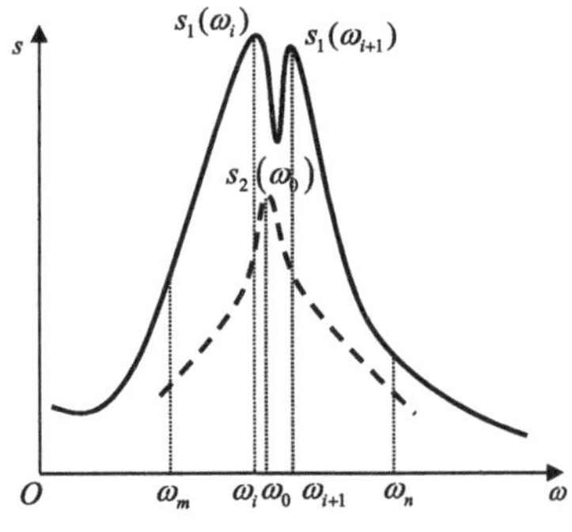

（b）密集模态

图 4.21　频率-奇异值曲线

因此，可依据结构固有频率附近有限带宽内的谱线频率对应的奇异向量与结构固有频率（峰值点频率）对应的奇异向量之间的一致性来判断是否存在密集模态，根据判定结果进行模态参数辨识。存在密集模态时，接近结构固有频率点的左侧频率对应的奇异向量与第i阶振型一致，接近固有频率点的右侧频率对应的奇异向量与第$i+1$阶振型一致。据此特征，采用奇异向量夹角进行判断：

$$\theta_{i,j} = \frac{180^{\circ}}{\pi} \arccos\left(\sqrt{\mathrm{MAC}\left(\boldsymbol{u}_{1i}, \boldsymbol{u}_{1j}\right)}\right) \tag{4.39}$$

式中，$\boldsymbol{u}_{1i}$ 和 $\boldsymbol{u}_{1j}$ 分别表示第 i 个和第 j 个第一奇异向量。

若各峰值点左右两侧的奇异向量夹角 $\theta_{i,j}^{L}$ 、 $\theta_{i,j}^{R}$ 基本一致，则该峰值点仅包含一阶模态，且峰值点处频率即可辨识为结构固有频率，对应的第一个奇异向量即可辨识为该阶模态振型；若两边角度 $\theta_{i,j}^{L}$ 与 $\theta_{i,j}^{R}$ 相差较大，则认为该峰值点处包含两阶模态，且两阶模态的固有频率与该峰值对应频率极为接近，振型的辨识应该在以密集模态中各阶模态分别占主导时的频率下进行。

由式（4.38）可知，当谱线频率处于两阶密集的固有频率之间时，各频率点的奇异值非常接近，振型对应酉矩阵的前两列，奇异值更大的一项对应主要模态，剩余项为次要模态。因为矩阵 $\boldsymbol{U}$ 为正交矩阵，所以通过寻找密集模态中相互正交的两奇异向量及其对应的频率，能够确定密集模态的固有频率和振型。

采用频域分解法进行密集模态辨识的流程如下：

① 对桥梁响应的功率谱密度函数矩阵 $\hat{\boldsymbol{G}}(\omega)$ 作奇异值分解，得到各频率点处第一奇异值曲线；

② 选取第一奇异值曲线上的峰值点，确定出各峰值点对应的半功率带宽；

③ 采用式（4.39），计算每个峰值点半功率带宽内左右两边的谱线频率对应的奇异向量与峰值点奇异向量间的夹角 $\theta_{i,j}^{L}$ 、 $\theta_{i,j}^{R}$ ；

④ 根据频响函数比值或奇异向量夹角，判别是否存在密集模态，若不存在密集模态，则频域分解法识别的结果即为最终结果；若有密集模态存在，则找出峰值点选取的带宽内与峰值点奇异向量夹角最接近 90° 的奇异向量对应的谱线频率 ω_l ，ω_l 即为桥梁密集模态处的第二阶频率，该奇异向量为对应的振型 $\boldsymbol{\varphi}_l$ 。

（3）大阻尼桥梁模态辨识方法

桥梁阻尼比的大小会对桥梁振动响应的时程曲线以及频谱特征产生影响，其中一方面影响体现在时程曲线和频谱的统计特性上。采用信号的独立性原理分离各阶模态响应的方法称为独立分量分析。从桥梁模态响应的统计独立性出发，通过分析模态响应的统计独立性，寻找大阻尼桥梁响应不满足统计独立性的根源，从而找到相应的解决办法[6]。

信号的概率关系能够直观地描述信号的统计独立性，然而，未知信号的概率分布很难获得。因此快速独立分量分析方法采用了信号的非高斯性代替信号的独立性，该方法认为源信号的独立性或非高斯性大于任何一个将源信号混合后的观测信号。因此，非高斯性可以描述源信号的独立性。第 i 阶模态响应的表达式为

$$q_i(t)=\mathrm{e}^{-\xi_i\omega_{ni}t}\left(\alpha_i\sin\omega_{di}t+\beta_i\cos\omega_{di}t\right) \tag{4.40}$$

式中，ω_{ni} 和 ξ_i 分别表示第 i 阶模态的固有频率和阻尼比；$\omega_{di}=\omega_{ni}\sqrt{1-\xi_i^2}$ 表示有阻尼频率。非高斯性表示信号的概率分布属于高斯分布之外的形式。采用峭度进行非高斯性的度量，信号 $y(t)$ 的峭度表示为

$$\mathrm{Kurt}(y)=E\left[y(t)^4\right]-3\left\{E\left[y(t)^2\right]\right\}^2 \tag{4.41}$$

高斯分布信号的峭度值为 0。若 $\mathrm{Kurt}(y)$ 大于 0，则信号 $y(t)$ 服从超高斯分布。若 $\mathrm{Kurt}(y)$ 小于 0，则信号 $y(t)$ 服从亚高斯分布。超高斯分布和亚高斯分布统称为非高斯分布。无阻尼自由振动系统的模态响应是单频正弦信号，桥梁的振动响应则是一系列正弦信号的线性叠加。单一正弦信号服从亚高斯分布，其线性组合更加趋近于高斯分布，所以模态响应比振动响应的非高斯性更大。各阶模态响应的频率不可通约也是模态响应满足独立性的前提。

为了研究有阻尼系统响应的非高斯性，采用两个模态响应的模拟信号 $q_1(t)$ 和 $q_2(t)$，以及其简单的叠加 $q_1(t)+q_2(t)$ 模拟结构振动响应。依据式（4.40）可给出不同阻尼比下的模拟模态响应信号。式（4.40）中的参数 $\alpha_1(i=1和i=2)$ 取为 1，$\beta_1(i=1和i=2)$ 均为 0。阻尼频率分别取为 1Hz 和 2Hz。$q_1(t)$ 的阻尼比 ξ_1 设置为 0～10%，其间隔为 0.5%，共 21 个值，$q_2(t)$ 的阻尼比 ξ_2 设置为 ξ_1 的 0.5 倍。ξ_1 视为一阶模态的阻尼比。采用式（4.41）计算 $q_1(t)$、$q_2(t)$ 和 $q_1(t)+q_2(t)$ 在不同阻尼比 ξ_1 下的峭度值，其结果如图 4.22 所示。

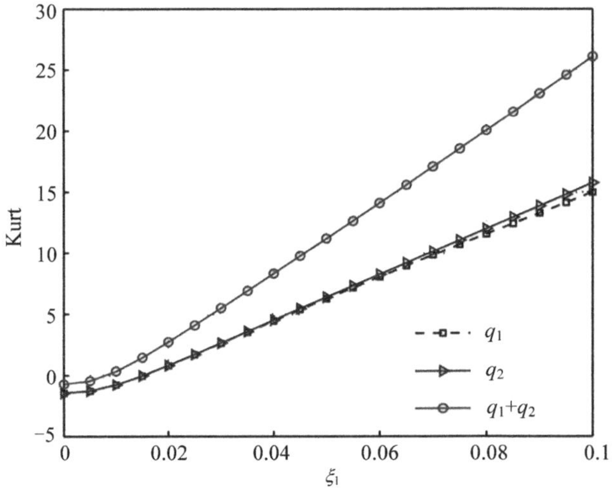

图 4.22　不同阻尼比下时域响应的峭度值

由图 4.22 可见，在阻尼比小于约 1%时，两阶模态响应 $q_1(t)$、$q_2(t)$ 和结构振动响应 $q_1(t)+q_2(t)$ 的峭度值均为负数，说明三个信号均服从亚高斯分布，结构振动响应的峭度大于模态响应的峭度，意味着结构振动响应的高斯性更大、模态响应的非高斯更大。这与独立分量分析的思想是一致的。在阻尼比大于约 1%时，两阶模态响应和结构振动响应的峭度值均为正数，说明三个信号均服从超高斯分布，结构振动响应的峭度大于模态响应的峭度，意味着结构振动响应的非高斯性更大，而模态响应的高斯性更大，这与独立分量分析的思想相悖。据此，证明了独立分量分析仅适用于阻尼比在 1%内的桥梁模态辨识。时域模态响应和结构振动响应的独立性分析表明，阻尼比会对模态辨识产生非常大的影响。

振动信号在频域内的特性不容忽略。接下来分析模态响应和结构振动响应利用快速傅里叶变换变换到频域后的统计独立性，并计算各频域信号的峭度值。类似于图 4.22，图 4.23 为两阶模态响应的快速傅里叶变换信号以及结构振动响应的快速傅里叶变换信号在不同阻尼比下的峭度值。由图 4.23 可见，在阻尼比为 0 到 10%的变化范围内，三种信号的峭度结果均为正值，意味无论阻尼比如何，结构振动响应和模态响应均服从于超高斯分布，且模态响应的非高斯性总是大于结构振动响应的非高斯性。因此，将响应放到频域内分析后，结构的模态响应在各阻尼比下总能够满足独立分量分析的设定。

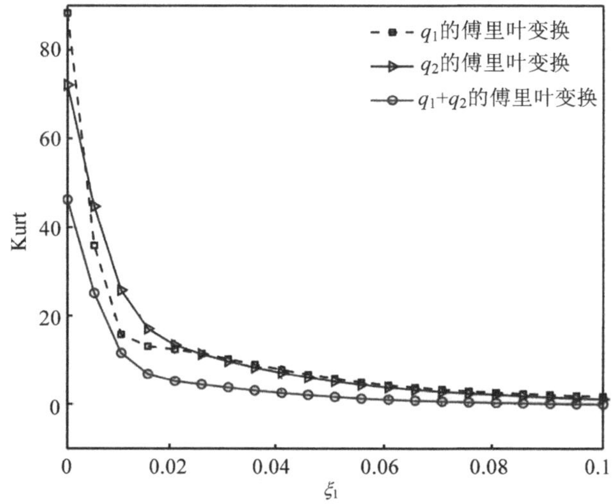

图 4.23 不同阻尼比下频域响应的峭度值

依据振型叠加原理，结构振动响应 $\boldsymbol{x}(t)$ 可以表示为各阶模态响应的叠加：

$$\boldsymbol{x}(t)=\boldsymbol{\Phi}\boldsymbol{q}(t) \tag{4.42}$$

式中，$\boldsymbol{\Phi}=[\boldsymbol{\varphi}_1,\boldsymbol{\varphi}_2,\dots,\boldsymbol{\varphi}_m]$ 和 $\boldsymbol{q}(t)$ 分别表示包含 m 阶模态的振型矩阵和模态响应向量。将式（4.42）两边同时采用快速傅里叶变换得到频域内的模型：

$$\boldsymbol{X}(\omega)=\boldsymbol{\Phi}\boldsymbol{Q}(\omega) \tag{4.43}$$

式中，$\boldsymbol{X}(\omega)$ 和 $\boldsymbol{Q}(\omega)$ 分别为结构振动响应 $\boldsymbol{x}(t)$ 和模态响应 $\boldsymbol{q}(t)$ 的快速傅里叶变换。对于线性时不变系统，振型矩阵不随时间发生变化。信号经过快速傅里叶变换之后得到的频谱为复数，将式（4.43）展开为实部和虚部的形式为

$$\boldsymbol{X}(\omega)=\boldsymbol{X}_{\mathrm{Re}}(\omega)+\mathrm{j}\boldsymbol{X}_{\mathrm{Im}}(\omega)=\sum_{i=1}^{m}\boldsymbol{\varphi}_i Q_{i\mathrm{Re}}(\omega)+\mathrm{j}\sum_{i=1}^{m}\boldsymbol{\varphi}_i Q_{i\mathrm{Im}}(\omega) \tag{4.44}$$

式中，ω 表示谱线频率；j 为虚数单位；$\boldsymbol{X}_{\mathrm{Re}}(\omega)$ 和 $\boldsymbol{X}_{\mathrm{Im}}(\omega)$ 分别表示 $\boldsymbol{X}(\omega)$ 的实部和虚部。进一步，$\boldsymbol{X}(\omega)$ 的线性混合模型可以将实部和虚部分开表示，即

$$\boldsymbol{X}_{\mathrm{Re}}(\omega)=\sum_{i=1}^{m}\boldsymbol{\varphi}_i Q_{i\mathrm{Re}}(\omega)=\boldsymbol{\Phi}\boldsymbol{Q}_{\mathrm{Re}}(\omega) \tag{4.45}$$

$$\boldsymbol{X}_{\mathrm{Im}}(\omega)=\sum_{i=1}^{m}\boldsymbol{\varphi}_i Q_{i\mathrm{Im}}(\omega)=\boldsymbol{\Phi}\boldsymbol{Q}_{\mathrm{Im}}(\omega) \tag{4.46}$$

采用快速独立分量分析方法，对式（4.45）或式（4.46）进行求解即可获得振型矩阵和模态响应的频域表达。基于中心极限定理，独立分量的线性组合形式比各独立分量更趋向于高斯分布。因此，独立源信号的最优估计可通过源信号的非高斯性最大化实现，非高斯性的描述则可以采用负熵或高阶累积量。负熵的简化方式为

$$J(\boldsymbol{y}) \propto \{E[G(\boldsymbol{y})]-E[G(\boldsymbol{v})]\}^2 \tag{4.47}$$

式中，$E[\bullet]$表示提取数据的期望；$G(\bullet)$表示非二次函数的非线性函数；$\boldsymbol{v}$为均值为0、单位方差为1的高斯随机变量；$\boldsymbol{y}$为均值为0、方差为1的随机变量；$J(\boldsymbol{y})$代表$\boldsymbol{y}$的负熵。函数G采用

$$G(u)=-\mathrm{e}^{u^2/2} \tag{4.48}$$

快速独立分量分析法是一种基于负熵最大化的快速定点迭代方法。为了得到独立分量的方向$\boldsymbol{W}$使得频域模态响应的估计满足$\hat{\boldsymbol{Q}}_{\mathrm{Re}}(\omega)=\boldsymbol{W}^{\mathrm{T}}\boldsymbol{X}_{\mathrm{Re}}(\omega)$或$\hat{\boldsymbol{Q}}_{\mathrm{Im}}(\omega)=\boldsymbol{W}^{\mathrm{T}}\boldsymbol{X}_{\mathrm{Im}}(\omega)$，最大化的目标函数为

$$J_G(\boldsymbol{W})=\left\{E\left[G\left(\boldsymbol{W}^{\mathrm{T}}\boldsymbol{X}_{\mathrm{Re}}(\omega)\right)\right]-E[G(\boldsymbol{v})]\right\}^2 \text{或} J_G(\boldsymbol{W})=\left\{E\left[G\left(\boldsymbol{W}^{\mathrm{T}}\boldsymbol{X}_{\mathrm{Im}}(\omega)\right)\right]-E[G(\boldsymbol{v})]\right\}^2 \tag{4.49}$$

振型$\boldsymbol{\Phi}$的估计结果为$\boldsymbol{W}^{-1}$。对频域模态响应进行傅里叶逆变换得到时域模态响应。自由振动响应的模态分析直接采用响应信号的快速傅里叶变换，进而采用快速独立分量分析获得振型、模态响应、频率，进一步，从模态响应中通过对数衰减法可以获得各阶阻尼比。随机激励情况下，采用自然激励技术处理随机振动响应，其关键思想为采用随机振动响应的自相关和互相关函数作为自由振动响应的代替。

采用快速独立分量分析对大阻尼桥梁结构模态辨识的具体步骤如下：

① 获取桥梁结构的自由振动响应，或采用自然激励技术对随机激励响应进行处理；

② 利用快速傅里叶变换将步骤①得到的响应变换到频域；

③ 通过式（4.47）～式（4.49）给出的快速独立分量分析方法得到振型以及频域模态响应的估计；

④ 对频域模态响应进行傅里叶逆变换得到时域模态响应，进一步通过对数曲线拟合法获得各阶模态参数。

3）测点数量欠定

测点数量欠定指的是振动响应测试采用的测点数少于待识别的模态阶数。对于没有严格规定测点数量需要多于待识别模态阶数的经典的时域、频域和时-频域方法，均可以用于测点数量欠定的模态辨识。采用盲源分离相关方法时，需严格界定测点数量欠定和正定的情况。

对于平稳激励下的测点数量欠定问题，可以采用过完备独立分量分析方法进行模态辨识。在盲源分离模型中，混合矩阵的向量视为“基向量”。当模态数目大于传感器的个数时，基向量的数目大于观测信号的数目，因此认为基向量“过大”，所以

称该盲源分离问题具有过完备基。过完备独立分量分析属于欠定盲源分离方法，该方法需分两步执行，即混合矩阵的估计和源信号的估计。在式（4.45）中，$\boldsymbol{X}_{\mathrm{Re}}(\omega)$ 与 $\boldsymbol{\varphi}_i$ 之间的关系仅存在一个常数倍数 $Q_{i\mathrm{Re}}(\omega)$，因此，$\boldsymbol{X}_{\mathrm{Re}}(\omega)$ 的聚类方向即为模态振型矩阵中 $\boldsymbol{\varphi}_i$ 的方向，因此振型矩阵的估计可通过对式（4.45）或式（4.46）模型中的 $\boldsymbol{X}_{\mathrm{Re}}(\omega)$ 或 $\boldsymbol{X}_{\mathrm{Im}}(\omega)$ 聚类获得。

基于统计模型的算法可用于过完备问题中源信号的估计。盲源分离频域模型（4.43）的概率模型为

$$\log_2 P\left(\boldsymbol{X} \mid \boldsymbol{\Phi}, \boldsymbol{Q}(\omega)\right) \propto -\frac{1}{2\sigma^2}\left(\boldsymbol{X} - \boldsymbol{\Phi}\boldsymbol{Q}(\omega)\right)^2 \tag{4.50}$$

式中，σ^2 为噪声方差。基于概率模型的源信号估计方法即寻找使后验概率最大的频域模态分量 $\boldsymbol{Q}(\omega)$：

$$\hat{\boldsymbol{Q}}(\omega) = \underset{\boldsymbol{Q}(\omega)}{\arg\max}\, P\left(\boldsymbol{Q}(\omega) \mid \boldsymbol{X}, \boldsymbol{\Phi}\right) = \underset{\boldsymbol{Q}(\omega)}{\arg\max}\, P\left(\boldsymbol{X} \mid \boldsymbol{\Phi}, \boldsymbol{Q}(\omega)\right) P\left(\boldsymbol{Q}(\omega)\right) \tag{4.51}$$

将该问题看成一个线性规划问题来解决，即

$$\min \boldsymbol{c}^{\mathrm{T}} \left|\boldsymbol{Q}(\omega)\right| \ \text{s.t.}\ \boldsymbol{\Phi}\boldsymbol{Q}(\omega) = \boldsymbol{X} \tag{4.52}$$

令 $\boldsymbol{c}^{\mathrm{T}} = [1, \cdots, 1]$，则 $\boldsymbol{c}^{\mathrm{T}}\left|\boldsymbol{Q}(\omega)\right| = \sum_k \left|Q_k(\omega)\right|$，上式的求解是标准的线性规划问题。求出 $\boldsymbol{Q}(\omega)$ 后，时域的模态响应信号通过快速傅里叶逆变换得到。进一步从时域模态响应中提取频率和阻尼比。

测点数量欠定的过完备独立分量分析方法步骤总结如下：

① 利用快速傅里叶变换将桥梁的响应变换到频域；

② 通过对式（4.45）或式（4.46）模型中的 $\boldsymbol{X}_{\mathrm{Re}}(\omega)$ 或 $\boldsymbol{X}_{\mathrm{Im}}(\omega)$ 聚类获得振型矩阵的估计；

③ 求解式（4.52）的线性规划问题，得到频域的模态响应估计，通过快速傅里叶逆变换得到时域的模态响应估计；

④ 从时域模态响应中提取频率和阻尼比。

4）模态在线追踪辨识框架

平稳激励下的模态在线追踪辨识包括以下步骤：①确定出待辨识的模态阶数，结合测点数量，判定测点数量正定或是欠定；②判别桥梁结构的阻尼特性、是否存在密集模态，选取相应的辨识方法。例如，发现桥梁阻尼比较大时（如 5%以上），选用频域独立分量分析方法进行模态辨识；检测到桥梁模态存在密集模态时，采用密集模态的频域分解法进行模态辨识；测点数量欠定时，利用过完备独立分量分析方法、频域分解法等进行模态辨识。

2. 非平稳激励下模态追踪辨识

1）辨识难点

在很多情况下，公路桥梁所受的环境随机激励如地震激励、极端风激励、车辆

冲击作用等往往具有明显的非平稳性。对于非平稳程度比较高的环境激励无法近似为平稳随机信号，或采用白噪声信号进行简化。利用非平稳环境激励产生的随机振动响应进行模态辨识时，需要采用非平稳信号分析手段，例如时-频分析方法。非平稳环境激励下的桥梁工作模态参数追踪辨识中主要存在以下两方面难点：①非平稳环境激励下的桥梁响应耦合测点数量欠定问题时，如何提高振型、频率及阻尼比参数辨识的准确性；②非平稳环境激励下的桥梁响应耦合测点数量欠定和桥梁复模态时，如何准确辨识复模态振型。

2）测点数量正定

测点数量足够时，仅需要考虑激励和响应的非平稳性，采用非平稳信号分析方法进行模态辨识。短时傅里叶变换、小波变换和希尔伯特-黄变换等时-频分析方法不仅能够从频域的角度对响应进行分析，还能够从时间角度反映非平稳信号的时变特性。时-频分析方法虽然能够捕捉信号在时间和频域两个维度的特征，但是模态参数的辨识需要借助于其他参数辨识方法。对于非平稳激励下的模态辨识，可以采用短时傅里叶变换与独立分量分析结合的方法。

将式（4.43）表示的振型叠加公式两边同时进行短时傅里叶变换：

$$\tilde{\boldsymbol{X}}(t,\omega)=\boldsymbol{\Phi}\tilde{\boldsymbol{Q}}(t,\omega) \tag{4.53}$$

式中，$\tilde{\boldsymbol{X}}(t,\omega)$ 和 $\tilde{\boldsymbol{Q}}(t,\omega)$ 分别为 $\boldsymbol{x}(t)$ 和 $\boldsymbol{q}(t)$ 的短时傅里叶变换；ω 表示频率；t 表示时间。信号 $\boldsymbol{x}(t)$ 的短时傅里叶变换表达式为

$$\tilde{\boldsymbol{X}}(t,\omega)=\frac{1}{\sqrt{2\pi}}\int_{-\infty}^{\infty}\boldsymbol{x}(\tau)h(\tau-t)\mathrm{e}^{-\mathrm{j}\omega\tau}\,\mathrm{d}\tau \tag{4.54}$$

式中，$h(\tau)$ 为窗函数。按照时间顺序，将各时间窗内的短时傅里叶变换系数依次连接，二维的时-频分布系数被合成一维的时-频向量：

$$\tilde{\boldsymbol{X}}^{t\omega}=\boldsymbol{\Phi}\tilde{\boldsymbol{Q}}^{t\omega} \tag{4.55}$$

式中，$t\omega$ 表示频率和时间指标的合并。

取时-频向量的实部或者虚部：

$$\begin{aligned}\tilde{\boldsymbol{X}}_{\mathrm{Re}}^{t\omega}&=\boldsymbol{\Phi}\tilde{\boldsymbol{Q}}_{\mathrm{Re}}^{t\omega}\\ \tilde{\boldsymbol{X}}_{\mathrm{Im}}^{t\omega}&=\boldsymbol{\Phi}\tilde{\boldsymbol{Q}}_{\mathrm{Im}}^{t\omega}\end{aligned} \tag{4.56}$$

式中，Re 和 Im 分别表示实部和虚部。

在式（4.53）～式（4.56）的推导过程中，由于短时傅里叶变换为线性变换，且假定桥梁的振型不随时间发生变化，所以式（4.56）仍为线性。式（4.56）可以进一步采用快速独立分量分析方法进行振型和时-频模态响应的分离。由于测点数量正定，时域模态响应的估计能够通过振型矩阵的逆矩阵得到：

$$\hat{\boldsymbol{q}}(t)=\boldsymbol{\Phi}^{-1}\boldsymbol{x}(t) \tag{4.57}$$

进一步，从模态响应估计 $\hat{\boldsymbol{q}}(t)$ 中能够识别出各阶频率和阻尼比。

采用短时傅里叶变换与独立分量分析结合的测点数量正定的模态辨识方法具体步骤总结如下：

① 将采样所得的振动响应利用短时傅里叶变换转化到时-频域内；

② 按照时间顺序，将各时间窗内的短时傅里叶变换系数依次连接；

③ 采用快速独立分量分析方法对式（4.56）进行振型和时-频模态响应的分离；

④ 采用式（4.57）估计时域模态响应，进一步识别各阶频率和阻尼比。

3）测点数量欠定

（1）测点数量欠定的实模态辨识方法。桥梁的振动测试可能会出现传感器个数不多于待识别的模态阶数情况，或传感器故障导致可用的响应个数不足等问题。对照模态辨识采用的振型叠加原理，上述问题直接导致了结构响应的个数少于待识别的模态阶数。从数学的角度，超定方程可求解最小二乘解，正定方程存在唯一解，而欠定方程组则存在无穷多解。稀疏分量分析方法给出了源信号满足稀疏性的限定，以此来求解唯一的最稀疏解。然而，当欠定程度较大，例如，仅采用一个参考点和一个移动测试传感器时，每次计算仅可使用两个传感器，这时模态辨识的精度，尤其是振型的精度将会降低。稀疏分量分析方法能够用于非平稳激励的情况，但对于欠定程度较大时，需要采用改进的稀疏分量分析方法[7-9]。

稀疏分量分析方法能够检测单模态点，从中识别振型向量。测点数量较少时，单模态点的检测受噪声的影响较大。在时-频平面内，振动响应的功率谱在固有频率周围出现峰值。为了提高单模态点检测的性能，振动信号的功率谱特性可以为单模态点提供限制信息。

对于某一特定时刻t_k，式（4.53）写为

$$\tilde{\boldsymbol{X}}(t_k,\omega)=\boldsymbol{\Phi}\tilde{\boldsymbol{Q}}(t_k,\omega)=\boldsymbol{\varphi}_1\tilde{Q}_1(t_k,\omega)+\boldsymbol{\varphi}_2\tilde{Q}_2(t_k,\omega)+\cdots+\boldsymbol{\varphi}_n\tilde{Q}_n(t_k,\omega) \tag{4.58}$$

式中，由于时间是特定时刻，所以仅包含一个变量，即频率ω。第i个模态响应可以表示为频响函数以及激励频谱的乘积：

$$Q_i(t_k,\omega)=\omega^2 H_i(t_k,\omega)P_i(t_k,\omega) \tag{4.59}$$

式中，$H_i(t_k,\omega)$表示第i模态的频响函数；$P_i(t_k,\omega)$表示外部激励在时间指标为t_k时的时-频分布。将式（4.58）与式（4.59）合并，可得单个加速度响应的表达式为

$$X_a(t_k,\omega)=\omega^2\left[\varphi_{i1}H_1(t_k,\omega)P_1(t_k,\omega)+\cdots+\varphi_{in}H_n(t_k,\omega)P_n(t_k,\omega)\right] \tag{4.60}$$

进一步，如果将频率指标固定在第i阶模态的固有频率，即ω_i，响应的时-频分布值为

$$X_a(t_k,\omega_i)=\omega_i^2\varphi_{ai}H_i(t_k,\omega_i)P_i(t_k,\omega_i) \tag{4.61}$$

式（4.61）表示在ω_i处占主导地位的部分是$\omega_i^2\varphi_{ai}H_i(t_k,\omega_i)P_i(t_k,\omega_i)$。但需要注意的是，式（4.61）仅在无模态耦合且阻尼较小的情况下满足。此外，式（4.61）仅为说明频谱的特性，该条件并不是施加在稀疏分量分析方法中的限制。在第i阶固有频率ω_i处，两传感器位置a和b处的响应时-频系数的比值为

$$\frac{X_a(t_k,\omega_i)}{X_b(t_k,\omega_i)}=\frac{\omega_i^2\varphi_{ai}H_i(t_k,\omega_i)P_i(t_k,\omega_i)}{\omega_i^2\varphi_{bi}H_i(t_k,\omega_i)P_i(t_k,\omega_i)}=\frac{\varphi_{ai}}{\varphi_{bi}} \tag{4.62}$$

由于激励未知，所以频响函数在实际应用中一般也是未知的。但是，在白噪声

激励的假定下，频响函数可由功率谱密度函数代替。因此，可以认为单模态点位于功率谱上固有频率周围。也就是说，功率谱上峰值周围的频率点与单模态点位置对应（图 4.24）。

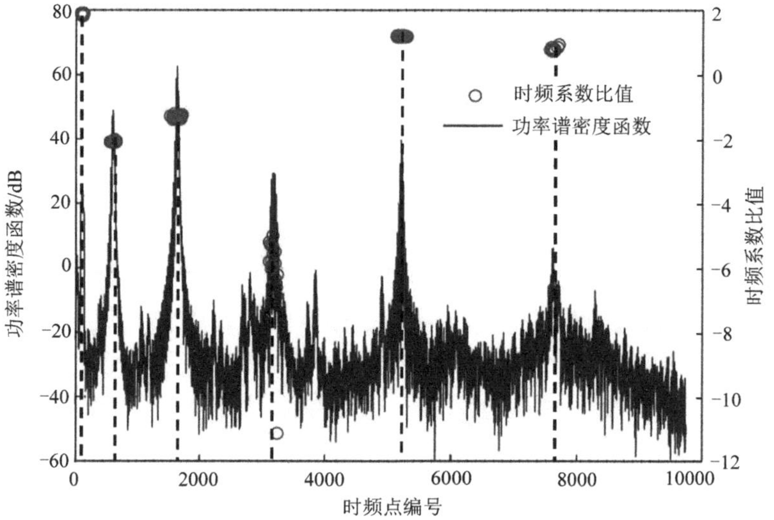

图 4.24　功率谱与单模态点处时-频系数比值的对应关系

由于单模态点的质量直接影响到了模态参数的估计，因此有必要对单模态点检测的结果进一步进行提纯。单模态点的初步检测结果通过下式实现：

$$\left|\frac{\mathrm{Re}\left[\boldsymbol{X}(t,\omega)\right]^{\mathrm{T}}\mathrm{Im}\left[\boldsymbol{X}(t,\omega)\right]}{\left\|\mathrm{Re}\left[\boldsymbol{X}(t,\omega)\right]\right\|_2\left\|\mathrm{Im}\left[\boldsymbol{X}(t,\omega)\right]\right\|_2}\right|>\cos(\Delta\theta) \tag{4.63}$$

式中，$\Delta\theta$ 为时-频系数实部和虚部之间夹角的阈值；Re 表示提取向量的实部，Im 表示提取向量的虚部；$|\bullet|$ 表示取向量的绝对值，$\|\bullet\|_2$ 表示欧氏范数。单模态点的另一个限制条件为单模态点位于功率谱上的峰值频率周围。依据这个规律，初步识别的单模态点将进行进一步提纯。

单模态点检测方法包括了一维时-频系数的构造、对数功率谱去趋势、单源区间划分三个步骤。利用短时傅里叶变换将一维的时间历程转换到二维的时-频平面后，若时-频平面内每个频率帧下的时间指标依次连接，则二维的时-频数据转化成为一维的时-频向量。所有测点位置的时-频系数 $\boldsymbol{X}(t,\omega)$ 被转化为一个二维数据矩阵，其中包含了 n 个时-频向量，记为 $\hat{\boldsymbol{X}}_i$， $i=1,2,\cdots,n$ 。定义向量 $\hat{\boldsymbol{X}}_i$ 的对数幅值：

$$\mathrm{amp}_i=20\times\log_{10}\left(\left|\hat{\boldsymbol{X}}_i\right|\right) \tag{4.64}$$

式中， $\hat{\boldsymbol{X}}_i$ 是第 i 个响应的复数形式时-频系数向量； $\left|\hat{\boldsymbol{X}}_i\right|$ 表示对时-频序列中的各元素取幅值构成的序列； amp_i 表示对向量 $\left|\hat{\boldsymbol{X}}_i\right|$ 中各元素取对数。将所有响应的对数幅值向量平均，得

$$\mathrm{amp}_{\mathrm{mean}}=\frac{1}{n}\sum_{i=1}^{n}\mathrm{amp}_i \tag{4.65}$$

为了确定峰值频率，最直接的方式是拾取功率谱密度函数上的峰值点。然而，由于噪声的影响，功率谱密度曲线并不光滑，许多由噪声引起的微小峰值为自动拾取峰值带来困扰。因此，通过拾取峰值点确定单模态点位置并不实用。单模态点位于功率谱峰值频率周围的窄带频率范围内，从统计的角度，单模态点的数目远远小于非单模态点的数目。此外，峰值频率的功率谱幅值较大，而其他位置的功率谱幅值明显较小。所以，单模态点所处的频带可采用对功率谱幅值的统计进行划分。假如式（4.63）检测出的单模态点落入功率谱峰值频带以外的范围，则这些单模态点将被剔除掉。

对数幅值有利于对频率能量较小的频带内幅值进行放大，防止被噪声能量湮没，但对时-频系数取对数得到的是幅值的相对大小，具有整体上的趋势。为了得到“绝对幅值”，需要去除对数幅值的整体趋势。利用多项式拟合技术即可获得对数幅值的整体趋势。去除趋势后的 $\mathrm{amp}_{\mathrm{mean}}$ 记为 $\mathrm{amp}'_{\mathrm{mean}}$。去除对数幅值的趋势后，峰值频率所在的频带可通过统计手段，在概率意义上进行划分。具体的方式是对去除趋势后的平均对数幅值 $\mathrm{amp}'_{\mathrm{mean}}$ 进行统计，计算样本的累积概率，并给出阈值，划分出阈值概率下的区间作为待剔除的区间。一般认为幅值较小的频带范围占据了频率轴的绝大部分，所以当样本的累积概率达到 90%时，认为相应的样本为对数幅值相对小的频率点，即为不包含单模态点的区间。总之，若单模态点初步检测结果中有落入待剔除的单模态点区间内的点，则这些点将被从初步检测结果中剔除，从而得到提纯后的单模态点。将提纯后的单模态点结果标记为 $\left(\tilde{t}_k, \tilde{\omega}_k\right)$。

模态参数的辨识分振型估计、频率和阻尼比的辨识。振型通过对提纯后的单模态点进行聚类，将各单模态点分为属于不同模态的类，计算每一类的聚类中心即为各阶模态的振型。采用层次聚类方法进行单模态点聚类。层次聚类的距离测度为余弦距离 $1-\cos(\theta)$，其中 $\theta=\cos^{-1}\left(Y_i^{\mathrm{T}}Y_j\Big/\left(\|Y_i\|_2\|Y_j\|_2\right)\right)$，表示向量 $\boldsymbol{Y}$ 中第 i 和第 j 个元素形成的夹角。图 4.25 为层次聚类过程的示意图。

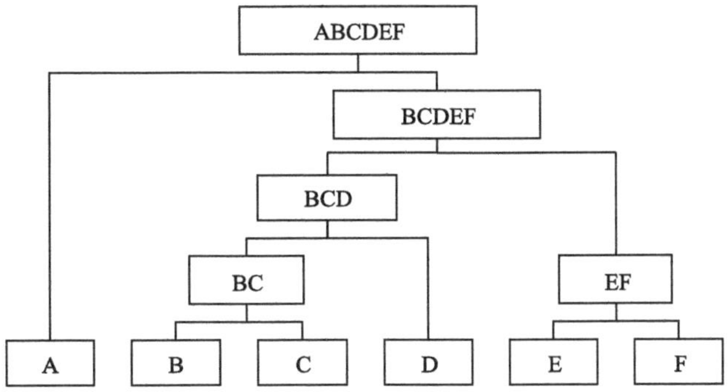

图 4.25　层次聚类过程示意图

层次聚类方法包括凝聚层次聚类和分类层次聚类两种形式。凝聚层次聚类是自底向上逐步聚成簇，首先将每个对象作为一个簇，然后利用距离测度，将距离较近的元素合并，逐步合并成越来越大的簇，直到满足终止条件，如达到聚类个数。分类层次聚类与凝聚层次聚类方向相反，为自顶向下。该方法首先将所有元素放置在一个簇中，然后对这个簇进行逐步细分，直到达到终止条件。该方法的优点是随时能够终止划分。层次聚类的每一步用树状图表示出来就是层次聚类树。为了说明层次聚类的过程，首先给出从 A 到 G 共 7 个元素，即数据点，依照距离测度给出 7 个数据点间的相似度，将相似度较高的两个元素进行组合，得到聚类树的第二层，以此类推便得到了完整的树状图。

在经典的稀疏分量分析中，频率和阻尼比的辨识依赖于模态响应的重构。实际上，由于单模态点时-频系数中包含了模态参数的信息，模态参数可以从时-频域中直接提取，即单模态点的聚类结果能够直接识别频率和阻尼比，而无须重构模态响应，提高了测点数量欠定的识别精度。

具体方法为，应用短时傅里叶变换系数构造的广义谱矩阵形式：

$$\boldsymbol{G}_{XX}=E\begin{bmatrix}\mathrm{STFT}_{X_1X_1}(t_i,\omega) & \mathrm{STFT}_{X_1X_2}(t_i,\omega) & \cdots & \mathrm{STFT}_{X_1X_n}(t_i,\omega)\\ \mathrm{STFT}_{X_2X_1}(t_i,\omega) & \mathrm{STFT}_{X_2X_2}(t_i,\omega) & \cdots & \mathrm{STFT}_{X_2X_n}(t_i,\omega)\\ \vdots & \vdots & & \vdots\\ \mathrm{STFT}_{X_nX_1}(t_i,\omega) & \mathrm{STFT}_{X_nX_2}(t_i,\omega) & \cdots & \mathrm{STFT}_{X_nX_n}(t_i,\omega)\end{bmatrix} \tag{4.66}$$

式中，$\mathrm{STFT}_{X_jX_k}(t_i,\omega)=X_j(t_i,\omega)\cdot X_k^*(t_i,\omega)$；$t_i$ 为第 i 个时间指标；$E[\cdot]$ 表示对向量取期望；j 和 k 表示测点位置；n 为测点总数；ω 为圆频率。理论上，广义谱矩阵应为多次重复试验获得的短时傅里叶变换分布在 t_i 时间指标下的期望值矩阵。而实际情况中，仅一组响应可用。因此，实际应用中可由滑动时间窗下的短时傅里叶变换构造广义谱矩阵。在每个时间窗内，广义谱矩阵按照提纯后的单模态点分类结果分为不同的频率段，每个频率段对应于某阶模态。将各段广义谱矩阵进行奇异值分解，得到的奇异值视为单阶模态的自功率谱。

接下来，拾取各单阶模态自功率谱的峰值点即可获得相应模态的频率。阻尼比的求解可通过将自功率谱经过傅里叶逆变换获取时域的响应曲线，通过对数衰减法得到阻尼比。

采用稀疏分量分析的测点数量欠定模态辨识方法具体步骤总结如下：

① 将采样所得的加速度响应利用短时傅里叶变换转化到时-频域内；

② 利用式（4.63）进行单模态点检测，将检测结果作为单模态点检测的初步结果；

③ 采用二维的短时傅里叶变换系数构造一维的时-频向量，利用式（4.64）和式（4.65）计算时-频系数的对数幅值以及平均对数幅值；

④ 对平均对数幅值样本进行统计并计算样本的累积概率，设置累积概率的阈值，对统计样本区间进行划分，划分为属于阈值累积概率下的样本区间，以及阈值累积概率以上的样本区间；

⑤ 将落入阈值累积概率以下区间内的单模态点剔除，获得提纯的单模态点；

⑥ 通过层次聚类法将提纯的单模态点分类，获得各阶振型；

⑦ 用式（4.66）构造广义谱矩阵，并对单模态点处的广义谱矩阵进行奇异值分解，

得到单阶模态的自功率谱曲线。通过拾取各模态的自功率谱曲线的峰值点得到各阶模态的频率，阻尼比则通过将自功率谱曲线转换到时域，再使用对数衰减法进行识别。

（2）测点数量欠定的复模态辨识方法。当桥梁具有非比例阻尼，即结构的阻尼并非质量和刚度矩阵的线性组合时，其运动方程不能被实振型解耦，而需要在状态空间内被复特征向量解耦。因此，具有非比例阻尼的桥梁需要考虑复模态，即桥梁的振型和模态响应均为复数。比例阻尼假定下的模态辨识方法不再适用于具有非比例阻尼桥梁结构的复模态辨识。此外，在桥梁结构中，考虑复模态往往比实模态更符合实际。桥梁的阻尼并不严格服从比例阻尼假定，且许多桥梁结构安装了附加阻尼器，以用于桥梁的振动控制。这些原因都将导致非比例阻尼的出现。因此，研究非比例阻尼桥梁的复模态辨识十分必要[10]。

将响应通过短时傅里叶变换转换到时-频域后，将响应 a 和响应 b 的时-频系数记为 $\left[\tilde{X}_a(t,\omega),\tilde{X}_b(t,\omega)\right]$。定义固定时间窗 t_l 的一系列时-频点为 (t_l,ω)，取其中某一频率段 (t_l,Ω) 作为分析域。为了便于书写，在接下来的分析中，省去时间指标 t_l，将分析域记为 Ω。

对于某一个分析域 Ω_1，其中包含了 L 个在频率轴上相邻的时-频点 (t,ω_l)，$l=1,\cdots,L$。如果该分析域内包含的所有时-频点均为单模态点，则响应 a 和响应 b 的时-频系数表示为

$$\tilde{X}_a(t,\omega_l)=\varphi_{ak}\tilde{Q}_k(t,\omega_l)\triangleq\varphi_{ak}\tilde{Q}_k^l \tag{4.67}$$

$$\tilde{X}_b(t,\omega_l)=\varphi_{bk}\tilde{Q}_k(t,\omega_l)\triangleq\varphi_{bk}\tilde{Q}_k^l \tag{4.68}$$

式中，$\tilde{Q}_k(t,\omega_l)$ 为参与贡献的第 k 阶模态响应，简写为 $\tilde{Q}_k^l$；φ_{ak} 和 φ_{bk} 分别为第 k 阶振型在测点 a 和 b 处的振型系数。两个响应的时-频系数乘积的幅值之和表示为

$$r_{ab}(\Omega_1)=\sum_{l=1}^{L}\left|\tilde{X}_a(t,\omega_l)\cdot\tilde{X}_b(t,\omega_l)\right|=\sum_{l=1}^{L}\left|\varphi_{ak}\varphi_{bk}\left(\tilde{Q}_k^l\right)^2\right| \tag{4.69}$$

$$r_{aa}(\Omega_1)=\sum_{l=1}^{L}\left|\tilde{X}_a(t,\omega_l)\cdot\tilde{X}_a(t,\omega_l)\right|=\sum_{l=1}^{L}\left|(\varphi_{ak})^2\left(\tilde{Q}_k^l\right)^2\right| \tag{4.70}$$

$$r_{bb}(\Omega_1)=\sum_{l=1}^{L}\left|\tilde{X}_b(t,\omega_l)\cdot\tilde{X}_b(t,\omega_l)\right|=\sum_{l=1}^{L}\left|(\varphi_{bk})^2\left(\tilde{Q}_k^l\right)^2\right| \tag{4.71}$$

若分析域内的时-频点均为单模态点，则响应 a 和响应 b 时-频系数的相关系数为

$$\begin{aligned}R_{ab}^2(\Omega_1)=\left(\frac{r_{ab}}{r_{aa}\cdot r_{bb}}\right)^2&=\frac{\left(\sum\limits_{l=1}^{L}\left|\varphi_{ak}\tilde{Q}_k^l\phi_{bk}\tilde{Q}_k^l\right|\right)^2}{\sum\limits_{l=1}^{L}\left|(\varphi_{ak})^2\left(\tilde{Q}_k^l\right)^2\right|\cdot\sum\limits_{l=1}^{L}\left|(\varphi_{bk})^2\left(\tilde{Q}_k^l\right)^2\right|}\\&=\frac{\varphi_{ak}^2\varphi_{bk}^2\left(\sum\limits_{l=1}^{L}\left(\tilde{Q}_k^l\right)^2\right)^2}{\varphi_{ak}^2\sum\limits_{l=1}^{L}\left(\tilde{Q}_k^l\right)^2\cdot\varphi_{bk}^2\sum\limits_{l=1}^{L}\left(\tilde{Q}_k^l\right)^2}=1\end{aligned} \tag{4.72}$$

由上式可见，时-频点均为单模态点的时-频域内，相关系数恒等于 1。若分析域内的时-频点不全为单模态点，例如：

$$\tilde{X}_a(t,\omega_l)=\varphi_{ak}\tilde{Q}_k(t,\omega_l)+\varphi_{ah}\tilde{Q}_h(t,\omega_l)\triangleq\varphi_{ak}\tilde{Q}_k^l+\phi_{ah}\tilde{Q}_h^l \tag{4.73}$$

$$\tilde{X}_b(t,\omega_l)=\varphi_{bk}\tilde{Q}_k(t,\omega_l)+\varphi_{bh}\tilde{Q}_h(t,\omega_l)\triangleq\varphi_{bk}\tilde{Q}_k^l+\phi_{bh}\tilde{Q}_h^l \tag{4.74}$$

上式表示分析域内存在两阶模态 k 和 h 的贡献。此时，时-频系数乘积的幅值之和为

$$r_{ab}(\Omega_1)=\sum_{l=1}^{L}\left|\tilde{X}_a(t,\omega_l)\cdot\tilde{X}_b(t,\omega_l)\right|=\sum_{l=1}^{L}\left|\left(\varphi_{ak}\tilde{Q}_k^l+\varphi_{ah}\tilde{Q}_h^l\right)\cdot\left(\varphi_{bk}\tilde{Q}_k^l+\varphi_{bh}\tilde{Q}_h^l\right)\right| \tag{4.75}$$

$$r_{aa}(\Omega_1)=\sum_{l=1}^{L}\left|\tilde{X}_a(t,\omega_l)\cdot\tilde{X}_a(t,\omega_l)\right|=\sum_{l=1}^{L}\left|\left(\varphi_{ak}\tilde{Q}_k^l+\varphi_{ah}\tilde{Q}_h^l\right)^2\right| \tag{4.76}$$

$$r_{bb}(\Omega_1)=\sum_{l=1}^{L}\left|\tilde{X}_b(t,\omega_l)\cdot\tilde{X}_b(t,\omega_l)\right|=\sum_{l=1}^{L}\left|\left(\varphi_{bk}\tilde{Q}_k^l+\varphi_{bh}\tilde{Q}_h^l\right)^2\right| \tag{4.77}$$

相关系数的平方为

$$R_{ab}^2(\Omega_1)=\left(\frac{r_{ab}}{r_{aa}\cdot r_{bb}}\right)^2=\frac{\left[\sum_{l=1}^{L}\left|\left(\varphi_{ak}\tilde{Q}_k^l+\varphi_{ah}\tilde{Q}_h^l\right)\cdot\left(\varphi_{bk}\tilde{Q}_k^l+\varphi_{bh}\tilde{Q}_h^l\right)\right|\right]^2}{\sum_{l=1}^{L}\left|\left(\varphi_{ak}\tilde{Q}_k^l+\varphi_{ah}\tilde{Q}_h^l\right)^2\right|\cdot\sum_{l=1}^{L}\left|\left(\varphi_{bk}\tilde{Q}_k^l+\varphi_{bh}\tilde{Q}_h^l\right)^2\right|} \tag{4.78}$$

由上式可见，$R_{ab}^2(\Omega_1)=1$ 的充分必要条件为 $\varphi_{ak}\tilde{Q}_k^l+\varphi_{ah}\tilde{Q}_h^l=\varphi_{bk}\tilde{Q}_k^l+\varphi_{bh}\tilde{Q}_h^l$，即 $\varphi_{ak}=\varphi_{bk}$ 和 $\varphi_{ah}=\varphi_{bh}$ 同时成立。通过以上分析可知，分析域内的时-频点若全部为单模态点，则该分析域的相关系数为 1。任意分析域 F 的相关系数定义为

$$R_{ab}(\Omega)=\frac{r_{ab}(\Omega)}{\sqrt{r_{aa}(\Omega)r_{bb}(\Omega)}} \tag{4.79}$$

式中，

$$r_{ab}(\Omega)=\sum_{\omega\in\Omega}\left|\tilde{X}_a(\omega)\cdot\tilde{X}_b(\omega)\right| \tag{4.80}$$

若分析域内的时-频点为单模态点，则满足下列标准：

$$R_{ab}(\Omega)=1,\ \forall a,b\in\{1,\cdots,n\} \tag{4.81}$$

上式中的相关系数仅利用了两个响应。为了考虑所有响应的影响，采用响应两两组合的所有形式计算出同一分析域的相关系数，并计算这些相关系数的均值，记为 $\bar{R}(\Omega)$。实际应用中，单模态点检测标准为

$$\bar{R}(\Omega)\geqslant 1-\tau \tag{4.82}$$

式中，τ 为设置的阈值。

单模态点发生在较窄的频带范围内，因此，单模态点在同一时间窗内的频率轴上的某一范围内是连续的（图 4.26）。单模态点检测需要使用一个滑动的频率窗，遍历各个时间窗下频率轴上的所有点。如果频率窗内的时-频点满足式（4.82），则该频率窗内的时-频点皆为单模态点。

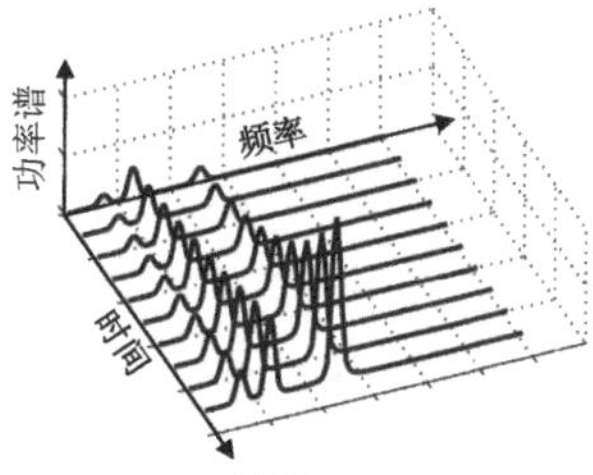

（a）时频分布

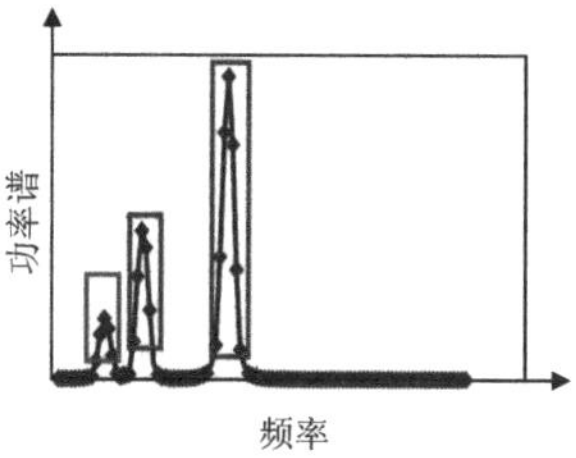

（b）单模态点

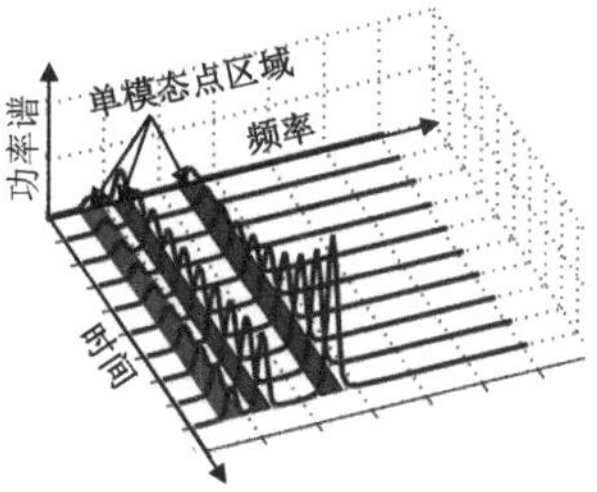

（c）单模态点区域

图 4.26　单模态点区域示意图

进一步，依据识别的单模态点进行复振型的辨识。将复振型中的元素表示为幅值和相位的形式：

$$\boldsymbol{\Phi}=\mathrm{Re}[\boldsymbol{\Phi}]+\mathrm{j}\,\mathrm{Im}[\boldsymbol{\Phi}]=\begin{bmatrix}|\varphi_{11}|\mathrm{e}^{\mathrm{j}\theta_{\varphi_{11}}} & |\varphi_{12}|\mathrm{e}^{\mathrm{j}\theta_{\varphi_{12}}} & \cdots & |\varphi_{1m}|\mathrm{e}^{\mathrm{j}\theta_{\varphi_{1m}}}\\ |\varphi_{21}|\mathrm{e}^{\mathrm{j}\theta_{\varphi_{21}}} & |\varphi_{22}|\mathrm{e}^{\mathrm{j}\theta_{\varphi_{22}}} & \cdots & |\varphi_{2m}|\mathrm{e}^{\mathrm{j}\theta_{\varphi_{2m}}}\\ \vdots & \vdots & & \vdots\\ |\varphi_{n1}|\mathrm{e}^{\mathrm{j}\theta_{\varphi_{n1}}} & |\varphi_{n2}|\mathrm{e}^{\mathrm{j}\theta_{\varphi_{n2}}} & \cdots & |\varphi_{nm}|\mathrm{e}^{\mathrm{j}\theta_{\varphi_{nm}}}\end{bmatrix} \tag{4.83}$$

式中，j 表示虚数单位；θ 表示复振型系数的相位角；Re 和 Im 分别表示提取数据的实部和虚部。将振型 $\boldsymbol{\Phi}$ 按照第一行进行归一化可得归一化后的振型 $\hat{\boldsymbol{\Phi}}$：

$$\hat{\boldsymbol{\Phi}}=\begin{bmatrix}1 & 1 & \cdots & 1\\ \dfrac{|\varphi_{21}|}{|\varphi_{11}|}\mathrm{e}^{\mathrm{j}(\theta_{\varphi_{21}}-\theta_{\varphi_{11}})} & \dfrac{|\varphi_{22}|}{|\varphi_{12}|}\mathrm{e}^{\mathrm{j}(\theta_{\varphi_{22}}-\theta_{\varphi_{12}})} & \cdots & \dfrac{|\varphi_{2n}|}{|\varphi_{1n}|}\mathrm{e}^{\mathrm{j}(\theta_{\varphi_{2n}}-\theta_{\varphi_{1n}})}\\ \vdots & \vdots & & \vdots\\ \dfrac{|\varphi_{m1}|}{|\varphi_{11}|}\mathrm{e}^{\mathrm{j}(\theta_{\varphi_{m1}}-\theta_{\varphi_{11}})} & \dfrac{|\varphi_{m2}|}{|\varphi_{12}|}\mathrm{e}^{\mathrm{j}(\theta_{\varphi_{m2}}-\theta_{\varphi_{12}})} & \cdots & \dfrac{|\varphi_{mn}|}{|\varphi_{1n}|}\mathrm{e}^{\mathrm{j}(\theta_{\varphi_{mn}}-\theta_{\varphi_{1n}})}\end{bmatrix} \tag{4.84}$$

考虑响应 1 和响应 k 的时-频系数。记 (t_α,ω_α) 为第 α 阶模态 $\tilde{Q}_\alpha(t_\alpha,\omega_\alpha)$ 的单模态点，时-频系数 $\tilde{X}_1(t_\alpha,\omega_\alpha)$ 和 $\tilde{X}_k(t_\alpha,\omega_\alpha)$ 的展开形式为

$$\begin{aligned}\tilde{X}_1(t_\alpha,\omega_\alpha)&=\varphi_{1\alpha}\tilde{Q}_\alpha(t_\alpha,\omega_\alpha)\\ \tilde{X}_k(t_\alpha,\omega_\alpha)&=\varphi_{k\alpha}\tilde{Q}_\alpha(t_\alpha,\omega_\alpha)\end{aligned} \tag{4.85}$$

为便于书写，接下来省略了时-频指标 (t_α,ω_α)，分别采用 R 和 I 表示实部和虚部。式（4.85）写成实部和虚部形式：

$$\begin{aligned}\tilde{X}_1^{\mathrm{R}}+\mathrm{j}\tilde{X}_1^{\mathrm{I}}&=\left(\varphi_{1\alpha}^{\mathrm{R}}+\mathrm{j}\varphi_{1\alpha}^{\mathrm{I}}\right)\left(\tilde{Q}_\alpha^{\mathrm{R}}+\mathrm{j}\tilde{Q}_\alpha^{\mathrm{I}}\right)\\ \tilde{X}_k^{\mathrm{R}}+\mathrm{j}\tilde{X}_k^{\mathrm{I}}&=\left(\varphi_{k\alpha}^{\mathrm{R}}+\mathrm{j}\varphi_{k\alpha}^{\mathrm{I}}\right)\left(\tilde{Q}_\alpha^{\mathrm{R}}+\mathrm{j}\tilde{Q}_\alpha^{\mathrm{I}}\right)\end{aligned} \tag{4.86}$$

将式（4.86）中的两个公式作比值，模态响应 $\tilde{Q}_\alpha$ 部分被约去：

$$\begin{aligned}\frac{\tilde{X}_1^{\mathrm{R}}+\mathrm{j}\tilde{X}_1^{\mathrm{I}}}{\tilde{X}_k^{\mathrm{R}}+\mathrm{j}\tilde{X}_k^{\mathrm{I}}}&=\frac{\varphi_{1\alpha}^{\mathrm{R}}+\mathrm{j}\varphi_{1\alpha}^{\mathrm{I}}}{\varphi_{k\alpha}^{\mathrm{R}}+\mathrm{j}\varphi_{k\alpha}^{\mathrm{I}}}\\ \frac{|\tilde{X}_1|\mathrm{e}^{\mathrm{j}\theta_{x_1}}}{|\tilde{X}_k|\mathrm{e}^{\mathrm{j}\theta_{x_k}}}&=\frac{|\varphi_{1\alpha}|\mathrm{e}^{\mathrm{j}\theta_{\varphi_{1\alpha}}}}{|\varphi_{k\alpha}|\mathrm{e}^{\mathrm{j}\theta_{\varphi_{k\alpha}}}}\end{aligned} \tag{4.87}$$

式中，θ_{X_1} 和 θ_{X_k} 分别表示时-频系数 $\tilde{X}_1$ 的相位角；$\theta_{\varphi_{1\alpha}}$ 和 $\theta_{\varphi_{k\alpha}}$ 分别表示 $\varphi_{1\alpha}$ 和 $\varphi_{k\alpha}$ 的相位。通过式（4.87）可得振型系数幅值和相位与响应时-频系数的幅值和响应之间的关系：

$$\frac{\left|\tilde{X}_1\right|}{\left|\tilde{X}_k\right|}=\frac{\left|\varphi_{1\alpha}\right|}{\left|\varphi_{k\alpha}\right|},\mathrm{e}^{\mathrm{j}\left(\theta_{X_1}-\theta_{X_k}\right)}=\mathrm{e}^{\mathrm{j}\left(\theta_{\varphi_{1\alpha}}-\theta_{\varphi_{k\alpha}}\right)} \tag{4.88}$$

同理，其他振动响应或其他模态响应的单模态点也能推导出相同的结果。以上推导同样适用于实模态。依据式（4.88），在单模态点处可利用时-频系数计算每一行振型系数与第一行振型系数的相位差，且仅能得到相位差，而无法得到绝对大小的相位。若将振型中的每一行按照第一行进行归一化，则振型系数的相位变为与第一行振型相位的差值，如式（4.88）所示。因此，振型的相位可解。

最后，复振型的幅值和相位组装到一起即可获取完整的复振型。需要注意的是，由于计算的相位是各行振型与第一行振型的相位差，因此，振型的幅值需按照第一行进行归一化，然后将振型的幅值和复指数部分相乘，得到如式（4.84）所示形式的归一化振型。

进一步，采用稀疏分量分析中模态响应重构的最小化光滑的 ℓ_0-范数方法，重构出时-频域的模态响应。采用短时傅里叶逆变换将时-频域模态响应变换到时域。时域模态响应具有解析信号的形式，即包含了实部和虚部。由于解析信号的实部和虚部中包含了相同的频率和阻尼比信息，因此频率和阻尼比的识别取模态响应的实部或者虚部进行分析即可。

采用稀疏分量分析进行复模态辨识的步骤如下：

① 采用希尔伯特变换构造振动响应的解析形式；

② 利用短时傅里叶变换将解析信号转换到时-频域；

③ 利用式（4.82）进行单模态点检测，并计算单模态点时-频系数的幅值和相位，对幅值数据进行层次聚类，对相位数据求均值，估计出复振型；

④ 采用最小化光滑的 ℓ_0-范数方法重构时域模态响应，采用逆短时傅里叶变换将时-频域模态响应变换到时域后，识别频率和阻尼比。

4）模态在线追踪辨识框架

非平稳激励下的模态在线追踪辨识包括以下步骤：①确定出待识别的模态阶数，结合测点数量，判定测点数量正定或是欠定；②判别桥梁的阻尼特性、是否存在复模态，选取相应的辨识方法。例如，测点数量正定时，采用时-频分析方法或短时傅里叶变换-独立分量分析方法进行模态辨识；桥梁阻尼为非比例阻尼或桥梁各测点间存在时间延迟时，需要计算复模态，采用复模态的识别流程进行模态辨识。适用于非平稳激励的模态辨识方法同样适用于平稳激励的模态辨识，反之不成立。因此，平稳激励的测点欠定问题、复模态辨识问题可采用相应的非平稳激励下的识别方法。

3. 模态全过程追踪辨识

1）振动数据类型界定

在分析和处理桥梁振动数据时，首先判断振动信号的平稳性和非平稳性。对于平稳信号和非平稳程度较低的信号，可以采用具有平稳假定的模态辨识方法；对于非平稳程度较高的信号，则具有平稳假定的模态辨识方法不再适用，而需要采用非平稳信号同样适用的模态辨识方法。因此，在模态辨识之前，首先需要对振动数据的非平稳性进行判定，若为非平稳信号，则需要进一步量化非平稳程度。

递归图（recurrence plot，RP）是一种非平稳信号的定性和定量判定方法。递归图指的是状态空间内轨迹在 i 时刻的状态关于第 j 时刻的递归现象，其本质是一种时间-时间的信号处理方法。递归图是由黑点和白点及两个时间轴组成的二维图形。白点表示两点间距离比较远，而黑点表示两点间距离比较近。递归图可以用一系列递归矩阵来表示，如下式：

$$\boldsymbol{R}_{i,j}(\varepsilon)=\Theta\left(\varepsilon-\left\|\boldsymbol{x}_i-\boldsymbol{x}_j\right\|_2\right), i,j=1,\cdots,N \tag{4.89}$$

式中，$\boldsymbol{x}$ 为状态向量；N 为 $\boldsymbol{x}$ 中元素的个数；$\boldsymbol{R}_{i,j}$ 是 $N\times N$ 的递归矩阵；ε 为事先设定的临界距离阈值；$\|\bullet\|_2$ 表示范数；$\Theta(\bullet)$ 表示赫维塞德（Heaviside）函数，$\Theta(y<0)=0$，$\Theta(y>0)=1$。因此，递归矩阵 $\boldsymbol{R}_{i,j}$ 的取值范围只有 0 和 1。递归图是通过绘制递归矩阵，并对其二进制项使用不同的颜色得到的。例如，如果 $\boldsymbol{R}_{i,j}$ 的元素是 1，则在坐标 (i,j) 处绘制一个黑点，说明两向量之间形成了递归关系；如果 $\boldsymbol{R}_{i,j}$ 的元素是 0，则在坐标 (i,j) 处绘制一个白点，说明两向量之间未形成递归关系。图 4.27（a）和（b）分别为白噪声信号和非平稳加速度信号的递归图。

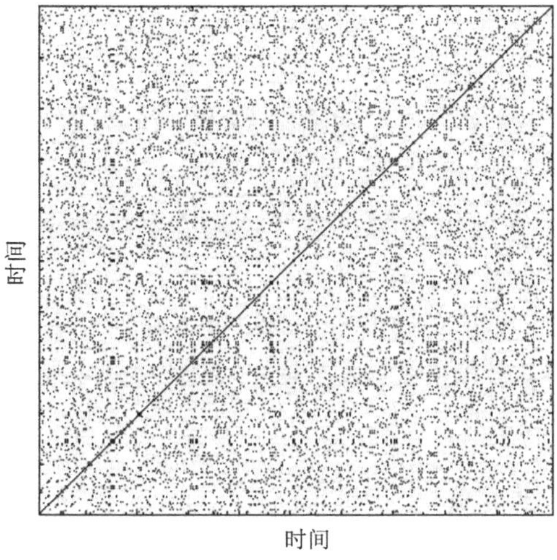

（a）白噪声信号

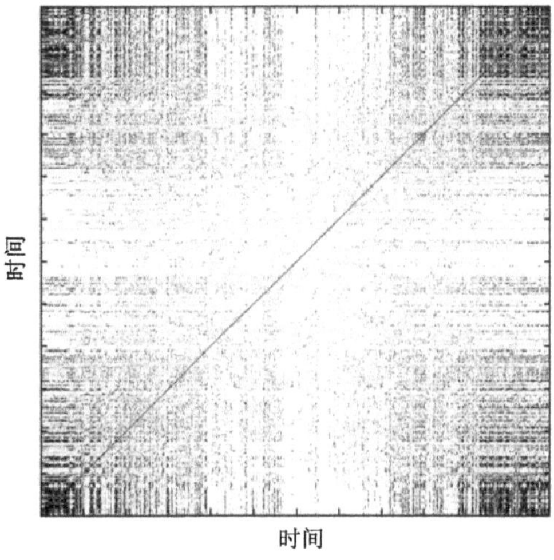

（b）非平稳加速度信号

图 4.27　信号的递归图

从递归图的角度出发，可以从定性分析和定量分析两个方面对信号进行平稳性判定。依据信号递归图的特点和递归图的典型模式进行对照分析，进行信号平稳性的定性判定。常用的典型平稳信号模式包括均匀模式和周期模式，非平稳信号模式包括：递归点密度随着主对角线发生变化的漂移模式、存在大片白色区域或带状白色条纹的突变模式、独立递归点模式等。对不具有典型模式的信号，需要结合定量分析判定平稳性。

非平稳性的定量分析采用递归量化指标。递归率指标评价递归点的密度，通过量化递归点的频率和相空间中轨迹的聚集程度，得到非平稳性的量化结果。递归率的表达式为

$$\mathrm{RR}(\varepsilon)=\frac{1}{N^2}\sum_{i,j=1}^{N}\boldsymbol{R}_{i,j}(\varepsilon) \tag{4.90}$$

依据平稳信号的递归率接近于 0 这一标准，判断所分析信号是否属于平稳信号。

2）全过程追踪辨识框架

全过程追踪辨识步骤如下：

① 确定分析数据长度。测试响应的数据长度与频率分辨率相关，决定了频率识别的精度。为了保证频率分辨率，分析数据的最短长度采用式（4.91）进行确定：

$$N_{\min}=\frac{f_s}{\Delta f} \tag{4.91}$$

式中，$N_{\min}$ 为最短分析长度数据中包含的数据点数；f_s 为数据的采样频率；Δf 为频率分辨率。

② 数据平稳性量化分析。采用递归图分析和递归量化指标对待分析信号进行平稳性判别。如果信号具有较高的非平稳性，则需要采用非平稳信号模态辨识方法。

③ 采用模态阶数确定方法获取待识别的模态阶数，利用测点数量和模态阶数的对比，确定测点数量是否为欠定，如果测点数量欠定，则需要采用适用于测点数量欠定的相关模态辨识方法。

④ 采用奇异向量夹角判断是否存在密集模态，若存在密集模态，则需要采用密集模态辨识精度较高的时、频域模态辨识方法。

⑤ 分析桥梁阻尼特性，如果结构阻尼为非比例阻尼，或者各测点采样数据间存在时间不同步问题，则需要采用复模态辨识方法。

⑥ 将多段数据模态振型识别结果进行时间振型相关性分析，进行噪声模态剔除以及模态追踪[9]。时间振型相关性分析指标采用时间模态置信准则（time-related modal assurance criterion，TRMAC）：

$$\mathrm{TRMAC}\left(\boldsymbol{\varphi}_k^{t_0},\boldsymbol{\varphi}_k^{t_0+i\Delta T}\right)=\frac{\left|\left(\boldsymbol{\varphi}_k^{t_0}\right)\left(\boldsymbol{\varphi}_k^{t_0+i\Delta T}\right)^{\mathrm{H}}\right|^2}{\left|\left(\boldsymbol{\varphi}_k^{t_0}\right)\left(\boldsymbol{\varphi}_k^{t_0}\right)^{\mathrm{H}}\right|\left|\left(\boldsymbol{\varphi}_k^{t_0+i\Delta T}\right)\left(\boldsymbol{\varphi}_k^{t_0+i\Delta T}\right)^{\mathrm{H}}\right|} \tag{4.92}$$

式中，$\boldsymbol{\varphi}_k^{t_0}$ 表示 t_0 时刻的第 k 阶振型；$\boldsymbol{\varphi}_k^{t_0+i\Delta T}$ 表示间隔 i 个时间段的第 k 阶振型；H 表示埃尔米特（Hermitian）转置。如果多段数据的时间模态置信准则接近于 1，则该

阶模态为同一阶物理模态，否则为其他阶模态；如果时间模态置信准则始终不满足接近于 1，则该阶模态为需要剔除的噪声模态。

公路桥梁模态追踪辨识的整体流程如图 4.28 所示。

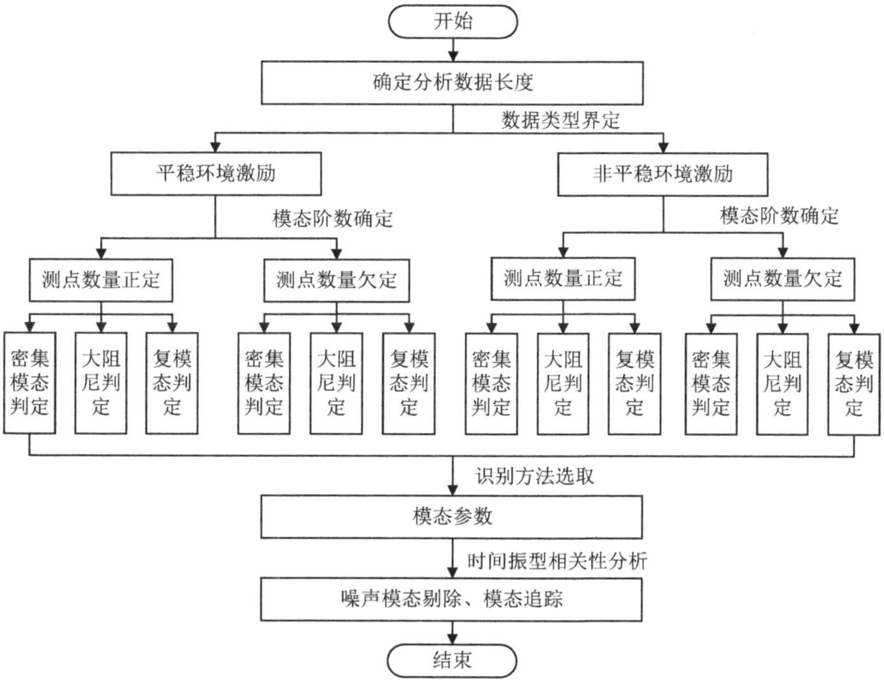

图 4.28　公路桥梁模态追踪辨识的整体流程

4. 案例分析

案例采用某大跨径公路桥梁的振动测试数据进行验证分析，分别介绍了该桥梁及其监测系统的基本信息，对桥梁的加速度数据质量进行评定，对噪声引起的虚假模态进行剔除，对密集模态进行判定，给出了桥梁工作模态辨识结果以及模态参数变化的追踪结果。

1）桥梁及其监测系统介绍

大跨径公路斜拉桥的测点布设位置图如图 4.29 所示。桥梁全长为 2482m，其中主桥长 568m，为带协作体系的独塔双索面不对称漂浮体系预应力混凝土斜拉桥。主桥的跨度布置分别为 75m+258m+102m+83m+50m，其中主跨长 258m，桥面宽 29.5m，主梁高 2.5m。主梁采用 4 种不同形式的闭口箱梁截面，分别为双箱单室斜腹板加强截面、双箱单室斜腹板截面、双箱双室斜腹板截面和双箱双室直腹板截面。主塔高 148.4m，上下游两侧各设斜拉索 25 对，主塔中心处设置垂直索 1 对，基本索距为 8m。

在该桥梁的健康监测系统中，共布设了 350 个测点，安装了多种类型的传感器（表 4.2），分别用于环境作用与荷载监测、结构响应监测和耐久性监测。其中，环境作用与荷载监测采用的传感器包括超声风速风向仪、环境温湿度计、数字式结构温度计、雨量计、动态称重系统等，用于监测桥址区风速和风向、环境温度和桥梁结构温度分布状况、交通流量等。桥梁结构响应监测采用的传感器包括挠度计、位移计、光纤光栅应变传感器、索力加速度计、桥墩三向加速度传感器、结构振动加速度计、全球定位系统（global positioning system，GPS）信号接收机等，用于监测主梁各控制部位的位移变形状态、主梁各控制部位的应力、桥梁的动力特性以及斜拉索的索力等。结构耐久性监测采用的传感器包括光纤光栅裂缝计、腐蚀计等。工作模态辨识分析采用的振动数据为主梁的竖向振动加速度，分别来自主梁截面 A、B、C、L、N、O、F 处的加速度计（即图 4.29 中的 JSD-1～JSD-14），采样频率为 100Hz。

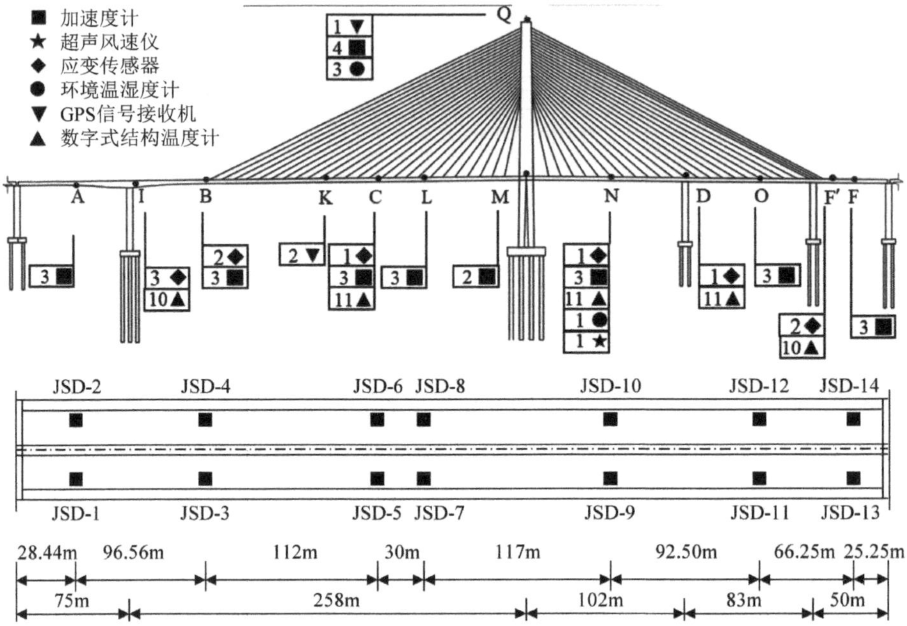

图 4.29　公路斜拉桥测点布设位置图

表 4.2　不同类型传感器的测点数量统计

监测项目	传感器类型	测点数量	监测项目	传感器类型	测点数量
结构应变	光纤光栅应变传感器	81	结构振动特性	加速度计	27
	光纤光栅应变传感器（带温度补偿）	26	交通荷载	动态称重系统	2
主梁线形	挠度计	22	风荷载	超声风速风向仪	1
主梁、塔顶位移	GPS 信号接收机	4	雨量	雨量计	1
地震及船舶撞击	桥墩三向加速度传感器	1	环境温度/湿度	环境温湿度计	4
斜拉索索力	索力加速度计	32	腐蚀	腐蚀计	2
伸缩缝位移	位移计	6	裂缝	光纤光栅裂缝计	88
结构温度	数字式结构温度计	53	合计		350

2）桥梁工作模态辨识

大跨桥梁结构的阻尼比较低、参与振动的模态数量较多。针对该桥梁的工作模态辨识隶属于小阻尼、测点数量欠定的模态辨识问题，无须再单独进行阻尼判定和欠定问题判定。因此，工作模态辨识中，仅就数据质量判定、虚假模态剔除、密集模态判定进行介绍。

以某小时内的加速度测试数据为例，通过对其进行功率谱分析以考察数据质量。以加速度计 JSD-6 和 JSD-12 处采集的加速度数据为例，其时程见图 4.30。

对图 4.30（a）所示的加速度数据进行功率谱分析。通过修正周期图法估计其功率谱密度函数，其中，窗函数选择为汉明窗。加速度计 JSD-6 处的加速度功率谱密度函数如图 4.31 所示，功率谱密度函数曲线的峰值频率主要集中在 5Hz 以内，呈低、密频特性。且在 0～5Hz 的频带内，功率谱曲线上出现了多个峰值较高的谱峰，表明频率位于该频带内的模态分量在振动数据中的贡献更显著，信噪比更高，有利于

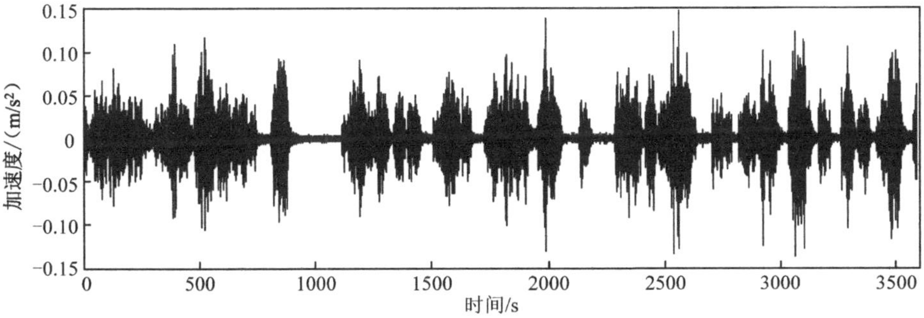

（a）加速度计 JSD-6

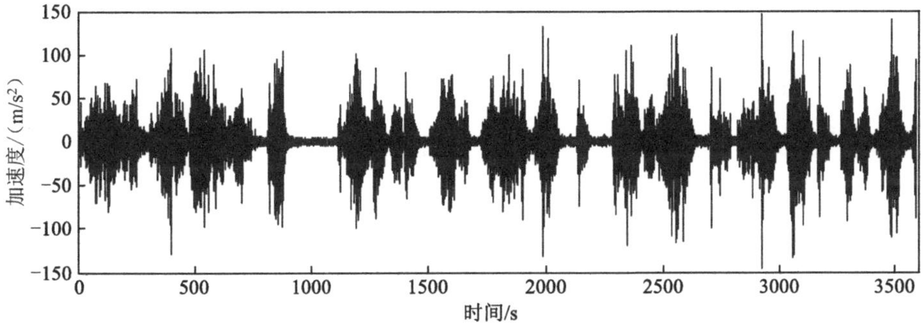

（b）加速度计 JSD-12

图 4.30　公路斜拉桥的加速度时程曲线

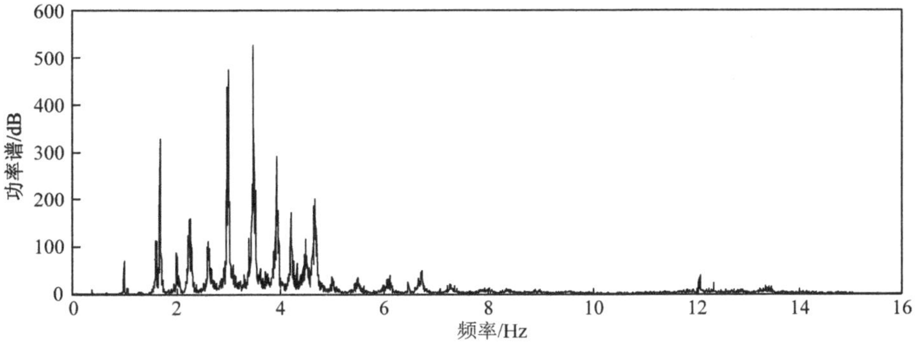

图 4.31　JSD-6 处加速度的功率谱密度函数

获得桥梁的固有频率等模态参数。

（1）虚假模态剔除

利用频域分解法对 14 个加速度计获取的 1h 加速度数据进行工作模态辨识。利用 14 个测点处的加速度数据构造功率谱密度函数矩阵，并对功率谱密度函数矩阵进行奇异值分解，获得各阶奇异值。在 0～4Hz 范围内，各阶奇异值谱见图 4.32。根据图 4.32 中的奇异值谱可以发现，在 1～2.5Hz 的频带内，可能存在多阶密集模态。为了进一步进行密集模态的判定研究，将峰值拾取的频带范围设置为 0～2.5Hz，并设置要拾取的峰值数量为 20（远超过该频带范围内的模态数量，以保证密集模态可被拾取），通过自动峰值拾取技术，从功率谱密度函数矩阵的第 1 阶奇异值曲线上获得了 20 个峰值点，见图 4.33。

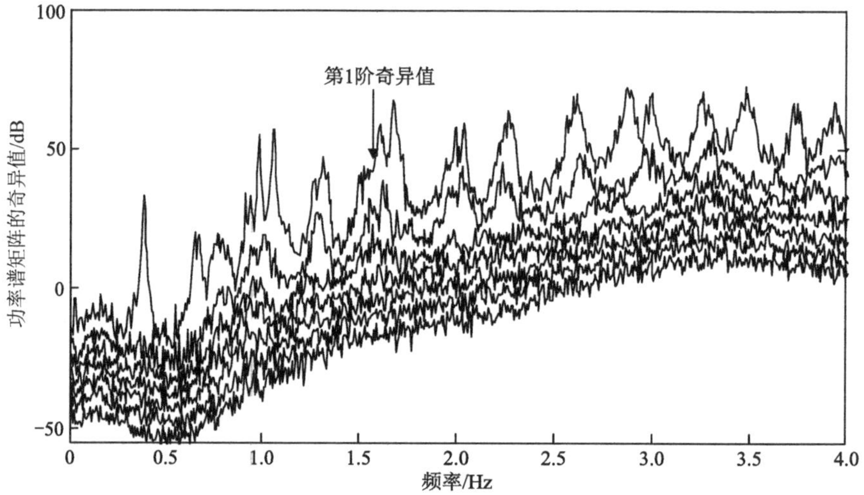

图 4.32　功率谱密度函数矩阵获取的奇异值谱

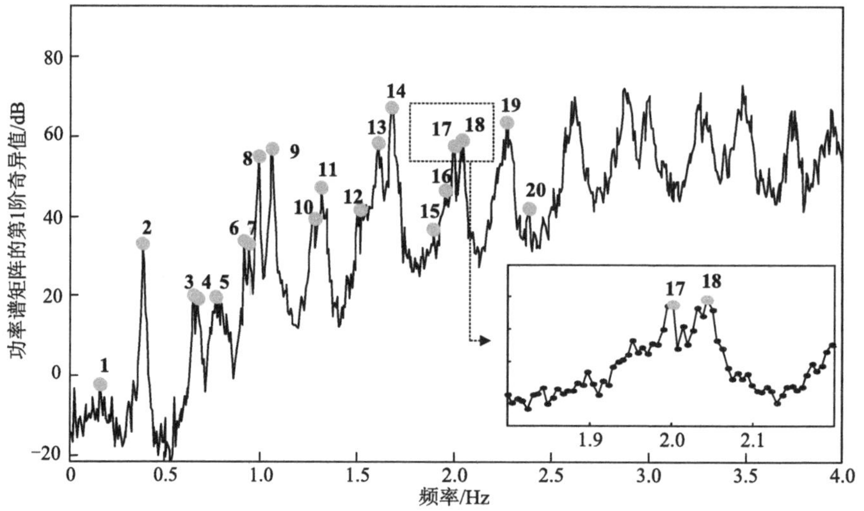

图 4.33　峰值点自动拾取结果

在图 4.33 中，由于待拾取峰值数量设置的过大，导致 0～2.5Hz 的频带范围内可能拾取了部分与噪声相关的虚假模态峰值。因此，必须对峰值点自动拾取结果进行虚假模态剔除工作。

当被拾取峰值对应的频率为桥梁固有频率时，则在该频率附近的有限带宽内，各谱线处的功率谱密度函数矩阵第一个左奇异向量均与该阶频率对应的振型相似度高；相反，若该峰值为噪声峰值，则相应频率附近的有限带宽内，各谱线处的功率谱密度函数矩阵第一个左奇异向量不仅与结构振型相似度低，且各谱线处的功率谱密度函数矩阵第一个左奇异向量之间的相似度也很低。采用模态置信准则 MAC 值来量化这些功率谱密度函数矩阵第一个左奇异向量之间的相似度，并据此判断被拾取峰值是否为噪声引起的虚假模态。

对每一个被拾取的峰值，以峰值对应频率处的功率谱密度函数矩阵的第一个左奇异向量为基准，分别计算其与该频率附近谱线（选取该频率左右两侧各 5 条谱线，即 5 个频率点）处的功率谱密度函数矩阵的第一个左奇异向量之间的模态置信准则值，结果如图 4.34 所示。将模态置信准则的阈值设置为 0.8，若模态置信准则值超过 0.8，表示两奇异向量的相关性高。图 4.34 中，第 1、15、16、20 个峰值点处的模态置信准则值更为离散，且多低于 0.8；表明其为噪声峰值，其对应的频率不属于桥梁固有频率，应当将这些峰值点删除。

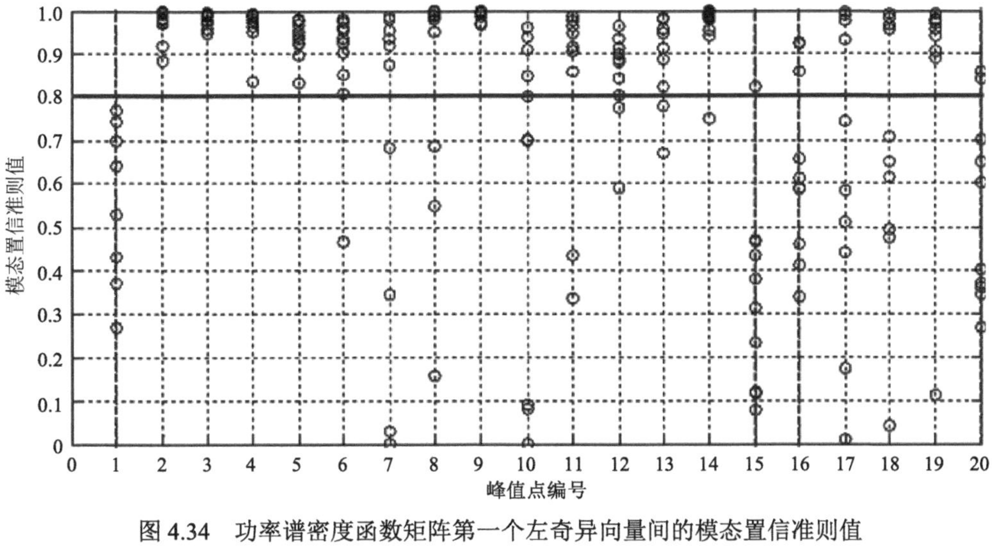

图 4.34　功率谱密度函数矩阵第一个左奇异向量间的模态置信准则值

删除了第 1、15、16、20 个峰值点后，对剩余的 16 个峰值处的功率谱密度函数矩阵第一个左奇异向量进行相关性分析，计算任意两个奇异向量之间的模态置信准则值，结果如图 4.35 所示。第 3 个峰值点与第 4 个峰值点对应的左奇异向量完全相关，第 6 个峰值点与第 7 个峰值点对应的左奇异向量完全相关，表明第 3 个峰值点与第 4 个峰值点对应同一阶模态；第 6 个峰值点与第 7 个峰值点对应同一阶模态。第 17 个峰值点与第 18 个峰值点对应的左奇异向量具有较高的相关性（模态置信准则值为 0.72），但小于 0.8，需要进一步判定是否为密集模态。

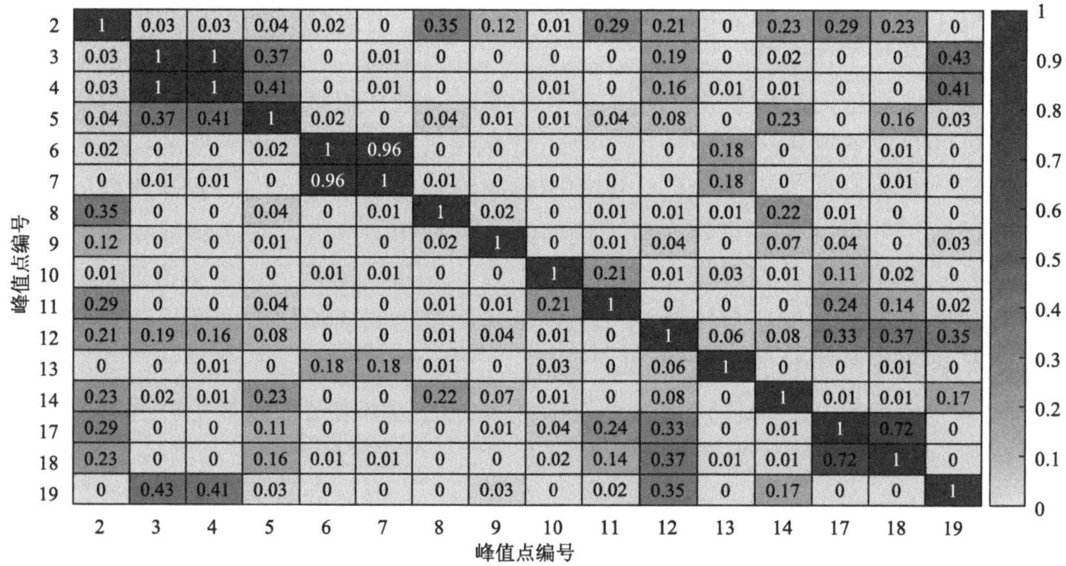

图 4.35　被拾取峰值处奇异向量间的模态置信准则值

（2）密集模态判定

根据图 4.33 中的局部放大图显示，第 17 和 18 个峰值对应的频率分别为 2.00Hz 和 2.05Hz，频率非常接近。且根据图 4.35 显示，第 17 和 18 个峰值对应的第一个左奇异向量之间的模态置信准则值较高，有可能为密集模态。对第 17 和 18 个峰值，分别选取其左右两侧的各 5 个频率点，利用式（4.39）计算峰值点处和其他各频率点处的第一个左奇异向量之间的夹角，结果列在表 4.3 中。表 4.3 中，夹角 $\theta_{1,j}^{R}$ 反映了第 17 个峰值点与其右侧第 j 个频率点间的第一个左奇异向量相关性；夹角值越大，表示两个左奇异向量间的相关性越差，则越可能存在密集模态。当右侧频率点编号为 $j=5$ 时，两个向量夹角 $\theta_{1,j}^{R}$ 已经趋近于 90°，说明在其右边存在密集模态。同理，第 18 个峰值点处左边存在密集模态。综上，两个峰值点均为结构模态，且为一对密集模态。

表 4.3　峰值点与其附近频率点处第一个左奇异向量的夹角

第 j 个频率点	峰值 17		峰值 18	
	$\theta_{1,j}^{L}$	$\theta_{1,j}^{R}$	$\theta_{2,j}^{L}$	$\theta_{2,j}^{R}$
1	6.03°	63.91°	17.04°	14.89°
2	12.33°	8.65°	7.10°	10.42°
3	41.91°	59.19°	61.51°	60.23°
4	21.11°	54.29°	51.89°	44.86°
5	79.92°	89.34°	87.55°	49.41°

（3）模态参数辨识结果

对图 4.33 中拾取的 20 个峰值，去掉第 1、15、16、20 个噪声峰值，合并第 3、4 个峰值，并且合并第 6、7 个峰值后，共有 14 阶模态可被识别出来，其中包含了一对密集模态。频率的辨识结果见表 4.4，其中，前 8 阶归一化振型见图 4.36。

表 4.4　频率辨识结果

模态阶次	频率/Hz	模态阶次	频率/Hz
1	0.385	8	1.318
2	0.653	9	1.514
3	0.769	10	1.611
4	0.940	11	1.679
5	0.989	12	2.002
6	1.062	13	2.045
7	1.282	14	2.264

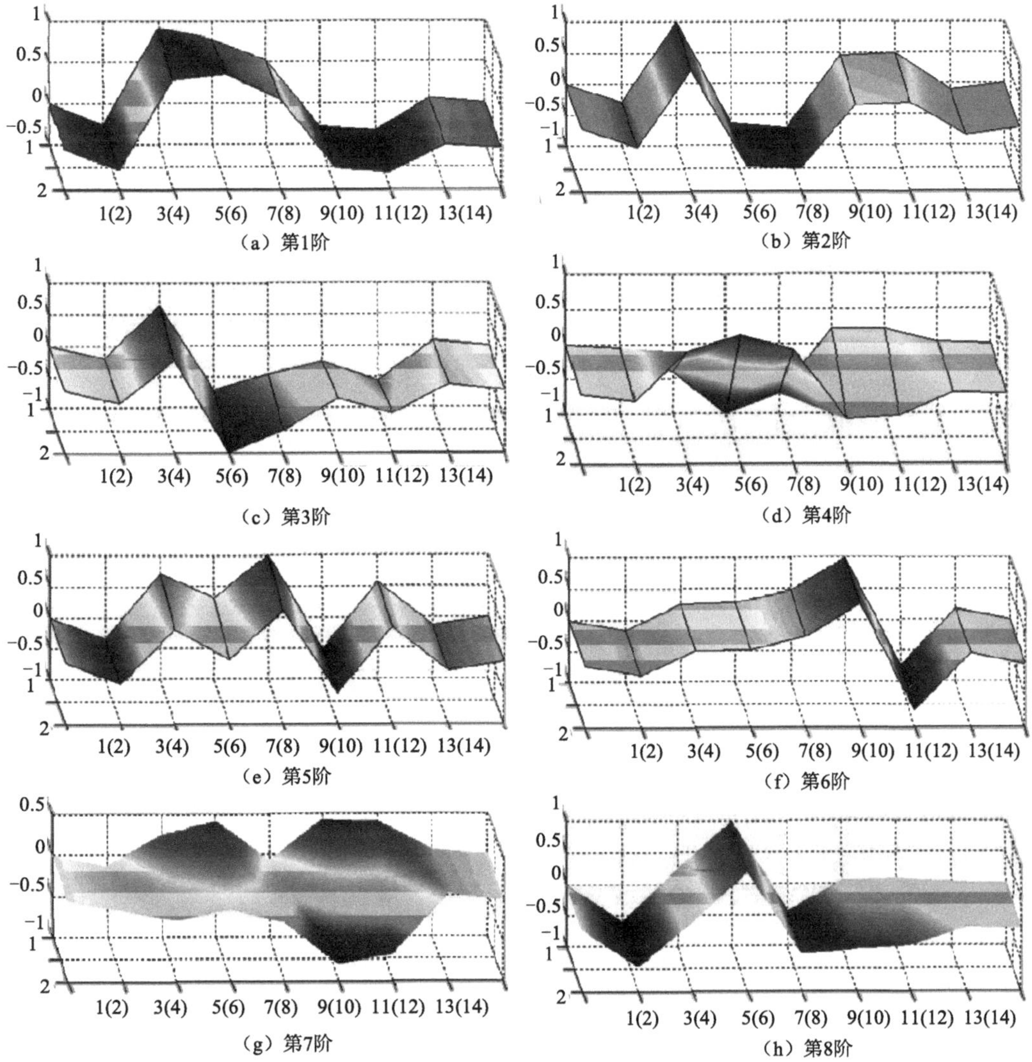

（a）第1阶　（b）第2阶　（c）第3阶　（d）第4阶　（e）第5阶　（f）第6阶　（g）第7阶　（h）第8阶

图 4.36　前 8 阶归一化振型

（4）桥梁工作模态追踪结果

利用该桥梁长达 11 个月的加速度数据，进行工作模态辨识，并追踪频率的变化，结果如图 4.37 所示。在第 60～70、290～300 天的时间范围内，存在部分数据缺失，导致图 4.37 中在该时间范围内的频率为空。

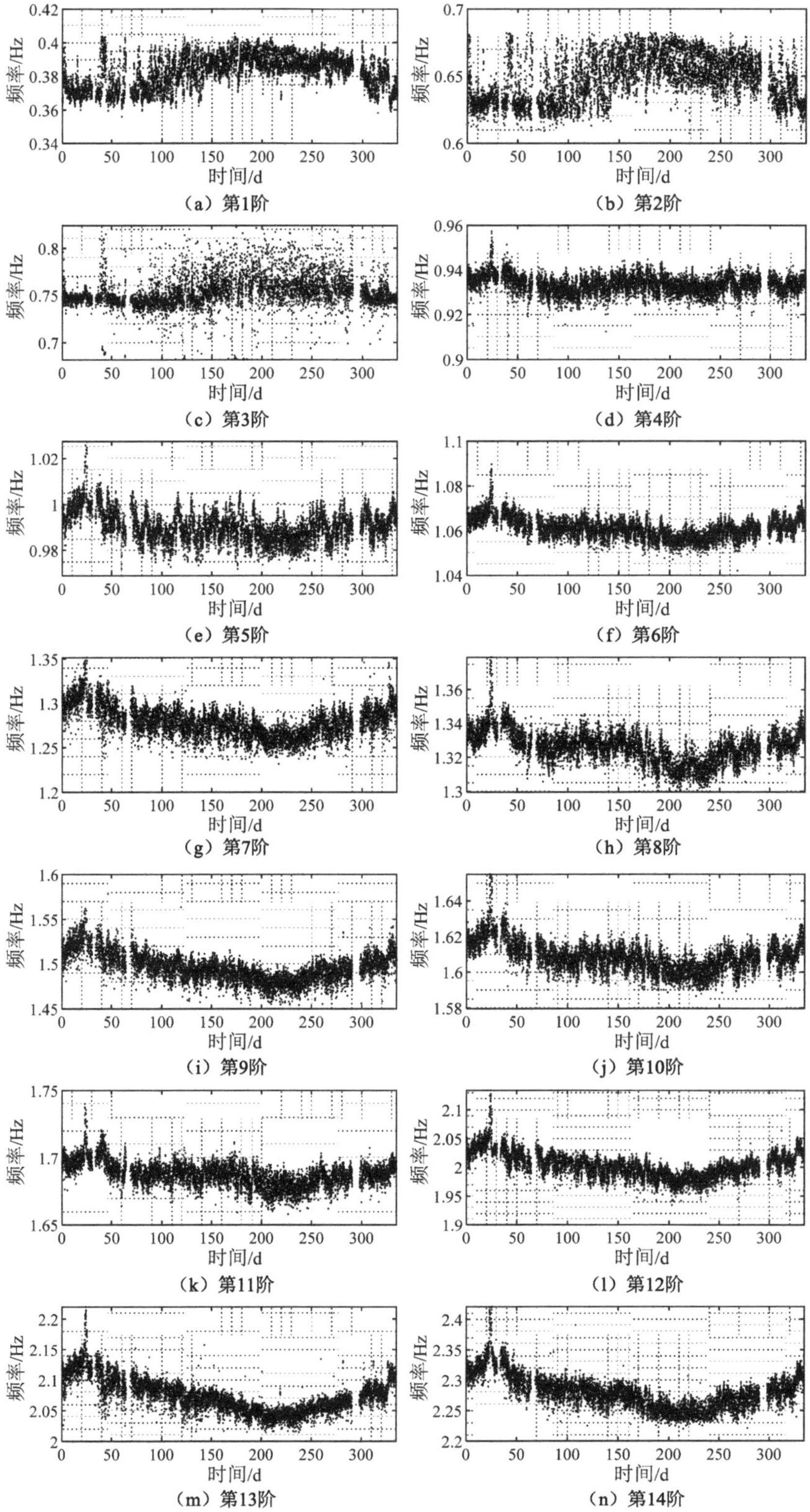
频率/Hz
时间/d
(a) 第1阶
(b) 第2阶
(c) 第3阶
(d) 第4阶
(e) 第5阶
(f) 第6阶
(g) 第7阶
(h) 第8阶
(i) 第9阶
(j) 第10阶
(k) 第11阶
(l) 第12阶
(m) 第13阶
(n) 第14阶

图 4.37　频率变化图

对 14 阶模态的频率和均值，采用统计特征均值和标准差进行展示，如表 4.5 所示。

表 4.5　频率和阻尼比追踪结果的统计特征

模态阶次	频率		阻尼比		模态阶次	频率		阻尼比	
	均值/Hz	标准差/%	均值/%	标准差/%		均值/Hz	标准差/%	均值/%	标准差/%
1	0.382	0.952	1.232	0.381	8	1.326	0.927	1.107	0.164
2	0.647	1.646	5.165	1.691	9	1.496	1.613	1.484	0.226
3	0.753	1.599	4.960	1.676	10	1.608	0.828	0.731	0.167
4	0.933	0.409	1.177	0.415	11	1.687	0.888	0.973	0.173
5	0.990	0.665	0.603	0.171	12	2.007	1.546	1.128	0.202
6	1.061	0.469	0.426	0.098	13	2.061	1.811	0.942	0.207
7	1.279	1.712	1.355	0.289	14	2.240	0.886	0.816	0.164

4.3.3　桥梁涡激振动预测分析

涡激振动的起振风速低、发生概率高、振动幅度大、持续时间长，是导致桥梁结构疲劳损伤的原因之一，且会对行车安全性和舒适性造成不利影响。因此，识别涡激振动的发生以及预测涡激振动的振幅已成为桥梁工程领域普遍关心的问题。

1. 涡激振动特性分析

涡激振动是一种复杂的流固耦合现象，影响涡激振动的因素繁多，其振动机理仍然未得到彻底揭示。现阶段，一般要根据风洞试验结果建立的半经验模型，通过风洞试验合理地选择和确定模型中的各种参数，将识别参数后的涡激力模型代入结构运动方程，据此求解桥梁振动响应，从而描述复杂的涡激振动问题。常见的半经验模型包括简谐力模型、单自由度斯坎兰（Scanlan）经验非线性模型和尾流振子模型等。简谐力模型是桥梁工程领域研究涡激振动常用的一种涡激力模型，下文以此涡激力模型为例，说明涡激振动的发生频率与振幅的影响因素。

对于大跨桥梁结构，其风致涡激振动具有单模态振动特征，即涡激力的频率在锁定区间内总是与桥梁某阶自振频率锁定。以第 r 阶模态发生涡激振动为例，模态空间下的结构运动方程为

$$\ddot{q}_r(t)+2\xi_r\omega_r\dot{q}_r(t)+\omega_r^{\ 2}q_r(t)=\frac{p_r(t)}{m_r} \tag{4.93}$$

式中，$q_r(t)$为第 r 阶模态响应；ω_r、ξ_r 和 m_r 分别为第 r 阶自振圆频率、阻尼比和模态质量；广义模态荷载 $p_r(t)$ 可表示为

$$p_r(t)=\int_0^L \varphi_r(x)F(x,t)\mathrm{d}x \tag{4.94}$$

式中，φ_r 为第 r 阶振型；$F(x,t)$表示涡激力。

基于模态叠加原理，结构的位移响应为

$$y(x,t)=\sum_{i=1}^{n}\varphi_i(x)\,q_i(t)\approx\varphi_r(x)q_r(t) \tag{4.95}$$

简谐力模型假定了涡激力可用下式中的确定性简谐力来描述：

$$F(x,t)=\frac{1}{2}\rho U^2 D C_{L0}(x)\sin(\omega t+\theta) \tag{4.96}$$

式中，ρ 为空气密度；U 为来流风速；D 为特征长度；C_{L0} 为与位置 x 有关的涡激升力系数幅值；ω 为旋涡脱落频率；θ 为升力与位移间的相位差。

假定结构的位移响应为

$$y_r(t)=y_0\sin(\omega t) \tag{4.97}$$

联立式（4.93）～式（4.97），可得

$$\left(y_0\left(\omega_r^{\ 2}-\omega^2\right)-\frac{\rho U^2 D\int_0^L \varphi_r(x)C_{L0}(x)\mathrm{d}x}{2m_r}\cos\theta\right)\sin(\omega t)+\left(2y_0\xi_r\omega_r\omega-\frac{\rho U^2 D\int_0^L \varphi_r(x)C_{L0}(x)\mathrm{d}x}{2m_r}\sin\theta\right)\cos(\omega t)=0 \tag{4.98}$$

式（4.98）成立的条件为

$$y_0\left(\omega_r^{\ 2}-\omega^2\right)-\frac{\rho U^2 D\int_0^L \varphi_r(x)C_{L0}(x)\mathrm{d}x}{2m_r}\cos\theta=0 \tag{4.99}$$

$$2y_0\xi_r\omega_r\omega-\frac{\rho U^2 D\int_0^L \varphi_r(x)C_{L0}(x)\mathrm{d}x}{2m_r}\sin\theta=0 \tag{4.100}$$

由式（4.99）可得结构自振频率 ω_r 与旋涡脱落频率 ω 具有如下关系式：

$$\frac{\omega}{\omega_r}=\sqrt{1-\frac{\rho U^2 D}{2m_r y_0\omega_r^{\ 2}}\cos(\theta)\int_0^L \varphi_r(x)C_{L0}(x)\mathrm{d}x} \tag{4.101}$$

由式（4.101）可得位移幅值 y_0 和特征长度 D 的比值为

$$\frac{y_0}{D}=\frac{\rho U^2}{4m_r\xi_r\omega_r\omega}\sin(\theta)\int_0^L \varphi_r(x)C_{L0}(x)\mathrm{d}x \tag{4.102}$$

定义等效分布升力系数 C_{LE} 为

$$C_{LE}=\frac{\int_0^L \varphi_r(x)C_{L0}(x)\mathrm{d}x}{\int_0^L |\varphi_r(x)|\mathrm{d}x} \tag{4.103}$$

定义第 r 阶模态单位长度等效均布质量 m_{Er} 为

$$m_{Er}=\frac{\int_0^L m(x)\varphi(x)^2\mathrm{d}x}{\int_0^L \varphi(x)^2\mathrm{d}x}=\frac{m_r}{\int_0^L \varphi(x)^2\mathrm{d}x} \tag{4.104}$$

定义折减风速 U_r、施特鲁哈尔（Strouhal）系数 St 和斯柯顿（Scruton）系数 Sc 分别为

$$U_r=\frac{U}{f_r D}=\frac{2\pi U}{\omega_r D} \tag{4.105}$$

$$St = \frac{fD}{U} = \frac{\omega D}{2\pi U} \tag{4.106}$$

$$Sc = \frac{4\pi m_{Er}\xi_r}{\rho D^2} \tag{4.107}$$

将式（4.103）～式（4.107）代入式（4.101）可得

$$\frac{\omega}{\omega_r} = \sqrt{1 - \frac{\rho D^2}{2m_{Er}} U_r{}^2 C_{LE} \cos(\theta) \frac{D}{y_0} \frac{\int_0^L |\varphi_r(x)| \mathrm{d}x}{4\pi^2 \int_0^L \varphi(x)^2 \mathrm{d}x}} \tag{4.108}$$

将式（4.103）～式（4.107）代入式（4.102）可得

$$\frac{y_0}{D} = \frac{1}{4\pi} \frac{1}{Sc} U_r{}^2 C_{LE} \frac{\int_0^L |\varphi_r(x)| \mathrm{d}x}{\int_0^L \varphi(x)^2 \mathrm{d}x} \sin(\theta) \frac{\omega_r}{\omega} \tag{4.109}$$

由于 $\rho D^2 / m_{Er}$ 数值极小，因此，频率比 ω/ω_r 近似等于 1，即旋涡脱落频率与结构自振频率基本一致。

作用于结构上的涡激力在展向上随着间距增大，相关性减弱。为了简化计算，按式(4.110)将展向不完全相关的升力等效成与有效相关长度完全相关的均布升力，并且作用在振型的波峰和波谷：

$$L_E = \int_0^{L_E} 1 \mathrm{d}s = \int_0^{\infty} R_{LL}(s) \mathrm{d}s \tag{4.110}$$

由此可得

$$C_{LE} = \frac{C_{L0} \sum_{j=1}^{N} \int_0^{L_E} \varphi_{r,j}(s) \mathrm{d}s}{\int_0^L |\varphi_r(x)| \mathrm{d}x} \tag{4.111}$$

式中，N 为波峰和波谷的个数；L_E 是有效相关长度；R_{LL} 是展向不完全相关升力。

将式（4.111）代入式（4.109），可得第 r 阶模态在锁定区间内的位移幅值为

$$\frac{y_{r,\max}(U_r)}{D} = \frac{1}{4\pi} \frac{1}{Sc} U_r{}^2 C_{L0} K_r K_w \sin(\theta) \tag{4.112}$$

式中，K_r 和 K_w 分别为第 r 阶振型修正因子和涡激力展向相关因子，其表达式分别为

$$K_r = \frac{\varphi_{r,\max}(x) \int_0^L |\varphi_r(x)| \mathrm{d}x}{\int_0^L \varphi_r{}^2(x) \mathrm{d}x} \tag{4.113}$$

$$K_w = \frac{\sum_{j=1}^{N} \int_0^{L_E} \varphi_{r,j}(s) \mathrm{d}s}{\int_0^L |\varphi_r(x)| \mathrm{d}x} \tag{4.114}$$

若旋涡脱落频率等于结构第 r 阶自振频率，即 $\omega = \omega_r$，则 $U_r = 1/St$；并假设结构位移与涡激力之间的相位差 θ 等于 90°，此时最大振幅为

$$\frac{y_{r,\max}}{D}=\frac{1}{4\pi}\frac{1}{Sc}\frac{1}{St^2}C_{L0}K_rK_w \tag{4.115}$$

式（4.115）即为卢舍韦（Ruscheweyh）推导的涡激振动振幅预测公式[11]，也在欧洲规范[12]中应用。结合式（4.106）和式（4.107）、式（4.113）～式（4.115）可知，第 r 阶模态下的涡激振动振幅最大值 $y_{r,\max}$ 除了受第 r 阶模态参数和特征长度 D 的影响，还与升力系数幅值 C_{L0} 有关。一般而言，涡激力模型中的参数，如简谐力模型式（4.96）中的升力系数幅值 C_{L0}，需利用风洞试验法确定。

2. 涡激振动判别指标

由于涡激振动一般发生在特定的风速、风向范围内，因此可采用风速、风向角作为涡激振动的判别指标。除了风荷载测试数据以外，还可根据桥梁振动测试数据来判别涡激振动。常见的涡激振动判别指标如表 4.6 所示。

表 4.6　常见的涡激振动判别指标

类别	指标	判别阶次	特点
风特性参数	风速	否	实时
	风向角	否	实时
振动特性参数	加速度均方根	否	非实时
	加速度概率密度	否	非实时
	能量集中系数	是	非实时
	涡振圆幅值比	否	实时
	模态置信准则	是	非实时

1）加速度均方根

加速度均方根（root mean square，RMS）值定义为

$$\text{RMS}=\sqrt{\frac{1}{K}\sum_{k=1}^{K}\ddot{y}^2(k)} \tag{4.116}$$

式中，$\ddot{y}$ 是加速度数据；k 是离散时刻；K 是加速度数据的样本总数。

加速度均方根值反映加速度的振幅大小，当涡激振动发生时，加速度的均方根值比其他时段的加速度均方根值要大几倍甚至十几倍。

2）加速度概率密度特征

对指定时间段内的加速度数据按式（4.117）进行核密度估计：

$$\hat{f}(\ddot{y})=\frac{1}{hK}\sum_{k=1}^{K}\mathrm{F}\left(\frac{\ddot{y}-\ddot{y}(k)}{h}\right) \tag{4.117}$$

式中，$\ddot{y}(k)$ 表示离散时刻 k 时的加速度数据；$\hat{f}(\ddot{y})$ 为在 $\ddot{y}$ 处估计的概率密度函数；K 是样本数；h 为决定概率密度函数平滑性的带宽参数；$\mathrm{F}(x)$ 为核函数，若选择高斯核函数，则 $\mathrm{F}(x)$ 表示为

$$\mathrm{F}(x)=\frac{1}{\sqrt{2\pi}}\mathrm{e}^{-x^2/2} \tag{4.118}$$

统计发现，涡激振动发生时，加速度的概率密度分布呈双峰甚至多峰的形态，

而对于正常振动，加速度的概率密度分布一般呈单峰的形态，如图 4.38 所示。

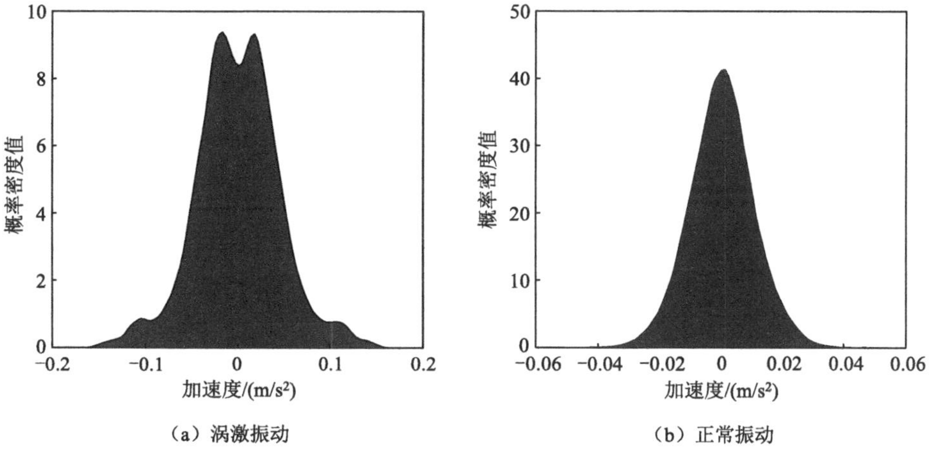

图 4.38　加速度概率密度分布图

3）能量集中系数

能量集中系数定义为峰值第二大的功率谱密度 PSD_2 与峰值最大的功率谱密度 PSD_1 之比，表示为

$$EC = \frac{PSD_2}{PSD_1} \tag{4.119}$$

桥梁的常规振动为多模态联合参振形式，而涡激振动为单模态振动形式。涡激振动和正常振动下的加速度自功率谱密度函数如图 4.39 所示。图 4.39（a）表明，涡激振动发生时，功率谱峰值 $PSD_1 \gg PSD_2$，此时按式（4.119）计算功率谱的能量集中系数可知，能量集中系数接近于 0，此特征可作为涡激振动发生的判别指标。

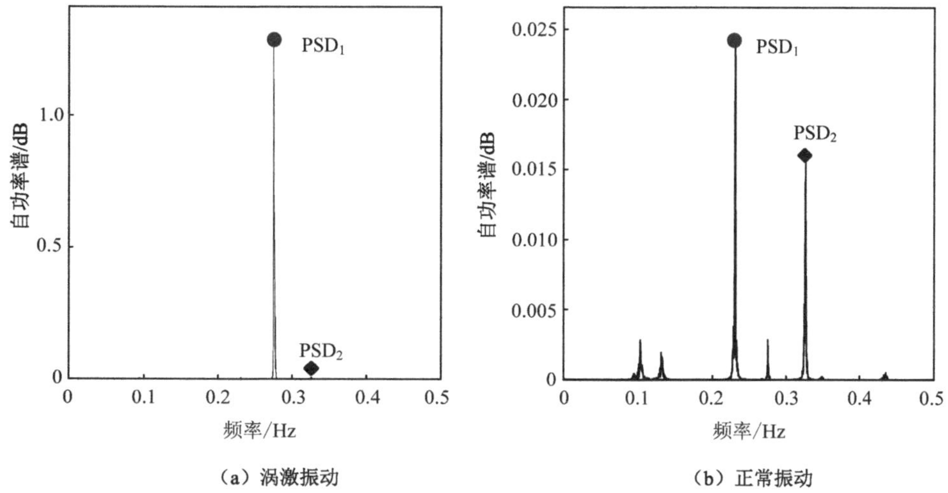

图 4.39　加速度自功率谱密度函数

4）涡振圆幅值比

涡激振动为单模态振动，其希尔伯特变换获得的解析信号物理意义明确。对桥梁振动信号进行希尔伯特变换分析，并分别以解析信号的实部和虚部作为横坐标和纵坐标，绘制曲线。若涡激振动发生，利用解析信号绘制的曲线呈圆形特征，如图 4.40（a）所示，定义为涡振圆；而对于未发生涡激振动事件时的桥梁正常振动，曲线杂乱无章，如图 4.40（b）所示。

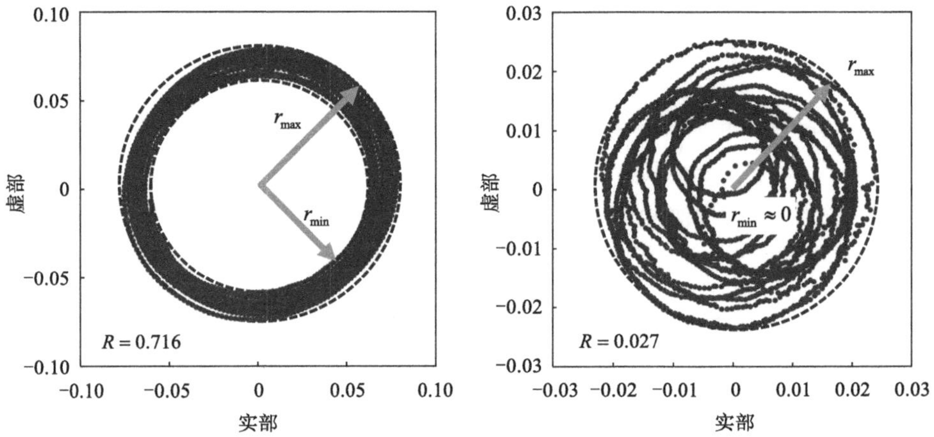

（a）涡激振动　　（b）正常振动

图 4.40　希尔伯特变换解析信号曲线图

利用式（4.120）中的幅值比 R 来判断解析信号是否形成了单模态的涡振圆。幅值比 R 的范围为 0～1。若幅值比 R 接近于 1，表示形成了单模态的涡振圆，存在涡激振动。

$$R = \frac{r_{\max}}{r_{\min}} = \frac{\max\left|\ddot{y}(t) + \mathrm{j}\mathrm{H}[\ddot{y}(t)]\right|}{\min\left|\ddot{y}(t) + \mathrm{j}\mathrm{H}[\ddot{y}(t)]\right|} \tag{4.120}$$

式中，$|\cdot|$ 表示取模算子；j 表示虚数单位；$\mathrm{H}[\ddot{y}(t)]$ 为希尔伯特变换，其表达式为

$$\mathrm{H}[\ddot{y}(t)] = \frac{1}{\pi}\mathrm{p.v.}\int_{-\infty}^{\infty}\frac{\ddot{y}(\tau)}{t-\tau}\mathrm{d}\tau \tag{4.121}$$

式中，p.v.表示柯西（Cauchy）主值积分；t 和 τ 均表示时间。

5）模态置信准则

以桥梁主梁为例，当第 r 阶模态发生涡激振动时，主梁呈单模态振动形式，且主梁的实时振动形态 $\boldsymbol{y}(t)$ 与第 r 阶振型呈比例关系。采用式（3.33）中的模态置信准则来描述主梁实时振动形态 $\boldsymbol{y}(t)$ 与第 r 阶振型的比例关系，即 $\mathrm{MAC}(\boldsymbol{\varphi}_r, \boldsymbol{y}(t))$。模态置信准则的范围为 0～1，且模态置信准则值越大，表现为主梁实时振动形态与第 r 阶振型的比例关系越明显。模态置信准则接近于 1 代表关于第 r 阶模态的涡激振动发生。需注意，主梁振动形态 $\boldsymbol{y}(t)$ 随时间变化，不可取其接近平衡位置时的振动形态（即 $\boldsymbol{y}(t)=0$）用于涡激振动判别。此外，模态置信准则对测点数量有要求，当测点数量较少时，会出现涡激振动及其发生的模态阶次判别不准的问题。

3. 涡激振动响应预测方法

由于涡激振动发生后的持续时间比较长，提前预测涡激振动响应幅值的变化，对及时作出必要的防控治理措施是十分必要的，也是涡激振动当前的研究热点之一。目前，涡激振动的预测方法主要分为理论预测法、数字孪生法和机器学习法。

1）理论预测法

根据前述的涡激振动特性理论分析可知，当涡激力模型参数和模态参数均已知时，联合式（4.93）～式（4.96）可简要计算涡激振动响应，或根据式（4.115）粗略确定涡激振动的最大振幅。除了简谐力模型之外，其他涡激力模型也可用于推导相应的涡激振动振幅预测公式。但涡激力模型参数一般需要通过风洞实验预先确定，模态参数需通过桥梁的振动测试数据分析获得，所以理论预测法实际上是半理论半经验模型法。

2）数字孪生法

近年来，随着数字孪生技术的逐步发展，出现了联合有限元模型更新与风洞实验的涡激振动响应预测的数字孪生法，其主要思路如图 4.41 所示[13]。该方法同样需

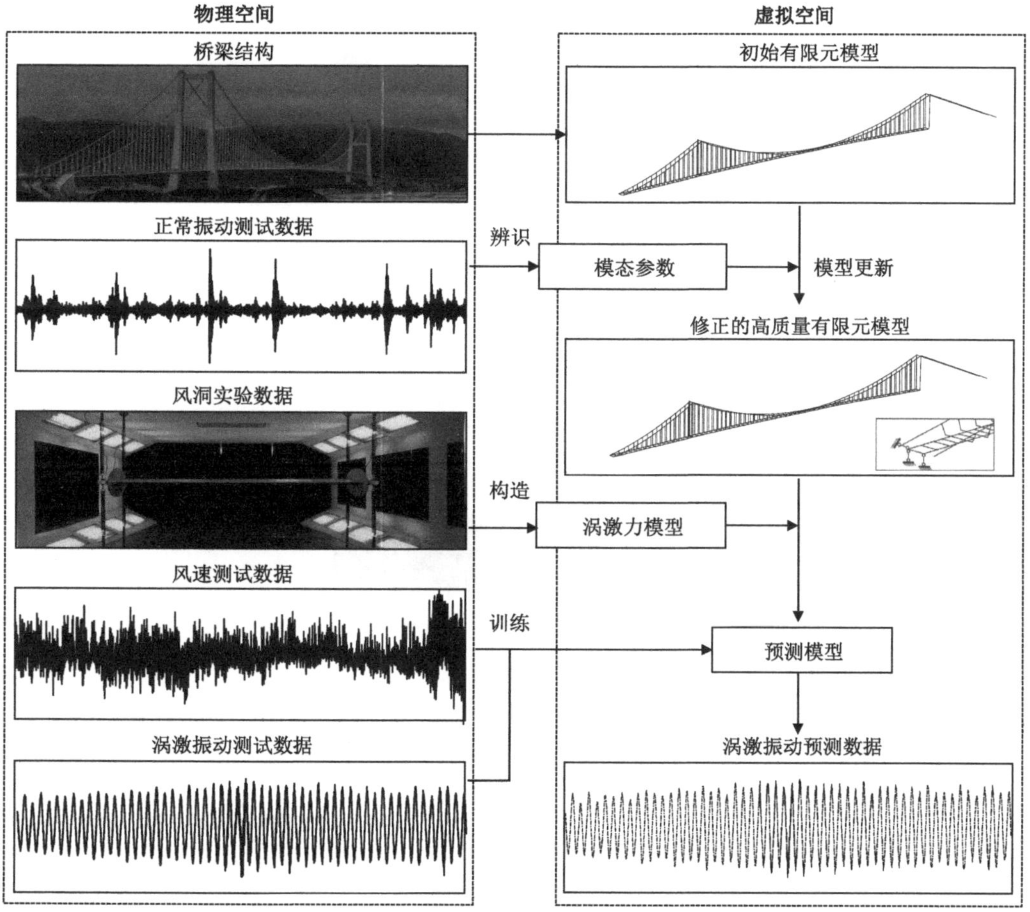

图 4.41　涡激振动响应预测的数字孪生法主要思路

预先利用风洞实验确定涡激力模型的参数，据此构造涡激力模型，以用于生成涡激力时程数据。利用已知的涡激力模型，桥梁的涡激振动实时判别和响应预测可按以下步骤进行：①利用在线测得的振动数据进行涡激振动判别和模态辨识，并利用辨识的模态参数更新桥梁的有限元模型，其中，若测点数量足够，则涡激振动判别指标建议选择模态置信准则；②若判别涡激振动已发生，根据模态置信准则确定发生涡激振动的模态阶次；③根据当前风荷载数据，结合桥梁的有限元模型和预先确定的涡激力模型来预测当前模态阶次的涡振响应。

3）机器学习法

不同于理论预测法和数字孪生法，基于机器学习的方法仅利用风荷载和桥梁振动测试数据进行涡激振动判别及其响应预测，如图 4.42 所示。一般思路可为：利用表 4.6 中的涡激振动判别指标，采用聚类算法，进行涡激振动的识别；利用将来的风速、风向测试数据，采用决策树方法，对涡激振动的发生模态进行预测；利用桥梁的涡激振动位移幅值，运用循环神经网络算法建立风速、风向与各阶模态涡激振动位移幅值的映射关系，用于预测将来涡激振动位移幅值。

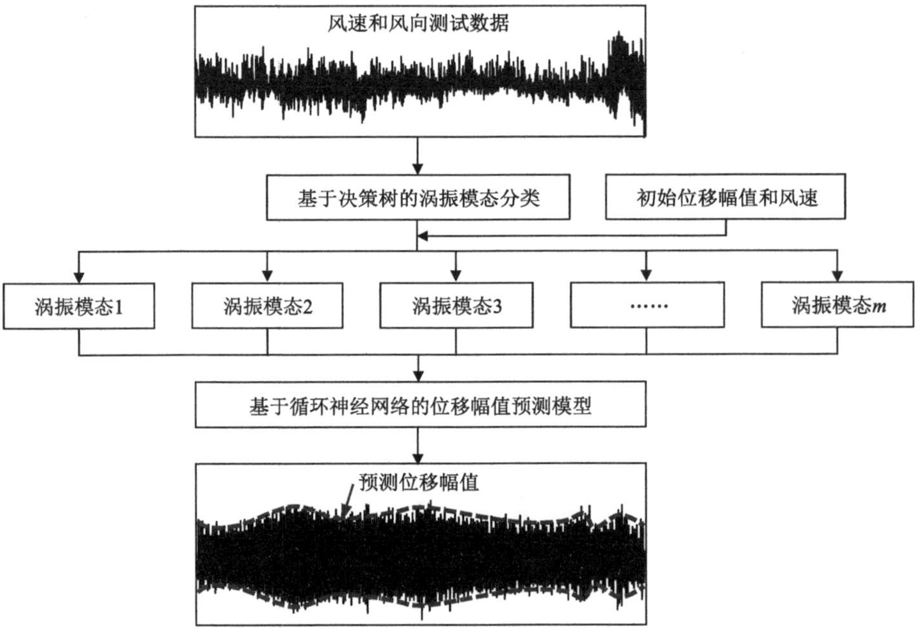

图 4.42　涡激振动响应预测的机器学习法主要思路

4. 案例分析

1）桥梁及其监测系统介绍

该大跨径公路悬索桥的立面图如图 4.43 所示，其跨径分布为 1650m 的主跨和两个不对称的边跨。其中，北边跨跨长 578m，与主跨连续，为带吊杆的钢箱梁；南侧跨为无吊杆的预应力混凝土连续箱梁，总长 485m。主梁加劲梁为扁平流线型钢箱梁，如图 4.44 所示。桥塔塔高 211m，为横梁和钢筋混凝土塔柱结合的门式框架结构，塔柱的断面是矩形凹角式，塔柱间横梁为工字梁。桥梁悬吊系统为骑跨式吊索结合索夹的形式，主缆材料为高强度镀锌平行钢丝束，主缆间距 31.4m，矢高 1665m，矢跨比为 1/10，吊杆采用高强度钢丝绳，间距 18m。桥梁支座设置为竖向支座和横向抗风支座，其中侧向抗风布置在北侧锚锭与两侧桥塔处，竖向支座布置在北侧锚锭和南侧桥塔横梁上，位于加劲梁底部。全桥形成横向和扭转约束，纵向为连续全漂浮体系，采用黏滞阻尼器在主梁两端控制其纵向位移。

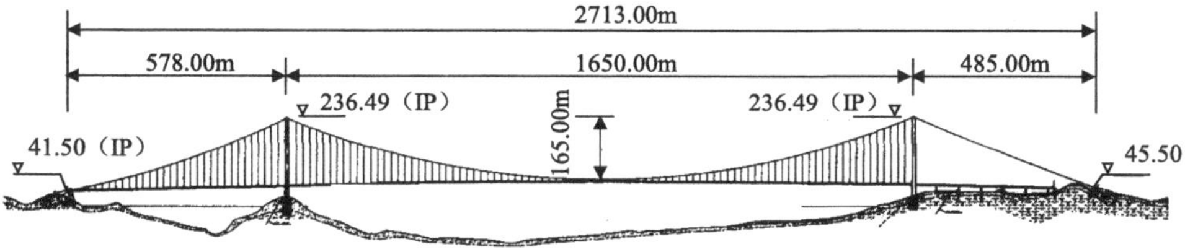

图 4.43　某大跨径公路悬索桥立面图

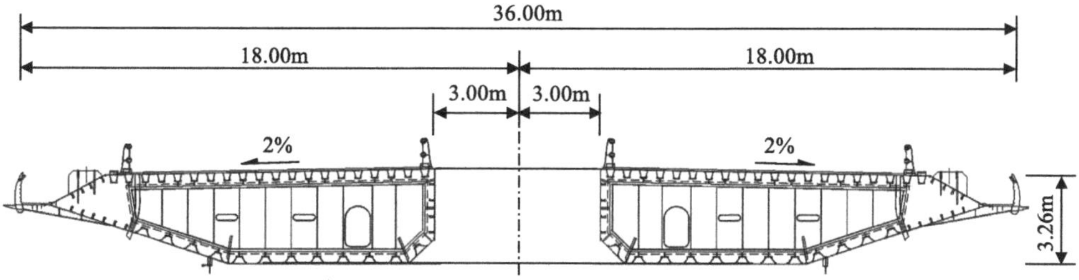

图 4.44　某大跨径公路悬索桥加劲箱梁标准横断面图

自桥梁建成起即布置了健康监测系统用于保证桥梁运营安全。该桥梁健康监测内容主要分为荷载监测和响应监测两部分。荷载监测量包括环境温度、湿度、风荷载、车辆荷载、地震等；响应监测量包括大桥空间变位、应变和加速度等。涡激振动分析主要利用了风荷载和主梁振动加速度两类监测量。在桥梁监测系统中，采用了三向超声风速仪（UA）和螺旋桨式风速仪（PA）来监测风速、风向数据，布设位置如图 4.45 所示。三向超声风速仪分两侧布设于主跨跨中和四分点处，采样频率为 32Hz，量程为 0～65m/s；螺旋桨式风速仪布设于两桥塔塔顶，采样频率为 1Hz，量程为 0～100m/s。加速度计（AC）布设位置如图 4.45 所示，其中 AC1、AC2、AC3、AC4 处分别布设了 3 个单向加速度计，用于测试主梁的竖向、横向和扭转加速度响应，采样频率为 50Hz。

用风速仪测得了该桥梁所在地普通一天的某段时间的风速，如图 4.46 所示。从测得的数据来看，该桥梁所在地的风速较高，超过 15m/s 的情况经常出现。且已有研究表明[14]，在该桥址区，10m 高处 100 年重现期的最大风速达 41.12m/s。在这种风荷载作用下，该桥梁自建成通车到 2020 年 7 月已经发生了 280 余次的涡激振动，年均涡振次数为 26.8 次，每次持续时间 10～300min。

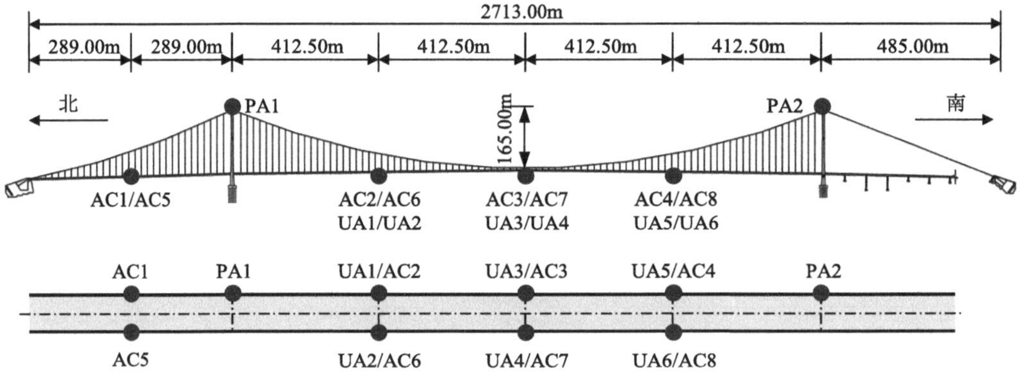

图 4.45　测点布设位置示意图

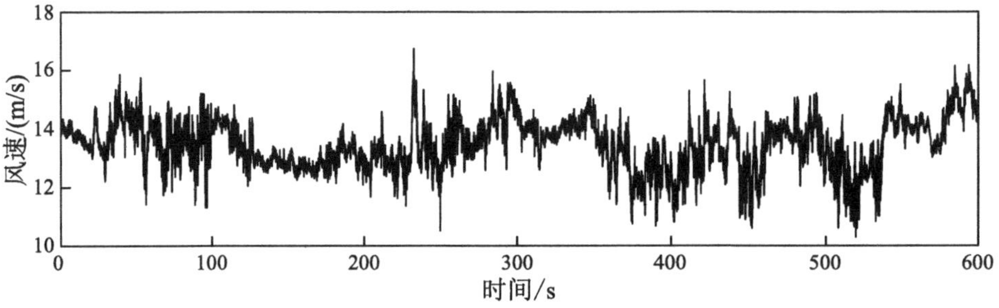

图 4.46　桥梁风速测试数据

2）桥梁工作模态分析

利用主梁 1/4 跨、1/2 跨和 3/4 跨处的竖向加速度进行工作模态分析。首先，选取了两段竖向加速度进行功率谱矩阵第 1 阶奇异值谱分析，结果如图 4.47 所示。其中，第 1 段加速度数据中包含了一部分第 3 阶模态（频率约为 0.133Hz）的涡激振

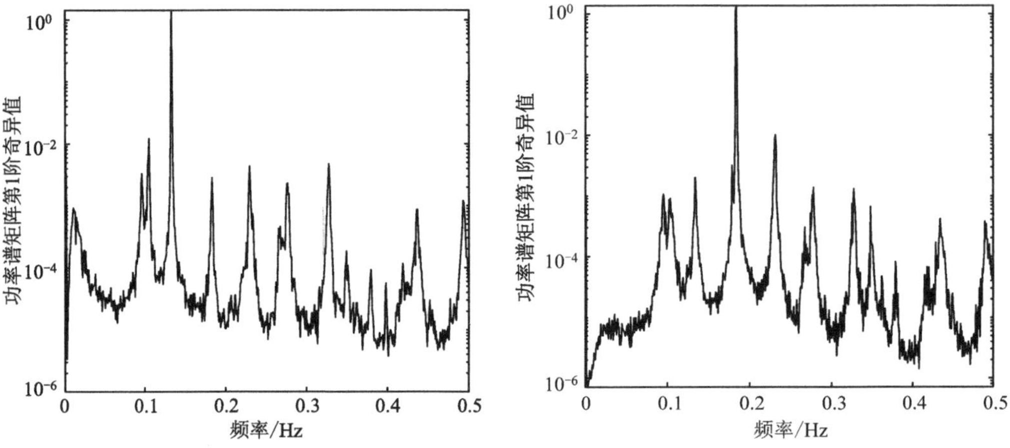

（a）第 1 段加速度数据结果　　（b）第 2 段加速度数据结果

图 4.47　加速度功率谱矩阵的第 1 阶奇异值谱

动数据；第 2 段加速度数据中包含了一部分第 5 阶模态（频率约为 0.183Hz）的涡激振动数据。因此，第 1 段加速度数据的功率谱矩阵第 1 阶奇异值谱中，频率为 0.133Hz 处的峰值最高；类似的第 2 段加速度数据的功率谱矩阵第 1 阶奇异值谱中，频率为 0.183Hz 处的峰值最高。

对竖向加速度数据进行模态参数辨识，辨识的频率和阻尼比列于表 4.7 中，同时，表 4.7 中给出了基于桥梁有限元模型模态分析的前 14 阶频率作为对照。利用测量的振动数据进行模态辨识，获得了 10 阶频率和阻尼比识别值，分别对应于有限元分析结果的第 1、2、3、5、6、8、9、10、12、13 阶。根据识别结果可知，该桥梁结构的基频低且各阶频率较为密集。图 4.48 中，有限元模型计算的振型归一化结果表示为连续的曲线；1/4 跨、1/2 跨和 3/4 跨测点位置及其振型识别值分别用点和三角形表示。由于测点数量有限，仅通过 3 个测点处的振型识值无法重构出有限元分析给出的振型曲线，甚至会出现振型混叠现象。例如，第 1 阶和第 12 阶振型识别结果（仅观察 3 个测点位置处）相似，即这两阶振型识别值的相关性高，属于振型混叠现象。若忽略振动方向，仅对比振型识别结果的绝对值，则第 1、9、12 阶的振型识别值相似度都比较高；针对这种情况，若采用模态置信准则进行相关性分析，会得出第 1、9、12 阶振型识别结果之间的相关性高的结论。类似地，第 2、8、13 阶的振型识别值相关性高；第 3 阶和第 6 阶的振型识别值相关性高；第 10 阶振型识别值接近于平衡位置，这是由于各测点均位于第 10 阶振型的模态节点处。

表 4.7　桥梁模态参数辨识结果

阶次	有限元分析	振动测试数据分析		
	频率/Hz	频率/Hz	阻尼比/%	是否观测到涡激振动
M1	0.093	0.095	0.43	否
M2	0.100	0.104	0.52	否
M3	0.132	0.133	0.35	是
M4	0.178	—	—	—
M5	0.184	0.183	0.22	是
M6	0.229	0.230	0.29	是
M7	0.260	—	—	—
M8	0.273	0.275	0.91	是
M9	0.323	0.326	0.38	是
M10	0.373	0.379	0.40	是
M11	0.397	—	—	—
M12	0.427	0.436	0.69	是
M13	0.481	0.499	0.43	是
M14	0.529	—	—	—

3）桥梁涡激振动判别指标变化

以第 8 阶模态发生涡激振动时的加速度数据为验证数据，给出不同涡激振动判别指标的变化。加速度数据分别来自 1/4 跨、1/2 跨和 3/4 跨处的测点 AC2、AC3 和 AC4，数据总时长为 4.83h，如图 4.49 所示，其中图 4.49（b）和 4.49（c）为

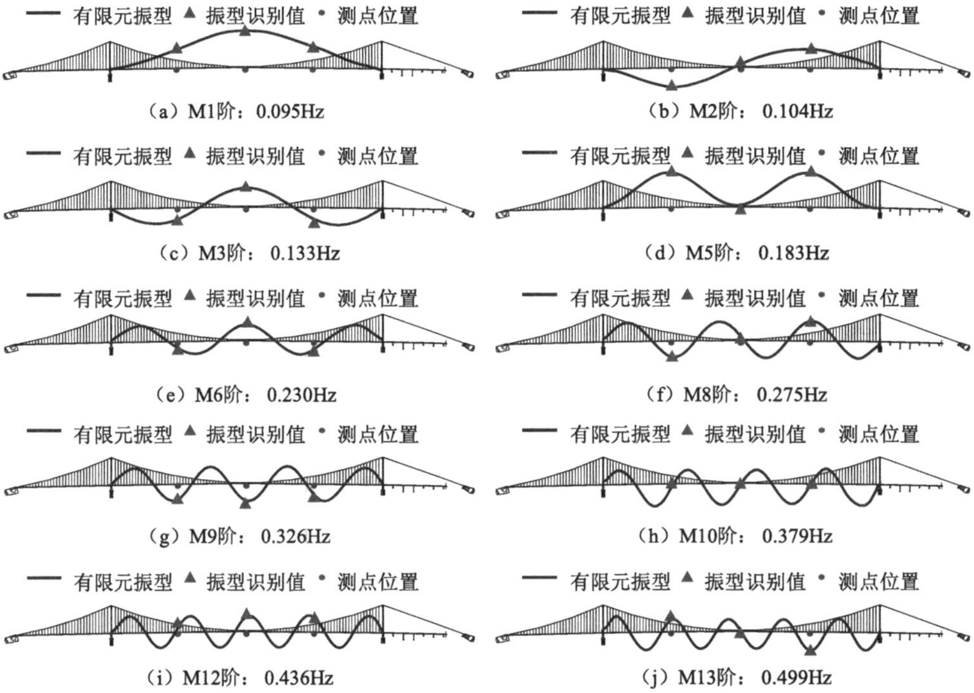

图 4.48　桥梁结构的振型辨识结果与有限元结果对比

图 4.49（a）中数据的局部放大图。从局部放大图可知，测点 AC3 处的加速度仍为常规的随机振动，即多阶模态联合参与振动，原因是 1/2 跨处的测点 AC3 接近第 8 阶模态节点；1/4 跨和 3/4 跨处的测点 AC2 和 AC4 处采集的加速度为涡激振动，即以第 8 阶模态振动为主，表现为近似单模态振动。对照图 4.49（b）和图 4.49（c）可知，涡激振动在 3.90～4.00h 这一时段内表现为更明显的单模态振动；而在 0.95～1.05h 这一时段内，加速度 AC2 和 AC4 中，除了第 8 阶模态以外，仍有其他阶模态或噪声参与振动。

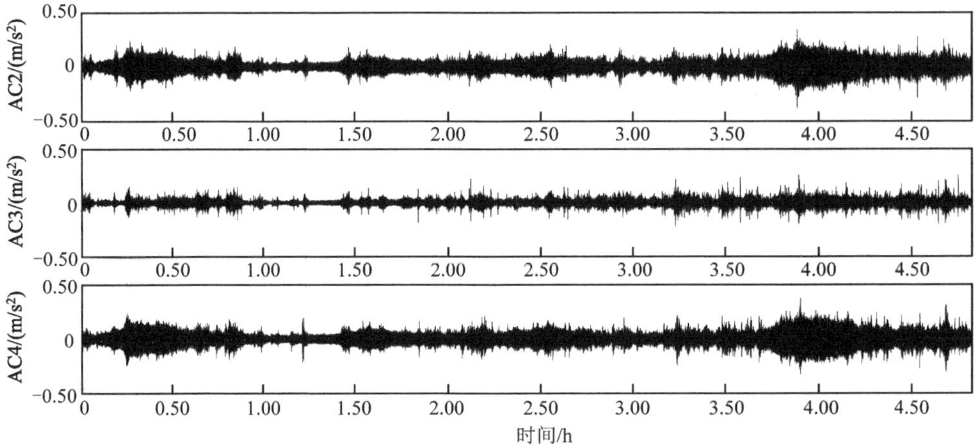

（a）0～4.83h

图 4.49　桥梁的加速度响应数据

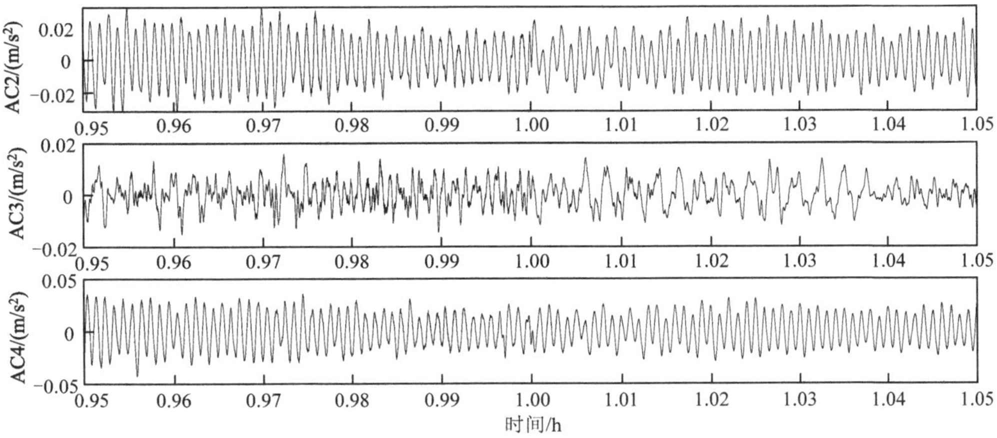

（b）0.95～1.05h

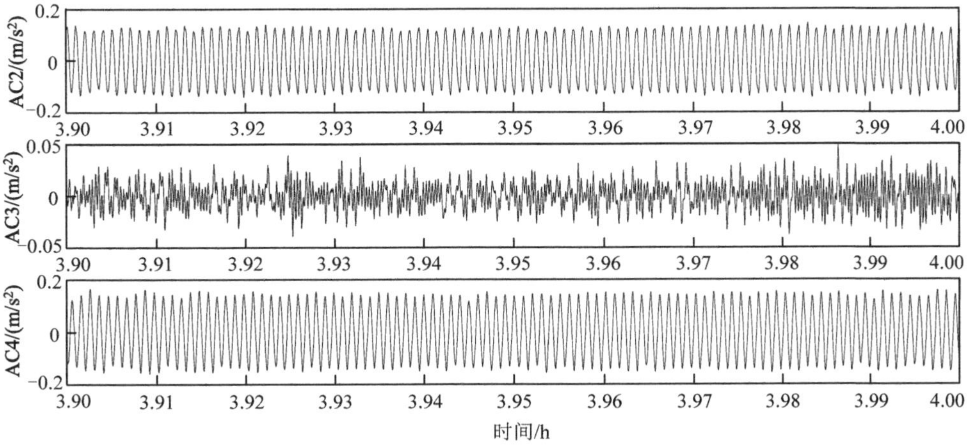

（c）3.90～4.00h

图 4.49（续）

以 1min 为单位时长，分别计算各加速度的均方根、能量集中度系数、涡振圆幅值比、加速度振动形态与第 8 阶振型的模态置信准则值。各指标随时间的变化结果分别如图 4.50～图 4.53 所示。

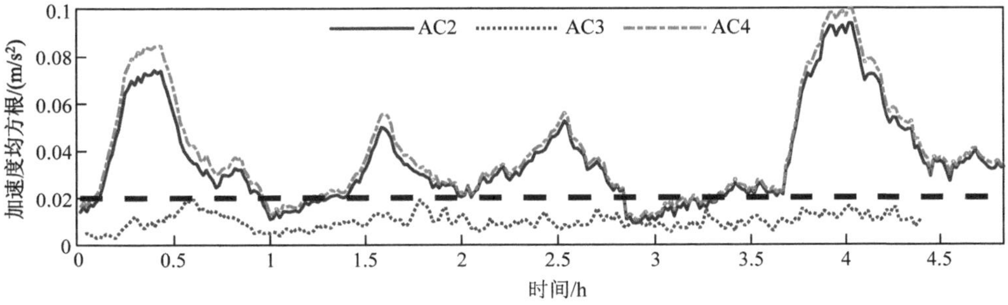

图 4.50　加速度均方根图

由图 4.50 可知，正常振动加速度 AC3 的均方根基本小于 0.02；而涡激振动加速度 AC2、AC4 的均方根基本大于 0.02；部分时段内（如在 1h 附近的时间段）涡激振动加速度均方根仍然小于 0.02，这些时段内涡激振动振幅有所减弱，此时有不同阶模态参与振动，如图 4.49（b）所示。

图 4.51 给出了不同加速度功率谱的能量集中系数，正常振动加速度 AC3 的能量集中系数较高，表示加速度功率谱的第 2 高峰值在功率谱中的能量占比较大，表现为非涡激振动特征；加速度 AC2 和 AC4 的能量集中系数基本低于 0.1，即其功率谱中仅有一阶频率的峰值较为显著，表现为涡激振动特征。类似地，加速度 AC2 和 AC4 的涡振圆幅值比大于加速度 AC3 的涡振圆幅值比，非涡激振动的涡振圆幅值比基本低于 0.4，如图 4.52 所示。

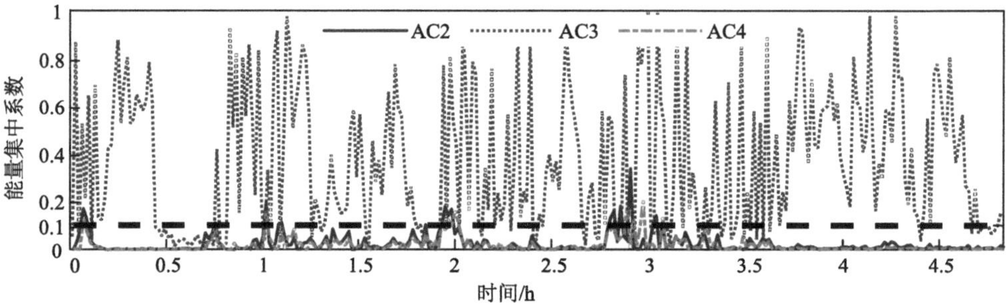

图 4.51　能量集中系数

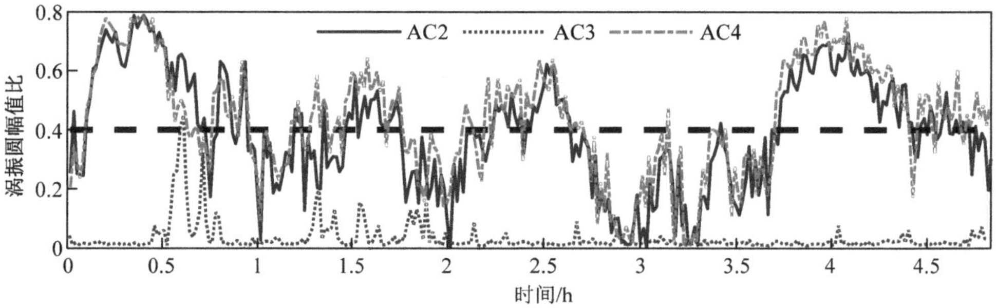

图 4.52　涡振圆幅值比

图 4.53 给出了本次涡激振动发生时段的模态置信准则值。对照图 4.49（a）可知，当涡激振动比较显著，即加速度 AC2 和加速度 AC4 的幅值较高时，模态置信

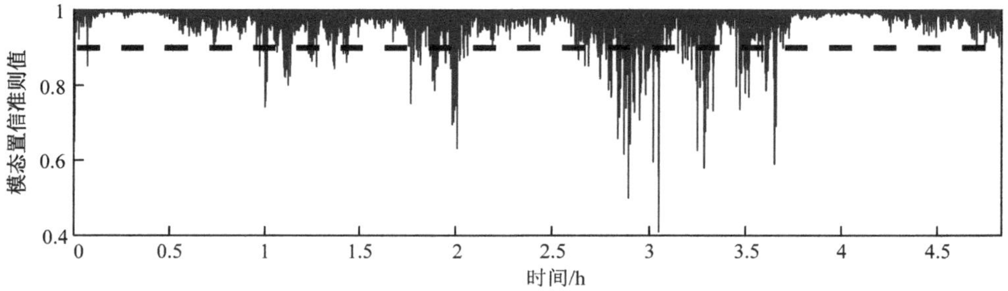

图 4.53　模态置信准则值

准则接近于 1，当涡激振动不明显时，即加速度 AC2 和加速度 AC4 中仍然有其他阶模态参与振动时，模态置信准则可能低于 0.9。

对照以上各涡激振动判别指标，当涡激振动较为显著时（如 3.9～4.0h 时间段），涡激振动加速度幅值较高、加速度均方根值较大、能量集中系数较小、涡振圆幅值比较高、模态置信准则接近于 1，这些指标均可用于区分涡激振动和非涡激振动，但需要注意设定涡激振动和非涡激振动的界定阈值。

4）涡激振动判别结果分析

通过对该桥梁在 1 月、5 月、8 月的振动加速度数据进行分析发现，发生过涡激振动的模态共有 8 阶，其锁定频率分别约为 f_3=0.13Hz、f_5=0.18Hz、f_6=0.23Hz、f_8=0.27Hz、f_9=0.32Hz、f_{10}=0.38Hz、f_{12}=0.43Hz、f_{13}=0.49Hz，如图 4.54 所示为各阶涡激振动发生频次，出现频次最高的模态为 f_9=0.32Hz。图 4.55 给出了各阶涡激振动发生时的 10min 平均风速风向角，可见涡激振动发生时，风向一般为横桥向；10min 平均风速分布在 5～15m/s 的范围内。

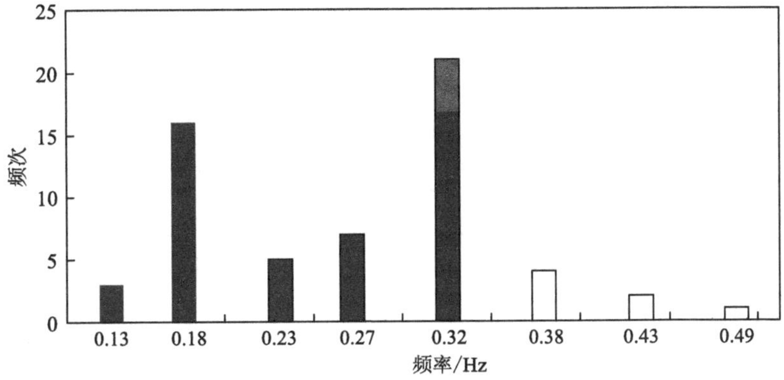

图 4.54　各阶涡激振动发生频次统计值

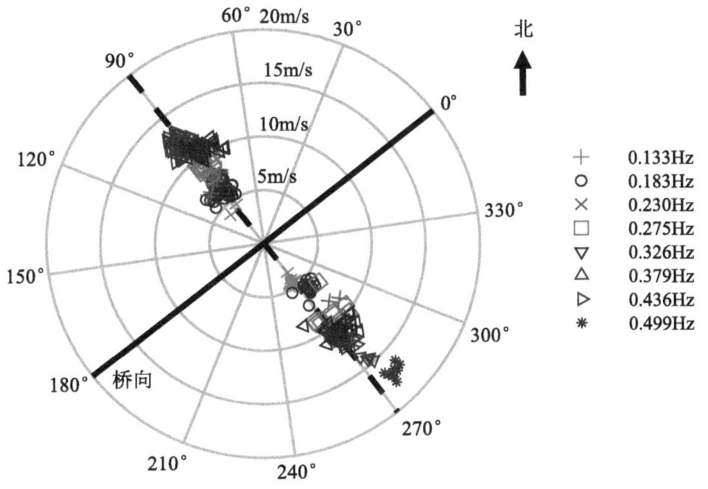

图 4.55　各阶涡激振动发生 10min 平均风速风向角

4.4　铁路桥梁模态辨识分析理论

铁路桥梁的常见振动类型包括：环境激励下的桥梁随机强迫振动、车-桥耦合振动以及列车下桥后短时的桥梁自由振动。针对每一种振动类型，介绍其适用的铁路桥梁模态辨识分析理论。

4.4.1　铁路桥梁响应特征

铁路桥梁在工作期间所受荷载形式多变，其振动响应类型不一。模态辨识方法应根据其振动类型加以区分，以尽可能减小模型误差，提高参数识别的精度及其演变追踪的可靠度。按照主要激励源类型及工作模态辨识算法的基本假定，铁路桥梁的振动形式大致可分为随机强迫振动、车-桥耦合振动以及自由振动三类，其时、频域特性如表 4.8 所示。

在无列车通行期间，铁路桥梁受到的激励源以风、浪、流等环境激励为主。从时域上看，桥梁振动响应的振幅较低，且随机波动，无规则的振荡周期，即随机强迫振动，一般也直接称之为随机振动；从频域上看，桥梁振动响应的频谱峰值杂乱地分布在较宽的频带上，含有许多噪声峰值。

在列车通行期间，铁路桥梁除了受到风、浪、流等环境激励作用，还引入了复杂的车-桥耦合作用。列车的规则轴距导致其移动自重荷载作用下的桥梁振动响应中，激励频率（又称为强振频率）分量占主要贡献。从时域上看，桥梁振动响应的幅值显著提高，且振荡周期明显；从频域上看，桥梁振动响应频谱仅有少数几个显著的峰值，且各峰值的频率间距一致或呈整数倍。

列车离开桥梁后，桥梁振动响应包含初始状态下的自由振动响应（即列车作用后的余振响应）和风、浪、流等环境激励激起的随机振动响应，由于列车作用后的余振响应的幅值量级远大于随机振动响应，列车离开桥梁后的短时内，桥梁的振动以自由振动形式为主。为此，后文将列车离桥后短时内的桥梁振动称为自由振动。

4.4.2　铁路桥梁模态追踪辨识

根据铁路桥梁的振动形式，将其模态追踪辨识理论分为列车上桥前基于随机振动的模态追踪辨识、列车过桥时基于车-桥耦合振动的模态追踪辨识以及列车下桥后基于自由振动的模态追踪辨识分别展开。

1. 列车上桥前的模态追踪辨识

1）辨识难点

在列车上桥前，铁路桥梁主要遭受风、浪、流等环境激励作用，其振动形式表

表 4.8　铁路桥梁主要振动形式的时、频域特性

振动形式	随机强迫振动	车-桥耦合振动	自由振动
激励源	环境激励	列车作用、环境激励	初始状态、环境激励
时域图	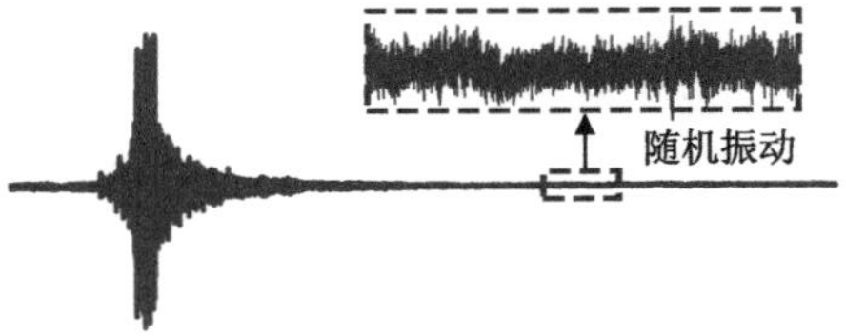	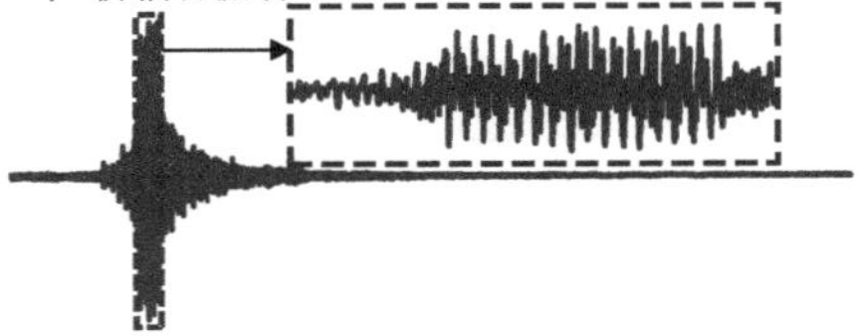	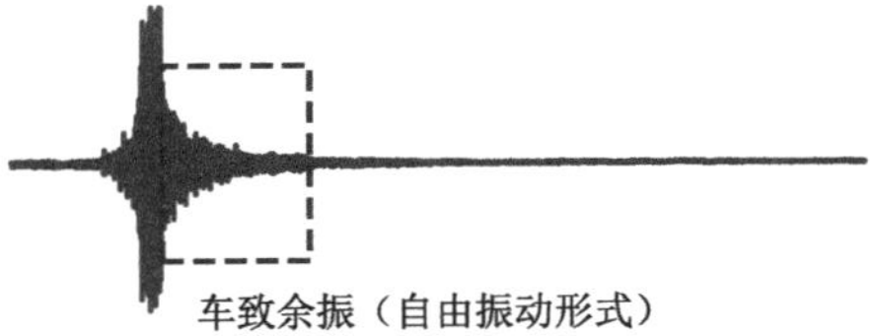
振动时域特点	振幅低、无规则振荡周期	振幅高、振荡周期性明显	振幅自高到低逐渐衰减
频域图	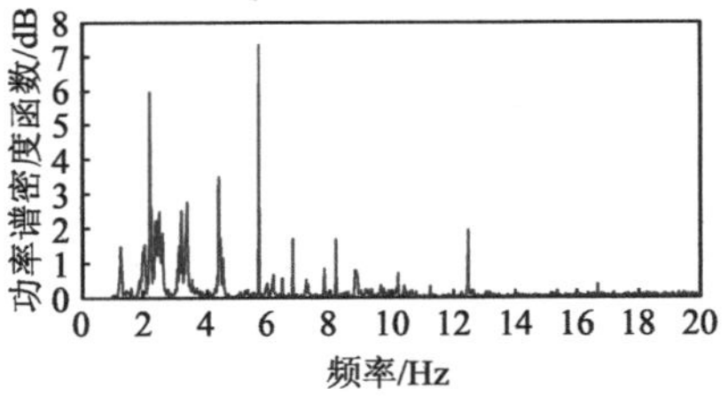	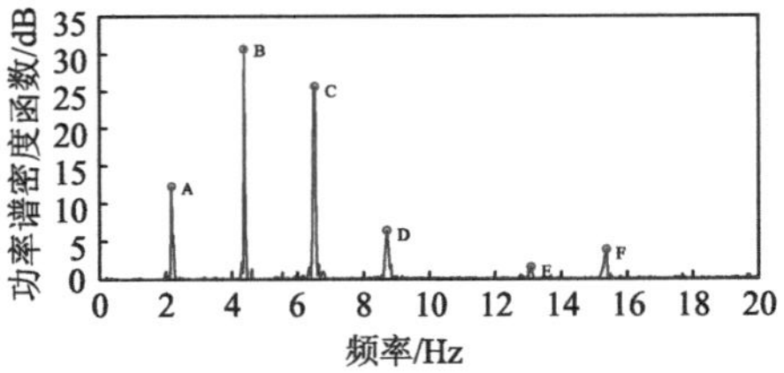	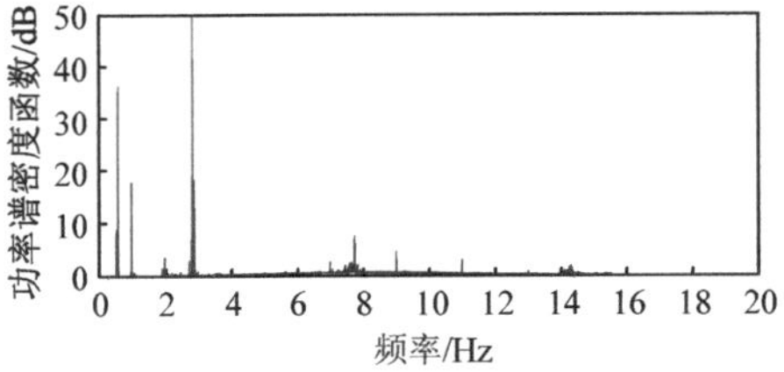
振动频域特点	谱峰杂乱、噪声峰值多	谱峰等距，显著峰值对应的频率为强振频率	显著的谱峰集中在低频范围内
常用识别方法	随机子空间法、自然激励技术-特征系统实现算法、频域分解法等	时-频分析法	特征系统实现算法、易卜拉欣（Ibrahim）时域法等
辨识难点	区分噪声频率与固有频率	强振频率强、固有频率弱	高信噪比自由振动数据的时长有限

现为随机振动响应。由于桥梁上没有列车通行的持续时间长，随机振动响应已被广泛应用于工作模态追踪辨识。但环境激励下的桥梁工作模态追踪辨识中主要存在如下两个问题。①环境激励并非严格的白噪声激励，受非白噪声激励及测量噪声的影响，利用列车上桥前的桥梁结构随机振动响应进行模态辨识时，总是存在与桥梁模态难以区分的虚假模态。虚假模态的存在将阻碍工程人员对于桥梁结构固有特性的正确判断，所以应该被剔除。②在桥梁工作期间，风、浪、流等环境激励随时间发生变化，不同时间段内激励的带宽、强度均有差异，导致模态在不同时间段内的可辨识性不一致，即利用不同时间段的振动响应来识别的模态数量和阶次均可能存在差异。模态阶次错误匹配追踪将影响工程人员对桥梁结构动力性能的可靠评估。因此，模态追踪辨识过程也必须保证利用各段随机振动数据提取的模态可准确匹配。

2）虚假模态自动剔除

以自然激励技术结合特征系统实现算法为工作模态辨识的理论基础，分析虚假模态产生的原因，并介绍了一种虚假模态自动剔除方法。

（1）基于随机振动响应的模态辨识理论基础

多自由度黏性阻尼线性时不变结构系统的离散时间状态空间方程由离散时间系统状态方程式（4.122）和有限测点下的离散时间系统观测方程式（4.123）组成：

$$\boldsymbol{x}(k+1)=\boldsymbol{A}\boldsymbol{x}(k)+\boldsymbol{B}\boldsymbol{u}(k) \tag{4.122}$$

$$\boldsymbol{y}(k)=\boldsymbol{C}\boldsymbol{x}(k)+\boldsymbol{D}\boldsymbol{u}(k) \tag{4.123}$$

式中，$\boldsymbol{y}(k)$为$n_y\times 1$维振动响应测试向量，n_y为测点数；k为离散时刻；$\boldsymbol{x}(k)$为$2n\times 1$维离散时间状态向量，n为系统自由度数；$\boldsymbol{u}(k)$为$n\times 1$维激励向量；$\boldsymbol{C}$和$\boldsymbol{D}$分别为观测矩阵和直接传输矩阵；离散时间系统的状态矩阵$\boldsymbol{A}$和控制矩阵$\boldsymbol{B}$分别为

$$\boldsymbol{A}=\mathrm{e}^{\boldsymbol{A}_{\mathrm{c}}\Delta t} \tag{4.124}$$

$$\boldsymbol{B}=(\boldsymbol{A}-\boldsymbol{I})\boldsymbol{A}_{\mathrm{c}}^{-1}\boldsymbol{B}_{\mathrm{c}} \tag{4.125}$$

式中，Δt为采样间隔；$\boldsymbol{I}$为$2n\times 2n$维单位对角矩阵；连续时间系统的状态矩阵$\boldsymbol{A}_{\mathrm{c}}$和控制矩阵$\boldsymbol{B}_{\mathrm{c}}$分别为

$$\boldsymbol{A}_{\mathrm{c}}=\begin{bmatrix}\boldsymbol{0} & \boldsymbol{I}\\ -\boldsymbol{M}^{-1}\boldsymbol{K} & -\boldsymbol{M}^{-1}\boldsymbol{C}_{\mathrm{d}}\end{bmatrix} \tag{4.126}$$

$$\boldsymbol{B}_{\mathrm{c}}=\begin{bmatrix}\boldsymbol{0}\\ \boldsymbol{M}^{-1}\end{bmatrix} \tag{4.127}$$

式中，$\boldsymbol{M}$、$\boldsymbol{C}_{\mathrm{d}}$和$\boldsymbol{K}$分别为$n\times n$维的系统质量、阻尼和刚度矩阵。

若初始状态满足$\boldsymbol{x}(0)=0$的结构系统受到单位脉冲激励作用，即激励向量满足当$k=0$时，$\boldsymbol{u}(k)=1$；当$k\neq 0$时，$\boldsymbol{u}(k)=0$，则系统输出以马尔可夫（Markov）参数形式表达式为

$$\boldsymbol{y}(k)=\boldsymbol{C}\boldsymbol{A}^{k-1}\boldsymbol{B}\qquad (k>0) \tag{4.128}$$

对于形如式（4.128）的振动响应，可采用特征系统实现算法求解模态参数。特

征系统实现算法的第一步是利用形如式（4.128）的振动响应构造式（4.129）所示的广义汉克尔矩阵：

$$\boldsymbol{H}(k-1)=\begin{bmatrix} \boldsymbol{y}(k) & \boldsymbol{y}(k+1) & \cdots & \boldsymbol{y}(k+\beta-1) \\ \boldsymbol{y}(k+1) & \boldsymbol{y}(k+2) & \cdots & \boldsymbol{y}(k+\beta) \\ \vdots & \vdots & & \vdots \\ \boldsymbol{y}(k+\alpha-1) & \boldsymbol{y}(k+\alpha) & \cdots & \boldsymbol{y}(k+\alpha+\beta-2) \end{bmatrix} \tag{4.129}$$

式中，α 和 β 分别为广义汉克尔矩阵 $\boldsymbol{H}(k-1)$ 的块行数和块列数。

将式（4.128）代入式（4.129），广义汉克尔矩阵 $\boldsymbol{H}(k-1)$ 可表示为

$$\boldsymbol{H}(k-1)=\begin{bmatrix} \boldsymbol{C} \\ \boldsymbol{CA} \\ \vdots \\ \boldsymbol{CA}^{\alpha-1} \end{bmatrix}\boldsymbol{A}^{k-1}\begin{bmatrix} \boldsymbol{B} & \boldsymbol{AB} & \cdots & \boldsymbol{A}^{\beta-1}\boldsymbol{B} \end{bmatrix}=\boldsymbol{O}\boldsymbol{A}^{k-1}\boldsymbol{\Gamma} \tag{4.130}$$

式中，$\boldsymbol{O}$ 和 $\boldsymbol{\Gamma}$ 分别为可观矩阵和可控矩阵。

令 $k=1$，可得

$$\boldsymbol{H}(0)=\boldsymbol{O}\boldsymbol{\Gamma} \tag{4.131}$$

令 $k=2$，可得

$$\boldsymbol{H}(1)=\boldsymbol{O}\boldsymbol{A}\boldsymbol{\Gamma} \tag{4.132}$$

对 $\boldsymbol{H}(0)$ 进行奇异值分解，可得

$$\boldsymbol{H}(0)=\begin{bmatrix} \boldsymbol{U}_1 & \boldsymbol{U}_2 \end{bmatrix}\begin{bmatrix} \boldsymbol{\Sigma}_1 & \boldsymbol{0} \\ \boldsymbol{0} & \boldsymbol{0} \end{bmatrix}\begin{bmatrix} \boldsymbol{V}_1^{\mathrm{T}} \\ \boldsymbol{V}_2^{\mathrm{T}} \end{bmatrix} \tag{4.133}$$

式中，$\boldsymbol{\Sigma}_1$ 为非零奇异值矩阵；$\boldsymbol{U}_1$ 和 $\boldsymbol{V}_1$ 分别是与非零奇异值对应的左奇异向量矩阵和右奇异向量矩阵；$\boldsymbol{U}_2$ 和 $\boldsymbol{V}_2$ 分别是对应零奇异值的左奇异向量矩阵和右奇异向量矩阵。

当系统受理想单位脉冲激励且无测量噪声影响时，广义汉克尔矩阵的秩（或非零奇异值的数量）等于系统自由度数的 2 倍，即 $\mathrm{rank}(\boldsymbol{H}(0))=\mathrm{rank}(\boldsymbol{\Sigma}_1)=2n$。系统状态矩阵 $\boldsymbol{A}$ 和观测矩阵 $\boldsymbol{C}$ 的求解式为

$$\boldsymbol{A}=\boldsymbol{\Sigma}^{-1/2}\boldsymbol{U}_1^{\mathrm{T}}\boldsymbol{H}(1)\boldsymbol{V}_1\boldsymbol{\Sigma}_1^{-1/2} \tag{4.134}$$

$$\boldsymbol{C}=[\boldsymbol{I} \quad \boldsymbol{0}]\boldsymbol{U}_1\boldsymbol{\Sigma}_1^{1/2} \tag{4.135}$$

式中，$\boldsymbol{I}$ 表示 $n_y \times n_y$ 维单位对角阵。

对系统状态矩阵 $\boldsymbol{A}$ 按式（4.136）进行特征值分解：

$$\boldsymbol{\Lambda}=\boldsymbol{\psi}^{-1}\boldsymbol{A}\boldsymbol{\psi} \tag{4.136}$$

矩阵 $\boldsymbol{\Lambda}$ 中对角元素 λ_i 为离散时间系统的特征值，频率 f_i 和阻尼比 ξ_i 为

$$f_i=\frac{|\ln\lambda_i|}{2\pi\Delta t} \tag{4.137}$$

$$\xi_i=-\frac{\mathrm{Re}(\ln\lambda_i)}{|\ln\lambda_i|} \tag{4.138}$$

式中，ln 表示取自然对数；$|\ |$ 表示取模；$\mathrm{Re}(\bullet)$ 表示取实部。

测点位置处的振型矩阵$\boldsymbol{\Phi}=[\boldsymbol{\varphi}_1 \quad \boldsymbol{\varphi}_2 \quad \cdots \quad \boldsymbol{\varphi}_{2n}]$与特征向量$\boldsymbol{\psi}$的关系为

$$\boldsymbol{\Phi}=\boldsymbol{C}\boldsymbol{\psi} \tag{4.139}$$

特征系统实现算法仅适用于形如式（4.128）的响应类型，即自由振动响应。但在随机激励作用下，桥梁的振动响应不满足式（4.128）的形式，不再适用特征系统实现算法求解。针对此问题，工程领域常采用自然激励技术先对随机激励作用下的振动响应进行预处理，剔除随机激励的影响，以获得适用于特征系统实现算法的振动形式。自然激励技术的主要思想如下：

多点随机激励下，结构在测点i处的位移响应$z_i(t)$可表示为

$$z_i(t)=\sum_{\kappa=1}^{m}\sum_{s=1}^{2n}\varphi_{is}a_{\kappa s}\int_0^t \mathrm{e}^{\bar{\lambda}_s(t-p)}u_\kappa(p)\,\mathrm{d}p \tag{4.140}$$

式中，φ_{is}表示在测点i处的第s阶振型值；u_κ表示作用于激励点κ处的激励值；$a_{\kappa s}$为仅与激励点κ和模态阶次s有关的常数项；$\bar{\lambda}_s$为连续时间系统的第s阶特征值，当$s\leqslant n$时，$\bar{\lambda}_s=-\xi_s\omega_s+\mathrm{j}\sqrt{1-\xi_s^2}\,\omega_s$，当$n<s\leqslant 2n$时，$\bar{\lambda}_s=\bar{\lambda}_{s-n}{}^*$，j为虚数单位，*为复共轭算子，$\xi_s$和$\omega_s$分别为第$s$阶阻尼比和圆频率。

若结构受单位脉冲激励作用，即式（4.140）中的激励项满足

$$u_\kappa(p)=\begin{cases}1, p=0\\0, p\neq 0\end{cases} \tag{4.141}$$

那么式（4.140）中，测点i处的位移响应为脉冲响应，表达式为

$$z_i(t)=\sum_{s=1}^{2n}\varphi_{is}\sum_{\kappa=1}^{m}a_{\kappa s}\,\mathrm{e}^{\bar{\lambda}_s t}=\sum_{s=1}^{2n}\varphi_{is}b_{\kappa s}\,\mathrm{e}^{\bar{\lambda}_s t} \tag{4.142}$$

式中，$b_{\kappa s}$仅与激励点κ和模态阶次s有关，而与时间t无关。

当作用于结构上的激励为相互独立的零均值高斯白噪声时，即激励满足

$$E[u_\kappa(p)u_\kappa(q)]=a_\kappa\delta(p-q) \tag{4.143}$$

$$E[u_\kappa(p)u_g(q)]=0 \qquad (\kappa\neq g) \tag{4.144}$$

式中，$E[\bullet]$表示期望算子；δ为狄拉克函数。

测点i和测点l处的位移响应为随机振动信号，两者的互相关函数为

$$R_{z_i z_l}(\tau)=\sum_{g=1}^{m}\sum_{\kappa=1}^{m}\sum_{s=1}^{2n}\sum_{r=1}^{2n}\varphi_{is}\varphi_{lr}a_{\kappa s}a_{gr}\int_0^{t+\tau}\int_0^{t}\mathrm{e}^{\bar{\lambda}_s(t+\tau-p)}\,\mathrm{e}^{\bar{\lambda}_r(t-q)}E[u_\kappa(p)u_g(q)]\mathrm{d}p\mathrm{d}q \tag{4.145}$$

式中，φ_{lr}表示测点l处的第r阶振型值；u_g表示作用于激励点g处的激励值；a_{gr}表示仅与激励点g和模态阶次r有关的常数。

联立式（4.143）～式（4.145），测点i和测点l处的互相关函数化简为

$$R_{z_i z_l}(\tau)=\sum_{s=1}^{2n}\left(\sum_{\kappa=1}^{m}\sum_{r=1}^{2n}\frac{-\varphi_{lr}a_{\kappa s}a_{\kappa r}a_\kappa}{\bar{\lambda}_r+\bar{\lambda}_s}\right)\varphi_{is}\,\mathrm{e}^{\bar{\lambda}_s\tau}=\sum_{s=1}^{2n}b_{ls}\varphi_{is}\,\mathrm{e}^{\bar{\lambda}_s\tau} \tag{4.146}$$

式中，b_{ls}是与时间延迟τ无关的常数。

对照式（4.142）和式（4.146）可知，随机激励下振动响应的互相关函数与脉冲激励下自由振动信号的表达式相似，可用特征系统实现算法进行模态辨识。

（2）虚假模态产生原因

环境激励下桥梁振动响应测试数据与经典工作模态辨识理论假定之间的差异是虚假模态产生的根本原因，具体表现为如下两点。①模型误差影响。自然激励技术要求激励满足相互独立的零均值高斯白噪声特性，以利用白噪声的统计不相关性剔除激励影响。但环境随机激励并非严格的白噪声激励；此外，即使环境随机激励非常接近白噪声，其时空不相关特性依赖于统计结果。根据式（4.143）和式（4.144）的要求，数据需无限长才可令白噪声激励效应完全被剔除。而实际用于模态辨识的数据仅为有限采样点，式（4.143）和式（4.144）的激励统计不相关特性只能渐近满足。②噪声影响。桥梁振动响应测试数据不可避免地引入过程噪声和测量噪声。当噪声在辨识时间段内不满足宽带白噪声特性时，将以显著的噪声频率分量出现在桥梁的振动信号中，即振动信号中不仅包含桥梁的模态，还包含噪声模态。即使噪声满足宽带白噪声特性，与随机激励类似，完全剔除噪声影响需无限长的振动测试数据。一旦激励效应或噪声效应无法完全剔除，振动响应测试数据的自互相关函数与理想脉冲响应的表达式形式不相似，导致特征系统实现算法中广义汉克尔矩阵满秩，模型阶次无法确定。此时，通常需选择较高的模型阶次以避免参与振动的模态被漏辨识。但模型阶次过高，将导致虚假模态被计算出来。

（3）经典虚假模态判别方法

稳定图法是工程领域最经典的虚假模态判别方法，其常被作为特征系统实现算法、随机子空间识别法等模态辨识方法的后处理过程。该方法需要假定一组模型阶次，其等价于可能参与振动的模态数量，并利用特征系统实现算法等工作模态辨识方法计算在各模型阶次下的模态参数。以频率为横坐标，模型阶次为纵坐标，绘制的频率-模型阶次图，即为稳定图。

区分稳定图中结构模态和虚假模态的依据是，结构模态在各模型阶次下可被稳定计算，在稳定图中表现为一条垂直于频率轴的线段；虚假模态在各模型阶次下随机出现，在稳定图中散乱分布。当参与桥梁振动的模态阶数有限、各阶模态稀疏、振动测试数据信噪比高且不需在线辨识参数时，工程人员可经验性地区分桥梁结构模态和虚假模态。但实际的桥梁振动测试中，参与振动的模态阶次和数量均未知、模态密集、振动信号信噪比低且有在线辨识需求，必须对稳定图作自动解释，即自动区分桥梁结构模态和虚假模态。

经验阈值法是解释稳定图的常用方法。该方法基于桥梁结构模态稳定出现在各模型阶次下这一特性，即出现在相邻模型阶次下的同阶桥梁结构模态参数具有高相似度。因此，以相邻模型阶次下模态的偏差为指标来量化模态的相似度，并根据经验确定各模态偏差指标的阈值。当相似度指标满足阈值要求，被判别模态可能为桥梁结构模态，反之为虚假模态。

量化模态偏差或模态相似度的指标众多，常用的模态相似度特征评价指标如下：

① 频率偏差。用于量化两频率之间的相对误差，定义为

$$\mathrm{d}f_{p,q}=\frac{\left|f_p-f_q\right|}{\max\left(f_p,f_q\right)} \tag{4.147}$$

式中，$\mathrm{d}f_{p,q}$ 表示频率 f_p 和频率 f_q 之间的频率偏差。

② 阻尼比偏差。用于量化两阻尼比之间的相对误差，定义为

$$\mathrm{d}\xi_{p,q}=\frac{\left|\xi_p-\xi_q\right|}{\max\left(\xi_p,\xi_q\right)} \tag{4.148}$$

式中，$\mathrm{d}\xi_{p,q}$ 表示阻尼比 ξ_p 和阻尼比 ξ_q 之间的阻尼比偏差。

③ 模态置信准则。利用式（3.33）中的模态置信准则 $\mathrm{MAC}\left(\boldsymbol{\varphi}_p,\boldsymbol{\varphi}_q\right)$，量化两振型识别结果 $\boldsymbol{\varphi}_p$ 和 $\boldsymbol{\varphi}_q$ 间的相似度。模态置信准则的范围为 $0\leqslant\mathrm{MAC}\leqslant1$，且 $\mathrm{MAC}=0$ 表示两振型完全不相关，而 $\mathrm{MAC}=1$ 表示两振型完全相关。

由于桥梁振动测试时布设的测点有限，提取的振型信息不完备，当采用模态置信准则量化振型相似度时，可能出现不同阶振型识别结果之间的模态置信准则值远大于零的情况，即不同阶振型识别值不可区分，表现为空间混叠。

④ 观测向量相似度（similarity of observability vectors，SOV）。针对有限测点下的振型空间混叠问题，可采用观测向量相似度来评价模态相似度，定义为

$$\mathrm{SOV}\left(\boldsymbol{v}_p,\boldsymbol{v}_q\right)=\left|1-\frac{\left\|\overline{\boldsymbol{v}}_p-\overline{\boldsymbol{v}}_q\right\|_2^2}{\left(\overline{\boldsymbol{v}}_p{}^{\mathrm{T}}\overline{\boldsymbol{v}}_p+\overline{\boldsymbol{v}}_q{}^{\mathrm{T}}\overline{\boldsymbol{v}}_q\right)}\right| \tag{4.149}$$

式中，$\overline{\boldsymbol{v}}_p$ 表示模态 p 的归一化观测向量，表达式为

$$\overline{\boldsymbol{v}}_p=\frac{\boldsymbol{v}_p}{\left\|\boldsymbol{v}_p\right\|_2} \tag{4.150}$$

式中，模态 p 的观测向量 $\boldsymbol{v}_p$ 定义为

$$\boldsymbol{v}_p=\left[\boldsymbol{\varphi}_p^{\mathrm{T}}\quad \lambda_p\boldsymbol{\varphi}_p^{\mathrm{T}}\quad \cdots\quad \lambda_p^{\alpha-1}\boldsymbol{\varphi}_p^{\mathrm{T}}\right]^{\mathrm{T}} \tag{4.151}$$

式中，参数 α 为式（4.129）中广义汉克尔矩阵的块行数。

与模态置信准则类似，观测向量相似度的范围为 $0\leqslant\mathrm{SOV}\leqslant1$，且 $\mathrm{SOV}=1$ 表示两向量完全相同。当有限测点引起振型空间混叠时，以系统特征值为振型权系数构造的观测向量具有更高的可区分度，在比较两振型相似度方面表现优越。

⑤ 振型平均相位偏差（mean phase deviation，MPD）。用于量化振型向量的不共线程度，定义为

$$\mathrm{MPD}=\left(\sum_{i=1}^{n_y}\left|\varphi_i\right|\arccos\left|\frac{\mathrm{Re}\left(\varphi_i\right)\cos(\theta)+\mathrm{Im}\left(\varphi_i\right)\sin(\theta)}{\left|\varphi_i\right|}\right|\right)\left(\sum_{i=1}^{n_y}\left|\varphi_i\right|\right)^{-1} \tag{4.152}$$

式中，φ_i 为第 i 个测点处的振型值；振型平均相位角 θ 通过在复平面内对振型值作直线拟合获得，计算式为

$$\theta = \arg\min_{\theta}\left(\frac{\left\|\mathrm{Im}(\boldsymbol{\varphi}) - \tan(\theta)\mathrm{Re}(\boldsymbol{\varphi})\right\|_2^2}{1+\tan(\theta)}\right) \tag{4.153}$$

式中，$\mathrm{Im}(\bullet)$ 表示虚部；$\mathrm{Re}(\bullet)$ 表示实部。

在桥梁工作模态辨识中，受测量噪声、数据不同步、非比例阻尼等影响，辨识的振型在复平面内表现为不共线的复向量，如图 4.56 所示。振型平均相位偏差用于考虑这种复模态振型问题（图 4.57）。非比例阻尼、测量噪声等因素的影响下，振型识别结果的不共线程度低；而虚假模态振型的不共线程度高；因此，可利用振型平均相位偏差区分桥梁结构模态和虚假模态。

图 4.57 描述了振型平均相位角 θ 以及各振型识别值与平均相位拟合直线 OA 的位置关系。对照式（4.152）和图 4.57，平均相位偏差 MPD 等于各振型值 φ_i 与平均相位拟合直线 OA 间夹角 $\Delta\theta_i$ 的加权累积和，其中加权系数为各振型值 φ_i 的模。

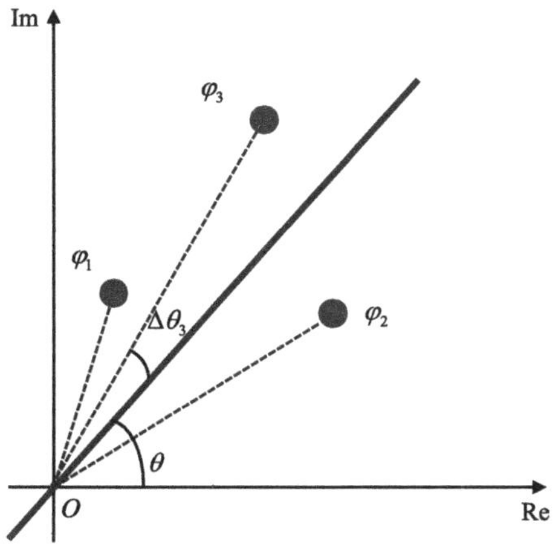

图 4.56　复模态振型

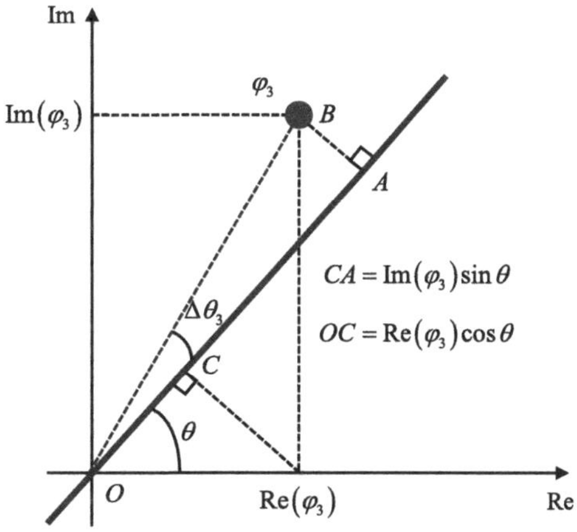

图 4.57　振型平均相位偏差

（4）基于模态相似度聚类的虚假模态自动剔除

经典稳定图法中，指标阈值的设定受限于专业人员的主观经验，不具备通用性。一旦结构形式或激励条件等发生改变，阈值也需要随之调整。通常，对于简单结构、高信噪比的工况下，指标阈值应该偏保守，否则易造成误识别；对于复杂结构、低信噪比的工况下，指标阈值应放宽，否则易造成漏辨识。在桥梁的整个运营期内，激励水平不一，振动信号的信噪比不可预期，指标阈值不具备通用性则无法保证运营期间桥梁各时段内模态参数的辨识效果，进而阻碍模态在线追踪的进行。

为了使桥梁结构模态和虚假模态的分辨方法具备通用性，以稳定图为基础，已经建立了一系列基于模态相似度特征聚类的虚假模态自动剔除方法，适用于不同桥梁结构类型、各种激励水平下的桥梁结构模态和虚假模态的自适应分辨。以下对一种虚假模态的两阶段剔除方法[15]进行介绍。

阶段一：基于模糊 C 均值聚类区分桥梁结构模态和虚假模态。模糊 C 均值聚类

（fuzzy c-means clustering，FCM）以各样本到各聚类中心的加权距离累积和最小为目标，将相似样本归为一类，不相似样本被分离到不同类。其中，“C”表示聚类个数。按照稳定图的基本思想，利用模糊 C 均值聚类将相邻模型阶次下具有高相似度的模态归为一类，而具有低相似度的模态被归为另外一类，因此聚类个数 C 等于 2。以模态相似度为模态特征，对模态相似度特征进行模糊 2-均值聚类来区分桥梁结构模态和虚假模态，主要思路如下：

给定一组模型阶次 $\{n_{\min}, n_{\min}+\Delta n, \cdots, n_{\min}+\kappa\Delta n\}$，基于自然激励技术-特征系统实现算法可从随机振动响应中计算各模型阶次下的模态参数。其中模型阶次 $\hat{n}$ 下计算的第 p 阶模态的频率、阻尼和振型向量分别记作 $f_p^{(\hat{n})}$、$\xi_p^{(\hat{n})}$ 和 $\boldsymbol{\varphi}_p^{(\hat{n})}$。

定义各模态的相似度特征 $\boldsymbol{m}_p^{(\hat{n})}$，并对模态相似度特征 $\boldsymbol{m}_p^{(\hat{n})}$ 进行模糊 2-均值聚类，即最小化下列目标函数：

$$J_{\text{FCM}} = \sum_{i=1}^{2} \sum_{\hat{n}=n_{\min}}^{n_{\min}+\kappa\Delta n} \sum_{p=1}^{\hat{n}} \eta_{ip}^{(\hat{n})t} \left\| \left(\boldsymbol{m}_p^{(\hat{n})} - \boldsymbol{\mu}_i \right) \right\|_2^2 \tag{4.154}$$

式中，i 表示类别；$n_{\min}$ 为最小模型阶次；Δn 为模型阶次增量；κ 表示模型阶次递增次数；$\|\bullet\|_2$ 表示向量的欧氏范数；t 表示模糊因子，一般 $t=2$；$\boldsymbol{\mu}_i$ 为第 i 类的聚类中心；$\eta_{ip}^{(\hat{n})}$ 为模态相似度特征 $\boldsymbol{m}_p^{(\hat{n})}$ 隶属于第 i 类的隶属度，任意模态相似度特征 $\boldsymbol{m}_p^{(\hat{n})}$ 的隶属度之和满足 $\sum_{i=1}^{2}\eta_{ip}^{(\hat{n})}=1$。

最小化目标函数式（4.154）是通过迭代更新各类的聚类中心及其隶属度来实现的。其中，第 i 类的聚类中心 $\boldsymbol{\mu}_i$ 以及特征 $\boldsymbol{m}_p^{(\hat{n})}$ 关于第 i 类的隶属度 $\eta_{ip}^{(\hat{n})}$ 分别通过式（4.155）和式（4.156）进行更新：

$$\boldsymbol{\mu}_i = \frac{\sum_{\hat{n}=n_{\min}}^{n_{\min}+\kappa\Delta n} \sum_{p=1}^{\hat{n}} \eta_{ip}^{(\hat{n})t} \boldsymbol{m}_p^{(\hat{n})}}{\sum_{\hat{n}=n_{\min}}^{n_{\min}+\kappa\Delta n} \sum_{p=1}^{\hat{n}} \eta_{ip}^{(\hat{n})t}} \tag{4.155}$$

$$\eta_{ip}^{(\hat{n})} = \frac{\left\| \boldsymbol{m}_p^{(\hat{n})} - \boldsymbol{\mu}_i \right\|_2^{-\frac{2}{t-1}}}{\sum_{k=1}^{2} \left\| \boldsymbol{m}_p^{(\hat{n})} - \boldsymbol{\mu}_k \right\|_2^{-\frac{2}{t-1}}} \tag{4.156}$$

模糊 C 均值聚类过程具体描述为：①初始化聚类中心 $\boldsymbol{\mu}_i$；②根据式（4.156）计算各模态相似度特征的隶属度；③根据式（4.155）更新聚类中心；④隶属度更新和聚类中心更新迭代进行，直到目标函数值 J_{FCM} 不再发生变化；⑤各模态相似度特征 $\boldsymbol{m}_p^{(\hat{n})}$ 被归入隶属度 $\eta_{ip}^{(\hat{n})}$ 最大的类中，与各特征对应的模态也相应被分类。

用于聚类的模态相似度特征 $\boldsymbol{m}_p^{(\hat{n})} = \left[m_p^{(\hat{n})}(1) \quad m_p^{(\hat{n})}(2) \quad \cdots \quad m_p^{(\hat{n})}(\nu) \right]^{\mathrm{T}}$ 中的各元素为式（4.152）和式（4.147）～式（4.149）中的模态相似度指标作标准正态分布变换后的结果。标准正态分布变换的目的是平衡各模态相似度指标对聚类结果的影响。

原因在于以下两点。①利用桥梁振动测试数据进行工作模态辨识时，受测量噪声、计算模型误差等影响，各辨识模态参数存在不确定性，但各模态参数的不确定性量级并不相同。例如，频率的不确定性远小于振型和阻尼比的不确定性。当比较不同模型阶次下的各种参数偏差时，即使是桥梁结构模态，也容易出现频率偏差远小于阻尼比偏差的问题。若以各模态相似度指标本身作为聚类特征，参数偏差数值大且变异明显的指标在式（4.154）中主导聚类结果。②模糊 C 均值聚类法适合于正态分布的聚类特征；对于非正态分布的聚类特征，聚类分析后的各类样本量差距显著。

为了消除模态相似度指标变化范围不一致对聚类结果的影响，需预先对各模态相似度指标作标准正态分布变换处理。由于各模态相似度指标均为非负数，可采用 Box-Cox 变换法，按式（4.157）进行正态分布变换：

$$a_{\mathrm{n},i}=\begin{cases}\dfrac{\left(a_i^{\gamma}-1\right)}{\gamma} & (\gamma\neq 0)\\ \ln a_i & (\gamma=0)\end{cases} \tag{4.157}$$

式中，a_i 属于待变换序列 $\{a_1,a_2,\cdots,a_K\}$ 中的第 i 个样本，K 是样本总数；$a_{\mathrm{n},i}$ 为样本 a_i 变换后的正态分布数据，变换参数 γ 决定 Box-Cox 法的变换形式，可通过式（4.158）中的似然函数确定：

$$\gamma=\arg\min_{\gamma}\left(\frac{K}{2}\ln\left(\frac{1}{K-1}\sum_{i=1}^{K}\left(\frac{a_i^{\gamma}-1}{\gamma}-\frac{1}{K}\sum_{k=1}^{K}\left(\frac{a_k^{\gamma}-1}{\gamma}\right)\right)^2\right)-(\gamma-1)\sum_{i=1}^{K}\ln(a_i)\right) \tag{4.158}$$

为消除数据序列量级的影响，对正态分布变换后的数据序列进一步标准化，将其变为一组以 0 为均值、以 1 为标准差的标准正态分布序列 $\{\hat{a}_1,\hat{a}_2,\cdots,\hat{a}_K\}$。其中，$\hat{a}_i$ 表达式为

$$\hat{a}_i=\frac{\left(a_{\mathrm{n},i}-K^{-1}\sum\limits_{l=1}^{K}a_{\mathrm{n},l}\right)}{\left(K^{-1}\sum\limits_{k=1}^{K}\left(a_{\mathrm{n},k}-K^{-1}\sum\limits_{l=1}^{K}a_{\mathrm{n},l}\right)^2\right)^{1/2}} \tag{4.159}$$

对于任一模型阶次 $\hat{n}$ 下的任一计算模态 p，可将该模态与相邻模型阶次 $\hat{n}+\Delta n$ 下的任意模态做比较，确定该模态的最邻近模态 q，其中模态 p 和其最邻近模态 q 满足

$$\mathrm{SOV}\left(\boldsymbol{v}_p^{(\hat{n})},\boldsymbol{v}_q^{(\hat{n}+\Delta n)}\right)\geqslant\mathrm{SOV}\left(\boldsymbol{v}_p^{(\hat{n})},\boldsymbol{v}_{\chi}^{(\hat{n}+\Delta n)}\right)\quad(\chi=1,2,\cdots,\hat{n}+\Delta n) \tag{4.160}$$

进而将两者的频率偏差 $\mathrm{d}f_{pq}^{(\hat{n},\hat{n}+\Delta n)}$、阻尼偏差 $\mathrm{d}\xi_{pq}^{(\hat{n},\hat{n}+\Delta n)}$、观测向量偏差 $\mathrm{dSOV}\left(\boldsymbol{v}_p^{(\hat{n})},\boldsymbol{v}_q^{(\hat{n}+\Delta n)}\right)=1-\mathrm{SOV}\left(\boldsymbol{v}_p^{(\hat{n})},\boldsymbol{v}_q^{(\hat{n}+\Delta n)}\right)$ 以及该模态的平均相位偏差 $\mathrm{MPD}_p^{(\hat{n})}$ 分别作标准正态分布变换，变换后的各偏差指标为该模态的模糊 2-均值聚类特征，即

$$\boldsymbol{m}_p^{(\hat{n})}=\left[\mathrm{d}\hat{f}_{pq}^{(\hat{n},\hat{n}+\Delta n)}\quad \mathrm{d}\hat{\xi}_{pq}^{(\hat{n},\hat{n}+\Delta n)}\quad \mathrm{d}\widehat{\mathrm{SOV}}\left(\boldsymbol{v}_p^{(\hat{n})},\boldsymbol{v}_q^{(\hat{n}+\Delta n)}\right)\quad \widehat{\mathrm{MPD}}_p^{(\hat{n})}\right]^{\mathrm{T}} \tag{4.161}$$

模糊 2-均值聚类技术的初始聚类中心设置为所有模态聚类特征的正负标准差，

由于各模态相似度特征已经进行了标准正态分布变换，因此，初始聚类中心分别为 $\boldsymbol{\mu}_1=\begin{bmatrix}-1 & -1 & -1 & -1\end{bmatrix}^{\mathrm{T}}$ 和 $\boldsymbol{\mu}_2=\begin{bmatrix}1 & 1 & 1 & 1\end{bmatrix}^{\mathrm{T}}$。对所有模态的特征 $\boldsymbol{m}_p^{(\hat{n})}$ 按照式（4.155）和式（4.156）进行迭代更新，直到式（4.154）中的目标函数不再减小，迭代终止后，分别获得样本特征小和样本特征大的两类。样本特征小，即表示最邻近模态对的参数偏差小，对应的模态可能为桥梁结构模态，这里称之为稳定模态；反之，样本特征大，即表示最邻近模态对的参数偏差大，对应的模态为虚假模态，这里称之为不稳定模态。不稳定模态将在第一阶段聚类完成后被剔除。而稳定模态类中包含绝大多数桥梁结构模态和少量虚假模态，将进行下一阶段的聚类。

阶段二：聚类提取各阶桥梁结构模态。该阶段主要目标是，从前一阶段提取的稳定模态中去除残余的虚假模态，并将各阶桥梁结构模态区分出来，给出各阶模态的参数值。聚类步骤如下：

① 自 $\hat{n}=n_{\min}$ 开始，确定首次出现稳定模态的模型阶次 $\hat{n}$，该阶次下各稳定模态自成一类。

② 令 $\hat{n}=\hat{n}+\Delta n$，计算第 p 类中代表模态与模型阶次 $\hat{n}$ 下各稳定模态 q 的距离，其中两模态的距离为 $\mathrm{dSOV}\left(\boldsymbol{v}_p,\boldsymbol{v}_q\right)$。

③ 若 $\mathrm{dSOV}\left(\boldsymbol{v}_p,\boldsymbol{v}_q\right)\leqslant e_{\mathrm{sov}}$，则稳定模态 q 归入第 p 类中，且第 p 类的代表模态更新为稳定模态 q；反之，稳定模态 q 自成一类。其中，类间距离 e_{sov} 确定为所有稳定模态观测向量偏差的98%累积量。

④ 重复②和③，直到 $\hat{n}=n_{\min}+\kappa\Delta n$。

⑤ 若类内模态数量大于 0.5κ，表明该类内模态多次出现在稳定图的各模型阶次下，视为结构模态；反之，视为虚假模态，应予以剔除。

⑥ 利用局部异常检测法剔除各阶结构模态类内孤立点，并给出剔除孤立点后各类内模态参数均值，作为模态辨识结果。

3）模态阶次匹配追踪

桥梁在其工作期间受到的激励形式多变，激励带宽和激励水平直接影响模态的可辨识性。利用不同时间段的振动响应进行模态辨识，可识别到的模态阶次未必一致，甚至存在模态丢失的问题。若缺乏可靠的匹配追踪技术，可能出现模态错误匹配的风险，进而导致在线追踪的模态演变规律不可靠。模态阶次匹配追踪一般需要考虑两个问题：①匹配追踪指标如何选取才能保证不同阶模态可准确区分；②参考模态集如何选取才能保证将来辨识到的模态均可被正常追踪。

在匹配追踪过程中，仍需要借助模态相似度指标来区分不同阶模态。然而，桥梁上布设的测点有限时，模态置信准则可能无法区分不同阶模态；存在密集模态的情况下，式（4.147）中的频率偏差可能无法区分不同阶模态；而式（4.148）中的阻尼比偏差以及式（4.152）中的模态平均相位不能用于区分模态阶次。因此，采用式（4.151）中的模态观测向量来构造区分模态阶次的指标。

利用不同振动响应数据段时，模态可辨识性存在差异，导致根据已辨识出的模态参数来确定的初始参考模态集可能并不完备，例如，将来有可能识别出新的模态阶次，而这个新的模态阶次并未包含在初始参考模态集中。为了避免将来可能出现的新模态阶次在追踪过程中丢失，需要在线更新参考模态集。更新参考模态集的依据：若将来辨识的某一模态与原参考模态集中任意模态均不相似，则该模态为新阶次模态，应加入参考模态组。利用模态观测向量的相关性来量化模态的相似度，并据此判别新的模态阶次，以及更新参考模态集，具体如下。

首先，用第一段振动测试数据辨识出的所有模态组成初始参考模态集，并定义当前参考模态观测向量组成的可观矩阵 $\boldsymbol{O}_{\text{ref}}$ 为

$$\boldsymbol{O}_{\text{ref}} = \begin{bmatrix} \boldsymbol{v}_{1,\text{ref}} & \boldsymbol{v}_{2,\text{ref}} & \cdots & \boldsymbol{v}_{M,\text{ref}} \end{bmatrix} \tag{4.162}$$

式中，M 表示当前参考模态个数；第 i 阶参考模态的观测向量 $\boldsymbol{v}_{i,\text{ref}}$ 与式（4.151）的定义相同。

利用将来辨识模态 z 的观测向量 $\boldsymbol{v}_z$ 与参考模态可观矩阵 $\boldsymbol{O}_{\text{ref}}$ 间的相关性来量化二者的相似度。为了评价观测向量 $\boldsymbol{v}_z$ 与参考模态可观矩阵 $\boldsymbol{O}_{\text{ref}}$ 间的相关性，先对参考模态可观矩阵 $\boldsymbol{O}_{\text{ref}}$ 按式（4.163）进行奇异值分解：

$$\boldsymbol{O}_{\text{ref}} = \boldsymbol{W}\boldsymbol{S}\boldsymbol{\Theta}^{\text{T}} = \begin{bmatrix} \boldsymbol{W}_1 & \boldsymbol{W}_2 \end{bmatrix} \begin{bmatrix} \boldsymbol{S}_1 & \boldsymbol{0} \\ \boldsymbol{0} & \boldsymbol{0} \end{bmatrix} \begin{bmatrix} \boldsymbol{\Theta}_1^{\text{T}} \\ \boldsymbol{\Theta}_2^{\text{T}} \end{bmatrix} \tag{4.163}$$

式中，$\boldsymbol{W}$ 是左奇异向量构成的矩阵；$\boldsymbol{S}$ 是奇异值矩阵；$\boldsymbol{\Theta}$ 是右奇异向量构成的矩阵；T 表示转置；$\boldsymbol{S}_1$ 表示非零奇异值矩阵；$\boldsymbol{W}_1$ 和 $\boldsymbol{\Theta}_1$ 分别是与非零奇异值对应的左奇异向量构成的矩阵和右奇异向量构成的矩阵；$\boldsymbol{W}_2$ 和 $\boldsymbol{\Theta}_2$ 分别是与零奇异值对应的左奇异向量构成的矩阵和右奇异向量构成的矩阵。

由于可观矩阵 $\boldsymbol{O}_{\text{ref}}$ 为列满秩矩阵，则非零奇异值矩阵 $\boldsymbol{S}_1$ 的维度为 $M \times M$。由前 M 列左奇异向量构成的矩阵 $\boldsymbol{W}_1$ 中包含 M 个正交基向量。$\boldsymbol{W}_1$ 中各正交基向量张成的列空间包含了可观矩阵 $\boldsymbol{O}_{\text{ref}}$ 中的参考模态信息，将 $\boldsymbol{W}_1$ 称为参考基向量组。而矩阵 $\boldsymbol{W}_2$ 中的各正交基向量张成的零空间与可观矩阵 $\boldsymbol{O}_{\text{ref}}$ 中的参考模态信息互补，被称为非参考基向量组。

量化观测向量 $\boldsymbol{v}_z$ 与参考模态可观矩阵 $\boldsymbol{O}_{\text{ref}}$ 间的相关性转化为量化观测向量和基向量组间的相关性，其中各基向量组 $\boldsymbol{W}_k$ 与观测向量 $\boldsymbol{v}_z$ 间的相关性定义为

$$\text{COV}\left(\boldsymbol{W}_k, \boldsymbol{v}_z\right) = 1 - \left\| \bar{\boldsymbol{v}}_z - \boldsymbol{W}_k \left(\boldsymbol{W}_k^{\text{T}} \bar{\boldsymbol{v}}_z \right) \right\|_2^2 \tag{4.164}$$

式中，$\bar{\boldsymbol{v}}_z = \boldsymbol{v}_z / \left\| \boldsymbol{v}_z \right\|_2$ 表示归一化的观测向量。

事实上，相关性 $\text{COV}(\boldsymbol{W}, \boldsymbol{v})$ 表示基向量组 $\boldsymbol{W}$ 张成的列空间与归一化观测向量 $\bar{\boldsymbol{v}}$ 之间夹角的平方余弦。以图 4.58 中的二维列空间与向量间的夹角为例来解释式(4.164)的意义。将归一化观测量 $\bar{\boldsymbol{v}}$ 投影到列空间，投影向量为 $\boldsymbol{P} = \boldsymbol{W}\left(\boldsymbol{W}^{\text{T}}\boldsymbol{W}\right)^{-1}\boldsymbol{W}^{\text{T}}\bar{\boldsymbol{v}} = \boldsymbol{W}\boldsymbol{W}^{\text{T}}\bar{\boldsymbol{v}}$，则向量与空间夹角的正弦为 $\left\| \bar{\boldsymbol{v}} - \boldsymbol{W}\boldsymbol{W}^{\text{T}}\bar{\boldsymbol{v}} \right\|_2$，向量与空间夹角的余弦为 $\left(1 - \left\| \bar{\boldsymbol{v}} - \boldsymbol{W}\boldsymbol{W}^{\text{T}}\bar{\boldsymbol{v}} \right\|_2^2 \right)^{1/2}$。

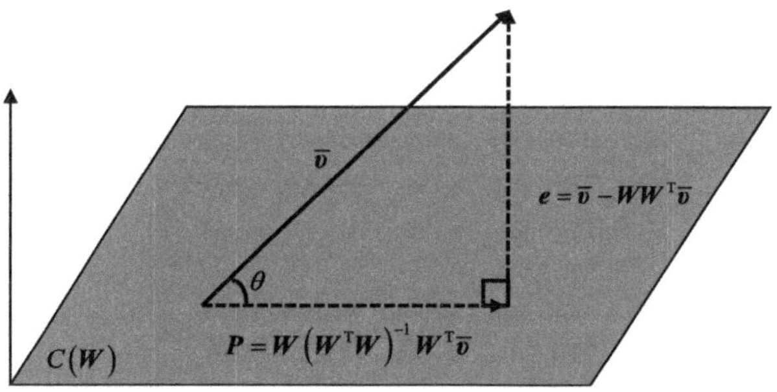

图 4.58　二维列空间与向量间夹角示意图

若将来辨识模态 z 与某一参考模态 i 属于同一阶模态，则观测向量 $\boldsymbol{v}_z$ 与参考模态观测向量 $\boldsymbol{v}_{i,\mathrm{ref}}$ 的相似度高。又因为参考模态观测向量 $\boldsymbol{v}_{i,\mathrm{ref}}$ 隶属于 $\boldsymbol{W}_1$ 中各正交基向量张成的列空间，则观测向量 $\boldsymbol{v}_z$ 同样隶属于 $\boldsymbol{W}_1$ 中各正交基向量张成的列空间，进而可得观测向量 $\boldsymbol{v}_z$ 与 $\boldsymbol{W}_1$ 的相关性 $\mathrm{COV}\left(\boldsymbol{W}_1,\boldsymbol{v}_z\right)$ 大。反之，若将来辨识模态 z 为新阶次模态，则观测向量 $\boldsymbol{v}_z$ 不属于 $\boldsymbol{W}_1$ 中各正交基向量张成的列空间，而是包含在 $\boldsymbol{W}_2$ 中各正交基向量张成的零空间内，观测向量 $\boldsymbol{v}_z$ 与 $\boldsymbol{W}_2$ 的相关性 $\mathrm{COV}\left(\boldsymbol{W}_2,\boldsymbol{v}_z\right)$ 大。因此，若 $\mathrm{COV}\left(\boldsymbol{W}_1,\boldsymbol{v}_z\right)\geqslant\mathrm{COV}\left(\boldsymbol{W}_2,\boldsymbol{v}_z\right)$，则认为将来辨识模态 z 为可追踪模态。否则，将来辨识模态 z 作为新阶次模态加入参考模态组。若有新阶次模态加入参考模态组，在追踪下一时间段的辨识模态前，按照式（4.163）更新参考基向量组 $\boldsymbol{W}_1$ 和非参考基向量组 $\boldsymbol{W}_2$。

当可追踪模态 z 与参考模态 i 间的观测向量相似度满足式（4.165）时，二者被归为同一组。至此，追踪不同测量数据段的辨识模态可自动完成。

$$\mathrm{SOV}\left(\boldsymbol{v}_{i,\mathrm{ref}},\boldsymbol{v}_z\right)\geqslant\mathrm{SOV}\left(\boldsymbol{v}_{\chi,\mathrm{ref}},\boldsymbol{v}_l\right)\qquad\left(\chi=1,2,\cdots,M;\ l=1,2,\cdots,L\right)\tag{4.165}$$

式中，M 表示当前参考模态数量；L 表示从某一测试数据段中获得的可追踪模态数量。

图 4.59 总结了利用环境激励下的桥梁随机振动响应进行模态追踪辨识流程。

2. 列车过桥时的模态追踪辨识

1）辨识难点

列车通行时，桥梁振动显著。振动变形和加速度过大不仅影响桥上行车舒适度，而且会引起桥梁结构疲劳甚至损伤破坏，因此对车致桥梁振动的研究受到广泛关注。车致桥梁振动具有两大特点。①车-桥耦合体系具有复杂的自激性质，致使桥梁振动响应解析出的模态具有时变特性，对这种时变振动特征的研究仍处于探索阶段，以时频分析为主。时频分析作为一种信号处理手段，从振动信号中提取的时频特征缺乏物理解释，即难以明确时频特征属于桥梁结构固有特性还是激励特性。②从桥梁结构子系统的角度来看，其受到风、浪、流等环境激励和列车通过轮轨接触传递的作用力的联合作用。轮轨接触处传递的作用力又可进一步细分为列车移动自重荷载，以及轨道不平顺、列车振动、桥梁振动等引起的动态随机激励。与自然环境激励和

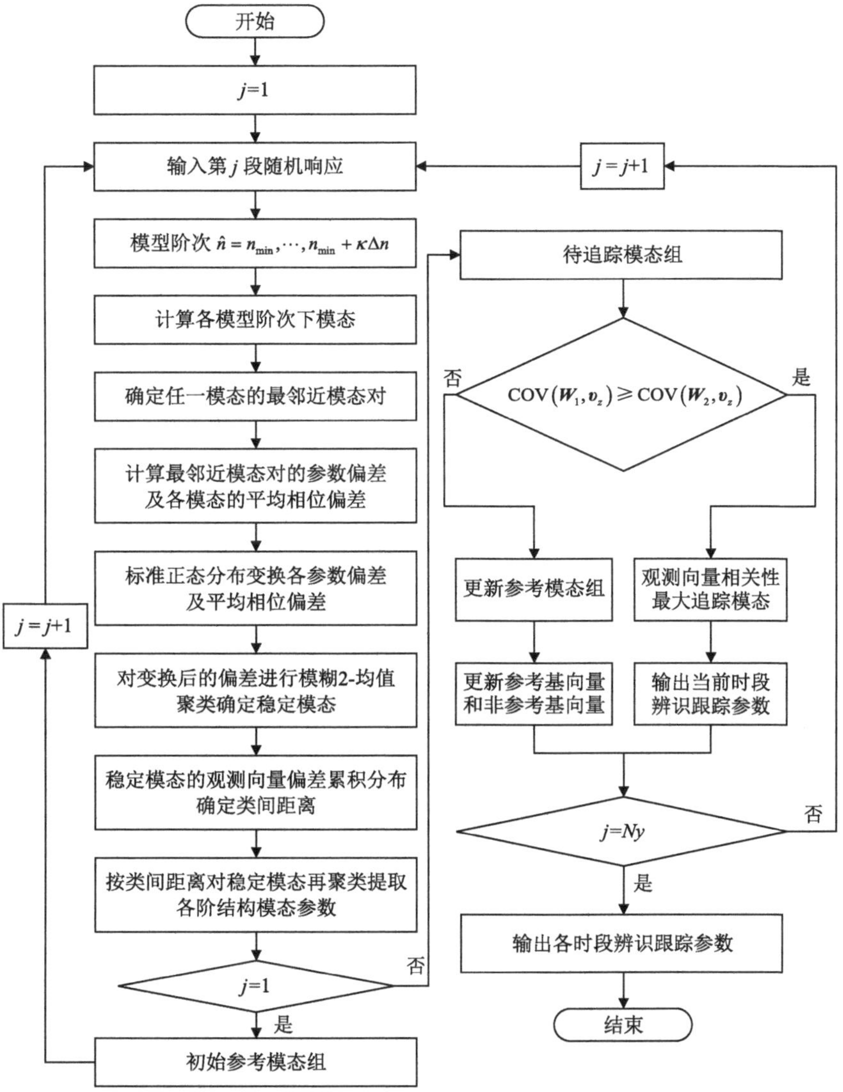

图 4.59　环境激励下基于桥梁随机振动的模态追踪辨识流程

轨道不平顺等动态随机激励相比，列车移动自重荷载强度高、周期性显著，导致桥梁振动响应中强振频率分量贡献显著。从桥梁振动响应的功率谱上看，强振频率处出现显著峰值，而桥梁结构固有频率处为微弱峰值。去除车致强振频率的影响、凸显弱固有频率的影响，是模态辨识分析的一个关键问题。

2）列车移动自重荷载作用效应剔除

首先从车-桥耦合振动系统的物理简化模型出发，分析桥梁结构子系统在列车移动自重荷载作用下的振动特性，进一步阐述列车自重荷载效应剔除对模态辨识的重要性，最后给出一种基于响应-等效荷载投影的列车移动自重荷载作用效应剔除方法。

（1）作用效应分析

① 车–桥耦合系统简化模型。

随着对车–桥耦合动力学研究的深入，车–桥耦合系统的物理简化模型也从简单的移动常力、移动简谐力、移动质量逐步发展到多自由度移动弹簧–质量系统。车–桥耦合系统物理简化模型可分成列车子系统和桥梁结构子系统两大部分。列车子系统模型采用松浦章夫提出的 10 自由度模型[16]，其考虑了实际车辆主要由车体、转向架和轮对等质量部件组成。其中，转向架的构架与轮对、构架与车体之间分别通过一系悬挂装置和二系悬挂装置相连。悬挂装置的作用是降低轨道不平顺、轮对运动对上部车体产生垂向振动、横向冲击等动态影响，主要由弹簧和减振器等构成，在模型中被简化为弹簧和阻尼器。另外，简化模型中各节车辆相互独立，不考虑邻车间的相互作用力；将车体、转向架和轮对等质量部件作为刚体、不考虑弹性变形；不计各质量部件的纵向振动，即沿车运行方向的振动；同时，轮对与轨道视为密贴接触。

以简支梁为例，车–桥耦合系统简化模型如图 4.60 所示。车体、转向架和轮对等部件的质量分别为 m_c 、m_t 和 m_w；车体和转向架的转动惯量分别为 J_c 和 J_t；车体包括沉浮 z_c 和点头 θ_c 两个自由度；转向架的沉浮和点头分别表示为 z_t 和 θ_t；轮对仅考虑沉浮 z_w；车体与转向架间的二系悬挂装置用弹簧和阻尼器简化，分别表示为 k_{ct} 和 c_{ct}；转向架与轮对间一系悬挂装置用弹簧 k_{tw} 和阻尼器 c_{tw} 简化；转向架中心距和轴距分别表示为 l_t 和 l_w；简支梁全长为 L 。梁上各点 x 处的轨道不平顺记为 $I_r(x)$ 。

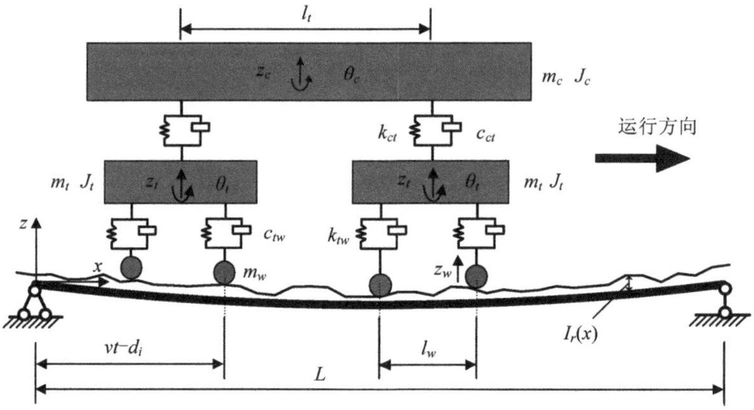

图 4.60　车–桥耦合系统简化模型

根据此车–桥耦合系统简化模型，假定各车辆的车体质量一致、转向架质量一致、轮对质量相同，则列车通过轮轨接触点 x 传递给桥梁结构子系统的作用力 $p(t)$ 为

$$p(t)=p_S-m_w\ddot{z}_w(t)+c_{tw}\left(\dot{z}_t(t)-\dot{z}_w(t)\right)+k_{tw}\left(z_t(t)-z_w(t)\right) \tag{4.166}$$

式中，p_S 表示各轮对分配的列车自重荷载，$\ddot{z}_w(t)$、$\dot{z}_w(t)$ 和 $z_w(t)$ 分别为轮对的加速度、速度和位移，$\dot{\bullet}$ 和 $\ddot{\bullet}$ 分别表示关于时间 t 的一阶导数和二阶导数，$\dot{z}_t(t)$ 和 $z_t(t)$

为转向架速度和位移。

根据位移协调条件：

$$z_w(t)=z_b(x,t)+I_r(x) \tag{4.167}$$

式中，$z_b(x,t)$ 和 $I_r(x)$ 分别表示在 t 时刻接触点 x 处的桥梁竖向位移及轨道不平顺。

根据式（4.167），轮对的速度响应和加速度响应分别为

$$\dot{z}_w(t)=\frac{\partial z_b(x,t)}{\partial x}\frac{\partial x}{\partial t}+\frac{\partial z_b(x,t)}{\partial t}+\frac{\partial I_r(x)}{\partial x} \tag{4.168}$$

$$\ddot{z}_w(t)=\frac{\partial^2 z_b(x,t)}{\partial x^2}\left(\frac{\partial x}{\partial t}\right)^2+2\frac{\partial^2 z_b(x,t)}{\partial t\partial x}\frac{\partial x}{\partial t}+\frac{\partial z_b(x,t)}{\partial x}\frac{\partial^2 x}{\partial t^2}+\frac{\partial^2 z_b(x,t)}{\partial t^2}+\frac{\partial^2 I_r(x)}{\partial x^2} \tag{4.169}$$

忽略式（4.168）和式（4.169）中的高阶项，轮对速度和加速度近似为

$$\dot{z}_w(t)\approx\dot{z}_b(x,t)+I_r'(x) \tag{4.170}$$

$$\ddot{z}_w(t)\approx\ddot{z}_b(x,t)+I_r''(x) \tag{4.171}$$

式中，•′ 和 •″ 分别表示关于作用位置 x 的一阶导数和二阶导数，$\dot{z}_b(x,t)$ 和 $\ddot{z}_b(x,t)$ 分别为 t 时刻 x 点处的桥梁速度和加速度。

将式（4.167）、式（4.170）和式（4.171）代入式（4.166），轮轴传递的作用力为

$$\begin{aligned}p(t)=p_{\mathrm{S}}-m_w\left(\ddot{z}_b(x,t)+I_r''(x)\right)+c_{tw}\left(\dot{z}_t(t)-\dot{z}_b(x,t)-I_r'(x)\right)\\+k_{tw}\left(z_t(t)-z_b(x,t)-I_r(x)\right)\end{aligned} \tag{4.172}$$

式中，通过轮轨接触施加在桥梁结构子系统上的作用力可分为与时间 t 和作用位置 x 无关的准静态自重荷载项 p_{S}，与桥梁振动有关的动态荷载项 $p_{\mathrm{B}}(t)$，以及与桥梁振动无关的动态荷载项 $p_{\mathrm{D}}(t)$，其中：

$$p_{\mathrm{B}}(t)=-m_w\ddot{z}_b(x,t)-c_{tw}\dot{z}_b(x,t)-k_{tw}z_b(x,t) \tag{4.173}$$

$$p_{\mathrm{D}}(t)=-m_wI_r''(x)+c_{tw}\left(\dot{z}_t(t)-I_r'(x)\right)+k_{tw}\left(z_t(t)-I_r(x)\right) \tag{4.174}$$

按照直接刚度法，列车作用下桥梁结构子系统的运动方程为

$$\boldsymbol{M}_b\ddot{\boldsymbol{z}}_b(t)+\boldsymbol{C}_b\dot{\boldsymbol{z}}_b(t)+\boldsymbol{K}_b\boldsymbol{z}_b(t)=\boldsymbol{N}_b(t)\boldsymbol{p}(t) \tag{4.175}$$

式中，$\boldsymbol{M}_b$、$\boldsymbol{C}_b$ 和 $\boldsymbol{K}_b$ 分别为桥梁结构子系统的质量、阻尼和刚度矩阵；$\ddot{\boldsymbol{z}}_b(t)$、$\dot{\boldsymbol{z}}_b(t)$ 和 $\boldsymbol{z}_b(t)$ 为物理坐标系下桥梁结构子系统各节点的加速度、速度和位移向量；$\boldsymbol{N}_b(t)$ 为荷载转换矩阵，将通过轮轨接触传递的作用力等效为节点荷载；$\boldsymbol{p}(t)=\left[p_1(t)\quad p_2(t)\quad\cdots\quad p_{n_w}(t)\right]^{\mathrm{T}}$ 为各轮轨接触传递的作用力向量，n_w 为轮对数。

② 桥梁结构子系统振动特性理论分析。

联立式（4.173）～式（4.175），桥梁结构子系统运动方程可重新写为

$$\boldsymbol{M}_b\ddot{\boldsymbol{z}}_b(t)+\boldsymbol{C}_b\dot{\boldsymbol{z}}_b(t)+\boldsymbol{K}_b\boldsymbol{z}_b(t)=\boldsymbol{N}_b(t)\boldsymbol{p}_{\mathrm{S}}+\boldsymbol{N}_b(t)\boldsymbol{p}_{\mathrm{D}}(t)+\boldsymbol{N}_b(t)\boldsymbol{p}_{\mathrm{B}}(t) \tag{4.176}$$

式中，

$$\boldsymbol{p}_{\mathrm{B}}(t)=-m_w\begin{bmatrix}\ddot{z}_b(x_1,t)\\ \ddot{z}_b(x_2,t)\\ \vdots\\ \ddot{z}_b(x_{n_w},t)\end{bmatrix}-c_{tw}\begin{bmatrix}\dot{z}_b(x_1,t)\\ \dot{z}_b(x_2,t)\\ \vdots\\ \dot{z}_b(x_{n_w},t)\end{bmatrix}-k_{tw}\begin{bmatrix}z_b(x_1,t)\\ z_b(x_2,t)\\ \vdots\\ z_b(x_{n_w},t)\end{bmatrix}\tag{4.177}$$

根据有限元理论，荷载转换矩阵 $\boldsymbol{N}_b(t)$ 与位移转换矩阵一致。接触点处的桥梁竖向位移又可用节点位移描述为

$$\begin{bmatrix}z_b(x_1,t)\\ z_b(x_2,t)\\ \vdots\\ z_b(x_{n_w},t)\end{bmatrix}=\boldsymbol{N}_b^{\mathrm{T}}(t)\boldsymbol{z}_b(t)\tag{4.178}$$

将式（4.176）右侧第 3 项左移，桥梁结构子系统运动方程可进一步写成

$$\boldsymbol{M}(t)\ddot{\boldsymbol{z}}_b(t)+\boldsymbol{C}_{\mathrm{d}}(t)\dot{\boldsymbol{z}}_b(t)+\boldsymbol{K}(t)\boldsymbol{z}_b(t)=\boldsymbol{N}_b(t)\boldsymbol{p}_{\mathrm{S}}+\boldsymbol{N}_b(t)\boldsymbol{p}_{\mathrm{D}}(t)\tag{4.179}$$

式中，

$$\boldsymbol{M}(t)=\boldsymbol{M}_b+m_w\boldsymbol{N}_b(t)\boldsymbol{N}_b^{\mathrm{T}}(t)\tag{4.180}$$

$$\boldsymbol{C}_d(t)=\boldsymbol{C}_b+c_{tw}\boldsymbol{N}_b(t)\boldsymbol{N}_b^{\mathrm{T}}(t)\tag{4.181}$$

$$\boldsymbol{K}(t)=\boldsymbol{K}_b+k_{tw}\boldsymbol{N}_b(t)\boldsymbol{N}_b^{\mathrm{T}}(t)\tag{4.182}$$

车桥耦合作用下的桥梁结构子系统的振动响应 $\{\boldsymbol{z}_b(t),\dot{\boldsymbol{z}}_b(t),\ddot{\boldsymbol{z}}_b(t)\}$ 等价为时变系统 $\{\boldsymbol{M}(t),\boldsymbol{C}_{\mathrm{d}}(t),\boldsymbol{K}(t)\}$ 在移动荷载 $\{\boldsymbol{p}_{\mathrm{S}},\boldsymbol{p}_{\mathrm{D}}(t)\}$ 作用下的强迫振动响应。

③ 列车自重荷载效应剔除对工作模态准确辨识的必要性。

当各车辆的车体质量一致、转向架质量一致、轮对质量相同时，通过各轮轨接触点传递的准静态自重荷载相等，即 $p_{\mathrm{S},1}=p_{\mathrm{S},2}=\cdots=p_{\mathrm{S},n_w}=p_{\mathrm{S}}$。此时，公式（4.179）右侧第一项为准静态自重荷载等效的节点荷载，可重新记为

$$\boldsymbol{u}_b(t)=\boldsymbol{N}_b(t)\boldsymbol{p}_{\mathrm{S}}=\begin{bmatrix}N_{11}(t) & N_{12}(t) & \cdots & N_{1n_w}(t)\\ N_{21}(t) & N_{21}(t) & \cdots & N_{2n_w}(t)\\ \vdots & \vdots & & \vdots\\ N_{nn_w}(t) & N_{nn_w}(t) & \cdots & N_{nn_w}(t)\end{bmatrix}\begin{bmatrix}p_{\mathrm{S}}\\ p_{\mathrm{S}}\\ \vdots\\ p_{\mathrm{S}}\end{bmatrix}=\begin{bmatrix}\sum_{i=1}^{n_w}N_{1i}(t)p_{\mathrm{S}}\\ \sum_{i=1}^{n_w}N_{2i}(t)p_{\mathrm{S}}\\ \vdots\\ \sum_{i=1}^{n_w}N_{n_ei}(t)p_{\mathrm{S}}\end{bmatrix}\tag{4.183}$$

式中，n 为自由度数。

当单元长度无限小，式（4.183）中关于节点 k 的等效竖向荷载可记为

$$u_{b,k}(t)=\sum_{i=1}^{n_w}N_{ki}(t)p_{\mathrm{S}}=\sum_{i=1}^{n_w}p_{\mathrm{S}}\delta\left(t-\frac{d_{ki}}{v}\right)\tag{4.184}$$

式中，δ 为狄拉克函数；v 为车辆运行速度；d_{ki} 为初始时刻第 i 组轮对与节点 k 之间

的距离。

依据轮对位置关系，将 d_{ki} 用轴距 l_w、转向架中心距 l_t、车体中心距 l_c 以及初始距离 d_{k1} 表示，令车厢数为 n_c，则式（4.184）可改写为

$$u_{b,k}(t)=\sum_{m=1}^{n_c}\sum_{s=1}^{2}\sum_{r=1}^{2}p_{\rm S}\delta\left(t-(m-1)\frac{l_c}{v}-(s-1)\frac{l_t}{v}-(r-1)\frac{l_w}{v}-\frac{d_{k1}}{v}\right) \tag{4.185}$$

根据式（4.185）可知，当车速不变时，列车各轮轴以固定的时间间隔经过桥梁结构的同一节点，即作用在桥梁节点上的荷载时程周期变化。对式（4.185）做傅里叶变换，可得

$$U_{b,k}(f)=\int_{-\infty}^{\infty}u_{b,k}(t)\mathrm{e}^{-\mathrm{j}2\pi ft}\,\mathrm{d}t=\sum_{m=1}^{n_c}\sum_{s=1}^{2}\sum_{r=1}^{2}p_{\rm S}\,\mathrm{e}^{-\mathrm{j}2\pi f\left((m-1)l_c+(s-1)l_t+(r-1)l_w+d_{k1}\right)/v} \tag{4.186}$$

式（4.186）中节点荷载时程变化的频域表达仍然较为复杂。本节以 $l_c=25\text{m}$、$l_t=17.5\text{m}$、$l_w=2.5\text{m}$、$n_c=16$、$d_{k1}=0\text{m}$ 为基本参数，并将车速分别设置为 50～200km/h，构造不同车速下节点荷载时程的频谱 $U_k(f)$，如图 4.61 所示。车速为 50km/h、100km/h、150km/h 以及 200km/h 时，频谱上第一阶非零强振频率分别为 0.56Hz、1.11Hz、1.67Hz 和 2.22Hz，恰好等于 v/l_c。相应地，第 M 阶非零强振频率为 Mv/l_c。据此可知，列车自重荷载计算的等效节点荷载的频谱幅值随谱线频率 f 的变化而变化、各阶强振频率处的频谱幅值较高，与理想高斯白噪声的谱特性差距很大。

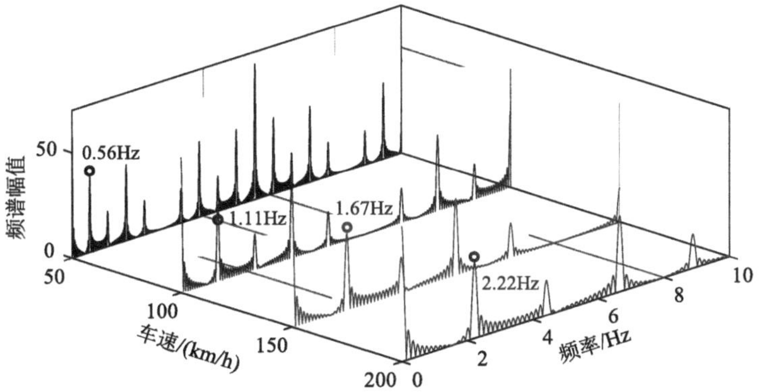

图 4.61　不同车速下节点荷载时程的频谱

若利用列车通行时的桥梁振动响应进行模态分析，不仅需要考虑系统的时变特征，也要避免列车移动自重荷载在振动响应中引起的强振频率导致错误辨识。

（2）作用效应剔除方法

根据式（4.179）及式（4.183），列车和环境激励联合作用下的桥梁结构子系统运动方程重新写为

$$\boldsymbol{M}(t)\ddot{\boldsymbol{z}}_b(t)+\boldsymbol{C}_d(t)\dot{\boldsymbol{z}}_b(t)+\boldsymbol{K}(t)\boldsymbol{z}_b(t)=\boldsymbol{u}_b(t)+\boldsymbol{w}_b(t) \tag{4.187}$$

式中，自重荷载在时间 t 下的等效节点荷载 $\boldsymbol{u}_b(t)$ 为确定性输入；随机输入 $\boldsymbol{w}_b(t)$ 为

动态荷载的等效节点荷载 $\boldsymbol{N}_b(t)\boldsymbol{p}_{\mathrm{D}}(t)$ 与环境激励 $\tilde{\boldsymbol{w}}_b(t)$ 之和。

将式（4.187）用状态空间方程表示为

$$\begin{cases}\dot{\boldsymbol{x}}_b(t)=\boldsymbol{A}_c(t)\boldsymbol{x}_b(t)+\boldsymbol{B}_c(t)\boldsymbol{u}_b(t)+\boldsymbol{w}(t)\\ \boldsymbol{y}_b(t)=\boldsymbol{C}_c(t)\boldsymbol{x}_b(t)+\boldsymbol{D}_c(t)\boldsymbol{u}_b(t)+\boldsymbol{v}(t)\end{cases} \tag{4.188}$$

式中，状态空间中随机输入项 $\boldsymbol{w}(t)=\boldsymbol{B}_c(t)\boldsymbol{w}_b(t)$；$\boldsymbol{v}(t)$ 代表随机输入直接传输及测量噪声；连续时间系统状态矩阵 $\boldsymbol{A}_c(t)$、控制矩阵 $\boldsymbol{B}_c(t)$ 及状态向量 $\boldsymbol{x}_b(t)$ 分别为

$$\boldsymbol{A}_c(t)=\begin{bmatrix}\boldsymbol{0} & \boldsymbol{I}\\ -\boldsymbol{M}^{-1}(t)\boldsymbol{K}(t) & -\boldsymbol{M}^{-1}(t)\boldsymbol{C}_d(t)\end{bmatrix} \tag{4.189}$$

$$\boldsymbol{B}_c(t)=\begin{bmatrix}\boldsymbol{0}\\ \boldsymbol{M}^{-1}(t)\end{bmatrix} \tag{4.190}$$

$$\boldsymbol{x}_b(t)=\begin{bmatrix}z_b(t)\\ \dot{z}_b(t)\end{bmatrix} \tag{4.191}$$

当部分加速度被观测时，观测矩阵 $\boldsymbol{C}_c(t)$ 和直接传输矩阵 $\boldsymbol{D}_c(t)$ 为

$$\boldsymbol{C}_c(t)=\boldsymbol{E}_{n_y}\left[-\boldsymbol{M}^{-1}(t)\boldsymbol{K}(t)\quad -\boldsymbol{M}^{-1}(t)\boldsymbol{C}_d(t)\right] \tag{4.192}$$

$$\boldsymbol{D}_c(t)=\boldsymbol{E}_{n_y}\boldsymbol{M}^{-1}(t) \tag{4.193}$$

式中，$\boldsymbol{E}_{n_y}$ 为系统输出影响矩阵，或称为测点选择矩阵，其仅与测点位置有关。

连续时间状态空间方程式（4.188）的离散形式可表示为

$$\begin{aligned}\boldsymbol{x}(k+1)&=\boldsymbol{A}(k)\boldsymbol{x}(k)+\boldsymbol{B}(k)\boldsymbol{u}(k)+\boldsymbol{w}(k)\\ \boldsymbol{y}(k)&=\boldsymbol{C}(k)\boldsymbol{x}(k)+\boldsymbol{D}(k)\boldsymbol{u}(k)+\boldsymbol{v}(k)\end{aligned} \tag{4.194}$$

式中，$\boldsymbol{y}(k)=\boldsymbol{y}_b(k\Delta t)$，$\boldsymbol{u}(k)=\boldsymbol{u}_b(k\Delta t)$。

为了消除确定性输入的影响，依据子空间投影理论，利用确定性输入构造正交投影矩阵，将输出信号投影到与确定性输入无关的子空间。首先，当系统输出 $\boldsymbol{y}(k)$ 和确定性输入 $\boldsymbol{u}(k)$ 均可测，分别按照式（4.195）和式（4.197）构造系统输出和确定性输入矩阵 $\boldsymbol{Y}_b(k)$ 和 $\boldsymbol{U}_b(k)$。

$$\boldsymbol{Y}_b(k)=\left[\boldsymbol{Y}(k)\quad \boldsymbol{Y}(k+1)\quad \cdots\quad \boldsymbol{Y}(k+\beta-1)\right] \tag{4.195}$$

式中，β 是确定性输入矩阵 $\boldsymbol{Y}_b(k)$ 的列数；$\boldsymbol{Y}(k)$ 表达式为

$$\boldsymbol{Y}(k)=\left[\boldsymbol{y}^{\mathrm{T}}(k)\quad \boldsymbol{y}^{\mathrm{T}}(k+1)\quad \cdots\quad \boldsymbol{y}^{\mathrm{T}}(k+\alpha-1)\right]^{\mathrm{T}} \tag{4.196}$$

$$\boldsymbol{U}_b(k)=\left[\boldsymbol{U}(k)\quad \boldsymbol{U}(k+1)\quad \cdots\quad \boldsymbol{U}(k+\beta-1)\right] \tag{4.197}$$

式中，α 是确定性输入矩阵 $\boldsymbol{Y}_b(k)$ 的块行数；$\boldsymbol{U}(k)$ 表达式为

$$\boldsymbol{U}(k)=\left[\boldsymbol{u}^{\mathrm{T}}(k)\quad \boldsymbol{u}^{\mathrm{T}}(k)\quad \cdots\quad \boldsymbol{u}^{\mathrm{T}}(k+\alpha-1)\right]^{\mathrm{T}} \tag{4.198}$$

假定系统短时时不变，确定性输入矩阵 $\boldsymbol{Y}_b(k)$ 和输出矩阵 $\boldsymbol{U}_b(k)$ 满足

$$\boldsymbol{Y}_b(k)=\boldsymbol{O}\boldsymbol{X}_b(k)+\boldsymbol{G}\boldsymbol{U}_b(k)+\boldsymbol{V}_b(k) \tag{4.199}$$

式中，状态向量扩展为 $\boldsymbol{X}_b(k)=\left[\boldsymbol{x}(k)\quad \boldsymbol{x}(k+1)\quad \cdots\quad \boldsymbol{x}(k+\beta-1)\right]$；$\boldsymbol{O}$ 为可观矩阵，随机扰动矩阵 $\boldsymbol{V}_b(k)$ 和输入控制矩阵 $\boldsymbol{G}$ 分别表示为

$$\boldsymbol{V}_b(k)=\left[\boldsymbol{V}(k)\quad \boldsymbol{V}(k+1)\quad \cdots\quad \boldsymbol{V}(k+\beta-1)\right] \tag{4.200}$$

$$\boldsymbol{G}=\begin{bmatrix} \boldsymbol{D} & \boldsymbol{0} & \cdots & \boldsymbol{0} & \boldsymbol{0} \\ \boldsymbol{CB} & \boldsymbol{D} & \cdots & \boldsymbol{0} & \boldsymbol{0} \\ \vdots & \vdots & & \vdots & \vdots \\ \boldsymbol{CA}^{\alpha-3}\boldsymbol{B} & \boldsymbol{CA}^{\alpha-4}\boldsymbol{B} & \cdots & \boldsymbol{D} & \boldsymbol{0} \\ \boldsymbol{CA}^{\alpha-2}\boldsymbol{B} & \boldsymbol{CA}^{\alpha-3}\boldsymbol{B} & \cdots & \boldsymbol{CB} & \boldsymbol{D} \end{bmatrix} \tag{4.201}$$

式中，广义测量噪声块向量$\boldsymbol{V}(k)=\left[\tilde{\boldsymbol{v}}^{\mathrm{T}}(k)\quad \tilde{\boldsymbol{v}}^{\mathrm{T}}(k)\quad \cdots\quad \tilde{\boldsymbol{v}}^{\mathrm{T}}(k+\alpha-1)\right]^{\mathrm{T}}$，其中广义测量噪声$\tilde{\boldsymbol{v}}(k+\alpha-1)$表达式为

$$\tilde{\boldsymbol{v}}(k+\alpha-1)=\boldsymbol{CA}^{\alpha-2}\boldsymbol{w}(k)+\boldsymbol{CA}^{\alpha-3}\boldsymbol{w}(k+1)+\cdots+\boldsymbol{Cw}(k+\alpha-2)+\boldsymbol{v}(k+\alpha-1) \tag{4.202}$$

利用确定性输入$\boldsymbol{U}_b(k)$定义投影矩阵：

$$\boldsymbol{P}(k)=\boldsymbol{I}-\boldsymbol{U}_b(k)^{\mathrm{T}}\left(\boldsymbol{U}_b(k)\boldsymbol{U}_b(k)^{\mathrm{T}}\right)^{-1}\boldsymbol{U}_b(k) \tag{4.203}$$

将系统输出矩阵$\boldsymbol{Y}_b(k)$投影到与确定性输入无关的子空间，获得投影信号$\boldsymbol{Y}_{\mathrm{p}}(k)$：

$$\boldsymbol{Y}_{\mathrm{p}}(k)=\boldsymbol{Y}_b(k)\boldsymbol{P}(k)=\boldsymbol{OX}_{\mathrm{p}}(k)+\boldsymbol{V}_{\mathrm{p}}(k) \tag{4.204}$$

式中，$\boldsymbol{X}_{\mathrm{p}}(k)$和$\boldsymbol{V}_{\mathrm{p}}(k)$表达式分别为

$$\boldsymbol{X}_{\mathrm{p}}(k)=\boldsymbol{X}_b(k)\boldsymbol{P}(k) \tag{4.205}$$

$$\boldsymbol{V}_{\mathrm{p}}(k)=\boldsymbol{V}_b(k)\boldsymbol{P}(k) \tag{4.206}$$

式(4.204)中投影信号与确定性输入项无关。但该投影过程要求确定性输入$\boldsymbol{u}(k)$已知，而在桥梁结构振动测试中，激励一般不可测。由于确定性输入源于列车移动自重，假定通过各轮轨接触点处传递的车辆自重荷载相等，借助有限元方法将车重荷载等效到节点，并基于等效荷载构造投影矩阵。为了获得等效的确定性输入荷载变异时程，首先根据车号识别仪确定车型，测试的动应变及车速数据联合确定轮轴实时位置，进而根据轮轴实时位置构造各轮轴传递的虚拟车辆自重荷载列，依据有限元理论将虚拟车重荷载分配到各节点，构造节点确定性荷载的相对变异时程。等效原理如下。

依据有限元分析理论，假定整个梁长被划分为n_e个单元，则共有n_e+1个节点。对于每一个梁单元节点考虑竖向位移和转角两个自由度，则有$2(n_e+1)$个自由度。当荷载p_{S}作用在某一单元上，等截面梁单元形函数分配如下：

$$p_{\mathrm{v,L}}=N_{\mathrm{v,L}}(x)p_{\mathrm{S}}=\left[1-3\left(\frac{x}{L_e}\right)^2+2\left(\frac{x}{L_e}\right)^3\right]p_{\mathrm{S}} \tag{4.207}$$

$$p_{\theta,\mathrm{L}}=N_{\theta,\mathrm{L}}(x)p_{\mathrm{S}}=x\left(1-\frac{x}{L_e}\right)^2 p_{\mathrm{S}} \tag{4.208}$$

$$p_{\mathrm{v,R}} = N_{\mathrm{v,R}}(x)p_{\mathrm{S}} = \left[3\left(\frac{x}{L_e}\right)^2 - 2\left(\frac{x}{L_e}\right)^3\right]p_{\mathrm{S}} \tag{4.209}$$

$$p_{\theta,\mathrm{R}} = N_{\theta,\mathrm{R}}(x)p_{\mathrm{S}} = \frac{x^2}{L_e}\left(\frac{x}{L_e} - 1\right)p_{\mathrm{S}} \tag{4.210}$$

式中，$p_{\mathrm{v,L}}$、$p_{\theta,\mathrm{L}}$、$p_{\mathrm{v,R}}$ 和 $p_{\theta,\mathrm{R}}$ 分别为局部坐标系下与单元左节点竖向位移、左节点转角、右节点竖向位移和右节点转角对应的节点荷载；L_e 为单元长度；x 表示轮轴作用位置距离左节点的距离。

依据以上分配形式，可将每一时刻下各轮轨接触处传递的列车自重荷载分配到各节点，组装各节点的等效荷载变异时程作为确定性输入。其中，各轮轴传递的准静态自重荷载 p_{S} 为固定常数。特别地，将准静态自重荷载虚拟为单位荷载（$p_{\mathrm{S}}=1$），进而用于构造确定性输入荷载的相对变化时程。

3）模态在线追踪辨识流程

投影信号 $\boldsymbol{Y}_{\mathrm{p}}(k)$ 虽与确定性输入无关，但仍包含随机扰动项的影响，可采用协方差驱动随机子空间识别法进行模态参数辨识。假定随机信号 $\boldsymbol{w}(k)$ 和 $\boldsymbol{v}(k)$ 的协方差满足

$$E\left[\begin{pmatrix}\boldsymbol{w}(k)\\ \boldsymbol{v}(k)\end{pmatrix}\begin{pmatrix}\boldsymbol{w}^{\mathrm{T}}(\tau) & \boldsymbol{v}^{\mathrm{T}}(\tau)\end{pmatrix}\right] = \begin{bmatrix}\boldsymbol{Q}_{ww} & \boldsymbol{Q}_{wv}\\ \boldsymbol{Q}_{wv}^{\mathrm{T}} & \boldsymbol{Q}_{vv}\end{bmatrix}\delta(k-\tau) \tag{4.211}$$

式中，$\boldsymbol{Q}_{ww}$、$\boldsymbol{Q}_{wv}$ 和 $\boldsymbol{Q}_{vv}$ 均为协方差矩阵。

假定随机信号 $\boldsymbol{w}(k)$ 和 $\boldsymbol{v}(k)$ 与状态量 $\boldsymbol{x}(k)$ 互不相关，即满足

$$E\left[\boldsymbol{w}(k)\boldsymbol{x}^{\mathrm{T}}(k)\right] = \boldsymbol{0} \tag{4.212}$$

$$E\left[\boldsymbol{v}(k)\boldsymbol{x}^{\mathrm{T}}(k)\right] = \boldsymbol{0} \tag{4.213}$$

当 $\tau \neq 0$ 时，有

$$E\left[\boldsymbol{Y}_{\mathrm{p}}(k+\tau)\boldsymbol{Y}_{\mathrm{p}}^{\mathrm{T}}(k)\right] = E\left[\left(\boldsymbol{OX}_{\mathrm{p}}(k+\tau) + \boldsymbol{V}_{\mathrm{p}}(k+\tau)\right)\left(\boldsymbol{OX}_{\mathrm{p}}(k) + \boldsymbol{V}_{\mathrm{p}}(k)\right)^{\mathrm{T}}\right] \tag{4.214}$$

式中，投影状态 $\boldsymbol{X}_{\mathrm{p}}(k+\tau)=\boldsymbol{X}_b(k+\tau)\boldsymbol{P}(k+\tau)$ 可表示为

$$\boldsymbol{X}_{\mathrm{p}}(k+\tau) = \left(\boldsymbol{A}^{\tau}\boldsymbol{X}_b(k) + \boldsymbol{A}^{\tau-1}\boldsymbol{W}_b(k) + \cdots + \boldsymbol{AW}_b(k+\tau-2) + \boldsymbol{W}_b(k+\tau-1)\right)\boldsymbol{P}(k+\tau) \tag{4.215}$$

式中，$\boldsymbol{W}_b(k)=\left[\boldsymbol{w}(k) \quad \boldsymbol{w}(k+1) \quad \cdots \quad \boldsymbol{w}(k+\beta-1)\right]$。

根据式（4.212）和式（4.215），可得

$$E\left[\boldsymbol{OX}_{\mathrm{p}}(k+\tau)\boldsymbol{X}_{\mathrm{p}}^{\mathrm{T}}(k)\boldsymbol{O}^{\mathrm{T}}\right] = \boldsymbol{OA}^{\tau}E\left[\boldsymbol{X}_b(k)\boldsymbol{P}(k+\tau)\boldsymbol{P}^{\mathrm{T}}(k)\boldsymbol{X}_b^{\mathrm{T}}(k)\right]\boldsymbol{O}^{\mathrm{T}} \tag{4.216}$$

根据式（4.202）、式（4.214）和式（4.215）可知，当 $\tau \geqslant \alpha$ 时，

$$E\left[\boldsymbol{V}_{\mathrm{p}}(k+\tau)\boldsymbol{X}_{\mathrm{p}}^{\mathrm{T}}(k)\boldsymbol{O}^{\mathrm{T}}\right] = \boldsymbol{0} \tag{4.217}$$

$$E\left[\boldsymbol{V}_{\mathrm{p}}(k+\tau)\boldsymbol{V}_{\mathrm{p}}^{\mathrm{T}}(k)\right] = \boldsymbol{0} \tag{4.218}$$

$$E\left[\boldsymbol{O}\boldsymbol{X}_{\mathrm{p}}(k+\tau)\boldsymbol{V}_{\mathrm{p}}^{\mathrm{T}}(k)\right]=\boldsymbol{O}\left\{\boldsymbol{A}^{\tau-1}E\left[\boldsymbol{W}_b(k)\boldsymbol{P}(k+\tau)\boldsymbol{P}^{\mathrm{T}}(k)\boldsymbol{V}_b^{\mathrm{T}}(k)\right]+\cdots\right.$$
$$\left.+E\left[\boldsymbol{W}_b(k+\alpha-1)\boldsymbol{P}(k+\tau)\boldsymbol{P}^{\mathrm{T}}(k)\boldsymbol{V}_b^{\mathrm{T}}(k)\right]\right\} \tag{4.219}$$

此时，投影信号的互相关函数满足

$$E\left[\boldsymbol{Y}_{\mathrm{p}}(k+\tau)\boldsymbol{Y}_{\mathrm{p}}^{\mathrm{T}}(k)\right]=\boldsymbol{O}\boldsymbol{\Upsilon}_{\mathrm{p}} \tag{4.220}$$

式中，

$$\begin{aligned}\boldsymbol{\Upsilon}_{\mathrm{p}}&=\boldsymbol{A}^{\tau}E\left[\boldsymbol{X}_b(k)\boldsymbol{P}(k+\tau)\boldsymbol{P}^{\mathrm{T}}(k)\boldsymbol{X}_b^{\mathrm{T}}(k)\right]\boldsymbol{O}^{\mathrm{T}}\\&\quad+\boldsymbol{A}^{\tau-1}E\left[\boldsymbol{W}_b(k)\boldsymbol{P}(k+\tau)\boldsymbol{P}^{\mathrm{T}}(k)\boldsymbol{V}_b^{\mathrm{T}}(k)\right]+\cdots\\&\quad+E\left[\boldsymbol{W}_b(k+\alpha-1)\boldsymbol{P}(k+\tau)\boldsymbol{P}^{\mathrm{T}}(k)\boldsymbol{V}_b^{\mathrm{T}}(k)\right]\end{aligned} \tag{4.221}$$

进一步考虑系统的时变特征，采用滑窗协方差驱动随机子空间算法从投影信号中辨识短时时不变的模态参数，以观察振动系统的参数变化特征。主要思想如下。

假定有限窗长 $2r+l-1$ 内系统时不变，将窗内投影信号 $\boldsymbol{y}_{\mathrm{p}}(k)$ 分成过去投影信号 $\boldsymbol{Y}_{\mathrm{p}}^{-}(k)$ 和将来投影信号 $\boldsymbol{Y}_{\mathrm{p}}^{+}(k)$：

$$\boldsymbol{Y}_{\mathrm{p}}^{-}(k)=\left[\boldsymbol{y}_{\mathrm{p}}^{\mathrm{T}}(k)\quad \boldsymbol{y}_{\mathrm{p}}^{\mathrm{T}}(k+1)\quad\cdots\quad \boldsymbol{y}_{\mathrm{p}}^{\mathrm{T}}(k+r-1)\right]^{\mathrm{T}} \tag{4.222}$$

$$\boldsymbol{Y}_{\mathrm{p}}^{+}(k)=\left[\boldsymbol{y}_{\mathrm{p}}^{\mathrm{T}}(k+r)\quad \boldsymbol{y}_{\mathrm{p}}^{\mathrm{T}}(k+r+1)\quad\cdots\quad \boldsymbol{y}_{\mathrm{p}}^{\mathrm{T}}(k+2r-1)\right]^{\mathrm{T}} \tag{4.223}$$

式中，r 是过去投影信号向量 $\boldsymbol{Y}_{\mathrm{p}}^{-}$ 以及将来投影信号向量 $\boldsymbol{Y}_{\mathrm{p}}^{+}$ 的块行数。

计算当前窗内过去投影信号和将来投影信号的互相关矩阵：

$$\boldsymbol{R}(k)=\sum_{j=k}^{k+l-1}\boldsymbol{Y}_{\mathrm{p}}^{+}(j)\boldsymbol{Y}_{\mathrm{p}}^{-\mathrm{T}}(j) \tag{4.224}$$

式中，l 是用于计算互相关矩阵 $\boldsymbol{R}(k)$ 的投影信号向量 $\boldsymbol{Y}_{\mathrm{p}}^{-}$ 和 $\boldsymbol{Y}_{\mathrm{p}}^{+}$ 的个数。

随着数据窗滑动可获得一系列互相关矩阵，第 i 次滑动后的互相关矩阵更新为

$$\begin{aligned}\boldsymbol{R}(k+i)&=\sum_{j=k+i}^{k+i+l-1}\boldsymbol{Y}_{\mathrm{p}}^{+}(j)\boldsymbol{Y}_{\mathrm{p}}^{-\mathrm{T}}(j)\\&=\boldsymbol{R}(k+i-1)-\boldsymbol{Y}_{\mathrm{p}}^{+}(k+i-1)\boldsymbol{Y}_{\mathrm{p}}^{-\mathrm{T}}(k+i-1)+\boldsymbol{Y}_{\mathrm{p}}^{+}(k+i+l-1)\boldsymbol{Y}_{\mathrm{p}}^{-\mathrm{T}}(k+i+l-1)\end{aligned} \tag{4.225}$$

式中，T 表示转置。

对当前窗内投影信号的互相关矩阵进行奇异值分解：

$$\boldsymbol{R}(k)=\boldsymbol{\Gamma}\boldsymbol{\Sigma}\boldsymbol{H}^{\mathrm{T}}=\begin{bmatrix}\boldsymbol{\Gamma}_1 & \boldsymbol{\Gamma}_2\end{bmatrix}\begin{bmatrix}\boldsymbol{\Sigma}_1 & \boldsymbol{0}\\ \boldsymbol{0} & \boldsymbol{\Sigma}_2\end{bmatrix}\begin{bmatrix}\boldsymbol{H}_1^{\mathrm{T}}\\ \boldsymbol{H}_2^{\mathrm{T}}\end{bmatrix} \tag{4.226}$$

式中，$\boldsymbol{\Gamma}$ 是左奇异向量构成的矩阵；$\boldsymbol{\Sigma}$ 是奇异值矩阵；$\boldsymbol{H}$ 是右奇异向量构成的矩阵；T 表示转置；$\boldsymbol{\Sigma}_1$ 表示非零奇异值矩阵；$\boldsymbol{\Sigma}_2$ 表示零奇异值矩阵；$\boldsymbol{\Gamma}_1$ 和 $\boldsymbol{H}_1$ 分别是与非零奇异值对应的左奇异向量构成的矩阵和右奇异向量构成的矩阵；$\boldsymbol{\Gamma}_2$ 和 $\boldsymbol{H}_2$ 分别是与零奇异值对应的左奇异向量构成的矩阵和右奇异向量构成的矩阵。

当前窗内的可观矩阵计算为

$$\boldsymbol{O}(k)=\boldsymbol{\Gamma}_1\boldsymbol{\Sigma}_1^{1/2} \tag{4.227}$$

从可观矩阵中求解观测矩阵 $\boldsymbol{C}$ 和系统矩阵 $\boldsymbol{A}$：

$$\boldsymbol{C}=\boldsymbol{O}_{1:n_y}(k) \tag{4.228}$$

$$\boldsymbol{A}=\boldsymbol{O}_{1:(\alpha-1)n_y}(k)^{\dagger}\boldsymbol{O}_{n_y+1:\alpha n_y}(k) \tag{4.229}$$

式中，上标†表示伪逆算子；$\boldsymbol{O}_{1:n_y}(k)$ 表示可观矩阵 $\boldsymbol{O}(k)$ 的第 $1\sim n_y$ 行；类似地，$\boldsymbol{O}_{1:(\alpha-1)n_y}(k)$ 表示可观矩阵的第 $1\sim(\alpha-1)n_y$ 行；$\boldsymbol{O}_{n_y+1:\alpha n_y}(k)$ 表示可观矩阵的第 $n_y+1\sim\alpha n_y$ 行。

利用式（4.136）～式（4.139），可从系统矩阵 $\boldsymbol{A}$ 及观测矩阵 $\boldsymbol{C}$ 中计算频率、阻尼比和振型。与随机激励下模态参数辨识方法相同，基于车致振动的模态辨识中的模型阶次也难以确定，仍需按照 4.4.2 节中的方法进行虚假模态剔除。总的模态参数辨识流程如图 4.62 所示。

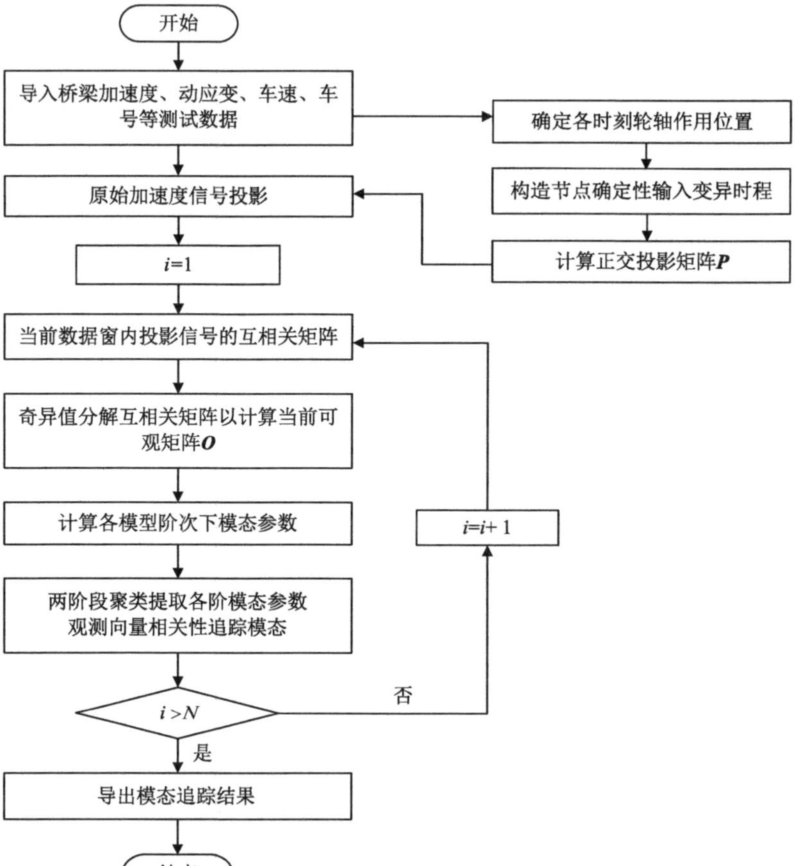

图 4.62　基于桥梁随机-确定性强迫振动的模态在线追踪辨识流程

3. 列车下桥后的模态追踪辨识

1）辨识难点

列车过桥后，车致余振振幅远高于环境激励引起的随机振动振幅，此时的桥梁振动响应可近似视为自由振动响应。理论上讲，自由振动响应的振动频率仅等于桥梁的固有频率，不受激励影响，因此将其用于模态辨识有其独特优势。例如，由于无须剔除激励效应，辨识所需的自由振动数据时程短，有利于提高模态辨识效率。此外，桥梁结构模态可能随温度等环境作用的变化而发生缓慢变化，但利用自由振动进行参数辨识时，所需的数据时程短，该时段内环境因素恒定、桥梁结构参数时不变，模态辨识的时不变假定得以保证，模态辨识精度可进一步提高。

虽然利用自由振动信号进行模态辨识存在上述优势，但结合实桥测试需求仍要注意从振动测试数据中选择合适的自由振动数据段是获得高精度模态参数的基础。若振动测试数据段中混入部分列车通行时的桥梁振动响应，用于自由振动的模态参数辨识方法（如特征系统实现算法）并不适用，参数辨识的不确定性将增大，甚至无法被辨识。一般来说，当缺少可提供车辆位置信息的辅助传感设备时，工作人员可根据桥梁在列车过桥时和下桥后的信号特征粗略选择自由振动段，但这种选择方式无法满足桥梁监测实时采集、在线辨识的需求，甚至难以满足海量数据离线分析的需求。为此，需要一种适合于在线进行的自由振动提取方法。

2）自由振动数据自动检测

（1）自由振动特性分析

根据结构动力学理论，物理坐标系下，桥梁在测点 p 处的多自由度自由振动响应可写为

$$y_p(k)=\sum_{i=1}^{n}\varphi_{pi}b_i\,\mathrm{e}^{-\xi_i\omega_i k\Delta t}\cos\left(\sqrt{1-\xi_i^2}\,\omega_i k\Delta t+\theta_i\right) \tag{4.230}$$

式中，φ_{pi} 为测点 p 处第 i 阶振型值；b_i 和 θ_i 为与初始条件、模态阶次以及响应类型有关而与测点位置无关的常量；n 为参与振动的模态数量或单分量个数；ξ_i 是第 i 阶阻尼比；ω_i 是第 i 阶固有圆频率；k 是离散时间样本编号；Δt 是采样时间间隔。

第 i 阶参与振动的单分量在物理坐标系下的表达式为

$$y_{pi}(k)=\varphi_{pi}b_i\,\mathrm{e}^{-\xi_i\omega_i k\Delta t}\cos\left(\sqrt{1-\xi_i^2}\,\omega_i k\Delta t+\theta_i\right) \tag{4.231}$$

各阶单分量的初始相位 θ_i 与测点位置无关，各测点处的同阶单分量的初始相位一致，但不同阶单分量的初始相位不同，即可能存在 $\theta_i \neq \theta_l$。特别地，实模态系统的各阶单分量初始相位相同或相反。同相位的单分量叠加后响应幅值增大，而反相位单分量叠加后响应幅值减小，这将导致多自由度自由振动信号呈整体衰减局部增大的特征，但局部增大的特征不利于自由振动数据段的无监督选取。

考察参与自由振动的单分量信号可以发现，单分量信号 $y_{pi}(k)$ 的包络 $a_{pi}(k)$ 具

有指数衰减特性，即

$$a_{pi}(k)=\left|\varphi_{pi}b_i\right|\mathrm{e}^{-\xi_i\omega_i k\Delta t} \tag{4.232}$$

受激励的影响，当多自由度振动响应不是自由振动形式时，参与振动的各阶单分量不再满足式（4.232）中的持续指数衰减特性。据此，可将单分量的包络衰减特征作为区分自由振动和强迫振动的依据。

（2）单分量信号包络计算

从多自由度振动响应信号中提取单分量的方法主要分两类。

① 振型分解法。在振型已知的情况下，基于模态叠加原理从原始振动信号中解耦模态响应作为提取的单分量：

$$\boldsymbol{q}(t)=\boldsymbol{\Phi}^{-1}\boldsymbol{y}(t) \tag{4.233}$$

式中，$\boldsymbol{q}(t)$为$n\times1$维列向量模态响应；$\boldsymbol{\Phi}$为$n_y\times n$维矩阵振型矩阵；$\boldsymbol{y}(t)$为原始振动信号。

该方法要求测点数量n_y大于等于模态数量n，以确保原始振动信号可被解耦为相互独立的模态响应。但实际工程中，测点数量有限而参与振动的模态数量较多（即模态辨识的欠定问题），通过振型分解法得到的各分量并非完全解耦的单自由度分量。

② 信号分解技术。该方法通常把多自由度振动响应信号视为一系列调幅调频信号的叠加。在桥梁工程领域应用的信号分解技术有经验模态分解技术、变分模态分解技术等。经验模态分解技术得到的分量信号存在模态耦合和边端效应等问题。变分模态分解技术通过一系列低通维纳滤波器将多自由度宽带信号$y_p(k)$分解为一系列窄带单分量$y_{pi}(k)$，物理意义明确。变分模态分解过程通过最小化各分量的带宽之和来实现，其目标函数为

$$\min_{\{y_{pi}\},\{\omega_i\}}\left\{\sum_{i=1}^{K}\left\|\partial_k\left(\left(\left(\delta(k)+\frac{\mathrm{j}}{\pi k\Delta t}\right)*y_{pi}(k)\right)\mathrm{e}^{-\mathrm{j}\omega_i k\Delta t}\right)\right\|_2^2\right\}\quad \text{s.t.}\quad \sum_{i=1}^{K}y_{pi}(k)=y_p(k) \tag{4.234}$$

式中，$y_{pi}(k)$为估计分量；ω_i为估计分量的中心圆频率；K为估计分量的个数；∂为梯度算子；δ为狄拉克函数；j为虚数单位；$*$为卷积算子；$\|\cdot\|_2$为欧氏范数；s.t.表示约束条件。

求解公式（4.234）等价于寻找式（4.235）中增广拉格朗日函数的鞍点：

$$\begin{aligned}L(\{y_{pi}\},\{\omega_i\},\lambda)=&\chi\sum_{i=1}^{K}\left\|\partial_k\left(\left(\left(\delta(k)+\frac{j}{\pi k\Delta t}\right)*y_{pi}(k)\right)\mathrm{e}^{-\mathrm{j}\omega_i k\Delta t}\right)\right\|_2^2\\&+\left\|y_p(k)-\sum_{i=1}^{K}y_{pi}(k)\right\|_2^2+\left\langle\gamma(k),y_p(k)-\sum_{i=1}^{K}y_{pi}(k)\right\rangle\end{aligned} \tag{4.235}$$

式中，$\langle\ \rangle$表示内积算子；χ为带宽约束的权重；γ为增强重构约束的拉格朗日乘子。

为了求解式（4.235），在频域内分别按式（4.236）～式（4.238）迭代更新各分

量 y_{pi}、中心圆频率 ω_i 以及拉格朗日乘子 γ：

$$Y_{pi}^{q+1}(\omega)=\frac{Y_p(\omega)-\sum_{l<i}Y_{pl}{}^{q+1}(\omega)-\sum_{l>i}Y_{pl}{}^{q}(\omega)+\gamma^q(\omega)/2}{1+2\chi\left(\omega-\omega_i{}^q\right)^2} \tag{4.236}$$

$$\omega_i^{q+1}=\frac{\int_0^\infty \omega\left|Y_{pi}(\omega)\right|^2\mathrm{d}\omega}{\int_0^\infty\left|Y_{pi}(\omega)\right|^2\mathrm{d}\omega} \tag{4.237}$$

$$\gamma^{q+1}(\omega)=\gamma^q(\omega)+\tau\left(Y(\omega)-\sum_i Y_{pi}{}^{q+1}(\omega)\right) \tag{4.238}$$

式中，$Y_p(\omega)$、$Y_{pi}(\omega)$ 和 $\gamma(\omega)$ 分别为信号 $y_p(k)$、$y_{pi}(k)$ 和 $\gamma(k)$ 的频谱；上标 q 表示迭代次数；τ 为噪声容限参数，当信号中含有测量噪声时，分解后的各分量不必完全重构原信号，因此将 γ 和 τ 设为 0 即可。

迭代终止条件为

$$\sum_i\frac{\left\|Y_{pi}^{q+1}(\omega)-Y_{pi}^{q}(\omega)\right\|_2^2}{\left\|Y_{pi}^{q}(\omega)\right\|_2^2}\leqslant\varepsilon \tag{4.239}$$

式中，迭代终止阈值 ε 设置为微小量，例如 $\varepsilon=10^{-8}$。

在变分模态分解过程中，分量个数 K 影响分解结果。若分量的个数小于参与振动的模态数量 n，则获得的分量仍为解耦不完全的混合信号。针对分量个数难确定的问题，可将分量个数 K 固定为 2，执行迭代 2-变分模态分解过程，步骤如下。

步骤 1：令迭代次数 η=1，将多自由度振动响应 $y_p(k)$ 通过变分模态分解获得 2 个分量 $y_{p1}(k,\eta)$ 和 $y_{p2}(k,\eta)$，各分量的中心角频率分别为 $\omega_1(\eta)$ 和 $\omega_2(\eta)$。

步骤 2：分别利用式（4.240）和式（4.241）计算两分量的中心频率偏差 $\mathrm{d}f(\eta)$ 及各分量的能量值 $E_i(\eta)$：

$$\mathrm{d}f(\eta)=\frac{\left|\omega_1(\eta)-\omega_2(\eta)\right|}{2\pi} \tag{4.240}$$

$$E_i(\eta)=\sum_k\left(y_{pi}(k,\eta)\right)^2 \tag{4.241}$$

步骤 3：若两分量的中心频率偏差超过频率分辨率 Δf，令 η=η+1，对具有高能量的分量再进行变分模态分解，获得新的分量 $y_{p1}(k,\eta)$ 和 $y_{p2}(k,\eta)$。

步骤 4：重复步骤 2～步骤 3，直到分量的中心频率偏差小于频率分辨率 Δf。此时，两分量的频谱具有相同的峰值，为单自由度信号。至此，具有高能量的估计分量 $y_{ps}(k,\eta)$ 即作为提取的单分量信号，其中 s 表示两估计分量中能量更高者的编号。

带宽约束权重系数 χ 对变分模态分解效果也会产生影响。根据式（4.235）可知，带宽约束权重用于平衡窄带约束项和重构约束项。χ 值越大，窄带约束越强，提取分量的带宽可能失真。反之，χ 值越小，重构约束越弱，提取分量的带宽过大，可能导致模态耦合。以两自由度信号在不同 χ 值下的分解结果说明带宽约束权重系数的意义。如图 4.63 所示，实线为原始的两自由度信号的频谱幅值。令分量个数 $K=2$，对原始信号进行变分模态分解，获得两个分量，并选取两分量中具有高能量的分量，计算其频谱；图 4.63 中的点线、虚线和点划线，分别对应 $\chi=10$、$\chi=10^4$ 和 $\chi=10^8$ 时的高能量分量的频谱。当 $\chi=10$ 时，带宽约束过弱，获得的分量仍为两阶模态耦合的信号，分量频谱中具有两个峰值。当 $\chi=10^8$ 时，带宽约束过强，此时分量频谱中虽然只有 1 个峰值，但在峰值附近，分量的频谱带宽更窄，与原始振动信号的频谱差距较大，即分量信号存在频谱失真的问题。

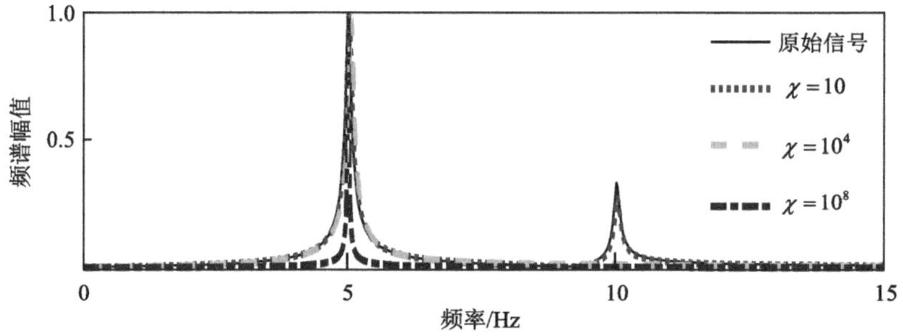

图 4.63　不同带宽约束权重系数下的估计分量频谱

以平衡带宽约束效果和重构约束效果作为确定带宽约束权重的目标。其中，带宽约束效果和重构约束效果分别通过式（4.242）中的功率谱信息熵（information entropy，IE）和式（4.243）中的功率谱不相关系数（uncorrelation coefficient，UC）来量化：

$$\mathrm{IE}=-\sum_{\kappa=0}^{N_s}\frac{S_{y_{pi}}(\omega_\kappa)}{\sum_{\kappa=0}^{N_s}S_{y_{pi}}(\omega_\kappa)}\ln\left(\frac{S_{y_{pi}}(\omega_\kappa)}{\sum_{\kappa=0}^{N_s}S_{y_{pi}}(\omega_\kappa)}\right) \tag{4.242}$$

$$\mathrm{UC}=1-\frac{\sum_{\kappa=0}^{N_s}S_{y_p}(\omega_\kappa)S_{y_{pi}}(\omega_\kappa)-\frac{\sum_{\kappa=0}^{N_s}S_{y_p}(\omega_\kappa)\sum_{\kappa=0}^{N_s}S_{y_{pi}}(\omega_\kappa)}{N_s+1}}{\sqrt{\sum_{\kappa=0}^{N_s}S_{y_p}{}^2(\omega_\kappa)-\frac{\left(\sum_{i=0}^{N_s}S_{y_p}(\omega_\kappa)\right)^2}{N_s+1}}\sqrt{\sum_{\kappa=0}^{N_s}S_{y_{pi}}{}^2(\omega_\kappa)-\frac{\left(\sum_{\kappa=0}^{N_s}S_{y_{pi}}(\omega_\kappa)\right)^2}{N_s+1}}} \tag{4.243}$$

式中，N_s 为谱线数；S_{y_p} 和 $S_{y_{pi}}$ 分别为原始信号 y_p 和分量 y_{pi} 的功率谱；在迭代 2-变分模态分解中，y_{pi} 定义为能量高的分量。

随着带宽约束权重系数 χ 增大，分量的带宽减小而其功率谱逐渐光滑，则功率谱信息熵减小；但各分量重构原始信号的性能降低，分量功率谱与原始信号功率谱间的不相似系数增大。因此，可先假定一组带宽约束权重系数$\{\chi\}=\{\chi_1,\chi_2,\cdots,\chi_M\}$，通过变分模态分解获得各带宽约束权重系数下的估计分量，进而利用式（4.242）和式（4.243）量化分解效果，寻找使估计分量的IE值和UC值同时很小的带宽约束权重系数。

由于不同带宽约束权重系数引起的IE值和UC值的变化区间存在差异，需先对各带宽约束权重系数$\{\chi\}=\{\chi_1,\chi_2,\cdots,\chi_M\}$下获得的$\{\mathrm{IE}\}=\{\mathrm{IE}_1,\mathrm{IE}_2,\cdots,\mathrm{IE}_M\}$以及$\{\mathrm{UC}\}=\{\mathrm{UC}_1,\mathrm{UC}_2,\cdots,\mathrm{UC}_M\}$归一化。归一化后的功率谱信息熵和不相关系数分别定义为式（4.244）和式（4.245）：

$$\mathrm{IE}_{\mathrm{normal},m}=\frac{\mathrm{IE}_m-\min\left(\mathrm{IE}_1,\mathrm{IE}_2,\cdots,\mathrm{IE}_M\right)}{\max\left(\mathrm{IE}_1,\mathrm{IE}_2,\cdots,\mathrm{IE}_M\right)-\min\left(\mathrm{IE}_1,\mathrm{IE}_2,\cdots,\mathrm{IE}_M\right)} \tag{4.244}$$

$$\mathrm{UC}_{\mathrm{normal},m}=\frac{\mathrm{UC}_m-\min\left(\mathrm{UC}_1,\mathrm{UC}_2,\cdots,\mathrm{UC}_M\right)}{\max\left(\mathrm{UC}_1,\mathrm{UC}_2,\cdots,\mathrm{UC}_M\right)-\min\left(\mathrm{UC}_1,\mathrm{UC}_2,\cdots,\mathrm{UC}_M\right)} \tag{4.245}$$

式中，M是权重参数χ假定值的个数，$\mathrm{IE}_{\mathrm{normal},m}$表示根据第$m$（$m$=1,2,$\cdots$,$M$）个假定的权重参数值$\chi_m$获取的功率谱信息熵的归一化值，$\mathrm{UC}_{\mathrm{normal},m}$表示根据第$m$个假定的权重参数值$\chi_m$获取的不相关系数的归一化值。

最终，带宽约束权重系数确定为$\chi=\chi_m$，其中m满足

$$m=\underset{m=1,2,\cdots,M}{\arg\min}\left(\mathrm{IE}_{\mathrm{normal},m}+\mathrm{UC}_{\mathrm{normal},m}\right) \tag{4.246}$$

（3）有效自由振动数据提取步骤

结合桥梁振动测试数据的特性，给出各测点自由振动无监督提取的主要步骤[17]。

步骤 1：确定待分解信号段。由于桥梁跨数多、跨度大，当列车远离测点位置时，测试信号已经开始衰减。特别地，当测点布设在不同跨上，测试信号的衰减特征并不一致。为此，待分解信号应来自列车最迟经过的测点。列车经过测点的先后顺序可通过各测点处信号出现最大值的时刻判断。测试信号$y_l(k)$出现最大值的时刻k_l定义为

$$k_l=\arg\max_{1\leqslant k\leqslant N}\left|y_l(k)\right| \tag{4.247}$$

进一步判断列车最迟经过的测点p：

$$\left\{p,k_p\right\}=\arg\max_{1\leqslant l\leqslant n_y}\left|k_l\right| \tag{4.248}$$

兼顾分解效率，测试信号$y_p(k)$出现最大值的时刻k_p作为待分解信号的初始时刻，即待分解信号为$y_p(k)$，其中，$k=k_p,k_p+1,\cdots,k_p+N-1$。

步骤 2：提取单分量信号。对待分解信号$y_p(k)$执行迭代 2-变分模态分解，并提取高能量的分量作为单分量信号$y_{ps}(k)$，其中，$k=k_p,k_p+1,\cdots,k_p+N-1$。

步骤 3：计算单分量信号的包络线。基于希尔伯特变换思想求解单分量信号$y_{ps}(k)$的包络$a_{ps}(k)$：

$$a_{ps}(k)=\sqrt{\left(y_{ps}(k)\right)^2+\left(\frac{1}{\pi k\Delta t}*y_{ps}(k)\right)^2} \tag{4.249}$$

式中，*为卷积算子。

步骤 4：确定自由振动数据段。计算单分量信号的包络偏差 $\mathrm{d}a_{ps}(k)$：

$$\mathrm{d}a_{ps}(k)=a_{ps}(k+1)-a_{ps}(k) \tag{4.250}$$

若在指定时间段内单分量为自由振动，则其包络单调递减，包络偏差始终为负数。因此，包络偏差持续为负数可作为判断信号衰减的直接依据。同时考虑到强迫振动时间段内单分量也会出现短暂增减现象，选择包络偏差连续为负数的最长时间段，以该时间段内的振动数据作为自由振动有效数据段。

3）模态在线追踪辨识流程

采用特征系统实现算法从选取的自由振动数据中计算不同模型阶次下的模态参数。由于振动测试数据不可避免的引入测量噪声，仍需借助两阶段聚类技术来确定结构模态，进而基于观测向量相关性进行辨识模态的在线追踪。基于桥梁自由振动的模态在线追踪辨识流程如图 4.64 所示。

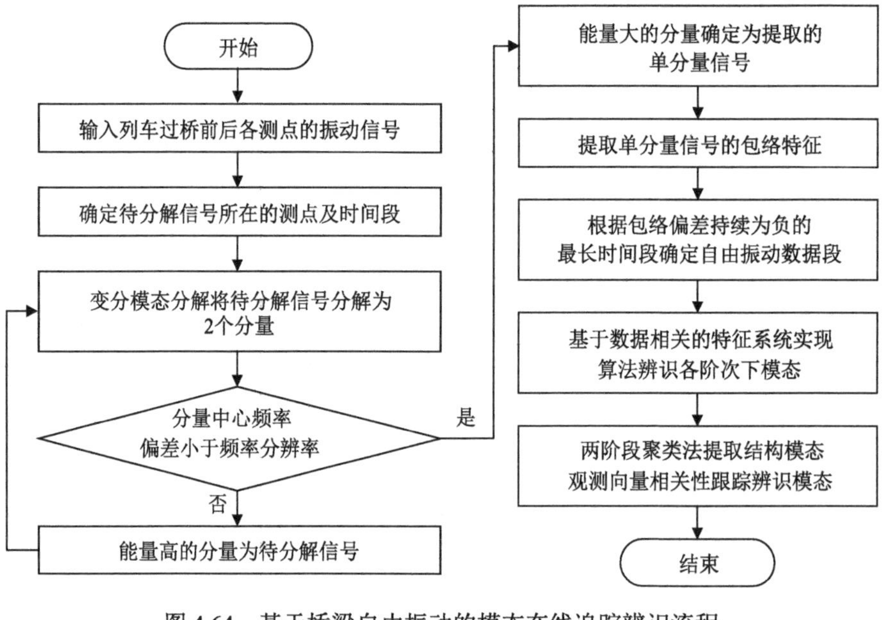

图 4.64　基于桥梁自由振动的模态在线追踪辨识流程

4. 模态全过程追踪辨识

当现场测试数据传输进来以后，如何实现以上三种振动形式的自动区分以及在车-桥耦合振动形式下如何判别列车运行工况，是模态全过程追踪辨识需要考虑的关键问题。

1）列车运行工况判别

列车运行工况判别对确定列车移动荷载作用位置，分析列车移动荷载如何影响桥梁振动响应有重要意义。列车运行工况类型和桥梁上的运行线路（车道）数、列车编组等均有关系，可以通过高分辨率摄像技术直接确定，也可以通过应变、列车速度等测试数据间接判别。一种列车运行工况的间接判别方法介绍如下。

（1）列车运行工况类型

以搭载多线铁路的桥梁为例，介绍列车运行工况的常见类型。对于多车道桥梁结构，列车运行工况可分为多车运行工况和单车运行工况。单车运行工况又可根据列车编组、运行车道做进一步划分。如图 4.65 所示，共有 8 种单车运行工况，分别是 8 编组列车运行于 1～4 号线和 16 编组列车运行于 1～4 号线。

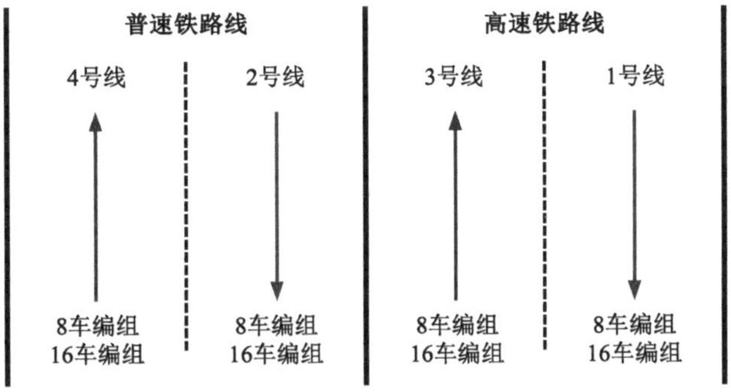

图 4.65　某铁路桥梁的列车运行情况

多车运行工况较为复杂，图 4.66 展示了几种典型的两车平行、两车交会、三车交会工况示意图，其中虚线代表铁路线，实线代表列车，箭头的方向代表列车运行方向，较短的实线表示 8 编组列车，较长的实线表示 16 编组列车，通过不同的组合可以产生 72 种不同的多车运行工况。

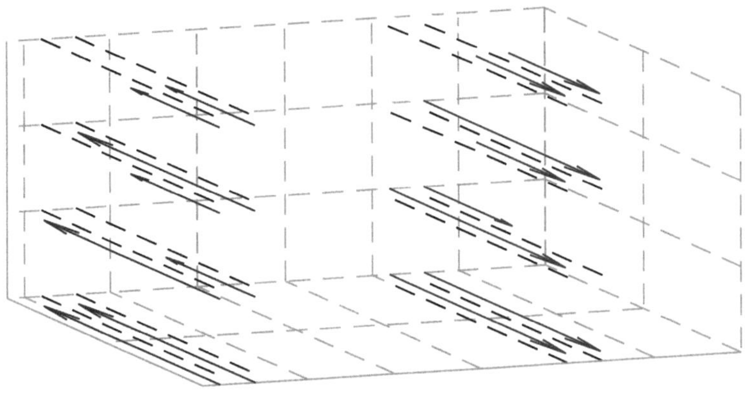

（a）两车平行

图 4.66　多车运行工况示意图

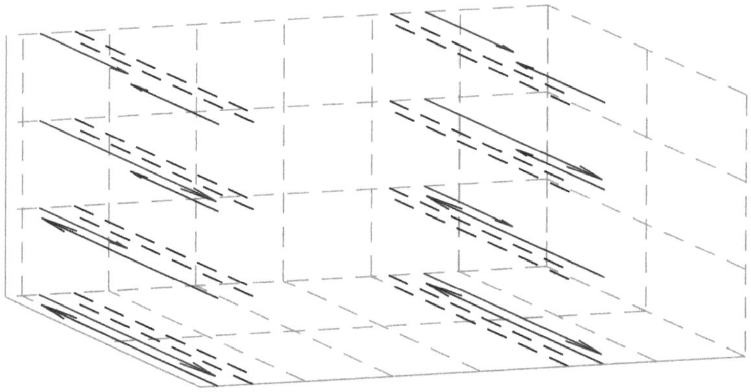

（b）两车交会

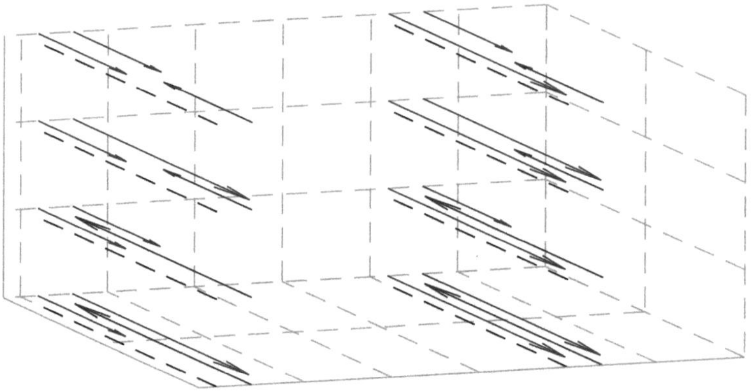

（c）三车交会

图 4.66（续）

（2）车速和运行车道识别

对于多车道的桥梁结构，宜在每一车道分别布设一雷达测速仪，用于测试通过该车道的列车的速度，且可根据雷达测速仪采集的车速数据判断列车运行的车道。值得注意的是，若雷达测速仪采用多普勒原理，其采集的列车速度数据可能存在以下问题。

① 列车具有一定的长度，不能像汽车一样简化为一个点，故列车速度在采集时为一段数据；在雷达测速仪采集到数据的前期，列车与雷达测速仪间的距离较远，由于多普勒效应，雷达测速仪在前期采集的数据可能不准确，与实际列车速度差别较大。

② 列车的各车厢间有一定的距离，当雷达测速仪发射的电磁波在两车厢间隙处反射时（如图 4.67 所示），多普勒雷达测速仪采集的车速数据会不准确，表现为列车经过雷达测速仪的整个时间段内，车速测试数据中间歇性的出现若干个不准确的数据点。

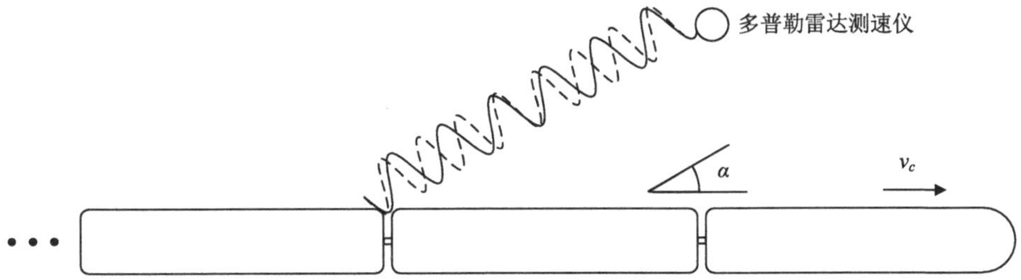

图 4.67　雷达测速仪发射的电磁波在列车车厢间隙之间的反射情况

③ 在桥梁上，同一铁路线的双向车道间常常无遮挡或分隔设施，布设在某车道上的雷达测速仪不仅会采集到本车道上运行列车的速度，还可能会采集到其他车道上运行列车的速度。如图 4.68 所示，当某列车通过当前车道 A 时，50～62s 范围内的非零数据为车道 A 上布设的雷达测速仪采集到的列车速度数据，而 80～100s 范围内的非零数据为相邻车道 B 上布设的雷达测速仪采集到的车速数据。

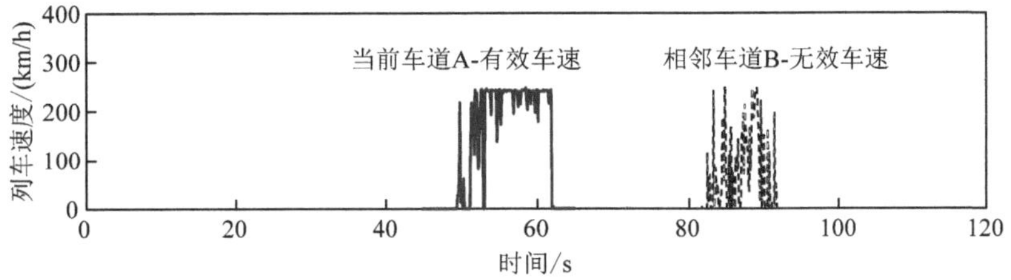

图 4.68　列车速度数据

由于布设在某车道上的雷达测速仪所设定的参数仅适合测试该车道上运行列车的速度数据，其测到运行于其他车道列车的速度数据往往并不准确；而误测的其他车道列车的速度数据还会形成“干扰”，误以为有列车行驶于雷达测速仪所在的车道。

针对以上问题，多普勒雷达测速仪采集的列车速度数据往往不能直接使用，必须通过适当的预处理，以获得有效车速数据。列车速度测试数据预处理的目标为：剔除雷达测速仪采集到的相邻车道上列车经过时产生的速度数据；剔除雷达测速仪前期采集的不准确速度数据，以及车厢间隙造成的不准确速度数据点，仅将“平台期”稳定的速度数据作为有效列车速度。结合某列车经过桥梁时，不同车道上布设的雷达测速仪采集的速度数据（图 4.69），给出提取“平台期”稳定速度数据的步骤。

① 从各雷达测速仪获得的速度测试数据中，分别筛选最长的持续非零数据段；设置一个合理的时间阈值；如果最长非零数据段所在的时间长度大于该时间阈值，则列车运行于该雷达测速仪所在的车道（此处已实现了列车运行车道判别）；若最长非零数据段所在的时间长度小于时间阈值，则表明列车并未运行于雷达测速仪所在的车道，即此车道上雷达测速仪记录的数据无效。如图 4.69（a）中，最长非零数据段的时间长度为 12.4−3.7=8.8(s)，表明列车通行于该车道；而图 4.69（b）中，最长非零数据段的时间长度仅为 8.0−7.0=1.0(s)，表明列车未通行于此车道。

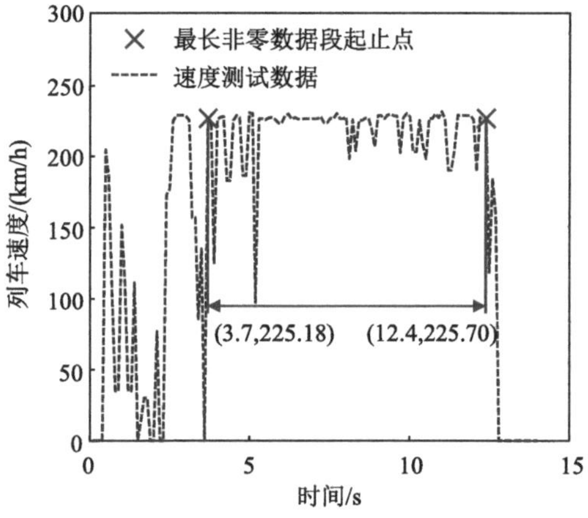

（a）列车运行车道上的速度数据

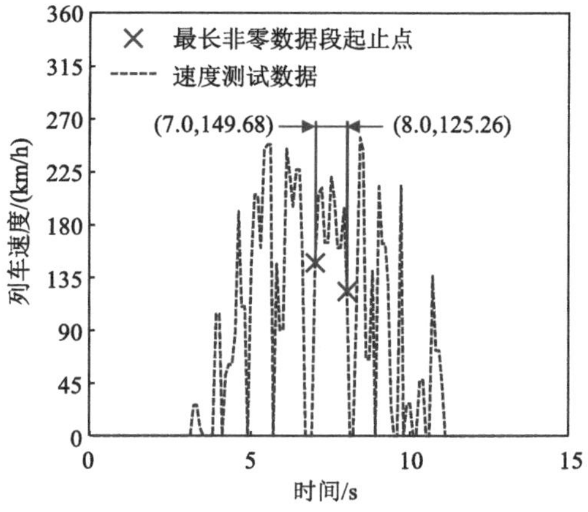

（b）相邻车道上的速度数据

图 4.69　某列车经过时各雷达测速仪采集的速度数据

② 利用列车运行车道上的雷达测速仪采集到的数据进行列车有效速度计算。仍以图 4.69（a）中的数据为例，将其展示在图 4.70 中，按照采样频率将数据样本的出现时间换算成样本点序号，以样本点序号作为图 4.70 的横坐标，并据此介绍列车有效速度计算方法。将最长非零数据段（图 4.70 中×号之间的数据段）所在的时间范围称为“平台期”，检测“平台期”内速度测试数据的所有峰值点（图 4.70 中的∘）；从所有峰值点中选取数值较大的前 50%的峰值点（图 4.70 中的☆），计算其平均值作为列车有效速度。

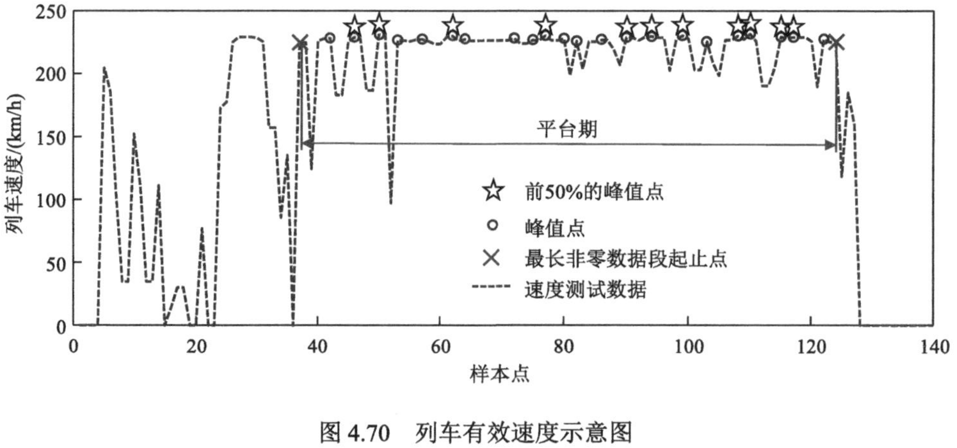

图 4.70　列车有效速度示意图

（3）车厢数识别与车轴定位

在主梁各截面处布设的应变传感器，不仅可用于分辨列车的车厢数量，且能辅助判断列车各轮轴的相对位置。车厢数量和车轴定位的依据是：当列车的一对轮轴逐渐接近于应变传感器所在的桥梁截面时，应变数据值逐渐增大；当轮轴逐渐离应变传感器所在的桥梁截面时，应变数据值又逐渐减小；轮轴与应变传感器的距离越近，应变数据值越大，甚至会形成一个显著的峰值。应变峰值的数量可判断列车的轮轴数（即车厢数量），应变峰值的出现时刻可判断轮轴的相对作用位置。

应变峰值特征与应变传感器布设线路、列车编组息息相关。以多线铁路桥梁（图 4.65）为例，图 4.71（a）的应变数据分别来自布设在同一截面的两个应变传感器，但这两个应变传感器分布在两条铁路线处。当列车行驶至该桥梁截面时，无论线路上是否有列车经过，应变数据的幅值均有所提高，只是列车经过线路上的应变数据提高的幅度更明显。图 4.71（b）给出了当 8 编组列车和 16 编组列车经过某应变传感器时，其采集的应变数据特征。对于编组为 8 车厢的列车，形成 9 个显著峰值（前一车厢的后轮与后一车厢的前轮距离较近，二者作用导致桥梁应变形成一个显著峰值）；16 节车厢的列车作用下，其产生 17 个峰值。据此特性，可判别列车编组情况。并且根据应变数据可以发现，头车厢的第一组轮对和末车厢的最后一组轮对经过应变传感器所在的桥梁截面时，其产生的应变峰值较其他应变峰值低，说明此峰值仅受一组轮对影响。第一个应变峰值出现的时间，近似为第一组轮轴经过应变传感器所在桥梁截面的时刻。忽略列车速度的变化，联合该时刻、列车有效速度、运行车道（即方向）、列车编组的轴距，可粗略计算列车各轮轴在桥梁上的作用点和作用时刻，从而实现各轮轴的粗略定位。

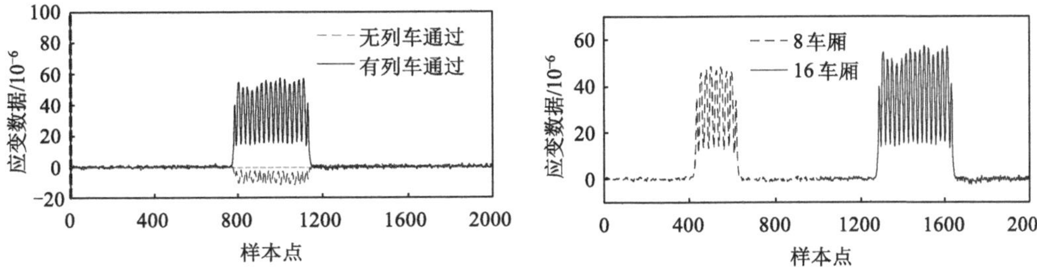

（a）有无列车通过　　　　　　　　　　（b）不同列车编组

图 4.71　有无列车通过与不同列车编组下的应变数据特征

2）振动数据类型在线界定

基于以上车致桥梁应变和列车速度测试数据的特征，给出三种振动形式数据的在线界定步骤。

步骤 1：确定第 k 时刻的桥梁振动测试数据是否由列车作用引起；若其因列车作用而产生，则应进一步粗略筛选车致振动的有效时间窗。有效时间窗内，振动数据应包含车在桥上时的车-桥耦合振动形式和车刚下桥后的有效自由振动形式。此步骤需利用主梁上的应变测试数据进行，具体思想如下。

已有研究发现当通过车轴传递的列车移动荷载作用于应变传感器和枕木的中间位置时，产生应变数据出现峰值[18]。若应变传感器与其最邻近枕木间的相对距离未知，近似认为第一个应变峰值出现时，头车的第一组轮轴经过应变传感器所在截面，因此常将判断有无列车经过应变传感器所在截面的问题转化为搜索应变峰值或较大应变值的问题。值得注意的是，环境激励和测量噪声等因素，导致应变数据始终非零，并且在温度等环境因素的作用下，应变数据中含有明显的趋势项，如图 4.72（a）中的虚线所示，这将为无监督地搜索表征列车通过的应变峰值或较大应变值带来困难。为了消除环境因素的影响，利用一阶差分滤波的思想，采用应变增量代替应变峰值或较大应变值，作为判断是否有列车作用于桥梁结构的指标，应变增量计算式为

$$\mathrm{d}\varepsilon(k)=\varepsilon(k)-\varepsilon(k-f_{\mathrm{se}}) \tag{4.251}$$

式中，$\mathrm{d}\varepsilon(k)$ 定义为应变增量；$\varepsilon(k)$ 表示第 k 时刻的应变测试值；f_{se} 为应变数据的采样频率。

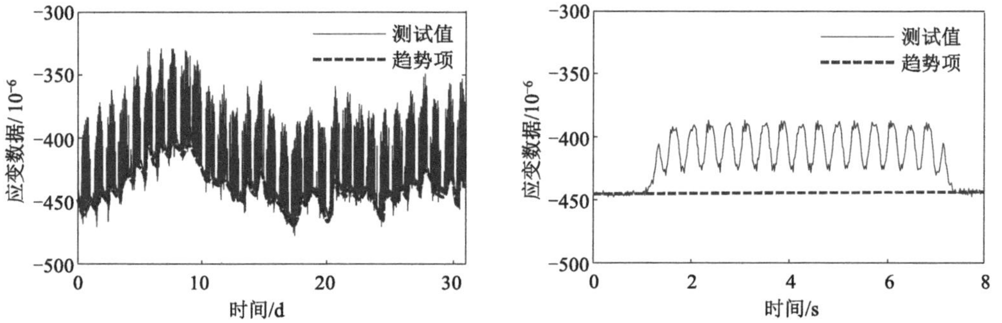

（a）1 个月　　（b）某 16 编组列车经过时

图 4.72　应变数据变化

利用式（4.251）对图 4.72 中的应变数据进行一阶差分滤波处理，获得应变增量结果见图 4.73。一阶差分滤波后，获得的应变增量数据不再受环境因素的影响，仅与列车荷载以及测量噪声有关。利用测量噪声引起的应变增量具有微弱幅值、随机性、持续存在的特点，而列车引起的应变增量具有高幅值、有限时间段内存在的特点，定义区分两者的阈值 ε_T 为

$$\varepsilon_T=\mu_{d\varepsilon}+3\sigma_{d\varepsilon} \tag{4.252}$$

式中，$\mu_{d\varepsilon}$ 和 $\sigma_{d\varepsilon}$ 分别为根据历史应变数据计算的应变增量均值和标准差。

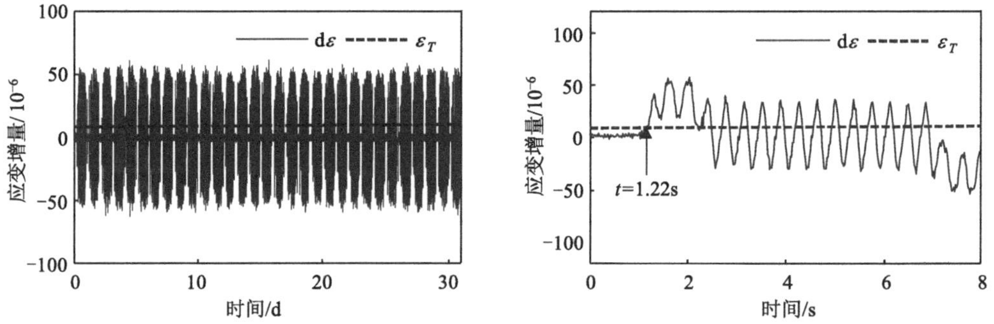

（a）1 个月　　（b）某 16 编组列车经过时

图 4.73　应变增量变化

若应变增量满足 $\mathrm{d}\varepsilon(k)\geqslant\varepsilon_T$，则有列车在时刻 k 作用于桥梁结构上。可进一步结

合列车编组信息、桥梁的跨径信息等推断可能的车致振动时间窗为$[k-K_T,k+K_T]$，其中，半时间窗长K_T需满足下式：

$$K_T \geqslant \frac{(L_{b,\max}+n_c\times l_c)\times f_{\mathrm{se}}}{v_{\min}}+30f_{\mathrm{se}} \tag{4.253}$$

式中，$L_{b,\max}$表示应变传感器与桥梁端头的最大距离，即应变传感器所在位置与远离应变传感器一侧的桥梁端头之间的距离；n_c为车厢数量；l_c为车厢长度；$v_{\min}$为根据历史车速数据统计获得的最小车速值；$30f_{\mathrm{se}}$为附加时间长度，用于确保有足够的自由振动数据段被纳入该车致振动时间窗。

若应变增量满足$\mathrm{d}\varepsilon(k)<\varepsilon_T$，且历史时刻$\bar{k}=k-K_T-1$尚未被归于车致振动时间窗，则历史时刻$\bar{k}$被认定为列车上桥前的桥梁随机振动发生时刻。

步骤 2：在已确定的车致振动时间窗$[k-K_T,k+K_T]$内，利用应变数据和列车速度数据，划分列车运行工况。

由于多车运行工况较为复杂，不宜用于模态分析，且在桥梁工作期间，每一种多车运行工况的样本量较少，因此不再细分多车运行工况的类别。此时，对于具有γ车道的桥梁结构，将可划分出2γ个单车运行工况和 1 个多车运行工况。划分思路如下。

若每一个车道上均布设了一个应变传感器，在时间窗$[k-K_T,k+K_T]$内，对每一个应变传感器采集的应变数据进行应变增量计算。若仅存在车道α，其应变增量在某一时刻$\bar{k}\in[k-K_T,k+K_T]$内满足$\mathrm{d}\varepsilon_\alpha(\bar{k})\geqslant\varepsilon_T$，表明有列车经过车道$\alpha$，且为单车运行工况；进一步可根据应变数据$\varepsilon_\alpha$中的峰值个数为 9 或 17 判断列车编组。若除了车道α，还存在车道j，其应变增量也满足$\mathrm{d}\varepsilon_j(\bar{k})\geqslant\varepsilon_T$（$\bar{k}\in[k-K_T,k+K_T]$），则在时间窗$[k-K_T,k+K_T]$内另有一列车经过车道$j$。此时，需要进一步通过两应变传感器出现第一个峰值的时间、列车有效速度、车厢数、车厢长度、应变传感器与桥梁端头的距离来粗略估计列车在车道α上的时间范围$[\bar{k}_{\alpha,\mathrm{first}},\bar{k}_{\alpha,\mathrm{end}}]$和另一列车在车道$j$上的时间范围$[\bar{k}_{j,\mathrm{first}},\bar{k}_{j,\mathrm{end}}]$；若$\bar{k}_{\alpha,\mathrm{end}}\geqslant\bar{k}_{j,\mathrm{first}}$或$\bar{k}_{j,\mathrm{end}}\geqslant\bar{k}_{\alpha,\mathrm{first}}$，则此为多车运行工况；反之，这两列车在时间窗$[k-K_T,k+K_T]$内仍为单车运行工况，可根据前车驶出时间或后车入桥时间将时间窗$[k-K_T,k+K_T]$分割为两个单车运行工况的时间窗。依此类推，若除了车道α和j，还有更多车道上的应变增量满足有列车经过的条件，也可按以上步骤进行工况判别。

步骤 3：若时间窗$[k-K_T,k+K_T]$下的列车工况为单车运行工况，应进一步区分车桥耦合振动响应和列车下桥后的自由振动响应，即确定自由振动的起始时刻$\bar{k}_{\mathrm{free}}$。相应地，车桥耦合振动时间段为$[k-K_T,\bar{k}_{\mathrm{free}}]$，自由振动时间窗为$[\bar{k}_{\mathrm{free}},k+K_T]$。时刻$\bar{k}_{\mathrm{free}}$根据式（4.247）～式（4.250）中单分量包络线持续递减的特性予以确定。

3）全过程追踪辨识

无列车通行时的桥梁随机振动、车桥耦合振动以及列车下桥后的自由振动可根据以上步骤予以区分，并进一步利用图 4.59、图 4.62 和图 4.64 的模态辨识流程进行参数识别。针对铁路桥梁工作模态全过程的追踪辨识流程如图 4.74 所示。

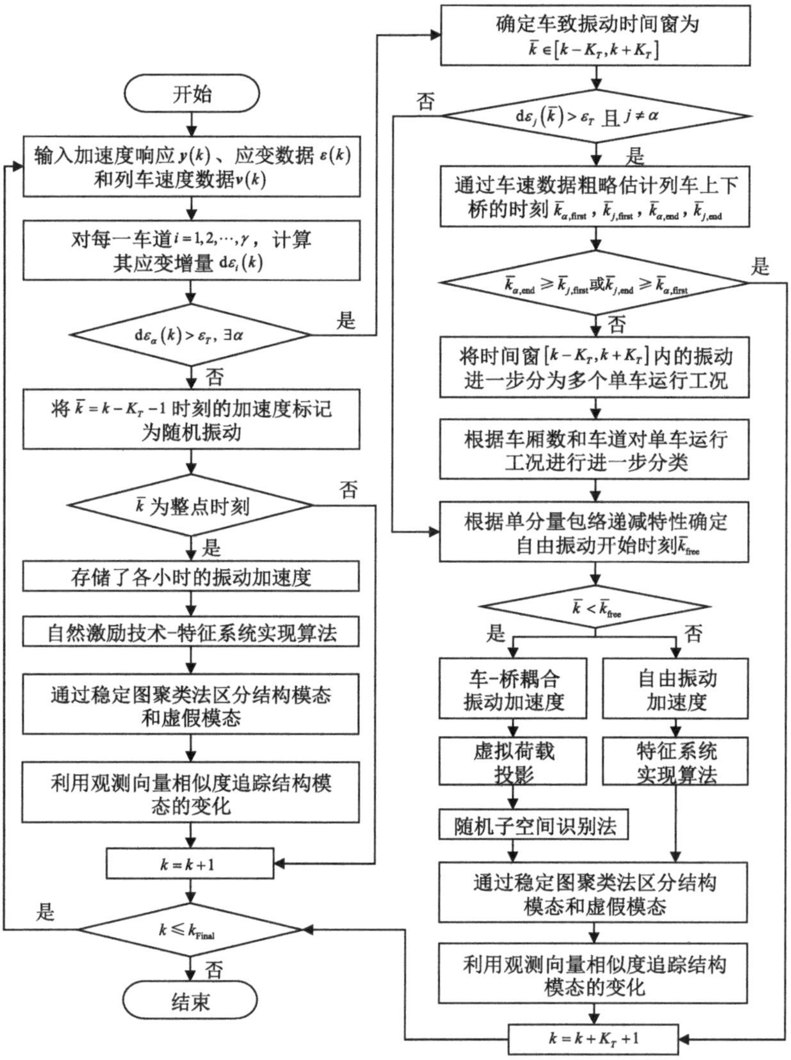

图 4.74　铁路桥梁工作模态全过程追踪辨识流程

5. 案例分析

采用某大跨径高速铁路桥梁的振动测试数据对铁路桥梁工作模态分析理论进行说明。分别介绍了该桥梁及其监测系统的基本信息，展示了列车上桥前、过桥时、下桥后的模态追踪辨识结果。

1）桥梁及其监测系统介绍

大跨径高速铁路钢桁拱桥梁的立面图如图 4.75（a）所示。其主桥的上部结构为 108m+192m+336m+336m+192m+108m 的连续钢桁拱梁，由三榀钢桁拱架和钢桥面板组成，其中，三榀钢桁拱架在横向上间距 15m，由箱形截面上弦杆、箱形截面下弦杆、箱形截面桥面弦杆、工字形截面斜腹杆、H 形截面吊杆、水平和竖向支撑体系等组成；钢桥面板主要包括顶板和横向加劲梁。下部结构由混凝土桥墩和大型球型钢支座组成，其中，大型球型钢支座共有 7 组，主跨中心桥墩处的球型钢支座为固定支座，其余桥墩处的球型钢支座为纵向水平活动支座。该桥梁上共有 6 线轨道，主桥桁架两侧各悬挂一条地铁轨道，主桥上游侧为两条普速铁路线，下游侧为两条高速铁路线。6 线轨道的设计载荷沿桥的纵向方向超过 600kN/m。

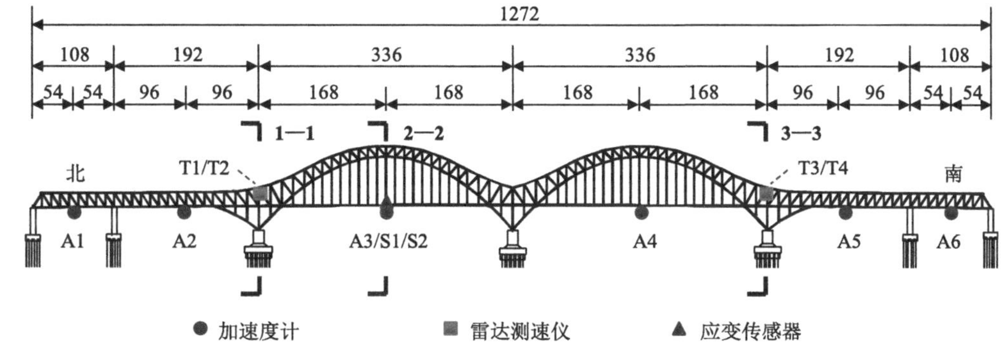

（a）立面图（单位：m）

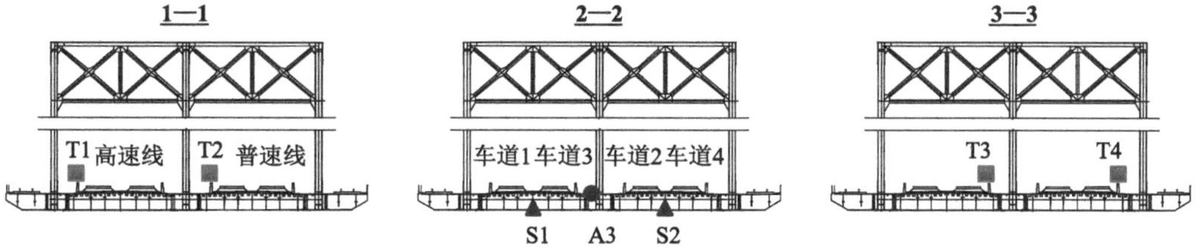

（b）横断面图

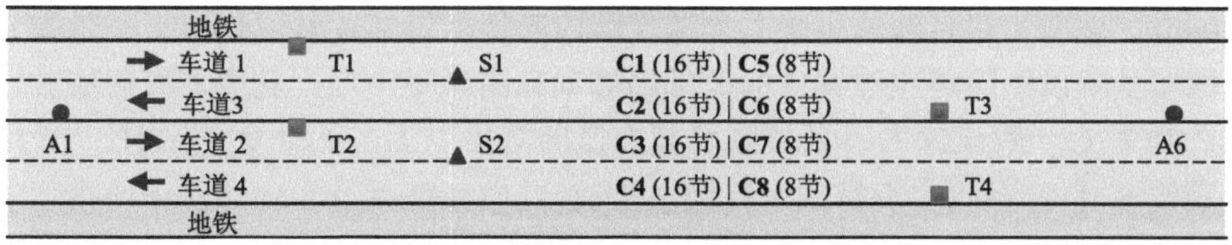

（c）列车运行工况示意图

图 4.75　铁路钢桁拱桥及其测点位置示意图

该桥梁的结构健康监测系统的监测量以及采用的传感器主要包括以下类型：桥址区环境监测采用大气温湿度传感器、机械式及超声式风速风向仪；结构温度及应变监测采用光纤光栅传感器；主梁及桥墩的振动监测采用磁电振动传感器；梁端及中间支座位移采用拉绳式位移计；斜拉索的索力监测采用电容式加速度索力动测仪；列车速度监测采用多普勒原理的雷达测速仪；列车车号识别采用铁路车号读取器。本案例采用的传感器的布设位置见图 4.75（a）和（b）。共有 6 个单向加速度计布设在各跨的跨中位置处，即图 4.75（a）中测点 A1～A6 处，用于测试主梁的竖向振动加速度，各加速度计的采样频率均为 200Hz。并在截面 1—1 和截面 3—3 处共布设了 4 个雷达测速仪，用于测量车道 1～4 上运行列车的速度，采样频率为 10Hz。此外，在主跨的跨中截面，即截面 2—2 处，还布设了两个应变传感器，分别用于测试高速铁路线和普速铁路线的主梁应变，采样频率为 50Hz。

基于桥梁有限元模型进行计算模态分析，图 4.76 给出了有限元模型主梁竖向振动的前 8 阶振型。

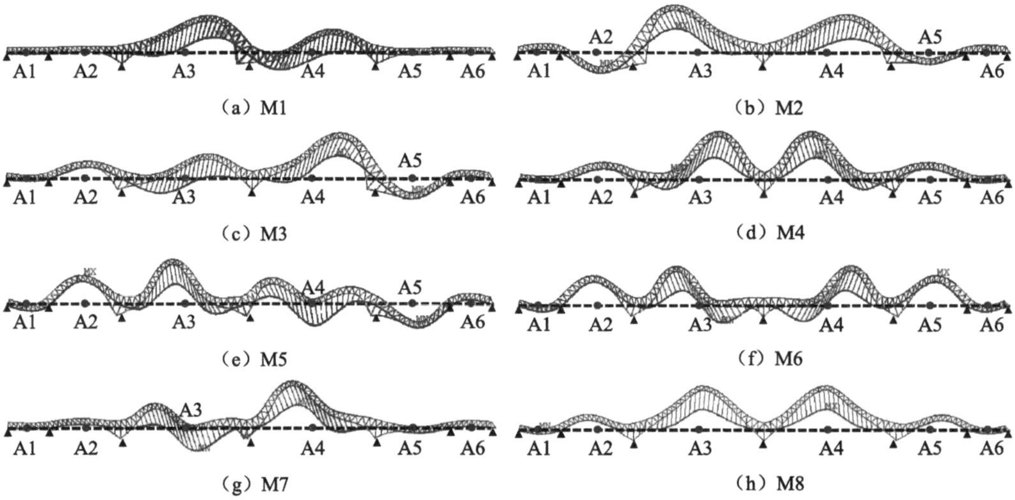

（a）M1　（b）M2　（c）M3　（d）M4　（e）M5　（f）M6　（g）M7　（h）M8

图 4.76　主梁竖向振动的前 8 阶振型

2）列车上桥前的模态追踪辨识结果

根据规范规定[19]，当风荷载、地脉动、水流等环境随机激励引起的随机振动响应用于桥梁的模态辨识分析时，数据时长一般不小于 30min。此案例，令数据时长为 60min，选取主梁各跨跨中竖向加速度响应数据，对其进行取均值、一阶差分及低通滤波处理以剔除响应数据中的低频趋势项和高频噪声项，其中，低通滤波器上限截止频率 f_u 一般设置为感兴趣频率最大值的两倍以上，此处令 f_u =4Hz。采用自然激励技术-特征系统实现算法进行模态辨识，其中特征系统实现算法中的模型阶次范围假定为 100～200，随后采用两阶段聚类法进行虚假模态剔除，剔除虚假模态后的稳定图如图 4.77 所示。在 0～2.5Hz 范围内，稳定图中出现了 9 条垂直于频率轴的竖线，即获取了 9 阶固有频率。

对照图 4.76 中的前 8 阶有限元模型的振型图，将辨识的前 8 阶频率及其对应的振型展示在图 4.78 中。由于环境激励无法测量，桥梁工作模态辨识只可获得频率、阻尼比和未进行质量归一化的振型，而无法获得模态质量。图 4.78 中的归一化振型是对辨识振型除以其最大值获得的。对照图 4.76 和图 4.78 中测点 A1～A6 处的振型幅值及其相对振动方向（振型的正负号代表各测点处的相对振动方向），可以看出，第 2～8 阶振型辨识结果和有限元模型的第 M2～M8 阶测点处的振型具有相同的振动方向。第 1 阶的振型辨识结果和有限元模型结果差别较大，无论是相对振动方向，还是各测点处振型值的相对比例，都有所区别。

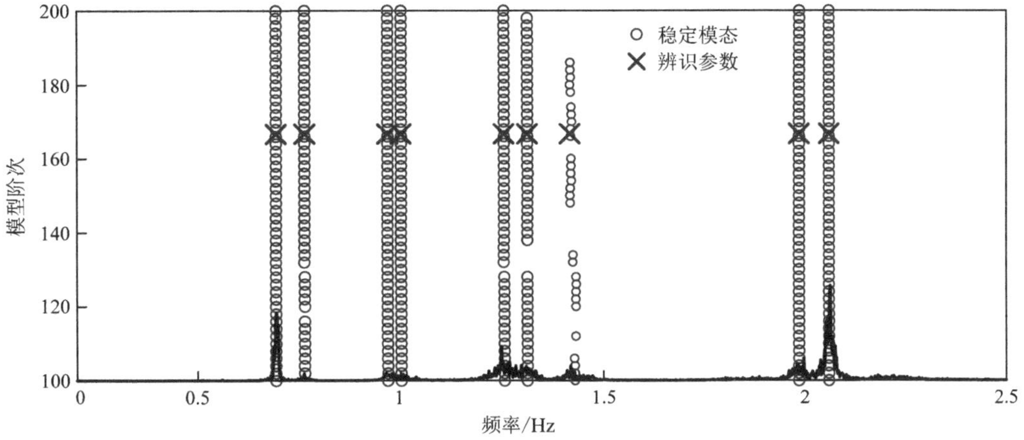

图 4.77　聚类后的稳定图

尽管可辨识出的模态阶数大于测点数量，但测点数量有限仍会造成多阶振型不可区分的问题，例如，图 4.78（d）、（f）和（h），此 3 阶振型的相对振动方向一致；若仅对测点处振型进行连线，第 4 阶和第 8 阶振型辨识结果的连线形状基本一致，即该测点布设方案不满足模态重构效果评价准则的要求。

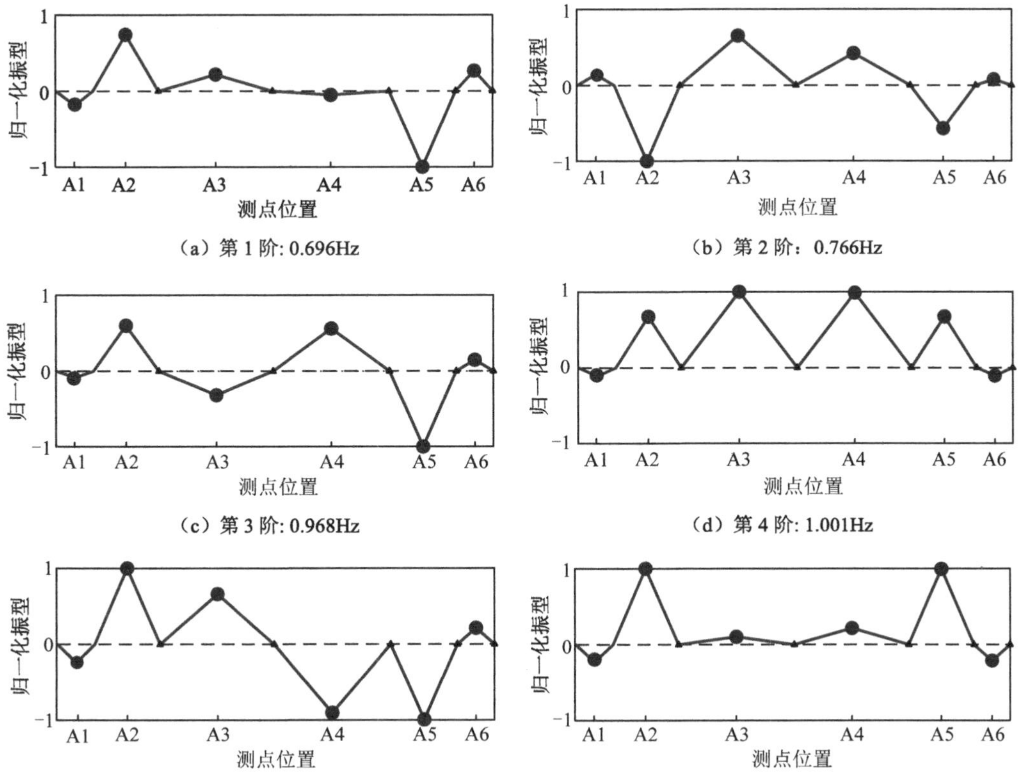

（a）第 1 阶: 0.696Hz　（b）第 2 阶：0.766Hz

（c）第 3 阶: 0.968Hz　（d）第 4 阶: 1.001Hz

（e）第 5 阶: 1.253Hz　（f）第 6 阶: 1.312Hz

图 4.78　前 8 阶频率及其对应振型

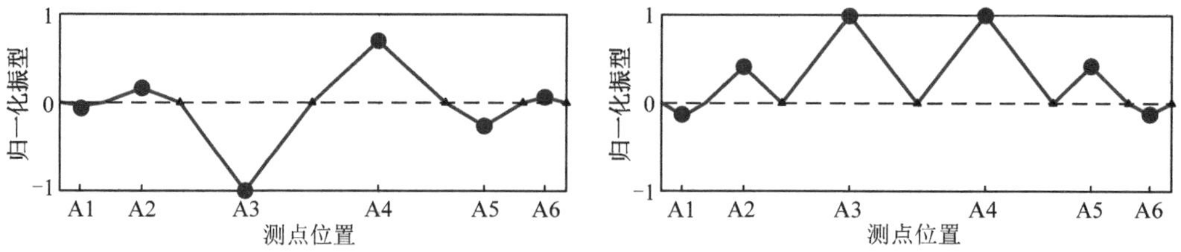

（g）第 7 阶: 1.417 Hz　　（h）第 8 阶: 1.981 Hz

图 4.78（续）

对长达两年的频率辨识结果进行匹配追踪，其结果如图 4.79 所示。各阶频率和阻尼比的追踪辨识结果的均值和标准差见表 4.9。其中，第 8 阶和第 9 阶频率的离散性更高。阻尼比的标准差与均值的比值远大于频率的标准差和均值的比值，说明阻尼比的辨识误差更为显著，也说明环境激励下的桥梁随机振动响应数据不利于阻尼比的辨识。

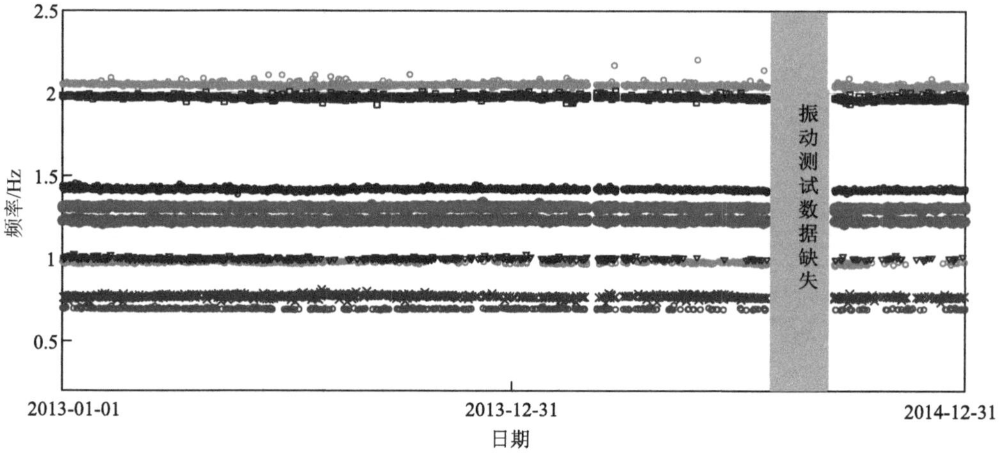

图 4.79　频率演变追踪结果

表 4.9　桥梁竖向加速度辨识模态的统计结果

阶次	频率		阻尼比	
	均值/Hz	标准差/%	均值/%	标准差/%
1	0.695	0.335	0.742	0.440
2	0.769	0.682	0.956	0.566
3	0.977	0.547	0.800	0.259
4	1.001	0.641	2.242	0.491
5	1.230	0.508	2.682	0.513
6	1.312	0.451	0.990	0.353
7	1.420	0.701	1.627	0.397
8	1.975	0.722	0.838	0.279
9	2.050	0.720	0.626	0.244

3）列车过桥时的模态追踪辨识结果

某列车自北向南通过桥梁时，列车的各轮对依次经过加速度测点 A1～A6，各测点处的竖向加速度响应见图 4.80。当列车经过加速度测点时，加速度响应数据显著增大；当列车离开加速度测点后，加速度响应会逐渐衰减，直到回归为环境激励下的随机振动形式。根据图 4.80 可知，列车轮对通过各测点 A1～A6 的时间范围分别约为 30～36s、32～38s、36～42s、41～47s、44～52s、48～54s。

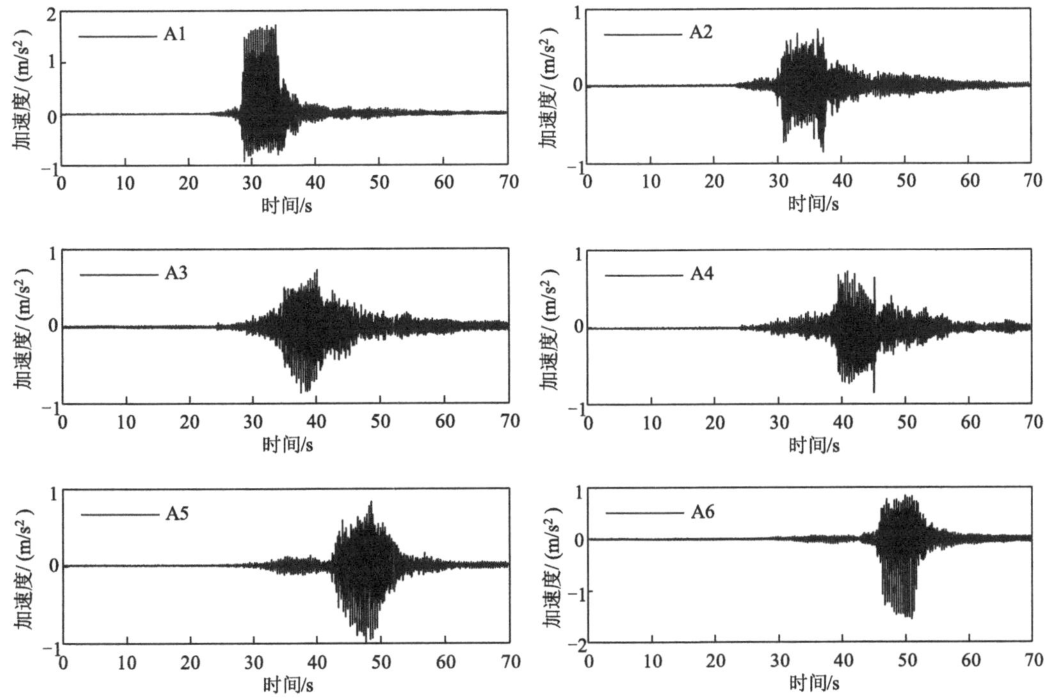

图 4.80　列车过桥前后的桥梁竖向加速度响应数据

与加速度计 A3 处于同一截面的应变传感器 S1 和 S2 测试的应变数据见图 4.81。动应变数据出现显著峰值的时间段与加速度计 A3 出现高幅值加速度的时间段一致，均为 36～42s，即列车各轮对在该时间范围内通过测点 A3 所在的桥梁截面。应变传感器 S1 处的应变增量超过 50 $\mu\varepsilon$ ，远超过应变传感器 S2 处的应变增量；且应变传感器 S1 处的应变数据比应变传感器 S2 处的应变数据曲线更光滑，即信噪比更高；

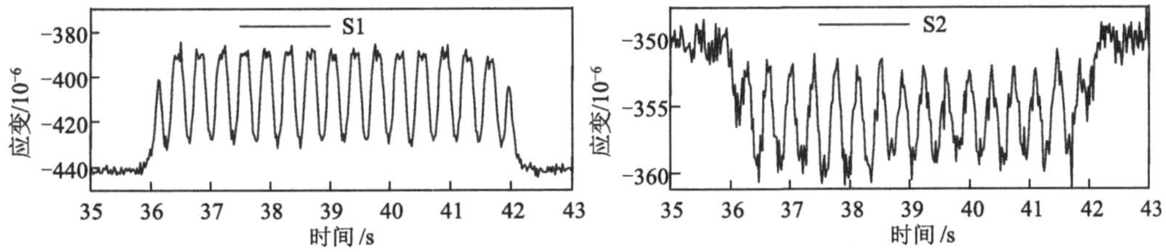

图 4.81　列车过桥前后的桥梁动应变数据

据此可判断，该自北向南的列车经由图 4.75 所示的高速线过桥。应变数据中出现了 17 个峰值，表明该列车编组为 16 车厢。S1 中的应变数据出现第一个峰值的时刻为 36.08s，该时刻大致视为首车的前轮对经过应变传感器 S1 所在截面的时刻。

如图 4.82 所示为本次列车过桥前后各雷达测速仪 T1～T4 测试的列车时速数据。根据数据波形可判断列车经过测速仪 T1 所在的车道，且车速约为 240km/h。按照前述列车有效速度计算方法，并将单位从 km/h 换算为 m/s 后，可得列车有效速度为 67.48m/s。

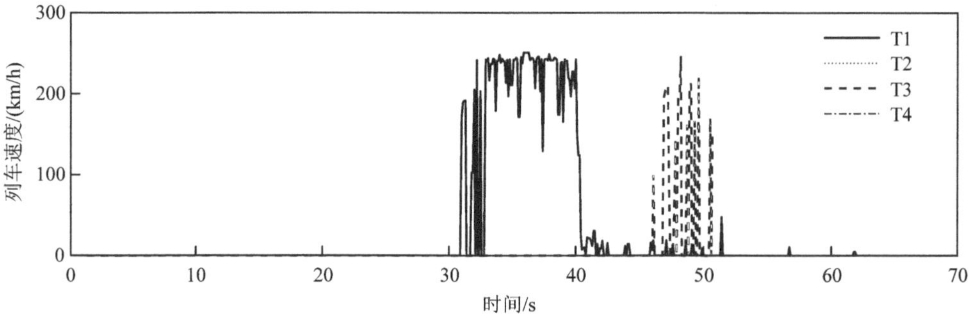

图 4.82　列车速度测试数据

根据首车的首组轮对经过动应变测点的时刻、列车运行方向、列车有效速度、车号识别仪确定的车次以及列车编组参数，可粗略确定各组轮对在任一时刻的作用位置。不考虑实际结构与有限元中等截面均匀梁单元间的模型误差，将每跨等分成 20 个梁单元，并根据轮轴位置确定各节点等效荷载时程。分别对测点 A3 所在截面的主梁竖向加速度响应数据及虚拟的节点等效荷载时程进行功率谱密度函数分析，其结果见图 4.83。加速度响应测试数据的功率谱密度函数曲线上，出现了一系列等间隔分布的峰值点，这些峰值点对应的频率等于车速 v 与车厢长度比 l_c 的整数倍，称其为强振频率[19]。这些强振频率并非桥梁固有频率，应在模态辨识时予以消除。虚拟节点等效荷载时程的功率谱密度函数中也在各强振频率处出现峰值，验证了加速度响应功率谱密度函数中的显著峰值为移动的列车自重荷载引起。但是对照图 4.83（a）和（b），仍可以发现，各强振频率峰值附近的两功率谱趋势有所区别，可能原因包括如下两点。①由于列车作用于任一桥梁结构节点的时间较短，虚拟节点等效荷载时程的功率谱密度函数中存在频谱泄漏的问题。②节点等效荷载时程是在列车各轴重一致、车速相等、无噪声干扰等假定下虚拟构造的，与实际节点荷载时程有所区别；而加速度响应数据为实际测试结果，测量噪声、桥梁固有特性、车速不均匀、列车各轮对分配的轴重不一致等都会对加速度响应数据的功率谱密度函数产生影响。

基于虚拟的节点等效荷载时程，采用确定-随机子空间识别方法进行模态辨识，假定确定-随机子空间识别法的模型阶次从 200 递增至 300，并采用两阶段聚类法剔

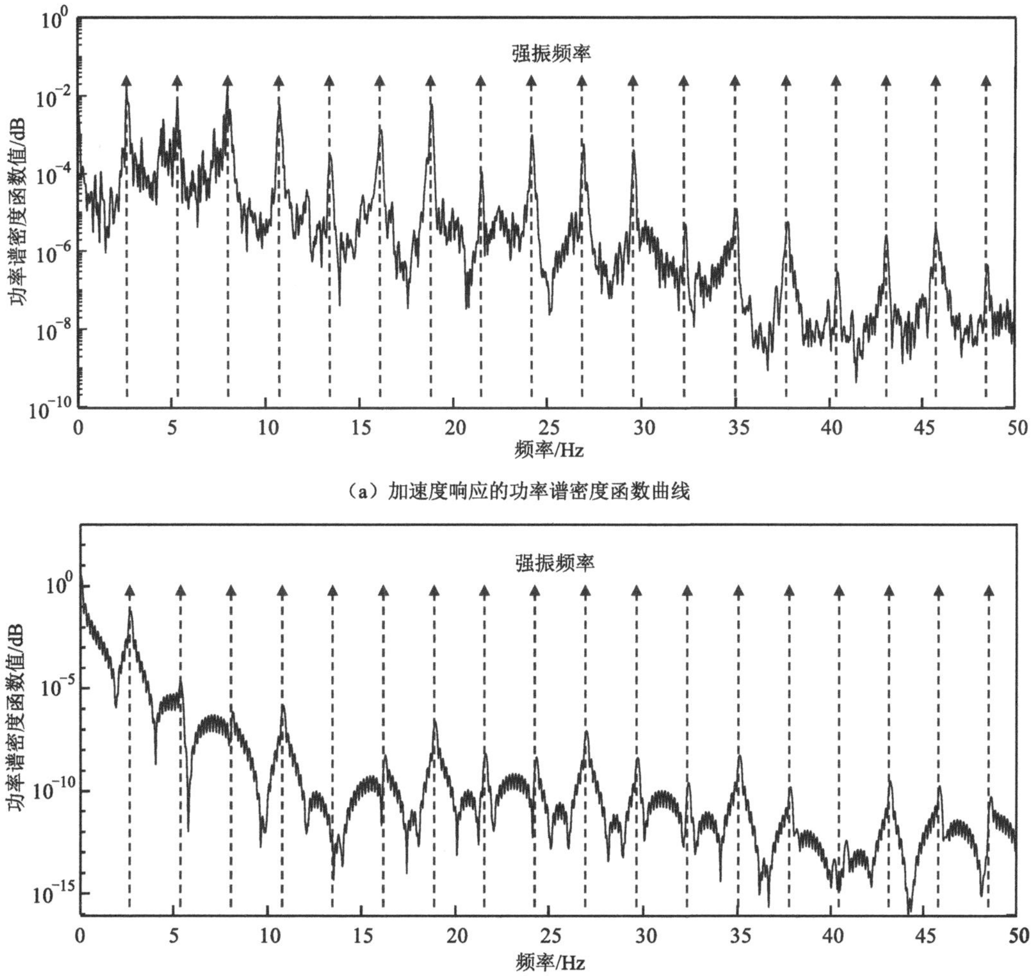

（a）加速度响应的功率谱密度函数曲线

（b）虚拟荷载序列的功率谱密度函数曲线

图 4.83　功率谱密度函数值对比

除虚假模态，获得聚类后的稳定图见图 4.84（a）。在 0～3Hz 范围内，共出现了 9 条垂直于频率轴的竖线，表明获取了 9 阶频率。作为对比，将未进行虚拟荷载投影处理的原始加速度测试数据直接用于模态辨识，获得的 0～3Hz 范围内的稳定图见图 4.84（b）。由于第 1 阶强振频率（约 2.7Hz）在振动响应中的贡献过大，导致大量的稳定频率点集中出现在第 1 阶强振频率附近[图 4.84（b）]，而 0～2.5Hz 范围内，只有 4 阶频率稳定出现在稳定图中。对比图 4.84（a）和（b）可知，列车荷载的干扰，不仅会导致大量的虚假模态被识别出来，还会降低结构模态的可辨识性。

表 4.10 中给出了未进行虚拟荷载投影处理和经过虚拟荷载投影处理的频率与阻尼比识别结果，并将表 4.9 中利用随机振动响应辨识出的前 9 阶频率均值放在表 4.10 中作为对照。结果表明，虽然利用虚拟荷载投影处理后，第 4 阶（与第 3 阶模态共同组成密集模态对）密集模态仍未能有效识别；但相比于未做虚拟荷载投影

处理的辨识结果，经过虚拟荷载投影后各阶模态的可辨识性已经有了显著提高。

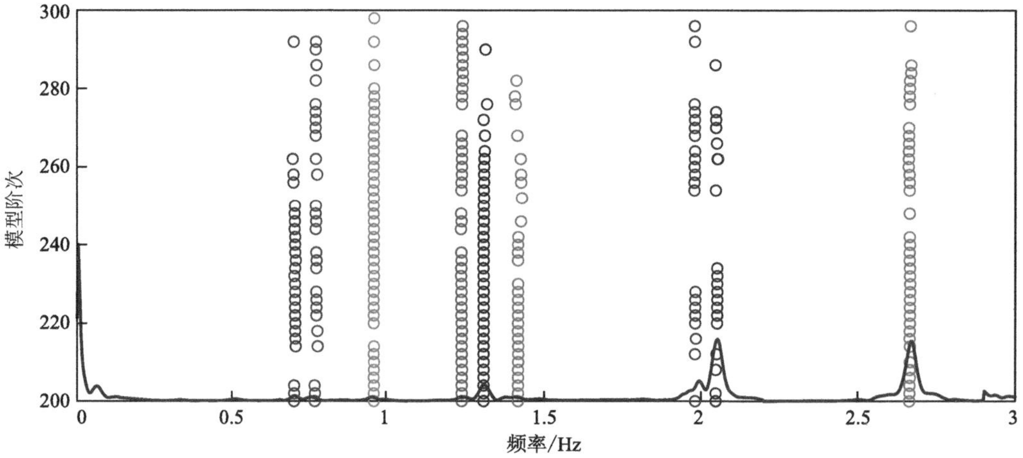

（a）投影处理后

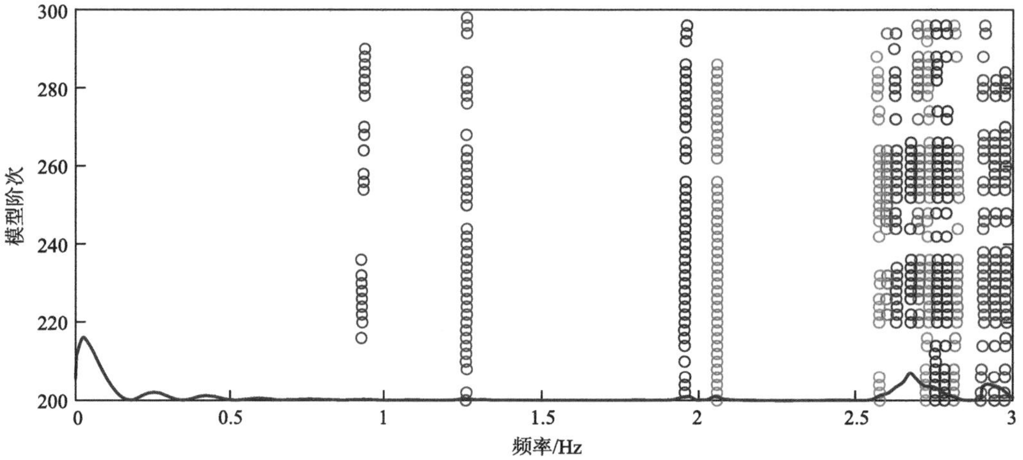

（b）未投影处理

图 4.84　稳定图对比

表 4.10　桥梁竖向加速度辨识的频率和阻尼比

阶次	频率/Hz			阻尼比/%	
	随机振动辨识	投影处理	未投影处理	投影处理	未投影处理
1	0.695	0.694	—	3.135	3.138
2	0.769	0.767	—	3.431	—
3	0.977	0.963	0.930	3.590	3.579
4	1.001	—	—	—	—
5	1.230	1.235	1.259	4.177	—
6	1.312	1.305	1.314	4.353	4.343
7	1.420	1.414	—	4.434	4.437
8	1.975	1.981	1.960	4.981	4.985
9	2.050	2.042	2.059	5.414	—
10	—	2.691	—	5.720	—

采用滑窗协方差驱动随机子空间识别技术从投影信号中提取时间冻结的“伪模态参数”。其中，数据窗长为 24s，向前滑动的窗间隔为 0.5s。利用辨识的“伪模态参数”重构模态质量归一化的单自由度频响函数特征 $H_i(f)$，见式（4.254）。图 4.85 展示了部分阶次模态重构的质量归一化单自由度频响函数幅值谱，其中，纵轴的起始时刻为 25s，表示利用了图 4.80 中第 25～49s 的加速度测试数据进行模态辨识，并根据辨识结果重构的频响函数幅值谱。图中，25～55s 的重构频响函数幅值谱对应了列车在桥梁上的时间段；55～70s 内的重构频响函数幅值谱对应了列车下桥后的时间段；颜色亮的时-频点表示重构的频响函数幅值大。对照列车下桥后的重构频响函数幅值谱可知，尽管通过投影可减小列车自重荷载效应，但复杂的车-桥耦合问题仍会导致模态辨识的不确定性增加，表现为图 4.85 中第 25～55s 内的重构的频响函数幅值谱波动程度较高。

$$H_i(f)=\frac{1}{4\pi^2\left(\left(f_i^2-f^2\right)+2\,\mathrm{j}\xi_i f_i f\right)} \tag{4.254}$$

式中，f_i 表示第 i 阶频率；f 为谱线频率；ξ_i 表示第 i 阶阻尼比。

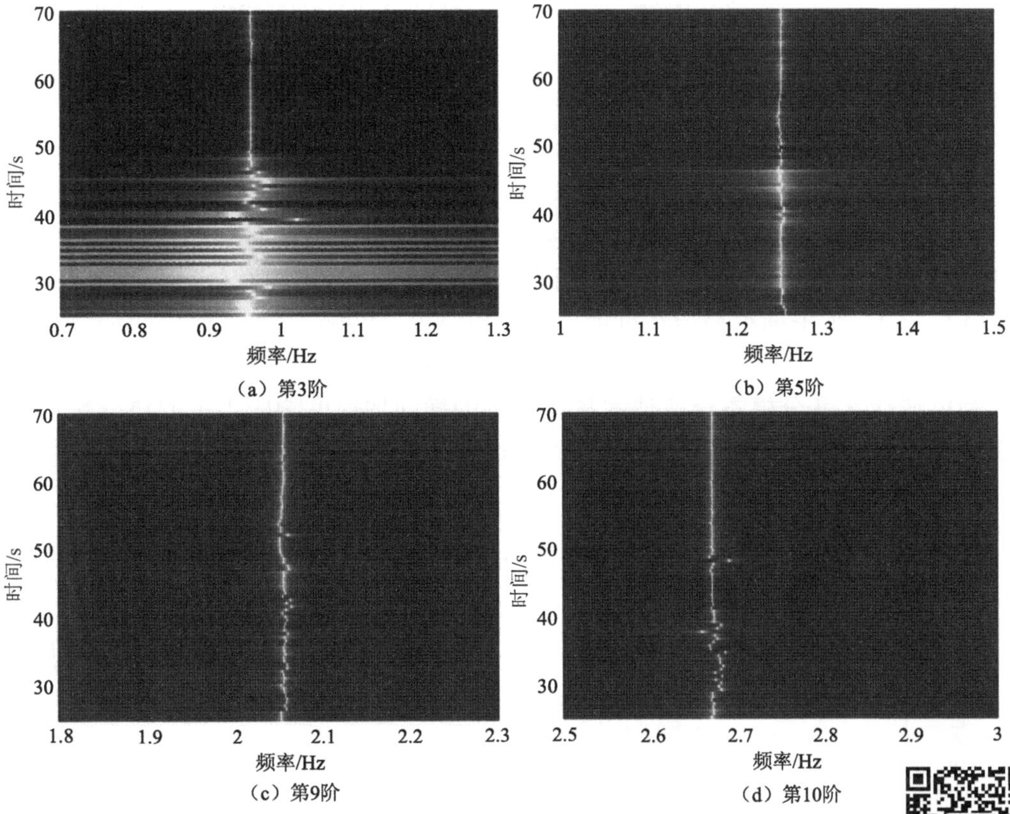

图 4.85　功率谱密度密度函数对比

图 4.85 彩图

4）列车下桥后的模态追踪辨识

由于列车竖向加速度响应的波形受列车轮对作为位置的影响更为

显著，从加速度响应数据波形中已经可以大致推测出列车作用于各加速度测点处的时间范围（图 4.80），此节采用受列车轮对作用位置影响小的主梁横向加速度响应进行自由振动检测验证。该桥梁的主梁上共布设了 4 个单向加速度计用于测试主梁横向加速度响应，测点位置分别为图 4.75 中的 A2～A5 处。某次列车过桥前后，测试的横向加速度响应数据见图 4.86。显然，在图 4.86 的各横向加速度数据中，并未出现可代表列车轮对作用时刻的峰值。

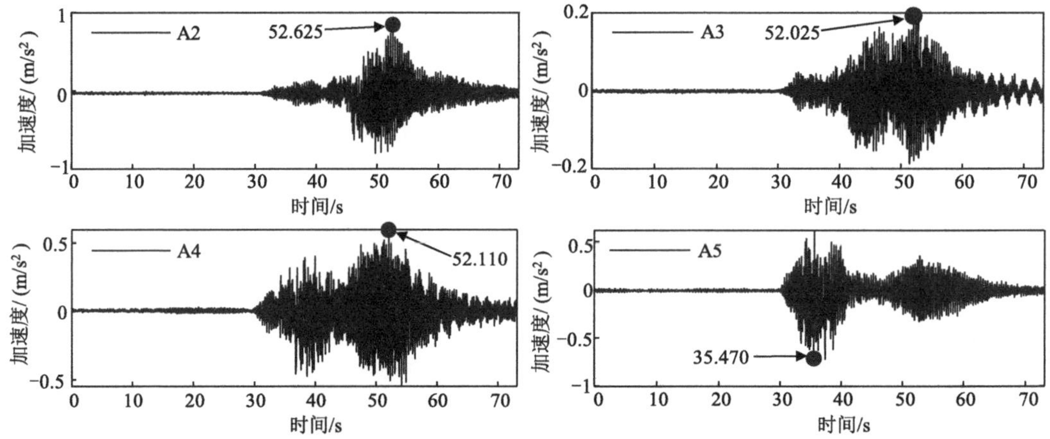

图 4.86　列车过桥前后的桥梁横向加速度响应数据

图 4.86 中各横向加速度响应出现最大值的时刻分别为 52.625s、52.025s、52.110s、35.470s，由于测点 A5 处加速度响应出现最大值的时刻最早，测点 A2 处加速度响应出现最大值的时刻最迟，据此推算列车应自南向北依次经过测点 A5、A4、A3、A2。由于列车最后经过加速度测点 A2，将测点 A2 处的横向加速度响应作为待分解信号，且待分解信号的初始时刻点为 52.625s。

利用迭代 2-变分模态分解技术从待分解的横向加速度响应中提取单分量信号，计算单分量信号的包络偏差，结果见图 4.87。根据图 4.87 可知，包络偏差持续为负

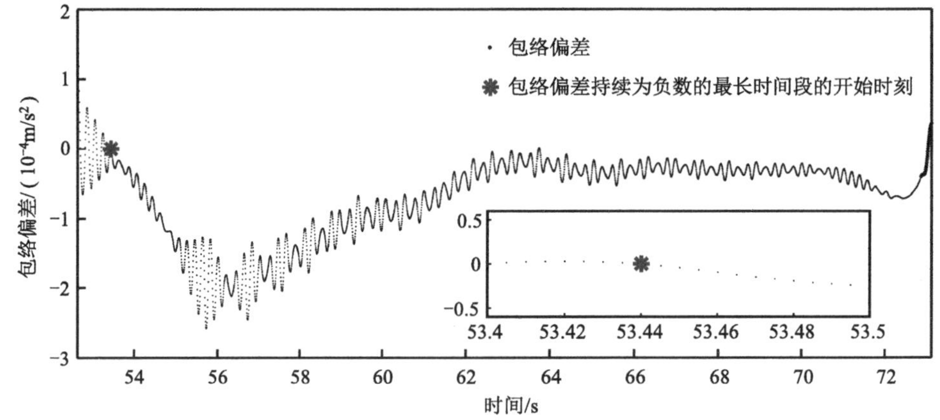

图 4.87　包络偏差

数的最长时间段的开始时刻为 53.440s，以此为自由振动数据的开始时刻。值得注意的是，图 4.87 中包络偏差曲线的末端为正数，主要原因是希尔伯特变换计算包络的过程中容易存在边端效应。但边端效应并未改变包络偏差曲线持续为负数的最长时间段，因而不影响自由振动段开始时刻的确定。

对提取的自由振动数据，采用特征系统实现算法进行模态辨识，并采用两阶段聚类法剔除虚假模态，获得的稳定频率点在图 4.88 中用“ + ”表示。作为对比，将图 4.86 中的加速度测试数据（包含了列车在桥上的时间段）直接用于模态辨识，获得的稳定频率点在图 4.88 中用“ ○ ”表示。经过自由振动检测后，仅利用提取的自由振动数据进行模态辨识，提高了低阶模态的可辨识性；而未经自由振动检测，直接采用特征系统实现算法对包含了车-桥耦合振动的加速度数据进行模态辨识时，不仅低阶模态不可辨识，而且在高频范围内出现了众多虚假模态。

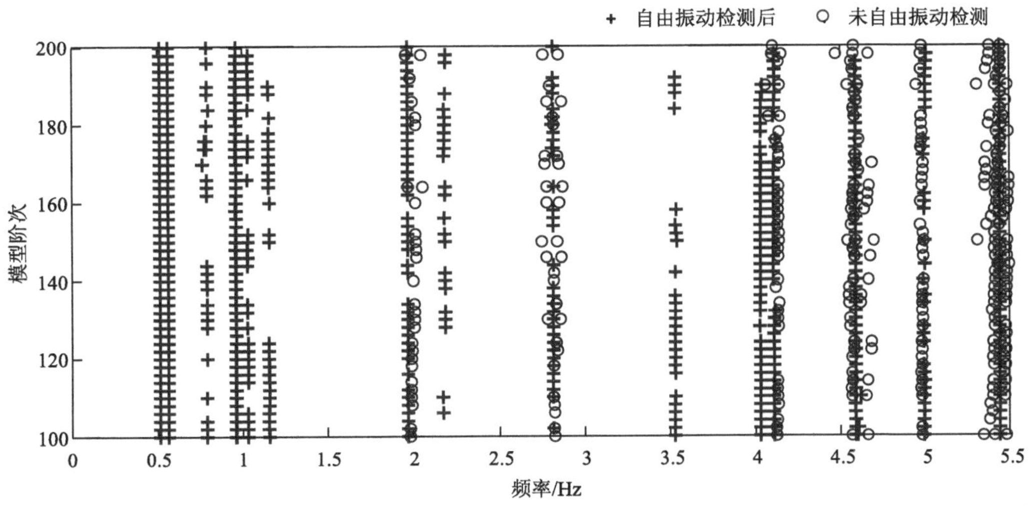

图 4.88　稳定图

为了与前述随机振动、车-桥耦合振动下的桥梁工作模态辨识结果进行联合分析，以每天第一组列车经过后的竖向加速度响应数据进行工作模态辨识，获得的频率追踪结果见图 4.89。相比于环境激励下的随机振动加速度数据，列车下桥后的自由振动加速度数据在 2Hz 以上的频率范围内仍具有稍高的信噪比，可将较高频范围内的部分阶频率也辨识出来，因此图 4.89 给出了 0～5Hz 范围内的频率追踪结果。

5）模态追踪辨识结果综合比较

以频率为例，对各工况下为期一年的频率追踪辨识结果进行统计分析，其中，单车运行工况见表 4.11[结合图 4.75（c）可知，工况 C1 表示仅有一 16 节列车自北向南运行于车道 1；工况 C2 表示仅有一 16 节列车自北向南运行于车道 2；工况 C3 表示仅有一 16 节列车自南向北运行于车道 3；工况 C4 表示仅有一 16 节列车自

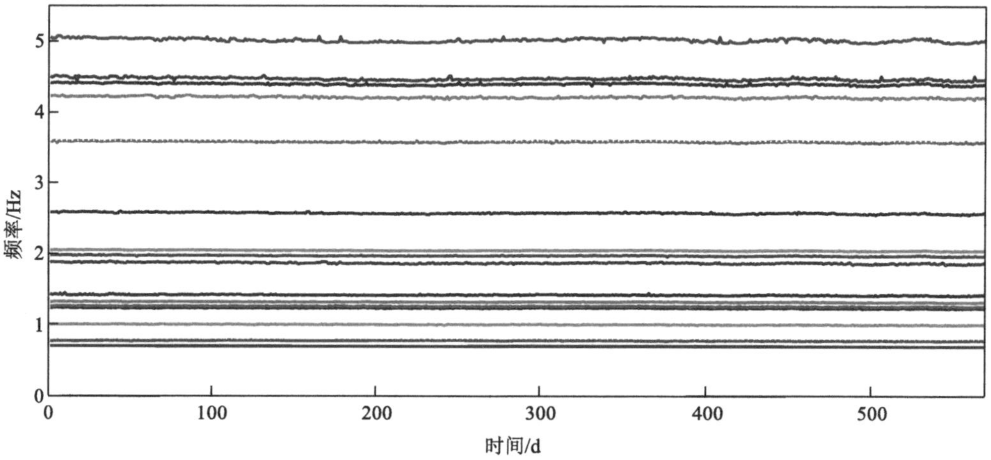

图 4.89　第一组列车通过后桥梁竖向加速度辨识频率

南向北运行于车道 4；工况 5～8 分别表示仅有一 8 节列车运行于以上车道]，利用随机振动加速度响应进行模态辨识的工况标记为工况 A，利用自由振动加速度响应进行模态辨识的工况标记为工况 F。

表 4.11　列车运行工况

工况	C1	C2	C3	C4	C5	C6	C7	C8
车道	1	3	2	4	1	3	2	4
编组	16	16	16	16	8	8	8	8

以第 1 阶频率为例，对各工况下的频率追踪辨识结果进行概率分布函数拟合，拟合结果见图 4.90。对于各单车运行工况和自由振动工况，频率采用含有位置参数和尺度参数的 t 分布（t-Location-Scale）函数进行拟合，对于随机振动工况 F，频率采用伯尔型分布（Burr-type-XII）函数进行拟合。从长期统计结果来看，单车运行工况下的频率波动范围为 0.64～0.72Hz，表明车桥耦合振动下的频率识别结果最离散；随机振动工况 A 下的频率分布范围为 0.68～0.72Hz，表明利用随机振动的频率

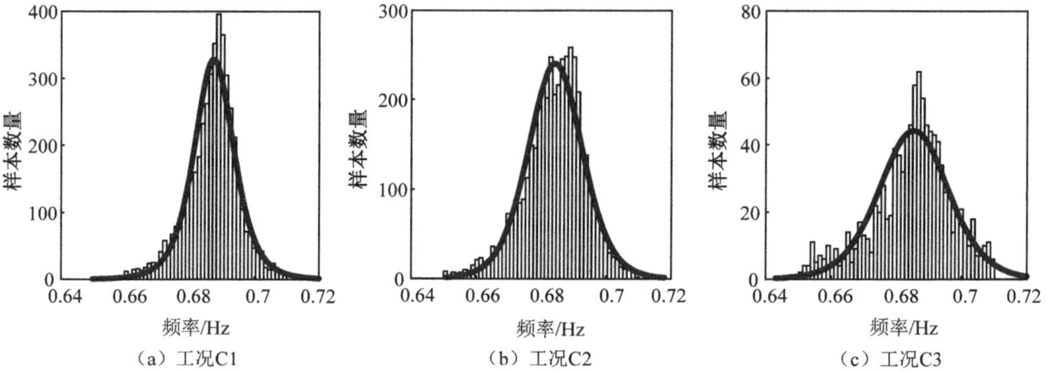

图 4.90　频率概率分布函数拟合结果

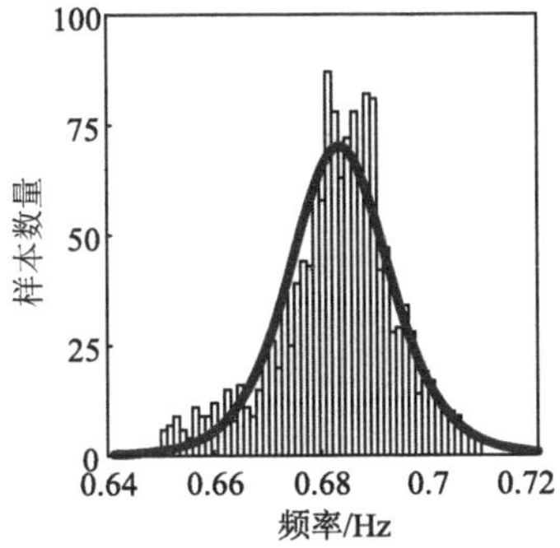

（d）工况C4

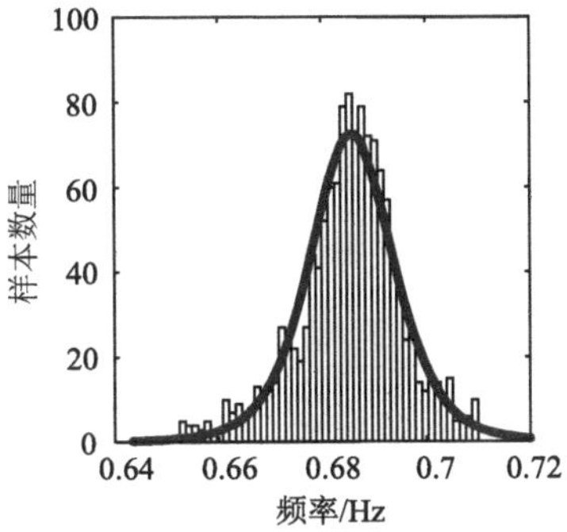

（e）工况C5

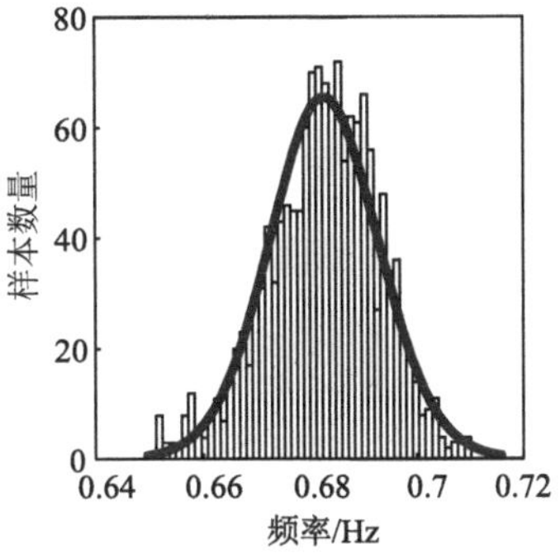

（f）工况C6

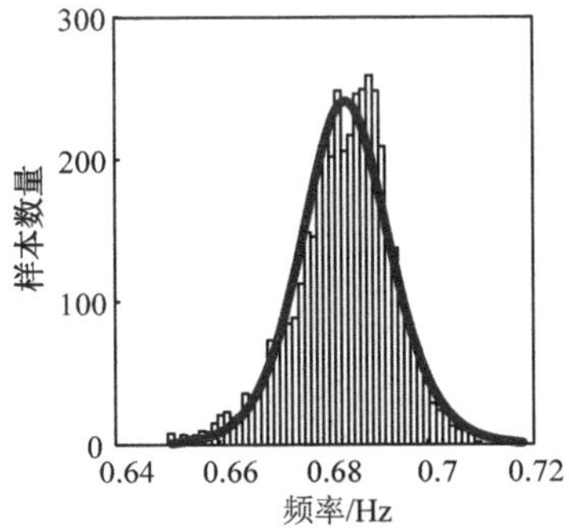

（g）工况C7

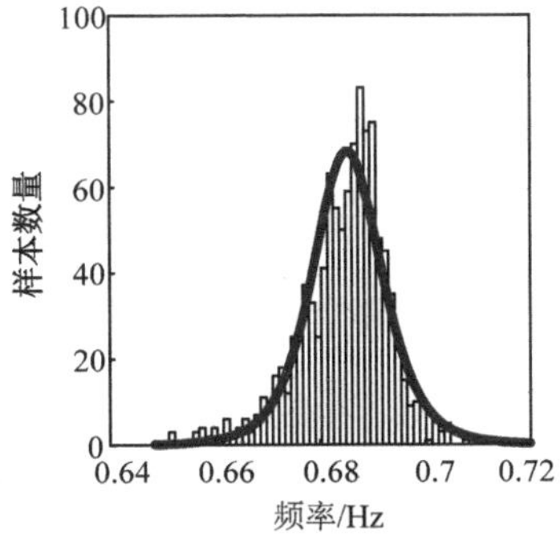

（h）工况C8

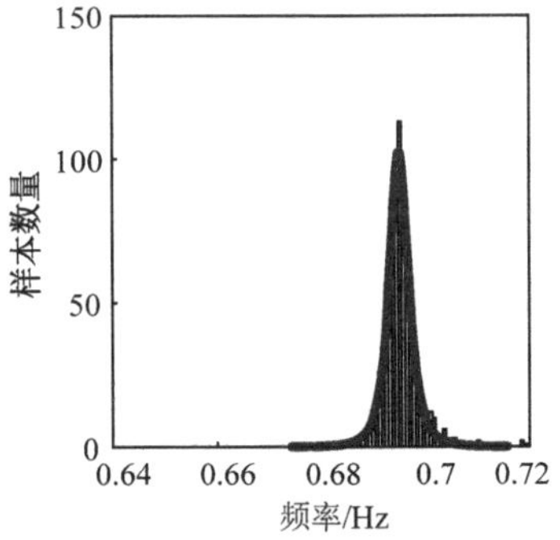

（i）工况A

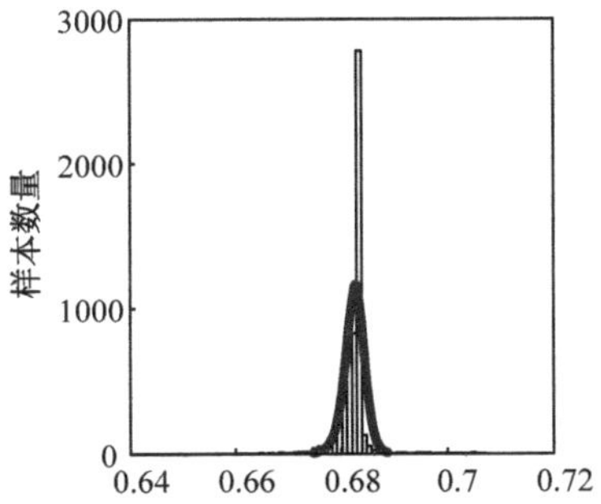

（j）工况F

图 4.90（续）

辨识结果比利用车桥耦合振动的频率辨识结果更集中；自由振动工况 F 下的频率波动范围最小，为 0.67～0.69Hz，表明自由振动下的频率辨识结果最集中。

4.4.3　桥梁等效频响函数演变分析

频响函数由频率、振型、阻尼比和模态质量构成，是代表桥梁结构的非参数模型；其定义为响应频谱与激励频谱的比值，反映了单位荷载作用下的桥梁结构振动特性。所以，分析桥梁结构的频响函数演变有重要意义。

1. 桥梁动力性能与频响函数的关系

根据计算频响函数所采用振动响应的区别，频响函数分为位移频响函数、速度频响函数、加速度频响函数、应变频响函数等。以下从桥梁结构运动方程在时域、频域、物理空间、模态空间中的表达，说明频响函数与桥梁动力性能的关系。

在物理坐标系下，单位脉冲激励下的桥梁结构子系统运动方程可写为

$$\boldsymbol{M}_b\ddot{\boldsymbol{z}}_b(t)+\boldsymbol{C}_b\dot{\boldsymbol{z}}_b(t)+\boldsymbol{K}_b\boldsymbol{z}_b(t)=\boldsymbol{B}_b\delta(t) \tag{4.255}$$

式中，$\boldsymbol{M}_b$、$\boldsymbol{C}_b$ 和 $\boldsymbol{K}_b$ 分别为桥梁的质量、阻尼和刚度矩阵；$\ddot{\boldsymbol{z}}_b(t)$、$\dot{\boldsymbol{z}}_b(t)$ 和 $\boldsymbol{z}_b(t)$ 为物理坐标系下桥梁结构各节点的加速度、速度和位移向量；$\delta(t)$ 为单位脉冲函数；$\boldsymbol{B}_b$ 为激励的位置向量。

以位移为例，桥梁振动响应可表示为一组模态响应叠加而成，即

$$\boldsymbol{z}_b(t)=\boldsymbol{\Phi}\boldsymbol{q}(t) \tag{4.256}$$

式中，$\boldsymbol{q}(t)=\begin{bmatrix}q_1(t) & q_2(t) & \cdots & q_\gamma(t)\end{bmatrix}^{\mathrm{T}}$ 为模态响应向量，γ 是模态阶数；$\boldsymbol{\Phi}$ 表示振型矩阵，其表达式为

$$\boldsymbol{\Phi}=\begin{bmatrix}\varphi_{11} & \varphi_{12} & \cdots & \varphi_{1\gamma}\\ \varphi_{21} & \varphi_{22} & \cdots & \varphi_{2\gamma}\\ \vdots & \vdots & & \vdots\\ \varphi_{n1} & \varphi_{n2} & \cdots & \varphi_{n\gamma}\end{bmatrix} \tag{4.257}$$

将式（4.256）代入式（4.255），则运动方程式（4.255）可以解耦为

$$\ddot{\boldsymbol{q}}(t)+\boldsymbol{\Gamma}\dot{\boldsymbol{q}}(t)+\boldsymbol{\Lambda}\boldsymbol{q}(t)=\boldsymbol{M}^{-1}\boldsymbol{\Phi}^{\mathrm{T}}\boldsymbol{B}_b\delta(t) \tag{4.258}$$

式中，对角矩阵 $\boldsymbol{M}$、$\boldsymbol{\Lambda}$ 和 $\boldsymbol{\Gamma}$ 分别为

$$\boldsymbol{M}=\boldsymbol{\Phi}^{\mathrm{T}}\boldsymbol{M}_{\mathrm{b}}\boldsymbol{\Phi}=\mathrm{diag}\begin{bmatrix}\bar{m}_1 & \bar{m}_2 & \cdots & \bar{m}_\gamma\end{bmatrix} \tag{4.259}$$

$$\boldsymbol{\Lambda}=\boldsymbol{\Phi}^{\mathrm{T}}\boldsymbol{K}_{\mathrm{b}}\boldsymbol{\Phi}/\boldsymbol{M}=\mathrm{diag}\begin{bmatrix}\omega_1^2 & \omega_2^2 & \cdots & \omega_\gamma^2\end{bmatrix} \tag{4.260}$$

$$\boldsymbol{\Gamma}=\boldsymbol{\Phi}^{\mathrm{T}}\boldsymbol{C}_{\mathrm{b}}\boldsymbol{\Phi}/\boldsymbol{M}=\mathrm{diag}\begin{bmatrix}2\xi_1\omega_1 & 2\xi_2\omega_2 & \cdots & 2\xi_\gamma\omega_\gamma\end{bmatrix} \tag{4.261}$$

式中，$\bar{m}_\gamma$、ω_γ 和 ξ_r 分别表示第 γ 阶模态质量、固有圆频率和阻尼比。

假设单位脉冲函数激励 $\delta(t)$ 作用于第 κ 个节点，则第 α 阶模态方程，即等式（4.258）中的第 α 行，可表示为

$$\ddot{q}_\alpha(t)+2\xi_\alpha\omega_\alpha\dot{q}_\alpha(t)+\omega_\alpha^2q_\alpha(t)=\bar{m}_\alpha^{-1}\varphi_{\kappa\alpha}\delta(t) \tag{4.262}$$

利用傅里叶变换，将时域表达式（4.262）变换到频域，获得第 α 阶模态响应的频域表达式为

$$Q_\alpha(\mathrm{j}\omega)=\frac{\bar{m}_\alpha^{-1}\varphi_{\kappa\alpha}}{\omega_\alpha^2-\omega^2+2\mathrm{j}\xi_\alpha\omega_\alpha\omega} \tag{4.263}$$

按照模态叠加原理，桥梁结构第 i 个节点处的位移响应频域表达式为

$$Z_{bi}(j\omega)=\sum_{\alpha=1}^{\gamma}\varphi_{i\alpha}Q_\alpha(\mathrm{j}\omega)=\sum_{\alpha=1}^{\gamma}\varphi_{i\alpha}\frac{\bar{m}_\alpha^{-1}\varphi_{\kappa\alpha}}{\omega_\alpha^2-\omega^2+2\mathrm{j}\xi_\alpha\omega_\alpha\omega} \tag{4.264}$$

式（4.264）即为桥梁的位移频响函数。相应地，加速度频响函数为

$$\ddot{Z}_{bi}(\mathrm{j}\omega)=\sum_{\alpha=1}^{\gamma}\varphi_{i\alpha}\ddot{Q}_{\alpha}(\mathrm{j}\omega)=\sum_{\alpha=1}^{\gamma}\varphi_{i\alpha}\frac{-\omega^{2}\overline{m}_{\alpha}^{\ -1}\varphi_{\kappa\alpha}}{\omega_{\alpha}^{2}-\omega^{2}+2\mathrm{j}\xi_{\alpha}\omega_{\alpha}\omega} \tag{4.265}$$

由式（4.264）和式（4.265）可知，频响函数包含了各阶模态质量、频率、阻尼比和振型组成的全部模态信息，是桥梁结构的固有特性，又称为桥梁的非参数模型，其变化与激励无关。

2. 等效频响函数获取

在结构动载试验时，若以获取频响函数为目的，按照频响函数的定义，一般可采用脉冲激励法或正弦扫频激励法。脉冲激励法，通过对结构定点施加具有脉冲函数形式的激励，获得结构的自由振动响应，通过结构自由振动响应的频谱与脉冲激励频谱的比值可获得结构频响函数。并且，理想脉冲激励的频谱在整个频带内为常数，结构自由振动响应的频谱与结构频响函数成比例。正弦扫频激励法，通过对结构定点施加幅值恒定、频率随时间线性增长的正弦激励，激发结构的确定性强迫振动响应。一方面，通过响应频谱与激励频谱的比值可计算结构频响函数；另一方面，理想情况下，频响函数幅值曲线的波形与确定性强迫振动响应上包络线的波形较为相似（图 4.91），此时，频响函数可反映结构振幅随激励频率的变化，结构振幅特征也可反映结构频响函数特征。

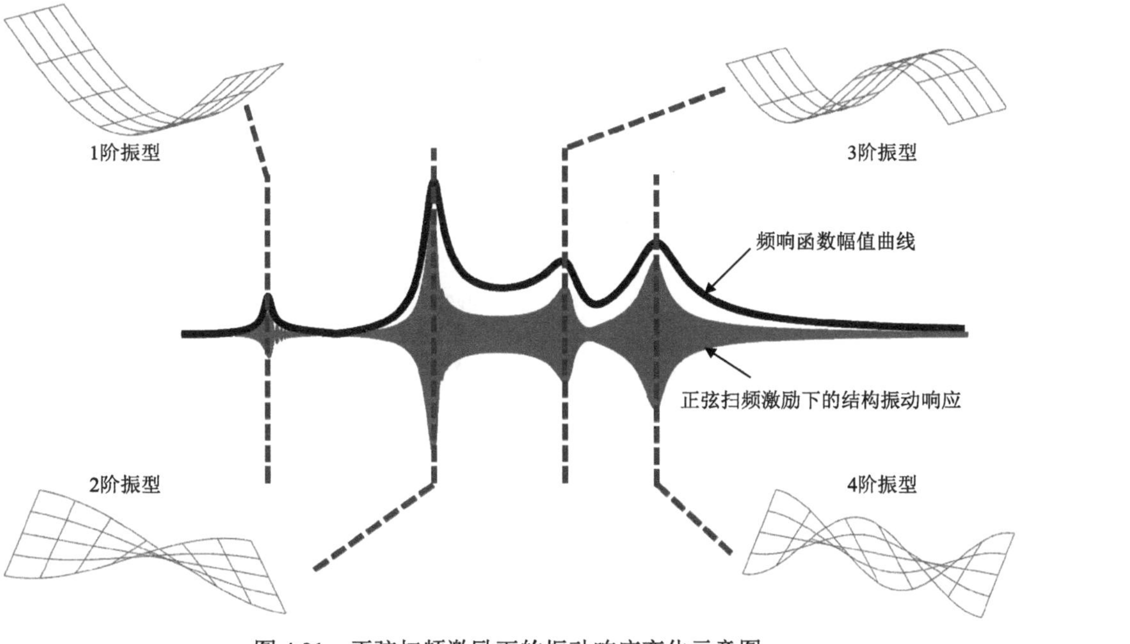

图 4.91　正弦扫频激励下的振动响应变化示意图

在铁路桥梁工作期间，由于作用在桥梁上的激励不可测，仅通过振动响应进行模态辨识时，无法获得模态质量，所以无法通过模态参数重构桥梁结构的频响函数；

且若激励不可测，通过响应频谱与激励频谱比值来求解频响函数的思路也不可行。但值得注意的是，列车荷载形成的强振频率与列车速度之间的理论联系清晰，同一列车以不同速度作用于桥梁上时，强振频率随之变化，桥梁振幅也随之改变。作用于桥梁上的列车移动荷载中，若某一阶强振频率的贡献远超过其他频率的贡献，则当该强振频率随列车速度变化而改变时，在某种意义上相当于对桥梁施加了扫频激励。据此，可参照扫频激励下的振动响应包络与频响函数曲线的联系（图 4.91），构造适合于铁路桥梁的频响函数等效获取方法。

根据式(4.187)中列车和环境激励联合作用下的桥梁结构子系统运动方程可知，桥梁结构子系统受到的激励可被分为列车自重荷载的等效节点荷载 $\boldsymbol{u}_b(t)$ 和随机激励 $\boldsymbol{w}_b(t)$ 两项，其中，第 κ 个等效节点荷载在时域和频域分别可表示为式（4.185）和式（4.186）。以某桥梁的加速度测试数据为例，在频域中对照虚拟的等效节点荷载功率谱密度函数和加速度响应测试数据的功率谱密度函数，如图 4.92 所示。通过对比振动响应数据的功率谱和列车移动自重荷载作用下的桥梁等效节点荷载功率谱，可以发现列车自重荷载 p_{S} 在桥梁受到的激励中占主要贡献，也是桥梁在列车作用期间的主要激振源。假定列车各轴分配的自重荷载相等，即均为 p_{S}，将各轴分配的列车移动自重荷载按照形函数等效到各桥梁节点，并将振动响应测点处的桥梁等效节点荷载功率谱绘制在图 4.92 中，用实线表示。同一节点处的桥梁加速度测试数据的功率谱如图 4.92 中虚线所示（将等效节点荷载功率谱和加速度功率谱在频率等于 v/l_c 处进行幅值统一，其中 v 为列车时速，l_c 为车厢长度）。对比发现，在各阶强振频率 v/l_c、$2v/l_c$ …处，加速度功率谱和等效节点荷载功率谱都出现了明显的峰值，验证了桥梁响应中占主要贡献的各分量（即各阶强振频率处的分量）主要是由列车移动自重荷载引起的。

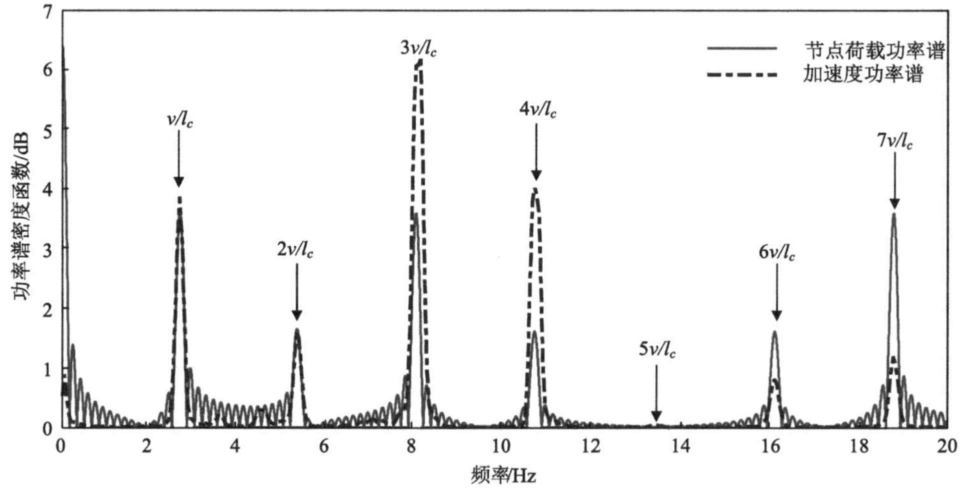

图 4.92　等效节点荷载和振动数据的功率谱

利用各阶强振频率处响应功率谱峰值显著这一优势，以第 1 阶强振频率为例，分析其功率谱的影响因素。由于后续分析仅利用了第 1 阶强振频率 v/l_c 处的功率谱峰值特征，该强振频率主要由列车移动自重荷载引起，因此，先忽略与转向架动力响应、轨道不平顺相关的随机动态荷载效应，并假设列车各轴分配的自重荷载相等，进一步分析强振频率处的桥梁振动响应功率谱特性。

当第 κ 个节点的等效荷载为式（4.185），式（4.262）中的第 α 阶模态方程重新写为

$$\begin{aligned}&\ddot{q}_\alpha(t)+2\xi_\alpha\omega_\alpha\dot{q}_\alpha(t)+\omega_\alpha^2 q_\alpha(t)\\&=\bar{m}_\alpha^{-1}\sum_{\kappa=1}^{n}\varphi_{\kappa\alpha}\sum_{m=1}^{n_c}\sum_{s=1}^{2}\sum_{r=1}^{2}p_\mathrm{S}\delta\left(t-(m-1)\frac{l_c}{v}-(s-1)\frac{l_t}{v}-(r-1)\frac{l_w}{v}-\frac{d_{\kappa1}}{v}\right)\end{aligned}\tag{4.266}$$

利用傅里叶变换，将式（4.266）变换到频域，可得第 α 阶模态响应的频域表达式为

$$Q_\alpha(\mathrm{j}\omega)=\frac{\bar{m}_\alpha^{-1}}{\omega_\alpha^2-\omega^2+2\mathrm{j}\xi_\alpha\omega_\alpha\omega}\sum_{\kappa=1}^{n}\varphi_{\kappa\alpha}\sum_{m=1}^{n_c}\sum_{s=1}^{2}\sum_{r=1}^{2}p_\mathrm{S}\,\mathrm{e}^{-\mathrm{j}\omega((m-1)l_c+(s-1)l_t+(r-1)l_w+d_{\kappa1})/v}\tag{4.267}$$

在列车移动自重荷载作用下，第 i 个节点的位移频域表达式为

$$Z_{bi}(\mathrm{j}\omega)=\sum_{\alpha=1}^{\gamma}\frac{\varphi_{i\alpha}\bar{m}_\alpha^{-1}}{\omega_\alpha^2-\omega^2+2\mathrm{j}\xi_\alpha\omega_\alpha\omega}\sum_{\kappa=1}^{n}\varphi_{\kappa\alpha}\sum_{m=1}^{n_c}\sum_{s=1}^{2}\sum_{r=1}^{2}p_\mathrm{S}\,\mathrm{e}^{-\mathrm{j}\omega\left(\frac{(m-1)l_c}{v}+\frac{(s-1)l_t}{v}+\frac{(r-1)l_w}{v}+\frac{d_{\kappa1}}{v}\right)}\tag{4.268}$$

在列车移动自重荷载作用下，第 i 个节点的加速度频域表达式为

$$\ddot{Z}_{bi}(\mathrm{j}\omega)=\sum_{\alpha=1}^{\gamma}\frac{-\omega^2\varphi_{i\alpha}\bar{m}_\alpha^{-1}}{\omega_\alpha^2-\omega^2+2\mathrm{j}\xi_\alpha\omega_\alpha\omega}\sum_{\kappa=1}^{n}\varphi_{\kappa\alpha}\sum_{m=1}^{n_c}\sum_{s=1}^{2}\sum_{r=1}^{2}p_\mathrm{S}\,\mathrm{e}^{-\mathrm{j}\omega\left(\frac{(m-1)l_c}{v}+\frac{(s-1)l_t}{v}+\frac{(r-1)l_w}{v}+\frac{d_{\kappa1}}{v}\right)}\tag{4.269}$$

由式（4.269）可知，列车移动自重荷载作用下的桥梁加速度，不仅受桥梁结构固有特性（圆频率 ω_α、阻尼比 ξ_α、模态质量 $\bar{m}_\alpha$ 和振型 $\varphi_{i\alpha}$）的影响，还受到列车编组参数的影响。特别是桥梁加速度将随着列车速度的变化而发生显著改变，因此车致桥梁加速度的统计特征本身并不适合用于反映桥梁结构固有特性改变。

已有研究分析了车致桥梁加速度的功率谱，发现了功率谱中较大峰值成等间距分布，且峰值对应的频率等于列车速度 v 与车厢长度 l_c 的比值，这在图 4.92 也有所体现。

为进一步研究作用于桥梁结构子系统上的列车移动自重荷载的影响，将式（4.269）右侧的模态力表达式重新写为

$$F_\alpha(\mathrm{j}\omega)=\bar{m}_\alpha^{-1}p_\mathrm{S}\left(1+\mathrm{e}^{-\mathrm{j}\omega\frac{l_w}{v}}+\mathrm{e}^{-\mathrm{j}\omega\frac{l_t}{v}}+\mathrm{e}^{-\mathrm{j}\omega\frac{l_w+l_t}{v}}\right)\sum_{\kappa=1}^{n}\varphi_{\kappa\alpha}\,\mathrm{e}^{-\mathrm{j}\omega\frac{d_{\kappa1}}{v}}\sum_{m=1}^{n_c}\mathrm{e}^{-\mathrm{j}\omega\frac{(m-1)l_c}{v}}\tag{4.270}$$

当 $\omega=2\pi v/l_c$ 时，$\left|\sum_{m=1}^{n_c}\mathrm{e}^{-\mathrm{j}\omega\frac{(m-1)l_c}{v}}\right|=n_c$，此时模态力的频谱幅值出现极大值，可表示为

$$\left|F_\alpha\left(\mathrm{j}\omega\,|_{\omega=2\pi v/l_c}\right)\right|=\bar{m}_\alpha^{-1}p_\mathrm{S}n_c\sum_{\kappa=1}^{n}\varphi_{\kappa\alpha}\left|\mathrm{e}^{-\mathrm{j}\frac{2\pi d_{\kappa1}}{l_c}}\left(1+\mathrm{e}^{-\mathrm{j}\frac{2\pi l_w}{l_c}}+\mathrm{e}^{-\mathrm{j}\frac{2\pi l_t}{l_c}}+\mathrm{e}^{-\mathrm{j}\frac{2\pi(l_w+l_t)}{l_c}}\right)\right|$$
$$=\bar{m}_\alpha^{-1}n_c p_\mathrm{S}\sum_{\kappa=1}^{n}\varphi_{\kappa\alpha}E_\kappa \tag{4.271}$$

式中，E_κ 与列车编组参数（l_c、l_t 和 l_w）以及距离 $d_{\kappa1}$ 有关。

由于模态质量 $\bar{m}_\alpha$ 和距离 $d_{\kappa1}$ 固定，且列车编组参数（l_c、l_t 和 l_w）相对固定，强振频率 $\omega=2\pi v/l_c$ 处的模态力频谱幅值 $\left|F_\alpha\left(\mathrm{j}\omega\,|_{\omega=2\pi v/l_c}\right)\right|$ 主要随着荷载 p_S 的变化而变化。

相应地，强振频率 $\omega=2\pi v/l_c$ 处的加速度频谱幅值为

$$\left|\ddot{Z}_{bi}\left(\mathrm{j}\omega\,|_{\omega=2\pi v/l_c}\right)\right|=\left|\sum_{\kappa=1}^{n}\sum_{\alpha=1}^{\gamma}\frac{-(2\pi v/l_c)^2\phi_{i\alpha}\bar{m}_\alpha^{-1}\varphi_{\kappa\alpha}E_\kappa n_c p_\mathrm{S}}{\omega_\alpha^2-(2\pi v/l_c)^2+2\mathrm{j}\xi_\alpha\omega_\alpha(2\pi v/l_c)}\right| \tag{4.272}$$

为了研究强振频率 $f=v/l_c$ 处的加速度频谱幅值和式（4.265）中加速度频响函数幅值之间的关系，对多轴移动荷载列作用下的简支梁振动响应进行了数值模拟。其中，简支梁的振动响应按前 3 阶模态进行叠加，前 3 阶频率分别为 1.59Hz、2.98Hz 和 3.56Hz。移动荷载列的模拟参数分别是：车厢长度 l_c 为 25m、转向架中心距 l_t 等于 17.5m、轴距 l_w 等于 2.5m，列车运行速度范围为 120～350km/h。多轴移动荷载列在简支梁上的等效节点荷载、考虑了前 3 阶模态的简支梁频响函数的频谱幅值和简支梁加速度响应分别如图 4.93 所示。

当移动荷载列以不同速度（120km/h、130km/h…350km/h）经过简支梁时，分别测试简支梁第 i 个节点处的加速度，计算其频谱，并展示在图 4.93 中。在每一种速度工况下，从加速度频谱中选择强振频率 $f=v/l_c$ Hz 处的加速度频谱幅值（在加速度频谱中用点标记）；将各速度工况下标记的加速度频谱幅值按照强振频率（车速）从低到高的顺序绘制在同一图中，拟合获得强振频率-频谱幅值曲线，并将强振频率变换为列车速度，即可获得列车速度-频谱幅值曲线。对照车速-频谱幅值曲线与简支梁的频响函数幅值曲线，可以发现二者随频率的变化趋势相似。因此，将列车速度 v-加速度响应频谱幅值 $\left|\ddot{Z}_{bi}\left(\mathrm{j}\omega\,|_{\omega=2\pi v/l_c}\right)\right|$ 之间的关系称为等效频响函数。这里用列车速度 v 代替强振频率 v/l_c 作为等效频响函数曲线自变量的原因是不同列车的车厢长度 l_c 差距不大，可将车厢长度近似视为常数值。

利用桥梁的真实测试数据获得的列车速度-加速度频谱幅值关系呈有规则趋势的散点分布形态，而非严格坐落在某一条曲线上，原因在于：各车次的型号、载客

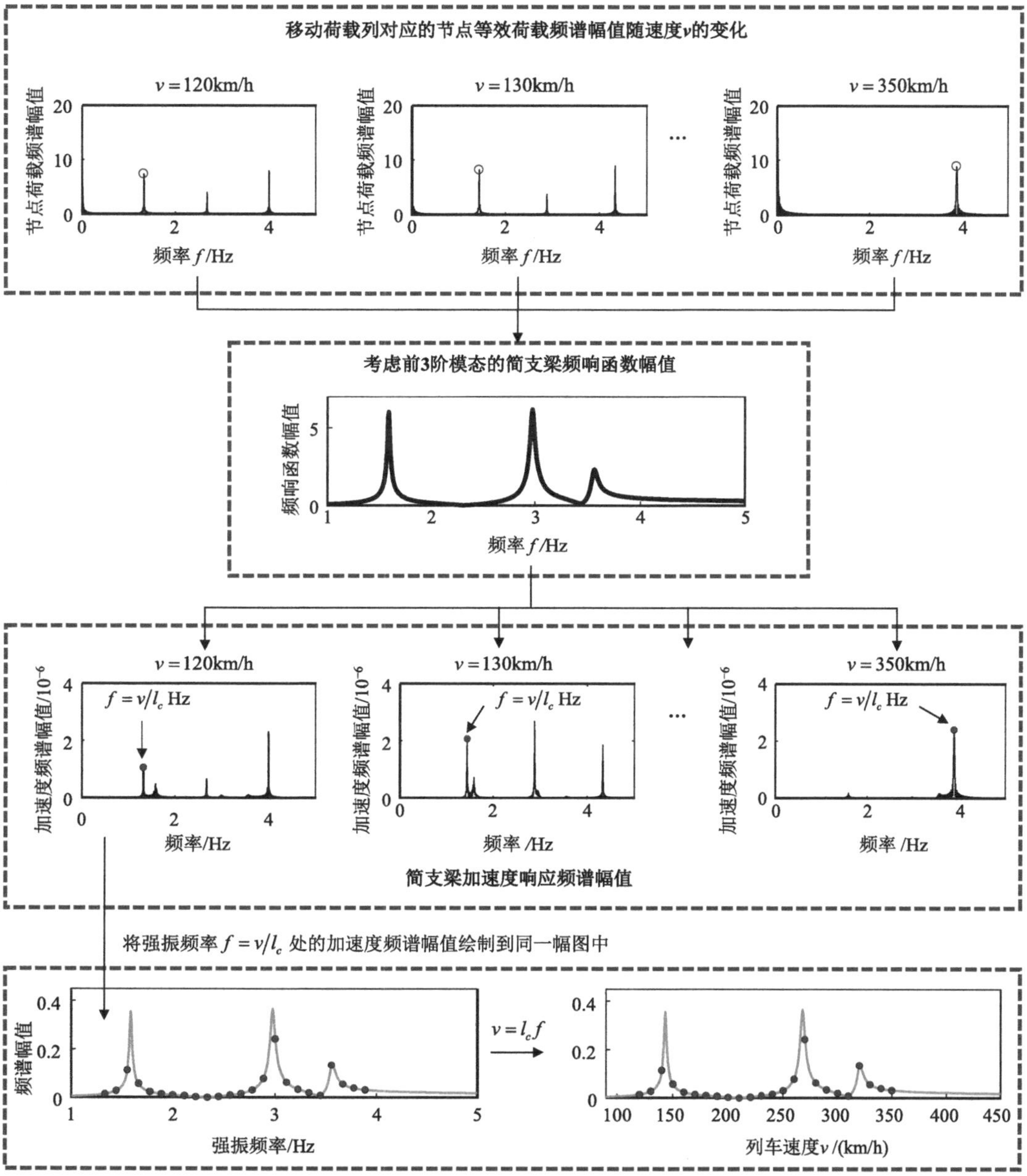

图 4.93　列车速度-桥梁加速度频谱拟合曲线与频响函数的关系示意图

量均有一定的差异；加速度响应数据中包含测量噪声；采用傅里叶变换进行加速度的时-频域转换时存在频谱泄漏等问题，导致强振频率处的加速度频谱幅值的统计结果是离散的。如前所述，雷达测速仪获得的车速测试数据存在误差，导致列车有效速度统计结果是离散的。虽然统计获得的列车速度-加速度频谱幅值点有一定的离散性，但其仍分布在等效频响函数这一曲线的周围，需要利用数据拟合的方式从统计获得的散点中获取等效频响函数曲线，拟合的目标函数为

$$\left\{\tilde{\omega}_\alpha,\tilde{\xi}_\alpha,\tilde{l}_c,\tilde{\beta}_\alpha\right\}=\arg\min\left\|\ddot{Z}_{bi}\left(\mathrm{j}\omega|_{\omega=2\pi v/l_c}\right)-\tilde{\ddot{Z}}_{bi}(v)\right\|_2^2$$

$$=\arg\min\left\|\ddot{Z}_{bi}\left(\mathrm{j}\omega|_{\omega=2\pi v/l_c}\right)-\sum_{\alpha=1}^{\gamma}\frac{-\left(2\pi v/l_c\right)^2\tilde{\beta}_\alpha}{\tilde{\omega}_\alpha^2-\left(2\pi v/\tilde{l}_c\right)^2+2\mathrm{j}\tilde{\xi}_\alpha\tilde{\omega}_\alpha\left(2\pi v/\tilde{l}_c\right)}\right\|_2^2 \tag{4.273}$$

式中，$\tilde{\ddot{Z}}_{bi}(v)$ 是拟合的等效频响函数曲线；$\tilde{\omega}_\alpha$、$\tilde{\xi}_\alpha$、$\tilde{l}_c$ 和 $\tilde{\beta}_\alpha$ 分别是拟合的频率、阻尼比、车厢长度和幅值参数。

需要注意的是，等效频响函数曲线随着列车的车厢数量 n_c 和运行车道的变化而改变。例如，8 节和 16 节列车作用于桥梁上时，产生的作用效应区别显著；而同一列车运行于不同车道（比如普速列车线和高速列车线），其通常车速区间不一致，导致被激发的等效频响函数曲线范围不一致，从而导致等效频响函数曲线的波形有较大的变化。为了提高各等效频响函数用于桥梁结构动力性能表征的准确性，应减少车厢数量、运行车道等变量的影响，所以应对不同编组列车、不同运行车道进行区分，分别构建各工况下的列车速度-桥梁加速度频谱幅值的相关性散点图，拟合各工况下的等效频响函数曲线[20]。

3. 等效频响函数演变影响因素分析

分别采用简支梁模拟算例和某铁路桥梁算例来分析等效频响函数演变的影响因素。

1）简支梁算例分析

根据式（4.272）可知，等效频响函数受桥梁结构固有特性和列车编组的影响。仍采用上一节中考虑了前 3 阶模态（频率分别为 1.59Hz、2.98Hz 和 3.56Hz）的简支梁为例，分析桥梁结构固有特性、荷载因素与等效频响函数曲线之间的关系，其中桥梁结构的固有圆频率 ω_α 可表征桥梁结构的刚度性能，列车各轮对分配的轴荷载 p_S 是导致等效频响函数曲线随机波动的主要荷载因素。根据结构动力学基本理论可知，桥梁结构的频率会随着刚度的降低而降低，因此利用频率折减来模拟桥梁结构刚度性能变化；并以轴荷载 p_S 的变化来模拟列车荷载的变化。

利用式（4.265）拟合图 4.93 中的列车速度-加速度频谱幅值散点来获得等效频响函数曲线的初始值如图 4.94 中实线所示，其中图 4.94（b）是图 4.94（a）的局部放大图，并通过改变等效频响函数曲线中的频率 ω_α 和轴荷载 p_S 来获得新的等效频响函数曲线，结果分别如图 4.94 中虚线和点划线所示。当桥梁结构的频率降低时，等效频响函数曲线中的峰值平行左移，此时，峰值对应的列车速度降低，而峰值处的加速度频谱幅值保持不变；当轴载荷 p_S 增加时，等效频响函数曲线向上平移，指定列车速度处的桥梁加速度频谱幅值提高，而峰值位置对应的列车速度保持不变。基于以上特征，可根据等效频响函数曲线的波动形式来区分由列车荷载变化还是桥梁结构频率特征变化引起的振动异常。

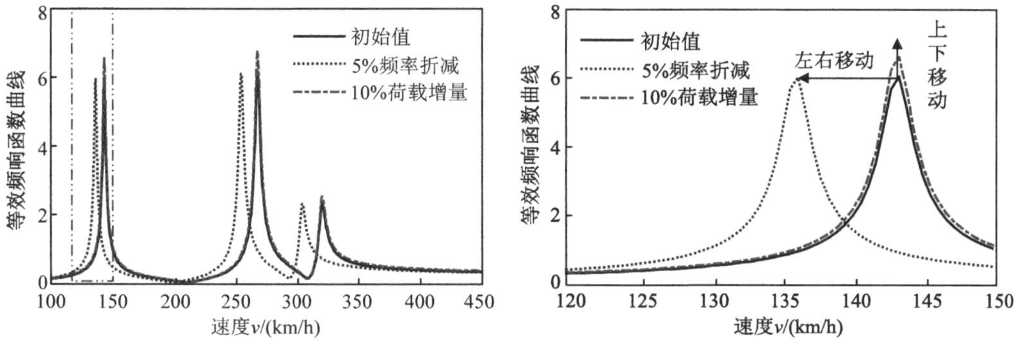

（a）100～450 区间　　（b）120～150 区间

图 4.94　模拟简支梁的等效频响函数曲线变化

2）某铁路桥梁等效频响函数分析

仍采用图 4.75 所示的某六跨六车道高速铁路桥梁的振动加速度测试数据进行分析验证，图 4.75 处已对该桥梁及其监测系统进行了简要介绍，此处分析用到的加速度测点布设位置及列车运行工况说明见图 4.75。

本节采用加速度计 A1 和 A2 测试主梁竖向加速度数据，分析的监测数据来自 2013 年 2 月 1 日至 2014 年 10 月 31 日，此时，该桥梁结构上的地铁线路尚未开通，所以仅讨论了高速铁路线和普速铁路线上的列车运行工况。此外，多列车同时运行于桥梁之上是小概率事件，很难获得多车运行工况的可靠统计结果，所以仅考虑单次列车运行于此桥梁之上的工况。8 种单车运行工况见图 4.75。

为了利用列车速度-桥梁加速度频谱幅值相关性散点来拟合等效频响函数，并根据等效频响函数的年变化规律来评估桥梁的动力性能变化，首先需要利用加速度响应测试数据和列车速度测试数据分别进行强振频率处的加速度频谱幅值提取以及列车有效速度计算。

强振频率处的加速度频谱幅值提取方法为当列车通过桥梁时，对加速度计 A1 测试的加速度响应进行快速傅里叶变换，并提取强振频率 v/l_c 处的加速度频谱幅值，如图 4.95（a）所示。

由于列车通过桥梁需要数秒的时间，在列车通过桥梁的整段时间内，雷达测速仪测试的车速数据并不一致，而列车速度-桥梁加速度频谱幅值散点中仅需要一个列车速度值。4.4.2 节已经给出了一种列车有效速度（列车速度代表值）的提取方法，该方法需要筛选速度测试数据“平台期”的所有峰值数据，并选取前 50%的较大峰值车速取平均作为列车有效速度。观察列车运行车道上雷达测速仪获得的速度数据可以发现，相比于列车运行于桥梁上的整段时间长度，列车经过雷达测速仪所在截面而产生速度数据“平台期”持续时间短，且“平台期”内的速度测试数据值远大于比其他时刻的速度测试数据值，此处另外给出一种基于速度测试数据 95%累积概率分布的车速代表值简易确定方法，通过对列车运行于桥梁上的整段时间内的速度数据计算其累积概率分布，并取 95%累积概率分布处的速度数据值作为列车速度代表值，结果如图 4.95（b）所示。

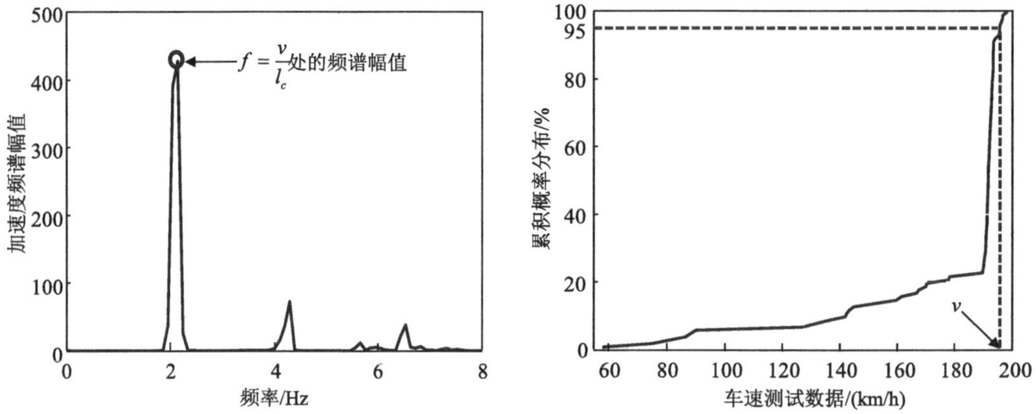

（a）加速度频谱幅值　　（b）列车速度

图 4.95　加速度频谱幅值和车速的确定

以单车运行工况 C2 为例，分别利用 2013 年和 2014 年的监测数据构造列车速度-桥梁加速度频谱幅值相关性散点，并各自拟合等效频响函数，结果如图 4.96 所示。其中，2013 年的列车速度-桥梁加速度频谱散点用○表示，2014 年的列车速度-桥梁加速度频谱散点用×表示；相应地，2013 年的等效频响函数拟合曲线 $EFRF_{2013}$ 用实线表示，2014 年的等效频响函数拟合曲线 $EFRF_{2014}$ 用虚线表示。在工况 C2 中，各车次的列车运行速度范围有限，约为 100～210km/h。在该列车速度范围内，车速-加速度频谱幅值散点中仅出现 3 个峰值，因此仅采用 3 阶模态来拟合等效频响函数

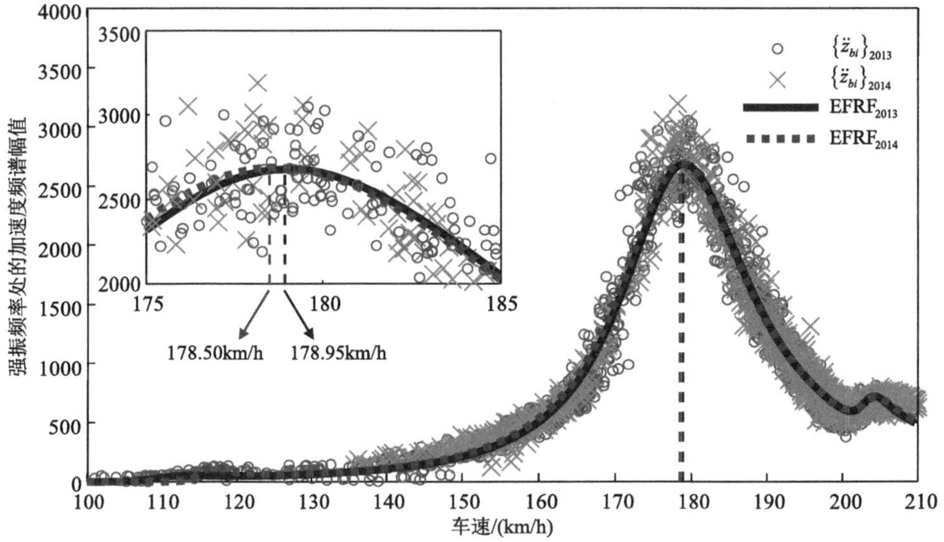

图 4.96　等效频响函数拟合曲线随时间的变化

曲线。经过对比发现，2013 年和 2014 年的等效频响函数曲线之间的差异较小，表明桥梁的模态参数（频率和阻尼比）变化很小。

空气温度对等效频响函数曲线拟合结果的影响如图 4.97 所示。其中，空气温度 $T<15$℃的列车速度-桥梁加速度频谱散点用○表示，空气温度 $T>20$℃的列车速度-桥梁加速度频谱散点用×表示；相应地，空气温度 $T<15$℃的等效频响函数拟合曲线 $\mathrm{EFRF}_{T<15}$ 用实线表示，空气温度 $T>20$℃的等效频响函数拟合曲线 $\mathrm{EFRF}_{T>20}$ 用虚线表示。由于温度升高一般会导致桥梁结构刚度的降低，因此在高温区间（$T>20$℃）内等效频响函数曲线峰值处的列车速度稍微低于在低温区段内（$T<15$℃）等效频响函数曲线峰值处的列车速度。

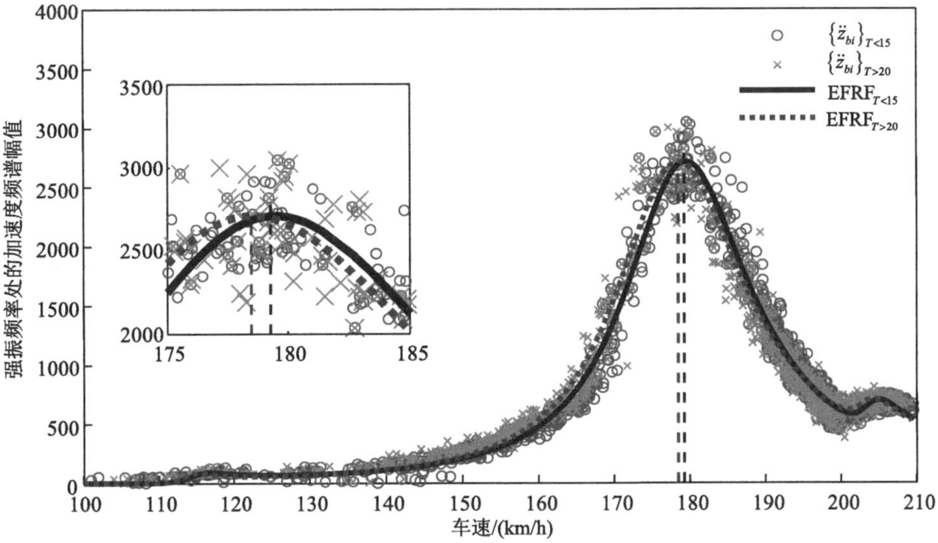

图 4.97　等效频响函数拟合曲线随温度的变化

与仅反映桥梁结构性能变化的频响函数不同，等效频响函数曲线还受到列车运行工况的影响。为了避免不同列车运行工况引起的等效频响函数曲线变化与桥梁结构性能变化引起的等效频响函数曲线变化相干扰，分别对不同列车运行工况下的等效频响函数曲线进行了对比，结果如图 4.98 所示。其中，工况 C2（16 节车厢）的列车速度-桥梁加速度频谱散点用○表示，工况 C6（8 节车厢）的列车速度-桥梁加速度频谱散点用×表示；相应地，工况 C2（16 节车厢）的等效频响函数拟合曲线 EFRF_{16} 用实线表示，工况 C6（8 节车厢）的等效频响函数拟合曲线 EFRF_{8} 用虚线表示。显然，工况 C6 和工况 C2 中的等效频响函数曲线峰值处的速度一致时，等效频响函数曲线峰值对应的幅值却不同。并且，工况 C2（16 节车厢）下的等效频响函数曲线的峰值远高于工况 C6（8 节车厢）下的等效频响函数曲线的峰值。

由于桥梁结构动力性能退化是一个缓慢的过程，仅通过两年的监测数据难以反映，因此通过频率折减的形式来模拟桥梁结构的性能变化，从理论上研究桥梁结构性能变化与等效频响函数变化之间的关系。将采用式（4.273）拟合的频率分别降低

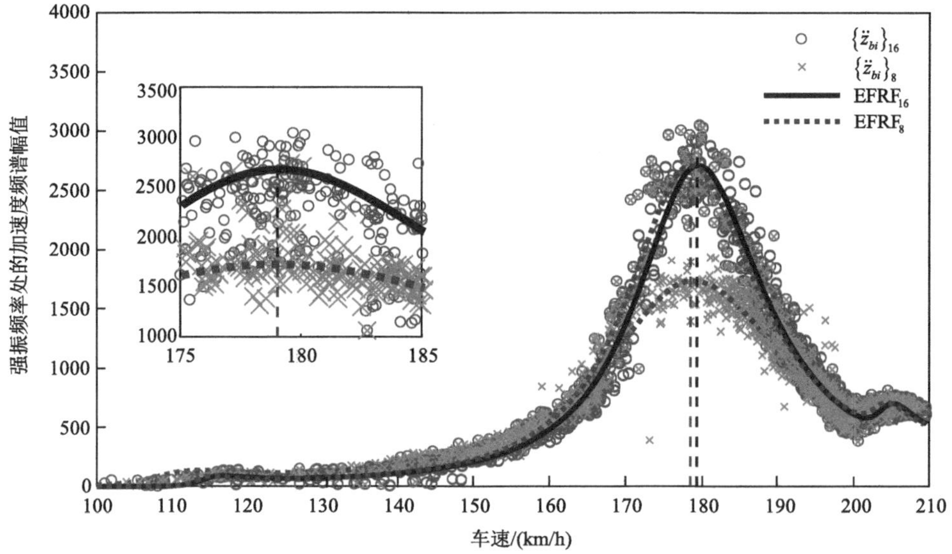

图 4.98　等效频响函数拟合曲线随车厢数量的变化

到拟合值的 99%、98%和 95%，以模拟桥梁结构刚度性能退化。如图 4.99（a）所示，将利用折减频率构建的等效频响函数曲线（EFRF$_{99\%f}$、EFRF$_{98\%f}$ 和 EFRF$_{95\%f}$）与 2013 年监测数据拟合的原始等效频响函数曲线（EFRF$_{100\%f}$）进行比较。可以发现，等效频响函数曲线中峰值位置的幅值不随结构刚度性能的退化而改变，而等效频响函数曲线峰值处的列车速度随着结构刚度性能退化而降低；进一步推知，当桥梁频率降低时，诱发桥梁高强度振动响应的列车速度随之降低，也就是说，桥梁将会在更低的列车速度下发生更明显的振动。

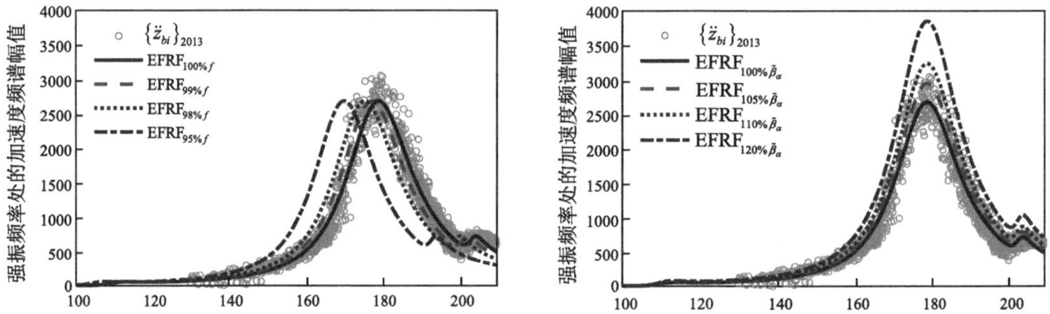

（a）频率变化　　（b）荷载变化

图 4.99　等效频响函数曲线影响因素理论分析

图 4.99（b）分析了列车荷载对等效频响函数曲线的影响。由于列车自重分配到各轮对的轴荷载未能直接测试得到，因此通过将与轴荷载成比例的拟合参数 $\tilde{\beta}_\alpha$ 增加到其原始值的 105%、110%和 120%以模拟轴荷载的变化。图 4.99（b）中比较了

105% $\tilde{\beta}_\alpha$、110% $\tilde{\beta}_\alpha$ 和 120% $\tilde{\beta}_\alpha$ 时的等效频响函数曲线，当轴荷载越大，等效频响函数曲线的幅值越高，即桥梁的振动越显著。比较图 4.99（a）和（b）可以看出，当结构频率和列车荷载分别变化时，等效频响函数曲线呈现出完全不同的变化规律。具体来说，当列车荷载恒定、桥梁频率改变时，等效频响函数曲线左右移动，曲线峰值对应的列车速度随着桥梁结构频率的变化而变化；而当桥梁频率不变、列车荷载改变时，等效频响函数曲线上下移动，曲线峰值对应的列车速度并未改变，而峰值处的加速度频谱幅值改变。

参 考 文 献

[1] YI T H, HUANG H B, LI H N. Development of sensor validation methodologies for structural health monitoring: a comprehensive review[J]. Measurement, 2017, 109: 200-214.

[2] YANG D H, GU H L, YI T H, et al. Bridge cable anomaly detection based on local variability in feature vector of monitoring group cable forces[J]. Journal of Bridge Engineering, 2023, 28(6): 04023030.

[3] YI T H, YAO X J, QU C X, et al. Clustering number determination for sparse component analysis during output-only modal identification[J]. Journal of Engineering Mechanics, 2019, 145(1): 04018122.

[4] QU C X, YI T H, LI H N, et al. Closely spaced modes identification through modified frequency domain decomposition[J]. Measurement, 2018, 128: 388-392.

[5] QU C X, LIU Y F, YI T H, et al. Structural damping ratio identification through iterative frequency domain decomposition[J]. Journal of Structural Engineering, 2023, 149(5): 04023042.

[6] YAO X J, YI T H, QU C X, et al. Blind modal identification in frequency domain using independent component analysis for high damping structures with classical damping[J]. Computer-Aided Civil and Infrastructure Engineering, 2018, 33(1): 35-50.

[7] YAO X J, YI T H, QU C X, et al. Blind modal identification using limited sensors through modified sparse component analysis by time-frequency method[J]. Computer-Aided Civil and Infrastructure Engineering, 2018, 33(9): 769-782.

[8] YAO X J, YI T H, ZHAO S W. Blind modal identification for decentralized sensor network by modified sparse component analysis in frequency-domain subspace[J]. Engineering Structures, 2022, 269: 114794-114794.

[9] YAO X J, YI T H, ZHAO S W, et al. Fully automated operational modal identification using continuously monitoring data of bridge structures[J]. Journal of Performance of Constructed Facilities, 2021, 35(5): 04021041.

[10] QU C X, YI T H, YAO X J, et al. Complex frequency identification using real modal shapes for a structure with proportional damping[J]. Computer-Aided Civil and Infrastructure Engineering, 2021, 36(10): 1322-1336.

[11] RUSCHEWEYH H, HORTMANNS M, SCHNAKENBERG C. Vortex-excited vibrations and galloping of slender elements [J]. Journal of Wind Engineering and Industrial Aerodynamics, 1996, 65: 347-352.

[12] European Committee for Standardization. Eurocode 1: Actions on structures-Part 1-4: General actions-wind actions[S]. Brussels, 2004.

[13] ZHANG G Q, XU Y L, DAN D H, et al. Simulation and prediction of vortex-induced vibration of a long suspension bridge using SHM-based digital twin technology[J]. Journal of Wind Engineering and Industrial Aerodynamics, 2024, 247: 105705.

[14] 郭健，钟陈杰，吴继熠，等. 西堠门大桥涡激振动特征分析[J]. 工程力学，2023，40(1): 39-45.

[15] YANG X M, YI T H, QU C X, et al. Automated eigensystem realization algorithm for operational modal identification of bridge structures[J]. Journal of Aerospace Engineering, 2019, 32(2): 4018148.

[16] 松浦章夫, 周德珪. 高速铁路上桥梁动力性能的研究[J]. 国外桥梁, 1980, (2): 45-62.

[17] YANG X M, YI T H, QU C X, et al. Modal identification of high-speed railway bridges through free-vibration detection[J].

Journal of Engineering Mechanics, 2020, 146(9): 4020107.

[18] DEEPTHI T M, SARAVANAN U, MEHER PRASAD A. Algorithms to determine wheel loads and speed of trains using strains measured on bridge girders[J]. Structural Control and Health Monitoring, 2019, 26(1): e2282.

[19] 中国铁路总公司. 高速铁路桥梁运营性能检定规定（试行）：TG GW 209—2014[S]. 北京：中国铁道出版社，2014.

[20] YANG X M, YI T H, QU C X, et al. Performance warning of bridges under train actions through equivalent frequency response functions[J]. Journal of Bridge Engineering, 2022, 27(10): 04022091.

第 5 章　桥梁模态异常诊断理论

5.1　概　　述

及时准确地识别出桥梁结构损伤，并采取适宜的养护和维修措施，对于确保桥梁的服役安全极其重要。损伤识别包括损伤判断、损伤定位、损伤定量和损伤预后 4 个层次。桥梁损伤识别主要分为基于静力参数、模态以及无损检测技术等方法。桥梁的频率、振型、阻尼比等模态参数可看作其刚度、质量、阻尼等物理参数的函数，损伤会导致桥梁的物理参数发生变化，并通过模态的变化反映出来。引起桥梁模态改变的原因除了结构发生损伤，还包括温度、湿度、风荷载等环境因素变化，因此理想的损伤识别目前还很难做到，更多的是进行模态异常诊断。对于量大面广的中小跨桥梁，其在环境激励下的振动响应较为微弱，特别是对损伤敏感的高阶模态，难以在环境激励下被激发出，因此，其振动响应中所能辨识的模态阶次低且精度有限。此外，由于中小跨桥梁存量巨大且重要性相对较小，很少对其安装结构健康监测系统。因此，如何采用人工激励的方式激发出对损伤敏感的结构高阶模态，通过高效快捷的测量和辨识方法获得准确的模态，进而实现中小跨桥梁模态异常快速诊断，是需要解决的关键问题之一。对于大跨桥梁，通过结构健康监测系统获取的桥梁响应可用于辨识其工作模态，但环境条件的变化会引起桥梁模态在一个范围内浮动变化，该变化幅度有时可能会湮没由于桥梁结构损伤所引起的模态异常。因此，剔除由环境因素造成的模态变化，而仅保留桥梁结构自身损伤引起的模态异常十分重要。基于上述问题，本章依次介绍了基于桥梁模态的损伤识别指标体系、损伤识别软件集成及应用、人工激励桥梁模态异常诊断理论、环境激励桥梁模态异常诊断理论。

5.2　基于模态的桥梁损伤识别指标

基于桥梁模态的损伤识别指标体系主要包括基于基本模态、曲率模态、柔度模态、应变模态、模态应变能的指标。这些指标各有特点，相互补充，在实际应用时通常需要根据桥梁的具体特点和测试条件选择合适的指标进行损伤识别。

5.2.1　基本模态指标

基本模态主要包括频率、振型、阻尼比。桥梁的损伤可能引起频率、振型和阻尼比的改变，例如，桥梁的损伤可能引起结构刚度降低，进而反映为结构频率减小；桥梁的阻尼反映了桥梁振动过程中的能量耗散机制，当结构发生损伤时，阻尼比可能发生变化；桥梁的振型可反映损伤的位置。

1. 基于频率的指标

桥梁的自振频率主要反映桥梁的整体刚度，由振动测试可较容易获取，且准确性相对较高。基于频率的损伤识别指标主要有频率变化比、频率平方变化比、正则化频率变化率和频率向量置信准则。

1）频率变化比

当桥梁发生损伤时，损伤引起的第 i 阶频率变化 $\delta\omega_i$ 可视为刚度变化 $\delta\boldsymbol{K}$ 和损伤位置坐标 $\boldsymbol{r}$ 的函数：

$$\delta\omega_i = f\left(\delta\boldsymbol{K},\boldsymbol{r}\right) \tag{5.1}$$

考虑桥梁在初始阶段未发生损伤，$\delta\boldsymbol{K}=0$，对（5.1）进行泰勒展开并忽略二阶项，得

$$\delta\omega_i = f\left(0,\boldsymbol{r}\right)+\frac{\partial f\left(0,\boldsymbol{r}\right)}{\partial\left(\delta\boldsymbol{K}\right)}\delta\boldsymbol{K} \tag{5.2}$$

桥梁未损伤时，其频率不发生变化，即 $f\left(0,\boldsymbol{r}\right)=0$，式（5.2）可表示为

$$\delta\omega_i = \delta\boldsymbol{K}\cdot g_i\left(\boldsymbol{r}\right) \tag{5.3}$$

式中，$g_i\left(\boldsymbol{r}\right)=\dfrac{\partial f\left(0,\boldsymbol{r}\right)}{\partial\left(\delta\boldsymbol{K}\right)}$ 为损伤位置函数。同理，第 j 阶频率的变化 $\delta\omega_j$ 可表示为

$$\delta\omega_j = \delta\boldsymbol{K}\cdot g_j\left(\boldsymbol{r}\right) \tag{5.4}$$

假设桥梁结构刚度变化与频率变化相互独立，式（5.3）与式（5.4）相除得

$$\frac{\delta\omega_i}{\delta\omega_j}=\frac{g_i\left(\boldsymbol{r}\right)}{g_j\left(\boldsymbol{r}\right)}=h\left(\boldsymbol{r}\right) \tag{5.5}$$

式中，$\dfrac{\delta\omega_i}{\delta\omega_j}$ 为频率变化比，由上式可知频率变化比 $\dfrac{\delta\omega_i}{\delta\omega_j}$ 只与损伤位置有关，因此该指标可用于损伤定位。

2）频率平方变化比

桥梁无阻尼自由振动运动方程的特征值问题表示为

$$\left(\boldsymbol{K}-\omega^2\boldsymbol{M}\right)\boldsymbol{\Phi}=0 \tag{5.6}$$

式中，$\boldsymbol{K}$ 和 $\boldsymbol{M}$ 分别是桥梁结构的刚度矩阵和质量矩阵；ω^2 为特征值；$\boldsymbol{\Phi}$ 为振型矩阵。

当桥梁损伤导致刚度发生 $\Delta\boldsymbol{K}$ 的变化时，根据摄动理论，式（5.6）可写为

$$\left[\left(\boldsymbol{K}+\Delta\boldsymbol{K}\right)-\left(\omega^2+\Delta\omega^2\right)\left(\boldsymbol{M}+\Delta\boldsymbol{M}\right)\right]\left(\boldsymbol{\Phi}+\Delta\boldsymbol{\Phi}\right)=0 \tag{5.7}$$

式中，$\Delta\omega^2$、$\Delta\boldsymbol{M}$ 和 $\Delta\boldsymbol{\Phi}$ 分别是由损伤引起的频率平方、质量矩阵和振型矩阵的变化量。但桥梁损伤通常不会引起质量变化或变化很小，因此 $\Delta\boldsymbol{M}=0$。将式（5.7）

展开并忽略二阶项，得

$$\left(\boldsymbol{K}-\omega^2\boldsymbol{M}\right)\boldsymbol{\Phi}+\boldsymbol{K}\Delta\boldsymbol{\Phi}+\Delta\boldsymbol{K}\boldsymbol{\Phi}-\omega^2\boldsymbol{M}\Delta\boldsymbol{\Phi}-\Delta\omega^2\boldsymbol{M}\boldsymbol{\Phi}=0 \tag{5.8}$$

将式（5.6）代入式（5.8），并对该式左乘 $\boldsymbol{\Phi}^{\mathrm{T}}$，整理得

$$\boldsymbol{\Phi}^{\mathrm{T}}\left(\boldsymbol{K}-\omega^2\boldsymbol{M}\right)\Delta\boldsymbol{\Phi}+\boldsymbol{\Phi}^{\mathrm{T}}\Delta\boldsymbol{K}\boldsymbol{\Phi}-\Delta\omega^2\boldsymbol{\Phi}^{\mathrm{T}}\boldsymbol{M}\boldsymbol{\Phi}=0 \tag{5.9}$$

桥梁未发生损伤时，其刚度矩阵 $\boldsymbol{K}$ 和质量矩阵 $\boldsymbol{M}$ 均为对称矩阵，式（5.9）可进一步写为

$$\Delta\omega^2=\frac{\boldsymbol{\Phi}^{\mathrm{T}}\Delta\boldsymbol{K}\boldsymbol{\Phi}}{\boldsymbol{\Phi}^{\mathrm{T}}\boldsymbol{M}\boldsymbol{\Phi}} \tag{5.10}$$

桥梁的整体刚度矩阵 $\boldsymbol{K}$ 由单元刚度矩阵构成，损伤导致单元刚度发生折减，由损伤造成的刚度矩阵变化 $\Delta\boldsymbol{K}$ 可表示为

$$\Delta\boldsymbol{K}=\sum_{n=1}^{N}\alpha_n\boldsymbol{K}_n \tag{5.11}$$

式中，$\boldsymbol{K}_n$ 为第 n 个单元的刚度矩阵；α_n 为第 n 个单元的刚度折减系数；N 为桥梁结构的单元总数。将式（5.11）代入式（5.10），得

$$\Delta\omega^2=\sum_{n=1}^{N}\alpha_n\frac{\boldsymbol{\Phi}^{\mathrm{T}}\boldsymbol{K}_n\boldsymbol{\Phi}}{\boldsymbol{\Phi}^{\mathrm{T}}\boldsymbol{M}\boldsymbol{\Phi}} \tag{5.12}$$

当仅有第 m 个单元发生损伤时，上式可写为

$$\Delta\omega^2=\alpha_m\frac{\boldsymbol{\Phi}^{\mathrm{T}}\boldsymbol{K}_m\boldsymbol{\Phi}}{\boldsymbol{\Phi}^{\mathrm{T}}\boldsymbol{M}\boldsymbol{\Phi}} \tag{5.13}$$

对于桥梁第 i、j 阶模态，其频率平方变化分别写为

$$\Delta\omega_i^2=\alpha_m\frac{\boldsymbol{\varphi}_i^{\mathrm{T}}\boldsymbol{K}_m\boldsymbol{\varphi}_i}{\boldsymbol{\varphi}_i^{\mathrm{T}}\boldsymbol{M}\boldsymbol{\varphi}_i} \tag{5.14}$$

$$\Delta\omega_j^2=\alpha_m\frac{\boldsymbol{\varphi}_j^{\mathrm{T}}\boldsymbol{K}_m\boldsymbol{\varphi}_j}{\boldsymbol{\varphi}_j^{\mathrm{T}}\boldsymbol{M}\boldsymbol{\varphi}_j} \tag{5.15}$$

式中，$\boldsymbol{\varphi}_i$、$\boldsymbol{\varphi}_j$ 分别是桥梁的第 i、j 阶振型。

式（5.14）除以式（5.15），得到桥梁的频率平方变化比表达式为

$$\frac{\Delta\omega_i^2}{\Delta\omega_j^2}=\frac{\dfrac{\boldsymbol{\varphi}_i^{\mathrm{T}}\boldsymbol{K}_m\boldsymbol{\varphi}_i}{\boldsymbol{\varphi}_i^{\mathrm{T}}\boldsymbol{M}\boldsymbol{\varphi}_i}}{\dfrac{\boldsymbol{\varphi}_j^{\mathrm{T}}\boldsymbol{K}_m\boldsymbol{\varphi}_j}{\boldsymbol{\varphi}_j^{\mathrm{T}}\boldsymbol{M}\boldsymbol{\varphi}_j}} \tag{5.16}$$

3）正则化频率变化率

频率变化率可看作损伤位置和损伤程度的函数，第 i 阶频率变化率可表示为

$$\frac{\delta\omega_i}{\omega_i}=\delta\boldsymbol{K}\cdot g_i\left(\boldsymbol{r}\right) \tag{5.17}$$

利用所有阶频率变化率之和（假设共有 N 阶模态）对第 i 阶频率变化率进行归一化处理，得到第 i 阶正则化频率变化率：

$$\frac{\dfrac{\delta\omega_i}{\omega_i}}{\sum\limits_{n=1}^{N}\dfrac{\delta\omega_n}{\omega_n}}=\frac{\delta\boldsymbol{K}\cdot g_i(\boldsymbol{r})}{\sum\limits_{n=1}^{N}\delta\boldsymbol{K}\cdot g_n(\boldsymbol{r})}=\frac{g_i(\boldsymbol{r})}{\sum\limits_{n=1}^{N}g_n(\boldsymbol{r})} \tag{5.18}$$

由上式可知，正则化频率变化率是损伤位置 r 的函数，可用于损伤定位。

4）频率向量置信准则

频率向量置信准则（frequency vector assurance criterion，FVAC）是在构造频率向量的基础上，通过分析桥梁损伤前后的频率向量相关性来识别损伤。桥梁损伤前和损伤后的频率向量 $\boldsymbol{F}$ 和 $\boldsymbol{F}_d$ 分别写为

$$\boldsymbol{F}=[\omega_1,\omega_2,\omega_3,\cdots,\omega_n] \tag{5.19}$$

$$\boldsymbol{F}_d=[\omega_{d1},\omega_{d2},\omega_{d3},\cdots,\omega_{dn}] \tag{5.20}$$

参考式（3.33）的模态置信准则，构造出如下的频率向量置信准则：

$$\mathrm{FVAC}(\boldsymbol{F},\boldsymbol{F}_d)=\frac{(\boldsymbol{F}^{\mathrm{T}}\boldsymbol{F}_d)^2}{(\boldsymbol{F}^{\mathrm{T}}\boldsymbol{F}_d)(\boldsymbol{F}_d^{\mathrm{T}}\boldsymbol{F})} \tag{5.21}$$

在得到桥梁损伤前后的频率向量 $\boldsymbol{F}$ 和 $\boldsymbol{F}_d$ 后，根据上式可计算桥梁损伤前后的FVAC值，FVAC的取值范围介于0与1之间。FVAC值等于1，说明桥梁未发生损伤。FVAC值越小，表明桥梁损伤前后的频率向量差别越大，桥梁损伤程度也越大。

5）案例分析

通过一座跨径为20m+20m的双跨连续梁桥进行各类损伤识别指标的对比分析。双跨连续梁桥有限元模型如图5.1所示，该模型按等长度划分为50个单元、51个节点。通过弹性模量的折减来模拟损伤造成的刚度损失，定义第 n 个单元的刚度折减系数为 α_n，损伤工况如表5.1所示。

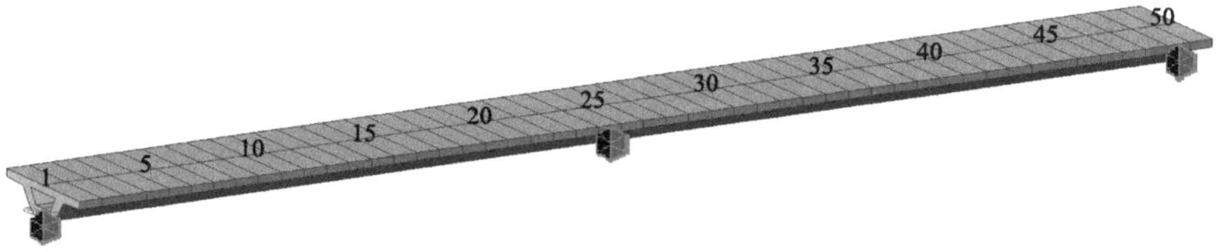

图5.1　双跨连续梁桥有限元模型

表5.1　有限元模型的损伤工况

损伤工况	损伤位置	刚度折减系数 α_n
损伤工况1	第1跨中单元13	α_{13}=10%
损伤工况2	第1跨中单元13	α_{13}=30%
损伤工况3	中间支座处单元25	α_{25}=10%
损伤工况4	中间支座处单元25	α_{25}=30%
损伤工况5	第2跨中单元38	α_{38}=10%
损伤工况6	第2跨中单元38	α_{38}=30%

基于频率的各损伤识别指标的识别效果十分依赖事先构建的损伤数据库，因此建立了如下桥梁损伤数据库工况：每隔 3 个单元设置 1 个单元的损伤，刚度折减均为 10%，共计 12 种。桥梁损伤数据库工况如表 5.2 所示。

表 5.2　桥梁损伤数据库工况

损伤工况	损伤位置	损伤工况	损伤位置	损伤工况	损伤位置
损伤工况 1	单元 2	损伤工况 5	单元 18	损伤工况 9	单元 34
损伤工况 2	单元 6	损伤工况 6	单元 22	损伤工况 10	单元 38
损伤工况 3	单元 10	损伤工况 7	单元 26	损伤工况 11	单元 42
损伤工况 4	单元 14	损伤工况 8	单元 30	损伤工况 12	单元 46

（1）频率变化比

表 5.1 展示的损伤工况作为待测损伤工况，不同待测损伤工况下的前 10 阶频率变化比如图 5.2 所示。可以看出，相同阶次的频率变化比随着损伤位置的变化而变化。相同损伤工况下，不同阶次的频率变化比也存在差异。以第 1 阶频率变化为基准计算频率变化比，并计算待测工况与表 5.2 的损伤数据库的频率变化比的差值，如图 5.3 所示。图中横坐标表示损伤数据库所包含的 12 种损伤工况。差值越小，表示待测工况与损伤数据库工况越吻合。将差值最小时对应的损伤数据库工况作为损伤识别结果。由图 5.3 可知，待测损伤工况 1（单元 13 损伤）、工况 3（单元 25 损伤）、工况 5（单元 38 损伤）分别对应损伤数据库损伤工况 10（单元 38 损伤）、工况 7（单元 26 损伤）以及工况 10（单元 38 损伤），其中，待测损伤工况 1（第 1 跨中处单元 13 损伤）被错误识别为损伤数据库损伤工况 10（第 2 跨中处单元 38 损伤）。这是因为发生在对称位置的损伤可导致频率发生相同改变，进而导致识别错误，即频率变化比无法区分对称位置的损伤。

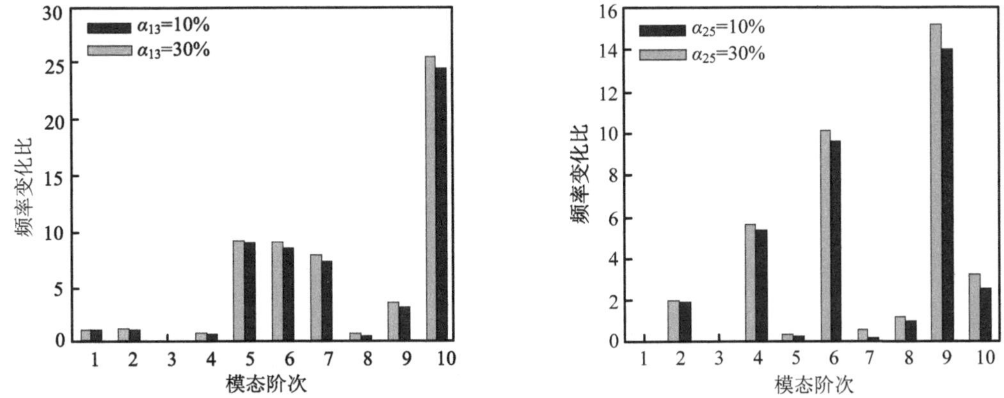

（a）损伤工况 1 和 2（单元 13 损伤）　　（b）损伤工况 3 和 4（单元 25 损伤）

图 5.2　不同待测损伤工况下的前 10 阶频率变化比

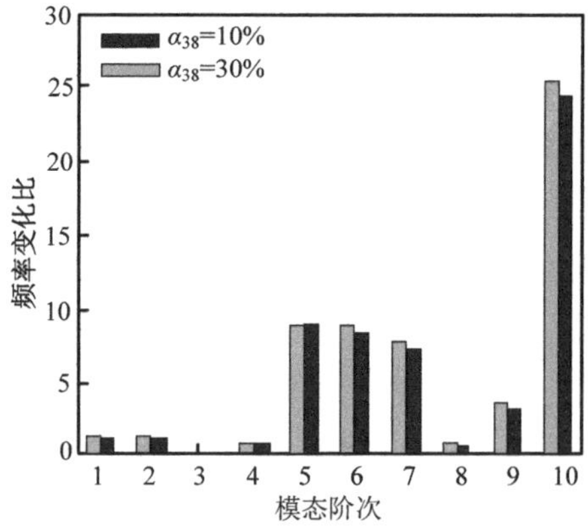

（c）损伤工况 5 和 6（单元 38 损伤）

图 5.2（续）

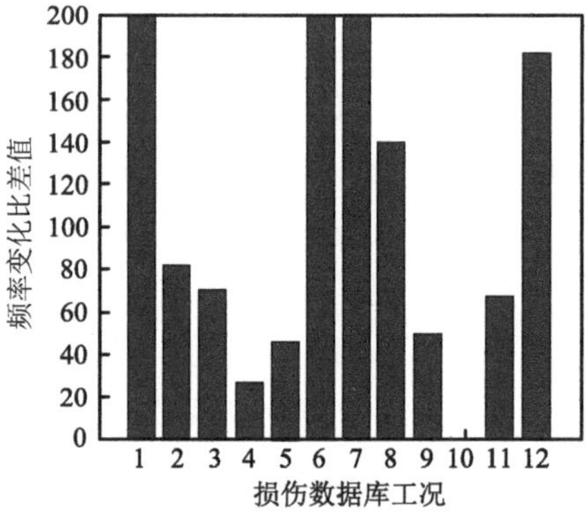

（a）损伤工况 1（单元 13 损伤）

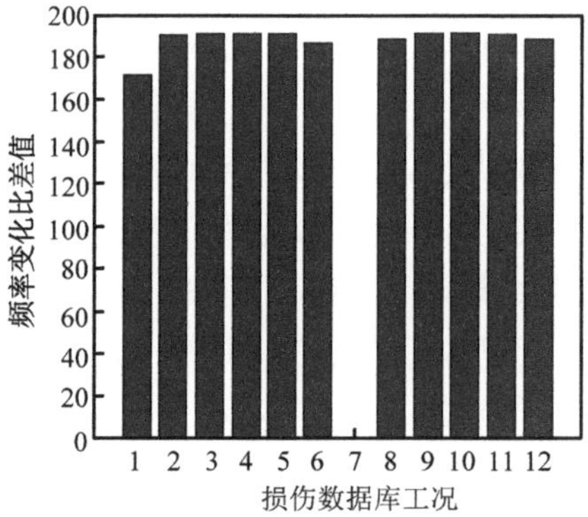

（b）损伤工况 3（单元 25 损伤）

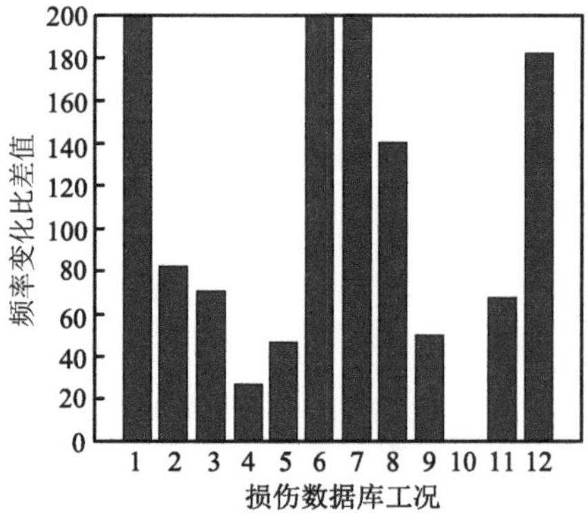

（c）损伤工况 5（单元 38 损伤）

图 5.3　待测损伤工况与损伤数据库工况的频率变化比差值

（2）频率平方变化比

选取频率变化最大值为基准计算频率平方变化比，并计算待测工况与损伤数据库的频率平方变化比的差值，如图 5.4 所示。同样将差值最小时对应的损伤数据库工况作为损伤识别结果。待测损伤工况 1（单元 13 损伤）、损伤工况 3（单元 25 损伤）和损伤工况 5（单元 38 损伤）分别对应损伤数据库损伤工况 10（单元 38 损伤）、工况 7（单元 26 损伤）以及工况 10（单元 38 损伤），其中，待测损伤工况 1（第 1 跨中处单元 13 损伤）被错误识别为损伤数据库损伤工况 10（第 2 跨中处单元 38 损伤）。因此，频率平方变化比同样无法区分对称位置的损伤。

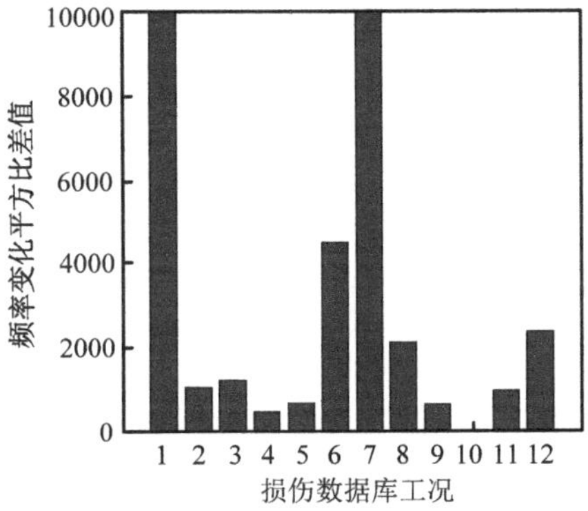

（a）损伤工况 1（单元 13 损伤）

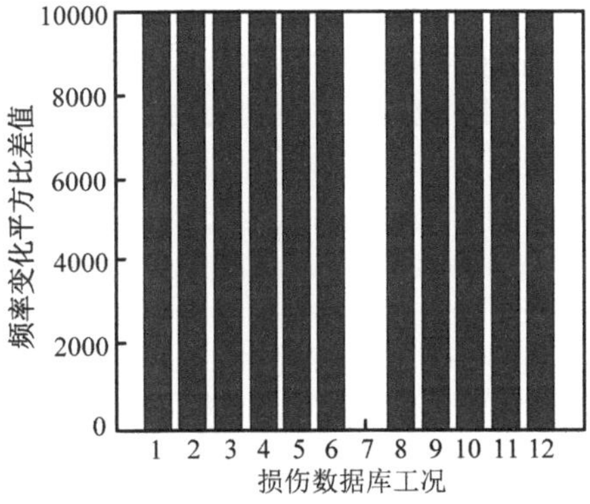

（b）损伤工况 3（单元 25 损伤）

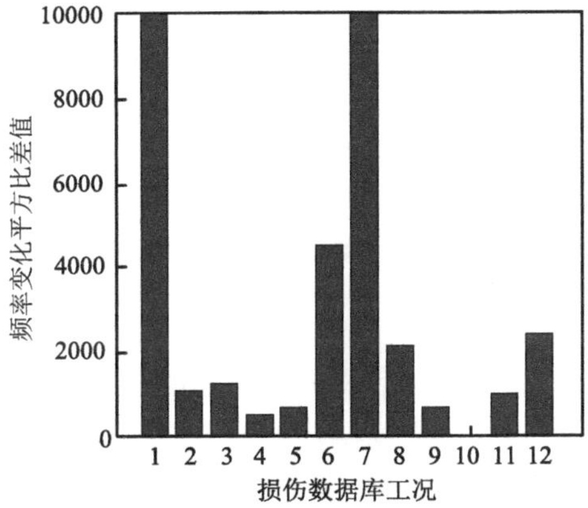

（c）损伤工况 5（单元 38 损伤）

图 5.4　待测损伤工况与损伤数据库工况的频率平方变化比差值

（3）正则化频率变化率

选取第 1 阶模态计算正则化频率变化率，并计算待测工况与损伤数据库的正则化频率变化率的差值，如图 5.5 所示。同样将差值最小时对应的损伤数据库工况作为损伤识别结果。待测损伤工况 3（单元 25 损伤）、工况 5（单元 38 损伤）分别准确匹配损伤数据库工况 7（单元 26 损伤）以及工况 10（单元 38 损伤），而待测损伤工况 1（单元 13 损伤）被错误匹配到损伤数据库损伤工况 10（单元 38 损伤）。因此，正则化频率变化率同样无法区分对称位置的损伤。

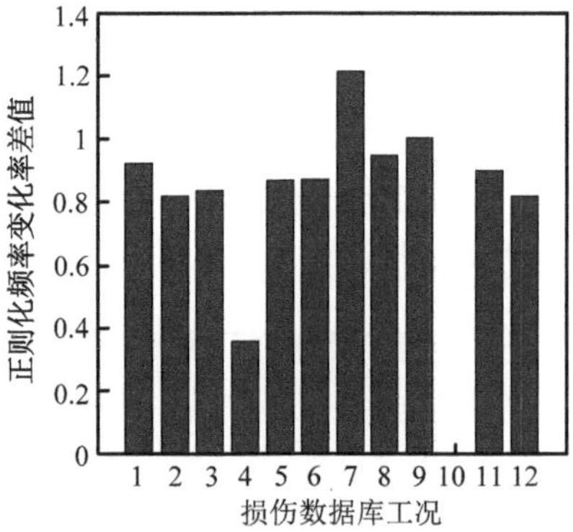

(a) 损伤工况 1（单元 13 损伤）

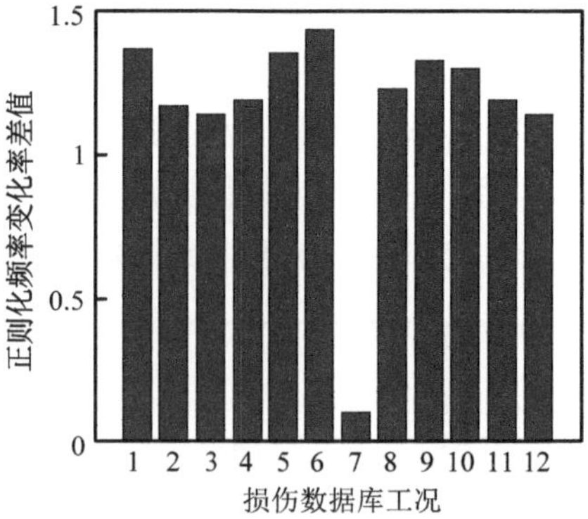

(b) 损伤工况 3（单元 25 损伤）

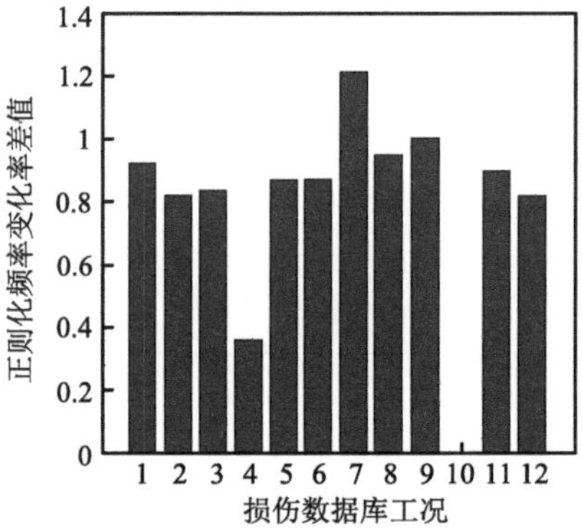

(c) 损伤工况 5（单元 38 损伤）

图 5.5　待测损伤工况与损伤数据库工况的正则化频率变化率差值

（4）频率向量置信准则

分别将待测损伤工况与损伤数据库损伤工况的前 10 阶频率组成频率向量，并根据式（5.21）的频率向量置信准则计算待测损伤工况与损伤数据库损伤工况的 FVAC 值，表 5.3 展示了 FVAC 的最小值及对应待测损伤工况与损伤数据库损伤工况。从表 5.3 可以看出，FVAC 值均接近于 1。由于该案例模拟的损伤形式为局部损伤，导致频率的变化较小，损伤前后的频率向量之间的相关性很高（接近于 1）。因此，根据频率向量置信准则难以对本案例中的损伤进行识别。

表 5.3　各损伤工况下的 FVAC 最小值

待测损伤工况	对应损伤数据库工况	FVAC 最小值	待测损伤工况	对应损伤数据库工况	FVAC 最小值
损伤工况 1	工况 10	1.000	损伤工况 4	工况 7	0.999
损伤工况 2	工况 10	0.999	损伤工况 5	工况 10	1.000
损伤工况 3	工况 7	1.000	损伤工况 6	工况 10	0.999

2. 基于振型的指标

桥梁发生损伤将会造成损伤附近的振型幅值发生变化，通过捕捉振型幅值发生变化的位置可识别损伤位置。基于振型的损伤识别指标主要包括振型相对变化率、模态置信准则、坐标模态置信准则、本征参数等。

1）振型相对变化率

振型相对变化率定义如下[1]：

$$\frac{\Delta\boldsymbol{\varphi}_i}{\boldsymbol{\varphi}_i}=\frac{\boldsymbol{\varphi}_{d,i}-\boldsymbol{\varphi}_{u,i}}{\boldsymbol{\varphi}_{u,i}} \tag{5.22}$$

式中，$\boldsymbol{\varphi}_{u,i}$ 和 $\boldsymbol{\varphi}_{d,i}$ 分别表示桥梁损伤前后的第 i 阶振型。通过桥梁损伤前后的第 i 阶振型可计算出随着位置坐标变化的振型相对变化率，根据振型相对变化率曲线的突变可识别损伤。

2）模态置信准则

式（3.33）所示的模态置信准则通过计算 MAC 值来衡量不同模态阶次振型的相关性。该公式还可以衡量桥梁损伤前后同一模态阶次的振型相关性来判断是否发生损伤，此时，MAC 值的计算公式进一步写为

$$\text{MAC}\left(\boldsymbol{\varphi}_{u,i},\boldsymbol{\varphi}_{d,i}\right)=\frac{\left(\boldsymbol{\varphi}_{u,i}^{\mathrm{T}}\boldsymbol{\varphi}_{d,i}\right)^2}{\left(\boldsymbol{\varphi}_{u,i}^{\mathrm{T}}\boldsymbol{\varphi}_{u,i}\right)\left(\boldsymbol{\varphi}_{d,i}^{\mathrm{T}}\boldsymbol{\varphi}_{d,i}\right)} \tag{5.23}$$

通过桥梁损伤前后的第 i 阶振型 $\boldsymbol{\varphi}_{u,i}$ 和 $\boldsymbol{\varphi}_{d,i}$ 可计算出第 i 阶模态的 MAC 值，MAC 值介于 0 与 1 之间。当 MAC 值等于 1 时，说明桥梁未发生损伤。MAC 值越小，说明损伤前后的振型差别越大，损伤程度也越大。由于 MAC 值未包含损伤位置信息，所以无法进行损伤定位。

3）坐标模态置信准则

坐标模态置信准则（coordinate modal assurance criterion，COMAC）通过计算每个节点处的 COMAC 值来识别损伤，COMAC 值的计算公式如下：

$$\text{COMAC}(j)=\frac{\left(\sum_i^n\left|\varphi_{ui,j}\varphi_{di,j}\right|\right)^2}{\sum_i^n\left(\varphi_{ui,j}\right)^2\sum_i^n\left(\varphi_{di,j}\right)^2} \tag{5.24}$$

式中，$\varphi_{ui,j}$ 和 $\varphi_{di,j}$ 分别表示损伤前后第 i 阶模态的第 j 个节点的振型值。$\text{COMAC}(j)$ 表示第 j 个节点处的 COMAC 值，其取值介于 0 与 1 之间。某一节点的 COMAC 值等于 1 时，表明该节点附近未发生损伤。COMAC 值越小，说明该节点附近的损伤程度越大。由于 COMAC 值通过节点包含了位置信息，所以可以进行损伤定位。

4）本征参数

本征参数（eigen-parameter，EP）综合考虑了频率与振型的信息进行损伤定位。第 i 阶模态的本征参数计算公式如下：

$$\mathbf{EP}_i=\left|\frac{\boldsymbol{\varphi}_{d,i}}{\omega_{d,i}^2}-\frac{\boldsymbol{\varphi}_{u,i}}{\omega_{u,i}^2}\right| \tag{5.25}$$

式中，$\omega_{u,i}$和$\omega_{d,i}$分别表示桥梁损伤前后的第i阶频率，$\boldsymbol{\varphi}_{u,i}$和$\boldsymbol{\varphi}_{d,i}$分别表示桥梁损伤前后的第$i$阶振型。为了综合考虑多阶模态所包含的损伤信息，可进一步对N阶模态的EP值取平均：

$$\overline{\mathbf{EP}}=\frac{1}{N}\sum_{i=1}^{N}\mathbf{EP}_i \tag{5.26}$$

5）案例分析

本案例同样采用图5.1所示的双跨连续梁桥有限元模型，通过计算得到不同损伤工况下的多阶振型，并分析基于振型的损伤指标的损伤识别效果。

（1）振型相对变化率

计算得到的不同损伤工况下的第1阶振型相对变化率如图5.6所示。损伤工况1和2（单元13损伤）和损伤工况5和6（单元38损伤）的振型相对变化率分别在损伤位置出现突出峰值，成功实现损伤定位。损伤工况3和4（单元25损伤）的振型相对变化率在图中未显示（由于支座处的振型值为0，无法计算振型相对变化率），振型相对变化率在支座附近出现断点，无法判断该处损伤。

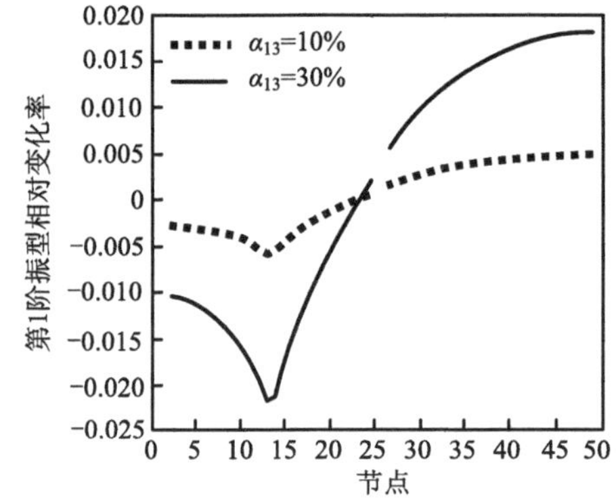

（a）损伤工况1和2（单元13损伤）

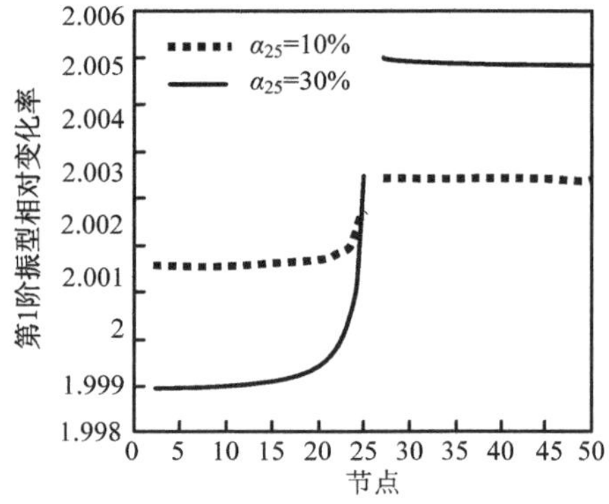

（b）损伤工况3和4（单元25损伤）

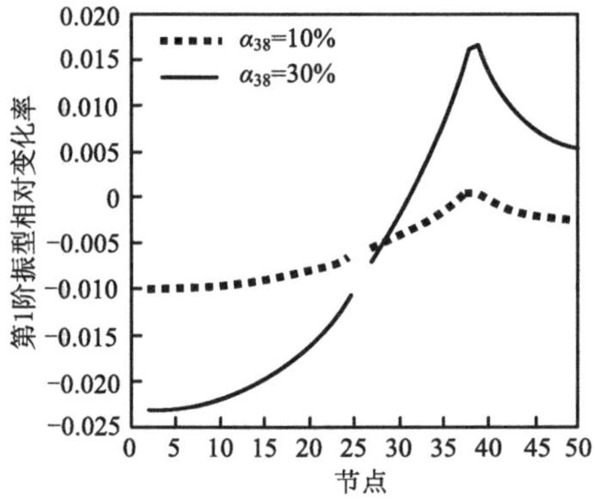

（c）损伤工况5和6（单元38损伤）

图5.6　不同损伤工况下第1阶振型相对变化率

（2）模态置信准则

各损伤工况下桥梁前 10 阶振型除了第 7 阶振型外，所计算的MAC值基本在 0.97～0.99，而第 7 阶振型的MAC值接近于 0，如表 5.4 所示。由此可见，第 7 阶振型是在损伤工况下的敏感模态。然而，通过MAC值只能判断是否发生损伤，而无法进行损伤定位。

表 5.4　损伤工况下的MAC最小值

损伤工况	振型阶数	MAC 值	损伤工况	振型阶数	MAC 值
损伤工况 1	第 7 阶	0.0004	损伤工况 4	第 7 阶	0.0012
损伤工况 2	第 7 阶	0.0004	损伤工况 5	第 7 阶	0.0004
损伤工况 3	第 7 阶	0.0005	损伤工况 6	第 7 阶	0.0003

（3）坐标模态置信准则

坐标模态置信准则从理论上不仅可以判断是否发生损伤，还可以进行损伤定位，但通过计算该模型各损伤工况的COMAC值，发现各节点的COMAC值虽有一定的波动，但仍浮动在 0.99 左右。如图 5.7 所示为损伤工况 2（单元 13 损伤）的COMAC值，由于COMAC值无法与损伤情况联系在一起，说明COMAC值对本案例的损伤工况不敏感。

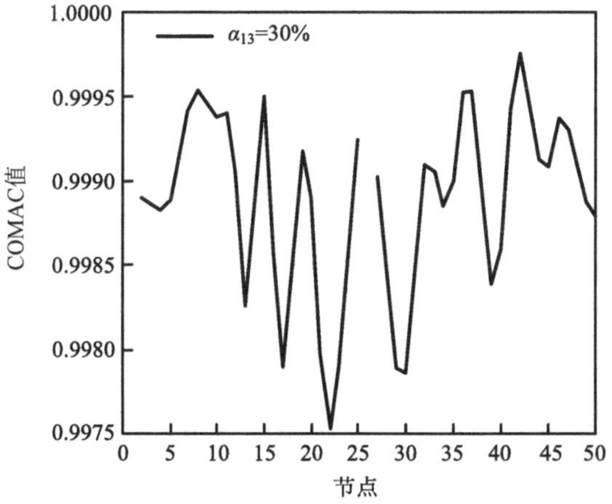

图 5.7　损伤工况 2（单元 13 损伤）的COMAC值

（4）本征参数

图 5.8 展示了第 1、2 种损伤工况（单元 13 损伤）下只考虑第 1 阶和考虑前 10 阶模态得到的本征参数。只有第 1 阶模态的本征参数在损伤位置处出现峰值，成功定位损伤。考虑前 10 阶振型反而无法通过峰值定位损伤，这是由于通过对多阶模态求均值的方式虽然考虑了多阶模态所包含的损伤信息，但由于高阶振型的形状较为复杂，反而会湮没损伤信息。

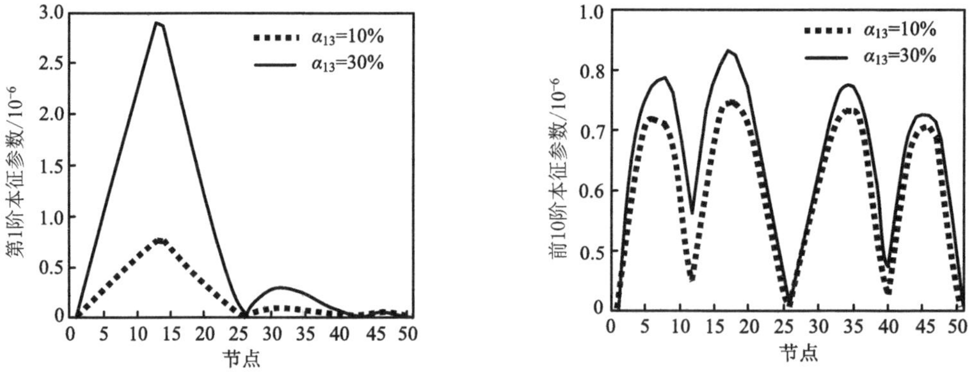

（a）只考虑第 1 阶（第 1、2 种损伤工况）　　（b）考虑前 10 阶（第 1、2 种损伤工况）

图 5.8　考虑不同模态阶次的本征参数

表 5.5 列出了振型类损伤识别指标对比分析的结论。

表 5.5　振型类损伤识别指标对比表

损伤指标	是否需要基准数据	共性缺点	特点
振型相对变化率	是	无法识别支座和振型零点处损伤；需要采取合适方式对振型进行归一化	第 1 阶振型相对变化率可定位损伤；可定性识别损伤的程度
模态置信准则	是		识别效果不佳，可用于确定对损伤敏感模态阶次
坐标模态置信准则	是		对连续梁无法实现损伤定位，对桁架桥具有一定损伤识别效果
本征参数	是		需要频率作为基准数据；仅有第 1 阶振型可精准定位损伤；可定性识别损伤程度

注：基准数据是指损伤前后的振型。

3. 基于阻尼比的指标

与频率、振型相比，阻尼比在实际振动测试中的识别精度不高，且阻尼对桥梁的作用机理也较为复杂，因此将阻尼比作为损伤识别指标的研究很少。有研究表明，桥梁中损伤的存在与非线性耗散机制的出现之间存在着明显的关系，这种关系可以用非线性阻尼来表示。特别是钢筋混凝土结构中的非线性阻尼与裂缝存在相关性。因此，基于非线性阻尼比损伤指标被提出。阻尼由黏性阻尼与摩擦阻尼两部分组成，开裂造成的损伤将导致摩擦阻尼出现，且随着损伤程度增加，摩擦阻尼占比变大。研究认为表征摩擦阻尼的非线性阻尼参数是一个可靠的损伤指标，其优点是该参数不需要未损伤的桥梁信息就能够检测结构中的损伤存在。

5.2.2　曲率模态指标

曲率模态是桥梁构件中性面的变形模态，对局部损伤十分敏感。曲率模态一般通过对振型进行二阶中心差分计算得到。在对振型进行二阶中心差分时，局部损伤对桥梁的影响被放大，因此曲率模态对损伤的敏感性高于振型。基于曲率模态的损伤识别指标主要有曲率模态差、曲率模态变化比、曲率模态变化率、曲率模态损伤因子等。

1）曲率模态差

曲率模态差（curvature mode shape difference，CMSD）通过对比损伤前后曲率模态的相对变化判断是否发生损伤并定位损伤。曲率模态差的计算公式如下：

$$\Delta\boldsymbol{\varphi}_i''(x)=\left|\boldsymbol{\varphi}_{d,i}''(x)-\boldsymbol{\varphi}_{u,i}''(x)\right| \tag{5.27}$$

式中，$\boldsymbol{\varphi}_{d,i}''(x)$ 和 $\boldsymbol{\varphi}_{u,i}''(x)$ 分别是桥梁损伤后和损伤前的曲率模态，曲率模态差需要桥梁在健康状态下的信息作为基准。

2）曲率模态变化比

曲率模态变化比（curvature mode change ratio，CMCR）是在曲率模态差的基础上除以桥梁未损伤时的曲率模态，其计算公式如下：

$$\Delta\boldsymbol{r}_i(x)=\frac{\boldsymbol{\varphi}_{d,i}''(x)-\boldsymbol{\varphi}_{u,i}''(x)}{\boldsymbol{\varphi}_{u,i}''(x)} \tag{5.28}$$

该指标不仅可以判断是否发生损伤并定位损伤，同时还可以判断损伤程度。由于曲率模态变化比的分母位置为未损伤时的曲率模态，因此该指标无法判断曲率零点处的损伤。

3）曲率模态变化率

曲率模态变化率（curvature mode slope，CMS）是对损伤后的曲率模态求一阶导数：

$$\mathrm{CMS}_{j,i}(x)=\frac{\varphi_{j+1,i}''(x)-\varphi_{j,i}''(x)}{l_p} \tag{5.29}$$

式中，$\varphi_{j+1,i}''(x)$ 和 $\varphi_{j,i}''(x)$ 分别是第 i 阶模态的第 j 个和第 j+1 个节点的曲率模态；l_p 是第 j 个和第 j+1 节点之间的距离。当桥梁的损伤较小时，曲率模态的幅值变化可能并不明显，但斜率会产生较大变化，且该指标不需要桥梁健康状态下的信息。

4）曲率模态损伤因子

曲率模态损伤因子（curvature damage factor，CDF）综合考虑了多模态阶次的曲率模态差，其表达式如下：

$$\mathrm{CDF}=\frac{1}{N}\sum_{i=1}^{N}\left|\boldsymbol{\varphi}_{d,i}''(x)-\boldsymbol{\varphi}_{u,i}''(x)\right| \tag{5.30}$$

式中，N 表示所考虑的所有曲率模态的阶次。该指标叠加了多阶曲率模态的贡献，包含了桥梁更多的损伤信息。

5）案例分析

本案例同样采用图 5.1 所示的双跨连续梁桥有限元模型，通过计算来对比不同指标的损伤识别效果。

（1）曲率模态差

计算得到的不同损伤工况下的第 1 阶曲率模态差如图 5.9 所示。损伤工况 1 和 2（单元 13 损伤）和损伤工况 5 和 6（单元 38 损伤）的曲率模态差分别在损伤位置出现突出峰值。损伤工况 3 和 4（单元 25 损伤）的曲率模态差在图中损伤位置未出现峰值，这是由于支座处的曲率模态幅值为 0，曲率模态差也为 0，因此无法判断该处损伤。

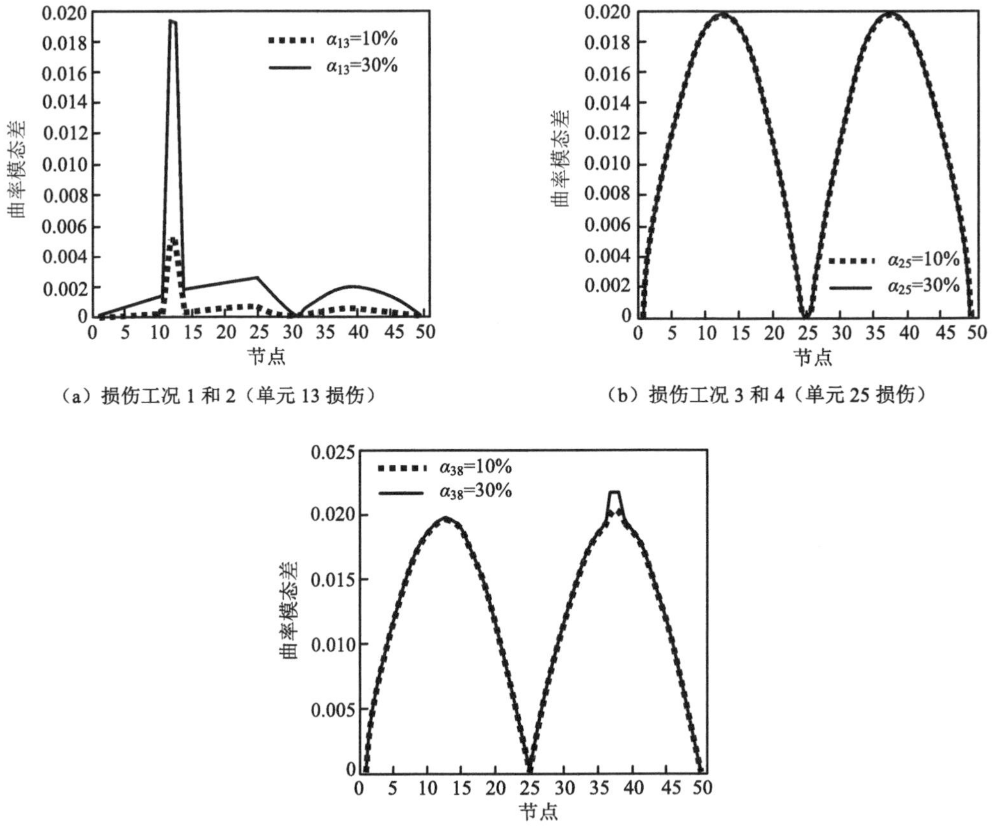

图 5.9　不同损伤工况下第 1 阶曲率模态差

（2）曲率模态变化比

计算得到的不同损伤工况下的第 1 阶曲率模态变化比如图 5.10 所示。损伤工况 1 和 2（单元 13 损伤）和损伤工况 5 和 6（单元 38 损伤）的曲率模态变化比分别在损伤位置出现突出峰值。曲率模态变化比均在中间支座位置处出现断点，这是由于曲率模态差计算公式的分母位置为曲率模态，而中间支座处的曲率模态幅值为 0，导致曲率模态变化比无法计算，因此无法判断损伤工况 3 和 4（单元 25 损伤）。

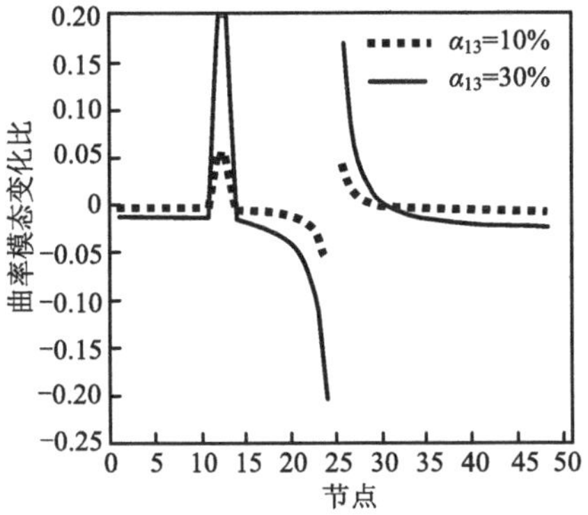

（a）损伤工况 1 和 2（单元 13 损伤）

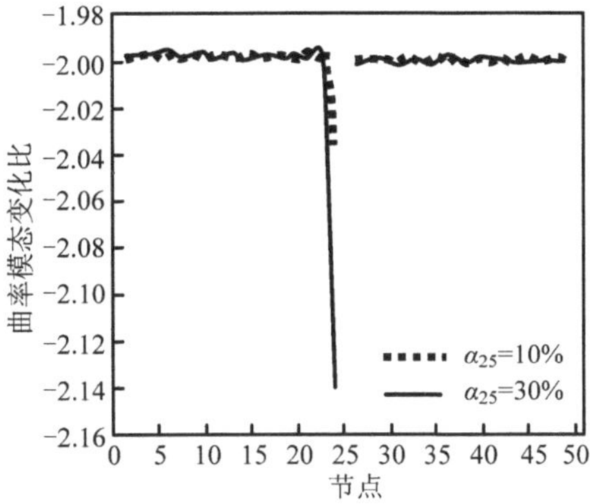

（b）损伤工况 3 和 4（单元 25 损伤）

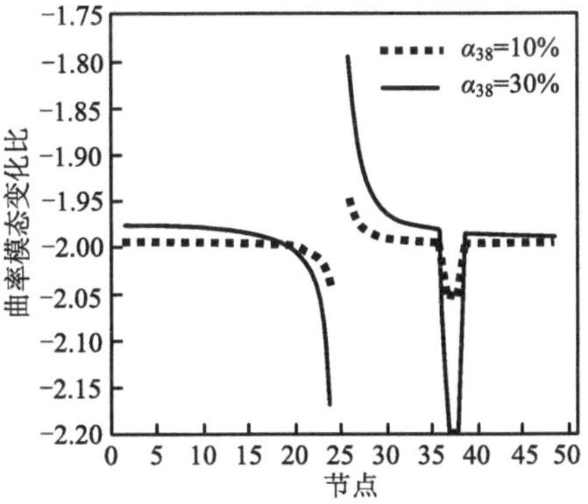

（c）损伤工况 5 和 6（单元 38 损伤）

图 5.10　不同损伤工况下第 1 阶曲率模态变化比

（3）曲率模态变化率

曲率模态变化率计算曲率模态各节点的斜率，进一步放大损伤对曲率模态的影响，提高了指标对损伤的敏感程度。计算得到的不同损伤工况下的第 1 阶曲率模态变化率如图 5.11 所示。曲率模态变化率对本案例所模拟的工况均有良好的识别效果，并且可以识别支座位置（曲率幅值为 0）的损伤，且不需要桥梁健康状态的信息。

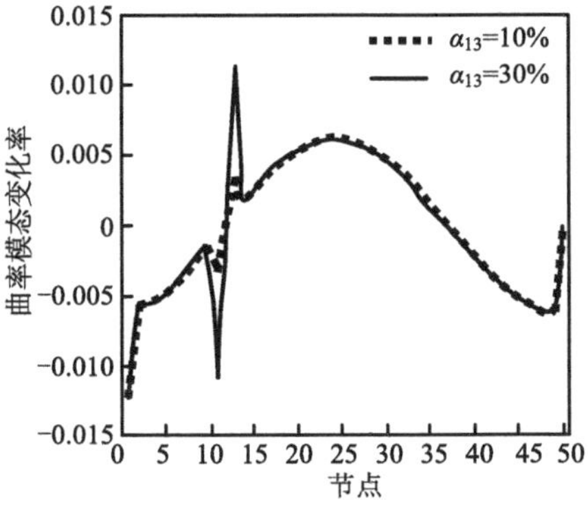

（a）损伤工况 1 和 2（单元 13 损伤）

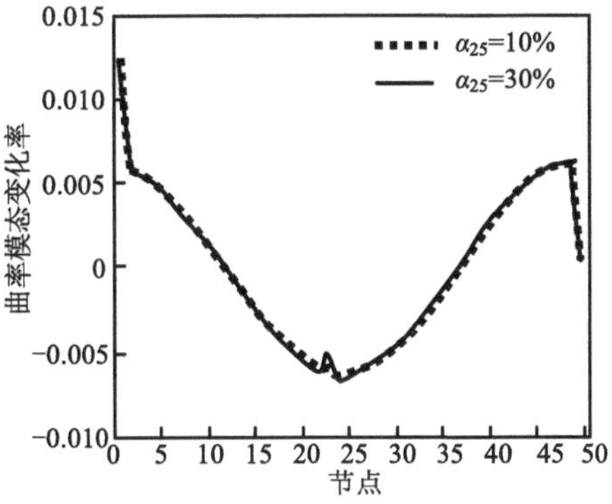

（b）损伤工况 3 和 4（单元 25 损伤）

图 5.11　不同损伤工况下第 1 阶曲率模态变化率

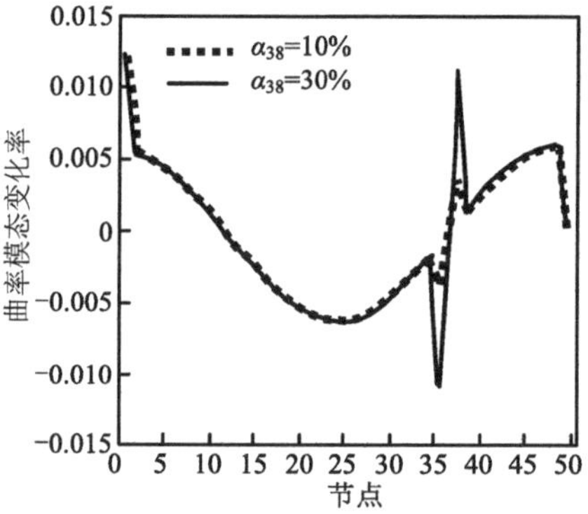

（c）损伤工况 5 和 6（单元 38 损伤）

图 5.11（续）

（4）曲率模态损伤因子

曲率模态损伤因子在曲率模态差的基础上，计算结构各节点的多阶曲率模态差的代数平均来考虑多阶模态信息。曲率模态损伤因子的损伤识别效果如图 5.12 所示，这里综合考虑了前 3 阶模态。与图 5.9 所示的单阶曲率模态差相比，曲率模态损伤因子可以很好地识别中间支座位置的损伤。

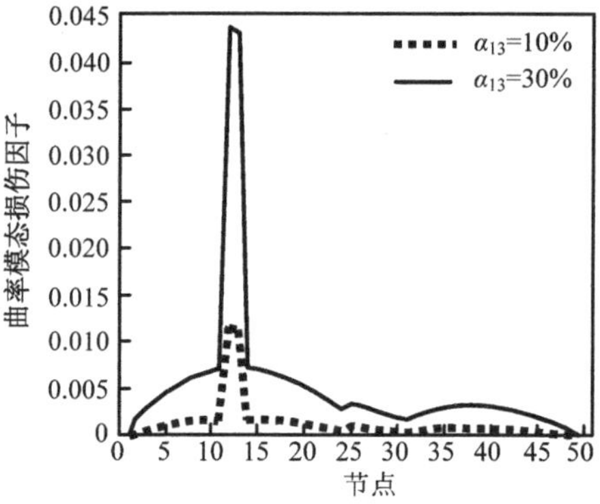

（a）损伤工况 1 和 2（单元 13 损伤）

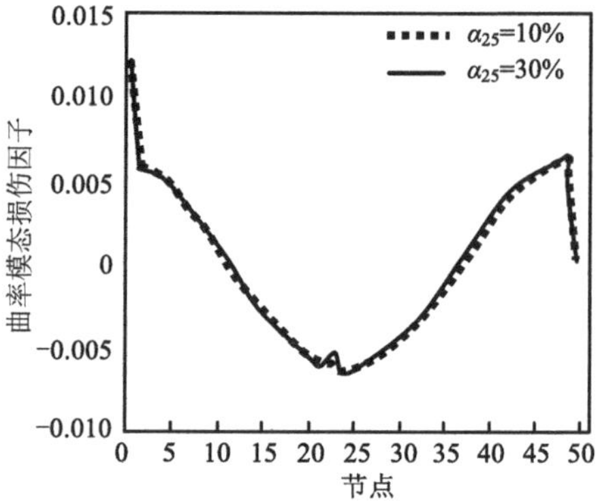

（b）损伤工况 3 和 4（单元 25 损伤）

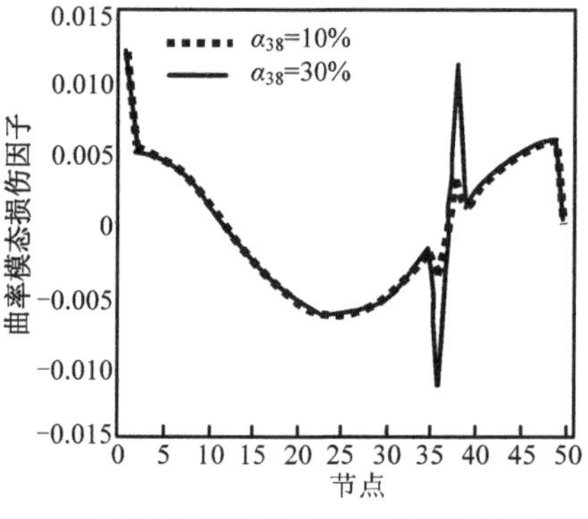

（c）损伤工况 5 和 6（单元 38 损伤）

图 5.12　不同损伤工况下曲率模态损伤因子

表 5.6 列出了曲率模态类损伤识别指标对比分析的结论。

表 5.6　曲率模态类损伤识别指标对比表

损伤指标	是否需要基准数据	共性缺点	特点
曲率模态差	是	无直接测量的传感设备，需利用振型数据计算曲率；需布设较密的测点以获取好的损伤判识别效果	无法识别支座与曲率零点处的损伤
曲率模态变化比	是		在曲率零点及支座处有突变干扰；无法识别支座与曲率零点处的损伤
曲率模态变化率	否		可识别支座与曲率零点处的损伤
曲率模态损伤因子	是		加和平均方式考虑多阶模态的损伤信息；可识别支座与曲率零点处的损伤

注：基准数据指损伤前的曲率模态。

5.2.3　柔度模态指标

柔度模态是一种位移类模态，可以直观反映出桥梁的基本特性与状态。由于柔度矩阵与刚度矩阵是互逆的关系，因此当损伤导致结构刚度减小时，桥梁结构的柔度则会相应变大，柔度矩阵同样包含结构局部损伤的信息。柔度矩阵 $\boldsymbol{F}$ 可利用质量归一化振型与频率计算而得，如式（5.31）所示。基于柔度模态的指标有柔度矩阵差、模态柔度改变率、柔度曲率、均匀荷载面曲率差、模态柔度差曲率等。

$$\boldsymbol{F}=\sum_{i}^{N}\frac{\boldsymbol{\varphi}_i\boldsymbol{\varphi}_i^{\mathrm{T}}}{\omega_i^2} \tag{5.31}$$

式中，N 表示所考虑的模态阶次；$\boldsymbol{\varphi}_i$ 表示第 i 阶振型；ω_i 表示第 i 阶频率。

1）柔度矩阵差

柔度矩阵差利用柔度矩阵的变化进行损伤识别[2]，其计算公式为

$$\Delta\boldsymbol{F}=\boldsymbol{F}_d-\boldsymbol{F}_u \tag{5.32}$$

式中，$\boldsymbol{F}_u$ 和 $\boldsymbol{F}_d$ 分别表示桥梁在损伤前后的柔度矩阵。

为减小计算的复杂度，可按下式选取矩阵 $\Delta\boldsymbol{F}$ 各列的绝对最大值构造特征向量 $\boldsymbol{\delta F}$：

$$\boldsymbol{\delta F}=\left[\max\left|\Delta\boldsymbol{F}_{i,1}\right|,\ \max\left|\Delta\boldsymbol{F}_{i,2}\right|,\ \max\left|\Delta\boldsymbol{F}_{i,3}\right|,\ \cdots,\ \max\left|\Delta\boldsymbol{F}_{i,N}\right|\right] \tag{5.33}$$

式中，i 表示柔度矩阵的行数；N 表示柔度矩阵的列数。以特征向量 $\boldsymbol{\delta F}$ 的幅值突变可判断是否发生损伤及定位损伤。

2）模态柔度改变率

模态柔度改变率通过桥梁损伤前后柔度矩阵的主对角元素构造特征向量，模态柔度改变率 $\boldsymbol{\delta F}_{cr}$ [3]定义为

$$\boldsymbol{\delta F}_{cr}=\frac{\mathrm{diag}(\boldsymbol{F}_d)-\mathrm{diag}(\boldsymbol{F}_u)}{\mathrm{diag}(\boldsymbol{F}_u)} \tag{5.34}$$

式中，$\mathrm{diag}(\bullet)$ 表示取矩阵的主对角元素。

3）柔度曲率

柔度曲率通过对桥梁损伤后的柔度矩阵进行二阶差分来放大损伤导致的柔度变化，其计算公式如下：

$$F_d'' = \frac{F_{d,j-1} - 2F_{d,j} + F_{d,j+1}}{l_p^{\ 2}} \tag{5.35}$$

式中，$F_{d,j}$ 表示桥梁损伤后节点 j 处的柔度；l_p 表示桥梁相邻两个节点之间的距离。柔度曲率仅利用桥梁损伤后的柔度矩阵即可判断损伤，而不需要桥梁健康状态的模态信息。

4）均匀荷载面曲率差

均匀荷载面曲率差（change in uniform load surface curvature，CULSC）计算柔度矩阵各行的总和来构造特征向量，并基于柔度曲率幅值的变化来识别损伤，其计算公式如下：

$$\mathbf{CULSC} = F_d'' - F_u'' \tag{5.36}$$

式中，F_u'' 和 F_d'' 分别表示损伤前后的柔度曲率。

5）模态柔度差曲率

模态柔度差曲率通过选用柔度矩阵各行均值分别构造桥梁损伤前后柔度矩阵的特征向量，并计算两特征向量差值的曲率。记损伤前后的柔度矩阵的特征向量为 f_u、f_d，则

$$\Delta f = f_d - f_u \tag{5.37}$$

对 Δf 求曲率得到模态柔度差曲率 $\Delta f''$ 的计算公式：

$$\Delta f'' = \frac{\Delta f_{j-1} - 2\Delta f_j + \Delta f_{j+1}}{l_p^{\ 2}} \tag{5.38}$$

式中，Δf_j 表示节点 j 处的特征向量差；l_p 表示桥梁相邻两节点间的距离。

6）案例分析

本案例同样采用图 5.1 所示的双跨连续梁桥有限元模型，分析基于柔度模态的损伤指标的损伤识别效果。

（1）柔度矩阵差

计算得到的不同损伤工况下的柔度矩阵差如图 5.13 所示。损伤工况 1 和 2（单元 13 损伤）和损伤工况 5 和 6（单元 38 损伤）的曲率模态差分别在损伤位置出现明显峰

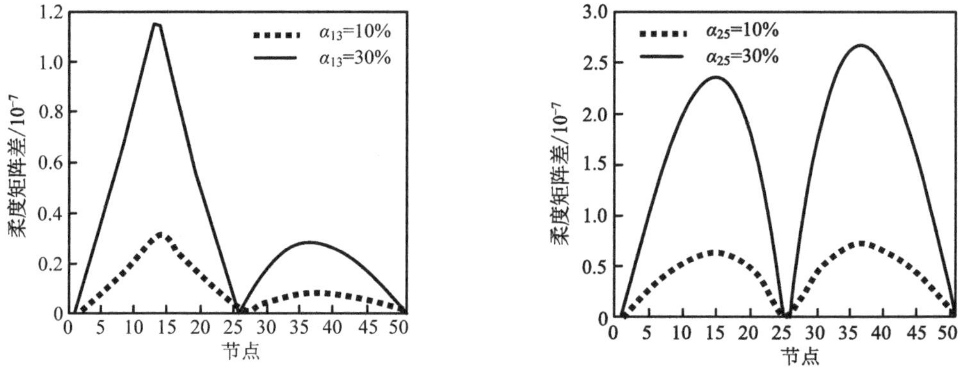

（a）损伤工况 1 和 2（单元 13 损伤）　（b）损伤工况 3 和 4（单元 25 损伤）

图 5.13　不同损伤工况下的柔度矩阵差

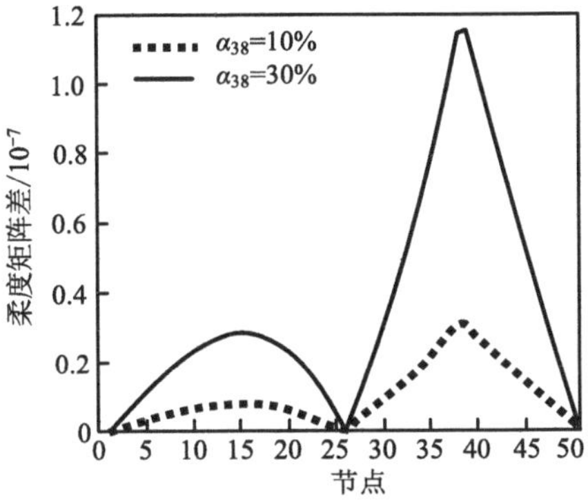

（c）损伤工况 5 和 6（单元 38 损伤）

图 5.13（续）

值。损伤工况 3 和 4（单元 25 损伤）的曲率模态差在图中损伤位置未出现峰值，这是由于柔度是一种位移叠加量，支座限制了该位置的位移，因此难以发生明显的变化。

（2）模态柔度改变率

计算得到的不同损伤工况下的模态柔度改变率如图 5.14 所示。损伤工况 1 和 2（单元 13 损伤）和损伤工况 5 和 6（单元 38 损伤）的模态柔度改变率分别在损伤位

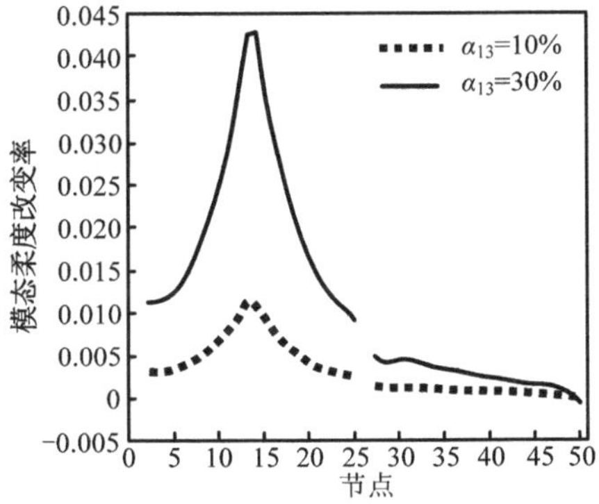

（a）损伤工况 1 和 2（单元 13 损伤）

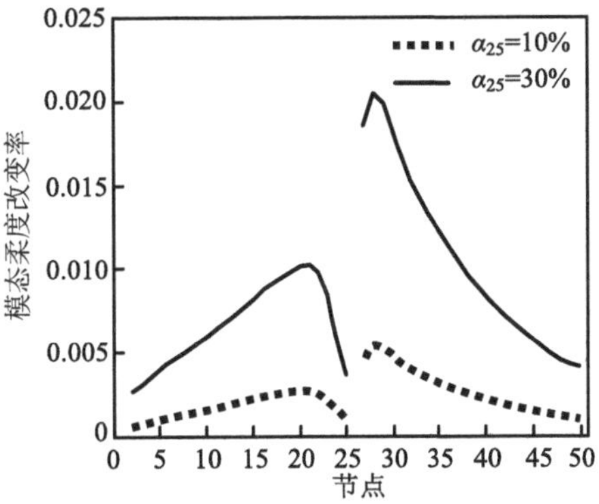

（b）损伤工况 3 和 4（单元 25 损伤）

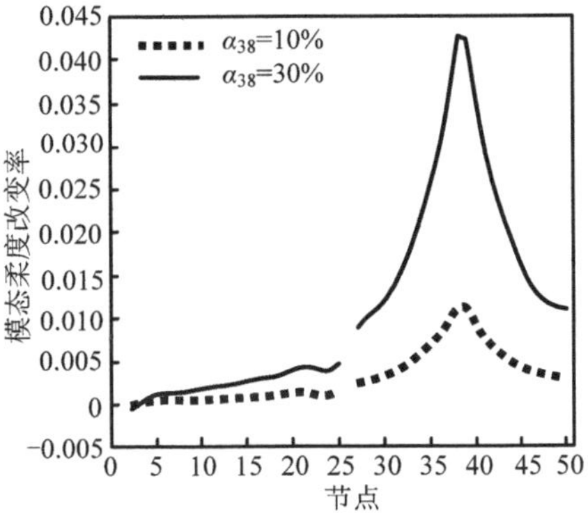

（c）损伤工况 5 和 6（单元 38 损伤）

图 5.14　不同损伤工况下的模态柔度改变率

置出现明显峰值。损伤工况 3 和 4（单元 25 损伤）的曲率模态差在图中损伤位置出现断点，这是由于模态柔度改变率的计算公式的分母位置为柔度，而中间支座处的柔度为 0，导致模态柔度改变率无法计算，因此无法判断损伤工况 3 和 4（单元 25 损伤）。

（3）柔度曲率

计算得到的不同损伤工况下的柔度曲率如图 5.15 所示。各损伤工况下，柔度曲率在跨中位置处均有极值，其他位置同样有小幅值突变，在中间支座位置处的突变掩盖了损伤导致的突变。这是由于支座的存在使柔度矩阵的特征向量在支座处曲线不连续，因而该处的二阶导数发生突变。

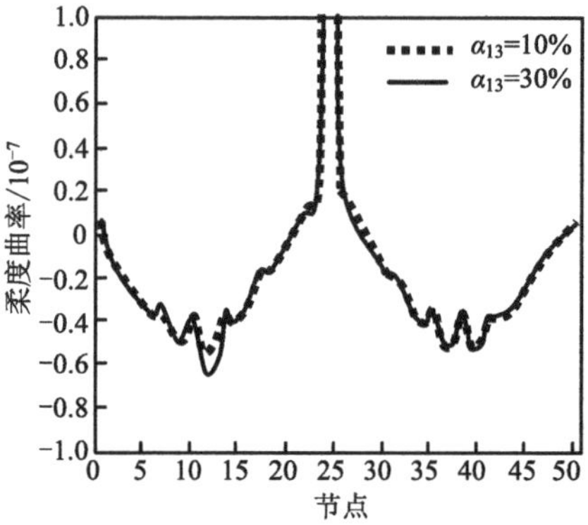

（a）损伤工况 1 和 2（单元 13 损伤）

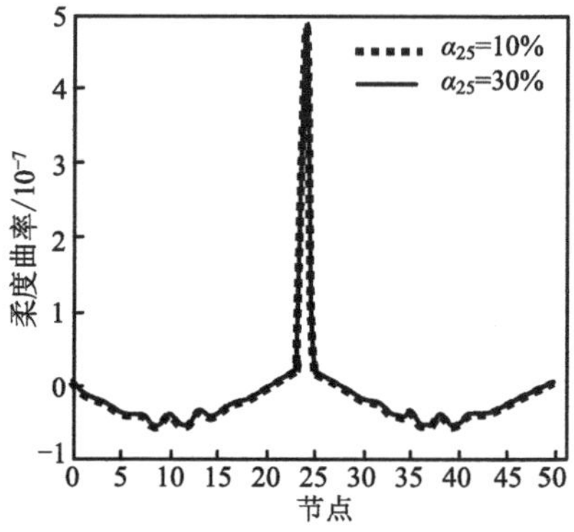

（b）损伤工况 3 和 4（单元 25 损伤）

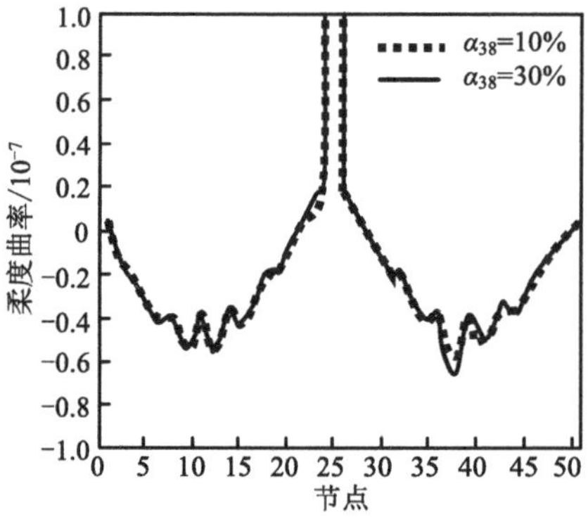

（c）损伤工况 5 和 6（单元 38 损伤）

图 5.15　不同损伤工况下的柔度曲率

（4）均匀荷载面曲率差

计算得到的不同损伤工况下的均匀荷载面曲率差如图 5.16 所示。均匀荷载面曲率差对桥梁的损伤十分敏感，各损伤工况下均具有很好的识别效果。均匀荷载面曲率差对矩阵的各行元素进行加和，该构造方式包含了柔度矩阵中全部的损伤信息。

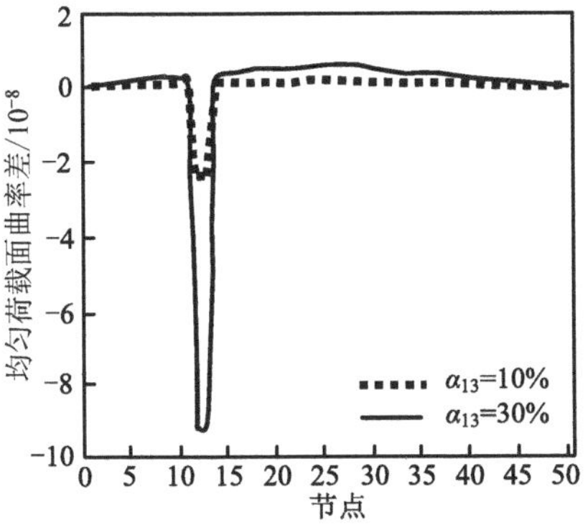

（a）损伤工况 1 和 2（单元 13 损伤）

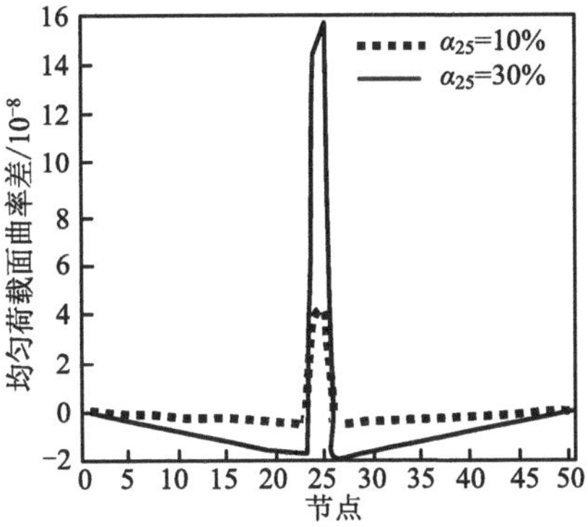

（b）损伤工况 3 和 4（单元 25 损伤）

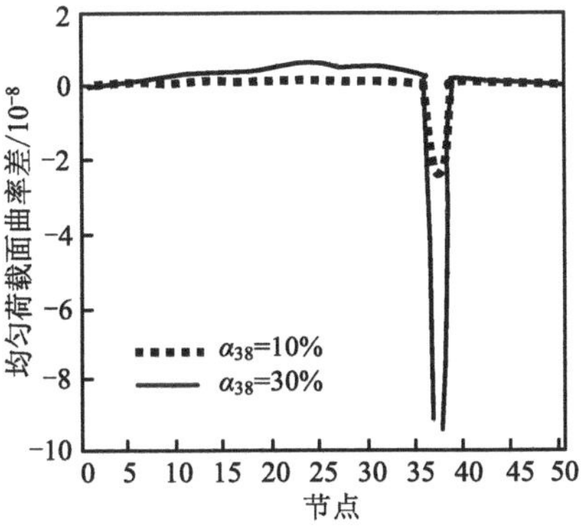

（c）损伤工况 5 和 6（单元 38 损伤）

图 5.16　不同损伤工况下的均匀荷载面曲率差

（5）模态柔度差曲率

计算得到的不同损伤工况下的模态柔度差曲率如图 5.17 所示。通过模态柔度差曲率幅值的变化可清楚看到损伤位置，并定性判断损伤程度，对跨中和支座位置的损伤识别都具有很好的效果。该指标选取柔度矩阵的各行均值构造矩阵的特征向量，

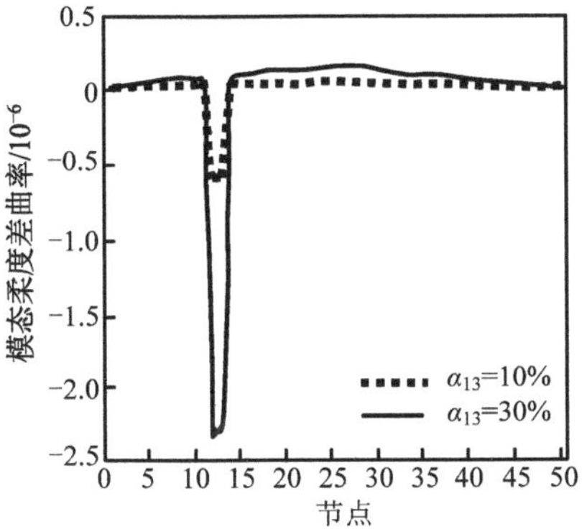

（a）损伤工况 1 和 2（单元 13 损伤）

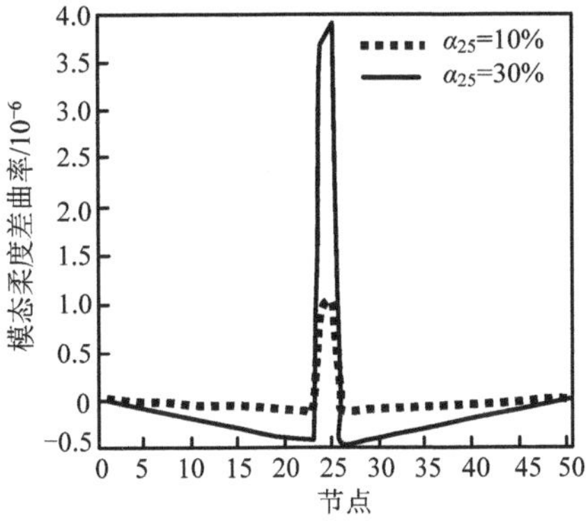

（b）损伤工况 3 和 4（单元 25 损伤）

图 5.17　不同损伤工况下的模态柔度差曲率

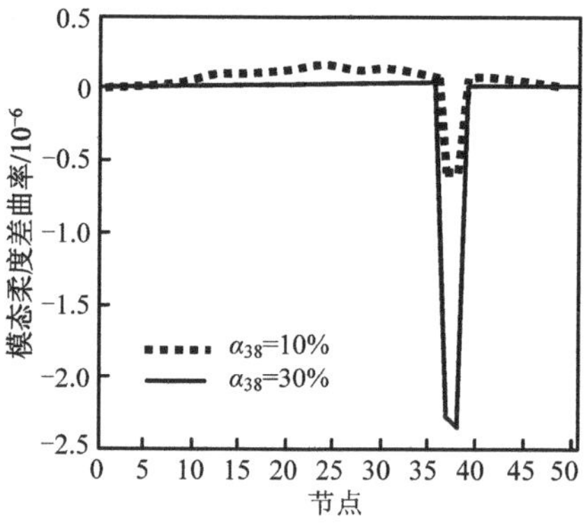

（c）损伤工况 5 和 6（单元 38 损伤）

图 5.17（续）

通过计算损伤前后柔度矩阵特征向量差值的曲率，放大损伤对指标的柔度模态的影响，具有更高的损伤敏感程度。

表 5.7 列出了柔度类损伤识别指标对比分析的结论。

表 5.7　柔度类损伤识别指标对比表

损伤指标	是否需要基准数据	共性缺点	特点
柔度矩阵差	是	无直接测量传感设备，需利用振型数据计算；需布设较密测点以获取较好识别效果；需要对振型进行质量归一化，而质量矩阵一般难以获取；需要根据不同桥梁结构形式采取不同的柔度矩阵特征向量构造方式	矩阵各列绝对最大值构造特征向量；无法识别支座处损伤
模态柔度改变率	是		矩阵的主对角元素构造特征向量；无法识别支座处损伤
柔度曲率	否		矩阵各列绝对最大值构造特征向量；无法识别支座处损伤
均匀荷载面曲率差	是		矩阵各行元素的加和构造特征向量；可准确识别各位置损伤
模态柔度差曲率	是		矩阵各行元素的加和构造特征向量；可准确识别各位置损伤

注：基准数据指损伤前后的各阶频率以及各阶质量归一化的振型。

5.2.4　应变模态指标

损伤可能导致损伤位置处的应变发生变化。曲率可视为中性层的应变，因此基于曲率模态损伤指标的构造方式同样适用于应变模态。基于应变模态的损伤识别指标主要有应变模态差、应变模态变化率、坐标应变模态置信准则、应变模态曲率差、广义应变比能等。

1）应变模态差

应变模态差通过对比损伤前后应变模态的相对变化判断损伤是否发生并定位损伤，其计算公式如下：

$$\Delta\boldsymbol{\psi}_i=\left|\boldsymbol{\psi}_{d,i}-\boldsymbol{\psi}_{u,i}\right| \tag{5.39}$$

式中，$\boldsymbol{\psi}_{u,i}$ 和 $\boldsymbol{\psi}_{d,i}$ 分别是桥梁损伤前后的应变模态。

2）应变模态变化率

应变模态变化率是对损伤后的应变模态求一阶导数[4]，其计算公式为

$$\Delta\boldsymbol{r}_i=\frac{\psi_{j+1,i}-\psi_{j,i}}{l_p} \tag{5.40}$$

式中，$\psi_{j,i}$ 和 $\psi_{j+1,i}$ 分别是第 i 阶模态的第 j 个和第 j+1 个节点的应变模态；l_p 是第 j 个和第 j+1 个节点之间的距离。该指标不需要桥梁健康状态下的信息。

3）坐标应变模态置信准则

坐标应变模态置信准则（coordinate strain modal assurance criterion，COSMAC）通过计算每个节点处的 COSMAC 值来识别损伤，第 j 个节点处的 COSMAC 值的计算公式如下：

$$\mathrm{COSMAC}(j)=\frac{\left(\sum_i^N\left|\psi_{ui,j}\psi_{di,j}\right|\right)^2}{\sum_i^N\left(\psi_{ui,j}\right)^2\sum_i^N\left(\psi_{di,j}\right)^2} \tag{5.41}$$

式中，$\psi_{ui,j}$ 和 $\psi_{di,j}$ 分别表示损伤前后第 i 阶模态的第 j 个节点的应变模态振型值。未损伤单元的 COSMAC 值介于 0 与 1 之间。某一节点的 COSMAC 值等于 1 时，表明该节点附近未发生损伤。COSMAC 值越小，说明该节点附近的损伤程度越大。

4）应变模态曲率差

对损伤后的应变模态进行二阶中心差分得到应变模态曲率：

$$\psi''_{j,i}=\frac{\psi_{j-1,i}-2\psi_{j,i}+\psi_{j+1,i}}{{l_p}^2} \tag{5.42}$$

应变模态曲率差定义为损伤前后的应变模态曲率的差值：

$$\Delta\boldsymbol{\psi}''_i=\left|\boldsymbol{\psi}''_{d,i}-\boldsymbol{\psi}''_{u,i}\right| \tag{5.43}$$

式中，$\boldsymbol{\psi}''_{u,i}$ 和 $\boldsymbol{\psi}''_{d,i}$ 分别表示损伤前后的应变模态曲率。

5）广义应变比能

桥梁结构的第 j 个节点处的广义应变比能定义如下：

$$w_j=\frac{1}{2}\sum_{i=1}^N\frac{E\psi_{j,i}^2}{\omega_i^2} \tag{5.44}$$

式中，N 为所包含的模态总阶次；E 为桥梁结构的弹性模量。

通过桥梁损伤前后的广义应变能相除得到第 j 个节点处的广义应变比能的比值：

$$D_j=\frac{w_{d,j}}{w_{u,j}} \tag{5.45}$$

式中，$w_{u,j}$ 和 $w_{d,j}$ 分别为桥梁损伤前后的广义应变能。当桥梁第 j 个节点处发生损伤

时，损伤截面处抗弯刚度减小，D_j 值会增大；D_j 等于 1，则说明在该位置无损伤。

6）案例分析

本案例同样采用图 5.1 所示的双跨连续梁桥有限元模型，分析基于应变模态的损伤指标的损伤识别效果。

（1）应变模态差

计算得到的不同损伤工况下的第 1 阶应变模态差如图 5.18 所示。本分析案例中，应变模态差指标在损伤位置和非损伤位置均出现明显突变，因此基于该指标难以明确定位损伤。此外，应变模态差的曲线较为复杂，在识别损伤位置时不如图 5.9 所示的曲率模态差直观。

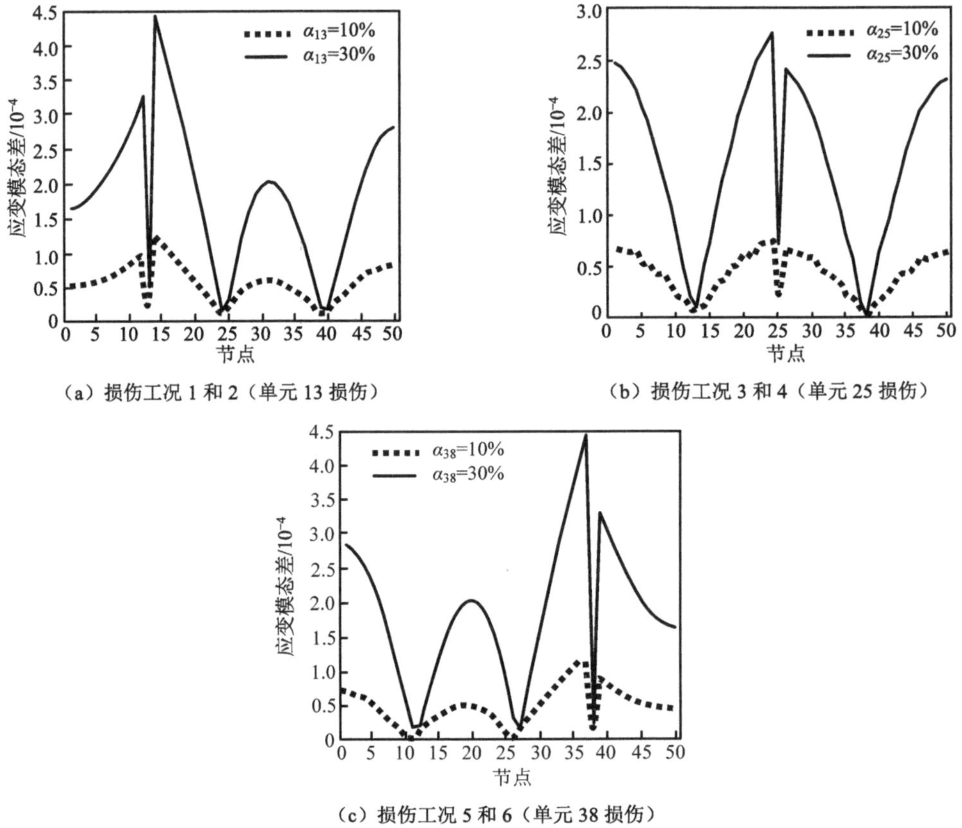

（a）损伤工况 1 和 2（单元 13 损伤）

（b）损伤工况 3 和 4（单元 25 损伤）

（c）损伤工况 5 和 6（单元 38 损伤）

图 5.18　不同损伤工况下的第 1 阶应变模态差

（2）应变模态变化率

计算得到的不同损伤工况下的第 1 阶应变模态变化率如图 5.19 所示。损伤工况 1 和 2（单元 13 损伤）和损伤工况 5 和 6（单元 38 损伤）的应变模态变化率分别在损伤位置出现突出峰值。损伤工况 3 和 4（单元 25 损伤）的应变模态变化率在图中损伤位置未出现峰值，这是由于支座处的应变模态变化率幅值为 0，因此该处损伤无法判断。应变模态变化率无须桥梁健康状态的模态信息。

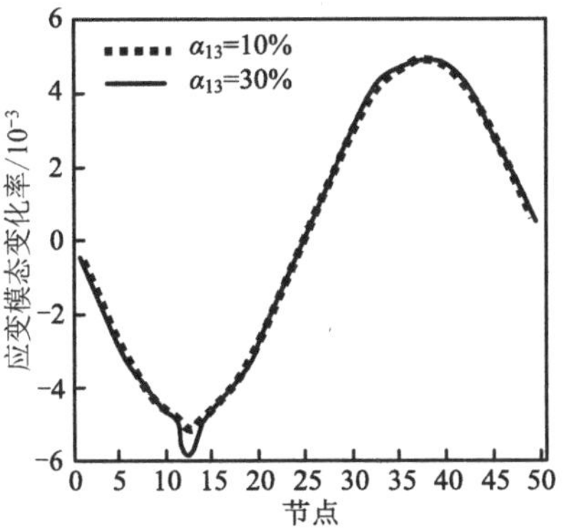

（a）损伤工况 1 和 2（单元 13 损伤）

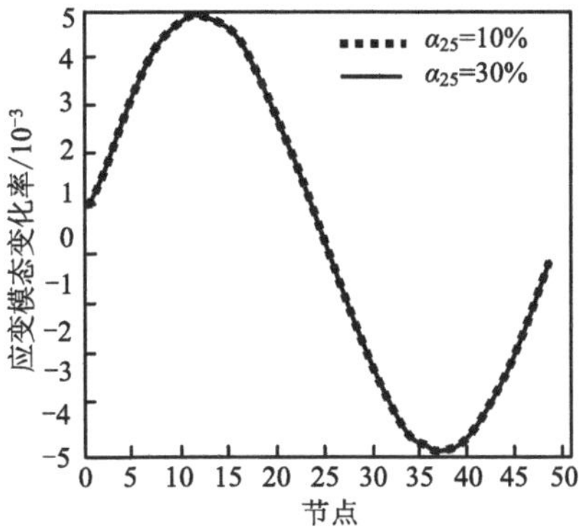

（b）损伤工况 3 和 4（单元 25 损伤）

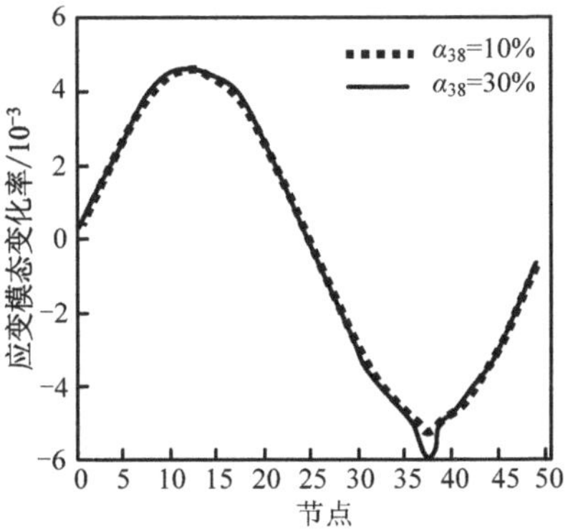

（c）损伤工况 5 和 6（单元 38 损伤）

图 5.19　不同损伤工况下的第 1 阶应变模态变化率

（3）坐标应变模态置信准则

由于应变模态的损伤敏感性优于振型，理论上应变模态的坐标模态置信准则的损伤识别效果优于振型模态的坐标模态置信准则。然而，通过计算不同损伤工况下的 COSMAC 值（图 5.20）发现，该指标在损伤位置和非损伤位置均出现明显突变，说明基于该指标难以明确定位损伤。

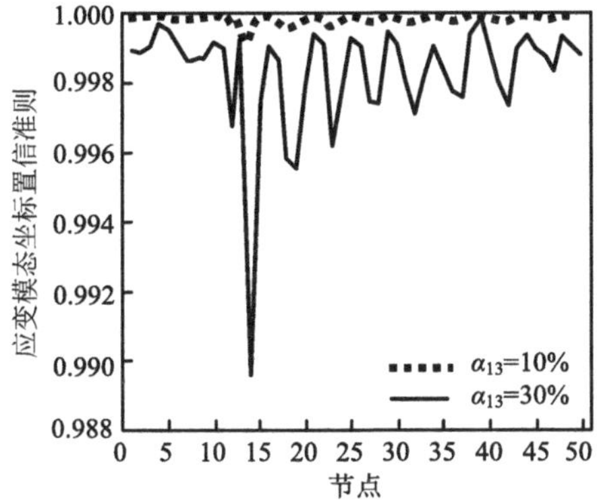

（a）损伤工况 1 和 2（单元 13 损伤）

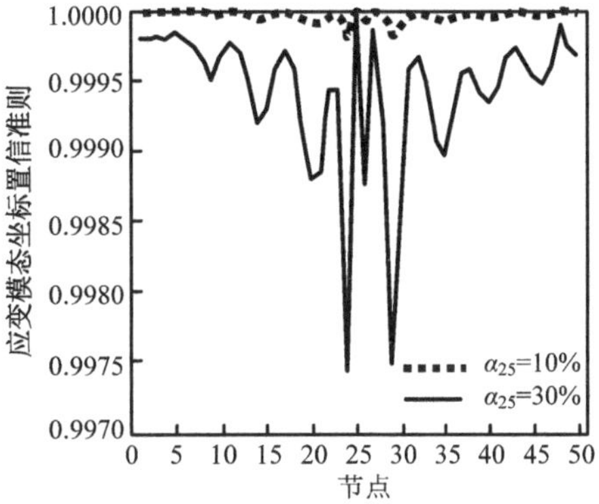

（b）损伤工况 3 和 4（单元 25 损伤）

图 5.20　不同损伤工况下的 COSMAC 值

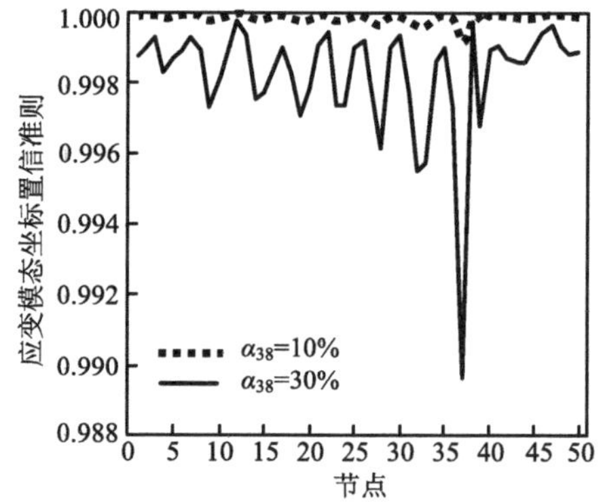

（c）损伤工况 5 和 6（单元 38 损伤）

图 5.20（续）

（4）应变模态曲率差

根据损伤前后的应变曲率变化检测损伤，计算得到不同损伤工况下的第 1 阶应变模态曲率差，如图 5.21 所示。应变模态曲率差利用损伤前后应变曲率的差值更加直观地突出损伤位置处应变曲率的变化，该指标可以很好地识别跨中及支座位置的损伤，并可以根据幅值的大小定性识别损伤的程度。

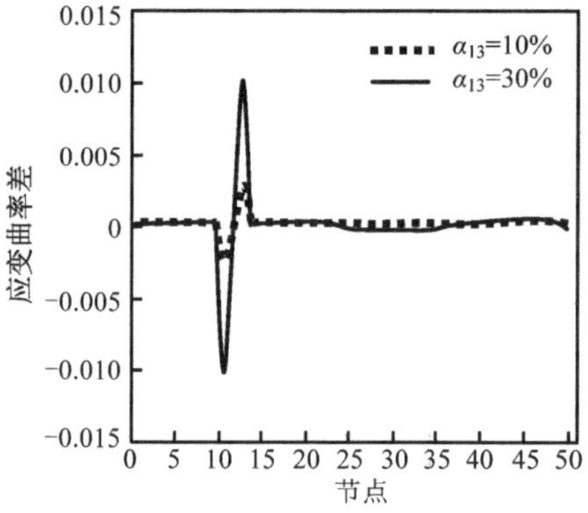

（a）损伤工况 1 和 2（单元 13 损伤）

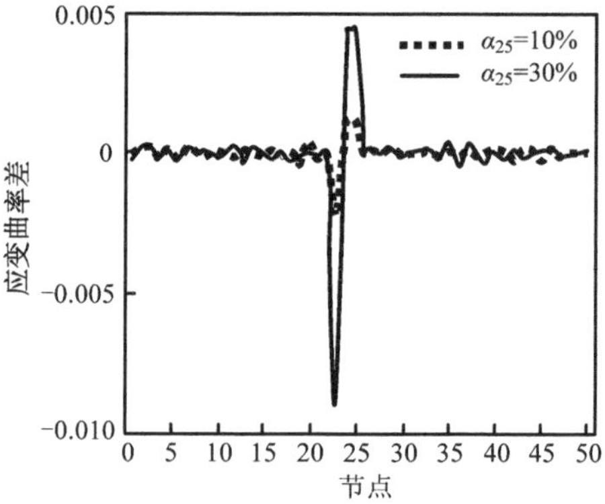

（b）损伤工况 3 和 4（单元 25 损伤）

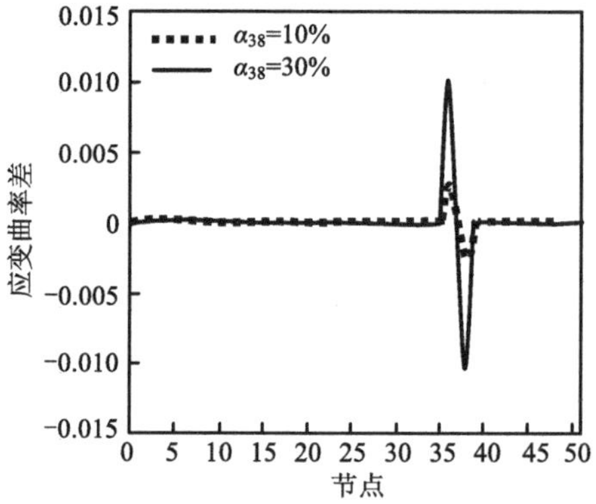

（c）损伤工况 5 和 6（单元 38 损伤）

图 5.21　不同损伤工况下的第 1 阶应变模态曲率差

（5）广义应变比能

该指标综合考虑频率以及应变模态所包含的桥梁结构信息，综合前 3 阶应变模态的广义应变比能的识别效果如图 5.22 所示，广义应变比能在损伤位置出现明显峰值。但由于该指标是损伤前后应变比能的比值，并且考虑了多阶应变模态，因此该指标的识别曲线存在多个由于应变模态零点导致的干扰。如对损伤工况 3 和 4，支座位置的广义应变比能幅值虽有突变，但由于干扰波动的存在，难以判断损伤具体位置。

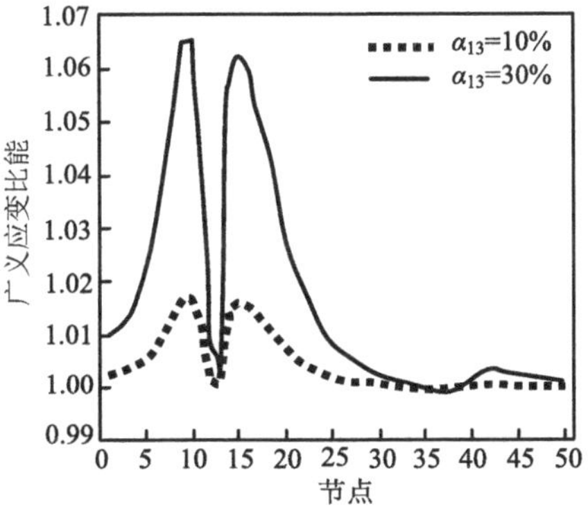

（a）损伤工况 1 和 2（单元 13 损伤）

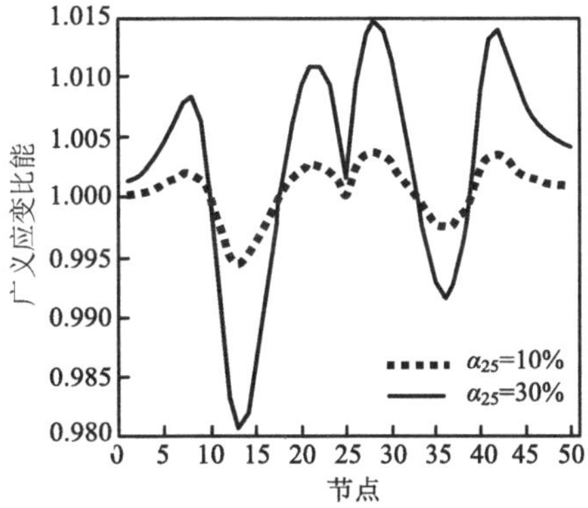

（b）损伤工况 3 和 4（单元 25 损伤）

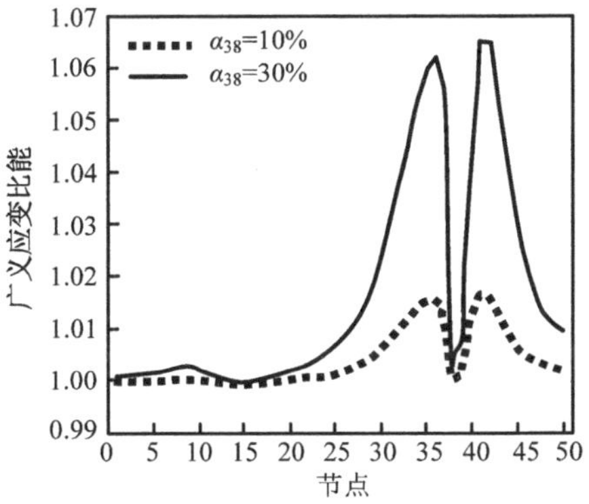

（c）损伤工况 5 和 6（单元 38 损伤）

图 5.22　不同损伤工况下的广义应变比能

表 5.8 列出了应变类损伤识别指标对比分析的结论。

表 5.8　应变类损伤识别指标对比表

损伤指标	是否需要基准数据	共性缺点	特点
应变模态差	是	需布设较密测点以获取较好识别效果；应变模态零点会影响损伤识别效果	比基于振型、柔度模态的指标更为敏感
应变模态变化率	否		无法识别支座处损伤
坐标应变模态置信准则	是		利用损伤前后应变模态相关性识别损伤；在损伤和非损伤位置均出现明显突变
应变模态曲率差	是		可准确识别各位置损伤；定性识别损伤的程度
广义应变比能	是		需要损伤前后的频率以及弹性模量；对多阶模态加和，无法识别支座处损伤

注：基准数据是指损伤前后的应变模态。

5.2.5　模态应变能指标

模态应变能（modal strain energy，MSE）综合考虑了频率、振型及刚度随损伤的变化。基于模态应变能的损伤识别指标主要有模态应变能差、模态应变能改变率、模态应变能耗散率、模态应变能曲率差等。

桥梁第 i 阶振型 $\varphi_i(x)$ 的模态应变能为

$$\mathrm{MSE}_i=\frac{1}{2}\int_0^L EI\left(\frac{\partial^2\varphi_i(x)}{\partial x^2}\right)^2\mathrm{d}x \tag{5.46}$$

式中，EI 表示桥梁抗弯刚度；L 表示桥梁跨度。

桥梁第 i 阶模态的第 j 个单元的模态应变能表示为

$$\mathrm{MSE}_i(j)=\frac{1}{2}\int_{a_j}^{a_{j+1}}(EI)_j\left(\frac{\partial^2\varphi_i(x)}{\partial x^2}\right)^2\mathrm{d}x \tag{5.47}$$

式中，$(EI)_j$ 表示第 j 个单元的抗弯刚度；a_j 和 a_{j+1} 分别表示第 j 个单元的左右节点的位置坐标。上述模态应变能表达式针对的是连续振型 $\varphi_i(x)$，对离散振型 $\boldsymbol{\varphi}_i(j)$ 的模态应变能的定义如下：

$$\mathrm{MSE}_i(j)=\boldsymbol{\varphi}_i(j)^{\mathrm{T}}\boldsymbol{K}_j\boldsymbol{\varphi}_i(j) \tag{5.48}$$

式中，$\boldsymbol{K}_j$ 表示第 j 个单元的单元刚度矩阵。

1）模态应变能差

模态应变能差定义为损伤前后的单元模态应变能的差值：

$$\mathrm{MSEC}_i(j)=\left|\mathrm{MSE}_{d,i}(j)-\mathrm{MSE}_{u,i}(j)\right| \tag{5.49}$$

式中，$\mathrm{MSE}_{u,i}(j)$ 和 $\mathrm{MSE}_{d,i}(j)$ 分别表示损伤前后第 i 阶模态的第 j 个单元的模态应变能。

考虑多阶模态时，可计算多阶模态的模态应变能差平均值作为损伤识别指标：

$$\mathrm{MSEC}(j)=\frac{1}{N}\sum_{i=1}^{N}\left|\mathrm{MSE}_{d,i}(j)-\mathrm{MSE}_{u,i}(j)\right| \tag{5.50}$$

式中，N 表示参与计算的模态阶次。

2）模态应变能改变率

单元模态应变能改变率定义为模态应变能差与损伤前的单元模态应变能之比：

$$\mathrm{MSECR}_i(j)=\frac{\left|\mathrm{MSE}_{d,i}(j)-\mathrm{MSE}_{u,i}(j)\right|}{\mathrm{MSE}_{u,i}(j)} \tag{5.51}$$

考虑多阶模态时，可计算多阶模态的单元模态应变能改变率平均值作为损伤识别指标：

$$\mathrm{MSECR}(j)=\frac{1}{N}\sum_{i=1}^{N}\frac{\left|\mathrm{MSE}_{d,i}(j)-\mathrm{MSE}_{u,i}(j)\right|}{\mathrm{MSE}_{u,i}(j)} \tag{5.52}$$

式中，N 表示参与计算的模态阶次。

3）模态应变能耗散率

桥梁损伤可看作模态应变能的能量耗散[5]，单元的模态应变能耗散率为

$$r_j = \frac{-D_j}{\left[1-D_j\right]^2}\mathrm{MSE}_{u,i}(j) \tag{5.53}$$

式中，D_j 为第 j 个单元的损伤因子，其表达式为

$$D_j = \frac{\left|\mathrm{MSE}_{d,i}(j)-\mathrm{MSE}_{u,i}(j)\right|}{\left|\mathrm{MSE}_{d,i}(j)-\mathrm{MSE}_{u,i}(j)\right|+\mathrm{MSE}_{u,i}(j)} \tag{5.54}$$

4）模态应变能曲率差

首先对损伤先后的单元模态应变能进行二阶中心差分，得到式(5.55)和式(5.56)所示的模态应变能曲率：

$$C_{u,i}(j) = \frac{\mathrm{MSE}_{u,i}(j-1)-2\mathrm{MSE}_{u,i}(j)+\mathrm{MSE}_{u,i}(j+1)}{l_p^2} \tag{5.55}$$

$$C_{d,i}(j) = \frac{\mathrm{MSE}_{d,i}(j-1)-2\mathrm{MSE}_{d,i}(j)+\mathrm{MSE}_{d,i}(j+1)}{l_p^2} \tag{5.56}$$

式中，l_p 是单元相邻节点之间的距离。

接着对上述损伤前后的模态应变能曲率取差值得到式（5.57）所示的模态应变能曲率差：

$$\Delta C_i(j) = \left|C_{d,i}(j)-C_{u,i}(j)\right| \tag{5.57}$$

5）案例分析

本案例同样采用图 5.1 所示的双跨连续梁桥有限元模型，分析基于模态应变能的损伤指标的损伤识别效果。

（1）模态应变能差

计算得到的不同损伤工况下第 3 阶模态的模态应变能差如图 5.23 所示。该指标直接利用损伤前后单元模态应变能的变化判断是否发生损伤与定位损伤。第 3 阶模态应变能对每个跨中的损伤均具有良好的识别效果，原因在于跨中是桥梁第 3 阶应

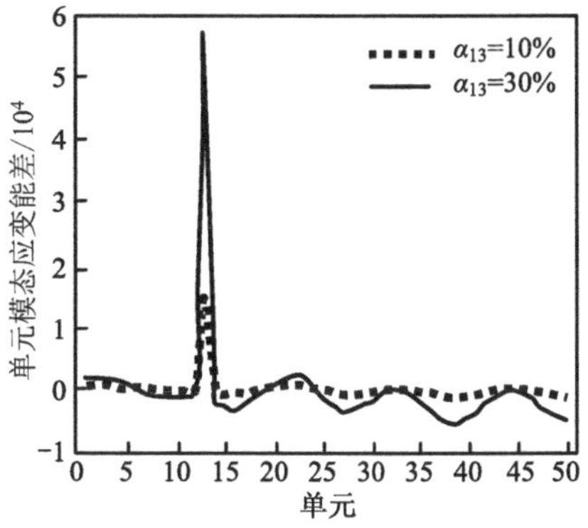

（a）损伤工况 1 和 2（单元 13 损伤）

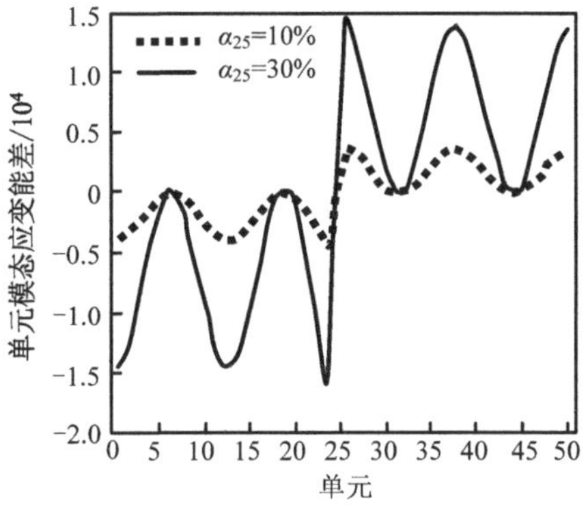

（b）损伤工况 3 和 4（单元 25 损伤）

图 5.23　不同损伤工况下的第 3 阶模态应变能差

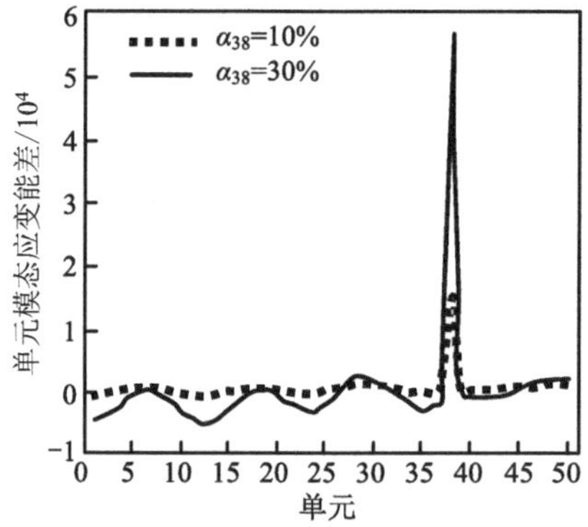

（c）损伤工况 5 和 6（单元 38 损伤）

图 5.23（续）

变模态的峰值。由此可见，模态应变能的识别效果与相对应的应变模态有关。该指标需要获取桥梁健康状态信息以及单元刚度矩阵。

（2）模态应变能改变率

计算得到的不同损伤工况下第 3 阶模态应变能改变率如图 5.24 所示。本分析案例中，模态应变能改变率指标在损伤位置和非损伤位置均出现明显突变，但是由于干扰太多，基于该指标难以明确定位损伤。

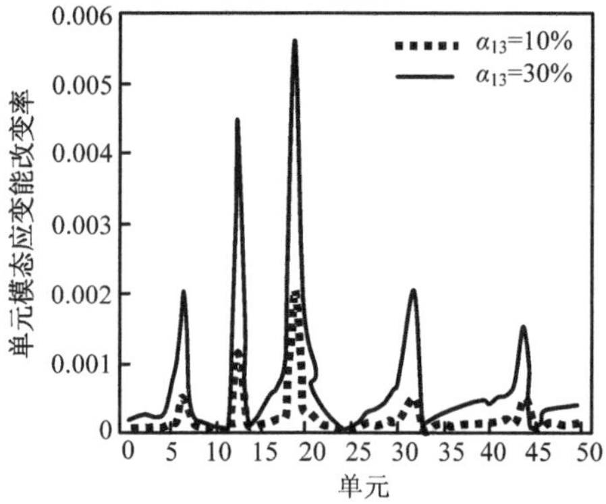

（a）损伤工况 1 和 2（单元 13 损伤）

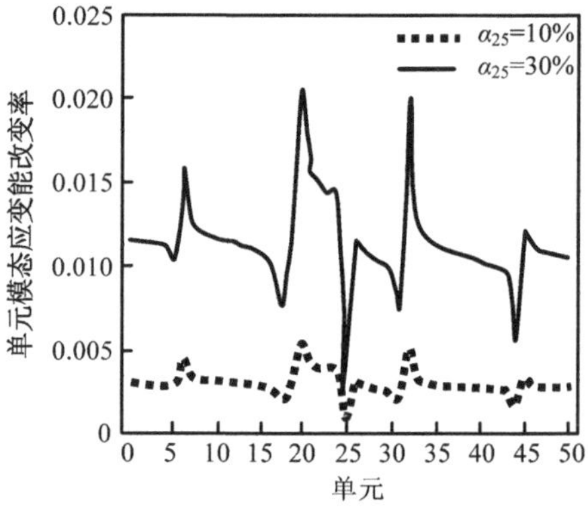

（b）损伤工况 3 和 4（单元 25 损伤）

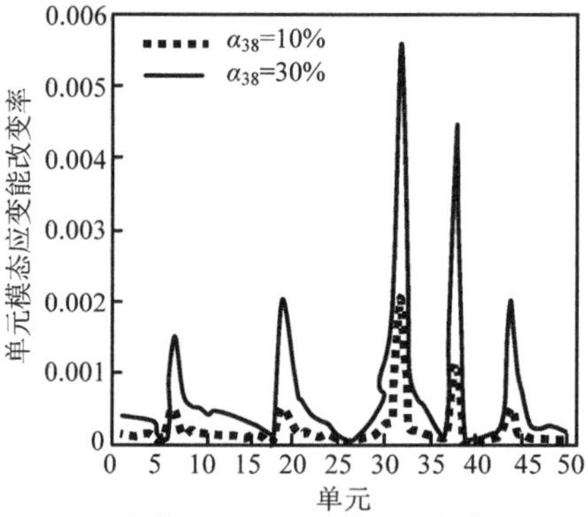

（c）损伤工况 5 和 6（单元 38 损伤）

图 5.24　不同损伤工况下第 3 阶模态应变能改变率

（3）模态应变能耗散率

不同损伤工况下第 3 阶模态对应的模态应变能耗散率如图 5.25 所示。图 5.25 和图 5.24 的指标形状相似，仅是幅值不同。由于干扰太多，基于该指标同样难以明确定位损伤。模态应变能耗散率和单元模态应变能改变率一样，都是对模态应变能差值进行归一化计算，只是归一化的分母不同，因此这两种指标的适用条件与损伤识别效果并无区别。

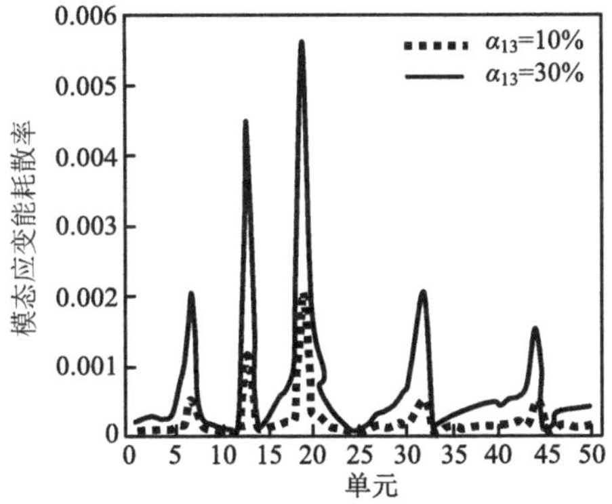

（a）损伤工况 1 和 2（单元 13 损伤）

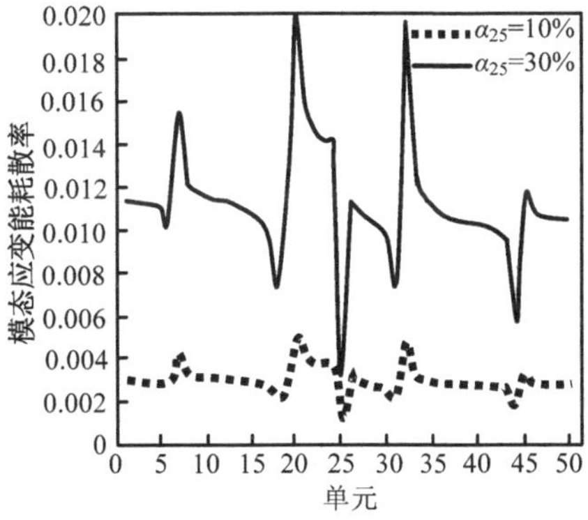

（b）损伤工况 3 和 4（单元 25 损伤）

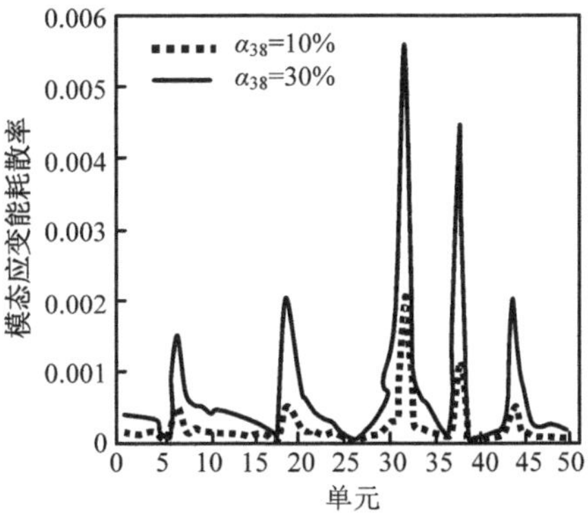

（c）损伤工况 5 和 6（单元 38 损伤）

图 5.25　不同损伤工况下第 3 阶模态应变能耗散率

（4）模态应变能曲率差

计算得到的不同损伤工况下第 1 阶模态的模态应变能曲率差如图 5.26 所示。模态应变能曲率差均可清晰地识别各种损伤工况下的损伤位置，且可量化损伤程度。该指标需要获取桥梁健康状态信息以及单元刚度矩阵。

表 5.9 列出了模态应变能类损伤识别指标对比分析的结论。

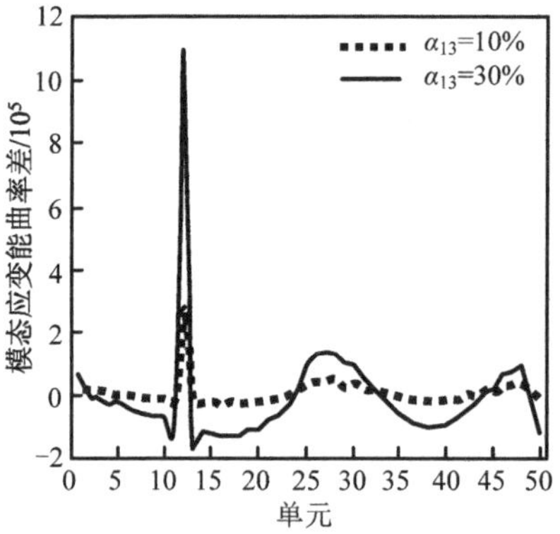

（a）损伤工况 1 和 2（单元 13 损伤）

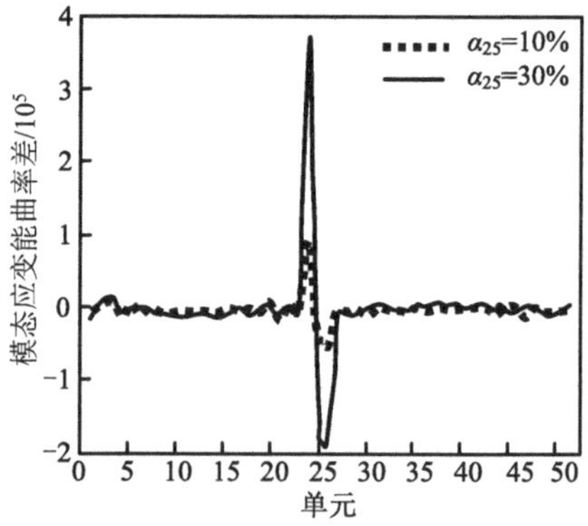

（b）损伤工况 3 和 4（单元 25 损伤）

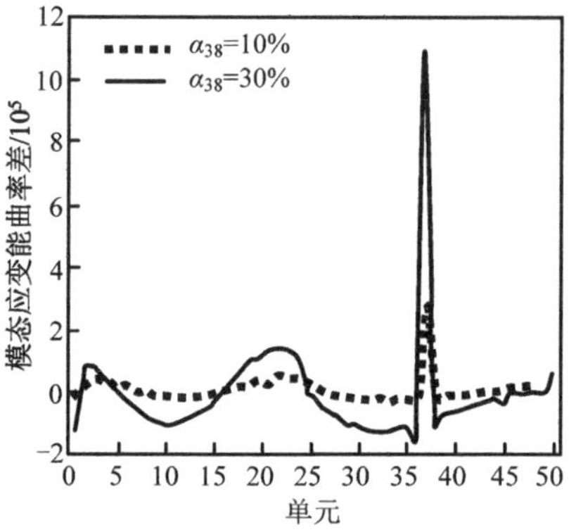

（c）损伤工况 5 和 6（单元 38 损伤）

图 5.26　不同损伤工况下第 1 阶模态的模态应变能曲率差

表 5.9　模态应变能类损伤识别指标对比表

损伤指标	是否需要基准数据	共性缺点	特点
模态应变能差	是	对于结构较复杂的桥梁，单元模态应变能难以计算；需布设较密测点以获取较好识别效果；不同阶模态的识别效果存在差异	难以识别支座以及应变模态零点位置损伤
单元模态应变能改变率	是		归一化会产生多个干扰峰值，影响损伤识别
模态应变能耗散率	是		将损伤视为模态应变能的耗散过程；归一化会产生多个干扰峰值，影响损伤识别
模态应变能曲率差	是		通过计算曲率来提高损伤敏感程度；可准确识别各位置损伤

注：基准数据指损伤前后结构的振型以及结构初始状态下的单元刚度矩阵。

5.3　桥梁损伤识别软件集成及应用

桥梁模态可视为其刚度、质量、阻尼等物理参数的函数，损伤会导致结构的物理参数改变，进而造成桥梁模态异常。为了快速而准确判别桥梁损伤与否，笔者课题组基于 MATLAB 软件平台开发了一套实用的桥梁损伤识别软件(damage detection software，DDS)。该软件具备界面功能简捷、交互操作友好、过程可视化强等优点，可提供“一键式”的桥梁损伤识别优选方案。

5.3.1　软件架构设计

图 5.27 为桥梁损伤识别软件 DDS 的整体架构图，软件内嵌了 5.2 节中经典的损伤识别方法及其性能评价准则，包含输入、运算分析和输出三个功能模块。软件的输入模块包括项目信息、有限元模型信息和模态参数，其中有限元模型信息包括 ANSYS、ABAQUS 和 MIDAS CIVIL 等有限元模型的节点与单元信息，而模态参数则包括桥梁的频率、振型等用户通过振动测试识别到的模态信息。运算分析模块包括物理模型重构、损伤识别方法选取、敏感模态计算、模态阶数选择、损伤判断、损伤定位及损伤定量计算等功能。输出模块包括损伤识别结果可视化和损伤识别报告生成与导出。

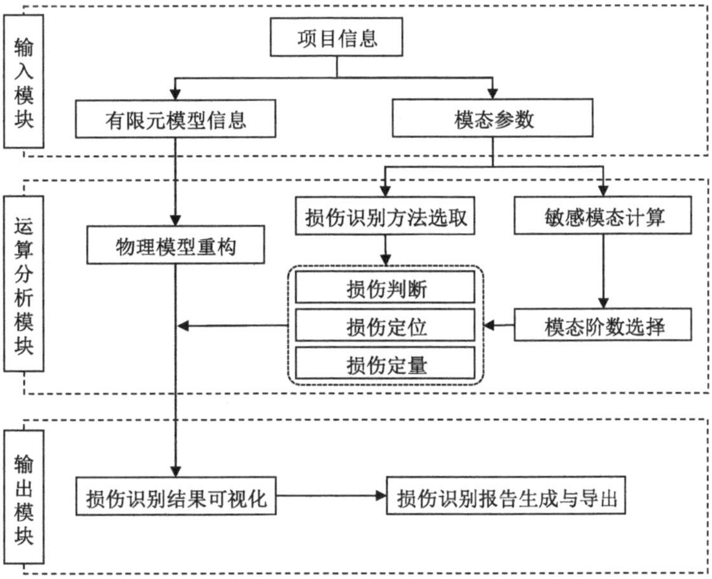

图 5.27　桥梁损伤识别软件整体架构

5.3.2　界面交互功能开发

图 5.28 为桥梁损伤识别软件 DDS 的主界面，由上至下分别为菜单栏、状态信息栏、准则栏、绘图区和控制区。

菜单栏用于展示软件操作流程，并为用户提供各功能交互界面的入口，包含“项目新建”“模型重构”“损伤判断”“损伤定位”“损伤定量”“用户指南”六个菜单项。状态信息栏位于菜单栏下方，用于实时记录和更新反馈用户的操作，以确保操作无误。准则栏为一个下拉菜单控件，用于切换不同的损伤识别方法和模态阶数，实现不同损伤识别方法的对比。绘图区用于呈现重构的物理模型、损伤判别结果等。控制区包括对软件的基本操作，如“清空状态栏”“显示模型”“选择阶数”“开始运算”“中断运算”“初始化”“结果导出”等功能。

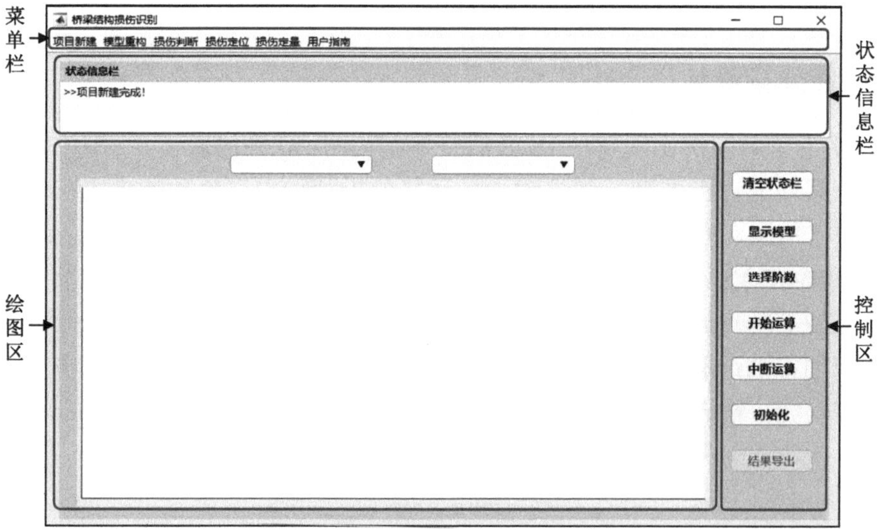

图 5.28　桥梁损伤识别软件主界面

“项目新建”菜单项是输入新建项目的窗口，主要用于自动导出损伤识别方案报告（图 5.29），需要输入项目名称、桥梁长度、传感器个数、项目简介、选择报告存储路径及报告导出格式等。

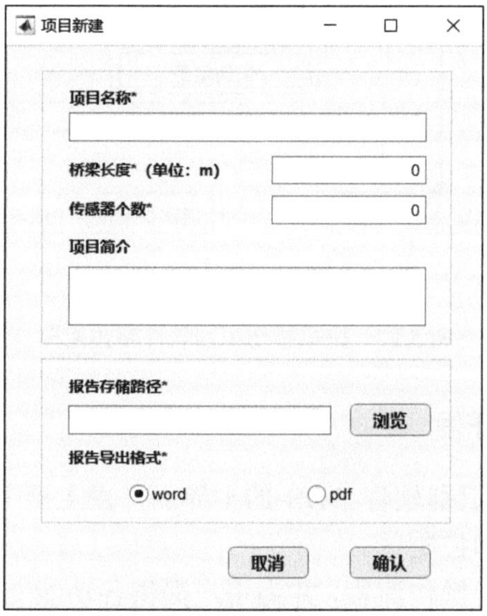

图 5.29　项目新建界面

“模型重构”菜单项支持用户导入桥梁有限元模型信息和模态参数数据，实现数值模型在绘图区的重构和后台计算时的参数调用。“模型导入”选项用于导入 ANSYS、MIDAS 和 ABAQUS 等有限元模型的节点与单元信息文件。图 5.30 为模型重构子界面。

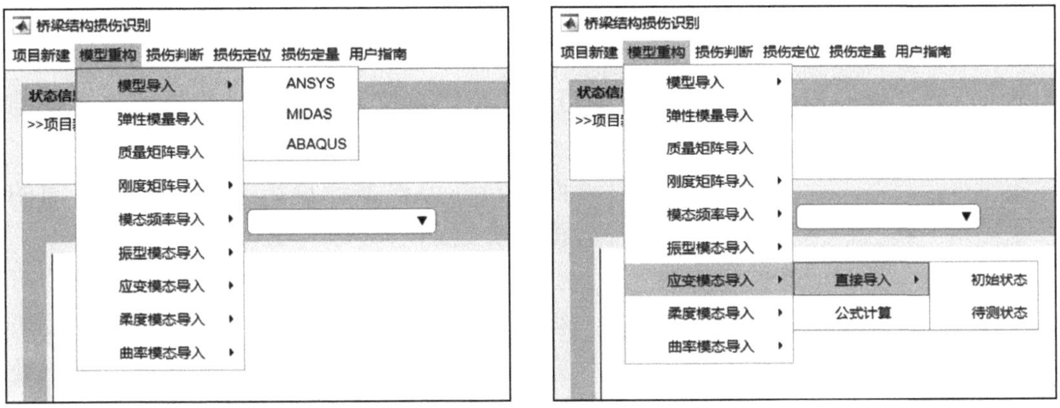

（a）模型导入子选项　　（b）应变模态导入子选项

图 5.30　模型重构子界面

桥梁损伤识别软件 DDS 设置了三个对应损伤识别不同层次的菜单项，即“损伤判断”“损伤定位”“损伤定量”，各子菜单项界面布局统一。以图 5.31 中的损伤定位方法选择界面为例进行界面展示，该界面分为两部分：①集成区，依据方法分类包含基于频率、振型、曲率、柔度、应变和应变能的损伤定位方法六个子区域，各子区域罗列了不同损伤定位方法可供用户选择；②控制区，包含“清除”“全选”“确定”功能按钮，其中“清除”按钮用于清空用户的选择，“全选”按钮用于一键全选方法，“确定”按钮用于自动记录用户选择并退出界面。

图 5.31　损伤定位方法选择子界面

“模态阶数选择功能”用于确定在损伤识别方法计算中，用户所需使用的模态阶数，如图 5.32 所示。该界面支持损伤敏感模态的计算，计算结果可用于指导用户选择需要计算的模态阶数，以获得最佳的损伤定位效果。软件内置模态置信准则和模态应变能两种敏感模态的计算方法，而用户亦可根据计算结果自行调整所需的模态阶数。

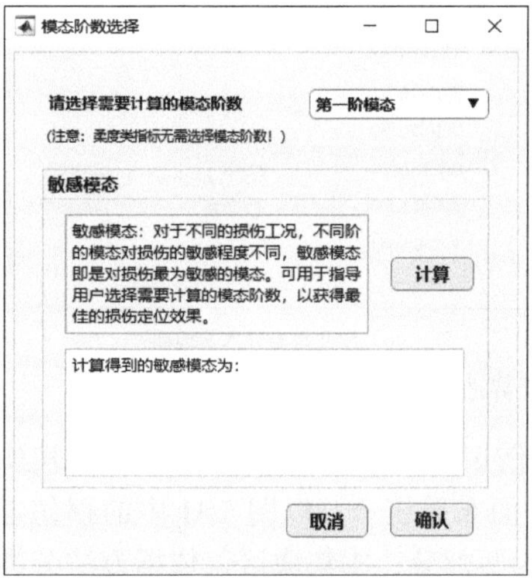

图 5.32　模态阶数选择子界面

软件输出模块包括损伤识别结果的可视化和损伤识别报告的生成与导出功能。未完成损伤识别计算前，“结果导出”按钮处于不可被选状态；完成损伤识别计算后，该按钮会自动变成高亮可选状态。单击“结果导出”按钮，软件将自动生成以项目名称命名的“××桥梁损伤识别结果报告”，并以用户规定的格式输出至指定位置。用户退出软件后，本次桥梁损伤识别过程及结果清零。损伤识别结果报告示例如图 5.33 所示。

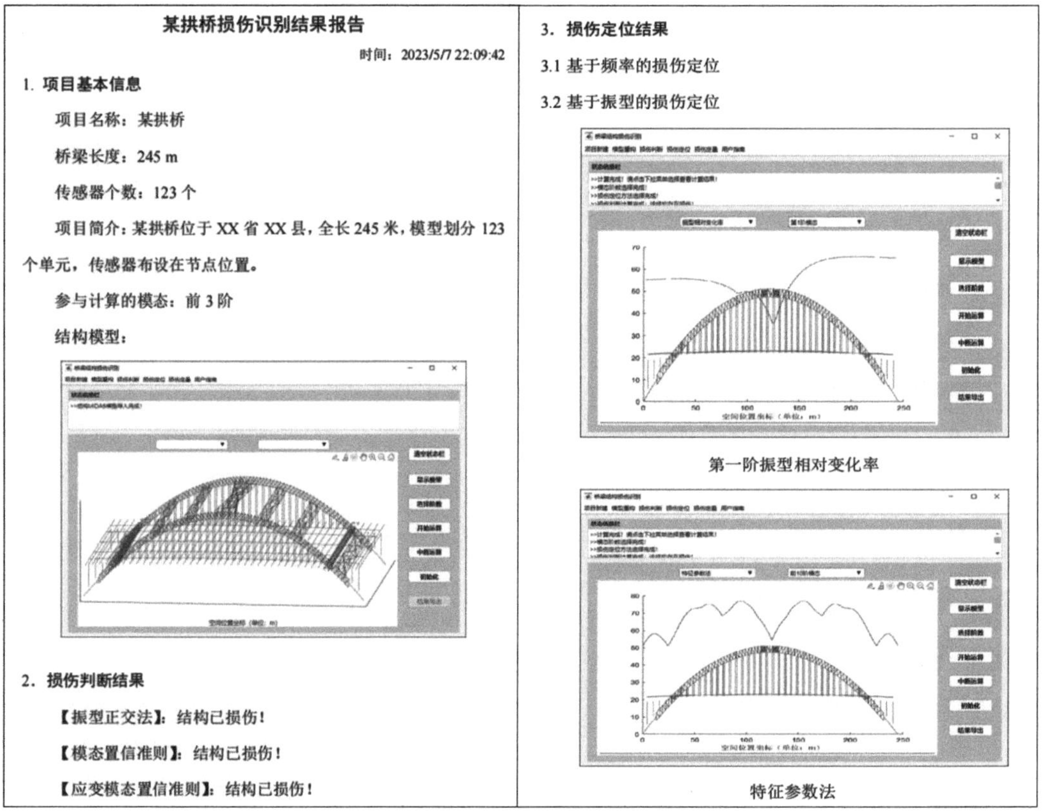
某拱桥损伤识别结果报告

时间：2023/5/7 22:09:42

1. 项目基本信息

项目名称：某拱桥

桥梁长度：245 m

传感器个数：123 个

项目简介：某拱桥位于 XX 省 XX 县，全长 245 米，模型划分 123 个单元，传感器布设在节点位置。

参与计算的模态：前 3 阶

结构模型：

2. 损伤判断结果

【振型正交法】：结构已损伤！

【模态置信准则】：结构已损伤！

【应变模态置信准则】：结构已损伤！

3. 损伤定位结果

3.1 基于频率的损伤定位

3.2 基于振型的损伤定位

第一阶振型相对变化率

特征参数法

图 5.33　损伤识别结果报告示例

“用户指南”菜单项包括“使用说明”“基本理论”两个子项，如图 5.34 所示。“使用说明”子项给出了软件操作说明书，包括选项卡菜单、界面显示和功能按钮等功能操作，以及文本解释区域。“基本理论”子项则内置“基于模态变异的损伤识别方法手册”，便于用户查看软件各损伤识别方法的基础理论和求解方法，包括原始公式、符号表达、物理意义等详细说明。

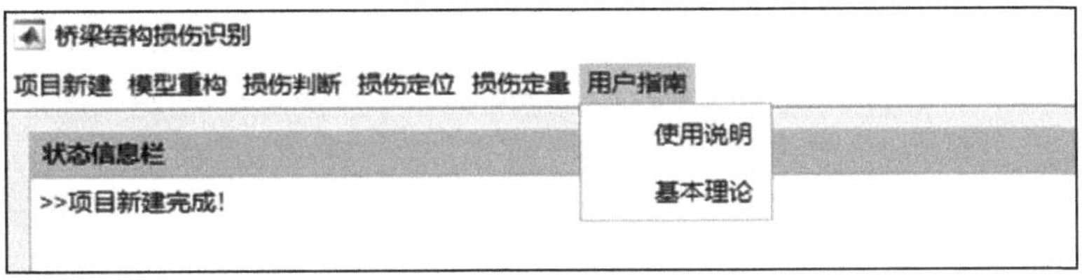

图 5.34　用户指南界面

5.3.3　基准模型和实桥验证

1. 基准模型

以美国佛罗里达中央大学开发的两跨连续梁桥基准模型（图 3.27）为例，选用第二跨跨中损伤 30%作为待测状态。图 5.35 为两跨连续梁桥的物理模型重构效果。

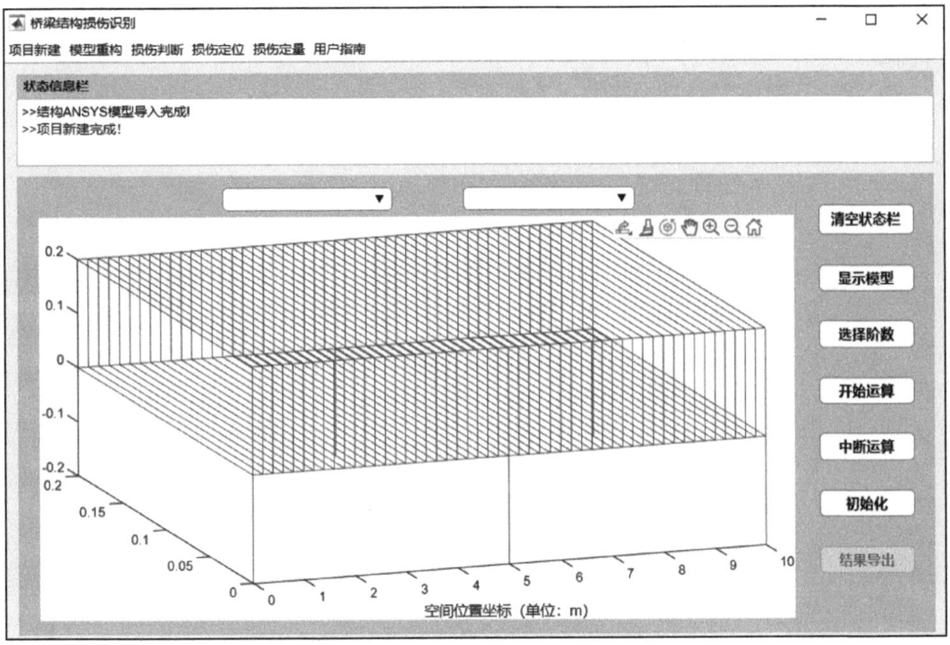

图 5.35　两跨连续梁桥的物理模型重构

以软件内嵌的曲率模态变化率、应变模态曲率差和模态应变能曲率差三种指标为例，对桥梁第 1 阶模态的损伤识别结果进行展示，如图 5.36 所示。由图可见，各指标均能有效识别到桥梁损伤的发生，验证了所开发软件的正确性和实用性。

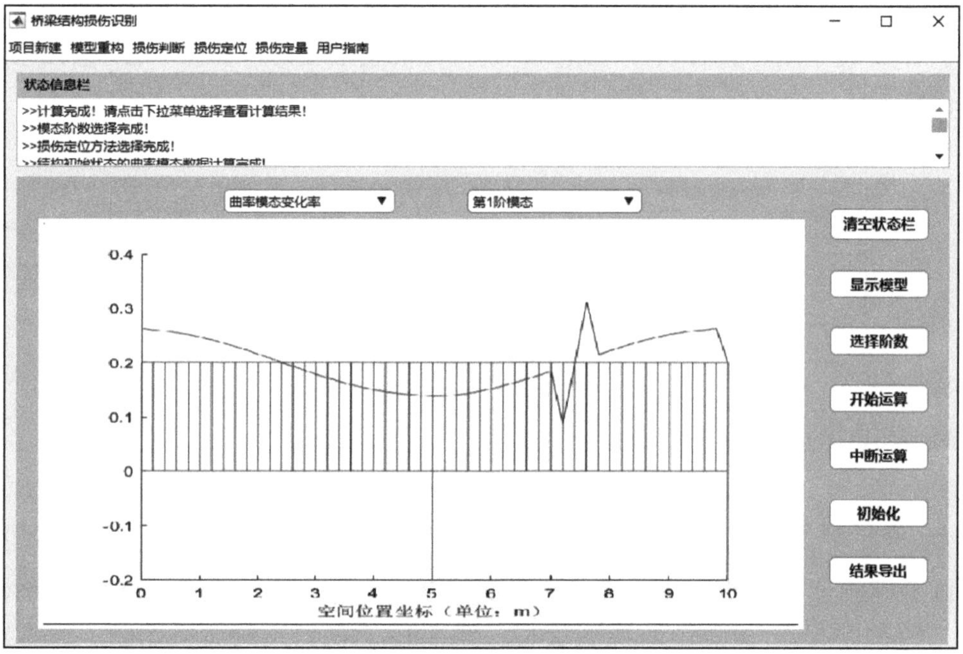

（a）曲率模态变化率

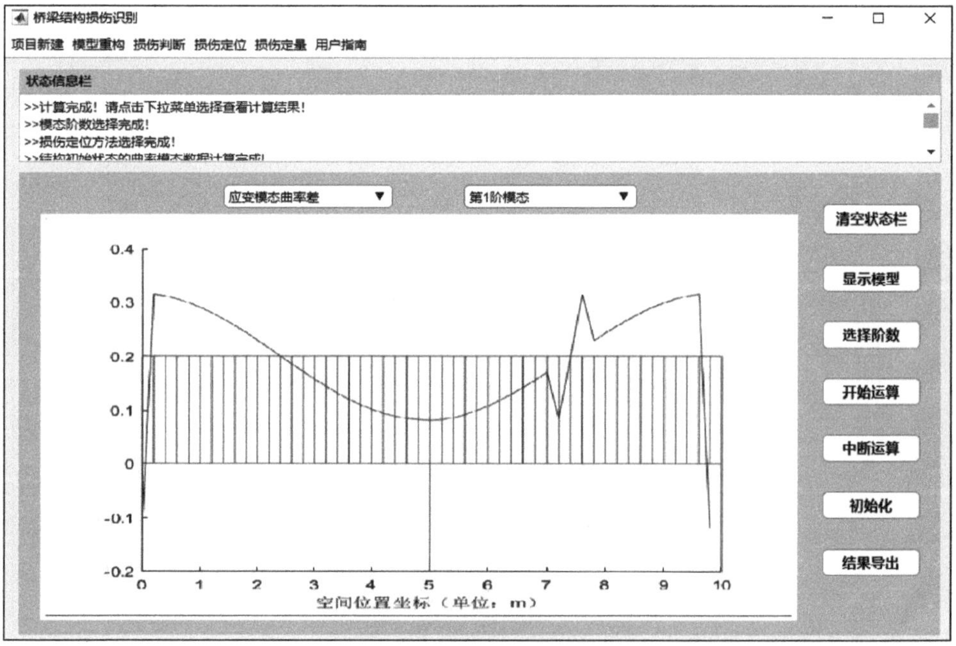

（b）应变模态曲率差

图 5.36　两跨连续梁桥第 1 阶模态的损伤识别结果

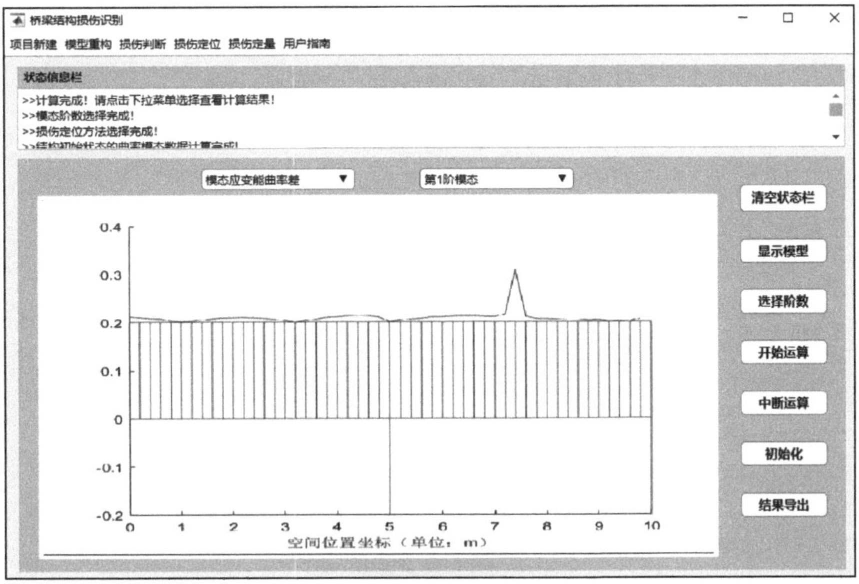

（c）模态应变能曲率差

图 5.36（续）

2. 钢管混凝土拱桥

以某实际钢管混凝土拱桥为例，该桥主桥跨度为 245m，矢跨比为 1/5，拱轴线为二次抛物线，桥面宽 22.5m。如图 5.37 所示为钢管混凝土拱桥的有限元模型。

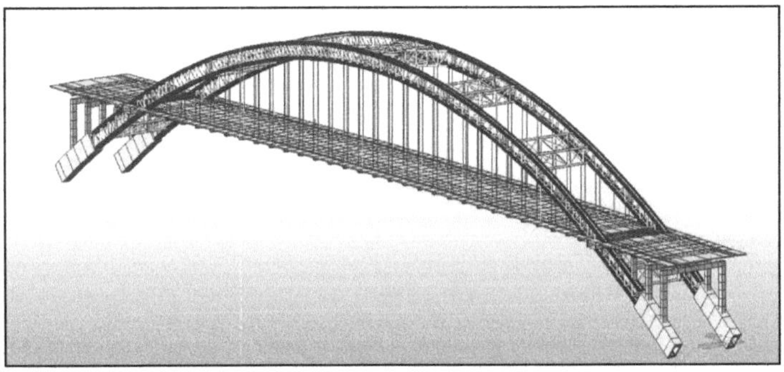

图 5.37　钢管混凝土拱桥有限元模型

结构损伤工况设定为 1/3 位置处单元刚度折减 10%，同时跨中单元刚度折减 30%，如图 5.38 所示。

以第 1 阶模态为例进行损伤指标识别结果的展示，如图 5.39 所示。振型相对变化率可以有效识别出钢管混凝土拱桥跨中位置的损伤，但对于损伤程度较小的 1/3 位置单元，振型相对变化率曲线的突变较小，表明该指标对微小程度的损伤不敏感；模态柔度改变率虽对局部损伤比较敏感，但其曲线在 1/3 位置的轻微损伤处，指标幅值变化仍较小；而应变模态变化率指标具有较高的损伤敏感性，但却难以识别位于零点位置的损伤。

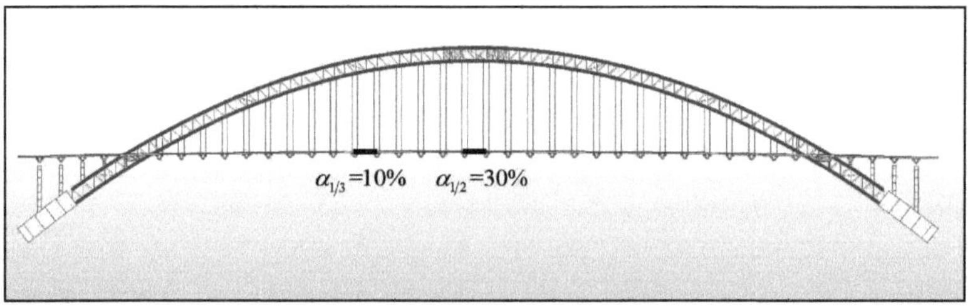

图 5.38　钢管混凝土拱桥模型的损伤工况

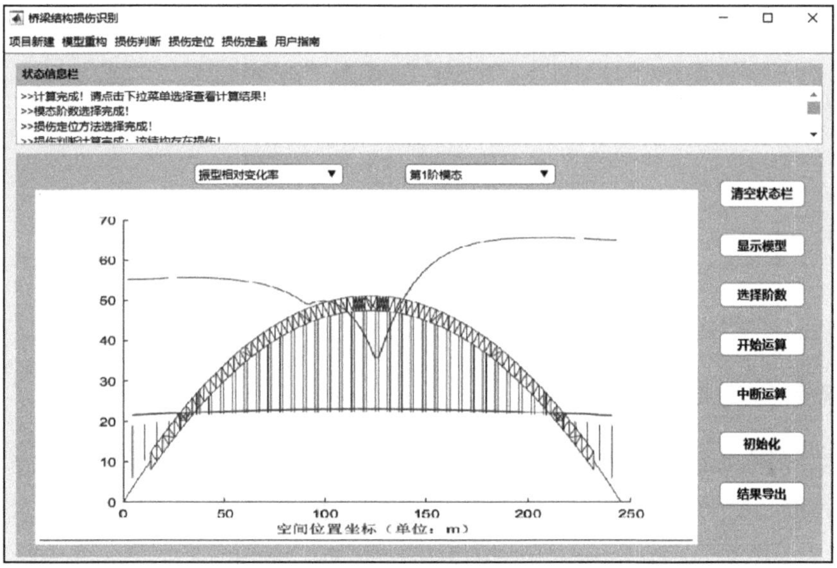

（a）振型相对变化率

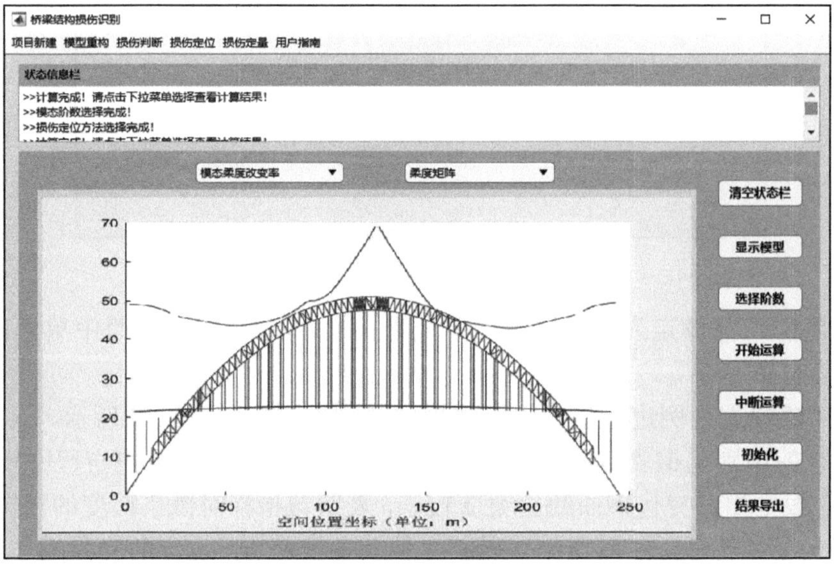

（b）模态柔度改变率

图 5.39　第 1 阶模态损伤指标的识别结果

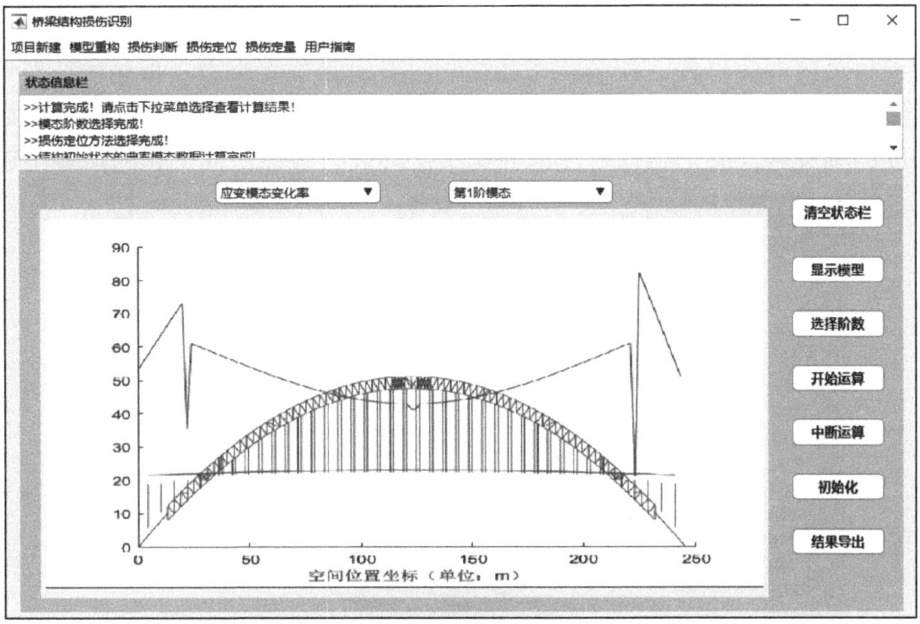

（c）应变模态变化率

图 5.39（续）

5.4　人工激励桥梁模态异常诊断理论

量大面广的中小跨桥梁普遍未安装健康监测系统，且环境激励下的振动响应较为微弱，想要快速并准确获取桥梁模态以进行异常诊断是一项很大的挑战。通过引入人工激励中的激振器可实现对桥梁损伤敏感模态的激发，并利用移动式检测车实现对桥梁振动响应的间接采集。激振装置与移动式检测车结合具有高效快捷的优势，可快速实现对空心板梁桥铰缝、T/小箱梁桥面板以及整体式箱梁桥顶板的模态异常诊断。

5.4.1　空心板梁桥铰缝诊断

1. 桥梁构造特点

空心板梁桥单孔跨径一般为 6～20m，由于该上部结构长度和宽度方向的尺寸远大于高度方向，可将其看作薄板结构，所以被称为空心板梁桥，如图 5.40 所示。板梁桥的优势是高度小，对桥址处净空受到限制时的情况很适用，并且相较其他截面类型桥梁，桥头引道的高度和长度都能有效减缩，所以城市道路和公路立交常将板梁桥作为首选。此外板梁桥还具有质量轻、施工方便等优点。

装配式板梁桥在横向一般通过铰缝连接，板梁上承受的车辆荷载通过铰缝传递至相邻板梁。铰缝既起到荷载传递作用，又是板梁桥主梁的重要组成部分。铰缝通常是板梁桥最薄弱的位置，铰缝状态往往决定着板梁桥承载力。板梁桥在架设时需先根据铰缝的几何尺寸留出铰缝空间，并在梁体侧面凿毛处理，后采用大于或等于梁体强度的细集料混凝土将铰缝注满并捣实，形成与梁体协同工作的混凝土铰缝。

图 5.40　装配式空心板梁桥

2. 主梁常见病害

装配式板梁桥主梁的常见病害有铰缝损伤、板底横向裂缝、板底纵向裂缝、混凝土剥落以及钢筋锈蚀等。

按照铰缝尺寸可分为浅铰缝、中铰缝和深铰缝。20 世纪 90 年代以来浅铰缝和中铰缝逐步淘汰，开始用深铰缝代替。为了进一步保证铰缝传力性能，在铰缝设计时通常加入少量连接钢筋。虽然大铰缝在一定程度上缓解了病害程度，但并没有从根本上避免损伤发生，铰缝仍然是板梁桥受力的薄弱部位。铰缝损伤初期主要表现为铰缝内混凝土开裂，为内部隐蔽损伤，不易察觉。铰缝损伤中期开裂高度不断增加，并在桥面铺装层沿着铰缝方向产生纵向裂缝，如果维修不及时，随着车辆荷载持续作用，铰缝处混凝土压碎后脱落，造成铰缝内混凝土强度丧失甚至完全脱空。另外，铰缝位置铺装层开裂引发次生的水侵害，雨水通过铰缝下渗到板梁桥底部，出现渗漏水、析白等现象[图 5.41（a）]。铰缝损伤后期表现为梁体下挠，形成塑性变形台阶，出现单板受力现象[图 5.41（b）]，此时板梁桥的整体性和承载力被严重削弱。

板底横向裂缝主要分布在跨中附近，具体表现为板底开裂，并延伸至板梁侧面。该类型裂缝为弯曲裂缝，说明梁底混凝土拉应力超出了混凝土抗拉强度。出现原因包括：①车辆超载导致荷载效应大于板梁承载能力造成开裂；②由于铰缝破坏导致板梁桥横向连接减弱，造成单片板梁承受的车辆荷载增大，进一步导致开裂。

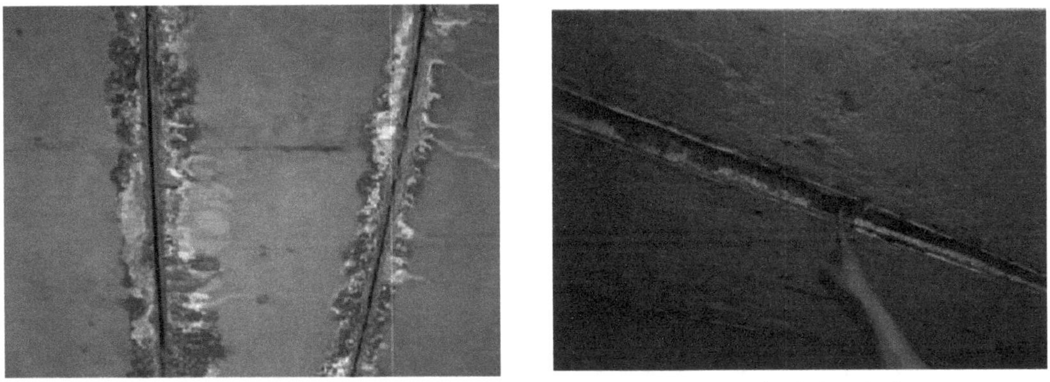

（a）铰缝损伤发展到中期　　　　　　　　　　（b）铰缝损伤发展到后期

图 5.41　空心板梁桥铰缝的不同损伤阶段

部分板梁桥在底板出现纵向裂缝是由于：一方面，波纹管定位偏差造成保护层过薄，当预应力张拉后，在薄弱部位出现横向拉应变超限，造成开裂；另一方面，主筋发生锈蚀膨胀，导致混凝土在板底纵向开裂。混凝土剥落是由于钢筋发生锈蚀，锈蚀物膨胀，导致混凝土保护层大面积剥落，钢筋暴露。

3. 铰缝损伤敏感模态阶次确定

1）装配式空心板梁桥等效分析模型

如图 5.42（a）所示的装配式空心板梁桥可看作由上顶板、下底板和中间肋构成的组合板件，并具有宽长比大的特点。此外，空心板梁桥在横桥向和顺桥向的抗弯刚度也不同，因此，空心板梁桥的力学性能与正交各向异性板的力学性能相似，通过将空心板梁桥简化为正交各向异性板可分析装配式空心板桥模态[6]。

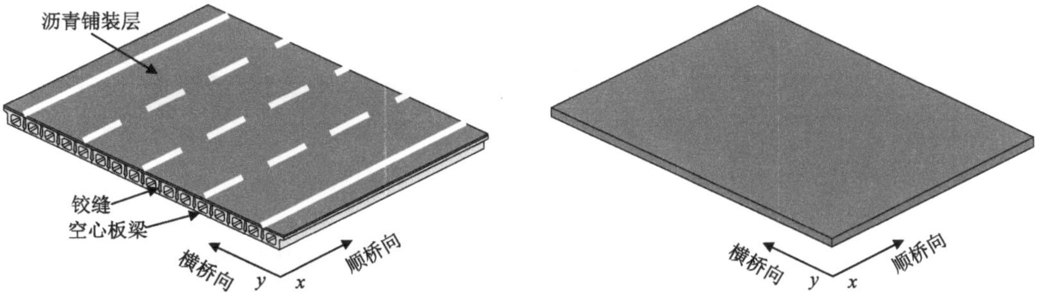

（a）装配式空心板梁桥　　　　　　　　　　（b）正交异性板

图 5.42　装配式空心板梁桥等效为正交异性板

空心板梁桥横截面的高度一般比水平尺寸小很多，根据经典薄板理论，正交各向异性板的偏微分运动方程[7]表示为

$$D_x \frac{\partial^4 w}{\partial x^4} + D_y \frac{\partial^4 w}{\partial y^4} + D_{xy} \frac{\partial^4 w}{\partial x^2 \partial y^2} + \rho h \frac{\partial^2 w}{\partial t^2} = q \tag{5.58}$$

式中，$D_{xy}=D_x\upsilon_{yx}+2D_k$；$w$ 为板的位移；D_x 是 x 方向的抗弯刚度；D_y 为 y 方向的抗弯刚度；D_k 为扭转刚度；ρ 是板的密度；h 是板的厚度；υ_{yx} 是材料的泊松比；q 是板承受的外荷载。

空心板梁桥简化为正交各向异性板的过程可看作式（5.58）中等效系数 D_x、D_y、D_k、ρ 和 h 的确定。D_x 对应顺桥向抗弯刚度，用图 5.43（a）中左侧所选区域用来计算 D_x，所选区域的具体尺寸如图 5.44（a）所示。D_x 可表示为：

$$D_x=\frac{I_b E_{co}}{b_1}=E_{co}\left[\frac{h_1^3}{12}-\frac{(b_2+2r)(h_2+2r)^3}{12b_1}+4\left(\frac{r^4}{12b_1}+\frac{r^2}{2b_1}\left(\frac{h_1}{2}-t_f\right)^2\right)\right] \tag{5.59}$$

式中，I_b 为图 5.44（a）所示截面的转动惯量；E_{co} 为桥梁混凝土的弹性模量。

D_y 对应横桥向抗弯刚度，用图 5.43（b）中所选区域计算 D_y，所选区域的具体尺寸如图 5.44（b）所示。D_y 可表示为

$$D_y=E_{co}\left[\frac{h_1^3}{12}-\frac{(h_2+2r)^3}{12}\right] \tag{5.60}$$

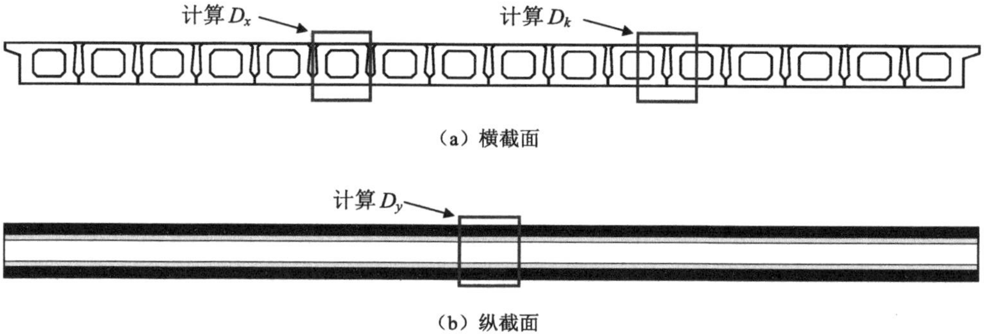

图 5.43　空心板梁桥截面

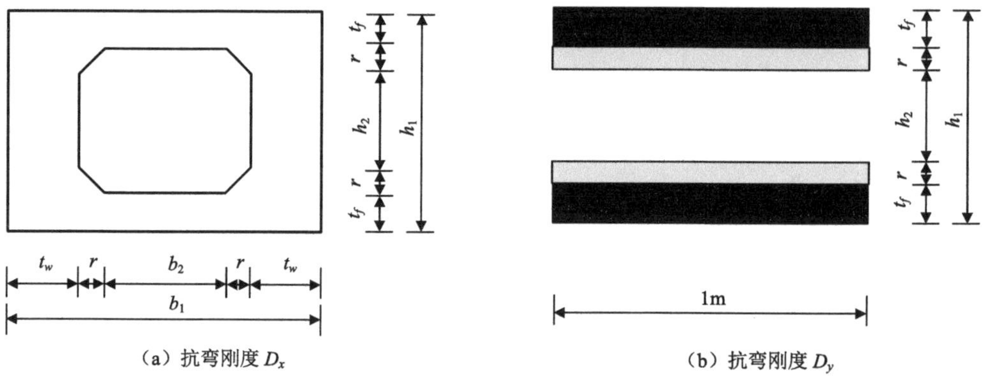

图 5.44　计算不同刚度时所选截面

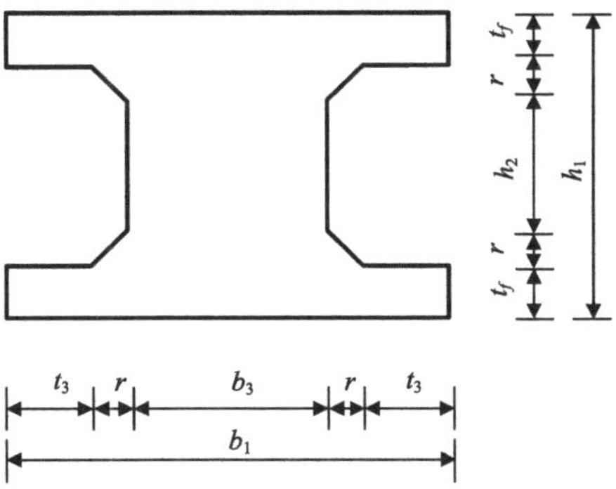

（c）扭转刚度 D_k

图 5.44（续）

等效高度 h 根据正交各向异性板的性质确定。根据正交异性板振动理论中的 $D_x = E_x h^3 / \left[12(1-\upsilon_{xy}\upsilon_{yx})\right]$，$h$ 可表示为

$$h = \sqrt[3]{\frac{12D_x(1-\upsilon_{xy}\upsilon_{yx})}{E_x}} \tag{5.61}$$

式中，顺桥向的弹性模量 E_x 和泊松比 υ_{xy} 由材料性质决定。根据正交各向异性板性质，横桥向的弹性模量 E_y 和泊松比 υ_{yx} 分别表示为 $E_y = E_x D_y / D_x$ 和 $\upsilon_{yx} = \upsilon_{xy} E_y / E_x$。

为保证等效前后质量一致，等效密度 ρ 表示为

$$\rho = \frac{\rho_{co}\left[b_1 h_1 - (b_2 + 2r)(h_2 + 2r) + 2r^2\right] + \rho_{as} h_{as} b_1}{b_1 h_{eql}} \tag{5.62}$$

式中，ρ_{co} 为混凝土密度；ρ_{as} 和 h_{as} 分别为沥青铺装层的密度和厚度。由于沥青是柔性材料，因此忽略沥青的刚度贡献，将其考虑均匀分布质量。D_k 对应桥梁抗扭刚度，用图 5.43（a）中右侧选取的区域计算 D_k，具体尺寸如图 5.44（c）所示。D_k 可表示为

$$D_k = \frac{G_{xy} J_b}{b_1} \tag{5.63}$$

式中，剪切模量 G_{xy} 是根据正交各向异性板的性质 $G_{xy} = E_x / \left[2\left(1+\upsilon_{xy}\right)\right]$ 确定；J_b 为图 5.44（c）所示截面的扭转常数。

计算不同类型截面扭转常数的通用公式是不存在的，对于如图 5.44（c）所示截面，可用有限元法近似计算。有限元法是将截面离散化为几个区域，通过分区域的数值积分方式计算扭转常数。根据薄膜比拟法将截面分成若干矩形，当薄膜的体积最大时，计算出的扭转常数最精确。根据薄膜比拟法，对图 5.44（c）所示截面进行分割、拼接，操作过程如图 5.45 所示，扭转常数 J_b 可表示为

$$J_b = J_1 + J_2 + J_3 + J_4 \tag{5.64}$$

式中，$J_1 = J_3 = \beta_1 (b_1 - b_3) t_f^3$；$J_2 = \beta_2 h_1 b_3^3$；$J_4 = \beta_4 r^4$。图 5.45 中拼接矩形对应的系

数 β 取决于矩形的长宽比 a/b。J_b 可进一步表示为

$$J_b = 2\beta_1(b_1 - b_3)t_f^3 + \beta_2 h_1 b_3^3 + \beta_4 r^4 \tag{5.65}$$

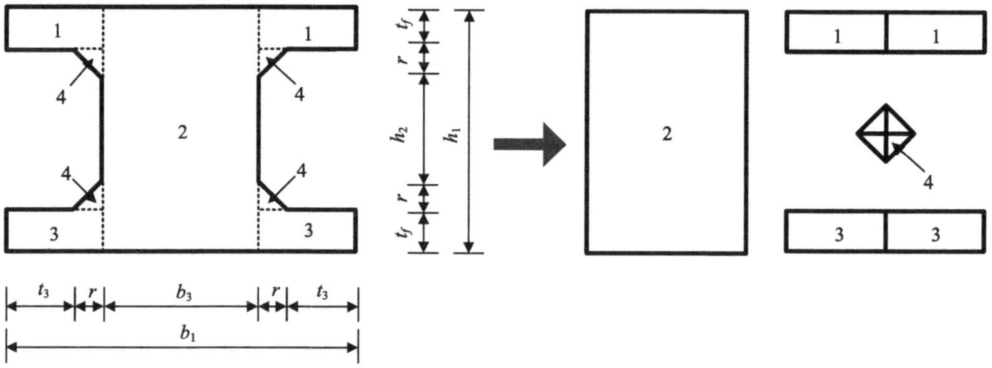

图 5.45　计算扭转刚度 D_k 的截面分割、拼接示意图

接下来以一座装配式空心板梁桥为例验证等效分析模型计算桥梁模态的准确性。空心板梁桥的宽度为 16m，长度为 13m，桥梁横截面如图 5.46 所示。按照图 5.46 所示的横截面建立的模型称为实体基准模型；按照计算规则建立多梁弹簧模型；按照等效规则计算各等效系数，并建立等效分析模型。对上述实体基准模型、多梁弹簧模型以及等效分析模型进行模态分析，图 5.47 展示了实体基准模型计算的空心板梁桥前 6 阶振型，多梁弹簧模型和等效分析模型计算的振型与实体基准模型基本一致，故未展示，其中 m 表示顺桥向模态阶次，n 表示横桥向模态阶次。

表 5.10 汇总了上述三种模型的计算频率，并将实体基准模型的频率作为基准，给出多梁弹簧、等效分析模型的频率计算误差。第 1 阶和第 4 阶的模态阶次 $n=1$，由表 5.10 可以看出，多梁弹簧模型、等效分析模型与实体基准模型相比，频率误差都比较小。这表明多梁弹簧模型和等效分析模型都能准确描述横桥向表现为平动的模态。当阶次 $n \geqslant 2$，多梁弹簧模型将桥梁的横桥向变形描述为剪切变形，频率误差较大。而等效分析模型在横桥向变形表现为转动（$n=2$）和弯曲运动（$n \geqslant 3$）时，频率误差仍然很小，表明等效分析模型能更准确地反映空心板梁桥振动。

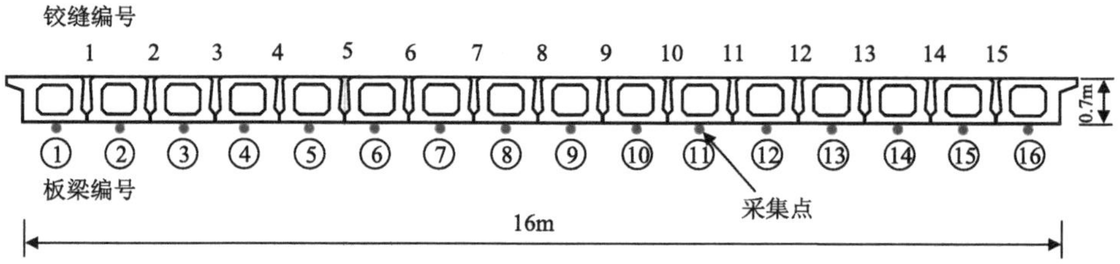

图 5.46　空心板梁编号及铰缝编号

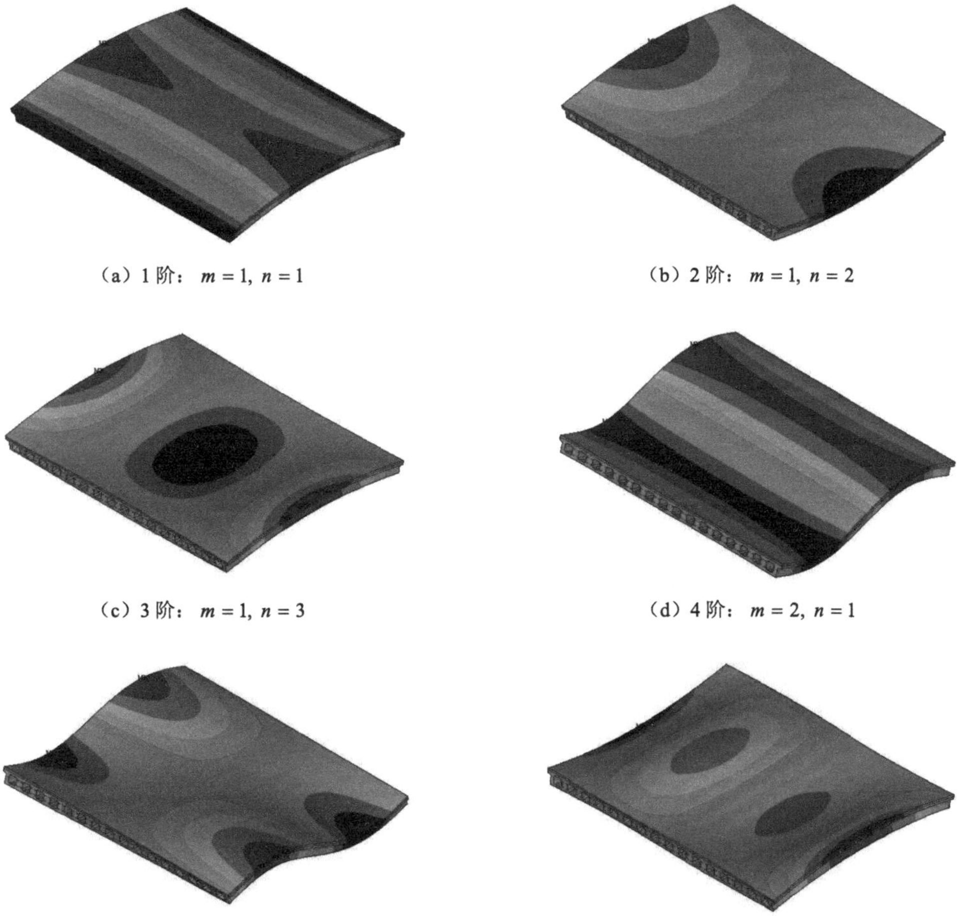

（a）1 阶：$m=1, n=1$　　（b）2 阶：$m=1, n=2$

（c）3 阶：$m=1, n=3$　　（d）4 阶：$m=2, n=1$

（e）5 阶：$m=2, n=2$　　（f）6 阶：$m=1, n=4$

图 5.47　实体基准模型的前 6 阶振型

表 5.10　三种模型的计算频率及两种分析模型的频率误差

模态阶次	振动分类		阶次 m	阶次 n	实体基准模型	多梁弹簧模型		等效分析模型	
	顺桥向	横桥向				频率/Hz	误差/%	频率/Hz	误差/%
1 阶	弯曲	平动	1	1	7.277	7.267	−0.24	7.198	−1.08
2 阶	弯曲	转动	1	2	10.294	12.423	20.68	9.793	−4.86
3 阶	弯曲	弯曲	1	3	19.034	21.327	12.05	18.562	−2.48
4 阶	弯曲	平动	2	1	28.804	28.348	−1.58	28.823	0.07
5 阶	弯曲	转动	2	2	31.727	30.072	−5.22	31.792	0.20
6 阶	弯曲	弯曲	1	4	33.808	30.696	−9.20	35.290	4.38
7 阶	弯曲	弯曲	2	3	40.554	34.675	−14.50	41.417	2.13

图 5.48 展示了三种模型在桥跨中的横桥向振型。从图 5.48 可以看出：当阶次 $n=1$，三种模型在横向上均表现为平动；当阶次 $n=2$，实体基准模型和等效分析模型的振型均表现为转动，而多梁弹簧模型为剪切运动；当阶次 $n\geqslant3$，实体基准模型

和等效分析模型的振型均为弯曲运动，多梁弹簧模型则表现为高阶剪切运动。结果表明，等效分析模型与实体基准模型之间的振型误差很小，可作为空心板梁桥的替代分析模型。

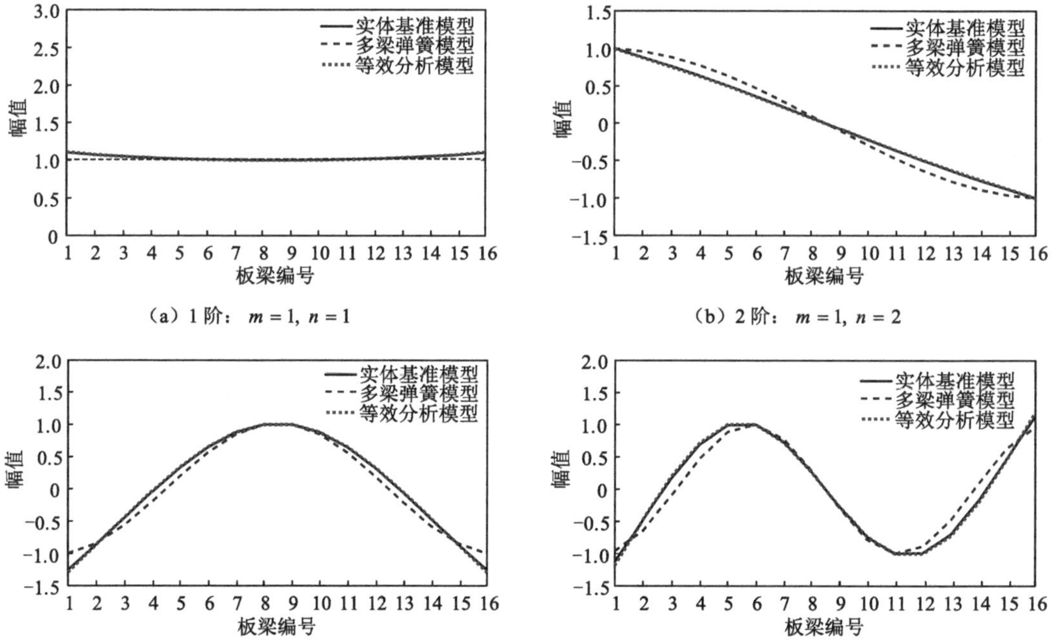

（a）1 阶：$m=1$, $n=1$　　（b）2 阶：$m=1$, $n=2$

（c）3 阶：$m=1$, $n=3$　　（d）6 阶：$m=1$, $n=4$

图 5.48　三种模型的桥梁跨中横桥向振型

2）铰缝损伤对频率的影响分析

基于瑞利法[8]计算频率的近似解析解，空心板梁桥等效分析模型的频率表示为

$$\omega=\sqrt{\frac{U_m}{T_m}} \tag{5.66}$$

式中，最大变形能 U_m 和最大动能 T_m 表示为

$$U_m=\frac{1}{2}\int_0^b\int_0^a D_x\left(\frac{\partial^2 W}{\partial x^2}\right)^2+2D_y\upsilon_{xy}\frac{\partial^2 W}{\partial x^2}\frac{\partial^2 W}{\partial y^2}+D_y\left(\frac{\partial^2 W}{\partial y^2}\right)^2+4D_k\left(\frac{\partial^2 W}{\partial x\partial y}\right)^2\mathrm{d}x\mathrm{d}y \tag{5.67}$$

$$T_m=\frac{\rho h}{2}\int_0^b\int_0^a W^2\mathrm{d}x\mathrm{d}y \tag{5.68}$$

基于瑞利法求解频率的关键是确定振型函数 $W(x,y)$。假设 $W(x,y)$ 为梁振型函数的乘积。板振型函数 $W(x,y)$ 表示为

$$W(x,y)=X_m(x)Y_n(y) \tag{5.69}$$

式中，m、n 为模态阶次；$X_m(x)$ 是顺桥向 x 的梁振型函数；$Y_n(y)$ 是横桥向 y 的梁振型函数。

顺桥向 x 的边界条件为简支，$X_m(x)$ 表示为

$$X_m(x)=\sin\frac{m\pi}{a}x \tag{5.70}$$

式中，a 是顺桥向 x 的长度，即桥梁跨度。

横桥向 y 的边界条件为自由，$Y_n(y)$ 表示为

$$\begin{cases} Y_n(y)=1 & n=1 \\ Y_n(y)=1-\dfrac{2y}{b} & n=2 \\ Y_n(y)=(\cosh\alpha_n y+\cos\alpha_n y)-C_n\ (\sinh\alpha_n y+\sin\alpha_n y) & n\geqslant 3 \end{cases} \tag{5.71}$$

式中，$C_n=(\cosh\alpha_n b-\cos\alpha_n b)/(\sinh\alpha_n b-\sin\alpha_n b)$；$b$ 为横桥向宽度；α_n 是梁频率系数，α_n 为超越方程（5.72）的解[8]。

$$\cosh\alpha_n b\ \cos\alpha_n b=1 \tag{5.72}$$

式（5.71）中 $n=1$ 的梁振型函数对应梁的平动；$n=2$ 的梁振型函数对应梁的转动；$n\geqslant 3$ 的梁振型函数对应梁的弯曲运动。前三阶弯曲运动对应的梁频率系数 α_n 为 $\alpha_3=4.730/b$，$\alpha_4=7.853/b$，$\alpha_5=10.996/b$。将式（5.69）代入式（5.67）和式（5.68），由梁振型函数表示的最大变形能和最大动能表示为

$$\begin{aligned} U_m=\frac{1}{2}\Big[&D_x\int_0^a (X_m'')^2\mathrm{d}x\int_0^b Y_n^2\mathrm{d}y+D_y\int_0^a X_m^2\mathrm{d}x\int_0^b (Y_n'')^2\mathrm{d}y \\ &+2D_x\upsilon_{yx}\int_0^a X_mX_m''\mathrm{d}x\int_0^b Y_nY_n''\mathrm{d}y+4D_k\int_0^a X_m'^2\mathrm{d}x\int_0^b Y_n'^2\mathrm{d}y\Big] \end{aligned} \tag{5.73}$$

$$T_m=\frac{\rho h}{2}\int_0^a X_m^2\mathrm{d}x\int_0^b Y_n^2\mathrm{d}y \tag{5.74}$$

将式（5.73）和式（5.74）代入式（5.66），得到计算频率的近似解析解：

$$\omega=\pi^2\sqrt{\frac{1}{\rho h}}\sqrt{A_{mn}\frac{m^4D_x}{a^4}+B_{mn}\frac{D_y}{b^4}+E_{mn}\frac{m^2D_k}{a^2b^2}+F_{mn}\frac{m^2D_x\upsilon_{yx}}{a^2b^2}} \tag{5.75}$$

式（5.75）中的系数如表 5.11 所示，根据表 5.11 中给出的系数，可得到装配式空心板梁桥的近似频率。在式（5.75）中可清晰看出 D_x、D_y 和 D_k 对桥梁频率的贡献。当阶次 $n=1$，频率解只有 D_x 的贡献，振型在顺桥向表现为弯曲运动，横桥向表现为平动，这与一维简支梁的振型一致。当阶次 $n=2$ 时，频率解有 D_x 和 D_k 的贡献，振型在顺桥向表现为弯曲运动，横桥向表现为转动。当阶次 $n\geqslant 3$ 时，频率解有 D_x、D_y 和 D_k 的贡献，振型在顺桥向和横桥向表现均为弯曲运动。

表 5.11　计算频率近似解析解的系数

	A_{mn}	B_{mn}	E_{mn}	F_{mn}
$n=1$	1	0	0	0
$n=2$	1	0	4.863	0
$n=3$	1	5.139	20.054	2.493
$n=4$	1	39.047	44.145	9.332
$n=5$	1	150.064	75.734	20.042

将沿顺桥向单位长度的区域作为分析单元计算 D_y，如图 5.49 所示。分析单元可看作是单位宽度并具有自由边界条件的梁。如图 5.49 所示的铰缝损伤会导致梁抗弯刚度降低，即桥梁的抗弯刚度 D_y 降低。

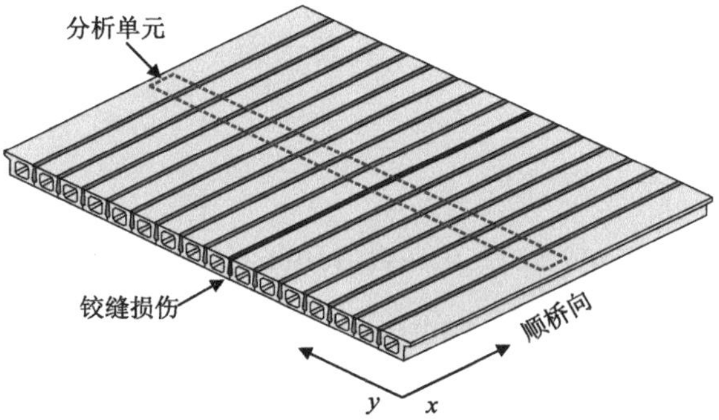

图 5.49　计算 D_y 时的分析单元

当阶次 $n=1$ 和 $n=2$ 时，由表 5.11 可以看出，式（5.75）中 D_y 的系数为零。因此，铰缝损伤对桥梁频率无影响。当阶次 $n\geqslant3$ 时，式（5.75）中 D_y 的系数不再为零，铰缝损伤将导致频率降低。阶次 m 保持不变，随着阶次 n 增大，式（5.75）中 D_y 的系数增大，通过式（5.75）计算频率时 D_y 的参与比例也相应增加，最终导致频率对铰缝损伤的敏感性也变大。但随着频率阶次 n 增加，从振动测试中获得更高阶频率的难度也会增大。因此，在能准确获取阶次 $n\geqslant3$ 频率的前提下，频率阶次 n 越大的频率对铰缝损伤诊断越有利。阶次 n 保持不变，通过式（5.75）计算频率时，D_y 的参与比例随着阶次 m 的增加而减小，进一步导致频率对铰缝损伤的敏感性也变小。分析表明，对铰缝损伤较敏感为阶次 $m=1,\ n\geqslant3$ 的频率，且随着阶次 n 增大，频率对损伤的敏感性也增大。

损伤程度和损伤位置对板梁桥某一阶频率的影响可通过损伤对梁频率的影响规律加以推广得出。梁频率随着损伤高度 h_c 和损伤位置 l_c 的变化而变化，频率变化 $\Delta f_{1(l_c,h_c)}$ 可表示为

$$\Delta f_{1(l_c,h_c)}=\frac{f_i^u-f_i^d}{f_i^u}=\beta_{(h_c)}\times\left(\phi_{i(l_c)}^{c''}\right)^2 \tag{5.76}$$

式中，f_i^u 和 f_i^d 为梁未损伤和损伤后的第 i 阶频率；损伤高度系数 $\beta_{(h_c)}$ 决定损伤程度的影响；在损伤位置 l_c 处的振型曲率的平方 $\left(\phi_{i(l_c)}^{c''}\right)^2$ 决定损伤位置的影响。虽然上述针对的构件为梁，但结论同样可推广到二维板件。对于空心板梁桥某一阶频率，损伤高度系数 $\beta_{(h_c)}$ 随着铰缝损伤程度的增加而增大，进一步导致频率变化也增加。损伤位置 l_c 处的振型曲率的平方值 $\left(\phi_{i(l_c)}^{c''}\right)^2$ 越大，频率变化也会越明显。

3）铰缝损伤对振型曲率的影响

对于具有集中质量和弹簧刚度的平板，可将集中质量和弹簧刚度看作附加外部荷载来求解振动问题，板的原有边界条件不发生变化，被称为等效外荷载法。将等

效外荷载法进一步扩展可用于分析铰缝损伤对振型曲率的影响。铰缝损伤导致桥梁局部刚度和质量降低，可将铰缝因损伤失效的部分看作负的分布刚度和分布质量。考虑铰缝损伤的正交异性板振型方程可表示为

$$D_x\frac{\partial^4 W}{\partial x^4}+D_y\frac{\partial^4 W}{\partial y^4}+D_{xy}\frac{\partial^4 W}{\partial x^2\partial y^2}-\rho h\omega^2 W=-P(x)\delta(y-\eta) \tag{5.77}$$

式中，$P(x)$为铰缝失效部分的等效分布荷载；δ是单位脉冲函数；$P(x)\delta(y-\eta)$代表在铰缝损伤位置$y=\eta$处的分布荷载$P(x)$。

如图 5.49 所示的顺桥向铰缝失效部分可看作一根梁。根据梁的运动方程，分布荷载$P(x)$可表示为

$$P(x)=\left[\rho_B A\omega^2 W_B(x)-E_B I_B\frac{\mathrm{d}^4 W_B(x)}{\mathrm{d}x^4}\right] \tag{5.78}$$

式中，ρ_B为铰缝密度；A为铰缝破坏部分面积；E_B是铰缝的弹性模量；I_B是铰缝失效部分的转动惯量。

式（5.78）中的第一项为铰缝失效部分的惯性力，第二项为铰缝失效部分的弹性回复力。如果只考虑铰缝开裂而不考虑剥落，则第一项中的$A=0$。$W_B(x)$为铰缝失效部分的振型。铰缝与桥梁之间的变形协调条件可表示为

$$W_B(x)=W(x,y)\big|_{y=\eta} \tag{5.79}$$

$P(x)$可以进一步表示为

$$P(x)=\left[\rho_B A\omega^2 W(x,y)-E_B I_B\frac{\mathrm{d}^4 W(x,y)}{\mathrm{d}x^4}\right]_{y=\eta} \tag{5.80}$$

对于x方向为简支、y方向为自由边界条件的板，根据微分方程理论，式（5.77）的解可表示为

$$W(x,y)=Y_m(y)\sin\frac{m\pi}{a}x+\Phi_m(y)\sin\frac{m\pi}{a}x \tag{5.81}$$

$P(x)$又可表示为

$$P(x)=\left(\rho_B A\omega^2-E_B I_B\frac{m^4\pi^4}{a^4}\right)\left[Y_m(\eta)+\Phi_m(\eta)\right]\sin\frac{m\pi}{a}x \tag{5.82}$$

式（5.81）的第一项为式（5.77）齐次方程的通解，即未损伤桥梁的振型。式（5.81）的第二项是式（5.77）的特解，表示由铰缝损伤引起的振型变化。由式（5.81）的形式可知，铰缝损伤只引起横桥向振型改变，对顺桥向振型无影响。将式（5.81）的特解代入式（5.77）得

$$\begin{aligned}&D_y\Phi_m''''(y)-\frac{m^2\pi^2}{a^2}D_{xy}\Phi_m''(y)+\left(\frac{m^4\pi^4}{a^4}D_x-\rho h\omega^2\right)\Phi_m(y)\\&=\left(E_B I_B\frac{m^4\pi^4}{a^4}-\rho_B A\omega^2\right)\left[Y_m(\eta)+\Phi_m(\eta)\right]\delta(y-\eta)\end{aligned} \tag{5.83}$$

根据微分方程理论，式（5.83）的特解可表示为

$$\Phi_m(y)=F(a,D_x,D_{xy},D_y)\left(E_BI_B\frac{m^4\pi^4}{a^4}-\rho_BA\omega^2\right)Y_m(\eta)L_m(y-\eta) \quad (5.84)$$

式中，$\Phi_m(y)$为铰缝损伤引起的横桥向振型变化，也是损伤桥梁与未损伤桥梁的振型差。

计算$\Phi_m(y)$的二阶导数可得到以下振型曲率差$\Phi_m''(y)$：

$$\begin{aligned}\Phi_m''(y)&=Y_{m,d}''(y)-Y_{m,u}''(y)\\&=F(a,D_x,D_{xy},D_y)\left(E_BI_B\frac{m^4\pi^4}{a^4}-\rho_BA\omega^2\right)Y_m''(\eta)L_m''(y-\eta)\end{aligned} \quad (5.85)$$

式中，$Y_{m,u}''(y)$和$Y_{m,d}''(y)$为损伤前后桥梁的横桥向振型曲率。

式(5.85)的振型曲率差$\Phi_m''(y)$是四项的乘积，第一项$F(a,D_x,D_{xy},D_y)$是参数a，D_x，D_{xy}和D_y的表达式。因为铰缝损伤被等效为外荷载，这一项只与未损伤桥梁的参数有关。第二项$(E_BI_Bm^4\pi^4/a^4-\rho_BA\omega^2)$是铰缝失效部分的特性，分为铰缝失效部分的刚度项和惯性质量项。第三项$Y_m''(\eta)$是在损伤位置的振型曲率。式（5.85）的前三项确定$\Phi_m''(y)$的幅值，第四项是铰缝损伤引起的附加形函数。

当阶次为$n=1$和$n=2$时，桥梁在横桥向的振动分别表现为平动和转动。$Y_m''(\eta)$为零，因此振型曲率差$\Phi_m''(y)$为零。当阶次为$n\geqslant3$时，桥梁在横桥向的振动表现为弯曲运动。当损伤位置η靠近振型曲率的峰值或低谷时，$\Phi_m''(y)$的幅值较大。如果损伤位于振型曲率节点，$Y_m''(\eta)$为零，$\Phi_m''(y)$也为零。附加振型函数$L_m''(y-\eta)$与损伤位置η和模态阶次有关。分析表明，铰缝损伤仅对空心板梁桥的横桥向振型造成影响，对铰缝损伤敏感的是阶数$n\geqslant3$的振型曲率。

4. 基于横桥向振型异常的铰缝诊断

在确定出对铰缝损伤敏感模态阶次的基础上，如何将感兴趣的模态通过便捷方式准确提取，对数量庞大的板梁桥的铰缝实现低成本诊断非常重要。诊断思路如下：在桥梁跨中的边缘放置激励车对板梁桥实施主动激励，另一辆检测车沿规划路径移动以提取对铰缝损伤敏感的横桥向高阶振型[9]，并利用基于振型曲率差的指标判别振型异常，以实现铰缝损伤定位，检测过程如图 5.50（a）所示。

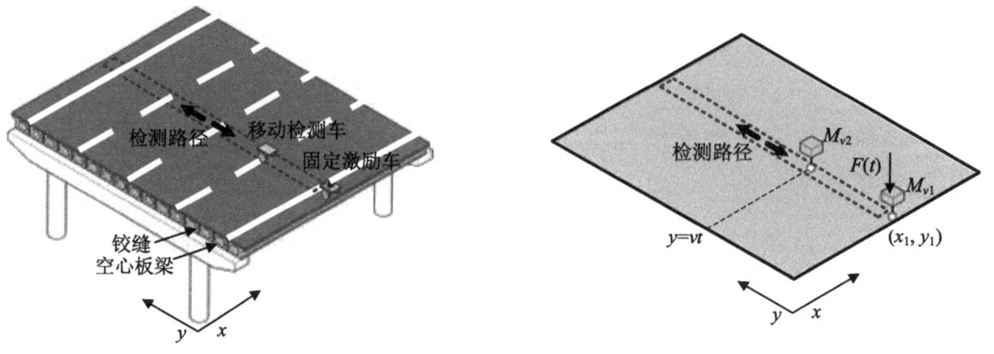

（a）铰缝损伤检测过程　　（b）理论分析模型

图 5.50　空心板梁桥铰缝损伤检测示意图

1）车–桥耦合系统响应分析

图 5.50（a）所示检测过程的车–桥系统响应可通过如图 5.50（b）所示的理论分析模型进行分析，桥被简化为经典薄板，固定激励车和移动检测车的刚度足够大，可看作刚体，因此固定激励车和移动检测车都被简化为一个集中质量。假定车辆与桥梁在检测过程中不发生分离，桥梁、固定激励车和移动检测车的运动方程表示为

$$D\left(\frac{\partial^4 w}{\partial x^4}+2\frac{\partial^4 w}{\partial x^2\partial y^2}+\frac{\partial^4 w}{\partial y^4}\right)+\rho h\frac{\partial^2 w}{\partial t^2}=p_1(t)\delta(x-x_1,y-y_1)+p_2(t)\delta(x-x_2,y-vt) \tag{5.86}$$

$$\ddot{Z}_1(t)=\frac{\partial^2 w(x,y,t)\big|_{x=x_1,y=y_1}}{\partial t^2}=\frac{\partial^2 w(x_1,y_1,t)}{\partial t^2} \tag{5.87}$$

$$\ddot{Z}_2(t)=\frac{\partial^2 w(x_2,y,t)}{\partial t^2}+2v\frac{\partial^2 w(x_2,y,t)}{\partial y\partial t}+\frac{\partial^2 w(x_2,y,t)}{\partial y^2} \tag{5.88}$$

式中，D为弯曲刚度；$w(x,y,t)$为板竖向位移；ρ为板的密度；h为板的厚度；δ为单位脉冲函数，表示车辆与桥梁之间接触力的位置；$\ddot{Z}_1(t)$和$\ddot{Z}_2(t)$分别为固定激励车和移动检测车加速度；移动检测车速度为v；(x_1,y_1)为激励车位置；(x_2,vt)为移动检测车位置；激励车与桥梁的接触力$p_1(t)$和移动检测车与桥梁的接触力$p_2(t)$可表示为

$$p_1(t)=M_{v1}g+F(t)-M_{v1}\ddot{Z}_1(t) \tag{5.89}$$

$$p_2(t)=M_{v2}g-M_{v2}\ddot{Z}_2(t) \tag{5.90}$$

式中，M_{v1}和M_{v2}分别为固定激励车和移动检测车的质量；g是重力加速度；$F(t)$是激振车提供的激振力。

式（5.88）的移动检测车加速度$\ddot{Z}_2(t)$可分为三项：第一项是桥梁在移动检测车位置处的垂直加速度；第二项是由于车辆移动，使桥梁竖向速度变化而引起的竖向加速度；第三项表示桥梁振动过程中发生弯曲变形，车辆在竖曲线上移动所产生的离心加速度。后两项与桥梁抗弯刚度和车辆速度有关，对于常规车速和普通桥梁，后两项可以忽略不计。$\ddot{Z}_2(t)$可进一步表示为

$$\ddot{Z}_2(t)=\frac{\partial^2 w(x_2,y,t)}{\partial t^2} \tag{5.91}$$

根据模态叠加法，桥梁位移可变换为

$$w(x,y,t)=\sum_{m=1}^{\infty}\sum_{n=1}^{\infty}W_{mn}(x,y)q_{mn}(t) \tag{5.92}$$

式中，$W_{mn}(x,y)$为第（m,n）阶振型，$q_{mn}(t)$为振型坐标。

将式（5.92）代入式（5.86），利用振型的正交性可得到解耦的运动方程如下：

$$M_{mn}\ddot{q}_{mn}(t)+K_{mn}q_{mn}(t)=P_{mn}(t) \tag{5.93}$$

式中，广义质量M_{mn}、广义刚度K_{mn}、广义荷载$P_{mn}(t)$可表示为

$$M_{mn}(t)=\iint_{s}\rho hW_{mn}^{2}(x,y) \tag{5.94}$$

$$K_{mn}(t)=\iint_{s}D\left(\frac{\partial^{4}W_{mn}(x,y)}{\partial x^{4}}+2\frac{\partial^{4}W_{mn}(x,y)}{\partial x^{2}\partial y^{2}}+\frac{\partial^{4}W_{mn}(x,y)}{\partial y^{4}}\right)W_{mn}(x,y) \tag{5.95}$$

$$P_{mn}(t)=\iint_{s}\left(p_{1}(t)\delta(x-x_{1},y-y_{1})+p_{2}(t)\delta(x-x_{2},y-vt)\right)W_{mn}(x,y) \tag{5.96}$$

将式（5.89）和式（5.90）代入式（5.96）得到广义荷载，再将广义荷载代入式（5.93），得

$$\begin{aligned}&\left[M_{mn}+M_{v1}W_{mn}^{2}(x_{1},y_{1})+M_{v2}W_{mn}^{2}(x_{2},vt)\right]\ddot{q}_{mn}(t)+K_{mn}q_{mn}(t)\\&=M_{v1}gW_{mn}(x_{1},y_{1})+W_{mn}(x_{1},y_{1})F(t)+M_{v2}gW_{mn}(x_{1},vt)\end{aligned} \tag{5.97}$$

式中，$M_{v1}W_{mn}^{2}(x_{1},y_{1})$和$M_{v2}W_{mn}^{2}(x_{2},vt)$分别为固定激励车和移动检测车的广义质量。当$M_{v1}$和$M_{v2}$的数量级远小于桥梁质量，$M_{v1}W_{mn}^{2}(x_{1},y_{1})$和$M_{v2}W_{mn}^{2}(x_{2},vt)$可忽略不计。激振车辆的重力$M_{v2}g$为常力，对振动无影响，也可忽略。式（5.97）可进一步表示为

$$M_{mn}\ddot{q}_{mn}(t)+K_{mn}q_{mn}(t)=W_{mn}(x_{1},y_{1})F(t)+M_{v2}gW_{mn}(x_{2},vt) \tag{5.98}$$

为了简化推导，前面未引入阻尼。加入黏滞阻尼后，式（5.98）可表示为

$$M_{mn}\ddot{q}_{mn}(t)+C_{mn}\dot{q}_{mn}(t)+K_{mn}q_{mn}(t)=W_{mn}(x_{1},y_{1})F_{0}\mathrm{e}^{\mathrm{j}\omega t}+M_{v2}gW_{mn}(x_{2},vt) \tag{5.99}$$

式中，C_{mn}是第（m,n）阶的广义阻尼；$F_{0}\mathrm{e}^{\mathrm{j}\omega t}$是由激励车上激振器提供的谐振激励，$F_{0}$是激励幅值，j是虚数单位，$\omega$是激励频率；$W_{mn}(x_{1},y_{1})F_{0}\mathrm{e}^{\mathrm{j}\omega t}$是激励车提供的广义激振力；$M_{v2}gW_{mn}(x_{2},vt)$为移动检测车行驶过程中对桥梁的激励。

如果$F_{0}\mathrm{e}^{\mathrm{j}\omega t}$远离固有频率或$F_{0}\mathrm{e}^{\mathrm{j}\omega t}=0$，则式（5.99）为非主动激励法的车桥耦合运动方程。当激励频率$F_{0}\mathrm{e}^{\mathrm{j}\omega t}$非常接近桥梁的某一固有频率，桥梁将处于共振状态。桥梁振动的激励源来自$W_{mn}(x_{1},y_{1})F_{0}\mathrm{e}^{\mathrm{j}\omega t}$。式（5.99）可表示为

$$M_{mn}\ddot{q}_{mn}(t)+C_{mn}\dot{q}_{mn}(t)+K_{mn}q_{mn}(t)=W_{mn}(x_{1},y_{1})F_{0}\mathrm{e}^{\mathrm{j}\omega t} \tag{5.100}$$

式（5.100）为受迫振动方程，桥梁的稳态响应可表示为

$$q_{mn}(t)=Q_{0}\mathrm{e}^{\mathrm{j}\omega t}k \tag{5.101}$$

式中，Q_{0}为桥梁振动位移幅值。将式（5.101）代入式（5.100），得

$$\left(K_{mn}-M_{mn}\omega^{2}+jC_{mn}\omega\right)Q_{0}\mathrm{e}^{\mathrm{j}\omega t}=W_{mn}(x_{1},y_{1})F_{0}\mathrm{e}^{\mathrm{j}\omega t} \tag{5.102}$$

式（5.102）的解为

$$q_{mn}(t)=Q_{0}\mathrm{e}^{\mathrm{j}\omega t}=W_{mn}(x_{1},y_{1})\frac{F_{0}}{D_{mn}}\mathrm{e}^{\mathrm{j}\omega t} \tag{5.103}$$

式中，$D_{mn}=K_{mn}\left(1-r^{2}+2\mathrm{j}\xi_{mn}r\right)$第（$m,n$）阶的动刚度，$r=\omega/\omega_{mn}$为激励频率与固

有频率的比值，$\omega_{mn}=\sqrt{K_{mn}/M_{mn}}$ 为第（m,n）阶固有频率，$\xi_{mn}=C_{mn}\big/\left(2\sqrt{K_{mn}M_{mn}}\right)$ 为第（m,n）阶阻尼比。

将式（5.103）代入式（5.92），得

$$w(x,y,t)=\sum_{m=1}^{\infty}\sum_{n=1}^{\infty}W_{mn}(x,y)\frac{F_0}{|D_{mn}|}W_{mn}(x_1,y_1)\mathrm{e}^{\mathrm{j}(\omega t-\varphi)} \tag{5.104}$$

式中，$|D_{mn}|=\left[\left(\left(1-r^2\right)^2+\left(2\xi_{mn}r\right)^2\right)\right]^{1/2}$ 为动刚度的模；$\varphi=\tan^{-1}\left(2\xi_{mn}r/1-r^2\right)$ 为相位角。第（m,n）阶振型在桥梁响应中的参与由 $F_0W_{mn}(x_1,y_1)/(|D_{mn}|)$ 决定，如果激励频率 ω 非常接近第（m,n）阶频率 ω_{mn}，$|D_{mn}|$ 将非常小。与其他阶振型相比，第（m,n）阶振型对桥梁响应的参与将占主导，式（5.104）进一步表示为

$$w(x,y,t)=W_{mn}(x,y)\frac{F_0}{|D_{mn}|}W_{mn}(x_1,y_1)\mathrm{e}^{\mathrm{j}(\omega t-\varphi)} \tag{5.105}$$

对式（5.105）进行两次微分，得到桥梁加速度为

$$\frac{\partial^2 w(x,y,t)}{\partial t^2}=-W_{mn}(x,y)\frac{\omega^2F_0}{|D_{mn}|}W_{mn}(x_1,y_1)\mathrm{e}^{\mathrm{j}(\omega t-\varphi)} \tag{5.106}$$

将式（5.106）代入式（5.91），得到移动检测车的加速度为

$$\ddot{Z}_2(t)=-W_{mn}(x_2,vt)\frac{\omega^2F_0}{|D_{mn}|}W_{mn}(x_1,y_1)\mathrm{e}^{\mathrm{j}(\omega t-\varphi)} \tag{5.107}$$

为了上述公式的推导方便，激振器提供的激励 $F_0\mathrm{e}^{\mathrm{j}\omega t}$ 是以指数形式表示，并在复域内求解运动方程。将 $F_0\mathrm{e}^{\mathrm{j}\omega t}$ 的欧拉公式代入式（5.107），得

$$\ddot{Z}_2(t)=-W_{mn}(x_2,vt)\frac{\omega^2F_0}{|D_{mn}|}W_{mn}(x_1,y_1)\left(\cos(\omega t-\varphi)+\mathrm{j}\sin(\omega t-\varphi)\right) \tag{5.108}$$

提取式（5.108）中检测车响应的实部，相当于施加了物理约束，可得移动检测车加速度：

$$\ddot{Z}_2(t)=-W_{mn}(x_2,vt)\frac{\omega^2F_0}{|D_{mn}|}W_{mn}(x_1,y_1)\cos(\omega t-\varphi) \tag{5.109}$$

式中，$W_{mn}(x_1,y_1)$ 为激励车辆所在位置 (x_1,y_1) 的第（m,n）阶振型值，激励车被固定在位置 (x_1,y_1)，所以 $W_{mn}(x_1,y_1)$ 是常数；$|D_{mn}|=\left[\left(\left(1-r^2\right)^2+\left(2\xi_{mn}r\right)^2\right)\right]^{1/2}$ 为动刚度的模，也是常数；激振频率 ω、激振力幅值 F_0 同样是常数。$W_{mn}(x_2,vt)$ 为移动检测车行驶路径上的第（m,n）阶振型，因此，移动检测车加速度中包含横桥向振型信息。

2）基于检测车响应提取横桥向振型

希尔伯特变换是数学和信号处理领域中一种提取信号包络的方法。利用希尔伯特变换可建立检测车响应包络与横桥向振型的映射关系。检测车加速度 $\ddot{Z}_2(t)$ 的希尔伯特变换表示为

$$\hat{\ddot{Z}}_2(t)=H\left[\ddot{Z}_2(t)\right]=-W_{mn}(x_2,vt)\frac{\omega^2F_0}{|D_{mn}|}W_{mn}(x_1,y_1)\sin(\omega t-\varphi) \tag{5.110}$$

式中，$H[\bullet]$表示希尔伯特变换。

$\ddot{Z}_2(t)$包络可表示为

$$A(t)=\sqrt{\ddot{Z}_2^2(t)+\hat{\ddot{Z}}_2^2(t)}=\frac{\omega^2F_0}{|D_{mn}|}W_{mn}(x_1,y_1)\left|W_{mn}(x_2,vt)\right| \tag{5.111}$$

式（5.111）中的时间t可以用位移y与车速v相除代替，得

$$A\left(\frac{y}{v}\right)=\sqrt{\ddot{Z}_2^2(t)+\hat{\ddot{Z}}_2^2(t)}=\frac{\omega^2F_0}{|D_{mn}|}W_{mn}(x_1,y_1)\left|W_{mn}(x_2,y)\right| \tag{5.112}$$

式中，检测车响应的包络$A(y/v)$是振型绝对值$\left|W_{mn}(x_2,y)\right|$乘以系数$W_{mn}(x_1,y_1)$、$\omega$、$F_0$、$|D_{mn}|$，且上述系数均为常数。由于振型函数与任意常数的乘积仍然是振型函数，因此移动检测车响应包络 $A(y/v)$表示车辆行驶路径上振型的绝对值。由于车辆经过行驶路径所有点，因此可提取高分辨率的振型。

3）损伤诊断流程

基于横桥向振型异常的铰缝损伤诊断流程分为以下五个步骤。

第一步：通过正弦扫频测试得到桥梁前几阶固有频率。①激励车辆位于桥梁跨中的边缘，检测车也被放置在行驶路径的起始点并保持静止，如图 5.50（a）所示。检测车和采集车的间距应尽可能小，以车辆之间不发生振动传递为原则。②正弦扫频测试由安装在激励车辆上的激振器执行，同时，安装在移动检测车上的传感器采集加速度。典型加速度响应如图 5.51（a）所示。正弦扫频测试在一定时间内，从 1Hz 扫描到 50Hz。③桥梁固有频率由车辆加速度的自功率谱得到，如图 5.51（b）所示。图 5.51（b）中四个峰对应的桥梁振型如图 5.52 所示，提取对铰缝损伤敏感的第 3、4 阶横桥向振型定位损伤。

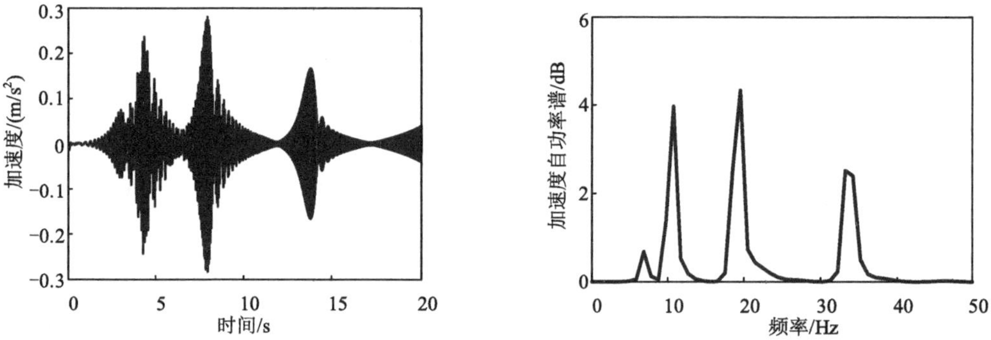

（a）车辆加速度响应　　（b）加速度自功率谱

图 5.51　正弦扫频测试的车辆加速度响应及其自功率谱

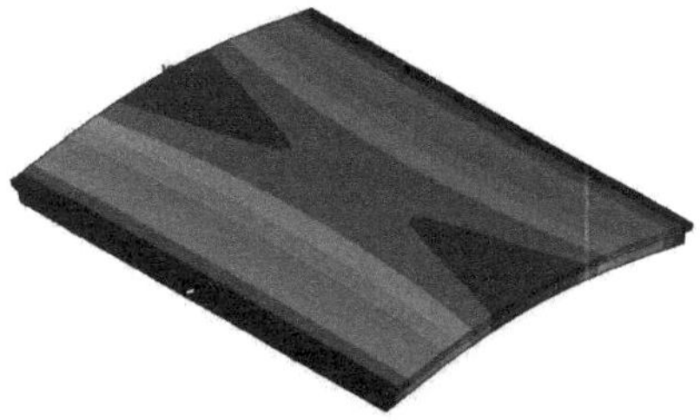

（a）1 阶振型

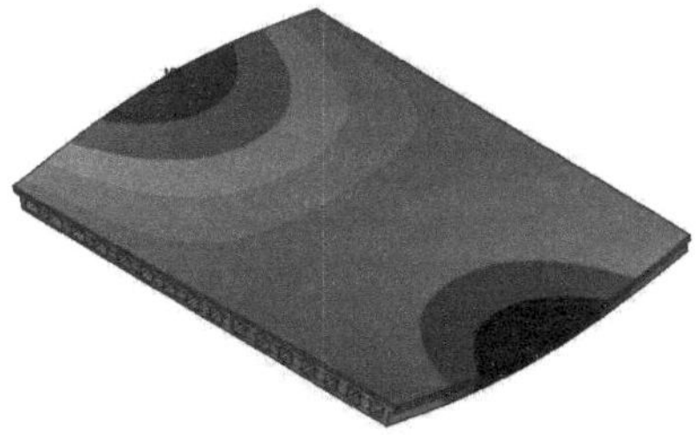

（b）2 阶振型

（c）3 阶振型

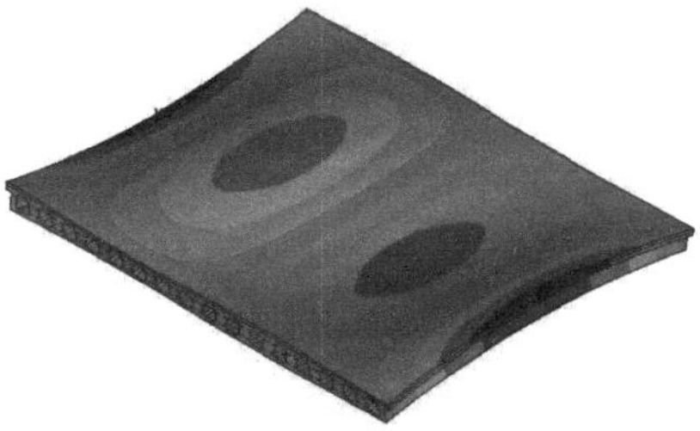

（d）4 阶振型

图 5.52　正弦扫频测试激发的前 4 阶振型

第二步：确定检测过程中固定激励车的激励参数。安装在车辆上的激振器产生正弦激励激发桥梁振动，设置参数包括激励幅值和频率。根据激振器能提供的幅值范围，激励幅值设为 450N。正弦激励的频率为第一步得到的第 3 阶和第 4 阶固有频率。

第三步：激励车启动工作，检测车沿行驶路径移动并采集车辆加速度。在移动检测车沿行驶路径行驶之前，必须使桥梁达到稳态强迫振动。根据共振理论，可以得到不同阻尼比 ξ 下，随荷载持续时间 $2\pi ft$ 变化的共振反应比包络线，如图 5.53 所示，其中的 f 为正弦激励的频率。混凝土桥梁的阻尼比在 0.01～0.04 之间，计算得到桥梁从静止到稳态振动的时间小于 4s。因此，在激励车辆启动工作 4s 后，移动检测车开始行驶。移动检测车沿行驶路径移动，完成第 1 次采集；改变激振器激励频率，激励车辆工作 4s 后，移动检测车沿之前的路径反方向行驶，再次完成加速度采集。

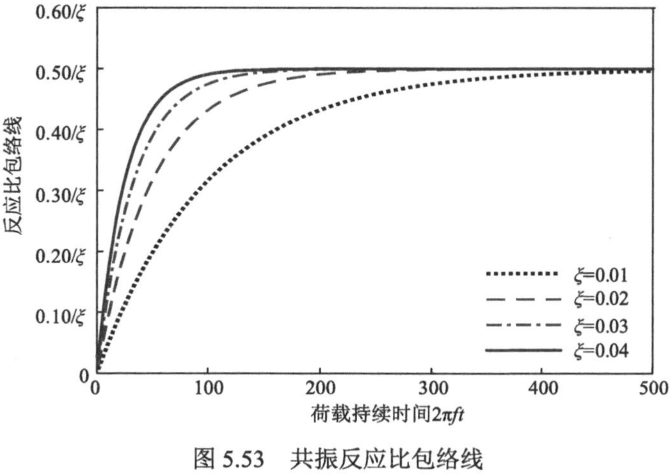

图 5.53　共振反应比包络线

第四步：使用希尔伯特变换从滤波后的检测车加速度提取横桥向高阶振型。①通过窄带滤波器处理加速度，以减小路面不平整度对振型提取的影响。窄带滤波器的中心频率为激励频率。建议带宽上限取值为 115%～120%的中心频率，带宽下限取值为 80%～85%的中心频率。②利用希尔伯特变换，提取滤波后的检测车加速度包络，据此获得振型。

第五步：利用基于振型曲率差的指标判别振型异常并定位损伤。首先利用提取的振型的二阶中心差分得到振型曲率，然后基于间隙平滑法（gapped smoothing method，GSM）得到未损伤桥梁的振型曲率。该方法的基本理论是未损伤结构的振型曲率具有光滑的表面，可近似为多项式，利用多项式拟合损伤结构的振型曲率得到健康结构的振型曲率，拟合的振型曲率可表示为

$$\phi''_{i,u}(x)=\sum_{k=0}^{m}C_k x^k \tag{5.113}$$

式中，C_k 为通过多项式拟合得到的系数；一般采用三次多项式拟合，所以多项式阶数 m 取为 3。损伤指标进一步定义为测量的振型曲率与拟合的振型曲率的差值，即振型曲率差：

$$\mathrm{DI}_{ij}=\left|\phi''_{ij,d}-\phi''_{ij,u}\right| \tag{5.114}$$

式中，$\phi''_{ij,d}$ 和 $\phi''_{ij,u}$ 分别为损伤和未损伤桥梁在测点 j 处的第 i 阶振型曲率。通过基于振型曲率差的指标即可判别振型异常，并定位损伤。

5. 铰缝诊断案例

装配式空心板桥长度为 13m，宽度为 16m，桥梁边界条件为简支。将移动检测车和固定激励车简化为单自由度弹簧-质量-阻尼系统。通过正弦扫频测试得到与图 5.52 中振型所对应的固有频率，选取第 3 阶和第 4 阶频率作为激励频率来提取振型，检测车的速度为 1m/s。铰缝开裂高度分别为 $0.25h$ 、 $0.50h$ 和 $0.75h$ ，分别对应轻微、一般和严重的损伤工况，h 是板梁桥截面高度。损伤工况设置为 10 号铰缝开裂。

不同损伤程度下提取的第 3 阶振型如图 5.54（a）所示，结果表明，从振型上未能直接确定铰缝开裂位置。从图 5.54（b）可看出振型曲率在损伤位置出现明显峰值，说明损伤位置处的振型发生异常，且随着损伤程度增加，振型曲率异常更加明显。基于振型曲率的损伤指标如图 5.54（c）所示，当开裂高度为 $0.25h$ ，损伤指标在损伤位置出现微小峰值。当开裂高度为 $0.50h$ ，损伤指标在损伤位置出现明显峰值。当开裂高度为 $0.75h$ ，损伤指标在损伤位置出现更明显峰值，振型同样发生异常。不同损伤程度下第 4 阶振型，振型曲率以及损伤指标如图 5.54（d）～（f）所示，当铰缝开裂高度大于等于 $0.50h$ ，损伤位置也可由损伤指标得到。

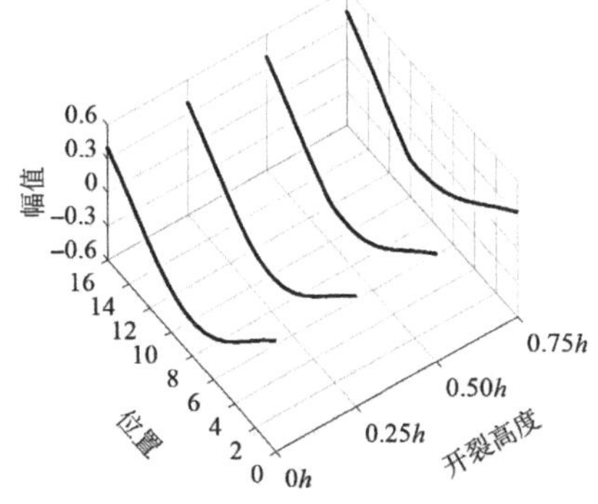

(a) 提取的第 3 阶振型

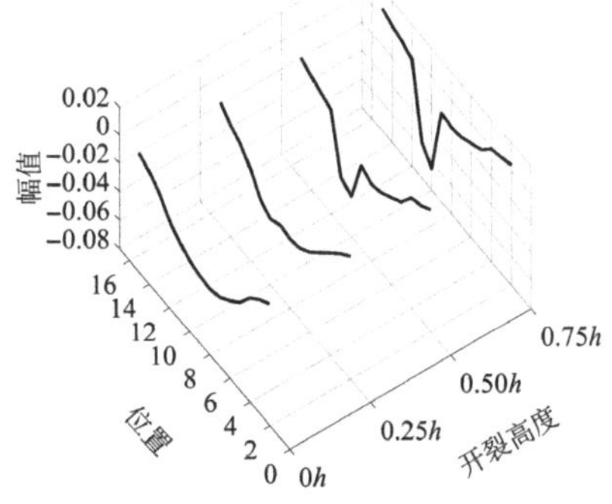

(b) 第 3 阶振型曲率

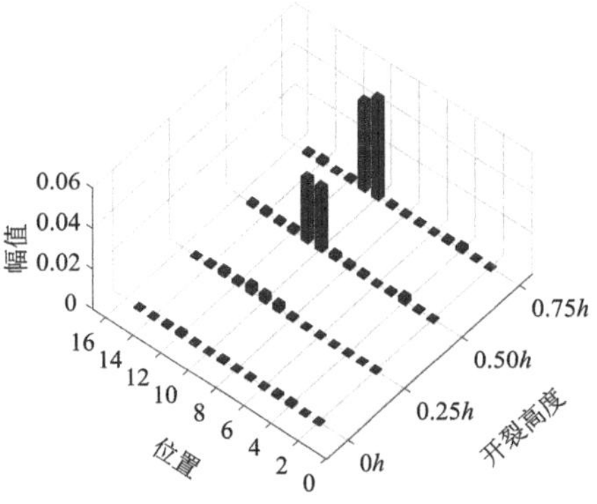

(c) 第 3 阶损伤指标

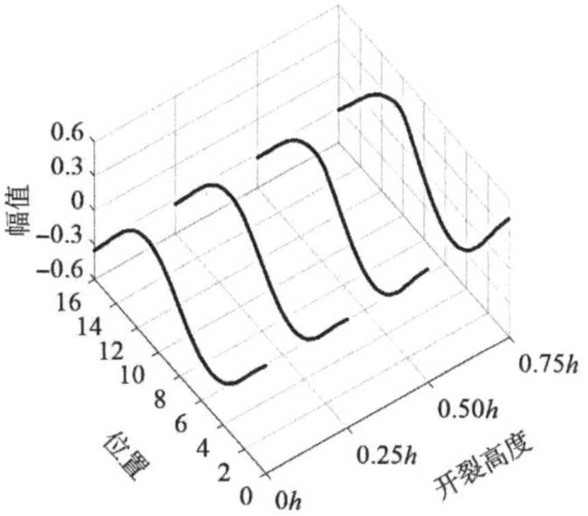

(d) 提取的第 4 阶振型

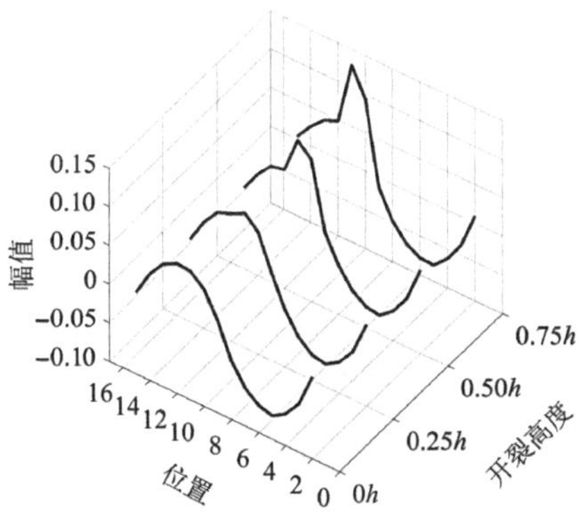

(e) 第 4 阶振型曲率

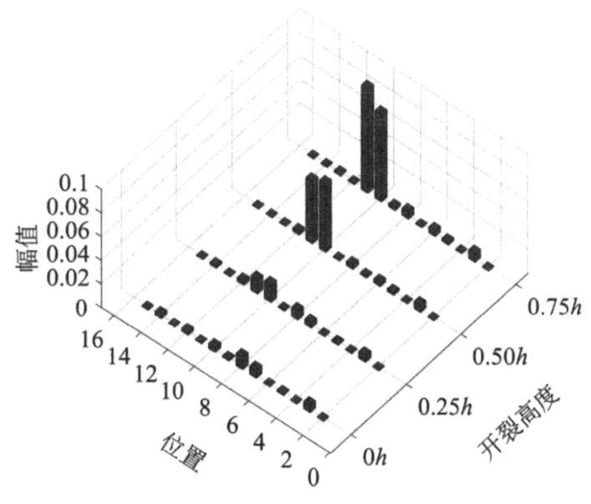

(f) 第 4 阶损伤指标

图 5.54　铰缝损伤程度对诊断的影响

5.4.2　T/小箱梁桥面板诊断

1. 桥梁构造特点

1）T 梁桥

T 梁桥（图 5.55）和小箱梁桥（图 5.56）单孔跨径一般为 20～40m。T 梁桥与板梁桥相比，有更大的跨越能力。T 梁桥与小箱梁桥相比，跨越能力相当，两种类型桥在承受弯矩及剪力方面的能力相差很小。对承受有正负弯矩变化的梁体，由于截面形式限制，T 梁桥表现不如小箱梁桥。此外，由于 T 形截面特性，其抗扭性能和横向稳定性也不如箱形截面。但相同跨度下，T 梁的重量比小箱梁更小，所以对吊装机械的要求比小箱梁桥低。T 梁桥梁体的质量更容易得到保证，由于小箱梁桥的梁体支模复杂，所以预制要求比 T 梁桥高。

图 5.55　装配式 T 梁桥

图 5.56　装配式小箱梁桥

预应力混凝土 T 梁的梁肋下部通常做成马蹄形，以方便预应力钢丝束布置和承受预压力。T 梁桥可采用整体现浇和预制装配两种施工方式。整体现浇存在需架设大量模板、施工周期长等各方面限制，目前基本不再采用。装配式 T 梁桥具有工期短、模板支架少、现场浇筑量小等优点而被广泛应用。但施工时装配式 T 梁桥要特别注意梁体稳定性，当预制 T 梁吊装就位后，必须保证梁体稳定，才可进行横向连接作业。

T 梁桥通过翼缘板和横隔梁的接头将所有 T 梁横向连接在一起，因此接头要有足够强度来保证结构整体性，并使其在桥梁服役过程中能承受反复的冲击荷载作用而不发生松动。早期建成的 T 梁桥通过横隔板上预埋的钢板与外加的钢盖板焊接连接为整体，翼缘板则采用企口铰连接[10]，桥梁在运营多年后，横向连接的病害普遍严重。为了加强 T 梁桥整体性，提高横向连接能力，横向连接被逐步替代为湿接缝连接，将相邻 T 梁翼缘板和横隔梁伸出的钢筋搭接，并浇注混凝土使其成为整体，横向连接得到较大改善。虽然改进了横向连接方式，但 T 梁桥翼缘板和横隔梁仍然是薄弱环节。

T 形梁翼缘板（桥面板）既是主梁的受压区，同时又作为行车道板，其直接承受来自车辆的轮压。桥面板在构造上与主梁梁肋和横隔梁直接相连，既能将车辆荷载传给主梁，又是主梁截面的重要组成部分，保证了桥梁整体性。从结构形式看，桥面板实际为周边支承的板。目前 T 梁桥设计趋势为横隔梁稀疏布设，主梁的间距一般比横隔板的间距小很多，所以桥面板为单向板的居多[10]。

2）小箱梁桥

小箱梁桥单孔跨径与 T 梁桥基本一致，为 20～40m。小箱梁桥的优势是跨越能力强、抗扭性能好、运输和吊装稳定性好；但小箱梁是闭口截面，拆模麻烦，预制难度比 T 梁桥大，且结构吊装质量大，对架设要求较高，此外，箱室内空间狭小，维修养护困难。受力性能方面：小箱梁横向抗弯和抗扭性能更好，对横向连接的依赖低，结构安全性和稳定性好；而 T 梁桥传力路径更清晰明确，但对横向连接的依赖较高。

小箱梁桥的翼缘板（桥面板）和横隔梁一般通过湿接缝与箱梁横向连接，其中，桥面板直接承受来自车辆的轮压。桥面板在构造上与箱梁和横隔梁直接相连为整体，既将车辆荷载直接传递至主梁，又同时是主梁截面的组成部分，小箱梁桥的桥面板也是单向板居多。

2. 主梁常见病害

1）T 梁桥

T 梁桥主梁的典型损伤有桥面板湿接缝处裂缝、横隔梁湿接缝处裂缝、主梁梁肋裂缝（包括梁底横向裂缝、梁端斜向裂缝、腹板竖向裂缝等）和混凝土分层开裂及剥落等[11]。

桥面板湿接缝位于桥面板中部，底面为受拉状态，承受较大横向弯曲拉应力。

在重车荷载以及车轮往复疲劳荷载作用下湿接缝处混凝土容易出现裂缝，如图 5.57（a）所示。此外，湿接缝处混凝土为现场二次浇筑，施工时养护不到位以及混凝土所处环境温度、湿度等会导致干缩裂缝。干缩裂缝为非结构裂缝，对结构耐久性造成影响。

横隔梁湿接缝处裂缝属于剪切和弯拉破坏。随着交通量增大以及重车增多，横隔梁不足以抵抗较大荷载作用，造成横隔梁破坏。由于横隔梁高度较高，在较大弯矩与剪力作用下产生斜裂缝。桥面板和横隔梁湿接缝处开裂会削弱桥梁横向联系，降低桥梁整体性，导致各 T 梁受力不均匀，并形成恶性循环。

梁底横向裂缝主要分布在桥梁 $L/4$ 至 $3L/4$ 范围，属于弯曲裂缝。梁底开裂说明梁底混凝土拉应力超出混凝土抗拉强度。一方面是由于车辆超载导致荷载效应大于桥梁承载力造成开裂，另一方面是由于 T 梁桥横向连接减弱，造成单片 T 梁承担的荷载增大，最终导致开裂。梁端斜向裂缝一般出现在支座附近到 $L/4$ 范围内，一般都是由于支点附近截面抗剪能力不足引起。腹板竖向裂缝，如图 5.57（b）所示，其属于干缩裂缝，为非结构裂缝，只对结构耐久性产生一定影响。

（a）桥面板湿接缝处裂缝　　（b）腹板竖向裂缝

图 5.57　T/小箱梁桥典型病害

混凝土分层开裂的成因是钢筋锈蚀膨胀导致混凝土开裂，随着相邻多根钢筋之间的裂缝水平贯通发展，形成断裂面。混凝土分层开裂通常位于混凝土内部，为隐蔽病害。开裂严重时会极大降低混凝土强度、刚度，影响结构安全性。混凝土剥落则是因为钢筋发生锈蚀，锈蚀物进一步膨胀，导致混凝土保护层出现大面积剥落，钢筋暴露。

2）小箱梁桥

小箱梁桥主梁的典型损伤有底板横向裂缝、底板纵向裂缝、腹板斜裂缝、腹板竖向裂缝、桥面板湿接缝处裂缝和横隔梁湿接缝处裂缝等。

底板横向裂缝一般出现在桥梁跨中附近位置，是典型的弯曲裂缝。小箱梁桥在设计时跨中一般按全预应力混凝土构件设计，跨中区段不允许出现开裂。此类裂缝出现表明小箱梁底板拉应力超出混凝土抗拉强度，承载能力有可能已经降低。底板纵向裂缝主要分布在底板底面中间区域，沿底板纵向开裂，该裂缝一般是由于底板混凝土保护层厚度偏小，在预应力管道径向力作用下产生。腹板斜裂缝一般发生在剪力较大的支点附近，并向 $L/4$ 跨呈 45° 发展。随着运营荷载增加以及外界环境因素影响，此类裂缝的开裂数量和程度都会有所发展。腹板竖向裂缝多数分布在跨中附近，部分箱梁桥由于承载力不足或预应力损失严重等造成腹板竖向裂缝与底板横向裂缝贯通，形成下宽上窄的 U 形开裂。小箱梁桥桥面板及横隔梁湿接缝处裂缝、混凝土分层开裂及剥落的特点和原因与 T 梁桥基本一致。

3. 基于局部振动频率异常的桥面板诊断

T/小箱梁桥面板诊断思路为移动检测车上的激振器对桥梁施加周期扫频激励激发车-板耦合局部振动，当检测车靠近桥面板损伤附近时，车-板耦合局部振动频率出现异常，导致检测车加速度的频率成分出现异常，借助基于频率变化的指标实现损伤定位[12]，检测过程如图 5.58 所示。

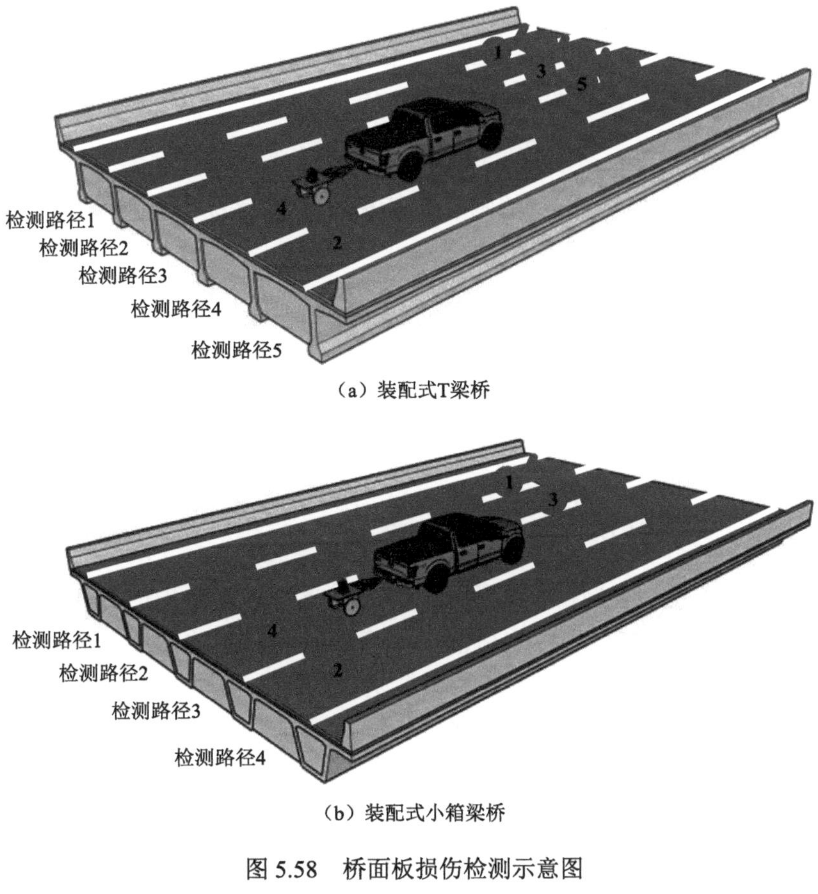

图 5.58　桥面板损伤检测示意图

1）车-板耦合局部振动频率求解

对于如图 5.58 所示装配式 T 梁桥和装配式小箱梁桥，由桥面板、一定数量的纵梁以及横隔梁组成桥梁上部结构的受力体系。其中，桥面板厚度相对较小，横隔梁与纵梁的抗弯刚度远大于桥面板，将横隔梁与纵梁围成的桥面板隔离，在隔离出的桥面板四边加约束条件代替横隔梁、纵梁及对桥面板的约束。检测车辆的刚度足够大，可看作刚体，因此简化为集中质量，可建立附加车辆桥面板理论分析模型，如图 5.59 所示。

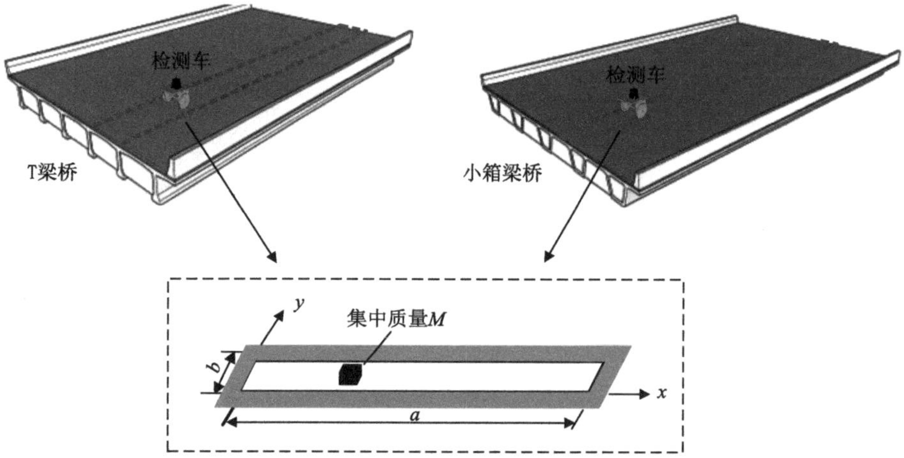

图 5.59　附加车辆桥面板简化模型

基于瑞利法求解图 5.59 所示的附加车辆桥面板简化模型的频率[8]，简化模型的广义质量 m^* 和广义刚度 k^* 表示为

$$m^* = \int_0^a\int_0^b m(x,y)\Phi(x,y)^2\,\mathrm{d}x\mathrm{d}y + M\Phi_M^2 \tag{5.115}$$

$$\begin{aligned}k^* = D\int_0^a\int_0^b &\left\{\left[\frac{\partial^2\Phi(x,y)}{\partial x^2}+\frac{\partial^2\Phi(x,y)}{\partial y^2}\right]^2\right.\\ &\left.-2(1-\upsilon)\left[\frac{\partial^2\Phi(x,y)}{\partial x^2}\frac{\partial^2\Phi(x,y)}{\partial y^2}-\left(\frac{\partial^2\Phi\pi(x,y)}{\partial y^2}\right)\right]\right\}\mathrm{d}x\mathrm{d}y\end{aligned} \tag{5.116}$$

式中，a 为桥面板长度；b 为桥面板宽度；$m(x,y)$ 为单位面积的分布质量；$\Phi(x,y)$ 为振型函数；$D=Eh^3/12(1-\upsilon^2)$ 为桥面板抗弯刚度；υ 为泊松比；h 为桥面板厚度；M 为检测车质量；Φ_M 为检测车位置的振型函数幅值。将式（5.115）和式（5.116）的广义质量 m^* 和广义刚度 k^* 代入式（5.117），得到车-板耦合局部振动频率。

$$\omega=\sqrt{\frac{k^*}{m^*}} \tag{5.117}$$

只要选择合适的振型函数 $\Phi(x,y)$ 即可计算车-板耦合局部振动频率。根据振型函数选取原则[8]，将桥面板在附加车辆重力 Mg 作用下的挠曲函数 $w(x,y)$ 视为振型函数 $\Phi(x,y)$ 的近似。

先假设桥面板四边的边界条件为简支，桥面板在车辆重力荷载 Mg 作用下的挠

曲函数 $w(x,y)$ 计算[13]如下：

$$w(x,y)=\frac{4Mg}{\pi^2 abD}\sum_{m=1}^{\infty}\sum_{n=1}^{\infty}\frac{\sin\frac{m\pi\xi}{a}\sin\frac{n\pi\eta}{b}}{\left(\frac{m^2}{a^2}+\frac{n^2}{b^2}\right)^2}\sin\frac{m\pi x}{a}\sin\frac{n\pi y}{b} \tag{5.118}$$

式中，点 (ξ,η) 为检测车位置。将式（5.115）和式（5.116）中的振型函数 $\varPhi(x,y)$ 替换为挠曲函数 $w(x,y)$，接着通过式（5.117）可求出车–板耦合局部振动频率。

首先考虑桥面板未发生损伤，如图 5.60 所示为附加车辆桥面板振型函数划分区域。振型函数 $\varPhi(x,y)$ 可分为 R_1、R_2 和 R_3 三个区域，如图 5.60 所示。式（5.115）和式（5.116）可变换为下式：

$$m^*=\iint_{R_1}f_1(x,y)\mathrm{d}A+\iint_{R_2}f_1(x,y)\mathrm{d}A+\iint_{R_3}f_1(x,y)\mathrm{d}A+M\varPhi_M^2 \tag{5.119}$$

$$k^*=D\left(\iint_{R_1}f_2(x,y)\mathrm{d}A+\iint_{R_2}f_2(x,y)\mathrm{d}A+\iint_{R_3}f_2(x,y)\mathrm{d}A\right) \tag{5.120}$$

式中，

$$f_1(x,y)=m(x,y)\varPhi(x,y)^2 \tag{5.121}$$

$$\begin{aligned}f_2(x,y)=&\left[\frac{\partial^2\varPhi(x,y)}{\partial x^2}+\frac{\partial^2\varPhi(x,y)}{\partial y^2}\right]^2\\&-2(1-\upsilon)\left[\frac{\partial^2\varPhi(x,y)}{\partial x^2}\frac{\partial^2\varPhi(x,y)}{\partial y^2}-\left(\frac{\partial^2\varPhi(x,y)}{\partial y^2}\right)^2\right]\end{aligned} \tag{5.122}$$

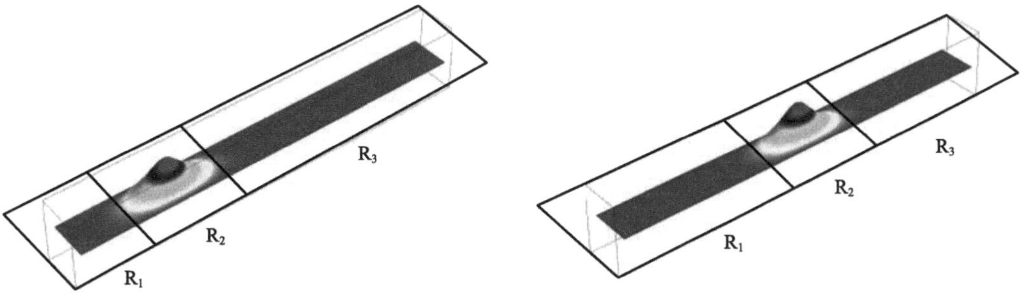

（a）检测车位于桥面板位置1　　（b）检测车位于桥面板位置2

图 5.60　附加车辆桥面板振型函数划分区域

由于 R_1 和 R_3 区域的振型函数幅值为零，所以在式（5.119）和式（5.120）中对 R_1 和 R_3 区域的积分结果为零。虽然检测车位置发生改变导致了 R_2 的积分区域发生了变化，如图 5.60 所示，但振型函数的幅值并未改变，R_2 区域的积分结果在检测车移动前后保持不变。因此，通过式（5.119）和式（5.120）计算的广义质量 m^* 和广义刚度 k^* 的值不变，车–板耦合局部振动频率同样保持不变。

2）损伤对局部振动频率的影响

假定检测车所在的 R_2 区域发生局部损伤，导致该区域的抗弯刚度降低。振型函数会由于局部损伤发生变化，由式（5.119）和式（5.120）可知，桥面板发生局部损伤后的广义质量 m_d^*、广义刚度 k_d^* 以及频率可表示为

$$m_d^* = \iint_{R_1} f_{1d}(x,y)\mathrm{d}A + \iint_{R_2} f_{1d}(x,y)\mathrm{d}A + \iint_{R_3} f_{1d}(x,y)\mathrm{d}A + M\Phi_M^2 \tag{5.123}$$

$$k_d^* = D\iint_{R_1} f_{2d}(x,y)\mathrm{d}A + D_d\iint_{R_2} f_{2d}(x,y)\mathrm{d}A + D\iint_{R_3} f_{2d}(x,y)\mathrm{d}A \tag{5.124}$$

$$\omega_d = \sqrt{\frac{k_d^*}{m_d^*}} \tag{5.125}$$

式中，D_d 为损伤桥面板的抗弯刚度；f_{1d}、f_{2d} 的表达式为

$$f_{1d}(x,y) = m(x,y)\Phi_d(x,y)^2 \tag{5.126}$$

$$f_{2d}(x,y) = \left[\frac{\partial^2\Phi_d(x,y)}{\partial x^2} + \frac{\partial^2\Phi_d(x,y)}{\partial y^2}\right]^2 - 2(1-\upsilon)\left[\frac{\partial^2\Phi_d(x,y)}{\partial x^2}\frac{\partial^2\Phi_d(x,y)}{\partial y^2} - \left(\frac{\partial^2\Phi_d(x,y)}{\partial y^2}\right)^2\right] \tag{5.127}$$

其中，$\Phi_d(x,y)$ 为损伤桥面板的振型函数。

与桥面板未发生损伤时一致，R_1 和 R_3 区域的积分结果仍然为零，只有 R_2 区域的积分不为零。R_2 区域发生局部损伤导致该区域的振型函数改变，造成广义质量变化；同时抗弯刚度 D 减小，广义刚度 k^* 也发生变化，最终导致车-板耦合局部振动频率发生变化。因此，基于车-板耦合局部振动频率变化可用于检测桥面板局部损伤。

3）损伤诊断流程

基于局部振动频率异常的桥面板损伤诊断流程分为以下四个步骤。

第一步：通过正弦扫频测试来辨识车-板耦合局部振动频率 f_{vd}。现场检测时 f_{vd} 未知，需要通过正弦扫频测试确定 f_{vd}，以确定检测过程中的激励参数。首先，检测车停放在两个相邻的纵梁的桥面板中间，如图 5.58 所示。然后，通过安装在检测车上的激振器对桥梁进行正弦扫频测试，同时采集检测车加速度。正弦扫频测试在 20s 的时间从 50Hz 扫到 150Hz。最后，从测试车辆加速度功率谱的峰值辨识得到 f_{vd}。

第二步：确定检测过程中激励参数和检测路径。检测车在桥面板上移动，安装在检测车上的激振器产生周期正弦扫频激励激发桥梁振动，设置参数包括激励幅值、激励频率、激励周期。根据目前便携式激振器能提供的激励幅值范围，激励幅值设为 100N；通过对不同损伤程度和损伤类型的桥面板进行数值分析，发现由于局部损伤引起的频率降低不超过 5% f_{vd}，扫频激励的起始频率建议取为 f_{vd} 减去 10%～20% f_{vd}，截止频率建议取为 f_{vd} 加上 10%～20% f_{vd}，可保证激发感兴趣的桥面板局部振动；激励周期建议取为 0.2～0.6s，将检测车在一个激励周期的行驶距离作为一

个检测片段，激励周期和检测车的速度决定了检测片段长度。根据设计图纸或现场实测，得到桥梁跨径、纵梁数目以及相邻纵梁间距等先验信息，将相邻两个纵梁的中心线作为检测路径，检测车不断往返完成所有路径检测，各车道检测顺序按图 5.58 标注的序号执行。

第三步：激振器启动工作，检测车辆沿检测路径完成加速度采集。检测车根据第二步设置的检测路径沿着两个相邻纵梁的中心线从桥的一端行驶到另一端。车速为 0.5～1.5m/s；同时，激振器根据第二步设置的激励参数对桥梁施加激励，并由安装在检测车上的加速度计采集车体响应。

第四步：基于局部振动频率异常的指标确定损伤位置。检测车的加速度包含了桥面板刚度信息，通过如下损伤识别算法处理车辆加速度可获得车-板耦合局部频率异常的信息，该算法包括以下步骤：①将测得的加速度分成相等片段，数量为 n，每个加速度片段代表一个检测片段，且每个片段的时长与扫频激励的周期相同；②对每个片段进行带通滤波，带通滤波的下限截止频率和上限截止频率与周期正弦扫频的起始频率和截止频率保持一致，之后计算每个分段加速度响应的自功率谱，得到 n 个包含车-板耦合局部频率信息的自功率谱；③等间隔对每个自功率谱的幅值进行采样并形成向量，获得 n 个向量；④对任意两个向量 $\boldsymbol{V}_i$、$\boldsymbol{V}_j$，根据式（5.128）计算 $h_{i,j}$ 值，n 个向量参与运算将获得一个 n 阶方阵 $\boldsymbol{H}$，方阵 $\boldsymbol{H}$ 里的元素 $h_{i,j}$ 表示向量 $\boldsymbol{V}_i$ 与向量 $\boldsymbol{V}_j$ 的相似程度，$h_{i,j}$ 值也代表了第 i 个检测片段与第 j 个检测片段的车-板耦合局部频率差异，桥面板刚度未发生变化，则 $h_{i,j}$ 值为 1，如果损伤导致桥面板刚度发生变化，车-板耦合局部频率发生异常，$h_{i,j}$ 值将小于 1，频率异常变化越大，$h_{i,j}$ 的值越小；⑤将上一步获得的方阵 $\boldsymbol{H}$ 与车辆位置信息结合，生成桥面板的等高线图，基于等高线图可确定局部频率异常位置，进一步定位桥面板损伤。

$$h_{i,j}=\frac{\left(\boldsymbol{V}_i\cdot\boldsymbol{V}_j\right)^2}{\left(\left\|\boldsymbol{V}_i\right\|\times\left\|\boldsymbol{V}_j\right\|\right)^2}\qquad i,j=1,2,\cdots,n \tag{5.128}$$

式中，$\|\cdot\|$ 表示向量的模。

4. 桥面板诊断案例

1）T 梁桥面板损伤诊断

采用建立的损伤诊断流程对一座典型 T 梁桥的桥面板进行损伤诊断。该桥跨度为 20m，宽度为 13.50m，桥梁横截面如图 5.61 所示，横隔梁的数量为 3，宽度为 0.2m，分别位于桥梁两端和跨中，桥梁边界条件为简支，桥面板配筋为 ϕ12@100 双层双向，将检测车简化为单自由度弹簧质量阻尼系统。如图 5.62 所示为桥面板纵向和横向开裂的损伤工况，开裂长度和高度如表 5.12 所示。裂缝为自桥面板底部向顶部的开裂。

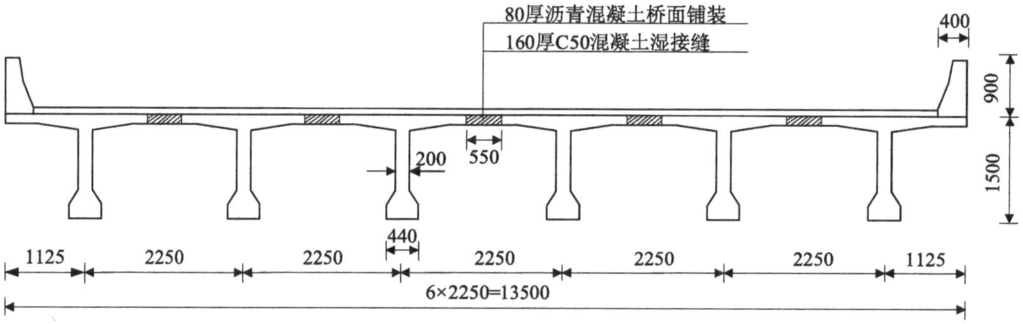

图 5.61　T 梁桥横截面（单位：mm）

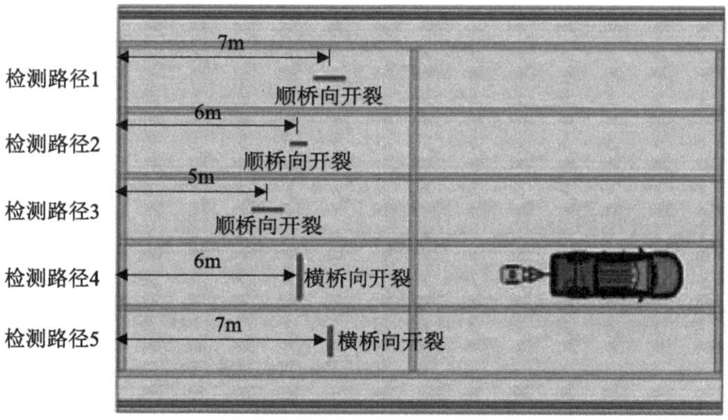

图 5.62　T 梁桥各检测路径开裂示意图

表 5.12　T 梁桥桥面板顺桥向和横桥向开裂损伤工况

损伤工况	检测路径	损伤类型	损伤位置/m	开裂长度/m	开裂高度/m
1	1	顺桥向开裂	7.0	1.0	0.50*h*
2	2	顺桥向开裂	6.0	0.5	0.50*h*
3	3	顺桥向开裂	5.0	1.0	0.25*h*
4	4	横桥向开裂	6.0	1.5	0.50*h*
5	5	横桥向开裂	7.0	1.0	0.50*h*

注：*h* 为桥面板厚度。

对检测车施加正弦扫频测试获得车-板耦合局部振动频率 f_{vd}。采集的车辆加速度如图 5.63（a）所示，图 5.63（b）中车辆加速度的自功率谱最高峰值对应频率为 99.51Hz，即 f_{vd}。此外，对桥面板附加检测车的桥梁进行模态分析，在桥梁高阶振型中存在如图 5.64 所示振型，该振型表现为车辆附近局部桥面板的弯曲运动，对应的频率为 99.75Hz，与通过扫测试辨识的车-板耦合局部振动频率 f_{vd} 几乎一致。

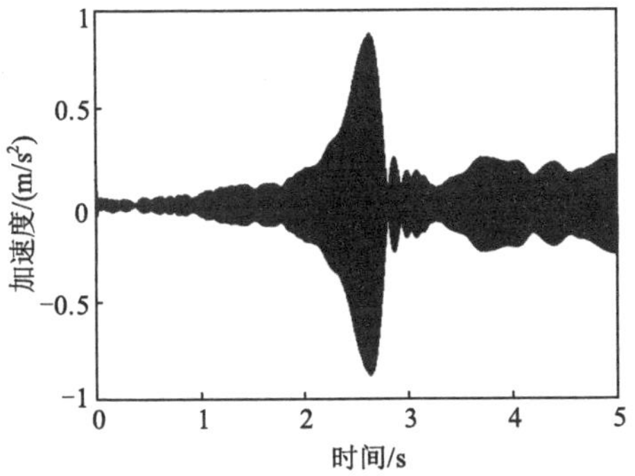

（a）检测车加速度时程

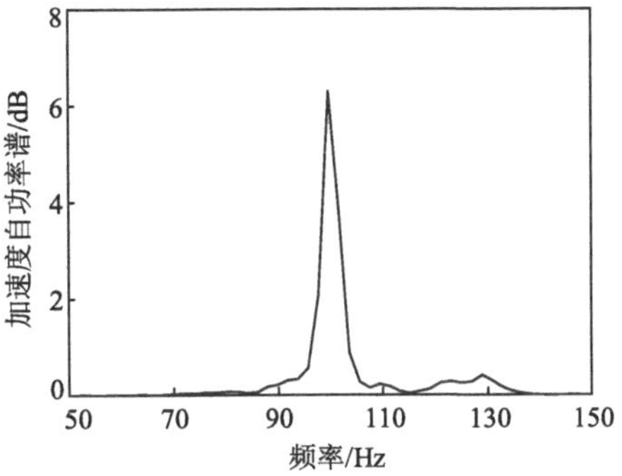

（b）检测车加速度自功率谱

图 5.63　正弦扫频测试的车辆加速度响应及其自功率谱

图 5.64　正弦扫频测试激发的车-板耦合局部振动模态

检测过程中的激励参数如下：激励周期为 0.4s；起始频率为 80Hz；截止频率为 120Hz；激励幅值为 100N。如图 5.65 所示为检测中激振器提供的周期正弦扫频激励。

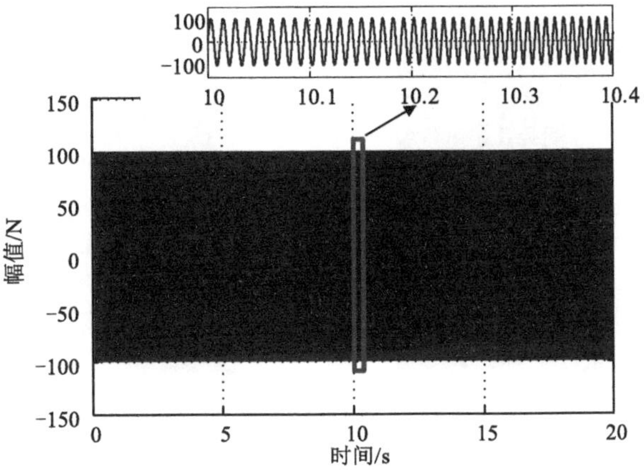

图 5.65　检测过程中激振器提供的周期正弦扫频激励

检测车速度为 1m/s。完成一条检测路径所采集的加速度如图 5.66 所示，从中可以看出检测车位于桥两端和跨中的横隔梁附近时，车辆的加速度幅值较小。这是因为横隔梁导致桥面板局部刚度突变，当车辆靠近横隔梁时，无法激发图 5.64 所示的振动模态。

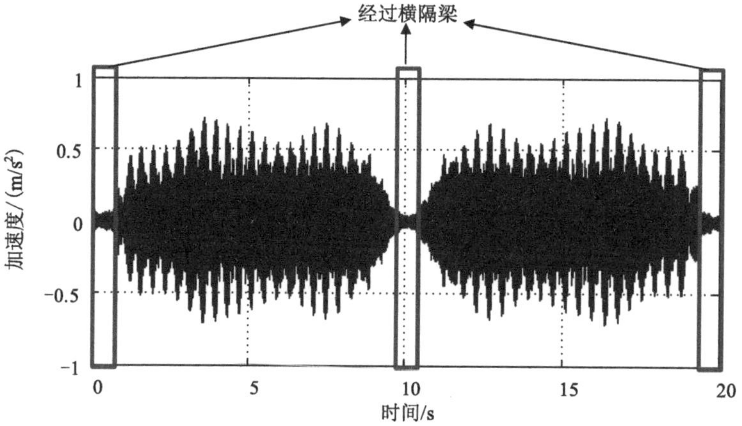

图 5.66　完成一条检测路径所采集的检测车加速度

如图 5.67 所示为桥面板顺桥向和横桥向开裂工况的诊断结果。横隔梁导致桥面板局部刚度增强，所以图 5.67 中与横隔梁对应区域的局部振动频率发生异常。检测路径 1 与路径 2 的顺桥向开裂高度均为桥面板厚度一半，随着开裂长度从 1.0m 减小为 0.5m，从图 5.67（a）到图 5.67（b）所展示的发生频率异常的程度和范围逐渐减小。如果继续减小顺桥向开裂长度，损伤将无法被检测。检测路径 3 的顺桥向开裂长度为 1.0m，但开裂高度减小为 0.25h，对应于钢筋保护层的开裂，图 5.67（c）未检测到损伤存在。检测路径 4 的横桥向开裂高度为 0.50h，开裂长度为 1.5m，从图 5.67（d）可看到轻微的频率异常。检测路径 5 的横桥向开裂高度同样为 0.50h，开裂长度减小为 1.0m，从图 5.67（e）无法确定损伤位置，所以该方法对横桥向裂缝的检测能力有限。

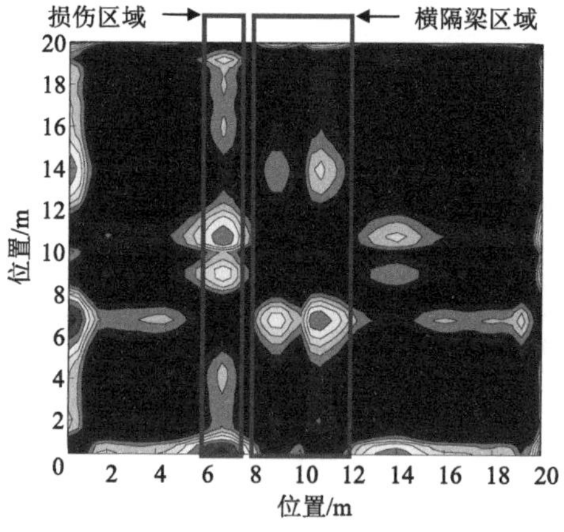

（a）检测路径1

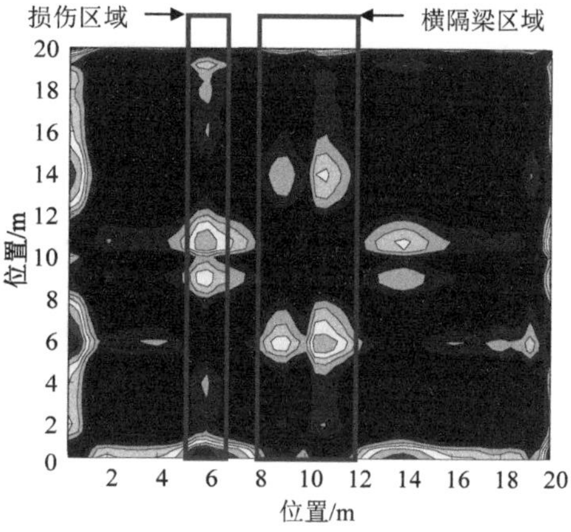

（b）检测路径2

图 5.67　桥面板顺桥向和横桥向开裂的诊断结果

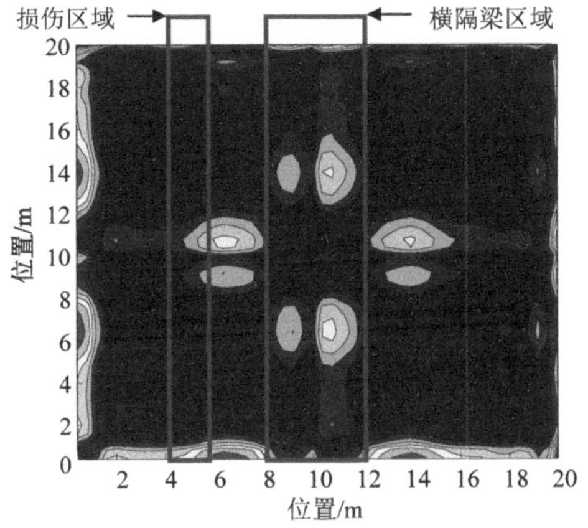

（c）检测路径3

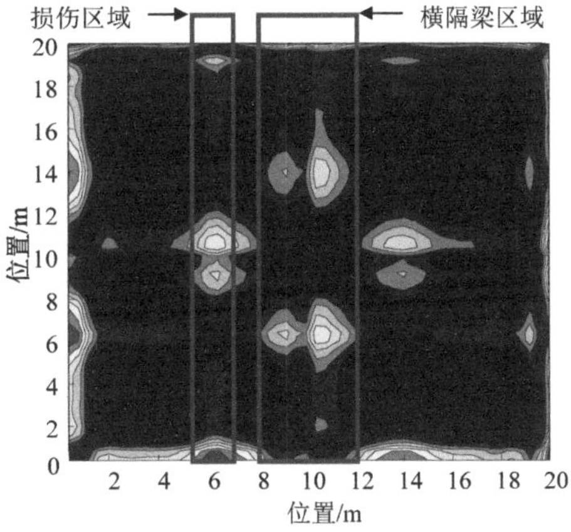

（d）检测路径4

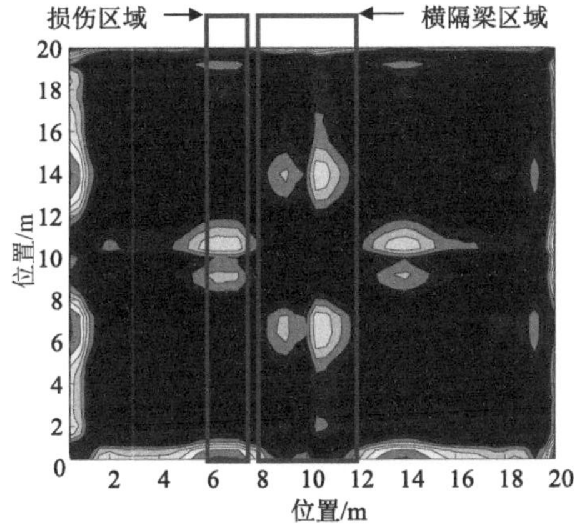

（e）检测路径5

图 5.67（续）

2）小箱梁桥面板损伤诊断

该桥跨度为 25m，宽度为 16.5m，横截面如图 5.68 所示。横隔梁宽度为 0.2m，共设置 3 道，分别位于桥梁两端和跨中，边界条件为简支。图 5.69 展示了桥面板纵向开裂和横向开裂的损伤工况，开裂程度如表 5.13 所示。裂缝为自桥面板底部向顶部的开裂。

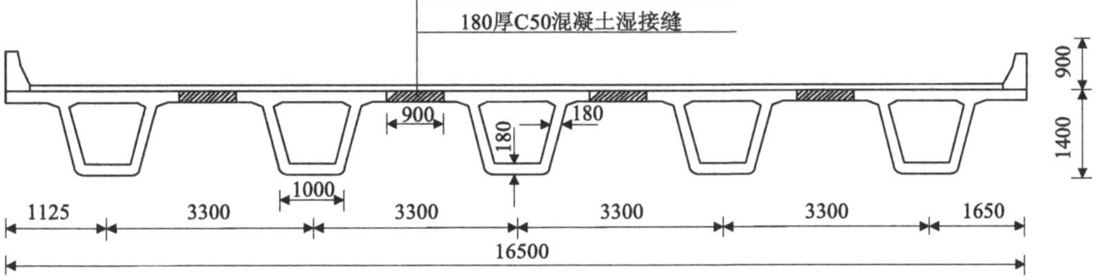

图 5.68　小箱梁桥横截面（单位：mm）

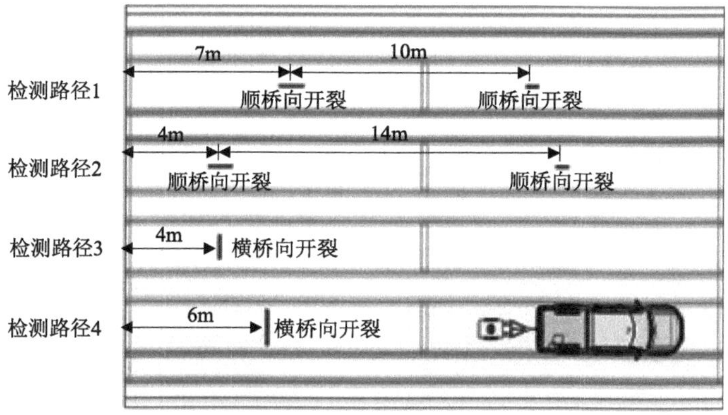

图 5.69　小箱梁桥各检测路径开裂示意图

表 5.13　小箱梁桥桥面板顺桥向和横桥向开裂损伤工况

损伤工况	检测路径	损伤类型	损伤位置/m	开裂长度/m	开裂高度/m
1	1	顺桥向开裂	7.0	1.0	0.50h
2	1	顺桥向开裂	17.0	0.5	0.50h
3	2	顺桥向开裂	4.0	1.0	0.25h
4	2	顺桥向开裂	18.0	0.5	0.75h
5	3	横桥向开裂	4.0	1.0	0.50h
6	4	横桥向开裂	6.0	1.5	0.50h

注：h 为桥面板厚度。

损伤检测算法对每条检测路径上采集的车辆加速度进行处理。如图 5.70 所示为桥面板顺桥向和横桥向开裂工况的诊断结果。由于横隔梁的存在，在每个等高线图的边缘和中间区域都出现异常，说明这些区域的局部振动频率出现异常。检测路径 1 的前半段和后半段设置了顺桥向开裂，开裂高度均为桥面板厚度一半（0.50h），但开裂长度从 1.0m 减小为 0.5m。从图 5.70（a）可以看出，随着开裂长度减小，频率异常的程度和范围逐渐减小。检测路径 2 的前半段开裂长度为 1.0m，开裂高度为 0.25h，对应钢筋保护层开裂，未检测到损伤。检测路径 2 的后半段开裂长度为 0.5m，开裂高度为 0.75h，对应较为严重开裂，图 5.70（b）在对应位置出现明显频率异常。检测路径 3 上的横桥向开裂高度为 0.50h，开裂长度为 1.0m，图 5.70（c）在预先设置的损伤位置有轻微的频率异常。检测路径 4 上的横桥向开裂高度为 0.50h，开裂长度达到 1.5m 时，在图 5.70（d）对应位置才出现较明显的频率异常。

5.4.3　整体式箱梁顶板诊断

1. 桥梁构造特点

整体式箱梁桥的截面为闭口薄壁截面，抗扭刚度大。构造方面，其顶板和底板面积都比较大，可有效承担正负弯矩，并满足配筋需求，在公路中一般设计为连续梁桥。受力方面，当桥梁承受偏心荷载作用时，由于截面抗扭刚度大，内力分布较为均匀。箱形截面整体性好，因此在限制车道数通行车辆时，可超载通行。而装配式桥梁的整体性不如整体式箱梁桥，所以承受行驶车辆超载的能力有限[10]。

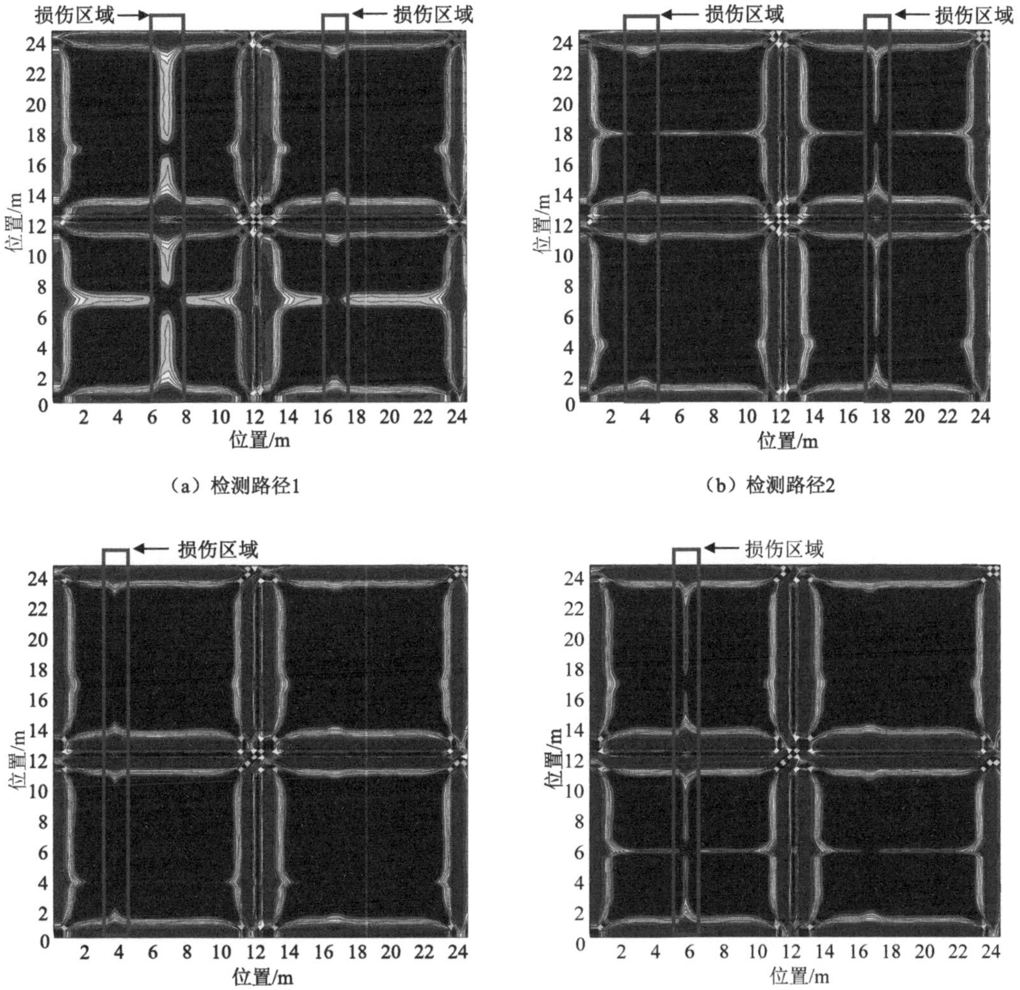

（a）检测路径1　　（b）检测路径2

（c）检测路径3　　（d）检测路径4

图 5.70　桥面板横桥向和顺桥向开裂的诊断结果

整体式箱梁桥的截面形式一般取决于桥梁宽度。常见的截面形式有单箱单室[图 5.71（a）]、单箱多室[图 5.71（b）]、多箱单室、多箱多室等。单箱截面施工方便、整体性好、材料用量经济，所以桥梁宽度不大时首选单箱截面。由于单箱抗扭刚度大，对于桥面宽度不大，经常出现弯曲的立交桥、城市高架桥等尤为适宜。桥面较宽时，可采用多箱截面。箱形截面的外形可以是矩形、梯形或曲线形。

（a）单箱单室

（b）单箱多室（3 室）

图 5.71　整体式箱梁桥的截面形式

2. 主梁常见病害

整体式箱梁桥主梁的典型损伤有顶板纵向裂缝[图 5.72（a）]、腹板斜向裂缝[图 5.72（b）]、腹板竖向裂缝、底板横向裂缝、底板纵向裂缝、混凝土分层开裂及剥落等。

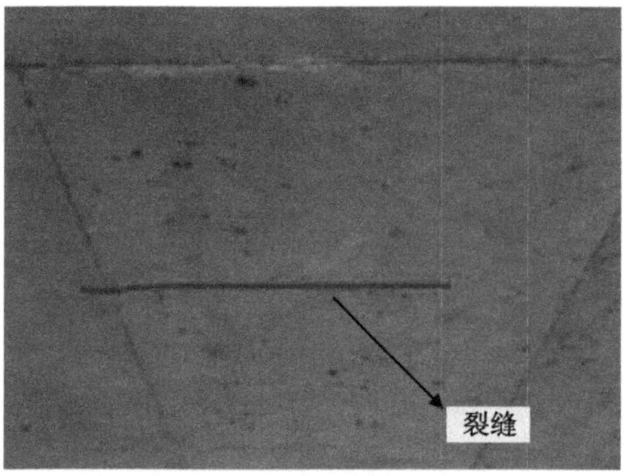

（a）顶板纵向裂缝

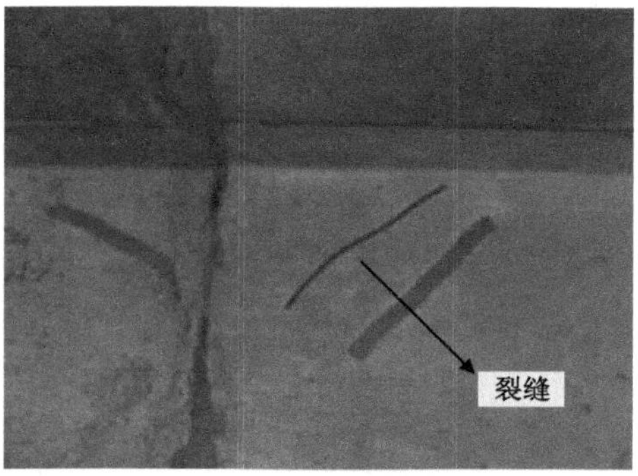

（b）腹板斜向裂缝

图 5.72　整体式箱梁桥典型病害

顶板既是箱梁桥截面的重要组成部分，又作为行车道板直接承受车辆荷载。在车辆往复荷载作用下，顶板底面靠近顶板中部附近出现纵向裂缝。此外，温差产生的横向温度应力也会导致顶板纵向开裂。腹板斜向裂缝出现在支座附近的箱梁腹板，裂缝与水平方向呈 30°～60°。开裂原因有腹板的设计厚度偏小、普通钢筋配置过少导致抗剪能力弱，以及桥墩沉降引起端部附加内力造成剪切开裂等。腹板竖向裂缝的成因有腹板纵向钢筋配置过少及温度应力造成的腹板拉应力超限等。底板横向裂缝一般出现在跨中附近，开裂原因主要有徐变等造成的预应力损失及超载车辆导致弯曲应力大于混凝土抗拉限值等。底板纵向裂缝一般位于底板中线附近，主要是因为底板横向配筋不足导致横向抗力较弱而产生的开裂。

3. 基于顶板局部弯曲振型异常的损伤诊断

整体式箱梁顶板诊断思路为一辆装有激振器的激励车停放在顶板中部持续激发顶板局部弯曲振动模态，另一辆检测车按规划路径移动并完成加速度采集，利用移动检测车识别顶板局部弯曲振型，基于振型曲率差的指标判别振型异常，以实现顶板损伤定位，检测过程如图 5.73 所示[14]。

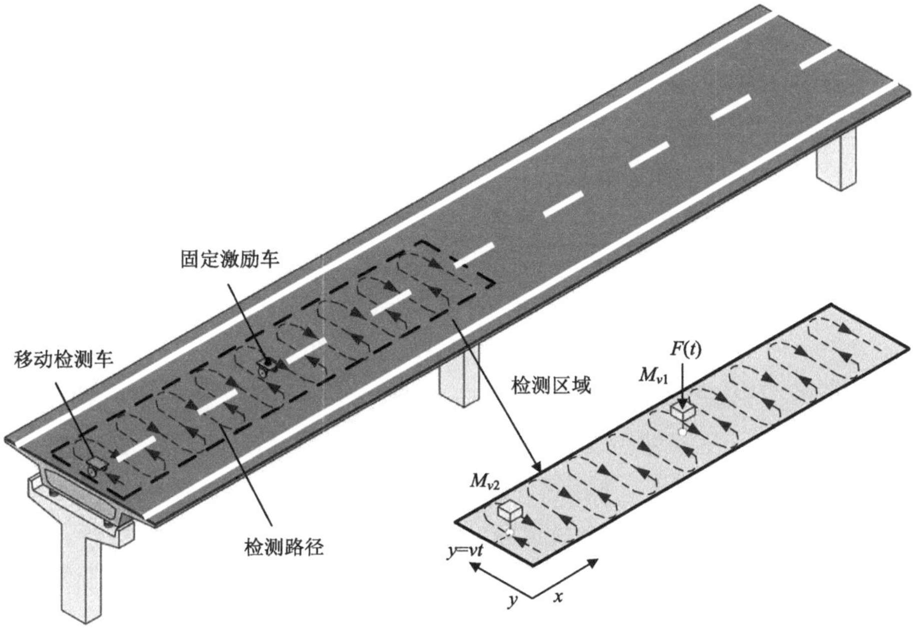

图 5.73　箱梁桥顶板损伤检测示意图

1）箱梁桥模态分析

如图 5.73 所示的箱梁桥可看作由顶板、底板、腹板组成的薄壁构件，其模态较为复杂，在对箱梁桥顶板进行诊断以前，需要先对其模态进行分析。以往在对薄壁棱柱构件进行整体或局部模态分析时，主要使用有限元分析或有限条分析两种方法。广义梁理论（generalized beam theory，GBT）是近年来发展的一种分析薄壁棱柱构件的替代方法。广义梁理论通过具有结构意义的截面变形模态的线性组合来描述构件变形，且这些截面变形模态的幅值随构件长度和时间的变化而变化。将 GBT 方法与传统振型叠加法相结合，可得到响应的双模态表示，这一方法为深入了解箱梁桥模态提供了新途径。

如图 5.74 所示为具有开口截面的棱柱薄壁构件，其中，图 5.74（a）中 X-Y-Z 为构件的全局坐标系，x-y-z 为局部坐标系，x 方向平行于 X，x 与 y 定义了各板的中面，z 轴垂直于板中面，z 轴方向为板厚方向，如图 5.74（b）所示。u、v、w 分别为板沿局部坐标系 x、y、z 方向的中面位移分量，可表示为

$$u(x,y,t)=\sum_{k=1}^{N_d}u_k(y)\zeta_{k,x}(x,t) \tag{5.129}$$

$$v(x,y,t)=\sum_{k=1}^{N_d}v_k(y)\zeta_k(x,t) \tag{5.130}$$

$$w(x,y,t)=\sum_{k=1}^{N_d}w_k(y)\zeta_k(x,t) \tag{5.131}$$

式中，$u_k(y)$、$v_k(y)$、$w_k(y)$定义为第 k 阶广义梁理论变形模态沿局部坐标 x、y、z 方向的位移分量；$\zeta_{k,x}(x,t)$和$\zeta_k(x,t)$是描述构件沿长度和时间变化的振幅函数，下标中的逗号表示求导；$1\leqslant k\leqslant N_d$，$N_d$为分析中包含的广义梁理论变形模态总数。因此，构件的变形可以表示为N_d个广义梁理论变形模态的贡献总和。式（5.129）～式（5.131）可表示为N_d维向量的内积：

$$u(x,y,t)=\boldsymbol{u}^{\mathrm{T}}\boldsymbol{\zeta}_{,x}\qquad v(x,y,t)=\boldsymbol{v}^{\mathrm{T}}\boldsymbol{\zeta}\qquad w(x,y,t)=\boldsymbol{w}^{\mathrm{T}}\boldsymbol{\zeta} \tag{5.132}$$

式中，$\boldsymbol{u}$、$\boldsymbol{v}$、$\boldsymbol{w}$ 包含$u_k(y)$、$v_k(y)$、$w_k(y)$函数；$\boldsymbol{\zeta}$ 包含对应的幅值函数$\zeta_k(x,t)$；$\boldsymbol{\zeta}_{,x}$ 表示对ζ 求 x 的一阶导数。构件动力平衡方程的变分形式为

$$\boldsymbol{C}\zeta_{,xxxx}-\bar{\boldsymbol{D}}\zeta_{,xx}+\boldsymbol{B}\zeta_{,xx}-\boldsymbol{Q}\zeta_{,xxtt}+\boldsymbol{R}\zeta_{,tt}=\boldsymbol{p}\varphi \tag{5.133}$$

式中，$\zeta_{,xxxx}$和$\zeta_{,xx}$分别表示对ζ 求 x 的 4 阶导数和 2 阶导数；$\zeta_{,xxtt}$表示依次对ζ 求 x 和 t 的 2 阶导数；$\zeta_{,tt}$表示对ζ 求 t 的 2 阶导数；$\bar{\boldsymbol{D}}=\boldsymbol{D}-\left(\boldsymbol{E}+\boldsymbol{E}^{\mathrm{T}}\right)$；$\boldsymbol{B}$、$\boldsymbol{C}$、$\boldsymbol{D}$、$\boldsymbol{E}$ 分别为与纵向纤维伸缩变形、横向纤维伸缩变形、剪切变形、纵向与横向耦合变形相关的截面刚度矩阵；$\boldsymbol{R}$ 和 $\boldsymbol{Q}$ 分别是与面内和面外运动相关的惯性矩阵；$\boldsymbol{p}$ 为载荷矢量，其时间和空间变化由φ 描述。这些矩阵分量取决于广义梁理论变形模态$[u_k(y)$、$v_k(y)$、$w_k(y)]$。广义梁理论动力分析包括两项任务[15]：一是通过截面分析识别广义梁理论变形模态；二是通过构件分析得到表征动力响应的振幅函数$\zeta_k(x,t)$。

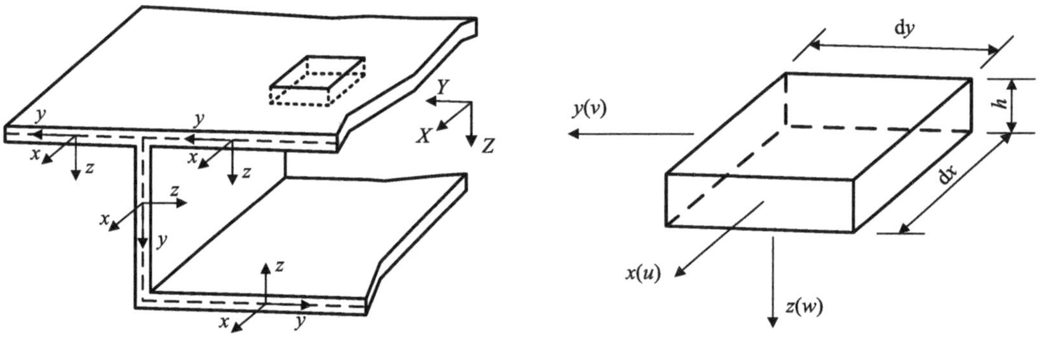

（a）截面的整体坐标与局部坐标　　（b）沿局部坐标 x、y、z 方向位移分量

图 5.74　具有开口截面棱柱薄壁构件

截面分析涉及许多不同且相互关联的程序，主要步骤如下：

① 通过自然节点（位于板末端）和中间节点（位于板内）将截面离散。

② 通过在每个（自然或中间）节点施加单位翘曲（$\tilde{u}=1$）、横向（$\tilde{v}=1$）、弯曲（$\tilde{w}=1$）位移来确定初始形函数$\tilde{u}_k(y)$、$\tilde{v}_k(y)$、$\tilde{w}_k(y)$。

③ 基于初始形函数得到了完全填充的张量，其分量没有明显的结构意义。

④ 为了将初始形函数转化为结构上有意义的广义梁理论变形模态，进行一系列涉及截面矩阵对角化，得到N_d个广义梁理论变形模态，广义梁理论变形模态数量取决于截面离散程度。可选择包含任何n_d（$1\leqslant n_d\leqslant N_d$）个广义梁理论变形模态，使其在动力响应中发挥作用。

考虑一座两跨混凝土连续箱梁桥，每跨长度 25m，桥梁横截面如图 5.75（a）所示。通过自然节点和中间节点将截面离散，如图 5.75（b）所示。如图 5.75（c）所示为板单元的几何形状和编号。如图 5.75（d）所示为实际截面和计算截面的叠加，两者之间具有明显的几何一致性。铺装层为柔性材料，位于顶板上厚度为 100mm 的沥青铺装层被考虑附加分布质量。对于如图 5.75（b）所示的截面离散，通过截面分析得到 60 种广义梁理论变形模态。

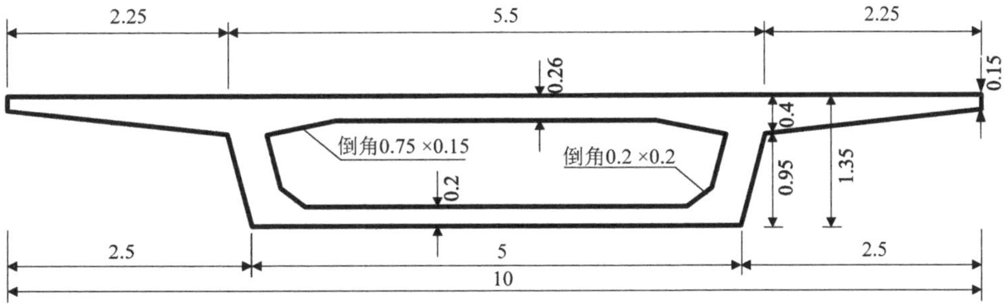

（a）横截面几何尺寸（单位：m）

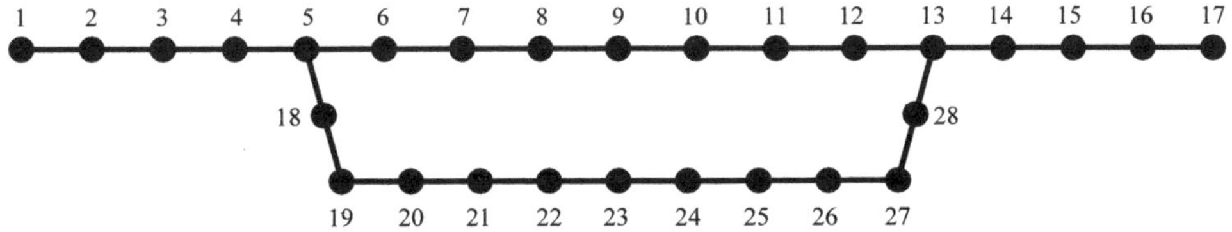

（b）通过节点离散截面

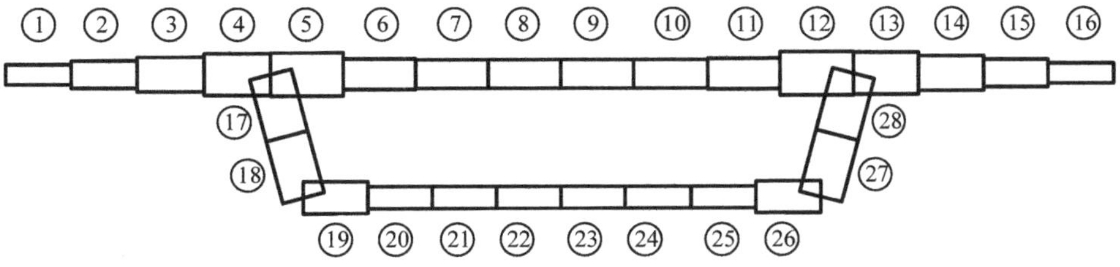

（c）板单元几何形状和编号

图 5.75　通过节点对箱梁桥横截面离散

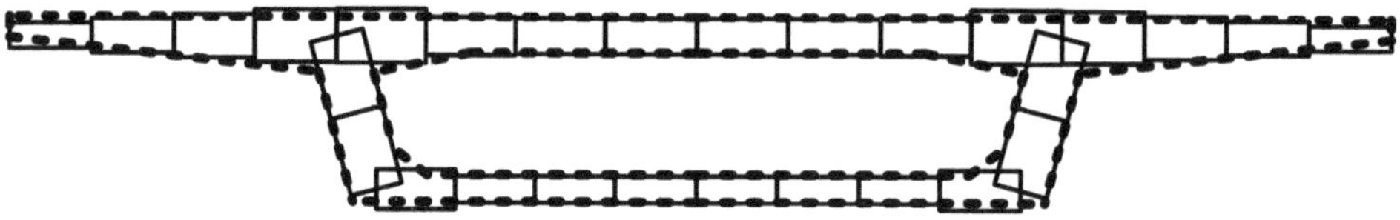

（d）实际截面与计算截面叠加比较

图 5.75（续）

如图 5.76 所示为 15 种主要的广义梁理论变形模态，即模态 1～10 和模态 30～34。第 1～4 阶模态是经典的整体模态（依次对应轴向延伸、Y 轴弯曲、Z 轴弯曲、扭转），包含面内和面外变形；第 5 阶模态是畸变模态，包含面内和面外变形；第 6～10 阶模态是局部模态，只有面内变形；第 30～34 阶模态是剪切模态，只有面外变形。

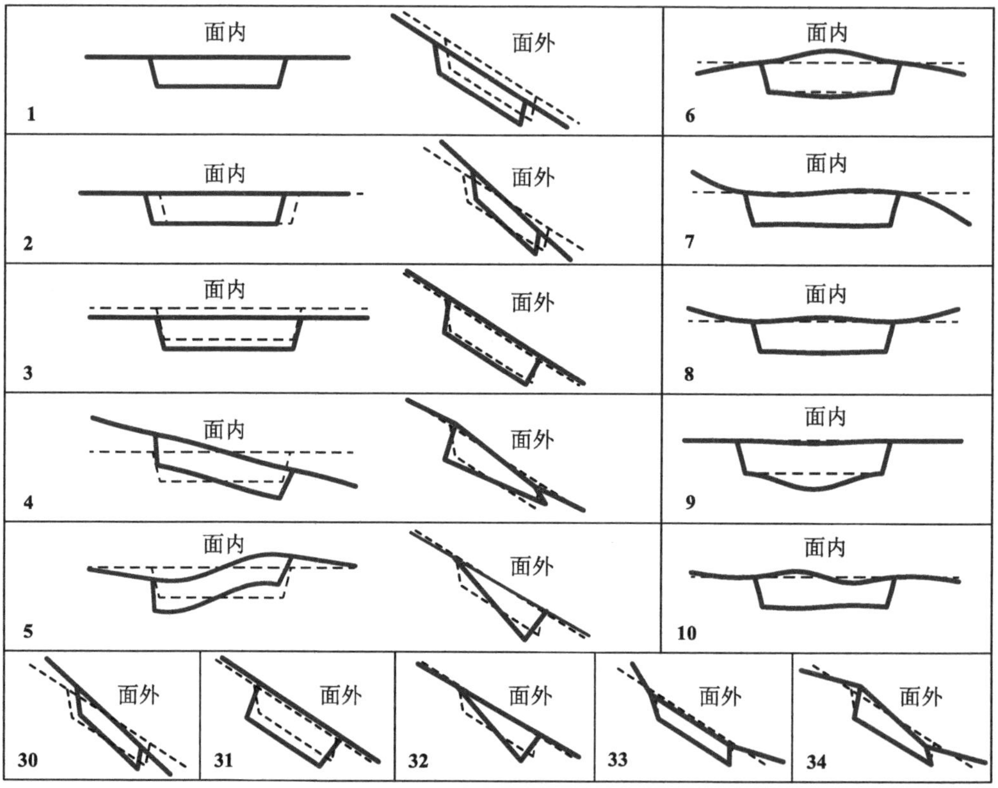

图 5.76　广义梁理论变形模态

采用振型叠加法进行构件分析，由于求解过程结合了广义梁理论变形模态和构件的振动模态，被称为双模态。振型叠加法的第一步是确定固有频率和振型。令式（5.133）中的 $\boldsymbol{p}=\boldsymbol{0}$，得到如下动力平衡方程：

$$\boldsymbol{C}\boldsymbol{\zeta}_{,xxxx}-\bar{\boldsymbol{D}}\boldsymbol{\zeta}_{,xx}+\boldsymbol{B}\boldsymbol{\zeta}_{,xx}-\boldsymbol{Q}\boldsymbol{\zeta}_{,xxtt}+\boldsymbol{R}\boldsymbol{\zeta}_{,tt}=\boldsymbol{0} \tag{5.134}$$

根据振型叠加法，$\boldsymbol{\zeta}$ 可表示为

$$\boldsymbol{\zeta}=\boldsymbol{\Phi}\boldsymbol{q} \tag{5.135}$$

式中，矩阵 $\boldsymbol{\Phi}$ 中的元素 $\phi_{kj}(x)$ 是第 k 阶广义梁理论变形模态在第 j 阶振动中的沿构件长度方向的幅值函数；向量 $\boldsymbol{q}$ 中的元素 $q_j(t)$ 是第 j 阶振动模态的时间函数。将式（5.135）代入式（5.134），并分离变量，得到如下两个常微分方程：

$$\boldsymbol{q}_{,tt}+\omega^2\boldsymbol{q}=\boldsymbol{0} \tag{5.136}$$

$$\boldsymbol{C}\boldsymbol{\phi}_{,xxxx}-\bar{\boldsymbol{D}}\boldsymbol{\phi}_{,xx}+\boldsymbol{B}\boldsymbol{\phi}_{,xx}-\omega^2\left[\boldsymbol{R}\boldsymbol{\phi}-\boldsymbol{Q}\boldsymbol{\phi}_{,xx}\right]=\boldsymbol{0} \tag{5.137}$$

式中，$\boldsymbol{\phi}_{,xxxx}$ 和 $\boldsymbol{\phi}_{,xx}$ 分别表示对 $\boldsymbol{\phi}$ 求 x 的 4 阶导数和 2 阶导数；ω 为构件的固有频率。

式（5.136）为简谐运动的自由振动方程，式（5.137）用来确定构件的固有频率 ω_j 和振型 $\boldsymbol{\phi}_j$，$1\leqslant j\leqslant N_v$。共可获得 $N_v=n_d$ 个解，N_v 为振动模态的数量。向量 $\boldsymbol{\phi}_j$ 中的元素 $\phi_{kj}(x)$ 为第 k 阶广义梁理论变形模态在第 j 阶振动中的沿构件长度方向的幅值函数。模态参与系数 P_{kj} 决定了第 k 阶广义梁理论变形模态对构件变形的贡献。P_{kj} 可通过下式计算得到：

$$P_{kj}=\frac{\int_L\left|\phi_{kj}(x)\right|\mathrm{d}x}{\sum_{k=1}^{N_d}\int_L\left|\phi_{kj}(x)\right|\mathrm{d}x} \tag{5.138}$$

表 5.14 给出了广义梁理论计算的桥梁前 24 阶固有频率，并与采用 ANSYS 实体单元建立的桥梁有限元模型计算频率进行了对比。箱梁桥前 24 阶振型和截面变形如图 5.77 所示，各阶模态中广义梁理论变形模态的模态参与系数如表 5.14 所示。每阶振型的形状取决于各广义梁理论变形模态的模态参与系数。从图 5.77 可以看出，振型在模态阶次较低时表现为整体振动，在模态阶次较高时表现为局部振动。这是因为随着模态阶次的增加，广义梁理论局部变形模态 6～10 所占的比例逐渐增加。根据广义梁理论变形模态在各阶振动模态中所占的比例，将桥梁振动模态分为整体振动和局部振动两大类。整体振动模态又可细分为竖向弯曲（VB）、水平弯曲（HB）、扭转（T）、畸变（D）、扭转与畸变（TD）。桥的前 24 阶振动模态分类如表 5.14 所示，其中，第 17～20 阶、23 阶、24 阶表现为顶板局部弯曲振动（LPB）。从表 5.14 中的模态参与系数可以看出，这些振动模态所涉及的广义梁理论变形模态主要是如图 5.76 所示的广义梁理论局部变形模态 6 和 8。

表 5.14　广义梁理论和有限元模型计算的前 24 阶固有频率

模态阶次	频率/Hz		误差/%	模态参与系数/%										振动模态分类
	GBT	ANSYS		P_2	P_3	P_4	P_5	P_6	P_7	P_8	P_9	P_{30}	P_{31}	
1	3.96	3.94	−0.45	0	94	0	0	0	0	0	2	0	1	1VB
2	5.89	5.84	−0.90	0	89	0	0	0	0	4	0	0	3	2VB
3	11.68	11.95	2.32	6	0	61	20	0	6	0	0	0	0	1T
4	12.24	12.45	1.77	3	0	63	19	0	8	0	0	0	0	2T
5	13.91	14.00	0.61	0	71	0	0	1	0	19	2	0	4	3VB
6	16.31	16.35	0.21	0	62	0	0	1	0	23	2	0	6	4VB
7	18.13	18.37	1.33	70	0	7	5	0	4	0	0	5	0	1HB
8	20.51	21.08	2.78	1	0	27	38	0	21	0	0	0	0	1TD

续表

模态阶次	频率/Hz		误差/%	模态参与系数/%										振动模态分类
	GBT	ANSYS		P_2	P_3	P_4	P_5	P_6	P_7	P_8	P_9	P_{30}	P_{31}	
9	21.83	22.29	2.13	1	0	29	29	0	26	0	0	0	0	2TD
10	24.66	24.31	−1.42	63	0	3	4	0	6	0	0	9	0	2HB
11	25.72	25.96	0.92	0	43	0	0	1	0	44	4	0	4	5VB
12	27.74	27.90	0.60	0	40	0	0	2	0	48	5	0	4	6VB
13	29.98	30.54	1.87	0	0	16	47	0	29	0	0	0	0	1D
14	30.02	30.47	1.50	1	0	16	25	0	42	0	0	0	0	3TD
15	30.15	30.68	1.75	0	0	14	51	0	25	0	0	0	0	2D
16	31.50	31.90	1.27	1	0	19	18	0	52	0	0	0	0	4TD
17	33.03	33.53	1.50	0	3	0	0	63	0	28	6	0	0	1LPB
18	33.07	33.56	1.50	0	3	0	0	63	0	28	6	0	0	2LPB
19	34.48	35.06	1.70	0	3	0	0	65	0	26	6	0	0	3LPB
20	34.61	35.21	1.73	0	4	0	0	65	0	24	6	0	0	4LPB
21	35.36	35.71	0.98	0	0	11	38	0	44	0	0	0	0	3D
22	36.07	36.44	1.03	0	0	8	40	0	38	0	0	0	0	4D
23	36.95	37.74	2.15	0	4	0	0	68	0	22	6	0	0	5LPB
24	37.19	38.09	2.42	0	13	0	0	33	0	52	1	0	1	6LPB

注：VB 为竖向弯曲；HB 为水平弯曲；T 为扭转；D 为畸变；TD 为扭转与畸变；LPB 局部板弯曲。

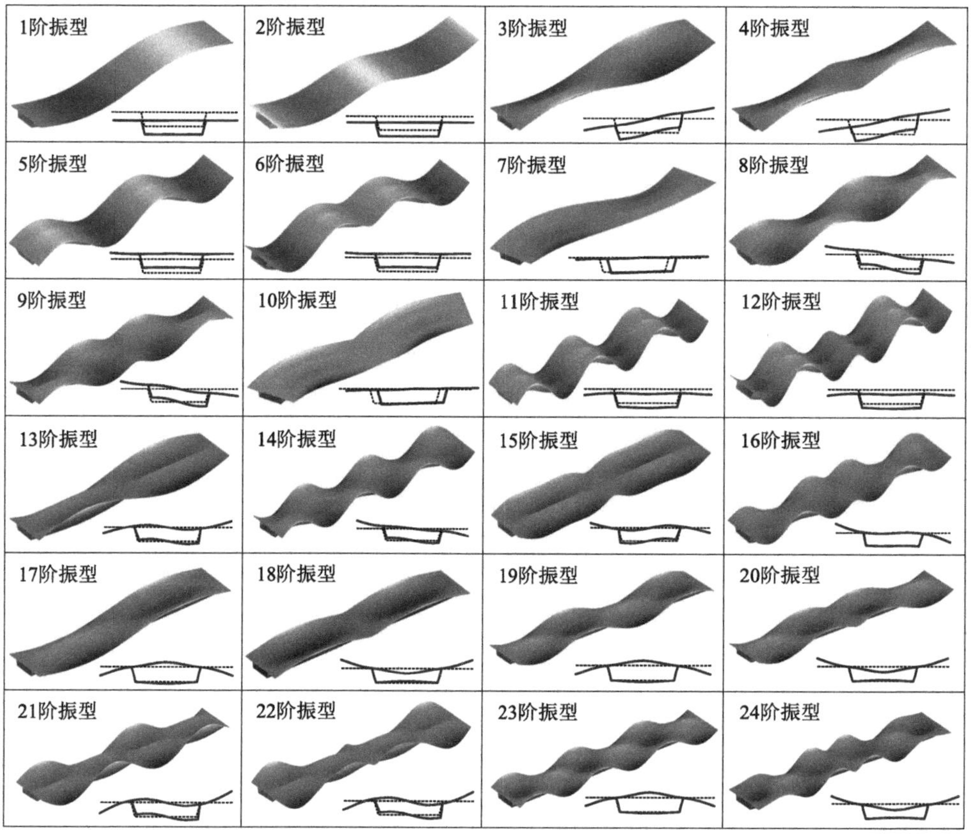

图 5.77　箱梁桥前 24 阶振型和截面变形

基于式（5.129）～式（5.131）和式（5.135）相关的假设，箱梁桥截面各板件的位移分量可表示为仅与 x、y、t 相关的函数乘积。将式（5.135）引入式（5.129）～式（5.131），得到如下双模态位移表达式为

$$u(x,y,t)=\boldsymbol{u}^{\mathrm{T}}\boldsymbol{\Phi}_{,x}\boldsymbol{q}=\sum_{j=1}^{N_v}\sum_{k=1}^{N_d}u_k(y)\phi_{kj,x}(x)q_j(t) \tag{5.139}$$

$$v(x,y,t)=\boldsymbol{v}^{\mathrm{T}}\boldsymbol{\Phi}_{,x}\boldsymbol{q}=\sum_{j=1}^{N_v}\sum_{k=1}^{N_d}v_k(y)\phi_{kj}(x)q_j(t) \tag{5.140}$$

$$w(x,y,t)=\boldsymbol{w}^{\mathrm{T}}\boldsymbol{\Phi}_{,x}\boldsymbol{q}=\sum_{j=1}^{N_v}\sum_{k=1}^{N_d}w_k(y)\phi_{kj}(x)q_j(t) \tag{5.141}$$

2）检测车与顶板相互作用分析

在通过广义梁理论了解箱梁桥振动模态，并得到箱梁桥各板件的双模态位移表达式后，接下来进行图5.73所示的检测车与箱梁桥顶板相互作用分析，顶板可看作薄板，固定激励车与移动检测车被简化为集中质量。顶板、固定激励车和移动检测车的运动方程可表示为

$$\begin{aligned}&D\left(\frac{\partial^4 w}{\partial x^4}+2\frac{\partial^4 w}{\partial x^2\partial y^2}+\frac{\partial^4 w}{\partial y^4}\right)+\rho h\frac{\partial^2 w}{\partial t^2}\\&=p_1(t)\delta(x-x_1,y-y_1)+p_2(t)\delta(x-x_2,y-vt)\end{aligned} \tag{5.142}$$

$$\ddot{Z}_1(t)=\frac{\partial^2 w(x,y,t)\big|_{x=x_1,y=y_1}}{\partial t^2}=\frac{\partial^2 w(x_1,y_1,t)}{\partial t^2} \tag{5.143}$$

$$\ddot{Z}_2(t)=\frac{\partial^2 w(x_2,y,t)}{\partial t^2}+2v\frac{\partial^2 w(x_2,y,t)}{\partial y\partial t}+\frac{\partial^2 w(x_2,y,t)}{\partial y^2} \tag{5.144}$$

式中，D 为顶板抗弯刚度；$w=(x,y,t)$ 为桥面位移；ρ 是顶板密度；h 为顶板厚度；δ 为单位脉冲函数；$\ddot{Z}_1(t)$ 和 $\ddot{Z}_2(t)$ 分别为固定激励车和移动检测车的加速度；运动车辆的速度为 v；(x_1,y_1) 为固定激励车的位置；(x_2,vt) 为移动检测车的位置；激励车辆与顶板之间的接触力 $p_2(t)$ 以及移动检测车与顶板之间的接触力 $p_2(t)$ 可表示为

$$p_1(t)=M_{v1}g+F(t)-M_{v1}\ddot{Z}_1(t) \tag{5.145}$$

$$p_2(t)=M_{v2}g-M_{v2}\ddot{Z}_2(t) \tag{5.146}$$

式中，M_{v1} 和 M_{v2} 分别为固定激励车和移动检测车质量；g 是重力加速度；$F(t)$ 为固定激励车提供的激振力。

在式（5.144）中的 $\ddot{Z}_2(t)$ 可分为三项，后两项与桥梁抗弯刚度和车辆速度有关，对于常规车速和普通桥梁，后两项可忽略不计。$\ddot{Z}_2(t)$ 可进一步表示为

$$\ddot{Z}_2(t)=\frac{\partial^2 w(x_2,y,t)}{\partial t^2} \tag{5.147}$$

利用广义梁理论分析箱梁桥模态，沿厚度方向的顶板位移可表示为如下双模态位移：

$$w(x,y,t)=\boldsymbol{w}^{\mathrm{T}}\boldsymbol{\Phi}_{,x}\boldsymbol{Y}=\sum_{j=1}^{N_v}\sum_{k=1}^{N_d}w_k(y)\phi_{kj}(x)Y_j(t) \tag{5.148}$$

将式（5.148）代入式（5.142），根据振型正交性，可得如下非耦合的运动方程：

$$M_j\ddot{q}_j(t)+K_jq_j(t)=P_j(t) \tag{5.149}$$

式中，广义质量M_j、广义刚度K_j、广义荷载$P_j(t)$可表示为

$$M_j=\sum_{k=1}^{N_d}\iint_s\left[w_k(y)\phi_{kj}(x)\right]^2 \tag{5.150}$$

$$K_j=\sum_{k=1}^{N_d}\iint_s D\left(\frac{\partial^4\left[w_k(y)\phi_{kj}(x)\right]}{\partial x^4}+2\frac{\partial^4\left[w_k(y)\phi_{kj}(x)\right]}{\partial x^2\partial y^2}+\frac{\partial^4\left[w_k(y)\phi_{kj}(x)\right]}{\partial y^4}\right) \tag{5.151}$$

$$P_j(t)=\sum_{k=1}^{N_d}\iint_s\left[p_1(t)\delta(x-x_1,y-y_1)+p_2(t)\delta(x-x_2,y-vt)\right]w_k(y)\phi_{kj}(x) \tag{5.152}$$

将式（5.145）和式（5.146）代入式（5.152）得到广义荷载，再将得到的广义荷载代入式（5.149），得

$$\begin{aligned}&\left\{M_j+M_{v1}\sum_{k=1}^{N_d}\left[w_k(y_1)\phi_{kj}(x_1)\right]^2+M_{v2}\left[w_k(vt)\phi_{kj}(x_2)\right]^2\right\}\ddot{q}_j(t)+K_jq_j(t)\\&=M_{v1}g\sum_{k=1}^{N_d}w_k(y_1)\phi_{kj}(x_1)+F(t)\sum_{k=1}^{N_d}w_k(y_1)\phi_{kj}(x_1)+M_{v2}g\sum_{k=1}^{N_d}w_k(vt)\phi_{kj}(x_2)\end{aligned} \tag{5.153}$$

式中，$M_{v1}\sum_{k=1}^{N_d}\left[w_k(y_1)\phi_{kj}(x_1)\right]^2$和$M_{v2}\left[w_k(vt)\phi_{kj}(x_2)\right]^2$分别是固定激励车和移动检测车的广义质量。因为$M_{v1}$和$M_{v2}$的质量比顶板的质量小很多，$M_{v1}\sum_{k=1}^{N_d}\left[w_k(y_1)\phi_{kj}(x_1)\right]^2$和$M_{v2}\left[w_k(vt)\phi_{kj}(x_2)\right]^2$可忽略不计。激励器的重力$M_{v2}g$是常力，因此，式（5.153）中$M_{v1}g\sum_{k=1}^{N_d}w_k(y_1)\phi_{kj}(x_1)$对桥梁振动分析没有影响。式（5.153）可进一步表示为

$$M_j\ddot{q}_j(t)+K_jq_j(t)=F(t)\sum_{k=1}^{N_d}w_k(y_1)\phi_{kj}(x_1)+M_{v2}g\sum_{k=1}^{N_d}w_k(vt)\phi_{kj}(x_2) \tag{5.154}$$

为了便于推导，在前面分析中没有引入阻尼。考虑黏滞阻尼后，式（5.154）可表示为

$$M_j\ddot{q}_j(t)+C_j\dot{q}_j(t)+K_jq_j(t)=F_0\mathrm{e}^{\mathrm{j}\omega t}\sum_{k=1}^{N_d}w_k(y_1)\phi_{kj}(x_1)+M_{v2}g\sum_{k=1}^{N_d}w_k(vt)\phi_{kj}(x_2) \tag{5.155}$$

式中，C_j为第（m,n）阶广义阻尼；F_0为固定激励车辆提供的激振力；j为虚数单位；ω为激励频率；$F_0\mathrm{e}^{\mathrm{j}\omega t}\sum_{k=1}^{N_d}w_k(y_1)\phi_{kj}(x_1)$为固定激励车产生的广义激励；

$M_{v2}g\sum_{k=1}^{N_d}w_k(vt)\phi_{kj}(x_2)$为移动检测车产生的广义激励。

如果$F_0e^{j\omega t}$的激励频率非常接近于箱梁桥表现为顶板局部弯曲振动所对应的固有频率时，桥梁响应的激励将主要来自$F_0e^{j\omega t}\sum_{k=1}^{N_d}w_k(y_1)\phi_{kj}(x_1)$。式（5.155）可表示为

$$M_j\ddot{q}_j(t)+C_j\dot{q}_j(t)+K_jq_j(t)=F_0e^{j\omega t}\sum_{k=1}^{N_d}w_k(y_1)\phi_{kj}(x_1) \tag{5.156}$$

式（5.156）为顶板表现为局部弯曲变形的稳态受迫振动方程，桥梁稳态响应表示为

$$q_j(t)=Q_0e^{j\omega t} \tag{5.157}$$

式中，Q_0为振动的位移幅值。将式（5.157）代入式（5.156），得

$$\left(K_j-M_j\omega^2+jC_j\omega\right)Q_0e^{j\omega t}=F_0e^{j\omega t}\sum_{k=1}^{N_d}w_k(y_1)\phi_{kj}(x_1) \tag{5.158}$$

式（5.158）的解为

$$q_j(t)=Q_0e^{j\omega t}=\frac{F_0}{D_j}\sum_{k=1}^{N_d}w_k(y_1)\phi_{kj}(x_1)\ e^{j\omega t} \tag{5.159}$$

式中，$D_j=K_j\left(1-r^2+2j\xi_jr\right)$为第$j$阶动刚度；$r=\omega/\omega_j$为激励频率$\omega$与第$j$个固有频率$\omega_j$的比值；$\xi_j=C_j/\left(2\sqrt{K_jM_j}\right)$为第$j$阶阻尼比。

将式（5.159）代入式（5.148），得

$$w(x,y,t)=\left[\sum_{j=1}^{N_v}\sum_{k=1}^{N_d}w_k(y)\phi_{kj}(x)\right]\left[\sum_{k=1}^{N_d}w_k(y_1)\phi_{kj}(x_1)\right]\frac{F_0}{\left|D_j\right|}e^{j(\omega t-\varphi)} \tag{5.160}$$

式中，$\left|D_j\right|=\left[\left(1-r^2\right)^2+\left(2\xi_jr\right)^2\right]^{1/2}$为第$j$阶动刚度的模，$\varphi=\arctan\left(2\xi_jr/1-r^2\right)$为第$j$阶相位角。第$j$阶振型对桥梁位移的参与由$F_0\sum_{k=1}^{N_d}w_k(y_1)\phi_{kj}(x_1)\left|D_j\right|^{-1}$决定。当激励频率$\omega$在接近第$s$阶频率$\omega_{j=s}$时，第$j$阶$\left|D_j\right|$将非常小。与其他阶次振型相比，第$s$阶振型在桥梁位移响应中将占主导，因此式（5.160）可表示为

$$w(x,y,t)=\left[\sum_{k=1}^{N_d}w_k(y)\phi_{k,j=s}(x)\right]\left[\sum_{k=1}^{N_d}w_k(y_1)\phi_{k,j=s}(x_1)\right]\frac{F_0}{\left|D_j\right|}e^{j(\omega t-\varphi)} \tag{5.161}$$

对式（5.161）进行两次微分，得到桥梁加速度：

$$\frac{\partial^2w(x,y,t)}{\partial t^2}=-\left[\sum_{k=1}^{N_d}w_k(y)\phi_{k,j=s}(x)\right]\left[\sum_{k=1}^{N_d}w_k(y_1)\phi_{k,j=s}(x_1)\right]\frac{\omega^2F_0}{\left|D_j\right|}e^{j(\omega t-\varphi)} \tag{5.162}$$

将式（5.162）代入式（5.144），得到移动检测车加速度：

$$\ddot{Z}_2(t)=-\left[\sum_{k=1}^{N_d}w_k(vt)\phi_{k,j=s}(x_2)\right]\left[\sum_{k=1}^{N_d}w_k(y_1)\phi_{k,j=s}(x_1)\right]\frac{\omega^2F_0}{\left|D_j\right|}e^{j(\omega t-\varphi)} \tag{5.163}$$

为方便推导，将固定激励车辆提供的激励 $F_0 e^{j\omega t}$ 以指数形式表示，并在复域内求解运动方程。将欧拉公式 $F_0 e^{j\omega t}$ 代入式（5.163），得

$$\ddot{Z}_2(t) = -\left[\sum_{k=1}^{N_d} w_k(vt)\phi_{k,j=s}(x_2)\right]\left[\sum_{k=1}^{N_d} w_k(y_1)\phi_{k,j=s}(x_1)\right] \times \frac{F_0\omega^2}{|D_j|}\left[\cos(\omega t-\varphi)+\mathrm{j}\sin(\omega t-\varphi)\right] \tag{5.164}$$

提取式（5.164）中移动检测车响应的实部，检测车加速度可表示为

$$\ddot{Z}_2(t) = -\left[\sum_{k=1}^{N_d} w_k(vt)\phi_{k,j=s}(x_2)\right]\left[\sum_{k=1}^{N_d} w_k(y_1)\phi_{k,j=s}(x_1)\right] \frac{\omega^2 F_0}{|D_j|}\cos(\omega t-\varphi) \tag{5.165}$$

式中，$|D_j| = \left[(1-r^2)^2+(2\xi_j r)^2\right]^{1/2}$ 为第 j 阶动刚度的模；$\sum_{k=1}^{N_d} w_k(y_1)\phi_{k,j=s}(x_1)$ 为激励车辆所在位置 (x_1,y_1) 的第 j 阶振型值；ω 为激励频率；F_0 为激励幅值；$\sum_{k=1}^{N_d} w_k(vt)\phi_{k,j=s}(x_2)$ 为车辆在桥梁顶板移动路径上的第 s 阶振型。也就是说，移动检测车的加速度中包含顶板局部弯曲振型的信息。

3）基于检测车响应识别顶板弯曲振型

通过希尔伯特变换可建立检测车响应瞬时幅值与顶板局部弯曲振型的联系，检测车加速度 $\ddot{Z}_2(t)$ 的希尔伯特变换表示为

$$\begin{aligned}\hat{\ddot{Z}}_2(t) &= \mathrm{H}\left[\ddot{Z}_2(t)\right] \\ &= -\sum_{k=1}^{N_d} w_k(vt)\phi_{k,j=s}(x_2)\left(\sum_{k=1}^{N_d} w_k(y_1)\phi_{k,j=s}(x_1)\right)\frac{\omega^2 F_0}{|D_j|}\sin(\omega t-\varphi)\end{aligned} \tag{5.166}$$

$\ddot{Z}_2(t)$ 的瞬时幅值计算如下：

$$A(t) = \sqrt{\ddot{Z}_2^2(t)+\hat{\ddot{Z}}_2^2(t)} = \frac{\omega^2 F_0}{|D_{j=s}|}\sum_{k=1}^{N_d} w_k(y_1)\phi_{k,j=s}(x_1)\left|\sum_{k=1}^{N_d} w_k(vt)\phi_{k,j=s}(x_2)\right| \tag{5.167}$$

式（5.167）的时间 t 可以用位移 y 与车速 v 相除代替，得

$$A\left(\frac{y}{v}\right) = \frac{\omega^2 F_0}{|D_{j=s}|}\sum_{k=1}^{N_d} w_k(y_1)\phi_{k,j=s}(x_1)\left|\sum_{k=1}^{N_d} w_k(y)\phi_{k,j=s}(x_2)\right| \tag{5.168}$$

式中，瞬时幅值 $A(y/v)$ 是振型绝对值 $\left|\sum_{k=1}^{N_d} w_k(y)\phi_{k,j=s}(x_2)\right|$ 乘以系数。固定激励车的位置在 (x_1,y_1)，因此 $\sum_{k=1}^{N_d} w_k(y_1)\phi_{kj}(x_1)$ 是常数。激励频率 ω、第 j 阶动刚度模量的模 $|D_j|$、激励幅值 F_0 也是常数。振型函数与任意常数的乘积仍然是振型函数，因此，瞬时幅值 $A(y/v)$ 是移动检测车行驶路径上顶板振型的绝对值。

4）损伤诊断流程

基于顶板局部弯曲振型异常的损伤诊断流程分为以下五个步骤。

第一步：通过正弦扫频测试获得桥梁前几阶固有频率。激励车被放置在桥梁其中一跨的顶板中部，如图 5.73 所示。正弦扫频测试由安装在激励车上的激振器执行，通过安装在激励车上的传感器采集激励车上的加速度，典型加速度如图 5.78（a）所示。正弦扫频测试在一定时间内从 1Hz 扫描到 50Hz。通过对不同跨径和宽度的混凝土箱梁桥进行模态分析，得出正弦扫频测试的频率从 1Hz 到 50Hz 就足以覆盖感兴趣的桥梁固有频率。

从如图 5.78（b）所示的激励车辆加速度自功率谱可以确定桥梁固有频率。对于前面分析的两跨混凝土连续箱梁桥，图 5.78（b）中的前四个峰值分别对应图 5.77 中的第 1、2、11、12 阶振型。图 5.78（b）中的第 5 个峰值对应于图 5.77 中的第 17 和 18 阶振型。图 5.78（b）中的第 6 峰对应于图 5.77 中的第 23、24 阶振型。由于第 17 阶频率（33.53Hz）非常接近第 18 阶频率（33.56Hz），一个峰值对应两阶模态。第 17、18 阶为高阶局部振动模态，表现为顶板弯曲振动。相同激励幅值下，惯性质量较小的高阶局部振动模态的响应幅值比惯性质量较大的低阶整体振动模态的响应幅值大。因此，在图 5.78（b）中第 17、18 阶振型对应的第 5 个峰值要比前 4 个峰值大很多。此外第 17 阶振型两跨的变形为反对称，第 18 阶振型两跨的变形为正对称，如图 5.77 所示。当激励车辆放置在第一跨顶板中部激发第 17 阶和 18 阶振型时，这两阶振型在第一跨叠加，在第二跨抵消。

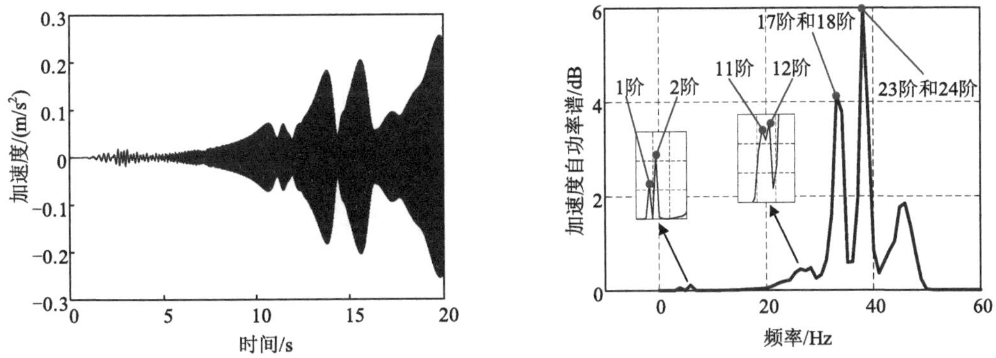

（a）车辆加速度响应　　（b）加速度自功率谱

图 5.78　正弦扫频测试的车辆加速度时程和自功率谱

第二步：确定检测过程中固定激励车的激励参数。安装在固定激励车上的激振器产生正弦激励激发桥梁振动，所设置的参数包括激励幅值和激励频率，根据激振器提供的幅值范围，将激励幅值设为 480N。激励频率由第一步正弦扫频测试确定，选取自功率谱中首次出现的突出峰值（即顶板弯曲的振型）对应的频率作为激励频率。

第三步：固定激励车启动工作，检测车沿规划路径移动，同时采集检测车加速度。规划的车辆行驶路径如图 5.73 所示。停放在第一跨桥面中部的激励车辆按照第二步中设置的激励参数开始工作，桥梁迅速达到稳定受迫振动状态；移动检测车沿规划路径移动，完成第一跨采集；然后，激励车辆停放到第二跨桥面中部启动工作，移动检测车按照规划路径完成第二跨采集；以此类推，完成桥梁所有跨采集。

第四步：使用希尔伯特变换从过滤后的车辆加速度中识别顶板局部弯曲振型。先对车辆加速度进行带宽滤波，以减小路面不平整度对识别振型的影响。带通滤波器的中心频率为激励器的激励频率。基于大量数值算例分析，建议带通滤波的上下限截止频率为中心频率±15%～20%。如果带通滤波器的带宽小于建议值，会由于带宽过窄而导致频谱泄漏，识别振型的精度受到影响；如果带宽大于推荐值，可能无法消除路面不平整度的干扰。识别振型的精度同样受到影响。接着利用希尔伯特变换从滤波后的车辆加速度瞬时幅值识别出振型。

第五步：利用基于振型曲率差的指标判别振型异常，定位顶板损伤。对第四步识别的振型进行二阶中心差分得到顶板局部弯曲振型曲率，未损伤顶板局部弯曲振型曲率由式（5.113）得到，接着由式（5.114）计算基于振型曲率差的损伤指标，进一步可判别振型异常并定位损伤。

4. 顶板诊断案例

考虑与前述模态分析中结构尺寸和材料参数相同的两跨连续混凝土箱梁桥，桥梁横截面如图 5.75（a）所示，在每个跨度的两端设置隔板，隔板厚度为 1m。顶板配筋为ϕ16@200mm 双层双向，车辆模拟为单自由度弹簧-质量-阻尼系统。

1）检测路径上单条裂缝损伤工况分析

顶板损伤考虑为顶板从底部到顶部的开裂，裂缝通过顶板单元的节点断开连接来模拟。相邻检测路径间距为 1m，车辆移动速度为 1m/s。箱梁桥第一跨损伤工况如图 5.79（a）所示，识别的振型如图 5.79（b）所示，由振型二阶中心差分计算的振型曲率如图 5.79（c）所示。在计算振型曲率前，以各检测路径上振型的最大幅值作为归一化因子对振型进行归一化。基于振型曲率差的损伤指标如图 5.79（d）所示。

检测路径 1 和路径 3 的裂缝高度为 44.2mm（0.17h），长度为 1m，对应轻微损伤工况，h是顶板厚度。43mm 开裂对应顶板底部钢筋混凝土保护层开裂，图 5.79（d）所示的损伤指标在检测路径 1 和路径 3 只显示很小峰值，代表振型异常较为轻微。检测路径 4、6、8 的裂缝高度为 85.8mm（0.33h），裂缝长度为 1m，对应中等程度损伤工况。开裂位置的振型曲率和损伤指标均出现较明显峰值，代表振型发生较大异常。检测路径 10、12、14 的裂缝高度为 130.0mm（0.50h），裂缝长度为 1m，对应严重程度损伤工况，振型曲率和损伤指标在开裂位置均出现明显峰值，振型的异常程度继续增大。检测路径 16、17、18 的裂缝高度为 85.8mm（0.33h），裂缝长度为 0.5m。与路径 4、6、8 相比，裂缝长度变短，然而，从振型曲率和损伤指标的峰值仍可确定开裂位置。

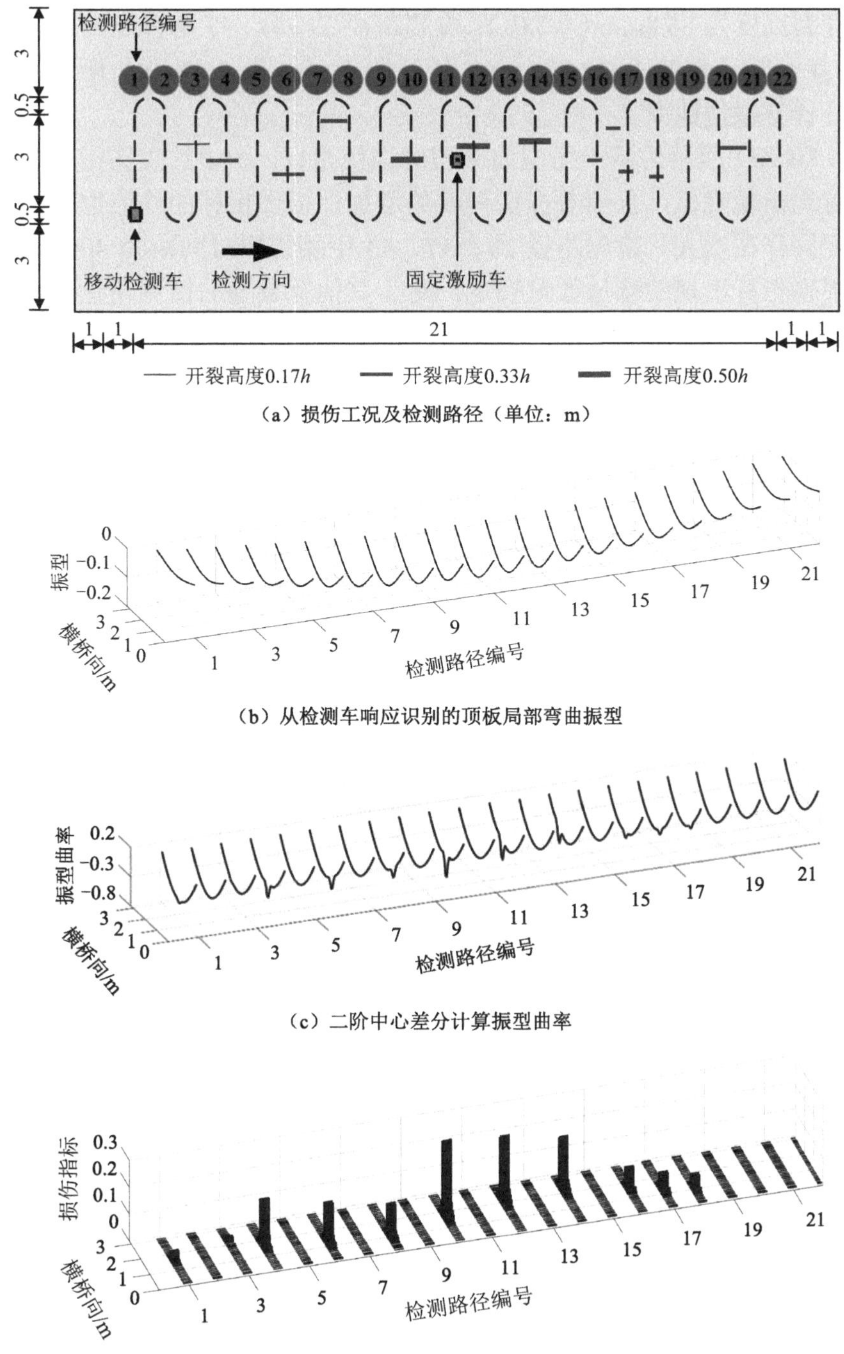

（a）损伤工况及检测路径（单位：m）

（b）从检测车响应识别的顶板局部弯曲振型

（c）二阶中心差分计算振型曲率

（d）基于振型曲率差的损伤指标

图 5.79　第一跨顶板损伤诊断

2）检测路径上多条裂缝损伤分析

第二跨损伤工况如图 5.80（a）所示，部分检测路径出现多条裂缝，裂缝长度均设置为 0.5m。检测路径 24、26、29 的开裂高度为 44.2mm（0.17h）；检测路径 32、

35、37 的开裂高度为 85.8mm（0.33h）；检测路径 39、41、43 的开裂高度为 130.0mm（0.50h）。第二跨识别的振型如图 5.80（b）所示，如图 5.80（c）所示为第二跨二阶中心差分计算振型曲率。

如图 5.80（d）所示为基于振型曲率差的损伤指标，图中的损伤指标在各检测路径开裂位置均出现峰值，且随着损伤程度的增加，损伤指标的峰值也增大，说明模态异常程度同样在增大。检测路径 29、37、43 中相邻裂缝间距为 400mm，裂缝的数量可由损伤指标出现的峰值数量确定。对于其他有裂缝的检测路径，相邻裂缝间距为 200mm，无法从损伤指标判断裂缝数量，只能实现损伤定位。

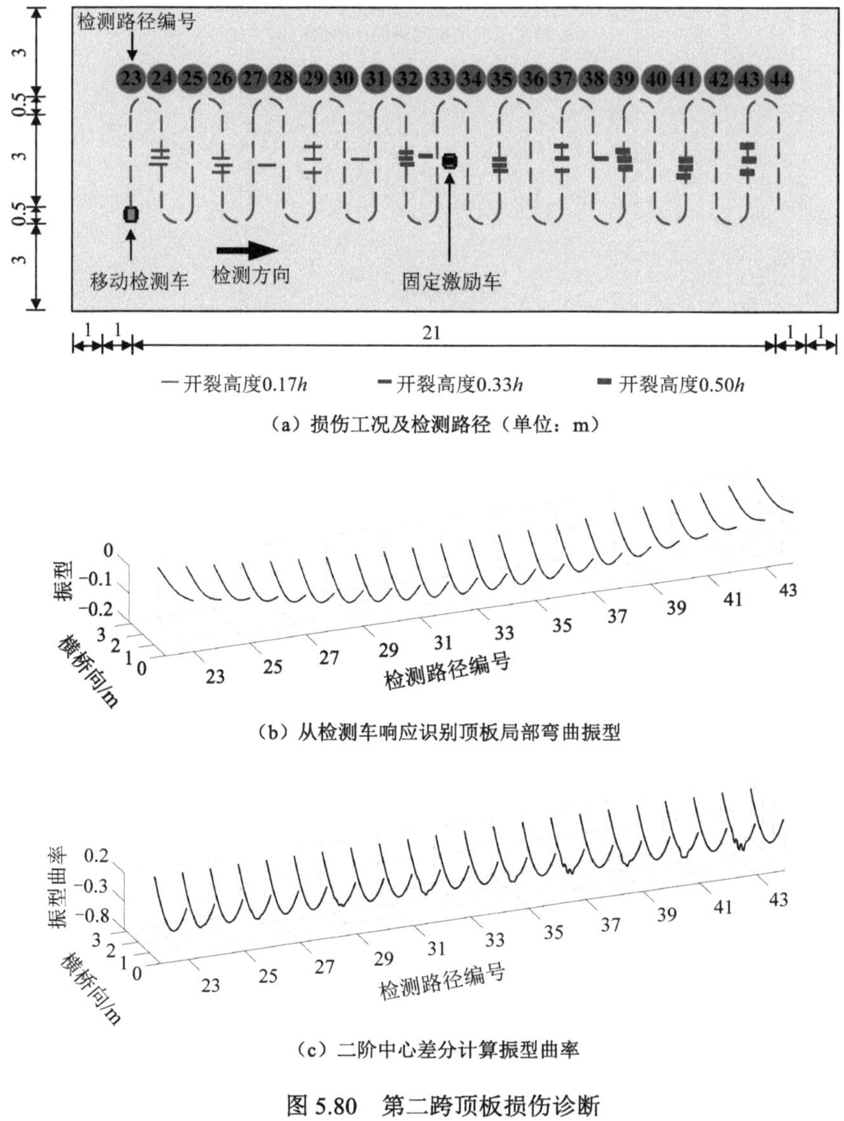

（a）损伤工况及检测路径（单位：m）

（b）从检测车响应识别顶板局部弯曲振型

（c）二阶中心差分计算振型曲率

图 5.80　第二跨顶板损伤诊断

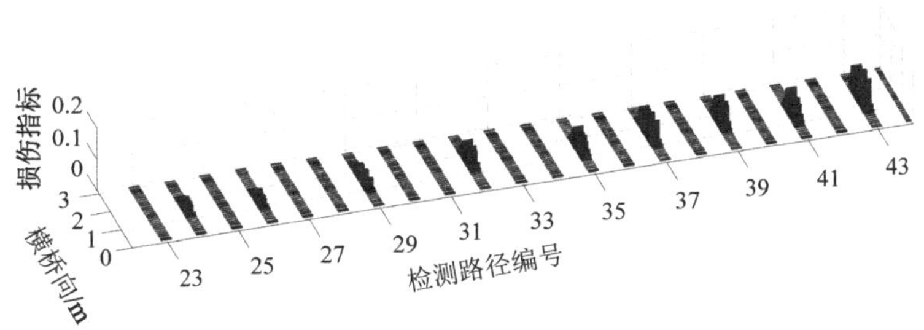

（d）基于振型曲率差的损伤指标

图 5.80（续）

5.5　环境激励桥梁模态异常诊断理论

大跨桥梁是交通运输网络的关键节点，桥梁自建成伊始就暴露在持续环境荷载的耦合作用下。为实时诊断与评估在役桥梁运营状态，国内外众多大跨桥梁均安装了成套结构健康监测系统，可对环境与荷载作用和结构响应进行连续在线监测，积累了海量的长期监测数据。但如何利用长期监测数据实现其服役状态的准确评估，是现阶段桥梁健康监测领域的核心问题之一。

桥梁的动力特性可以通过频率、振型、阻尼比等模态参数来表征，然而，由于温度和风荷载等环境因素的影响，长期监测数据辨识得到的模态参数会在一个较宽的范围内发生周期性的变化，这种正常的变化幅度可能会掩盖桥梁因局部损伤或性能退化所造成的模态异常变化。为此，依据相关性建模思想来剔除环境因素对桥梁模态的影响，提取仅与结构刚度存在函数依赖关系的特征指标，并利用特征指标的统计特性设置阈值（或控制限）进行诊断，已成为长期监测数据分析中桥梁模态异常诊断的主要方法。根据是否需要对环境变量进行测量，可将这些方法分为环境因素已知时和环境因素未知时的桥梁模态异常诊断方法。

5.5.1　环境对桥梁模态的影响机理

温度是导致桥梁模态产生变异的主要因素[16]。学者们普遍认为温度对频率的影响来自以下三方面。①温度导致材料参数产生变化（如混凝土材料每升高 10℃，其弹性模量降低约 3%～6%），改变桥梁结构的整体刚度，进而导致各阶频率发生变化。温度对桥梁频率的影响规律常表现为“温度高频率低、温度低频率高”的定性关系。②对于超静定结构，环境温度的变化会产生类似于“预应力”的效应，造成桥梁发生变形，即几何参数的变化。由于多余约束的存在导致超静定结构产生温度应力，使得桥梁结构的刚度发生改变，从而导致频率发生变化。③温度变化导致桥梁边界条件和内力发生改变，即边界条件的变化。此外，虽然温度对桥梁频率有较大的影响，但是对振型的影响可忽略不计。相对于频率和振型，准确识别桥梁的阻尼是非常困难的，这种不确定性可能完全掩盖温度对阻尼的影响，因此，温度对桥梁阻尼的影响研究成果相对较少。

除温度外，湿度、风荷载和车辆荷载等对桥梁动力特性的影响亦不可忽视。目前，一般认为湿度的影响主要表现在使桥梁的质量增加和边界约束的松弛方面。例如，下雨或潮湿环境会增加桥梁的含水量，进而增加桥梁结构质量，降低桥梁频率，但湿度对刚度影响较小。风荷载的影响主要表现在风和结构的气动耦合，以及非平稳激励下模态参数的识别误差。若风速变化引起的气动阻尼的变化与风速之间存在正相关关系，则桥梁的频率与风速亦是正相关的。风荷载的形式如果不满足桥梁模态辨识方法中的激励为高斯白噪声信号的假定，将导致模态识别的误差增大，进而造成频率识别值产生随机变化。车辆荷载对桥梁模态的影响主要表现在车辆静止时，车辆增加了桥梁的附加质量进而导致频率减小；车辆移动时，车辆荷载被视为附加质量-刚度系统，从而影响整个车桥耦合系统的动力特性；车辆荷载激励的非平稳性也会引起频率识别值的变异性[17]。

如图 5.81 所示为环境因素对桥梁频率的影响。

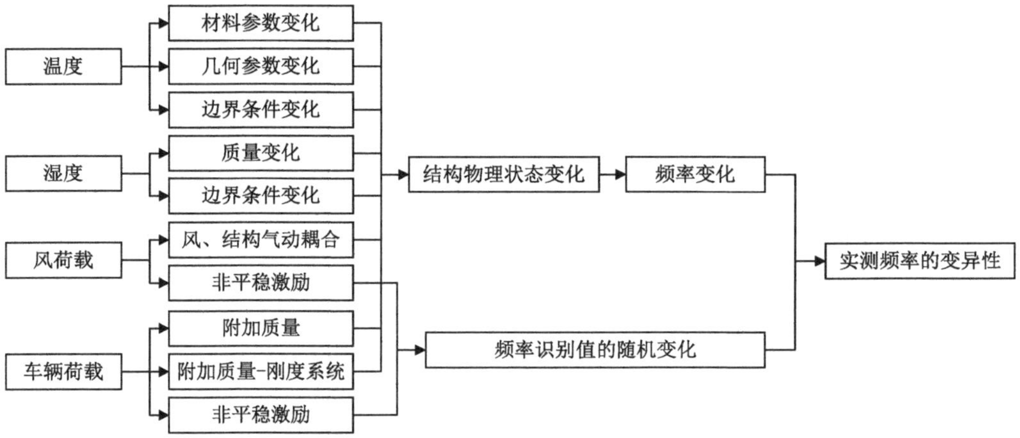

图 5.81　环境因素对桥梁频率的影响

5.5.2　环境因素已知时的桥梁诊断

环境因素已知时的桥梁模态异常诊断，又称显式诊断，是在环境因素可测量的前提下开发的，通过回归分析方法建立温度、湿度、风速风向、车辆等时变荷载与模态参数（如频率）之间的线性或非线性关系模型[式（5.169）]，达到模态参数的在线预测与环境干扰效应分离的目的，进而通过模型误差构造诊断指标，以此评估桥梁模态异常状况。

$$\boldsymbol{y}=f_u\left(\boldsymbol{x}_u\right)+\boldsymbol{e} \tag{5.169}$$

式中，$\boldsymbol{x}_u=\left[x_{u,1},x_{u,2},\cdots,x_{u,m}\right]^{\mathrm{T}}$表示$m$个可测时变荷载的作用；$\boldsymbol{y}=\left[y_1,y_2,\cdots,y_p\right]^{\mathrm{T}}$表示$p$个模态参数；$f_u(\cdot)$表示回归方程，即时变荷载到模态参数的映射关系；

$\boldsymbol{e}=[e_1,e_2,\cdots,e_n]^{\mathrm{T}}$ 表示模型误差，主要包括数据测量噪声、模态参数辨识误差等。

1. 环境因素与频率的关系模型

回归分析是建立环境因素与频率间关系的一种统计分析方法，包括线性回归分析和非线性回归分析两种方法[18]。

1）线性回归分析

若环境因素与频率之间近似呈线性关系，可以采用线性回归方法建立它们之间的关系模型，通过最小化已知样本的线性模型预测误差来求解出最优的线性映射模型的参数，以预测和分离与环境因素相关的频率变化。对于桥梁，结构温度场的分布呈现不均匀性，造成桥梁各构件的温度作用并不相同。为此，将多个测点的温度或温度梯度数据应用到多元线性回归模型中更加合理。

为了解决混凝土导热性差引起的热惯性效应，动态多元线性回归、有源自回归、贝叶斯动态线性回归等回归分析方法被提出。其中，动态多元线性回归模型能够考虑环境温度在时间和空间两方面对桥梁频率的扰动；而有源自回归则能够考虑桥梁频率中的自相关性，该模型的泛化性能优于传统静态线性回归模型。为解决桥梁多测点温度数据高度相关易造成模型泛化性能降低的问题，平均温度、有效温度、温度主成分、典型相关温度和偏最小二乘温度等被用于描述桥梁主梁温度场的变化，同时，逐步回归分析、岭回归、贝叶斯动态线性回归、稀疏贝叶斯回归等方法也可以达到同样的目的。

此外，在温度的内在周期性变化影响下，桥梁频率数据表现出明显的周期特性，即温度对频率的影响主要表现在以年、季度、月等为周期的时间尺度上，引起频率的长期波动；风和车辆荷载仅在短时间尺度上对其影响很大。因此，可以采用时间序列分解或信号处理（如经验模态分解、小波包分析和带通滤波器）对桥梁频率序列进行分解，在各时间尺度下建立精确的环境因素-频率关系模型，进而叠加各时间尺度下的频率预测值即可。

2）非线性回归分析

若环境因素与频率之间呈非线性关系，通常采用非线性回归方法建立它们之间的量化模型，以预测和分离与环境相关的频率变化。多项式回归是最简单、应用最广泛的非线性建模方法，其可通过调整多项式的阶次以逼近任何非线性函数关系，但不恰当的阶次易引发过拟合现象，降低模型泛化能力和可解释性。

由于桥梁内部温度分布受到空气温度、太阳辐射等随机因素的影响，造成频率变化具有随机性；测试误差与外界噪声等不确定因素导致频率具有较大的离散性。受到两者的影响，线性模型与多项式模型会产生较大的误差。因此，选择具有较强鲁棒性的回归模型量化环境因素对频率的影响，对准确剔除频率中的多种环境效应至关重要，相关的非线性回归方法包括神经网络模型、随机森林、回归树、极限学习机、支持向量机、相关向量机、高斯过程回归、长短期记忆神经网络以及局部化模型等机器学习算法。其中，神经网络模型适用于复杂的问题，但模型较为复杂，容易陷入局部最优和产生过拟合问题，计算成本相对较高；支持向量机的非线性建模效果优于神经网络模型，但涉及一些参数需要优化，不便于工程实际应用；相关向量机和高斯过程回归可以考虑环境因素导致频率变化的不确定性问题[19]。值得注意的是，理论上的非线性模型比线性模型更容易预测频率变化，但当环境因素与桥梁频率间非线性程度相对较低时，支持向量机等非线性方法的预测效果未必比多元线性回归等线性方法得到明显的改善。因此，实际工程中，依据环境因素与频率间的相关机制选择回归模型类型至关重要。此外，为了解决变化环境条件下频率数据的异方差性、非平稳性等数据变异性，异方差高斯过程回归、协整回归、关联规则学习、插值分析、子空间识别法、专家混合模型等方法也可用于描述环境因素与频率之间的定量关系，以消除环境因素的影响。

尽管回归分析方法能够直观精确地建立环境因素与频率之间的线性或非线性关系，但仍存在以下不足：①为了建立精确的环境因素-频率关系模型，该类方法需要全面的环境变量数据，而环境因素通常较多，且有些位置处的环境因素难以测量，因此获取全面的数据通常比较困难；②在一些非线性模型中，需要调整很多参数使得模型足够精确，而实际上有些参数的选取往往非常困难；③目前研究多注重于基于环境因素或桥梁结构表层温度信息建模，忽视了各构件温度及其内部温度的不均匀分布特性和随时间的变化特性。如图 5.82 所示为环境因素已知时的常用回归分析方法。

2. 模态异常诊断指标与阈值

常用的模态异常诊断指标包括模型误差和测度距离两种。模型误差是模型实测值与预测值的差值，当模型误差向量中的变量数较少时，建议利用模型误差作为诊断指标。当桥梁处于正常运营状态时，环境因素-频率关系模型的误差会在某较小范围内波动，且具有相对稳定的均值和方差；而当桥梁出现损伤或性能退化时，模型误差的概率分布特性也会相应地发生变化。对模型误差进行统计分析，即可判断桥梁模态是否异常。当误差变量过多时，一般采用模型误差的某种距离或范数作为诊断指标，如欧氏距离和马氏平方距离等。其中欧氏距离度量主要用于估算不同样本间的相似性程度，而马氏平方距离需假定测试数据服从多元高斯分布，以度量两个多元数据集之间的差异或相似度。与欧氏距离相比，马氏平方距离消除了样本之间相关性的干扰，不受指标量纲的影响。

为客观评价桥梁模态是否异常，即判断诊断指标在未知状态下与正常状态下统计特性的一致性，需定义相应的异常诊断阈值（或控制限）。目前，用于桥梁模态异常判别的概率统计方法主要有统计控制理论、假设检验法、奇异识别法和概率分布估计法等。统计控制理论主要有统计控制图法，涉及单变量和多变量统计过程控制方法；假设检验法主要有固定样本量检验和序贯检验等方法；奇异识别法主要有判

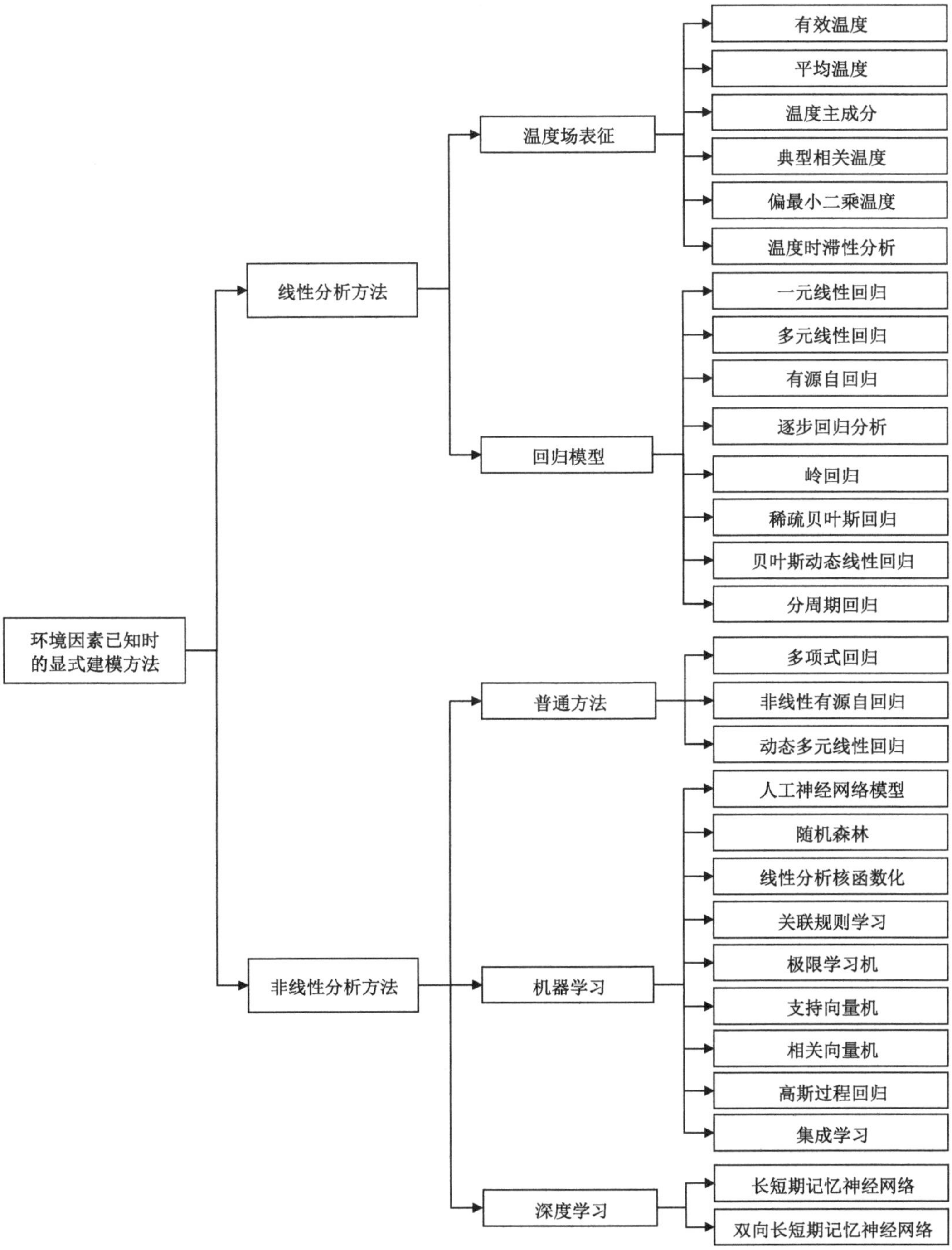

图 5.82 环境因素已知的回归分析方法

别超阈值的样本点数；概率密度估计法通过样本的观测值估计总体的概率分布，包括参数概率密度估计方法和非参数概率密度估计方法，例如极值理论（extreme value theory，EVT）、核密度估计（kernel density estimation，KDE）和科尔莫戈罗夫-斯米尔诺夫检验（Kolmogorov-Smirnov test，K-S test）等。

当采用统计控制图设置诊断阈值时，若误差向量中的变量数较少，可采用单变量统计过程控制对误差向量中的某个变量建立控制图，例如休哈特均值控制图、累积和控制图、指数加权移动平均控制图及其组合控制图等。其中休哈特均值控制图包含三个重要参数，即上控制限 UCL、中心线 CL 和下控制限 LCL。当显著性水平为α时，它们的计算公式为

$$\mathrm{UCL}=\mu_0+Z_{\alpha/2}\frac{\sigma}{\sqrt{n}} \tag{5.170}$$

$$\mathrm{CL}=\mu_0 \tag{5.171}$$

$$\mathrm{LCL}=\mu_0-Z_{\alpha/2}\frac{\sigma}{\sqrt{n}} \tag{5.172}$$

式中，μ_0表示模型误差的总体均值；σ表示模型误差的总体标准差；n表示样本容量；$Z_{\alpha/2}$表示标准正态分布的上$\alpha/2$分位点。

为了便于直观理解，图 5.83 展示了休哈特均值控制图的示意图。当显著性水平为α时，正常状态下的误差样本均值落在控制限内的概率为$1-\alpha$，而超出控制限的概率为α。当上$\alpha/2$的分位点$Z_{\alpha/2}=3$，样本容量$n=1$时，样本均值落在统计区间内的概率为 99.73%，即3σ准则。

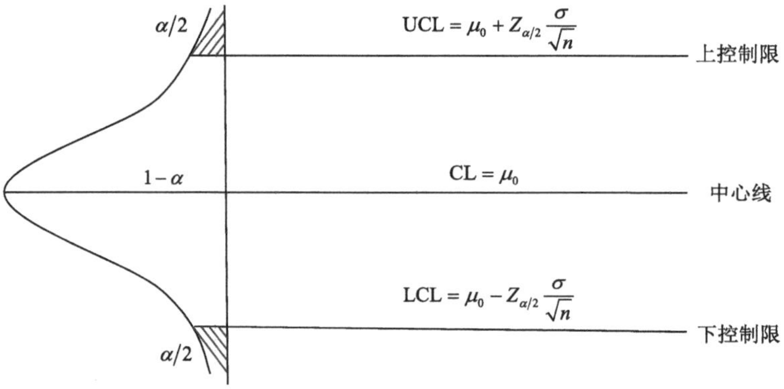

图 5.83　休哈特均值控制图的示意图

单变量统计过程控制方法的控制图个数等于误差向量中的变量个数，而当误差变量过多时，宜采用多变量统计过程控制进行桥梁模态异常诊断。在多变量统计过程控制中，一般采用误差向量的某种距离或范数作为诊断指标，再通过统计方法确定其阈值。例如，采用核密度估计方法拟合正常状态下诊断指标概率密度函数，进而计算其累积密度函数和逆累积密度函数[20]。对于给定的显著性水平α，其对应的置信水平为$1-\alpha$，而诊断指标的阈值$T_{e,\lim}^2$为

$$T_{e,\lim}^2=F^{-1}(1-\alpha) \tag{5.173}$$

式中，$F^{-1}(\cdot)$表示诊断指标的逆累积分布函数。

综上所述，桥梁模态异常诊断过程可描述为一个单分类问题，即将实时监测数据判别为正常或异常状态中的某一类，其主要包括以下六个步骤。

第一步：通过正常状态下的测试数据建立环境因素-桥梁频率关系模型或多阶频率关系模型，即基准模型。

第二步：利用基准模型计算正常状态下的模型误差。

第三步：定义模型误差或误差的测度距离作为诊断指标，分析正常状态下的诊断指标的统计特性，确定其阈值。

第四步：将未知状态下的监测数据输入基准模型。

第五步：计算未知状态下的预测误差。

第六步：基于预测误差计算诊断指标并与阈值作对比，若诊断指标超过其阈值，则发出报警信息，即桥梁模态异常。

这样，判断未知状态下的测试数据是否符合基准模型，即转换为一个判断诊断指标是否超过其阈值的问题。如图 5.84 所示为桥梁模态异常诊断示意图。

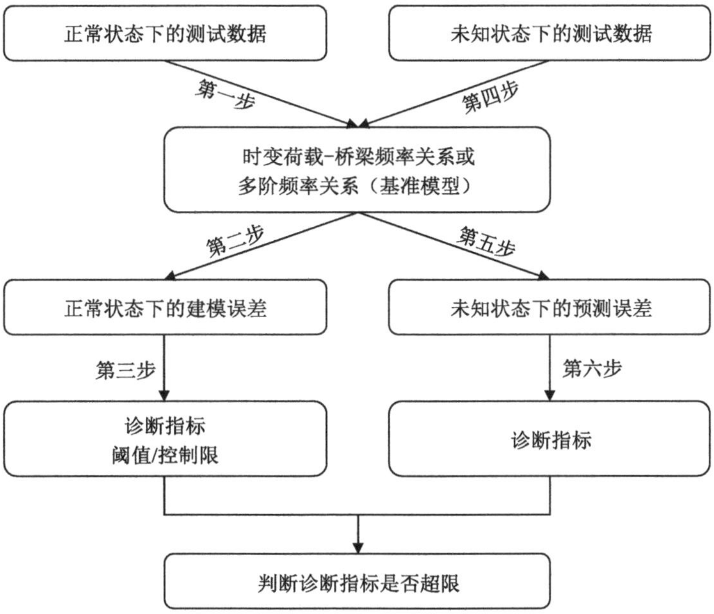

图 5.84　桥梁模态异常诊断示意图

3. 温度作用下的桥梁模态异常诊断

由于桥梁温度场热传递的缓慢性、所处环境条件的复杂性，导致桥梁频率的演变规律较为复杂。精确的主梁温度场和频率之间的关系模型是实现频率异常准确诊断的前提，这时主要存在两个问题。一是大跨桥梁主梁上布设了大量的温度测点，用于监测整个温度场的变化，多测点温度监测数据之间往往存在强相关性。常用的有效温度、平均温度、温度主成分等主梁温度场表征方法，本质上只是不同类型的温度数据的线性组合，区别在于组合系数的计算方式不同[21]。在确定组合系数的过程中，它们仅关注多测点温度数据本身，却忽视了主梁温度场与频率之间的相关性，不合理的温度输入会削弱关系模型的建模精度与泛化性能。二是现有研究主要通过温度与频率的线性或非线性关系模型进行温度效应剔除，缺少对季节性温度作用下温度与频率相关性的考虑，这极易造成频率预测局部离散程度高和诊断精度受限。为此，温度作用下的桥梁模态异常诊断从温度-频率多元线性关系模型出发，综合分析多测点温度和主梁频率之间的整体相关性，提取主梁温度场的表征温度，进一步建立多温度区间下的温度-频率局部化关系模型，并给出一种考虑一维预测误差分布的桥梁频率异常诊断方法。

1）主梁温度场表征

① 有效温度。以二维温度场为例，有效温度就是分布在主梁某截面上温度的加权平均值。令$T(x,y)$表示某截面的二维连续温度场，有效温度即为温度场在面积上的积分除以其横截面积，计算公式如下：

$$T_e = \frac{1}{A}\iint_A T(x,y)\mathrm{d}x\mathrm{d}y \tag{5.174}$$

式中，T_e表示有效温度；A表示横截面积。

实际上，温度测点通常布设在截面某些离散位置上，故难以通过式（5.174）获得有效温度的准确计算值。若依据温度测点的位置将截面划分为若干子区域，并假定每个子区域的温度值相同，则可通过所有子区域的温度值近似计算有效温度，即

$$T_e = \sum_{i=1}^{m}\frac{A_i}{A}T_i \tag{5.175}$$

式中，A_i表示第i个子区域的面积；T_i表示第i个子区域的温度值；m表示温度测点或子区域的个数。

有效温度具有明确的物理意义，能代表整个温度场的平均变化趋势。但通过式（5.175）近似计算有效温度，其精度取决于以下三个因素：温度测点的数量；温度测点的位置；子区域的划分方式。当温度测点数量越多且测点位置和子区域划分方式越合理时，近似计算的有效温度值则越接近其真实值；反之，则越偏离其真实值。

② 平均温度。由式（5.175）可知，有效温度实际上是所有温度测量的加权平均，其权系数为子区域面积与横截面积的比值。与有效温度不同，平均温度直接对所有温度测量取平均，计算公式为

$$T_a = \frac{1}{m}\sum_{i=1}^{m}T_i \tag{5.176}$$

式中，T_a表示平均温度。

平均温度也能描述温度场的平均变化趋势，相对于有效温度而言，平均温度的计算更为方便。然而，有效温度和平均温度都有可能忽略温度场的主要波动特征。

③ 温度主成分。多测点温度数据之间往往存在强相关性，故可对其进行主成分分析，以获得反映主要波动趋势的表征温度。令 $\boldsymbol{T}=[\boldsymbol{T}_1,\boldsymbol{T}_2,\cdots,\boldsymbol{T}_m]$ 表示 m 个温度测点的测试样本，可通过下式估计温度数据的协方差矩阵：

$$\boldsymbol{R}_{\mathrm{TT}}=\frac{1}{l-1}\sum_{t=1}^{l}\left\{\boldsymbol{T}(t)-\bar{\boldsymbol{T}}\right\}\left\{\boldsymbol{T}(t)-\bar{\boldsymbol{T}}\right\}^{\mathrm{T}} \tag{5.177}$$

式中，$\boldsymbol{R}_{\mathrm{TT}}$ 表示温度数据的协方差矩阵；l 表示温度数据的样本数；$\boldsymbol{T}(t)$ 表示 t 时刻下的温度样本；$\bar{\boldsymbol{T}}$ 表示温度数据的均值向量。

对协方差矩阵 $\boldsymbol{R}_{\mathrm{TT}}$ 进行特征值分解，即可建立温度数据的主成分分析模型：

$$\boldsymbol{R}_{\mathrm{TT}}=\boldsymbol{P}\boldsymbol{\Lambda}\boldsymbol{P}^{\mathrm{T}} \tag{5.178}$$

式中，$\boldsymbol{\Lambda}=\mathrm{diag}(\lambda_1,\lambda_2,\cdots,\lambda_m)$ 表示 m 个特征值组成的对角矩阵；λ_i 表示第 i 个特征值；$\boldsymbol{P}=[\boldsymbol{p}_1,\boldsymbol{p}_2,\cdots,\boldsymbol{p}_m]$ 表示所有 m 个特征向量组成的标准正交矩阵；$\boldsymbol{p}_i$ 表示第 i 个特征向量。在主成分分析的理论框架下，$\boldsymbol{p}_i$ 也称为第 i 个主方向。

温度数据的第 i 个主成分即为其在第 i 个主方向上的投影：

$$\boldsymbol{T}_{p,i}=\boldsymbol{p}_i^{\mathrm{T}}\boldsymbol{T} \tag{5.179}$$

式中，$\boldsymbol{T}_{p,i}$ 表示第 i 个温度主成分。

④ 偏最小二乘温度[22]。相比于上述温度场表征方法仅关注于温度数据本身，却忽视了主梁温度场与频率数据间的相关性，而偏最小二乘分析可以实现温度数据的线性组合与频率的线性组合的协方差最大化。令 $\boldsymbol{y}=\left[y_1,y_2,\cdots,y_p\right]^{\mathrm{T}}$ 表示所有 p 个频率变量的样本数据，对温度数据 $\boldsymbol{T}$ 和频率数据 $\boldsymbol{y}$ 进行偏最小二乘分解结果如下：

$$\boldsymbol{X}=\boldsymbol{T}_x\boldsymbol{P}^{\mathrm{T}}+\boldsymbol{E}_x=\sum_{i=1}^{r}\boldsymbol{t}_i\boldsymbol{p}_i^{\mathrm{T}}+\boldsymbol{E}_x \tag{5.180}$$

$$\boldsymbol{y}=\boldsymbol{U}_x\boldsymbol{Q}^{\mathrm{T}}+\boldsymbol{F}_y=\sum_{i=1}^{r}\boldsymbol{u}_i\boldsymbol{q}_i^{\mathrm{T}}+\boldsymbol{F}_y \tag{5.181}$$

式中，$\boldsymbol{T}_x$ 和 $\boldsymbol{U}_x$ 分别表示从矩阵 $\boldsymbol{X}$ 和 $\boldsymbol{y}$ 中提取的主成分矩阵；r 表示主成分个数；$\boldsymbol{P}$ 和 $\boldsymbol{Q}$ 表示负载矩阵；$\boldsymbol{E}_x$ 和 $\boldsymbol{F}_y$ 表示误差矩阵。

采用非线性迭代偏最小二乘法求解如下优化问题：

$$\begin{aligned}&\max\langle\boldsymbol{t}_i,\boldsymbol{u}_i\rangle\\&\mathrm{s.t}\begin{cases}\boldsymbol{t}_i=\boldsymbol{X}_i\boldsymbol{w}_i,\ \boldsymbol{u}_i=\boldsymbol{y}_i\boldsymbol{c}_i\\\boldsymbol{w}_1^{\mathrm{T}}\boldsymbol{w}=1,\ \boldsymbol{c}_1^{\mathrm{T}}\boldsymbol{c}=1\end{cases}\end{aligned} \tag{5.182}$$

式中，$\boldsymbol{w}$ 和 $\boldsymbol{c}$ 为映射系数或权重向量。

温度数据的第 i 个偏最小二乘温度即为其在第 i 个主成分空间上的投影：

$$\boldsymbol{T}_{\mathrm{pls},i}=\boldsymbol{x}_i\boldsymbol{H}=\boldsymbol{x}_i\boldsymbol{W}\left(\boldsymbol{P}^{\mathrm{T}}\boldsymbol{W}\right)^{-1} \tag{5.183}$$

式中，$\boldsymbol{T}_{\mathrm{pls},i}$ 表示第 i 个偏最小二乘温度；$\boldsymbol{H}$ 和 $\boldsymbol{W}$ 分别表示转变矩阵和权重矩阵。

相对于有效温度、平均温度和温度主成分而言，偏最小二乘温度的计算过程考虑了多测点温度数据与桥梁频率间的相关性，对主梁各测点温度确定一组最优的线性组合系数，从而得到的温度场表征值的精度更高。

2）主梁温度场-频率局部化关系模型的构建

（1）基于聚类分析的主梁温度区间自动划分

忽略短时间内温度等环境作用模式的变异性，采用高斯混合模型划分季节性温度变化的作用区间。假设随机向量 $\boldsymbol{x}\in\mathbb{R}^{l\times 1}$ 服从多元高斯分布，其概率密度函数可由均值向量 $\boldsymbol{\mu}$ 和协方差矩阵 $\boldsymbol{\Sigma}$ 决定，计算表达式为

$$g\left(\boldsymbol{x}\middle|\boldsymbol{\mu},\boldsymbol{\Sigma}\right)=\frac{1}{(2\pi)^{\frac{l}{2}}\left|\boldsymbol{\Sigma}\right|^{\frac{1}{2}}}\mathrm{e}^{-\frac{1}{2}(\boldsymbol{x}-\boldsymbol{\mu})^{\mathrm{T}}\boldsymbol{\Sigma}^{-1}(\boldsymbol{x}-\boldsymbol{\mu})} \tag{5.184}$$

定义高斯混合模型的概率密度函数为

$$p(\boldsymbol{x})=\sum_{i=1}^{r}\omega_i g\left(\boldsymbol{x}\middle|\boldsymbol{\mu}_i,\boldsymbol{\Sigma}_i\right) \tag{5.185}$$

式中，r 表示高斯分量的个数，即簇群个数；ω_i 表示第 i 类的混合系数，满足 $\sum\limits_{i=1}^{r}\omega_i=1$；$g\left(\boldsymbol{x}\middle|\boldsymbol{\mu}_i,\boldsymbol{\Sigma}_i\right)$ 表示第 i 个高斯分量的概率密度函数，其均值向量和协方差矩阵分别为 $\boldsymbol{\mu}_i$ 和 $\boldsymbol{\Sigma}_i$。

高斯混合模型采用多个高斯分布的线性组合作为数据分布的概率密度函数，通过概率模型对应的后验概率确定簇群的划分。假定多个温度测点的均匀温度和频率组成的随机变量矩阵 $\boldsymbol{X}=\left[\boldsymbol{x}_1,\boldsymbol{x}_2,\cdots,\boldsymbol{x}_n\right]^{\mathrm{T}}\in\mathbb{R}^{n\times m}$ 服从多元高斯分布，由式（5.185）所表示高斯混合模型生成，引入新的随机变量 $z_j\in\{1,2,\cdots,r\}$ 代表生成样本 $\boldsymbol{x}_j$ 的高斯分量，其先验概率 $p\left(z_j=i\right)=\omega_i$。根据贝叶斯定理，$z_j$ 的后验概率可以表示为

$$p\left(z_j=i\middle|\boldsymbol{x}_j\right)=\frac{p\left(z_j=i\right)p\left(\boldsymbol{x}_j\middle|z_j=i\right)}{p\left(\boldsymbol{x}_j\right)}=\frac{\omega_i p\left(\boldsymbol{x}_j\middle|\boldsymbol{\mu}_i,\boldsymbol{\Sigma}_i\right)}{\sum\limits_{k=1}^{r}\omega_k p\left(\boldsymbol{x}_j\middle|\boldsymbol{\mu}_k,\boldsymbol{\Sigma}_k\right)} \tag{5.186}$$

采用期望最大算法求出高斯混合模型的未知参数 $\boldsymbol{\Omega}=\left\{\left\{w_1,\boldsymbol{\mu}_1,\boldsymbol{\Sigma}_1\right\},\cdots,\left\{w_r,\boldsymbol{\mu}_r,\boldsymbol{\Sigma}_r\right\}\right\}$，求解步骤如下。

① 给定聚类个数 r 时，随机初始化每个簇的均值、协方差和权重。

② 利用贝叶斯公式计算第 i 个训练样本属于第 k 个簇群的后验概率，如式（5.186）。

③ 采用步骤②中得到的后验概率，计算似然函数，进而利用每个参数最大化似然函数，采用式（5.187）～式（5.189）估计模型参数的更新值：

$$\boldsymbol{\mu}_k^{t+1}=\frac{\sum\limits_{i=1}^{n}p\left(\boldsymbol{\Omega}_k\mid\boldsymbol{x}_i\right)\boldsymbol{x}_i}{\sum\limits_{i=1}^{n}p\left(\boldsymbol{\Omega}_k\mid\boldsymbol{x}_i\right)} \tag{5.187}$$

$$\boldsymbol{\Sigma}_k^{t+1}=\frac{\sum\limits_{i=1}^{n}p\left(z_i=k\middle|\boldsymbol{x}_i\right)\left(\boldsymbol{x}_i-\boldsymbol{\mu}_k^{t+1}\right)\left(\boldsymbol{x}_i-\boldsymbol{\mu}_k^{t+1}\right)^{\mathrm{T}}}{\sum\limits_{i=1}^{n}p\left(z_i=k\middle|\boldsymbol{x}_i\right)} \tag{5.188}$$

$$w_k^{(t+1)} = \frac{\sum_{i=1}^{n} p\left(z_i = k \middle| \boldsymbol{x}_i\right)}{n} \tag{5.189}$$

式中，$\boldsymbol{\Omega}_k = \{w_k, \boldsymbol{\mu}_k, \boldsymbol{\Sigma}_k\}$ 表示第 k 个簇群的混合系数、均值向量和协方差矩阵。

④ 利用步骤②和③迭代计算，直到模型的对数似然函数逐渐收敛于指定精度。

可根据式(5.186)计算出后验概率最大的高斯分量作为 x_j 的归属。实际应用中，期望最大算法的初始值敏感性以及簇群个数均会影响高斯混合模型聚类结果。针对初始值选取问题，可采用模糊 C 均值聚类对期望最大算法的参数初始化；针对簇群个数难确定的问题，可采用最小描述长度准则，通过迭代计算不同簇群个数对应的最小描述长度值，并选择其最小值作为最优聚类个数。

（2）温度-频率局部化关系模型

根据分段线性化的思想，计算不同簇群内多测点温度数据的偏最小二乘温度，进而建立偏最小二乘温度与主梁频率的局部化关系模型，计算表达式为

$$\hat{y}_i = \begin{cases} \beta_{11}t_{1,i} + \beta_{12}t_{2,i} + \cdots + \beta_{1p}t_{p,i} + e_1, \text{簇群1} \\ \beta_{21}t_{1,i} + \beta_{22}t_{2,i} + \cdots + \beta_{2p}t_{p,i} + e_2, \text{簇群2} \\ \vdots \\ \beta_{r1}t_{1,i} + \beta_{r2}t_{2,i} + \cdots + \beta_{rp}t_{p,i} + e_r, \text{簇群}r \end{cases} \tag{5.190}$$

式中，$\hat{y}_i$ 表示第 i 个模型预测值；β 表示回归模型系数；e 表示模型误差；r 表示簇群个数；t 表示偏最小二乘温度。

式（5.190）可简化为

$$\hat{\boldsymbol{y}}_i = \boldsymbol{T\beta} + \boldsymbol{E} \tag{5.191}$$

依据贝叶斯定理可知，样本 $\boldsymbol{x}_i$ 属于某 i 类的概率为 p_i，采用加权融合策略可对各簇群中的频率预测值求解，即

$$\hat{\boldsymbol{y}}_p = \sum_{i=1}^{r} p_i \hat{\boldsymbol{y}}_i\left(\boldsymbol{x}_i\right) \tag{5.192}$$

式中，$\hat{\boldsymbol{y}}_p$ 表示频率预测值；$\hat{\boldsymbol{y}}_i$ 表示第 i 类中的频率预测值。

3）主梁频率中温度效应的量化

通过统计回归分析建立温度-频率局部化关系模型，将温度对各阶频率的影响进行了量化。在此基础上，考虑消除环境温度对桥梁频率的影响，定义频率的温度修正模型，即

$$\boldsymbol{y}_{\text{nor},i} = \boldsymbol{y}_{m,i} - \hat{\boldsymbol{y}}_{p,i} + \boldsymbol{y}_{r,i} \tag{5.193}$$

式中，$\boldsymbol{y}_{m,i}$、$\hat{\boldsymbol{y}}_{p,i}$ 和 $\boldsymbol{y}_{\text{nor},i}$ 分别表示第 i 阶频率的实测值、预测值和修正值（或归一化值）；$\boldsymbol{y}_{r,i}$ 表示第 i 阶频率的期望值。

4）考虑一维预测误差分布的桥梁频率异常诊断

以温度-频率局部化关系模型误差作为诊断指标，考虑到该模型误差为一维序列向量，采用基于 3σ 准则的休哈特均值控制图确定控制限值。对比模型误差与控制限

值，若未知状态下的误差样本超出控制限值，则触发频率异常报警。

如图 5.85 所示为温度作用下桥梁模态异常诊断流程，包括先后两个阶段：第一阶段面向正常状态的离线训练阶段，即利用正常状态下获取的结构温度和频率数据作为训练数据集，主要包括划分温度区间，建立主梁温度场-频率局部化关系模型，以及构建模态异常诊断指标和确定异常诊断控制限；第二阶段是面向未知状态的在线诊断阶段，即对未知状态下的桥梁模态异常进行实时诊断。

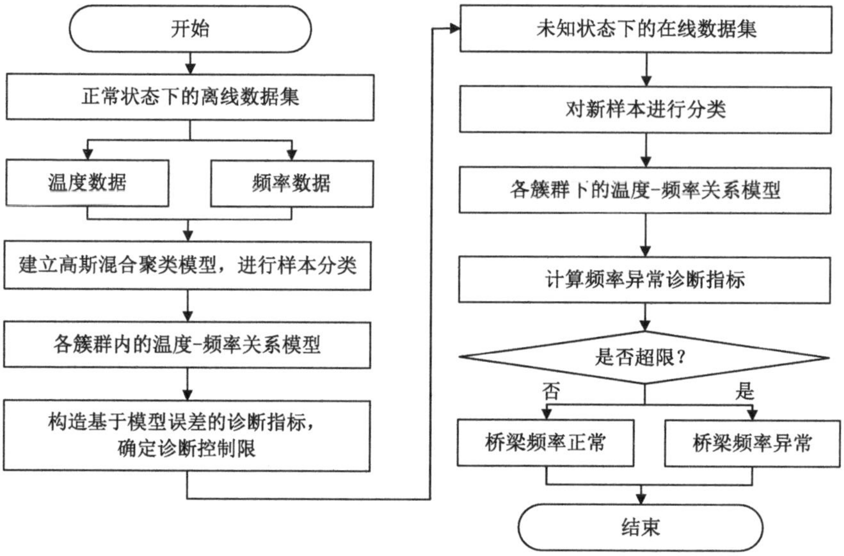

图 5.85　温度作用下的桥梁模态异常诊断流程

4. 环境多因素耦合作用下的桥梁诊断

桥梁服役期间的频率变化是多种环境荷载耦合作用的结果，为剔除桥梁频率中的多源环境因素的影响并实现可靠的异常诊断，建立精细化的环境多因素-主梁多阶频率相关性模型是关键，这时主要存在以下三方面问题。①桥梁各测点的环境变量之间往往存在较明显的相关性，即空间相关性，不合理的环境输入会削弱关系模型的建模精度及泛化性能，所以需要一种适合于在线进行环境多因素主特征提取方法。②受桥梁桥型复杂度的影响，环境作用分布与桥梁频率的理论关系并不明朗，选择一种具有较强容错性的非线性方法来进行环境效应剔除是必要的。但传统的支持向量机、神经网络等全局建模方法，往往是利用整个建模阶段数据统计得来的，模型结构及其参数一经确定便不再发生改变，难以实时更新调整和准确描述主梁非均匀温度场的瞬变性、热致响应的短时变异性，从而影响非线性环境因素影响的剔除精度。③直接利用多维模型误差构造频率异常诊断指标时，常因忽略当前观测样本和历史观测样本间的动态相关性，导致难以辨识频率的微小异常变化。为此，环境多因素耦合作用下的桥梁模态异常诊断从环境多因素-频率全局关系模型出发，综合分析多测点环境变量和主梁多阶频率之间的相关性，提取出桥梁环境多因素主特征向量，进而通过建立的环境主特征-主梁多阶频率动态关系模型，给出一种考虑多维预测误差分布的桥梁频率异常诊断方法。

1）环境多因素主特征的提取

假定一组环境变量$\boldsymbol{X}\in\mathbb{R}^{n\times m}$和频率变量$\boldsymbol{Y}\in\mathbb{R}^{n\times l}$，其中$n$为样本长度，$m$和$l$分别为环境和频率变量个数。为提取环境多因素主特征向量，引入多元偏最小二乘分析最大化环境数据与频率数据之间的协方差相关性，分解结果如下：

$$\boldsymbol{X}=\boldsymbol{T}_x\boldsymbol{P}^{\mathrm{T}}+\boldsymbol{E}_x \tag{5.194}$$

$$\boldsymbol{Y}=\boldsymbol{U}_x\boldsymbol{Q}^{\mathrm{T}}+\boldsymbol{F}_y \tag{5.195}$$

式中，$\boldsymbol{T}_x\in\mathbb{R}^{n\times r}$和$\boldsymbol{U}_x\in\mathbb{R}^{n\times r}$分别表示环境变量和频率变量的得分向量，即主特征向量；r表示主特征个数，可经由累积方差贡献率确定；$\boldsymbol{P}\in\mathbb{R}^{m\times r}$和$\boldsymbol{Q}\in\mathbb{R}^{n\times r}$表示负载矩阵；$\boldsymbol{E}_x\in\mathbb{R}^{n\times m}$和$\boldsymbol{F}_y\in\mathbb{R}^{n\times l}$表示误差矩阵。

在式（5.194）和式（5.195）基础上，环境主特征可表示为

$$\boldsymbol{T}_{\mathrm{pls,tr}}=\boldsymbol{X}_{\mathrm{tr}}\boldsymbol{H} \tag{5.196}$$

$$\boldsymbol{T}_{\mathrm{pls,te}}=\boldsymbol{X}_{\mathrm{te}}\boldsymbol{H} \tag{5.197}$$

式中，$\boldsymbol{X}_{\mathrm{tr}}$和$\boldsymbol{X}_{\mathrm{te}}$分别表示离线阶段和测试阶段的环境多因素数据；$\boldsymbol{T}_{\mathrm{pls,tr}}$和$\boldsymbol{T}_{\mathrm{pls,te}}$表示离线阶段和测试阶段的环境主特征向量；$\boldsymbol{H}=W\left(P^{\mathrm{T}}W\right)^{-1}$表示转换矩阵。

考虑到多元偏最小二乘分析是一种有偏回归分析方法，可进一步获得环境多因素与主梁频率之间的回归模型，即

$$\boldsymbol{Y}_p=\boldsymbol{T}_x\boldsymbol{T}_x^{\mathrm{T}}\boldsymbol{Y}=\boldsymbol{XB} \tag{5.198}$$

式中，$\boldsymbol{B}=\boldsymbol{X}^{\mathrm{T}}\boldsymbol{U}_x\left(\boldsymbol{T}_x^{\mathrm{T}}\boldsymbol{XX}^{\mathrm{T}}\boldsymbol{U}_x\right)^{-1}\boldsymbol{T}_x^{\mathrm{T}}\boldsymbol{Y}$表示回归模型的系数矩阵；$\boldsymbol{Y}_p$表示频率的预测值。

2）环境主特征-主梁多阶频率动态关系模型

环境主特征-主梁多阶频率动态关系模型的建模步骤如下[23]。

（1）桥梁基准监测数据库的构建

利用式（5.197）提取环境多因素的主特征向量$\boldsymbol{T}_{\mathrm{pls,tr}}$；定义主特征向量$\boldsymbol{T}_{\mathrm{pls,tr}}$和主梁多阶频率$\boldsymbol{Y}$为相关性模型的基准数据库；对任意在线阶段的环境样本$\boldsymbol{x}_{\mathrm{new}}$，将其投影到多元偏最小二乘主成分空间内，得出环境主特征$\boldsymbol{t}_{\mathrm{new}}=\boldsymbol{x}_{\mathrm{new}}\boldsymbol{H}$。

（2）基于环境相似性的局部自适应样本集合的构建

依据基于欧氏距离的相似度准则计算在线环境主特征$\boldsymbol{t}_{\mathrm{new}}$与基准数据库中的样本点之间的相似度，计算公式如下：

$$d_i=\left\|\boldsymbol{t}_{\mathrm{new}}-\boldsymbol{t}_{\mathrm{new}}^i\right\|_2^2 \tag{5.199}$$

式中，$\boldsymbol{t}_{\mathrm{new}}^i$表示环境主成分$\boldsymbol{t}_{\mathrm{new}}$的第$i$个近邻，$i=1,2,\cdots,n$；$d_i$表示环境主成分$\boldsymbol{t}_{\mathrm{new}}$与其近邻$\boldsymbol{t}_{\mathrm{new}}^i$之间的欧氏距离。

对相似度$\boldsymbol{D}=\left[d_1,d_2,\cdots,d_k,\cdots,d_n\right]$降序排列，即$d_1\leqslant d_2\leqslant\cdots\leqslant d_k\leqslant\cdots\leqslant d_n$。在基准数据库中，选择前$k$个较小距离（或较大相似度）对应的样本构造局部样本集

合，即

$$n(\boldsymbol{t}_{\text{new}})=\left\{\boldsymbol{t}_{\text{new}}^{1},\boldsymbol{t}_{\text{new}}^{2},\cdots,\boldsymbol{t}_{\text{new}}^{k}\right\}\tag{5.200}$$

式中，$n(\boldsymbol{t}_{\text{new}})$ 表示环境主特征 $\boldsymbol{t}_{\text{new}}$ 的局部自适应样本集合。

（3）环境主特征-频率关系模型的建立

在（2）的基础上，基于所选的局部样本集合，利用式（5.201）建立环境主特征与主梁多阶频率之间的局部化关系模型：

$$\begin{bmatrix}\hat{Y}_{p,1}\\ \hat{Y}_{p,2}\\ \vdots\\ \hat{Y}_{p,l}\end{bmatrix}=\begin{bmatrix}\beta_{1,1} & \beta_{1,2} & \cdots & \beta_{1,r}\\ \beta_{2,1} & \beta_{2,2} & \cdots & \beta_{2,r}\\ \vdots & \vdots & & \vdots\\ \beta_{l-1,1} & \beta_{l-1,2} & \cdots & \beta_{l-1,r}\end{bmatrix}\begin{bmatrix}T_{\text{pls},1}\\ T_{\text{pls},2}\\ \vdots\\ T_{\text{pls},l}\end{bmatrix}+\begin{bmatrix}\beta_{1,0}\\ \beta_{2,0}\\ \vdots\\ \beta_{l,0}\end{bmatrix}\tag{5.201}$$

式中，$\hat{Y}_{p,i}$ 表示主梁第 i 阶频率的预测值；$\beta_{i,j}$ 表示第 i 阶频率的第 j 个环境主特征 $T_{\text{pls},j}$ 对应的模型回归系数，可经由最小二乘法求解确定。

基于局部化建模理念提出的动态关系模型，在估计出当前环境状态下的频率预测值后，该模型即被丢弃；在下一个环境样本到达时，重新选择局部样本集合并建立动态关系模型，以实现时变环境条件下模型的实时更新和预测。

3）主梁频率中环境效应的量化

采用桥梁频率修正理论对环境条件归一化，则剔除环境因素影响的主梁频率 $\boldsymbol{Y}_{\text{nor}}$ 可用式（5.202）表示：

$$\boldsymbol{Y}_{\text{nor}}=\boldsymbol{Y}_{m}-\boldsymbol{Y}_{p}+\boldsymbol{Y}_{r}\tag{5.202}$$

式中，$\boldsymbol{Y}_{m}$ 和 $\boldsymbol{Y}_{p}$ 分别表示主梁频率的实测值和预测值；$\boldsymbol{Y}_{r}$ 表示训练阶段实测频率的期望值；$\boldsymbol{Y}_{\text{nor}}$ 为消除环境因素影响后的频率值。

4）考虑多维预测误差分布的桥梁诊断

考虑到相关性建模方法仅能在一定程度上预测已知环境因素引起的频率变异，而难以有效量化模型误差序列中包含的环境因素的交叉项和高阶项影响，以及非平稳环境激励的影响，导致模型误差仍较为离散。为此，采用主成分分析对标准化后的模型误差的协方差矩阵进行建模，奇异值分解结果如下：

$$\boldsymbol{C}=\boldsymbol{U}\boldsymbol{\Lambda}\boldsymbol{U}^{\text{T}}\tag{5.203}$$

式中，$\boldsymbol{C}$ 表示模型误差的协方差矩阵；$\boldsymbol{U}=[u_1,u_2,\cdots,u_r]$ 表示由正交特征向量 u_i 组成的矩阵；$\boldsymbol{\Lambda}=\text{diag}(\lambda_1,\lambda_2,\cdots,\lambda_r)$ 表示由特征值 λ_i 组成的对角矩阵，该特征值反映了各个主成分包含的信息量的多少。

通过上述协方差矩阵的特征值分解，模型误差 $\boldsymbol{E}$ 可分解为主元子空间和误差子空间：

$$\boldsymbol{E}=\boldsymbol{T}_{p}\boldsymbol{P}^{\text{T}}+\boldsymbol{E}_{p}\tag{5.204}$$

$$\boldsymbol{T}_{p}=\boldsymbol{E}\boldsymbol{P}\tag{5.205}$$

$$E_p = E\left(I - PP^{\mathrm{T}}\right) \tag{5.206}$$

式中，T_p 表示模型误差的主子空间；E_p 表示误差子空间重构值，该值不受环境因素的影响。

据此，基于误差子空间重构值构造马氏平方距离指标 T^2，即

$$T^2 = E_p^{\mathrm{T}} \Sigma^{-1} E_p^{\mathrm{T}} \tag{5.207}$$

式中，Σ 表示协方差矩阵。采用统计过程控制理论的指数加权滑动平均控制图，构造加权马氏平方距离 T_e^2，计算公式如下：

$$T_{e,t}^2 = (1-\gamma)T_{e,t-1}^2 + \gamma T_t^2 \tag{5.208}$$

式中，γ 表示平滑常数，一般为 0.05～0.25。

如图 5.86 所示为环境多因素耦合作用下的桥梁模态异常诊断流程，包括先后两个阶段：第一阶段为面向正常状态的离线训练阶段，主要包括提取对主梁多阶频率敏感的环境主特征，建立环境主特征-多阶频率全局关系模型，以及构造异常诊断指标和设置控制限；第二阶段为面向未知状态的在线异常诊断阶段，主要包括构建在线环境数据局部样本集合，建立环境主特征-多阶频率动态关系模型，以及对未知状态下的桥梁异常模态进行诊断。

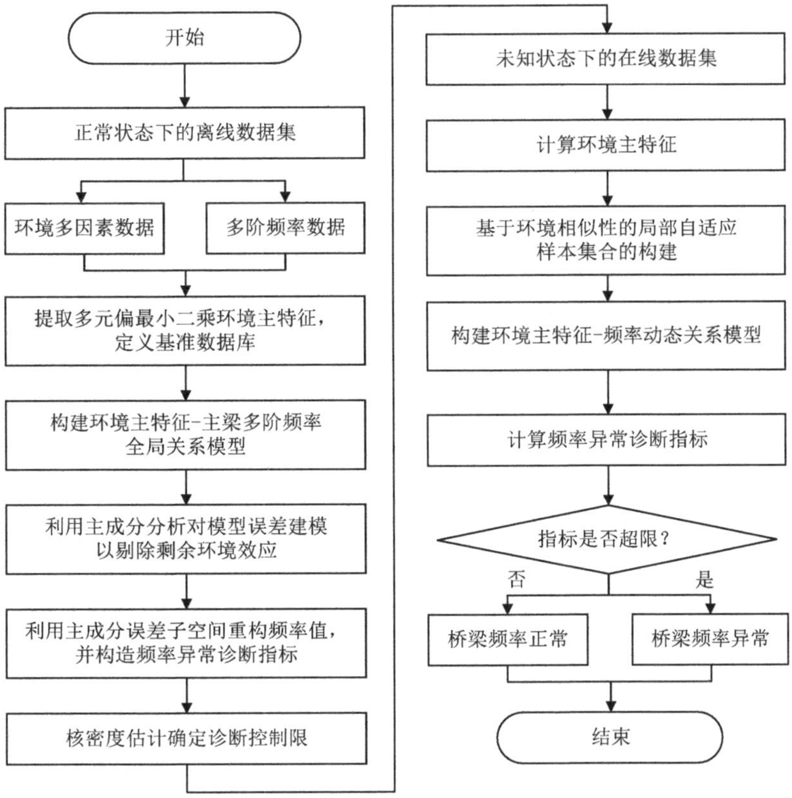

图 5.86　环境多因素耦合作用下的桥梁模态异常诊断流程

值得注意的是，工程实际中，建议使用桥梁运营初期监测系统采集的数据（或者训练集长度应至少为一年或覆盖所有可能环境工况条件的数据）作为训练集，以便更真实反映结构服役性能的变化，建立更准确的环境多因素-主梁多阶频率离线基准关系模型。此外，由于在建模时取 1h 平均数据作为一个样本，故本模态异常诊断流程每隔 1h 即可提供一次诊断信息。而现实中的桥梁模态异常诊断一般包含持久状况和偶然状况两个方面。对于持久状况而言，主梁频率产生漂移变化，此时仅基于初始基准数据库进行相关性模型的建立和频率异常诊断，无须进行基准数据库的更新；对于偶然状况而言，主梁频率产生偏移变化，此时可始终通过固定长度的监测数据对基准数据库进行实时更新，并建立相应相关性模型，以确保突发事件发生时能够及时诊断。

5. 案例分析

以图 4.29 中的大跨径公路斜拉桥为例，进行温度作用下与环境多因素耦合作用下的桥梁模态异常诊断分析。

1）温度作用下的桥梁诊断

对 2015 年 10 月至 2016 年 11 月监测期内的温度和频率数据，以 1h 为单位进行平均处理，经去除异常值和缺失值后，共获得 4008 个样本，构建主梁温度场-频率局部化关系模型。如图 5.87 所示为温度与频率的相关性散点图，可以看出，多测点温度数据分布具有不均匀性，而频率与温度之间存在显著的非线性关系。

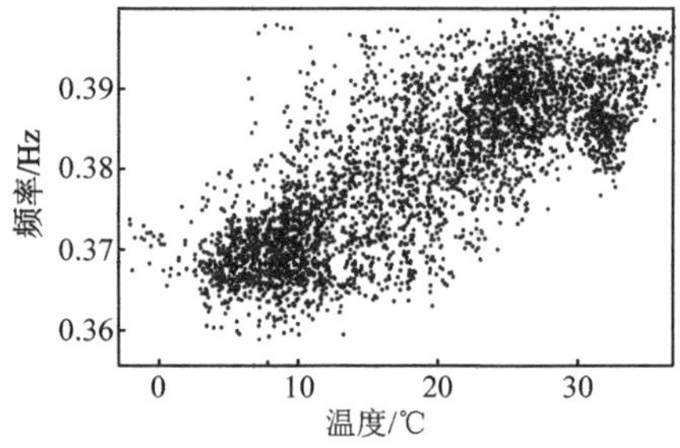

（a）第 1 阶频率

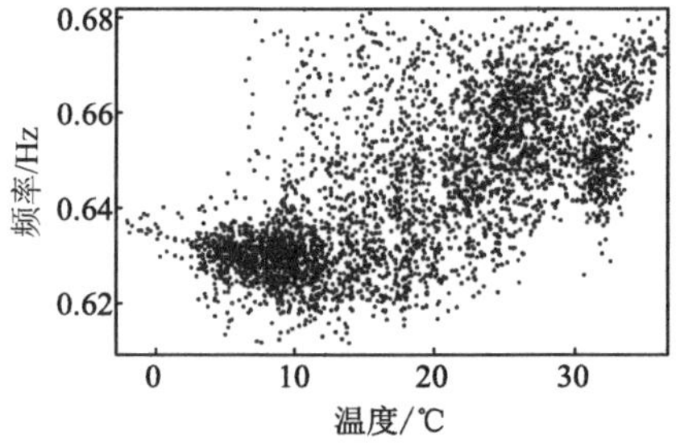

（b）第 2 阶频率

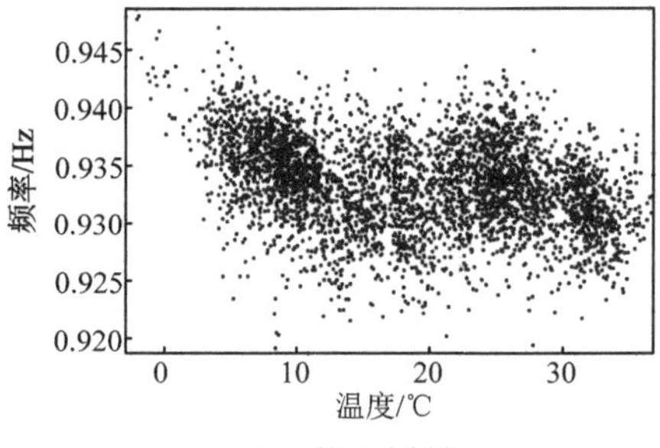

（c）第 3 阶频率

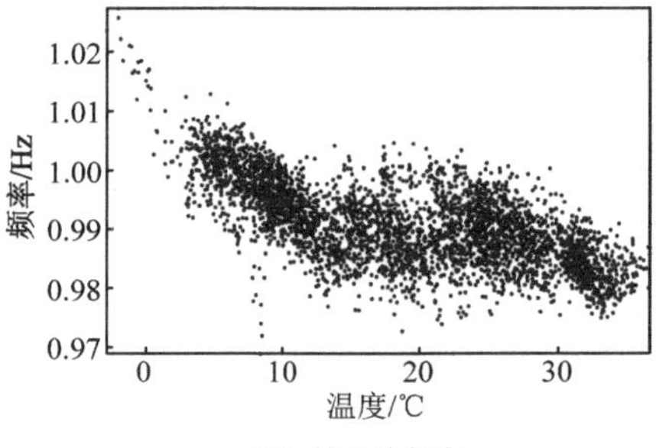

（d）第 4 阶频率

图 5.87　温度与频率相关性散点图

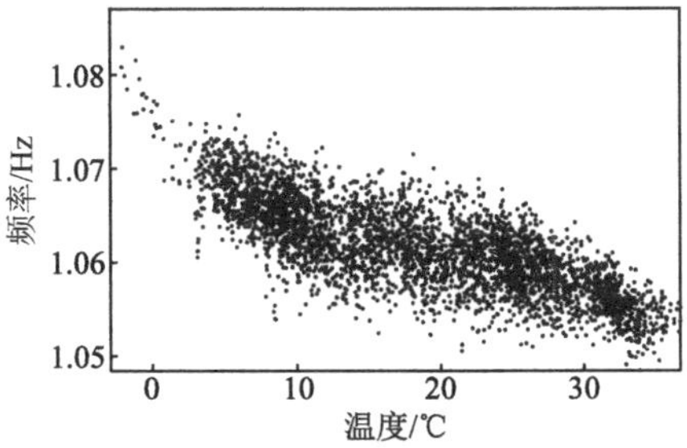

（e）第 5 阶频率

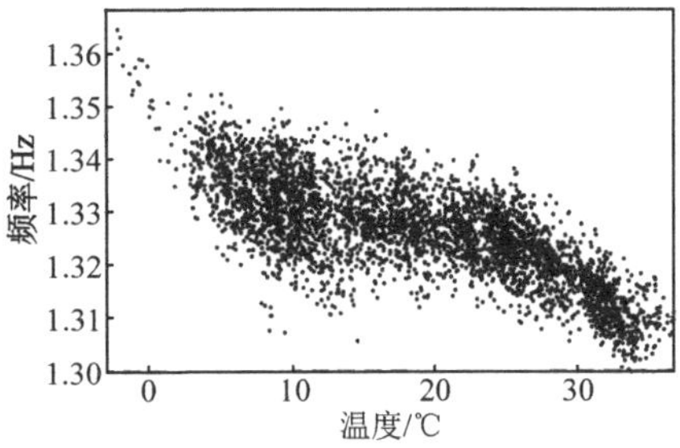

（f）第 6 阶频率

图 5.87（续）

表 5.15 和表 5.16 列出了与 4 种模型对应的前 6 阶频率建模及预测结果对比，其中模型 1～模型 4 分别为平均温度-频率关系模型、温度主成分-频率关系模型、偏最小二乘温度-频率关系模型以及偏最小二乘温度-频率局部化关系模型。相较于模型 1 和 2，模型 3 的频率预测值更接近于实测值，表明偏最小二乘温度的建模能力优于平均温度和温度主成分。相比于传统线性模型，模型 4 的建模精度和预测性能均最佳，模型误差均方根误差值更小。

表 5.15　训练阶段模型误差的均方根误差对比

模态阶次	模型 1	模型 2	模型 3	模型 4
1	0.600	0.585	0.529	0.520
2	1.206	1.162	1.078	1.034
3	0.379	0.374	0.356	0.319
4	0.526	0.508	0.451	0.371
5	0.303	0.284	0.274	0.260
6	0.645	0.635	0.569	0.558

表 5.16　测试阶段模型误差的均方根误差对比

模态阶次	模型 1	模型 2	模型 3	模型 4
1	0.578	0.517	0.500	0.453
2	1.092	1.016	1.081	0.940
3	0.336	0.338	0.315	0.305
4	0.465	0.424	0.411	0.387
5	0.289	0.241	0.221	0.216
6	0.499	0.465	0.425	0.394

以第 4 阶频率为例，图 5.88 展示了模型 4 中的温度效应归一化结果。可以看出，利用局部化关系模型消除温度影响后的频率已不存在季节性波动趋势，模型误差的变化范围较窄。值得一提的是，受到测量误差、噪声等随机变量的影响，以及风、车辆和非平稳激励识别误差等不确定性因素的影响，频率随温度变化幅度虽然得到明显削弱，但归一化频率的时程曲线并非一条平稳的直线，而是在期望值附近呈小幅波动变化。

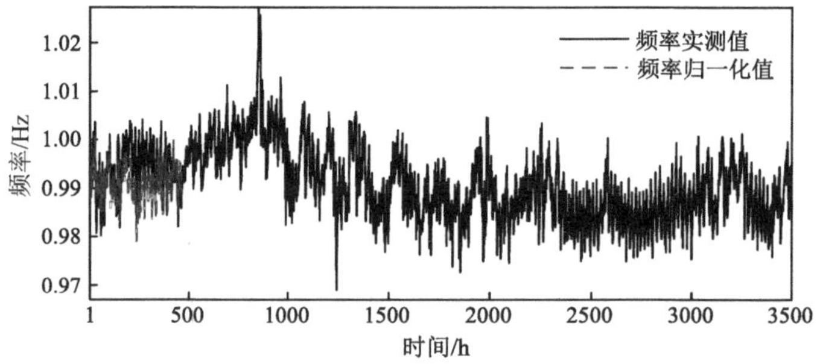

图 5.88　第 4 阶频率中温度效应归一化结果

图 5.89 为显著性水平 $\alpha=0.03$ 时的第 4 阶频率异常诊断结果，其中工况 1～4 分别表示频率异常折减率为 0%、1.0%、2.0%、3.0%（注：图中的点划线由上及下对应控制图的上、中、下三条控制限）。工况 1 中仅有少量异常样本超出控制限，但其超限率接近于或低于显著性水平，表明桥梁频率处于正常波动状态。随着主梁性能退化程度的加重，测试阶段与训练阶段间模型误差的统计偏差逐渐增大，更多的异常频率超出控制限。

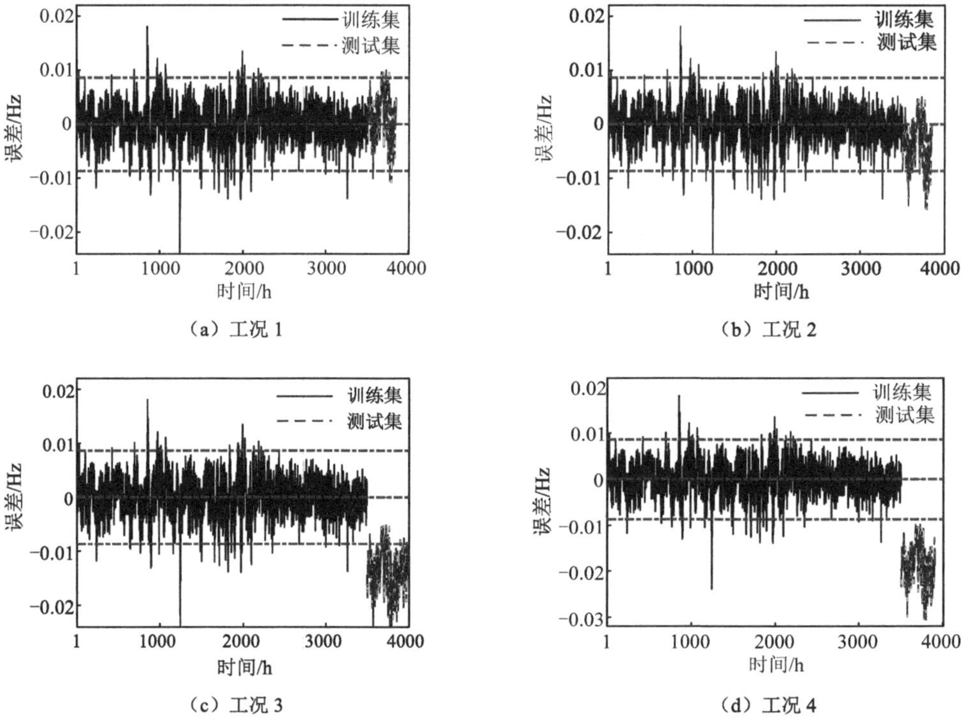

（a）工况 1　（b）工况 2　（c）工况 3　（d）工况 4

图 5.89　第 4 阶频率异常诊断结果

2）环境多因素耦合作用下的桥梁诊断

对 2016 年 1 月至 11 月监测期内的环境因素和频率数据，以 1h 为时间单位进行平均处理，经去除异常值和缺失值后，共获得 2455 个样本，构建环境主特征-主梁多阶频率动态关系模型。表 5.17 列出了前八阶频率的建模及预测结果，其中离线训练阶段均采用多元偏最小二乘回归模型来构建环境与多阶频率之间的基准关系模型，而在线诊断阶段则分别采用多元偏最小二乘回归模型（模型 1）和环境主特征-多阶频率局部化模型（模型 2）来进行性能预测；同时采用均方根误差和相关系数作为各模型的量化指标。相比于模型 1，模型 2 具有最佳的预测能力和更平稳的模型误差，表明环境主特征-主梁多阶频率动态关系模型能够更有效地消除环境因素对桥梁频率的非线性影响。

表 5.17　离线训练及在线诊断阶段模型误差的量化指标对比

模态阶次	离线训练阶段		在线诊断阶段			
			模型 1		模型 2	
	均方根误差/10^{-3}	相关系数	均方根误差/10^{-3}	相关系数	均方根误差/10^{-3}	相关系数
1	5.38	0.821	3.36	0.730	2.98	0.801
2	11.11	0.725	8.22	0.656	5.35	0.875
3	3.73	0.437	3.10	0.547	2.88	0.647
4	5.24	0.734	3.72	0.744	3.13	0.819
5	2.84	0.830	2.27	0.737	1.80	0.832
6	6.21	0.786	4.10	0.701	3.32	0.813
7	5.42	0.806	3.91	0.795	3.04	0.878
8	6.42	0.750	4.87	0.631	3.79	0.800

如图 5.90 所示为显著性水平 $\alpha=0.03$ 时的桥梁多阶频率异常诊断结果，其中工况 1～4 分别表示频率异常折减率为 0%、0.5%、0.7%和 1.0%（注：图中的点划线表示异常诊断阈值）。对于训练阶段下的所有工况，绝大多数样本处于控制限内，且在较小范围内平稳波动。对于工况 1，测试阶段仅有少量异常样本超出控制限，由于测试阶段的误诊率值小于 3%，故而可判定桥梁频率处于正常波动状态。随着工况 2～工况 4 中的频率折减因子的增大，频率异常诊断精度更高。

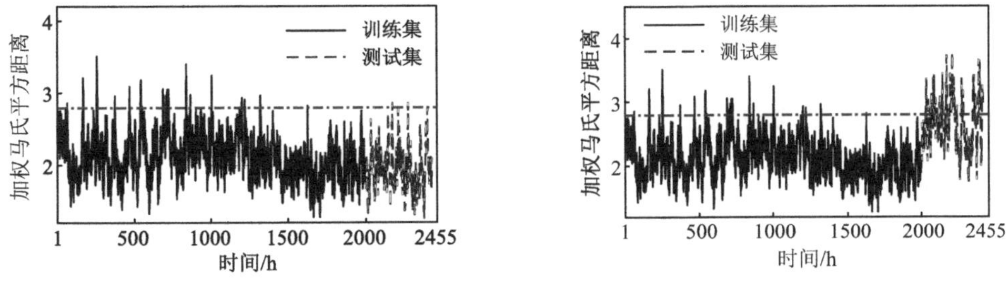

（a）工况 1　　（b）工况 2

图 5.90　桥梁多阶频率异常诊断结果

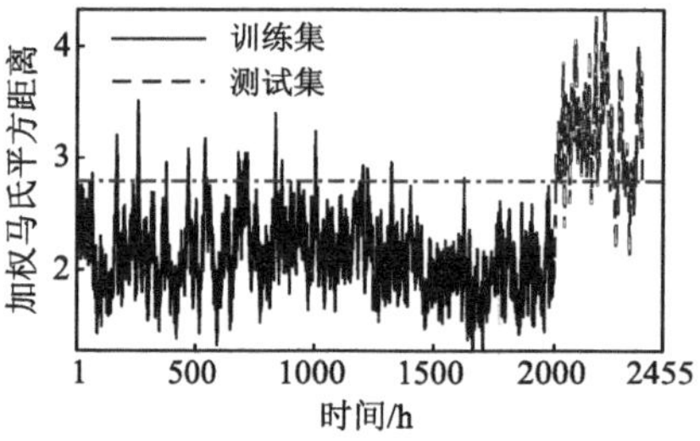

（c）工况 3

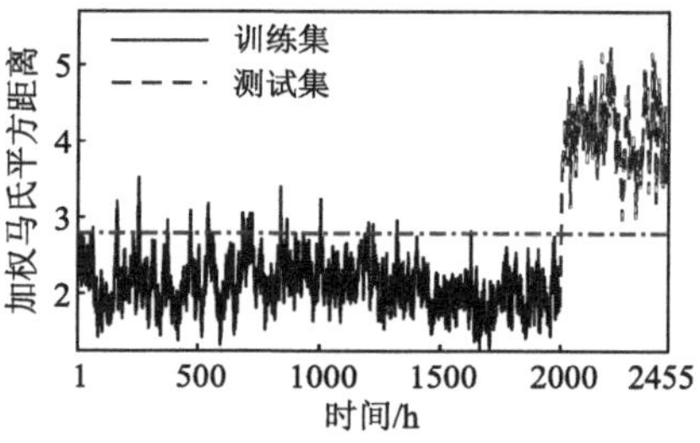

（d）工况 4

图 5.90（续）

5.5.3 环境因素未知时的桥梁诊断

环境因素未知时的桥梁模态异常诊断，又称隐式诊断，是在温度、车辆等环境与荷载作用不可测或无法测量的情况下开发的。隐式诊断方法仅需已知桥梁模态数据，通过统计模式识别方法建立外部荷载与模态参数之间的隐性关系模型，并依据模型误差或误差测度距离的统计分布特性，实现桥梁模态的异常诊断。隐性关系模型为

$$\boldsymbol{y}=f_v\left(\boldsymbol{x}_v\right)+\boldsymbol{e} \tag{5.209}$$

式中，$\boldsymbol{x}_v$ 表示温度、车辆荷载等隐变量；$f_v(\cdot)$ 表示隐变量到模态参数的映射关系；$\boldsymbol{y}$ 表示模态参数；$\boldsymbol{e}$ 表示模型误差。基于某些额外假设，例如假定隐变量的个数、隐变量之间互相无关或独立、隐变量的方差最大化以及建模误差最小化等，隐式诊断方法能够从大量实测数据中直接恢复隐变量 $\boldsymbol{x}_v$，并估计与之对应的映射关系 $f_v(\cdot)$。

隐式诊断方法因其具有无须环境因素测试数据的独特优势，而成为桥梁健康监测领域的研究热点，依据是否历经潜在环境效应分离的过程，可分为环境特征分离和环境特征匹配两类方法。环境特征分离方法通过建立桥梁多阶频率间的隐性相关关系，将频率从高维特征空间映射至低维特征空间，提取出与温度、车辆等外部荷载相关的频率变化主特征并予以剔除，相关方法包括特征提取、协整分析和时间序列分解等。环境特征匹配方法利用构建的桥梁正常工作状态下的离线基准模型，结合测度距离来表征在线观测值与基准模型之间的统计差异性或不一致性，进而诊断模态异常，相关方法包括离群分析、聚类分析和分类算法等。

1. 环境特征分离方法

1）特征提取

主成分分析是目前最为常用的特征提取方法，其基本思想是在保证原始频率数据信息损失最少的前提下，依据数据投影后方差最大化进行数据维度压缩，提取环境变化趋势成分，该主成分保留了原始变量的大部分变化信息。传统主成分分析属于线性方法，需要桥梁模态变量之间满足较好的线性相关性，而实际的模态变量间可能存在非线性关系。为了克服线性主成分分析的缺点，局部主成分分析、核主成分分析、自联想神经网络等改进方法被开发出。研究表明，在分离非线性的环境因

素影响方面，这些非线性方法比线性方法表现出更好的模态异常诊断效果。核主成分分析是一种全局非线性建模方法，通过核函数将原始频率数据由低维非线性空间映射到高维线性空间，从而在高维空间线性提取频率数据主成分。自联想神经网络是一种具有相同输入层和输出层的非线性主成分分析方法，用于解决高维空间数据的特征提取、维数缩减和模式识别问题。此外，奇异值分解、因子分析、独立成分分析、慢特征分析、核零空间变换、多维尺度分析等特征提取方法及其拓展版本亦在结构健康监测领域获得了广泛的应用。

2）协整分析

协整分析是计量经济学领域中处理非平稳问题的方法，主要用于分离非平稳经济变量中的共同趋势、解决非平稳数据建模引发的伪回归问题[24]。协整分析的基本思想为两个或多个变量本身是非平稳的，但其线性组合可能是平稳的，该平稳的线性组合被称为协整方程，可用来描述非平稳变量之间的长期均衡关系。若非平稳序列 x_t 经过 d 次差分后变成平稳的时间序列，则称 x_t 具有 d 阶单整性，记为 $x_t \sim I(d)$。在桥梁健康监测领域，非平稳频率时间序列的单整阶数一般为 1，记为 $x_t \sim I(0)$。非平稳随机向量 $\boldsymbol{x}_t = \{x_{1t}, x_{2t}, \cdots, x_{mt}\}^{\mathrm{T}}$ 的协整方程表示为

$$\boldsymbol{\beta}^{\mathrm{T}} \boldsymbol{x}_t = \beta_1 x_{1t} + \beta_2 x_{2t} + \cdots + \beta_m x_{mt} \sim I(0) \tag{5.210}$$

式中，$\boldsymbol{\beta} = [\beta_1, \beta_2, \cdots, \beta_m]^{\mathrm{T}}$ 为协整向量；$\boldsymbol{\beta}^{\mathrm{T}} \boldsymbol{x}_t$ 为平稳的零均值白噪声序列，即协整误差。

桥梁健康状态下协整变量间的协整关系保持不变，而损伤的发生会破坏上述协整关系，通过比较结构损伤前后的协整误差变化，则可实现频率异常的准确诊断。协整分析无须环境测量信息，具有物理意义明确、易于实现的特点，但其要求频率变量之间存在良好的线性或弱非线性相关性。一般情况下，桥梁各阶频率的温度敏感性不一致且非线性相关，为此，部分学者结合统计模式识别技术对协整分析进行改进，提出了阈值协整、分段线性化协整、非线性函数协整以及异方差协整等方法，目的是消除季节性温度变化对桥梁频率的影响。

3）时间序列分解

时间序列分解是根据温度、车辆荷载等变化的周期性和频率的多时间尺度特性，将实测频率数据分解为一组相互独立的低频和高频分量序列，即缓慢变化的低频趋势项、周期项和高频的噪声项。通过重构信号中与潜在温度周期成分一致的低频趋势项，剔除频率中的潜在温度效应，以获得仅与桥梁结构刚度属性相关的剩余分项，并结合统计过程控制图进行异常诊断。常用的时间序列分解方法包括辛几何谱分析和奇异谱分析等。

2. 环境特征匹配方法

1）离群分析

离群分析即数据的离群点检测，离群点是指在数据集合中与大多数数据的特征

不一致的数据。马氏平方距离是目前最具有效性的离群分析方法之一，其假定了监测数据服从多元高斯分布，目的是度量两个多元数据集之间的差异或相似度。马氏平方距离计算表达式为

$$\mathrm{MSD}_i=\left(\boldsymbol{y}_i-\bar{\boldsymbol{Y}}\right)^{\mathrm{T}}\boldsymbol{C}^{-1}\left(\boldsymbol{y}_i-\bar{\boldsymbol{Y}}\right) \tag{5.211}$$

式中，MSD_i 表示马氏平方距离；$\bar{\boldsymbol{Y}}$ 和 $\boldsymbol{C}$ 分别表示由矩阵 $\boldsymbol{Y}$ 计算出的平均特征向量和协方差矩阵，这两个量可以量化环境因素对特征向量的影响。

马氏平方距离具有原理简单、计算效率高等优点；但存在训练数据需要满足多元高斯性假设、对异常值敏感、对训练数据库的完备性要求高等问题，均可能会阻碍该方法的异常诊断结果的可靠性。此外，最小协方差行列式、最小体积封闭椭球、局部离群因子等方法也被用于提升桥梁模态异常诊断效果。

2）聚类分析

聚类分析是一种无监督的数据异常诊断方法，即在没有数据先验信息的情况下，根据监测数据内部结构的相似性或距离大小，将桥梁正常状态下的监测数据划分簇群，以代表结构在正常状态下处于的不同工作状态，通过对比在线观测值与聚类中心间的距离大小进行异常诊断。常用的聚类方法包括 K-均值聚类、K-中心点聚类、模糊 C 均值聚类、高斯混合模型、狄利克雷过程混合模型、仿射传播聚类、密度聚类、谱聚类等。相比于 K-均值聚类，高斯混合模型产生的簇群形状可以是任意的椭圆，实际应用范围更广。研究表明，在对桥梁频率聚类分析时，高斯混合模型可以有效处理变化环境下频率间的非线性和非高斯性，具有更强的可解释性；狄利克雷过程混合模型可以在没有完整训练数据集的情况下，自动确定聚类数量并进行在线学习；仿射传播聚类无须指定初始聚类中心及聚类的数量，但存在训练速度较慢、难以扩展至海量监测数据的问题；密度聚类对噪声数据的敏感性低且无须预知聚类簇的数量，对异常值的鲁棒性较好；利用无损监测数据初始化和校准的自适应核谱聚类，可实现初始参数的确定和自动更新，但参数校准过程对异常诊断效果影响较大[25]。

3）分类算法

分类算法假定基线分类器可以利用正常运营环境作用下的训练集，经由最小结构风险构造，通过判断在线离散响应数据是否服从分类模型，达到监测数据异常诊断的目的。该方法易于实现和解释，特别是适用于大型训练数据集。根据建模阶段是否需要进行数据标记，可分为有监督分类和无监督分类两类。其中无监督分类算法因无须预先确定标签类别，而更易于实现复杂环境干扰下的桥梁模态异常诊断，包括一类支持向量机和支持向量数据描述两种方法。这两种方法的相同点在于，均需将原始数据映射至高维特征空间；区别在于，前者通过无监督方式估计高维分布的支持度，建立数据与原点之间距离最大的超平面，而后者通过无监督方式构建一个封闭的最小超球体，以包含尽可能多的训练样本，进而通过新观测样本与超球体中心距离的计算，达到数据异常诊断的目的。相比于马氏平方距离、主成分分析等隐式建模方法，无监督分类算法的异常数据分类效果和诊断性能均最优。

值得注意的是，本节涉及的桥梁模态异常诊断指标及其阈值的确定均可按照 5.5.2 节来构建和设置。如图 5.91 所示为环境因素未知时的桥梁模态异常诊断方法。

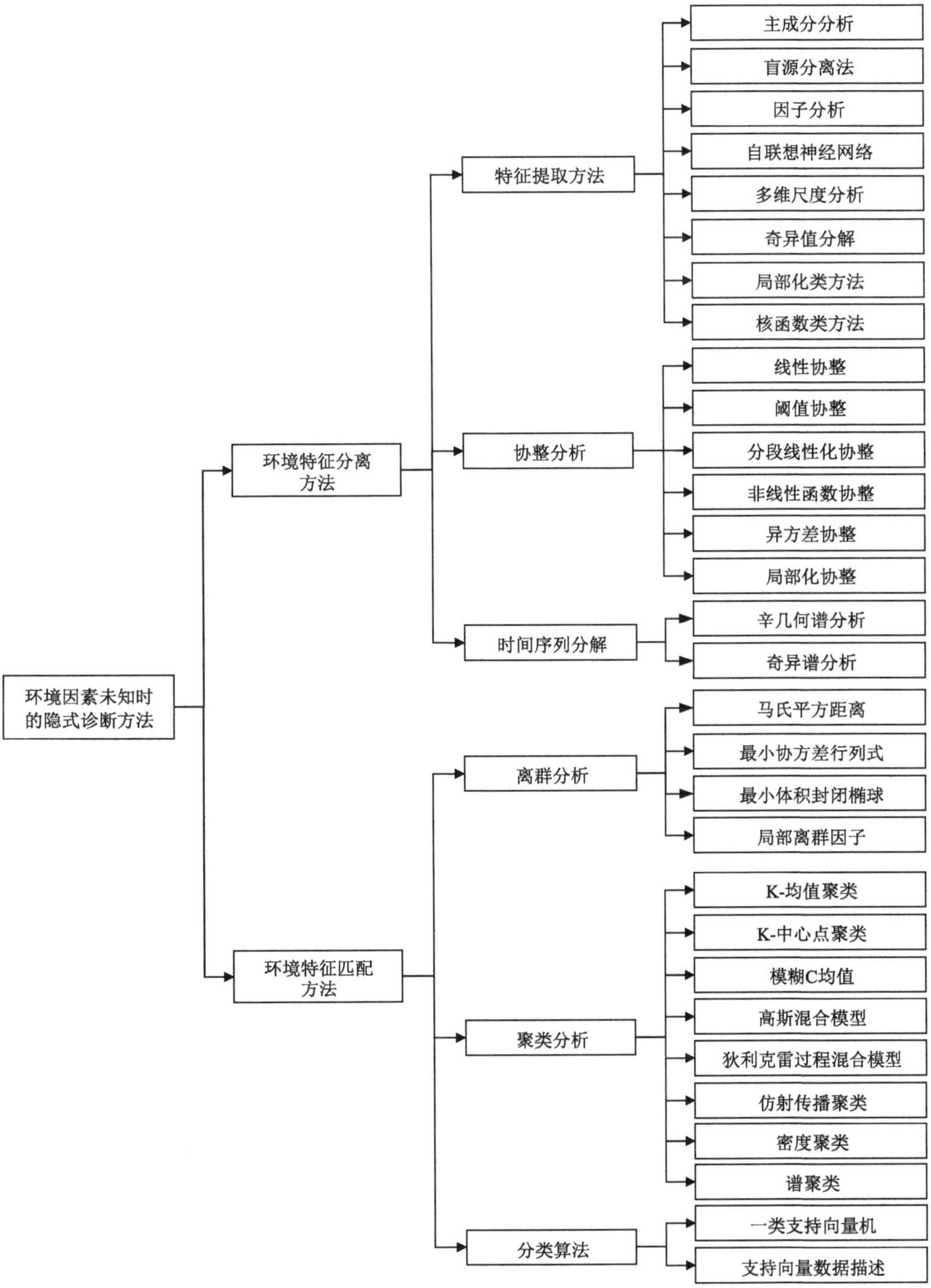

图 5.91　环境因素未知时的桥梁模态异常诊断方法

3. 考虑多阶频率非高斯特性的桥梁诊断

多源干扰下的桥梁频率变量之间往往存在较明显的相关性，通过主成分分析等特征提取方法可对其进行建模、环境效应分离以及异常诊断。但工程应用中主要存在以下三方面问题：①仅重视模态变量之间的方差统计特性，忽略了模态变量内部监测样本随时间的变化情况，导致提取的特征参数无法有效衡量环境因素或结构损伤引起的数据本质演变特性，存在有效信息丢失的风险；②传统主成分分析作为一种线性变换方法，无法处理环境因素导致的模态变量间的非线性问题；③不同太阳辐射强度下的混凝土箱梁温度场分布呈现出非高斯特性，这一定程度上会造成桥梁频率数据具有非高斯分布，而这与传统特征提取方法及其异常诊断指标的高斯假设不符，极大程度上限制了方法的工程实用性。为此，考虑多阶频率非高斯特性的桥梁模态异常诊断从监测数据的非高斯特性判别出发，提取出主梁频率慢特征后，通过构建基于频率相似性的局部自适应样本集合，给出一种多阶频率慢特征重构差分的桥梁频率异常诊断方法。

1）数据非高斯特性分析

统计学中的高斯性和非高斯性是指一个随机变量的概率密度分布形式，而高斯分布本质上是数据呈单峰分布的现象。若随机过程 $x(t)$ 的幅值为随机变量且服从高斯分布，则其概率密度函数为

$$f(x,t)=\frac{1}{\sqrt{2\pi}\sigma(t)}\exp\left\{-\frac{\left[x-\mu(t)\right]^2}{2\sigma^2(t)}\right\} \tag{5.212}$$

式中，$\mu(t)$ 和 $\sigma(t)$ 分别表示样本均值及标准差。

对于幅值分布不服从高斯分布的非高斯随机过程，采用偏度 γ_3 和峰度 γ_4 来衡量数据的非高斯性，即

$$\gamma_3=\frac{\sum_{i=1}^{n}\left(x_i-\overline{x}\right)^3}{n\sigma^3} \tag{5.213}$$

$$\gamma_4=\frac{\frac{1}{n}\sum_{i=1}^{n}\left(x_i-\overline{x}\right)^4}{\left(\frac{1}{n}\sum_{i=1}^{n}\left(x_i-\overline{x}\right)^2\right)^2} \tag{5.214}$$

式中，n 表示样本个数；$\overline{x}$ 表示样本均值。偏度用于衡量分布的偏斜程度，$\gamma_3=0$ 表明数据具有高斯分布特性；峰度表征概率密度分布曲线在平均值处峰值高低的特征数，反映了概率密度曲线峰顶的尖度，$\gamma_4=3$ 表明该分布服从高斯分布。

2）主梁频率慢特征的提取

慢特征分析是一种新颖的多变量统计分析方法，其本质是利用原始监测变量的线性组合，从输入数据中提取出变化最缓慢的潜变量，作为衡量桥梁系统变化的属

性变量。在桥梁健康监测领域，将慢特征分析提取出的桥梁频率中缓慢变化的动态特征定义为频率慢特征，该特征反映了由环境因素或损伤引起的频率波动变化[26]。

令 $\boldsymbol{x}(t)\in\mathbb{R}^{n\times p}$ 为有 p 个变量和 n 个样本的桥梁频率数据集，经线性映射矩阵 $\boldsymbol{W}$ 实现原始数据空间的线性映射，保证求得的频率慢特征 $\boldsymbol{s}_i=\boldsymbol{W}_i^{\mathrm{T}}\boldsymbol{x}(t)(1<i<p)$ 具有最小的慢度，以能够反映结构的固有属性变化。求解目标函数和约束条件如下：

$$\begin{gathered}\Delta(\boldsymbol{s}_i(t))=\left\langle \dot{\boldsymbol{s}}_i^2\right\rangle_t \\ \text{s.t.}\quad \left\langle \boldsymbol{s}_i\right\rangle_t=0,\ \left\langle \boldsymbol{s}_i^2\right\rangle_t=1,\ \forall\ i\neq j:\left\langle \boldsymbol{s}_i\boldsymbol{s}_j\right\rangle_t=0\end{gathered} \tag{5.215}$$

式中，$\dot{\boldsymbol{s}}_i$ 表示慢特征 $\boldsymbol{s}$ 对时间 t 的一阶导数，表征样本随时间变化的快慢；$\langle\bullet\rangle_t$ 表示监测样本的期望；$\boldsymbol{s}_i$ 和 $\boldsymbol{s}_j$ 分别表示第 i 个和第 j 个慢特征。

为了获得频率慢特征，通过两次奇异值分解求解上述优化问题。首先，对原始模态数据的协方差矩阵 $\boldsymbol{B}=\left\langle \boldsymbol{x}\boldsymbol{x}^{\mathrm{T}}\right\rangle_t$ 实施第一次奇异值分解：

$$\boldsymbol{B}=\boldsymbol{U}\boldsymbol{\Lambda}\boldsymbol{U}^{\mathrm{T}} \tag{5.216}$$

式中，$\boldsymbol{U}$ 为特征向量矩阵；$\boldsymbol{\Lambda}$ 为对角矩阵。

为去除数据中的冗余信息，令白化矩阵 $\boldsymbol{Q}=\boldsymbol{\Lambda}^{-1/2}\boldsymbol{U}$，则过渡变量 $\boldsymbol{z}$：

$$\boldsymbol{z}=\boldsymbol{\Lambda}^{-1/2}\boldsymbol{U}\boldsymbol{x}=\boldsymbol{Q}\boldsymbol{x} \tag{5.217}$$

式中，$\boldsymbol{z}$ 为白化后频率数据，且满足 $\operatorname{cov}(\boldsymbol{z})=\left\langle \boldsymbol{z}\boldsymbol{z}^{\mathrm{T}}\right\rangle_t=\boldsymbol{I}$。

令正交矩阵 $\boldsymbol{P}=\boldsymbol{W}\boldsymbol{Q}^{-1}$，定义频率的慢特征矩阵 $\boldsymbol{s}$：

$$\boldsymbol{s}=\boldsymbol{P}^{\mathrm{T}}\boldsymbol{z}=\boldsymbol{W}\boldsymbol{x} \tag{5.218}$$

式中，$\boldsymbol{W}=\boldsymbol{P}\boldsymbol{\Lambda}^{-1/2}\boldsymbol{U}^{\mathrm{T}}$ 表示线性映射矩阵。

慢特征 $\boldsymbol{s}$ 的慢度等于第二次奇异值分解中的奇异值 λ_i，即 $\left\langle(\dot{s}_i)^2\right\rangle_t=\operatorname{diag}(\lambda_1,\lambda_2,\cdots,\lambda_p)$，对角线特征值满足降序排列，变化最慢的特征更能表征频率数据的固有属性变化，而变化最快的特征往往为噪声信号[26]。λ_i 越大，表明其反映的原始模态变量信息越多，可经由累积贡献率确定慢特征数量。

3）多阶频率慢特征重构差分的环境效应分离

令 $\boldsymbol{X}\in\mathbb{R}^{n\times m}$ 为具有 n 个样本和 m 个变量的桥梁频率数据集合，并将其定义为基准数据库，计算任意 i 时刻的频率样本 $\boldsymbol{x}_i$ 与基准数据库中其他样本点 $\boldsymbol{x}_i^j$ 之间的欧氏距离：

$$d\left(\boldsymbol{x}_i,\boldsymbol{x}_i^j\right)=\left\|\boldsymbol{x}_i-\boldsymbol{x}_i^j\right\|_2^2 \tag{5.219}$$

通过距离法搜索频率样本 $\boldsymbol{x}_i$ 的近邻样本子集，构建局部样本集合 $n(\boldsymbol{x}_i)$，即

$$n(\boldsymbol{x}_i)=\left\{\boldsymbol{x}_{i,1},\boldsymbol{x}_{i,2},\cdots,\boldsymbol{x}_{i,k}\right\} \tag{5.220}$$

$$d\left(\boldsymbol{x}_i,\boldsymbol{x}_i^1\right)\leqslant d\left(\boldsymbol{x}_i,\boldsymbol{x}_i^2\right)\leqslant\cdots\leqslant d\left(\boldsymbol{x}_i,\boldsymbol{x}_i^k\right) \tag{5.221}$$

式中，$\boldsymbol{x}_{i,j}$ 为 $\boldsymbol{x}_i$ 的近邻样本 $\boldsymbol{x}_j$；$n(\boldsymbol{x}_i)$ 为 $\boldsymbol{x}_i$ 的近邻子集；正整数 k 为近邻子集个数，以正常状态下响应数据的误诊率为目标，通过交叉验证方法选取最小误报率对应的子集个数，作为本方法的 k 值。

计算任意时刻的频率样本 $\boldsymbol{x}_i$ 的近邻子集 $n(\boldsymbol{x}_i)$ 的均值向量 $\boldsymbol{m}_i$：

$$\boldsymbol{m}_i = \frac{1}{k}\sum_{j=1}^{k}\boldsymbol{x}_{i,j} \tag{5.222}$$

因 $\boldsymbol{x}_i$ 与 $\boldsymbol{m}_i$ 在空间中的位置接近，具有相同的分布特性，故可用 $\boldsymbol{m}_i$ 近似表征样本 $\boldsymbol{x}_i$。经均值向量 $\boldsymbol{m}_i$ 向慢特征分析主方向投影，即可计算实测频率 $\boldsymbol{x}_i$ 的慢特征估计值 $\hat{\boldsymbol{s}}$：

$$\hat{\boldsymbol{s}} = \boldsymbol{m}_i\boldsymbol{W}_r \tag{5.223}$$

式中，$\boldsymbol{W}_r$ 为前 r 个慢特征对应的线性映射矩阵，用于表征监测数据的空间投影方向。

计算实测慢特征 $\boldsymbol{s}$ 与估计慢特征 $\hat{\boldsymbol{s}}$ 的差分，所得差分矩阵 $\boldsymbol{e}$ 即为不受非线性环境因素影响的误差矩阵：

$$\boldsymbol{e} = \boldsymbol{s} - \hat{\boldsymbol{s}} \tag{5.224}$$

差分矩阵的计算过程可消除监测样本相对于坐标原点的差异，并获得相对于邻近样本的变化信息；由于采用局部线性化思想来逼近数据的非线性特征，搜索的局部样本集合可有效保证数据的局部特性，因此，差分过程可改善模态变量间的线性相关性和高斯分布特性。

4）考虑模型预测误差的桥梁诊断

由于正常状态的差分矩阵不受环境因素影响，且近似服从高斯分布，所以能够满足马氏平方距离的前提假定。为此，构造加权马氏平方距离诊断指标，并采用核密度估计方法确定模态异常诊断阈值，详细过程可参考 5.5.2 节。

如图 5.92 所示为考虑多阶频率非高斯特性的桥梁性能诊断流程。

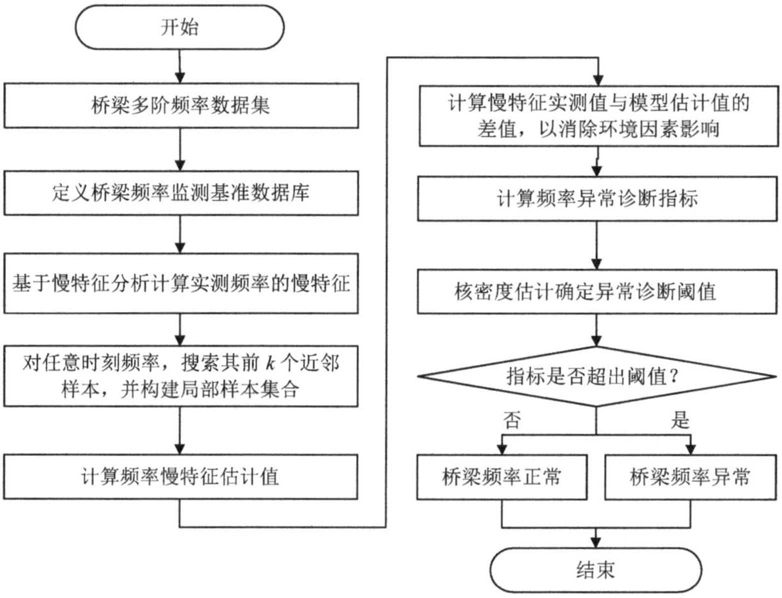

图 5.92　考虑多阶频率非高斯特性的桥梁性能诊断流程

4. 考虑多阶频率非平稳性的桥梁诊断

温度、车辆荷载等环境与荷载作用下的桥梁频率呈现出非平稳性，通过计量经济学中的协整分析可对非平稳性进行建模、环境效应分离以及异常诊断。工程应用中，协整分析主要存在以下两方面问题。①协整分析要求监测变量间满足较好的线性相关性，一旦监测变量间存在一定的非线性关系，将出现明显的误判现象。但由于桥梁不同阶频率对环境温度的敏感性不一致，造成各阶监测变量之间往往难以保证较好的线性协整关系，这导致协整分析在实际工程的使用中存在局限性。②在构建协整关系模型时，往往需要利用全部变化环境下的无损监测数据，但获得这些数据通常比较困难，尤其是在早期监测阶段。这一定程度上造成模型参数固定不变且实时更新困难，进一步导致难以实时在线捕捉非平稳频率序列间的动态均衡关系，在长期使用中存在异常诊断性能下降的风险。为此，考虑多阶频率非平稳性的桥梁模态异常诊断从监测数据的非平稳性判别和协整检验出发，利用频率协整的环境效应分离原理，给出一种基于多阶频率局部化协整的桥梁频率异常诊断方法。

1）数据非平稳性分析

协整分析首先是分析各变量的单整阶次及其平稳性的判别，该步骤通常由各变量的单位根检验来实现。若单位根在时间序列的特征方程中存在，则时间序列本质是不平稳的。增广迪基-富勒（augmented Dickey-Fuller，ADF）检验是目前应用最广泛的非平稳性检验方法，其将每个变量 y_i 拟合为如式（5.225）的模型类型：

$$\Delta y_i = \rho y_{i-1} + \sum_{j=1}^{p} b_j \Delta y_{i-j} + \varepsilon_i \tag{5.225}$$

式中，Δ 表示差分算子，定义为 $\Delta y_i = \Delta y_{i-j} - \Delta y_{i-j-1}$； p 表示自回归过程的滞后阶，用于确保 ε_i 为一个白噪声过程；序列 y_t 的平稳性取决于 ρ 的值，若 ρ 在统计意义上接近于零，则 Δy_t 为平稳序列，即 $y_t \sim I(1)$。

增广迪基-富勒的目的是检验 $\rho = 0$ 的零假设是否成立，检验统计量如下：

$$t_\rho = \frac{\hat{\rho}}{\sigma_\rho} \tag{5.226}$$

式中，$\hat{\rho}$ 表示 ρ 的最小二乘法的估计值；σ_ρ 表示其标准差。通过将 t_ρ 与增广迪基-富勒统计表中的临界值进行比较，根据 t_ρ 是否超过临界值，可判断序列是否为一阶单整序列。若接受零假设，则说明时间序列 y_t 是 $I(1)$ 非平稳过程。若拒绝零假设，则继续对 y_t 的一阶差分 Δy_t 进行增广迪基-富勒检验：若 Δy_t 的零假设被接受，则说明 Δy_t 是 $I(1)$ 非平稳过程，即 $y_t \sim I(2)$；若拒绝该假设，则继续对 Δy_t 的 1 阶差分进行增广迪基-富勒检验，直至确定 y_t 的单整阶数为止。

2）协整性检验

为估计式（5.210）中的协整向量，可采用协整性检验方法找到模态变量之间的长期均衡关系。常用的协整性检验方法主要分为基于误差向量的恩格尔-格兰杰

（Engle-Granger，EG）检验法和基于最大似然估计的约翰逊（Johansen）检验法。

（1）恩格尔-格兰杰检验

恩格尔-格兰杰检验是以误差为基础的检验方法，首先采用最小二乘法对变量进行回归建模，再通过回归误差的平稳性检验确定协整关系是否成立。以随机向量 $\boldsymbol{y}_t$ 为例，选择 y_{1t} 作为因变量建立如下回归方程：

$$y_{1t}=\hat{\beta}_2 y_{2t}+\cdots+\hat{\beta}_l y_{lt}+\varepsilon_t \tag{5.227}$$

式中，$\hat{\beta}_2,\cdots,\hat{\beta}_l$ 表示回归系数；ε_t 表示回归方程误差。若 ε_t 能通过增广迪基-富勒单位根检验，则 y_t 存在协整关系。因回归分析需指定自变量和因变量，故而恩格尔-格兰杰检验每次只能检验一个协整关系，无法保证估计的协整向量间相互独立。工程实际中，该检验法通常在协整变量较少的时候使用。

（2）约翰逊检验

约翰逊检验是以向量误差修正模型为基础的多变量协整检验法。向量误差修正模型既包含了变量间的长期协整关系，又考虑了短期波动对协整方程的影响。该检验法在协整向量的估计精度上要高于采用简单回归分析的恩格尔-格兰杰检验法。m 维非平稳时间序列 x_t 的向量自回归模型可表示为

$$\boldsymbol{x}_t=\boldsymbol{\Pi}_1\boldsymbol{x}_{t-1}+\cdots+\boldsymbol{\Pi}_p\boldsymbol{x}_{t-p}+\boldsymbol{c}+\boldsymbol{\mu}_t \tag{5.228}$$

式中，$\boldsymbol{\Pi}_i\in\mathbb{R}^{m\times m},i=1,2,\cdots,p$ 为长期均衡矩阵，用于表征变量间的长期协整关系；$\boldsymbol{\mu}_t\in\mathbb{R}^{m\times 1}$ 为白噪声向量，且 $\boldsymbol{\mu}_t\sim N(0,\boldsymbol{\Omega})$；$\boldsymbol{c}\in\mathbb{R}^{m\times 1}$ 为常数向量；p 为向量自回归模型的阶次，即滞后长度；t 为时间变量。

由于 $\boldsymbol{X}\sim I(1)$，则可在式（5.228）两端分别减去 $\boldsymbol{x}_{t-1}$，得到向量误差修正模型：

$$\Delta\boldsymbol{x}_t=\sum_{i=1}^{p-1}\boldsymbol{\Psi}_i\Delta\boldsymbol{x}_{t-i}+\boldsymbol{\Gamma}\Delta\boldsymbol{x}_{t-1}+\boldsymbol{\mu}_t \tag{5.229}$$

式中，$\boldsymbol{\Psi}_i=-\sum\limits_{j=i+1}^{p}\boldsymbol{\Pi}_j$，$i=1,2,\cdots,p-1$；$\boldsymbol{\Gamma}=-\boldsymbol{I}_m+\sum\limits_{i=1}^{p}\boldsymbol{\Pi}_t$ 为短期动态矩阵，用于表征短期波动对协整方程的影响；$\Delta\boldsymbol{x}_t$ 为 $\boldsymbol{x}_t$ 的差分项。

上式中 $\boldsymbol{\Gamma}$ 可进一步分解为两个列满秩阵，即修正矩阵 $\boldsymbol{A}\in\mathbb{R}^{m\times r}$ 和协整矩阵 $\boldsymbol{B}\in\mathbb{R}^{m\times r}$。

$$\Delta\boldsymbol{x}_t=\sum_{i=1}^{p-1}\boldsymbol{\Psi}_i\Delta\boldsymbol{x}_{t-i}+\boldsymbol{A}\boldsymbol{B}^{\mathrm{T}}\Delta\boldsymbol{x}_{t-1}+\boldsymbol{\mu}_t \tag{5.230}$$

式中，r 为矩阵 $\boldsymbol{\Gamma}\in\mathbb{R}^{m\times m}$ 的秩，$r=0$ 表明 $\boldsymbol{x}_t$ 不存在协整关系。

将式（5.229）和式（5.230）联系，可推得误差序列 $\boldsymbol{\varepsilon}_{t-1}$：

$$\boldsymbol{\varepsilon}_{t-1}=\boldsymbol{B}^{\mathrm{T}}\boldsymbol{x}_{t-1}=\left(\boldsymbol{A}^{\mathrm{T}}\boldsymbol{A}\right)^{-1}\boldsymbol{A}^{\mathrm{T}}\left(\Delta\boldsymbol{x}_t-\sum_{i=1}^{p-1}\boldsymbol{\Psi}_i\Delta\boldsymbol{x}_{t-i}-\boldsymbol{\mu}_t\right) \tag{5.231}$$

由于 $\boldsymbol{x}_t\sim I(0)$，则 $\Delta\boldsymbol{x}_t\sim I(0)$ 和 $\Delta\boldsymbol{x}_{t-i}\sim I(0)$，故式（5.231）右侧项具有平稳性。对照协整的定义，$\boldsymbol{\varepsilon}_{t-1}$ 是平稳的。$\boldsymbol{B}^{\mathrm{T}}\boldsymbol{x}_{t-1}$ 为非平稳时间序列的线性组合，$\boldsymbol{B}$ 为协整向量矩阵。

协整向量矩阵 $\boldsymbol{B}$ 可由极大似然估计得到，其中 $\Delta\boldsymbol{x}$ 的概率密度函数为

$$f\left(\Delta\boldsymbol{x}_j\right)=\prod_{i=1}^{m}f\left(\Delta\boldsymbol{x}_{ij}\right)=(2\pi)^{-m/2}\left|\chi\right|^{-1/2}\exp\left(-\frac{1}{2}\boldsymbol{\mu}_j^{\mathrm{T}}\chi^{-1}\boldsymbol{\mu}_j\right) \tag{5.232}$$

式中，噪声向量 $\boldsymbol{\mu}_j=\Delta\boldsymbol{x}_j-\boldsymbol{AB}^{\mathrm{T}}\boldsymbol{x}_{j-1}-\sum_{t=1}^{p-1}\boldsymbol{\psi}_j\Delta\boldsymbol{x}_{j-t}$；噪声方差矩阵 $\chi=\mathrm{diag}\left(\chi_1,\cdots,\chi_m\right)$，diag 表示对角阵，$\chi_i$ 表示 $\Delta\boldsymbol{x}$ 第 i 维变量的方差。

将单个样本的概率密度推广到 n 个，构造 $\Delta\boldsymbol{x}$ 联合概率密度函数如下：

$$\begin{aligned}f\left(\Delta\boldsymbol{x}\right)&=\prod_{j=1}^{n}f\left(\Delta\boldsymbol{x}_j\right)=\prod_{j=1}^{n}\prod_{i=1}^{m}f\left(\Delta\boldsymbol{x}_{ij}\right)\\&=(2\pi)^{-mn/2}\left|\chi\right|^{-n/2}\exp\left(-\frac{1}{2}\sum_{j}^{n}\boldsymbol{\mu}_j^{\mathrm{T}}\chi^{-1}\boldsymbol{\mu}_j\right)\end{aligned} \tag{5.233}$$

与 n 个样本的 1 阶差分矩阵联合概率密度函数相对应的似然函数的对数为

$$\begin{aligned}&\ln L\left(\boldsymbol{A},\boldsymbol{B},\boldsymbol{\psi},\chi\middle|\boldsymbol{x}\right)\\&=-\frac{mn}{2}\ln(2\pi)-\frac{n}{2}\ln\left|\chi\right|\\&\quad-\frac{1}{2}\sum_{j}^{n}\left(\Delta\boldsymbol{x}_j-\boldsymbol{AB}^{\mathrm{T}}\boldsymbol{x}_{j-1}-\sum_{t=1}^{p-1}\boldsymbol{\psi}_j\Delta\boldsymbol{x}_{j-t}\right)^{\mathrm{T}}\chi^{-1}\left(\Delta\boldsymbol{x}_j-\boldsymbol{AB}^{\mathrm{T}}\boldsymbol{x}_{j-1}-\sum_{t=1}^{p-1}\boldsymbol{\psi}_j\Delta\boldsymbol{x}_{j-t}\right)\end{aligned} \tag{5.234}$$

构造 $\boldsymbol{r}_{0j}=\Delta\boldsymbol{x}_j-\sum_{t=1}^{p-1}\boldsymbol{\Theta}_j\Delta\boldsymbol{x}_{j-t}$ 和 $\boldsymbol{r}_{1j}=\boldsymbol{x}_{j-1}-\sum_{t=1}^{p-1}\boldsymbol{\Phi}_j\Delta\boldsymbol{x}_{j-t}$ 两个预测误差，使得 $\boldsymbol{r}_{0j}=\boldsymbol{AB}^{\mathrm{T}}\boldsymbol{r}_{1j}+\boldsymbol{\mu}_j$，将其代入式（5.234），得到如下形式的似然函数的对数：

$$\ln L\left(\boldsymbol{A},\boldsymbol{B},\boldsymbol{\psi},\chi\middle|\boldsymbol{x}\right)=-\frac{mn}{2}\ln(2\pi)-\frac{n}{2}\ln\left|\chi\right|-\frac{1}{2}\sum_{j}^{n}\left(\boldsymbol{r}_{0j}-\boldsymbol{AB}^{\mathrm{T}}\boldsymbol{r}_{1j}\right)^{\mathrm{T}}\chi^{-1}\left(\boldsymbol{r}_{0j}-\boldsymbol{AB}^{\mathrm{T}}\boldsymbol{r}_{1j}\right) \tag{5.235}$$

以上求极大似然值的问题，便转化为求以下特征值的问题：

$$\left|\lambda\boldsymbol{S}_{11}-\boldsymbol{S}_{10}\boldsymbol{S}_{00}^{-1}\boldsymbol{S}_{01}\right|=0 \tag{5.236}$$

式中，$\boldsymbol{S}_{ij}=\frac{1}{n}\sum_{t=1}^{n}\boldsymbol{r}_{it}\boldsymbol{r}_{jt}$，$i$ 和 j 分别为 0 和 1；$\boldsymbol{r}_{0j}$ 和 $\boldsymbol{r}_{1j}$ 分别是 $\Delta\boldsymbol{x}_t$ 和 $\boldsymbol{x}_t$ 的预测误差，且 $\boldsymbol{e}_0=\Delta\boldsymbol{x}_i-\sum_{i-1}^{p-1}\boldsymbol{\Theta}_i\Delta\boldsymbol{x}_{t-i}$，$\boldsymbol{r}_1=\boldsymbol{x}_{i-1}-\sum_{i-1}^{p-1}\boldsymbol{\Phi}_i\Delta\boldsymbol{x}_{t-i}$；$\boldsymbol{\Theta}_i$ 和 $\boldsymbol{\Phi}_i$ 表示模型系数，可经由最小二乘方法估计确定；λ_i 为特征值，且 $\lambda_1\geqslant\lambda_2\geqslant\cdots\geqslant\lambda_m$，对应的特征向量即为协整向量 $\boldsymbol{B}$。

采用最大特征值检验或迹检验确定协整关系的个数 r，即 r 个线性无关的协整向量，并得到协整向量矩阵 $\boldsymbol{B}=\left[\boldsymbol{\beta}_1,\boldsymbol{\beta}_2,\cdots,\boldsymbol{\beta}_r\right]$，则具有平稳协整误差 $\boldsymbol{\varepsilon}_{ti}$ 的协整方程可描述为

$$\boldsymbol{\varepsilon}_{ti}=\beta_{i1}x_1+\beta_{i2}x_2+\cdots+\beta_{im}x_m=\boldsymbol{\beta}_i^{\mathrm{T}}\boldsymbol{x}_t,i=1,2,\cdots,r \tag{5.237}$$

在工程实际中，传统线性协整通过选用最大特征值对应的协整向量，即矩阵 $\boldsymbol{B}$

的第一列，来构建协整方程，此时协整误差的平稳性最强；而多变量协整是指选用所有协整向量（特征值个数至少大于1）来构建协整方程。

3）多阶频率局部化协整的环境效应分离

（1）频率协整的环境效应分离原理

以某等截面简支梁模型为例，对基于协整理论的环境效应分离方法进行详细介绍。简支梁自由振动的第 i 阶频率 f_i 表达式为

$$f_i = \frac{p_i}{2\pi} = \frac{i^2\pi}{2l^2}\sqrt{\frac{EI}{\rho A}} \tag{5.238}$$

式中，i 表示频率的阶次；EI 、l、ρ 和 A 分别表示简支梁的截面抗弯刚度、跨度、材料密度和横截面面积，且均为常数；p_i 表示第 i 阶圆频率。

结构无损状态下，任意两阶频率 f_i 和 f_k 之间的协整关系满足

$$\frac{f_i}{f_k} = \frac{\dfrac{p_i}{2\pi}}{\dfrac{p_k}{2\pi}} = \frac{i^2}{k^2} \tag{5.239}$$

由式（5.238）和式（5.239）可知，结构频率与结构几何特性、材料性质等诸多参数密切相关，而结构任意两阶频率之间的比值仅与其所在的模态阶次相关，而与结构的其他参数无关。基于此，可实现桥梁频率中潜在环境效应的分离。

式（5.239）可改写为

$$k^2 f_i - i^2 f_k = 0 \tag{5.240}$$

当结构在一个温度随时间变化的工况序列中时，式（5.240）可推广为

$$\boldsymbol{\varepsilon} = \boldsymbol{\beta}_i^{\mathrm{T}} \boldsymbol{f}_t \tag{5.241}$$

式中，$\boldsymbol{\beta}$ 为系数矩阵，即协整向量；$\boldsymbol{\varepsilon}$ 为协整误差；$\boldsymbol{f}$ 为频率变量矩阵。

鉴于频率向量间线性相关，由统计学理论可知，式（5.241）中的线性方程组 $\boldsymbol{\beta}^{\mathrm{T}}\boldsymbol{f}=0$ 的基础解系所含向量个数为1，相应的协整方程式有1个，即

$$\varepsilon = \beta_1 f_i + \beta_2 f_k \tag{5.242}$$

式中，ε 为服从均值为零、方差 σ^2 的正态分布。

（2）多阶频率局部化协整关系模型的建立

结合实测频率数据的演变特性，给出多阶频率局部化协整关系模型建立的主要步骤[27]。

① 频率数据的非平稳性分析。对具有 n 个样本和 m 个变量的原始桥梁频率数据 $\boldsymbol{F}=\left[\boldsymbol{f}_1,\boldsymbol{f}_2,\cdots,\boldsymbol{f}_n\right]^{\mathrm{T}}$ 进行增广迪基-富勒单位根检验，确保频率变量的单整阶数相同且具有共同的变化趋势。

② 基于频率相似性的局部自适应样本集合的构建。从基准数据库中搜索与样本 $\boldsymbol{f}_i$ 之间的欧氏距离小的前 k 个近邻样本，采用式(5.243)构造局部化样本集合 $n(\boldsymbol{f}_i)$：

$$d\left(\boldsymbol{f}_i,\boldsymbol{f}_i^j\right)=\left\|\boldsymbol{f}_i-\boldsymbol{f}_i^j\right\|_2^2 \tag{5.243}$$

式中，$d\left(\boldsymbol{f}_i,\boldsymbol{f}_i^j\right)$为当前样本 $\boldsymbol{f}_i$ 与其近邻样本 $\boldsymbol{f}_i^j$ 之间的欧氏距离。近邻样本个数 k 的确定原则为以桥梁正常状态下的频率数据的误诊率为目标函数，经交叉验证选取最小误诊率对应的近邻个数作为最优 k 值。

③ 局部化协整关系模型的建立。基于搜索出的局部化样本集合，利用约翰逊检验法估计协整向量 $\boldsymbol{B}$，建立多阶频率序列之间的协整方程 $\boldsymbol{\varepsilon}=\boldsymbol{B}^{\mathrm{T}}\boldsymbol{f}$，即

$$\begin{bmatrix}\varepsilon_{i,1}\\ \varepsilon_{i,2}\\ \vdots\\ \varepsilon_{i,r}\end{bmatrix}=\begin{bmatrix}\beta_{1,1} & \beta_{1,2} & \cdots & \beta_{1,m}\\ \beta_{2,1} & \beta_{2,2} & \cdots & \beta_{2,m}\\ \vdots & \vdots & & \vdots\\ \beta_{r,1} & \beta_{r,2} & \cdots & \beta_{r,m}\end{bmatrix}\begin{bmatrix}f_{i,1}\\ f_{i,2}\\ \vdots\\ f_{i,m}\end{bmatrix} \tag{5.244}$$

式中，$\boldsymbol{\varepsilon}_i=\left[\varepsilon_{i,1},\varepsilon_{i,2},\cdots,\varepsilon_{i,r}\right]^{\mathrm{T}}$表示无环境因素影响的协整模型误差。

④ 在线预测。对于新样本 $\boldsymbol{f}^*\in\mathbb{R}^{m\times1}$，执行步骤①～③，计算协整向量 $\boldsymbol{B}_*$，模型误差 $\tilde{\boldsymbol{\varepsilon}}^*=\boldsymbol{B}_*^{\mathrm{T}}\boldsymbol{f}^*$。

4）基于局部化协整模型误差的桥梁诊断

同 5.5.2 节，利用无环境效应的局部化协整模型误差构造加权马氏平方距离诊断指标，并结合核密度估计方法设置模态异常诊断阈值。若诊断指标超出阈值，则表明桥梁模态变量间的动态均衡关系发生改变，触发模态异常报警。

如图 5.93 所示为考虑多阶频率非平稳性的桥梁性能诊断流程。

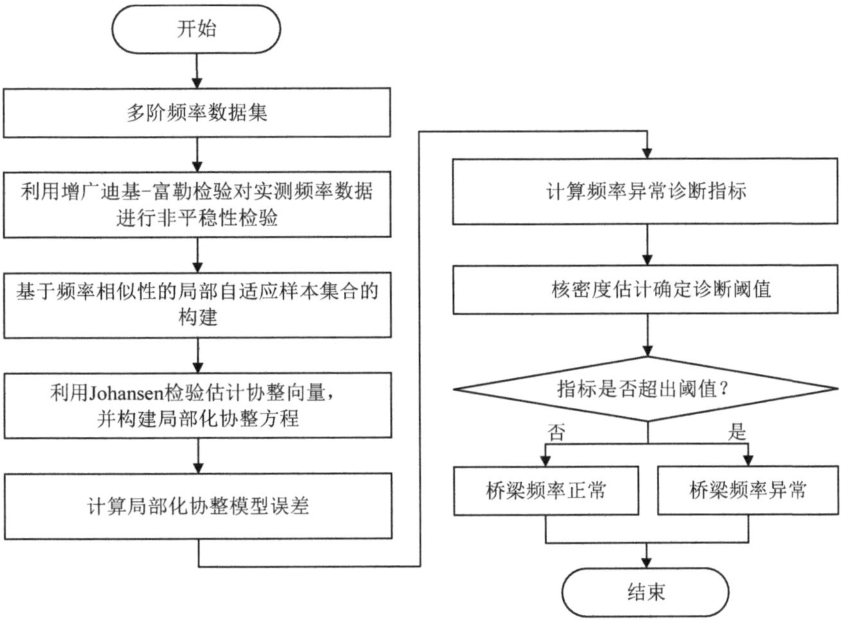

图 5.93　考虑多阶频率非平稳性的桥梁性能诊断流程

5. 案例分析

该梁式桥是一座标准的后张拉预应力混凝土双室箱梁桥，主跨 30m，两侧边跨

各 14m，如图 5.94 所示。在桥梁拆除前，为研究环境因素和结构损伤对桥梁频率的影响，对该桥安装了结构健康监测系统，并在 1997 年 11 月 11 日至 1998 年 9 月 10 日期间开展了连续的现场监测。监测内容主要包括环境监测和桥梁的振动响应监测，其中环境监测数据包括空气温度、土壤温度、桥梁表面及内部温度、风速和湿度等，环境数据每隔 1h 采集一次。此外，在桥梁不同位置及方向布设的 8 个加速度计用于测量 16 个不同自由度的加速度响应，采样频率为 100Hz。为获取该桥的实际损伤数据，在监测后期，以人为可控的方式逐步引入表 5.18 中的各种桥梁损伤工况，进行了为期一个月的监测。

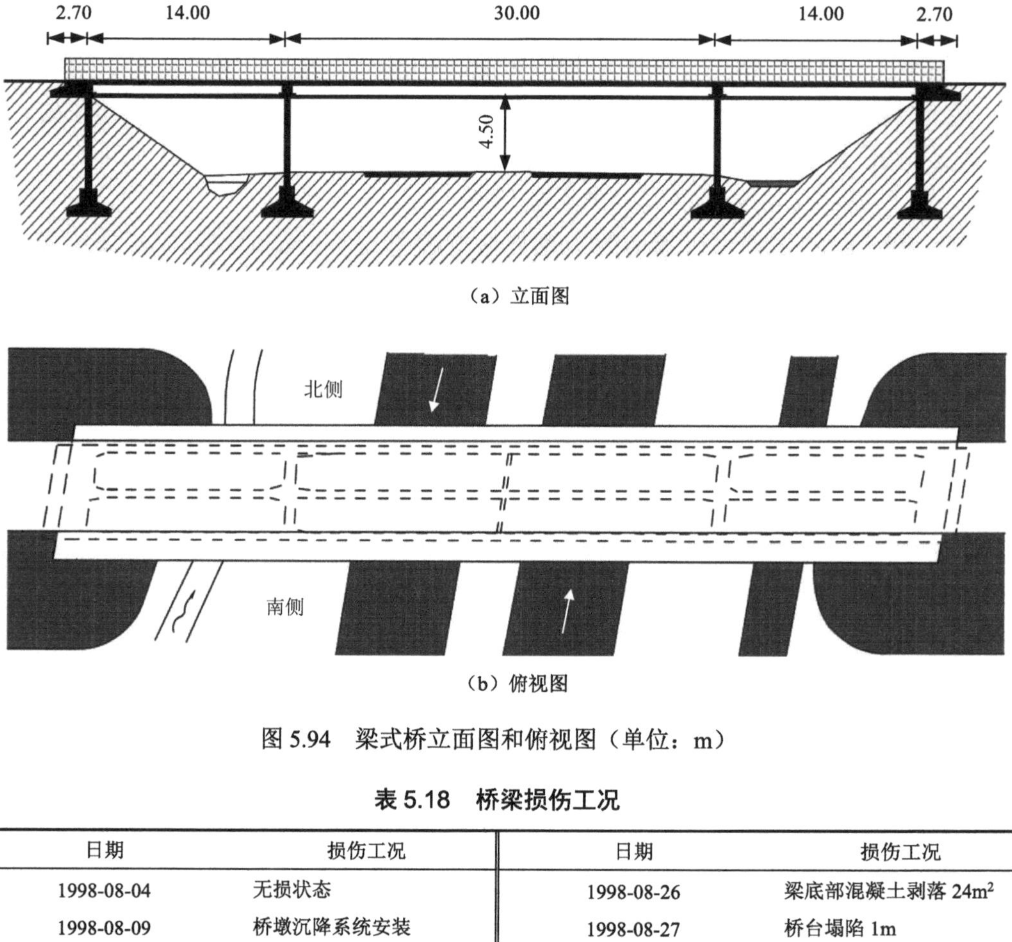

（a）立面图

（b）俯视图

图 5.94　梁式桥立面图和俯视图（单位：m）

表 5.18　桥梁损伤工况

日期	损伤工况	日期	损伤工况
1998-08-04	无损状态	1998-08-26	梁底部混凝土剥落 $24m^2$
1998-08-09	桥墩沉降系统安装	1998-08-27	桥台塌陷 1m
1998-08-10	桥墩下降 20mm	1998-08-31	混凝土铰接失效
1998-08-12	桥墩下降 40mm	1998-09-02	2 个锚头失效
1998-08-17	桥墩下降 80mm	1998-09-03	4 个锚头失效
1998-08-18	桥墩下降 95mm	1998-09-07	2 根预应力筋断裂
1998-08-19	桥墩上升，基础倾斜	1998-09-08	4 根预应力筋断裂
1998-08-20	新参考状态	1998-09-09	6 根预应力筋断裂
1998-08-25	梁底部混凝土剥落 $12m^2$		

以小时为单位从加速度数据中自动辨识出 3932h 的桥梁频率，季节性温度下桥梁前 4 阶频率的演变时程曲线如图 5.95 所示。−9.58℃至 36.45℃的季节性温度变化范围内，前 4 阶频率在 3.79Hz 和 12.09Hz 之间波动，且变化范围为 14%～18%，该变化足以湮没结构小损伤所引起的频率的变化。

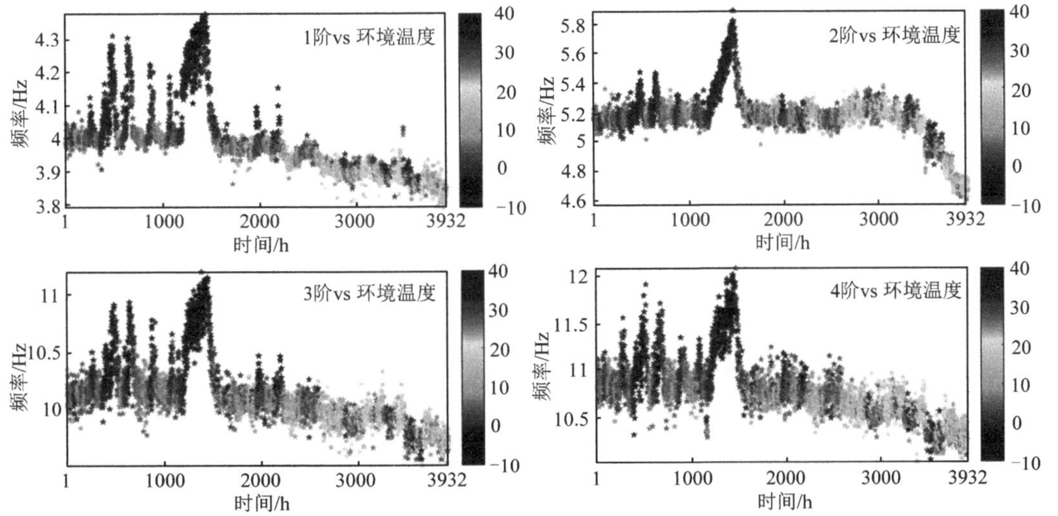

图 5.95　季节性温度下桥梁前 4 阶频率演变时程

如图 5.96 和图 5.97 所示，分别为前 4 阶频率的概率密度拟合曲线和各阶频率之间的相关性（注：图中训练集和验证集分别为桥梁正常状态下 1～3123h 和 3124～

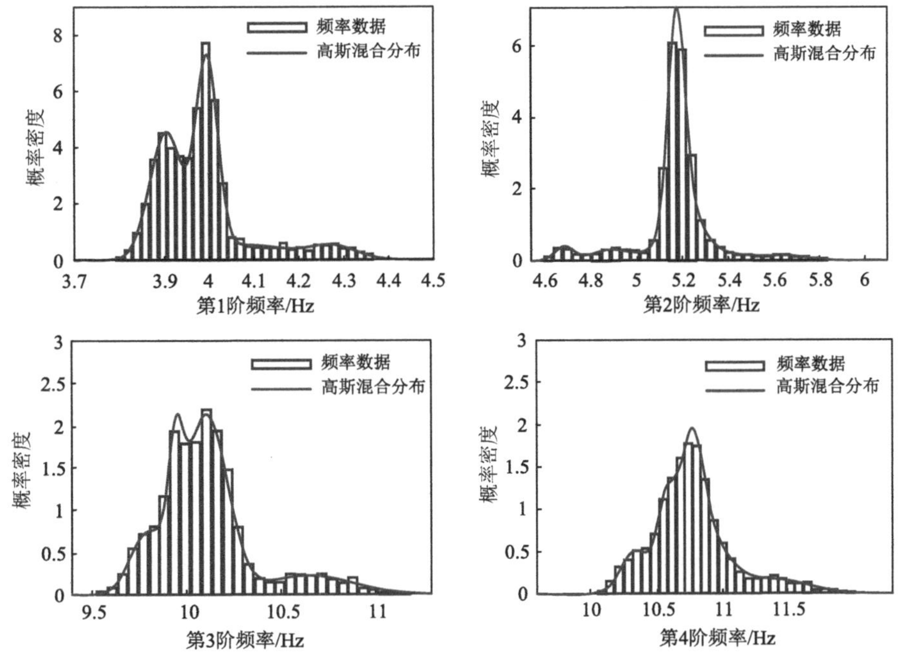

图 5.96　桥梁前 4 阶频率的概率密度及拟合曲线图

3470h 时间段内的样本点，测试集为桥梁发生渐进损伤情况下 3471～3932h 时间段的样本点）。各阶频率数据均具有明显的非高斯分布特性；第 2 阶频率与其他阶存在显著的非线性关系，而其余阶次频率之间近似线性相关，故而从协整角度来看，当以该桥频率作为协整变量时至少存在两种均衡关系。

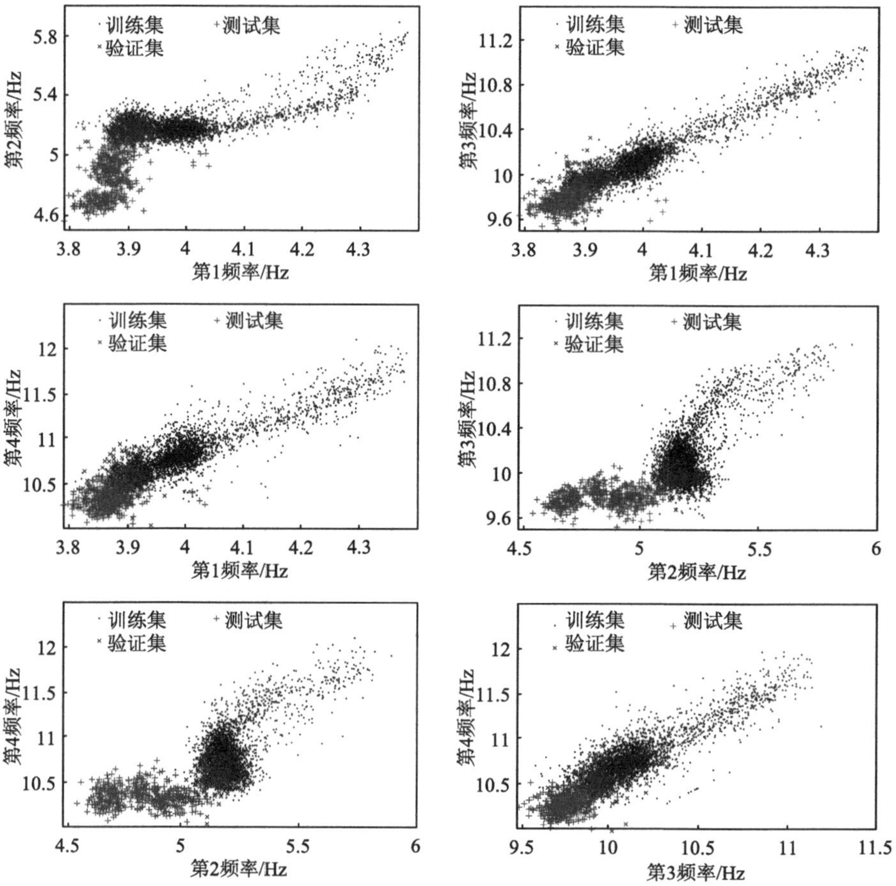

图 5.97　各阶频率之间的相关性

1）考虑多阶频率非高斯特性的桥梁模态异常诊断

采用慢特征分析提取桥梁频率的前 2 个慢特征向量，如图 5.98 和图 5.99 所示，分别为前 2 个频率慢特征概率密度拟合曲线和相关性散点图。由图 5.98 和图 5.99 可知，数据维度缩减并不会改变数据的分布，而经慢特征重构差分模型处理后，使得具有多峰分布的原始慢特征向量转换为近似服从单峰分布，非线性相关的慢特征向量间近似线性相关。

选取表 5.19 中的 3 组模型，即模型 1、模型 2 和模型 3，进行不同特征提取方法的诊断效果对比。如图 5.100 所示为显著性水平下 $\alpha=0.01$ 的桥梁模态异常诊断结果。结合表 5.19 和图 5.100 可知，不同诊断模型在结构正常状态下均有少量统计量超出阈值，由于误诊率接近于显著性水平，表明桥梁频率未发生异常。对比模型 1

和模型 2，慢特征分析具有比主成分分析更佳的异常诊断率，但漏诊率依然很高；而模型 3 中几乎所有测试阶段的指标超出了阈值，诊断指标呈单调变化且诊断率接近 100%。

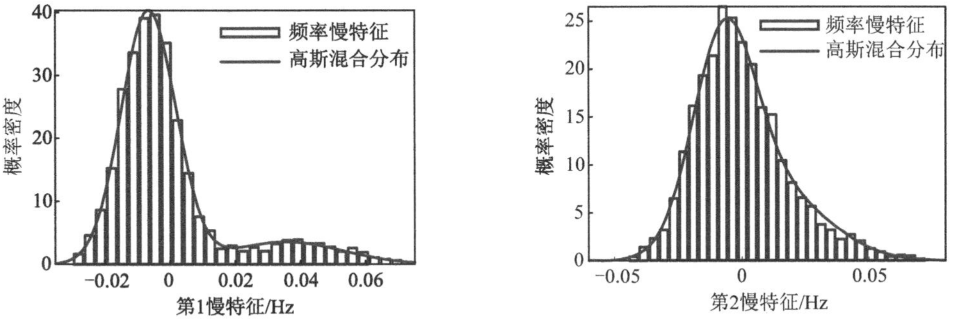

（a）第 1 慢特征差分值　　（b）第 2 慢特征差分值

图 5.98 前 2 个频率慢特征的概率密度及其拟合曲线图

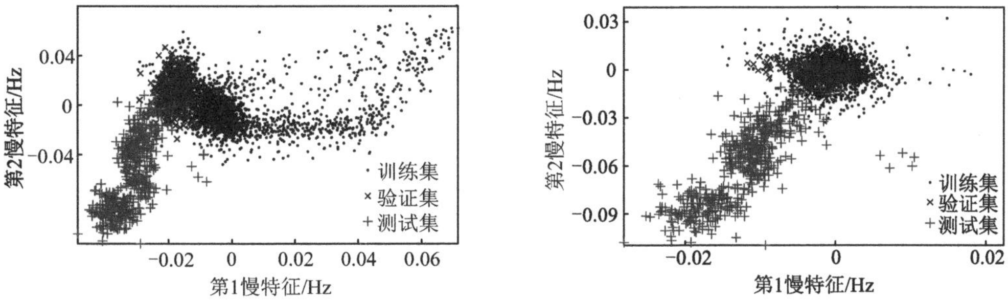

（a）建模前　　（b）建模后

图 5.99 前两个频率慢特征之间的相关性散点图

表 5.19 不同特征提取方法的异常诊断结果对比

类型	模型 1	模型 2	模型 3
构成	主成分分析	慢特征分析	慢特征重构差分
误诊率/%	0.95	0.89	0.92
漏诊率/%	99.78	62.99	1.52

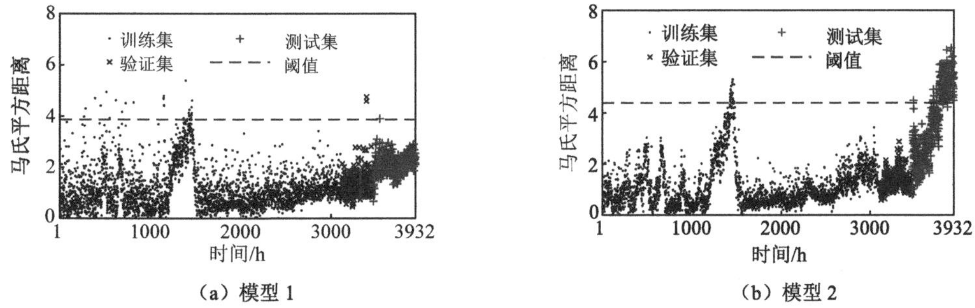

（a）模型 1　　（b）模型 2

图 5.100 考虑多阶频率非高斯特性的桥梁模态异常诊断结果

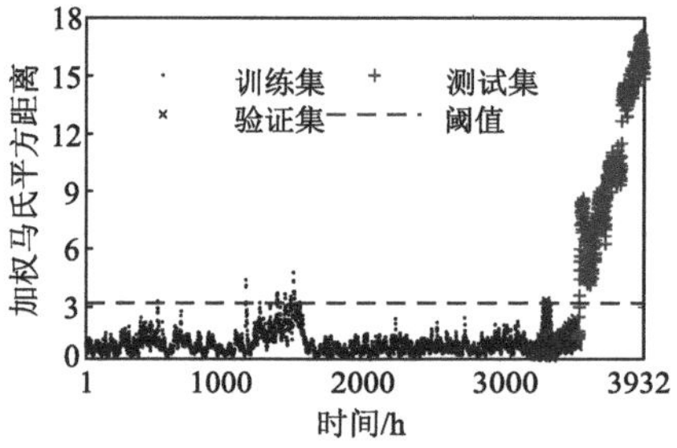

（c）模型 3

图 5.100（续）

2）考虑多阶频率非平稳性的桥梁模态异常诊断

以桥梁前 4 阶频率作为协整模型的输入，选取表 5.20 中的 3 组模型，即模型 1、模型 2 和模型 3，进行诊断效果对比，相应的诊断指标分别为一维协整误差、由多维协整误差构造的马氏平方距离和加权马氏平方距离。如图 5.101 所示为前 4 阶频率组合下的协整模型诊断结果。结合表 5.20 和图 5.101 可知，无损阶段的协整误差为平稳序列，但仍存在一定程度的异常误判，而在有损阶段，模型 1 中几乎所有样本均未超过阈值。随着结构渐进损伤程度的加重，模型 2 在一定程度上可以检测到频率异常，但对初始频率异常不敏感，表明该模型仍无法有效消除非线性环境因素的影响。对于模型 3，大多数样本均超过了阈值，表明局部化协整模型具有最佳的诊断精度。

表 5.20　不同协整模型的异常诊断结果对比

类型	相同模态阶次			不同模态阶次			
	模型 1	模型 2	模型 3	模型 4	模型 5	模型 6	模型 7
构成	线性协整	多元协整	局部化协整	模态 1～3	模态 2 和 3	模态 2 和 4	模态 3 和 4
误断率/%	1.24	0.89	1.41	1.24	0.72	0.89	0.84
漏诊率/%	97.84	47.40	1.52	2.16	7.79	1.52	26.41

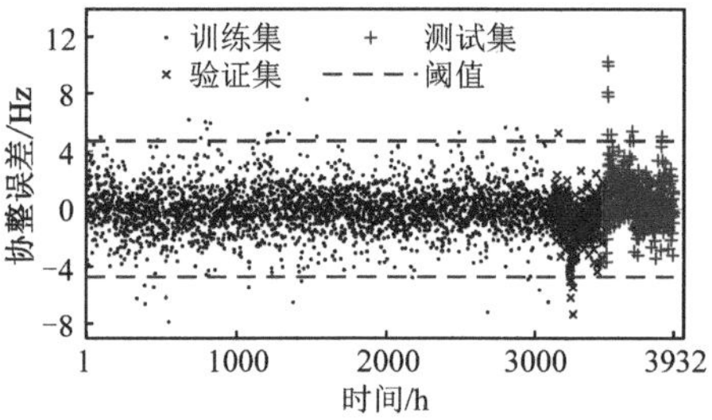

（a）模型 1

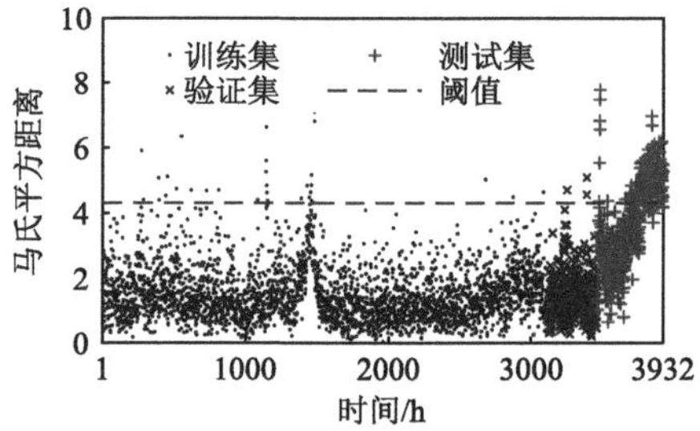

（b）模型 2

图 5.101　前 4 阶频率组合下的协整模型诊断结果

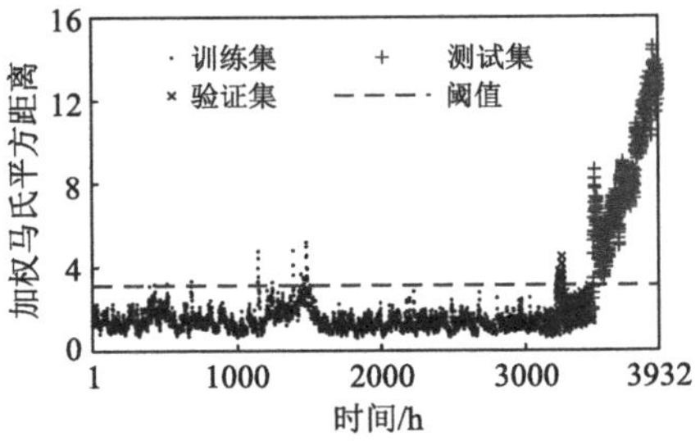

(c) 模型 3

图 5.101（续）

以不同阶频率作为局部化协整模型的输入，选取表 5.20 中的 4 组模型，即模型 4、模型 5、模型 6 和模型 7，进行诊断效果对比，相应的诊断指标均采用加权马氏平方距离。如图 5.102 所示为不同模态阶次组合下的局部化协整模型诊断结果。结合表 5.20 和图 5.102 可知，各模型在训练阶段仅有少量指标超出阈值，而随着结构损伤程度的加深，各模型在测试阶段的频率异常诊断率均逐渐增大且呈单调递增变化。此外，组合的模态阶次越多，模型误差中包含的结构损伤信息也越多，异常诊断效果也相对越好。

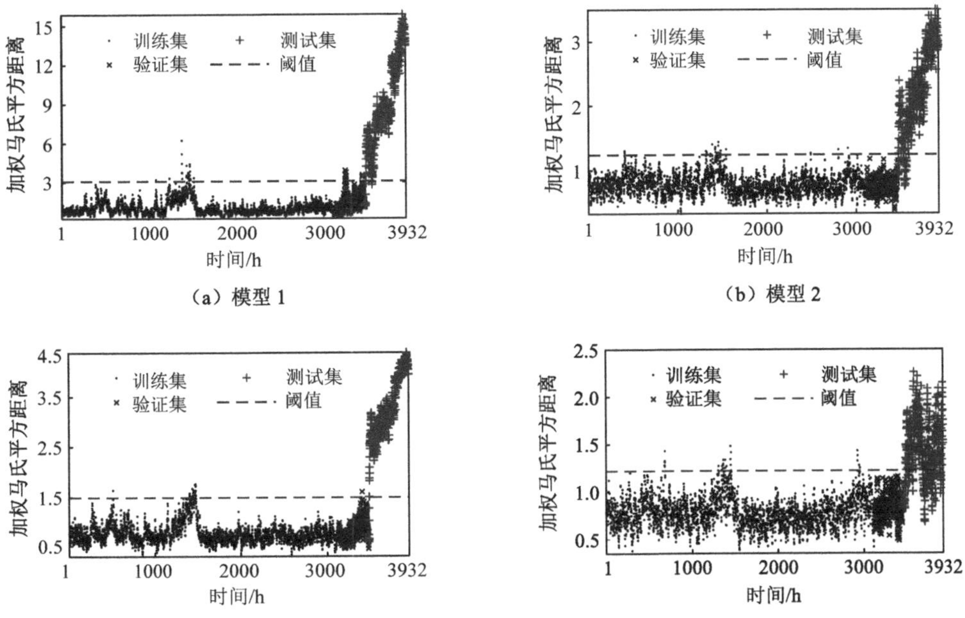

图 5.102　不同模态阶次组合下的局部化协整模型诊断结果

参 考 文 献

[1] 郭国会，易伟建. 基于模态参数进行连续梁损伤诊断的数值研究[J]. 振动与冲击, 2001(1):74-77,99.

[2] PANDEY A K, BISWAS M. Damage detection in structures using changes in flexibility[J]. Journal of Sound and Vibration, 1994, 169(1): 3-17.

[3] KO J M, SUN Z G, NI Y Q. Multi-stage identification scheme for detecting damage in cable-stayed Kap Shui Mun Bridge[J]. Engineering Structures, 2002, 24(7):857-868.

[4] YAO G C, CHANG K C, LEE G C. Damage diagnosis of steel frames using vibrational signature analysis[J]. Journal of Engineering Mechanics, 1992, 118(9):1949-1961.

[5] 王根会，胡良红. 基于单元模态应变能法的桥梁结构损伤识别研究[J]. 铁道学报, 2006(3): 83-86.

[6] ZHANG J, YI T H, QU C X, et al. Determining orders of modes sensitive to hinge joint damage in assembled hollow slab bridges[J]. Journal of Bridge Engineering, 2022, 27(3): 04022001.

[7] BIANCOLINI M E, BRUTTI C, RECCIA L. Approximate solution for free vibrations of thin orthotropic rectangular plates[J]. Journal of Sound and Vibration, 2005, 288(1-2): 321-344.

[8] CLOUGH R W, PENZIEN J. Dynamics of structures. [M]. 3rd ed. New York: McGraw-Hill, 2003.

[9] ZHANG J, YI T H, QU C X, et al. Detecting hinge joint damage in hollow slab bridges using mode shapes extracted from vehicle response[J]. Journal of Performance of Constructed Facilities, 2022, 36(1): 04021109.

[10] 范立础. 桥梁工程：第三版[M]. 上册. 北京：人民交通出版社, 2017.

[11] 谢峻，韩大建. 钢筋混凝土简支 T 型梁桥损伤识别的数值模拟[J]. 中国公路学报, 2004(4): 48-52.

[12] ZHANG J, QU C X, YI T H, et al. Damage detection for decks of concrete girder bridges using the frequency obtained from an actively excited vehicle[J]. Smart Structures and Systems, 2021, 27(1): 101-114.

[13] TIMOSHENKO S, WOINOWSKY-KRIEGER S. Theory of plates and shells[M]. New York: McGraw-Hill, 1959.

[14] ZHANG J, QU C X, YI T H, et al. Detecting deck damage in concrete box girder bridges using mode shapes constructed from a moving vehicle[J]. Engineering Structures, 2024, 305: 117726.

[15] BEBIANO R, CAMOTIM D, SILVESTRE N. Dynamic analysis of thin-walled members using generalised beam theory (GBT)[J]. Thin-Walled Structures, 2013, 72: 188-205.

[16] CORNWELL P, FARRAR C R, DOEBLING S W, et al. Environmental variability of modal properties[J]. Experimental Techniques, 2010, 23(6): 45-48.

[17] 周毅. 斜拉桥运营环境作用的影响分析——基于结构健康监测大数据[M]. 北京：人民交通出版社, 2018.

[18] WANG Z, YANG D H, YI T H, et al. Eliminating environmental and operational effects on structural modal frequency: A comprehensive review[J]. Structural Control and Health Monitoring, 2022, 29(11): e3073.

[19] MA K C, YI T H, YANG D H, et al. Nonlinear uncertainty modeling between bridge frequencies and multiple environmental factors based on monitoring data[J]. Journal of Performance of Constructed Facilities, 2021, 35(5): 4021056.

[20] HUANG H B, YI T H, LI H N. Anomaly identification of structural health monitoring data using dynamic independent component analysis[J]. Journal of Computing in Civil Engineering, 2020, 34(5): 4020025.

[21] ZHOU H F, NI Y Q, KO J M. Structural damage alarming using auto-associative neural network technique: Exploration of environment-tolerant capacity and setup of alarming threshold[J]. Mechanical Systems and Signal Processing, 2011, 25(5): 1508-1526.

[22] WANG Z, YI T H, YANG D H, et al. Eliminating the bridge modal variability induced by thermal effects using localized modeling method[J]. Journal of Bridge Engineering, 2021, 26(10):040321073.

[23] WANG Z, YANG D H, YI T H, et al. Early warning of abnormal bridge frequencies based on a local correlation model under multiple environmental conditions[J]. Journal of Bridge Engineering, 2023, 28(2): 04022139.

[24] CROSS E J, WORDEN K, CHEN Q. Cointegration: A novel approach for the removal of environmental trends in structural health monitoring data[J]. Proceedings of The Royal Society A, 2011, 467(2133):2712-2732.

[25] SUN L M, SHANG Z Q, XIA Y, et al. Review of bridge structural health monitoring aided by big data and artificial

intelligence: From condition assessment to damage detection[J]. Journal of Structural Engineering, 2020, 146(5): 4020073.

[26] WANG Z, YI T H, YANG D H, et al. Early anomaly warning of environment-induced bridge modal variability through localized principal component differences[J]. Journal of Risk and Uncertainty in Engineering Systems, Part A: Civil Engineering, 2022, 8(6): 04022044.

[27] WANG Z, YANG D H, YI T H, et al. Early-swarning method of structural damage using localized frequency cointegration under changing environments[J]. Journal of Structural Engineering, 2023, 149(2): 04022230.